大学赤本シリーズ

401

武蔵大学

JN062494

教学社

は　し　が　き

おかげさまで，大学入試の「赤本」は，今年で創刊 70 周年を迎えました。

これまで，入試問題や資料をご提供いただいた大学関係者各位，掲載許可をいただいた著作権者の皆様，各科目の解答や対策の執筆にあたられた先生方，そして，赤本を使用してくださったすべての読者の皆様に，厚く御礼を申し上げます。

以下に，創刊初期の「赤本」のはしがきを引用します。これからも引き続き，受験生の目標の達成や，夢の実現を応援してまいります。

本書を活用して，入試本番では持てる力を存分に発揮されることを心より願っています。

編者しるす

＊　＊　＊

学問の塔にあこがれのまなざしをもって，それぞれの志望する大学の門をたたかんとしている受験生諸君！　人間として生まれてきた私たちは，自己の欲するままに，美しく，強く，そして何よりも人間らしく生きることをねがっている。しかし，一朝一夕にして，この純粋なのぞみが達せられることはない。私たちの行く手には，絶えずさまざまな試練がまちかまえている。この試練を克服していくところに，私たちのねがう真に人間的な世界がはじめて開かれてくるのである。

人生最初の最大の試練として，諸君の眼前に大学入試がある。この大学入試は，精神的にも身体的にも，大きな苦痛を感ぜしめるであろう。あるスポーツに熟達するには，たゆみなき，はげしい練習を積み重ねることが必要であるように，私たちは，計画的・持続的な努力を払うことによって，この試練を克服し，次の一歩を踏みだすことができる。厳しい試練を経たのちに，はじめて満足すべき成果を獲得できるのである。

本書は最近の入学試験の問題に，それぞれ解答を付し，さらに問題をふかく分析することによって，その大学独特の傾向や対策をさぐろうとした。本書を一般の参考書とあわせて使用し，まとはずれのない，効果的な受験勉強をされるよう期待したい。

（昭和 35 年版「赤本」はしがきより）

挑む人の、いちばんの味方

1954 年に大学入試の過去問題集を刊行してから 70 年。赤本は大学に入りたいと思う受験生を応援しつづけてきました。これからも，苦しいとき落ち込むときにそばで支える存在でいたいと思います。

そして，勉強をすること，自分で道を決めること，努力が実ること，これらの喜びを読者の皆さんが感じることができるよう，伴走をつづけます。

そもそも赤本とは…

受験生のための大学入試の過去問題集！

70年の歴史を誇る赤本は，500点を超える刊行点数で全都道府県の370大学以上を網羅しており，過去問の代名詞として受験生の必須アイテムとなっています。

なぜ受験に過去問が必要なのか？

大学入試は大学によって問題形式や頻出分野が大きく異なるからです。

赤本の掲載内容

傾向と対策

これまでの出題内容から，問題の「**傾向**」を分析し，来年度の入試に向けて具体的な「**対策**」の方法を紹介しています。

問題編・解答編

- 年度ごとに問題とその解答を掲載しています。
- 「**問題編**」ではその年度の試験概要を確認したうえで，実際に出題された過去問に取り組むことができます。
- 「**解答編**」には高校・予備校の先生方による解答が載っています。

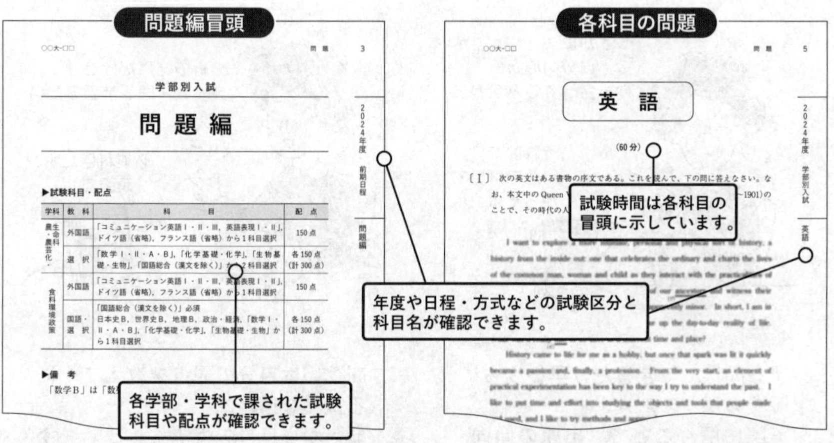

他にも，大学の基本情報や，先輩受験生の合格体験記，在学生からのメッセージなどが載っていることがあります。

掲載内容について

著作権上の理由やその他編集上の都合により問題や解答の一部を割愛している場合があります。なお，指定校推薦入試，社会人入試，編入学試験，帰国生入試などの特別入試，英語以外の外国語科目，商業・工業科目は，原則として掲載しておりません。また試験科目は変更される場合がありますので，あらかじめご了承ください。

受験勉強は

過去問に始まり，

STEP 1

なにはともあれ

まずは解いてみる

過去問は，**できるだけ早いうちに解く**のがオススメ！
実際に解くことで，**出題の傾向，問題のレベル，今の自分の実力**がつかめます。

STEP 2

じっくり具体的に

弱点を分析する

間違いは自分の弱点を教えてくれる**貴重な情報源。**
弱点から自己分析することで，**今の自分に足りない力や苦手な分野**が見えてくるはず！

合格者があかす 赤本の使い方

傾向と対策を熟読
（Fさん／国立大合格）

大学の出題傾向を調べるために，赤本に載っている「傾向と対策」を熟読しました。

繰り返し解く
（Tさん／国立大合格）

1周目は問題のレベル確認，2周目は苦手や頻出分野の確認に，3周目は合格点を目指して，と過去問は繰り返し解くことが大切です。

過去問に終わる。

STEP 3

志望校にあわせて

苦手分野の重点対策

参考書や問題集を活用して，苦手分野の**重点対策**をしていきます。**過去問を指針**に，合格へ向けた具体的な学習計画を立てましょう！

STEP 1▶2▶3

サイクルが大事!

実践を繰り返す

STEP 1～3を繰り返し，実力アップにつなげましょう！
出題形式に慣れることや，**時間配分を考えること**も大切です。

目標点を決める
（Yさん／私立大合格）

赤本によっては合格者最低点が載っているので，それを見て目標点を決めるのもよいです。

時間配分を確認
（Kさん／私立大学合格）

赤本は時間配分や解く順番を決めるために使いました。

添削してもらう
（Sさん／私立大学合格）

記述式の問題は先生に添削してもらうことで自分の弱点に気づけると思います。

新課程入試Q&A

2022年度から新しい学習指導要領（新課程）での授業が始まり，2025年度の入試は，新課程に基づいて行われる最初の入試となります。ここでは，赤本での新課程入試の対策について，よくある疑問にお答えします。

Q1. 赤本は新課程入試の対策に使えますか？

A. もちろん使えます！

旧課程入試の過去問が新課程入試の対策に役に立つのか疑問に思う人もいるかもしれませんが，心配することはありません。旧課程入試の過去問が役立つのには次のような理由があります。

● 学習する内容はそれほど変わらない

新課程は旧課程と比べて科目名を中心とした変更はありますが，学習する内容そのものはそれほど大きく変わっていません。また，多くの大学で，既卒生が不利にならないよう「経過措置」がとられます（Q３参照）。したがって，出題内容が大きく変更されることは少ないとみられます。

● 大学ごとに出題の特徴がある

これまでに課程が変わったときも，各大学の出題の特徴は大きく変わらないことがほとんどでした。入試問題は各大学のアドミッション・ポリシーに沿って出題されており，過去問にはその特徴がよく表れています。過去問を研究してその大学に特有の傾向をつかめば，最適な対策をとることができます。

出題の特徴の例	・英作文問題の出題の有無 ・論述問題の出題（字数制限の有無や長さ） ・計算過程の記述の有無

新課程入試の対策も，赤本で過去問に取り組むところから始めましょう。

Q2. 赤本を使う上での注意点はありますか？

A. 志望大学の入試科目を確認しましょう。

過去問を解く前に，過去の出題科目（問題編冒頭の表）と2025年度の募集要項とを比べて，課される内容に変更がないかを確認しましょう。ポイントは以下のとおりです。科目名が変わっていても，実際は旧課程の内容とほとんど同様のものもあります。

英語・国語	科目名は変更されているが，実質的には変更なし。 ▶▶ **ただし，リスニングや古文・漢文の有無は要確認。**
地歴	科目名が変更され，「歴史総合」「地理総合」が新設。 ▶▶ **新設科目の有無に注意。ただし，「経過措置」(Q3参照)により内容は大きく変わらないことも多い。**
公民	「現代社会」が廃止され，「公共」が新設。 ▶▶ **「公共」は実質的には「現代社会」と大きく変わらない。**
数学	科目が再編され，「数学C」が新設。 ▶▶ **「数学」全体としての内容は大きく変わらないが，出題科目と単元の変更に注意。**
理科	科目名も学習内容も大きな変更なし。

数学については，科目名だけでなく，どの単元が含まれているかも確認が必要です。例えば，出題科目が次のように変わったとします。

旧課程	「数学Ⅰ・数学Ⅱ・数学A・数学B（数列・ベクトル）」
新課程	「数学Ⅰ・数学Ⅱ・数学A・**数学B（数列）・数学C（ベクトル）**」

この場合，新課程では「数学C」が増えていますが，単元は「ベクトル」のみのため，実質的には旧課程とほぼ同じであり，過去問をそのまま役立てることができます。

Q3.「経過措置」とは何ですか？

A. 既卒の旧課程履修者への対応です。

多くの大学では，既卒の旧課程履修者が不利にならないように，出題において「経過措置」が実施されます。措置の有無や内容は大学によって異なるので，募集要項や大学のウェブサイトなどで確認しておきましょう。

◯旧課程履修者への経過措置の例

- 旧課程履修者にも配慮した出題を行う。
- 新・旧課程の共通の範囲から出題する。
- 新課程と旧課程の共通の内容を出題し，共通範囲のみでの出題が困難な場合は，旧課程の範囲からの問題を用意し，選択解答とする。

例えば，地歴の出題科目が次のように変わったとします。

旧課程	「日本史Ｂ」「世界史Ｂ」から１科目選択
新課程	「**歴史総合**，日本史探究」「**歴史総合**，世界史探究」から１科目選択※ ※旧課程履修者に不利益が生じることのないように配慮する。

「歴史総合」は新課程で新設された科目で，旧課程履修者には見慣れないものですが，上記のような経過措置がとられた場合，新課程入試でも旧課程と同様の学習内容で受験することができます。

新課程の情報はWEBもチェック！
より詳しい解説が赤本ウェブサイトで見られます。
https://akahon.net/shinkatei/

科目名が変更される教科・科目

	旧課程	新課程
国語	国語総合 国語表現 現代文A 現代文B 古典A 古典B	現代の国語 言語文化 論理国語 文学国語 国語表現 古典探究
地歴	日本史A 日本史B 世界史A 世界史B 地理A 地理B	歴史総合 日本史探究 世界史探究 地理総合 地理探究
公民	現代社会 倫理 政治・経済	公共 倫理 政治・経済
数学	数学Ⅰ 数学Ⅱ 数学Ⅲ 数学A 数学B 数学活用	数学Ⅰ 数学Ⅱ 数学Ⅲ 数学A 数学B 数学C
外国語	コミュニケーション英語基礎 コミュニケーション英語Ⅰ コミュニケーション英語Ⅱ コミュニケーション英語Ⅲ 英語表現Ⅰ 英語表現Ⅱ 英語会話	英語コミュニケーションⅠ 英語コミュニケーションⅡ 英語コミュニケーションⅢ 論理・表現Ⅰ 論理・表現Ⅱ 論理・表現Ⅲ
情報	社会と情報 情報の科学	情報Ⅰ 情報Ⅱ

大学のサイトも見よう

目　次

●一般方式：個別学部併願型

掲載内容についてのお断り

- 総合型選抜 AO 入試は掲載していません。
- 一般方式の個別学部併願型は，それぞれ代表的な 1 日程を掲載しています（「英語」と「国語」は 2 日程掲載）。

基本情報

学部・学科の構成

大　学

●経済学部

経済学科（国際経済・経営コース，経済学と現代経済コース）
経営学科（ビジネスコース，ビジネスデザインコース，企業会計コース）
金融学科（金融コース，証券アナリストコース）

●人文学部

英語英米文化学科（英語・英語教育コース，文学・芸術・メディアコース，歴史・社会・思想コース，交流文化・観光コース）
ヨーロッパ文化学科（言語と文学コース，芸術と生活コース，歴史と思想コース，環境と社会コース）
日本・東アジア文化学科（日本文化コース，東アジア文化コース，比較・交流文化コース）

●社会学部

社会学科（社会問題とエンパワーメントコース，文化とアイデンティティコース，国際社会とネットワークコース，グローバル・データサイエンスコース〈GDS〉）

メディア社会学科（メディアコミュニケーションコース，パブリックコミュニケーションコース，メディアプロデュースコース，グローバル・データサイエンスコース〈GDS〉）

●国際教養学部

国際教養学科（経済経営学専攻〈EM 専攻〉，グローバルスタディーズ専攻〈GS 専攻〉）

（備考）コース・専攻に分属する年次はそれぞれで異なる。

大学院

経済学研究科 / 人文科学研究科

大学所在地

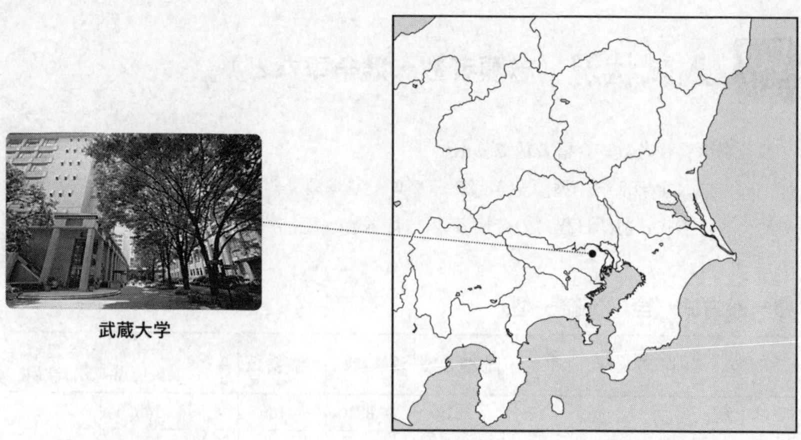

武蔵大学

〒176-8534　東京都練馬区豊玉上 1-26-1

2024年度入試データ

入試状況（志願者数・競争率など）

○競争率は受験者数÷合格者数で算出。

○一般方式（全学部統一型，全学部統一グローバル型，個別学部併願型），大学入学共通テスト方式（前期日程）の合格者数には，繰上げ合格者を含む。

●一般方式（全学部統一型）

学部・学科／専攻		募集人員	志願者数	受験者数	合格者数	競争率	合格者最低点	合格者最低得点率
経済	経済	18	912	881	186	4.7	148.0	74.0
	経営	18	885	859	146	5.9	150.9	75.5
	金融	13	772	750	172	4.4	146.8	73.4
人文	英語英米文化	13	444	432	141	3.1	140.8	70.4
	ヨーロッパ文化	13	486	470	161	2.9	140.2	70.1
	日本・東アジア文化	13	472	457	152	3.0	140.0	70.0
社会	社会	14	686	662	120	5.5	151.8	75.9
	メディア社会	12	610	589	121	4.9	149.0	74.5
国際教養	経済経営学	5	94	66	33	2.0	196.0	65.3
	グローバルスタディーズ	5	213	206	45	4.6	188.0	75.2
合計		124	5,574	5,372	1,277	4.2	―	―

●一般方式（全学部統一グローバル型）

学部・学科／専攻		募集人員	志願者数	受験者数	合格者数	競争率	合格者最低点	合格者最低得点率
経済	経済	2	327	324	100	3.2	207.1	82.8
	経営	2	344	343	99	3.5	209.3	83.7
	金融	2	291	290	103	2.8	204.9	82.0
人文	英語英米文化	4	406	400	268	1.5	190.9	76.4
	ヨーロッパ文化	4	425	416	224	1.9	198.7	79.5
	日本・東アジア文化	4	352	348	105	3.3	208.7	83.5
社会	社会	3	404	396	115	3.4	210.7	84.3
	メディア社会	3	354	348	119	2.9	208.1	83.2
国際教養	経済経営学	5	109	82	37	2.2	267.3	76.4
	グローバルスタディーズ	5	301	294	104	2.8	213.0	85.2
合計		34	3,313	3,241	1,274	2.5	―	―

●一般方式（個別学部併願型）

学部・学科／専攻			募集人員	志願者数	受験者数	合格者数	競争率	合格者最低点	合格者最低得点率
経済	経済		40	481	451	113	4.0	322.5	64.5
	経営		40	985	953	150	6.4	359.8	72.0
	金融		25	712	687	113	6.1	355.3	71.1
人文	英語英米文化		31	336	322	84	3.8	342.1	68.4
	ヨーロッパ文化		31	385	365	51	7.2	201.0	67.0
	日本・東アジア文化		31	332	312	71	4.4	191.0	63.7
社会	社会		43	724	685	203	3.4	315.2	63.0
	メディア社会		36	845	814	189	4.3	345.5	69.1
国際教養	経済経営学	2/4 実施	10	128	93	41	2.3	281.0	70.3
		2/7 実施	10	77	62	21	3.0	283.0	70.8
	グローバルスタディーズ	2/4 実施	10	282	263	71	3.7	288.0	72.0
		2/7 実施	5	154	141	25	5.6	285.0	71.3
合計			312	5,441	5,148	1,132	4.5	―	―

●大学入学共通テスト方式（前期日程）

学部・学科／専攻		募集人員	志願者数	受験者数	合格者数	競争率	合格者最低点	合格者最低得点率
経済	経済	28	504	500	166	3.0	284.0	71.0
	経営	28	549	547	163	3.4	292.3	73.1
	金融	15	184	183	58	3.2	284.5	71.1
人文	英語英米文化	13	305	305	121	2.5	350.0	70.0
	ヨーロッパ文化	13	337	336	144	2.3	210.6	70.2
	日本・東アジア文化	13	183	181	69	2.6	211.8	70.6
社会	社会	20	688	684	262	2.6	365.0	73.0
	メディア社会	16	557	556	168	3.3	360.0	72.0
国際教養	経済経営学	10	119	109	64	1.7	257.5	64.4
	グローバルスタディーズ	5	264	263	89	3.0	379.5	75.9
合計		161	3,690	3,664	1,304	2.8	—	—

●大学入学共通テスト方式（後期日程）

学部・学科／専攻		募集人員	志願者数	受験者数	合格者数	競争率	合格者最低点	合格者最低得点率
経済	経済	5	81	81	26	3.1	307.0	76.8
	経営	5	49	49	33	1.5	288.5	72.1
	金融	5	60	60	33	1.8	292.5	73.1
人文	英語英米文化	4	54	54	9	6.0	225.0	75.0
	ヨーロッパ文化	3	39	39	17	2.3	216.0	72.0
	日本・東アジア文化	3	82	82	23	3.6	234.0	78.0
社会	社会	3	42	42	26	1.6	218.0	72.7
	メディア社会	3	28	28	14	2.0	219.5	73.2
国際教養	経済経営学	5	14	11	8	1.4	191.0	63.7
	グローバルスタディーズ	4	27	27	5	5.4	279.5	79.9
合計		40	476	473	194	2.4	—	—

●総合型選抜 AO 入試

学部		募集人員	志願者数	合格者数
経済	課外活動重視型	45	224	100
	商業系資格重視型		29	13
学部・学科 / 専攻		**募集人員**	**志願者数**	**合格者数**
人文	英語英米文化	10	69	46
	ヨーロッパ文化	7	26	20
	日本・東アジア文化	7	52	20
社会	社会	3	50	6
	メディア社会	3	27	5
国際教養	経済経営学	5	19	13
	グローバルスタディーズ	8	50	32

(備考)

- 経済学部の人数は，経済学科，経営学科，金融学科の合計。
- 人文学部の日本・東アジア文化学科は語学力・文化理解力重視方式，テーマ追究方式の合計。
- 社会学部の社会学科はテーマレポート方式，将来計画書方式（GDS），メディア社会学科は将来計画書方式（GDS），メディア・クリエーション方式の合計。

募集要項（出願書類）の入手方法

一般方式入試および大学入学共通テスト方式入試の出願方法は Web 出願のみとなります。Web 出願ページにアクセスし，必要項目の入力，入学検定料の支払いの後，必要書類の郵送にて出願となります。

2025 年度の入学試験要項および出願方法は，大学公式 Web サイトに 2024 年 11 月頃掲出予定です。

※入学試験要項は，販売はありませんが，窓口配付・郵送は行われます。

問い合わせ先

武蔵大学　アドミッションセンター
〒176-8534　東京都練馬区豊玉上 1－26－1
TEL　03(5984)3715
FAX　03(5984)3874
公式 Web サイト　www.musashi.ac.jp

武蔵大学のテレメールによる資料請求方法

スマートフォンから　QRコードからアクセスしガイダンスに従ってご請求ください。

パソコンから　教学社 赤本ウェブサイト(akahon.net)から請求できます。

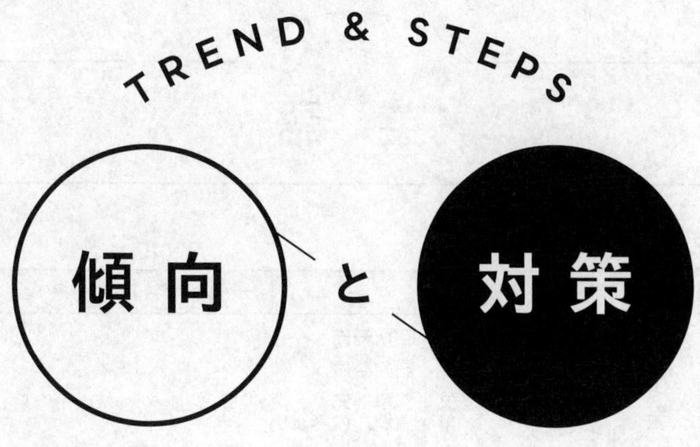

科目ごとに問題の「傾向」を分析し，具体的にどのような「対策」をすればよいか紹介しています。まずは出題内容をまとめた分析表を見て，試験の概要を把握しましょう。

注　意

「傾向と対策」で示している，出題科目・出題範囲・試験時間等については，2024 年度までに実施された入試の内容に基づいています。2025 年度入試の選抜方法については，各大学が発表する学生募集要項を必ずご確認ください。

来年度の変更点

2025 年度の一般方式個別学部併願型において，以下の変更が予定されている（本書編集時点）。

- 国際教養学部国際教養学科経済経営学専攻は，2/4 実施は従来と同様の〔数学重視型〕，2/7 実施は従来のグローバルスタディーズ専攻と同様の〔語学重視型〕で実施される。

英　語

年度	日程		番号	項目	内容
2024 ●	全学部		〔1〕	文法・語彙	空所補充
			〔2〕	文法・語彙	語句整序
			〔3〕	会話文 読解	空所補充 主題，内容真偽
			〔4〕	読解	空所補充，同意表現，内容真偽
			〔5〕	読解	空所補充，内容真偽，段落の主題
	個別学部	2月4日	〔1〕	文法・語彙	空所補充
			〔2〕	文法・語彙	語句整序
			〔3〕	会話文 読解	空所補充 内容真偽
			〔4〕	読解	空所補充，内容真偽，同意表現
			〔5〕	読解	同意表現，空所補充，内容真偽
		2月7日	〔1〕	文法・語彙	空所補充
			〔2〕	文法・語彙	語句整序
			〔3〕	会話文 読解	空所補充 内容真偽
			〔4〕	読解	空所補充，同一用法，内容説明，内容真偽
			〔5〕	読解	同意表現，空所補充，内容真偽

2023 ●	全学部		〔1〕	文法・語彙	空所補充
			〔2〕	文法・語彙	語句整序
			〔3〕	会　話　文 読　　　解	空所補充 内容真偽
			〔4〕	読　　　解	同意表現，空所補充，内容真偽
			〔5〕	読　　　解	内容説明，内容真偽，同意表現，空所補充
	個別学部	2月4日	〔1〕	文法・語彙	空所補充
			〔2〕	文法・語彙	語句整序
			〔3〕	会　話　文 読　　　解	空所補充 内容説明，内容真偽
			〔4〕	読　　　解	同意表現，内容真偽，空所補充
			〔5〕	読　　　解	空所補充，同意表現，内容真偽，内容説明
		2月7日	〔1〕	文法・語彙	空所補充
			〔2〕	文法・語彙	語句整序
			〔3〕	会　話　文 読　　　解	空所補充 内容真偽
			〔4〕	読　　　解	空所補充，同意表現，内容真偽
			〔5〕	読　　　解	空所補充，内容説明，内容真偽

（注）●印は全問，◑印は一部マークシート方式採用であることを表す。

読解英文の主題

年度	日程		番号	主　題
2024	全学部		〔4〕	グランマ・モーゼスのおかんアート
			〔5〕	ポンペイの再生
	個別学部	2月4日	〔4〕	フィンランドのサウナ
			〔5〕	植物および花の象徴性
		2月7日	〔4〕	聴覚障害の予防と治療
			〔5〕	おとぎ話と性差
2023	全学部		〔4〕	ゲームが世の中に与える影響
			〔5〕	先住民の工芸品
	個別学部	2月4日	〔4〕	サンゴを守るために
			〔5〕	シャーロック＝ホームズはなぜだまされたか
		2月7日	〔4〕	動物の家畜化
			〔5〕	エジプトとローマについて

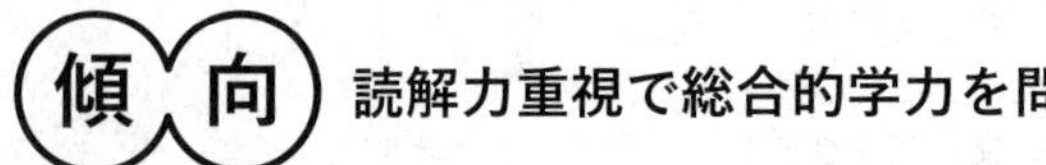

傾向　読解力重視で総合的学力を問う

01　出題形式は？

全学部統一型・個別学部併願型とも，全問マークシート方式，大問５題の出題。試験時間は60分である。

02　出題内容はどうか？

文法・語彙，読解問題とも基本的な内容から幅広く出題されている。文法・語彙は空所補充による短文完成と語句整序の出題が続いており，高校で学習する基本的な文法事項，頻出の熟語，構文などの知識が問われている。会話文問題は状況を理解することがポイントとなる。〔３〕の比較的短い読解問題には，ツアーのプログラムのように実際の日常生活に使われる文章や図表，パンフレット，メール文などが用いられている。長文読解問題では空所補充などの一般的な問題に加えて，段落ごとの内容把握を問う問題が出題されるのが特徴である。また，同意表現など語彙力を試される出題も多い。

03　難易度は？

文法・語彙問題は高校学習範囲内から幅広く出題されている。難易度は全体として標準的であるが，やや難しい問題が含まれることもある。読解問題は標準レベルの英文が出題されているが，処理すべき情報量が多めである。読解問題に時間が割けるよう，時間配分に留意しよう。

01 文法力を養おう

読解問題においても文法力がないと解答できない問題が出題されているので，文法知識の確実な理解および把握は必須である。文法は理解するだけでなく，運用力や応用力を身につけなくてはならない。それには問題演習をして弱点を見つけ，解き直したり類題をこなしたりして強化することが欠かせない。基本的な問題集を夏までに終え，その後は『大学受験 英文法・語法ランダム演習セレクト 600』（Gakken）や『全解説 実力判定英文法ファイナル問題集』（桐原書店），『ランダム総点検 英文法・語法 最終チェック問題集 標準レベル編』（旺文社）で確実な力を養成するとよい。

02 語彙力を養おう

長文読解問題ではパラグラフごとの内容把握を問う問題が出題されるので，ある程度の速度で英文を読む能力が求められる。英文を速く読むためには，英文に数多く触れることももちろん大切だが，語彙力の増強が必須である。前後の内容から語句の意味を類推することが可能なケースも多いが，同意表現の出題も多く，空所補充の中にも単語力を問う問題が含まれているので，ただ単語の意味だけを覚えるのではなく，同意語，反意語を意識してチェックしていく必要がある。特に多義語や複数の用法のある語は，どの意味あるいはどの用法かをしっかりと把握するようにしたい。

03 読解力を養おう

長文読解問題の出題は「パラグラフごと，あるいは文章全体の内容把握」と，空所補充や同意表現といった設問にみられる「語彙力チェック」との 2 種類に大別される。当然，内容把握においても単語力は必要であるが，それと同時に逐語訳一辺倒の学習にならないよう注意が必要である。学校の教科書や市販のリーディング教材等を読む際に，パラグラフごとのまとめを，字数を決めて書いてみるなどの練習が効果的である。まとめたものを読んでみて，きちんと1つの文章として成り立っているかどうかをチェックしてみるとよいだろう。その際，接続語の前後関係などを意識するとさらに効果的である。but や because などのディスコースマーカーに注意して，論理構造を確実につかみ，著者の論点をしっかり把握するよう心がけたい。このような練習で英文を読み込めるようになったら，いくつか設問のバリエーションはあるものの基本的に出題パターンは固定されているので，本書を使って時間配分を意識しながら最終チェックをするとよいだろう。

日本史

年度	日程	番号	内　容	形　式
2024 ●	全学部	〔1〕	古代～中世の政治	選択・配列
		〔2〕	近世の政治・文化・対外関係	正誤・選択
		〔3〕	自由民権運動と明治期の文化	選択・正誤
	個別学部	〔1〕	原始～近世の農業	正誤・選択
		〔2〕	琉球の歴史	選　択
		〔3〕	第二次世界大戦後の国際関係と国内政治	選択・正誤
2023 ●	全学部	〔1〕	古代・中世の政治	選　択
		〔2〕	近世の学問	選択・正誤
		〔3〕	20 世紀の日中関係	選択・正誤・配列
	個別学部	〔1〕	古代～近代の島と対外関係	選択・正誤
		〔2〕	紙の歴史	選択・正誤
		〔3〕	戦後占領期の民主化政策	選　択

（注）●印は全問，◐印は一部マークシート方式採用であることを表す。

ユニークなテーマ史の出題が多い

01　出題形式は？

大問数は例年 3 題で，試験時間は 60 分。全問マークシート方式で，語句や正文（誤文）を選ぶ選択法が中心だが，正誤法や配列法もあり，多様な出題形式がみられる。

なお，2025 年度は出題科目が「日本史探究」となる予定である（本書編集時点）。

02 出題内容はどうか？

時代別にみると，例年どの時代からもほぼ偏りなく出題されている。

分野別では，文化史・社会史・外交史・政治史・経済史から幅広く出題されている。テーマ史が多く，2023 年度は「20 世紀の日中関係」・「古代～近代の島と対外関係」・「紙の歴史」，2024 年度は「原始～近世の農業」・「琉球の歴史」をテーマとした出題があった。

03 難易度は？

難易度は標準的だが，歴史の流れを考えさせる良問が多く出題されている。文章の正誤判断を求められるものも多く，選択肢の吟味には慎重さが要求される。特に，緻密な判断が求められる近現代が出題されている〔3〕に多めの時間を配分した方がよいだろう。全体的には，歴史に対する幅広く深い理解力が求められているといえる。

対策

01 教科書中心の学習

まず教科書を熟読し，基本事項をしっかり押さえておくこと。また，例年配列問題が出題されており，重要な歴史用語を単に暗記するだけではなく，歴史の流れの中で理解を深めるようにしておきたい。具体的には，歴史事象の内容・背景・意義・影響などに注意しながら教科書や参考書などを熟読し，知識をより正確なものにしておく必要がある。欄外の脚注や図版解説に留意し，『日本史用語集』（山川出版社）などを活用して，歴史を多面的にとらえておこう。

02 テーマ史対策

例年，いくつかの時代にまたがるユニークなテーマ史が出題されている。

文化史・社会史・外交史・政治史・経済史などを，自分なりに整理してまとめておくことが必要である。文化史については，美術・学問・文学・宗教・教育・思想・生活などの項目にわたって整理しておくとよいだろう。

03 正誤問題・配列問題対策

文章の正誤判断を求められる問題が多くみられる。特に2文の正誤の組み合わせを問う問題には注意が必要である。また，年代順を問う配列問題も例年出題されている。単に順序の組み合わせを問うものだけでなく，3番目・4番目のものや最初・最後のものを選ぶパターンのほか，接近した年代の配列問題もある。2023年度は1930年代の自由主義的学問に対する弾圧，2024年度は鎌倉幕府成立期の出来事に関する配列問題が出題された。時期が接近した事柄の年代の配列問題の対策として，短期間の経過を理解して説明できるように学習しよう。教科書の記述や資料集の年表・まとめの表を参考に，単に年代を暗記するのではなく，歴史の流れの中で事件の背景や因果関係を丁寧に理解しておきたい。本書を活用した過去問の演習も必ずしてほしい。

世界史

年度	日程	番号	内　容	形　式
2024 ●	全学部	〔1〕	古代ギリシアの盛衰	選　択
		〔2〕	ベトナム史	選　択
		〔3〕	衣服の歴史	選択・正誤
	個別学部	〔1〕	イングランド王家の系譜	選択・正誤・配列
		〔2〕	1920 年代の中国	選択・正誤
		〔3〕	天文学の発展と宇宙開発	正誤・選択
2023 ●	全学部	〔1〕	ノートルダム寺院関連史　⊘地図	選択・正誤
		〔2〕	太平洋関連史	選択・正誤・配列
		〔3〕	ヴァイマル憲法関係史	選択・正誤・配列
	個別学部	〔1〕	ポーランド関係史	正誤・選択
		〔2〕	内陸アジアの諸民族の歴史	選択・正誤
		〔3〕	科学技術に関わる歴史	正誤・選択

（注）●印は全問，◐印は一部マークシート方式採用であることを表す。

年代関連問題と正文（誤文）選択，正誤判定問題に注意

01　出題形式は？

例年大問 3 題で，解答個数は年度により異なるが 40〜50 個程度となっている。試験時間は 60 分。

解答形式は，全問マークシート方式である。ほとんどが語句あるいは正文（誤文）選択問題であるが，2 文の正誤を判定する正誤法や，出来事の生起順を問う配列法の問題も出題されている。また，直接年代を問う問題や同時代の他地域の状況を選択するような年代関連問題もみられるので注意しておきたい。また，2023 年度全学部では地図問題が出題されたが，

2024 年度はいずれの日程も出題されなかった。

なお，2025 年度は出題科目が「世界史探究」となる予定である（本書編集時点）。

02 出題内容はどうか？

地域別では，大問が 3 題と少なく，1 つの大問の中で様々な地域が問われる。アジア地域は 2023 年度は内陸アジアの諸民族から，2024 年度はベトナムや中国から出題された。欧米地域は広範囲のテーマで大問が構成され，その中で各国について問われるパターンが多い。

時代別では，長い期間を扱っている通史的な問題もあり，古代から現代まで幅広く出題されている。第二次世界大戦後からも小問レベルで毎年出題されている。

分野別では，政治史が中心であるが，文化史からのテーマ史も多くみられる。2023 年度は「科学技術」，2024 年度は「衣服の歴史」「天文学」をテーマに出題された。

03 難易度は？

全体としては教科書レベルの知識で解答可能な標準的問題であるが，正誤問題の多さが全体の難度を押し上げている。正確な年代の知識がないと解けないような年代関連問題もあり，不確かな知識では高得点は望めない。限られた試験時間のなかで多くの正誤判定が求められるため焦るかもしれないが，落ち着いて取り組みたい。標準レベルの問題を確実に得点し，やや難以上の問題にどれだけ対応できるかが勝負となるだろう。

対策

01 教科書中心の学習を

出題される問題のほとんどが教科書レベルで対応できるものなので，まずは教科書を精読することから始めるとよい。その際，どのように事象が推移していくか，流れをしっかりととらえることに気を配りたい。正確な年代を覚えられなくても，それぞれの事項が何世紀のいつ頃のことか（初め・前半・中頃・後半・末）を押さえておきたい。また，細かい知識を要求されることがあるので，教科書の本文のみならず，脚注や本文周辺の図表・地図・写真の解説なども精読しておきたい。

02 用語集の利用

出題傾向から考えると，基本事項に付随した細かい知識まで身につけたい。教科書学習をある程度終えたら，『世界史用語集』（山川出版社）などの用語集を用いて，重要事項に付随する内容を確認していくようにしよう。

03 文化史に注意

文化史に関する問題は頻出で対策が必要である。文化史は，単純な暗記作業になりかねないが，これを苦手とする受験生は，『タテヨコ 世界史総整理文化史 改訂版』（旺文社）などの文化史専門の参考書を利用して，体系的な学習を目指すとよい。文化史はとにかく覚えなければ得点源とならないが，系統を理解しながら学習すれば，意外なほどに得点しやすい分野である。文化史を効率よく覚えるためには，系統整理と一覧表の作成が有効である。

04 現代史の学習

現代史は内容が細かくなりやすいのに加えて，連続性と同時代性が複雑に絡まっているが，教科書の記述は同時代性を重視して各国・各地域の連続性が見えにくい編集になっていることが多く，自主学習がしにくい分野である。現代史に関しては外交史を中心に出題される場合が多いので，各国の外交史はもちろん，ヨーロッパ全体や東アジアといった地域内の関係，さらに冷戦期については米ソを基軸として，広範囲の外交事象を網羅的に学習することが重要である。

05 過去問の研究を

最初は教科書の通読で手いっぱいであろうが，過去問にはできるだけ早い時期から目を通しておこう。〈傾向〉で述べた特徴が実感できるであろうし，教科書の内容がどのような形で問われるかを体験することで，自分なりの学習の工夫や効率化を図る際の手がかりになるはずである。また，試験時間内で問題を解いて，ペース配分をつかんでおくことも必要である。

政治・経済

年度	日程	番号	内　容	形　式
2024 ●	全学部	〔1〕	政治・経済問題などの小問集合	選択・配列
		〔2〕	個人の請願権と国家機関	選択・配列
		〔3〕	会社制度と地方自治	選　　択
	個別学部	〔1〕	憲法の保障する基本的人権と司法制度	選択・正誤
		〔2〕	金融政策と社会保障・財政制度	選択・正誤
		〔3〕	農政のあり方	選　　択
2023 ●	全学部	〔1〕	日本と世界の政治経済に関する小問集合	選択・正誤
		〔2〕	マス＝メディアと日本の政治機構	選択・正誤
		〔3〕	金融	選択・正誤・計算
	個別学部	〔1〕	政治・経済問題などの小問集合	選　　択
		〔2〕	国際平和と軍縮	選択・正誤
		〔3〕	環境問題	選択・配列

（注）●印は全問，◑印は一部マークシート方式採用であることを表す。

傾向　経済分野，国際関係に注意

01　出題形式は？

例年，大問3題の構成で，解答個数は40個程度の全問マークシート方式。試験時間は60分。それぞれの大問は，小問集合もしくはリード文を読んだ上で設問に答える形式になっている。適切なもの，もしくは適切でないものを語句や短文の選択肢の中から選ぶ形式が大半であるが，配列法や正誤法も一部に含んでいる。2023年度全学部統一型で出題のあった計算問題は2024年度は出題されていない。

02 出題内容はどうか？

経済分野，政治分野，国際政治分野からバランスよく出題されている。政治分野１題，経済分野１題，小問集合１題という構成となることが多いが，近年は政治分野と経済分野の融合での出題もみられる。教科書の基本事項に沿った問題が多く，時事問題や計算問題もみられる。2024 年度は日本銀行総裁人事や日本銀行による非伝統的な金融政策に関する問題が出題された。経済分野では，金融や戦後の日本経済，労働問題の出題が多い。政治分野では，基本的人権に関連する出題や安全保障，軍縮を含む国際政治の動向や国連を中心とした条約に関連した出題が多い。

03 難易度は？

教科書レベルの標準的な問題が中心であるが，正誤を判定する問題や詳細な知識を問う問題といった，正確な知識がないと正解を導き出せない問題もやや多めに出題されている。マークシート方式であっても，文章の読み取りに時間を要することもあり，全体的にやや難しい。

対策

01 正確な知識を身につける

多くの問題が教科書レベルからの出題である。教科書を精読する際には，『政治・経済用語集』（山川出版社）などの用語集で用語の意味を理解するとともに，『蔭山克秀の政治・経済が面白いほどわかる本』（KADOKAWA）などの参考書も併用し，基本知識の充実をはかりたい。また，詳細な知識も問われるので，『「なぜ？」がわかる！ 政治・経済』（Gakken）などで，しくみや出来事の背景も理解しながら，問題演習を重ねることが重要である。

02 選択問題の形式に慣れる

選択問題の多くは語句（用語）や短文の選択肢の中から適切なもの，もしくは適切でないものを選ぶ形式である。同じような形式・レベルの問題を数多く解いて，武蔵大学の出題形式に慣れておくとよい。

03 経済分野を得意分野にする

国際経済を含む経済分野全般からの出題が比較的多い。経済原理を押さえた上で，現実に起こっている諸問題との関係について整理しておこう。また，経済を学習する上で，統計やグラフを読み取る力は必須である。資料集を使い，データの読み取りに慣れるとともに，解説をしっかり読んで問題意識を高めておきたい。2024 年 3 月の日本銀行による非伝統的な金融政策である量的・質的金融緩和策からの転換の決定など，日頃から国内外の時事問題に関心をもち，不明な点は資料集や用語集で調べるなど，学習と関連づける習慣をつけておくとよい。

数　学

▶数　学

年度	日程	番号	項　目	内　容
2024 ●	全学部	〔1〕	小 問 5 問	(1)2次関数のグラフ (2)最大値・最小値 (3)指数関数 (4)対数関数 (5)数列の漸化式
		〔2〕	小 問 3 問	(1)三角関数 (2)中央値，平均値，最頻値 (3)ヒストグラム，分散，標準偏差
		〔3〕	微・積分法	3次関数のグラフと接線，3次関数のグラフと接線とで囲まれた面積
		〔4〕	図形と計量，図形の性質	三角形の計量
	個別学部	〔1〕	小 問 4 問	(1)2次不等式 (2)2次関数 (3)放物線と直線の交点 (4)必要条件・十分条件
		〔2〕	小 問 4 問	(1)指数の計算 (2)三角関数の最大値 (3)平均値と標準偏差 (4)相関係数
		〔3〕	微・積分法	2次関数の接線の方程式，3次関数の極値，放物線と直線とで囲まれた面積
		〔4〕	ベクトル	ベクトルの大きさ，内積
2023 ●	全学部	〔1〕	三角関数	三角関数の式の値，最大・最小
		〔2〕	小 問 5 問	(1)指数方程式 (2)対数不等式 (3)空間ベクトル (4)2次関数の平行移動 (5)1の3乗根 w
		〔3〕	確　率	さいころの目の出方の確率
		〔4〕	図形と計量，数　列	三角比，漸化式
	個別学部	〔1〕	小 問 4 問	(1)2次不等式 (2)平面ベクトル (3)対数関数 (4)約数の個数と総和
		〔2〕	数　列，指数・対数関数	対数と漸化式，等比数列の和
		〔3〕	図形と計量	内接円の半径
		〔4〕	データの分析	平均値，標準偏差，相関係数，分散

（注）●印は全問，◐印は一部マークシート方式採用であることを表す。

▶数学基礎

年度	日程	番号	項　目	内　容
2024 ●	全学部	〔1〕	小問3問	(1)循環小数 (2)無理数の整数部分・小数部分 (3)2次関数の最大・最小
		〔2〕	データの分析	分散，相関係数
		〔3〕	場合の数	カードを並べて作られる10桁の整数
		〔4〕	対数関数	対数不等式，対数の値，桁数
		〔5〕	微・積分法	3次関数の極大値・極小値，定積分の値，極値をもつための条件
		〔6〕	数　列	等差数列，等比数列
	個別学部	〔1〕	小問3問	(1)2次不等式 (2)循環小数 (3)2次方程式
		〔2〕	データの分析	平均値，分散
		〔3〕	場合の数	グループ分け
		〔4〕	対数関数	対数方程式，桁数，最高位の数
		〔5〕	微・積分法	定積分の計算，微分法の方程式への応用
		〔6〕	数　列	等差数列，等比数列とその和
2023 ●	全学部	〔1〕	小問4問	(1)2次方程式 (2)式の値 (3)2次関数の最大・最小 (4)2次関数のグラフ
		〔2〕	データの分析	分散，相関係数
		〔3〕	確　率	さいころの目の出方の確率，余事象，条件付き確率
		〔4〕	指数・対数関数	対数方程式，桁数
		〔5〕	微・積分法	3次関数の極大・極小，面積，最大・最小，接線の方程式
		〔6〕	数　列	等差数列，等比数列，複利計算
	個別学部	〔1〕	小問3問	(1)2次方程式 (2)循環小数 (3)式の計算
		〔2〕	データの分析	平均値，標準偏差，相関係数
		〔3〕	確　率	コインと玉の確率，同じものを含む順列
		〔4〕	指数・対数関数	指数・対数の計算
		〔5〕	微・積分法	4次関数のグラフ，3次関数の最大・最小，放物線と直線で囲まれた面積
		〔6〕	数　列	等差数列，複利計算

（注）●印は全問，◐印は一部マークシート方式採用であることを表す。

出題範囲の変更

2025年度入試より，数学は新教育課程での実施となります。詳細については，大学から発表される募集要項等で必ずご確認ください（以下は本書編集時点の情報）。

	2024年度（旧教育課程）	2025年度（新教育課程）
数学	数学Ⅰ・Ⅱ・A・B（数列，ベクトル）	数学Ⅰ・Ⅱ・A・B（数列）・C（ベクトル）
数学基礎	数学Ⅰ（数と式，二次関数，データの分析）・Ⅱ（いろいろな式，図形と方程式，指数関数・対数関数，微分・積分の考え）・A（場合の数と確率，整数の性質）・B（数列）	数学Ⅰ（数と式，二次関数，データの分析）・Ⅱ（いろいろな式，図形と方程式，指数関数・対数関数，微分・積分の考え）・A（場合の数と確率，数学と人間の活動）・B（数列）

旧教育課程履修者への経過措置

2025年度においては，旧教育課程履修者に不利とならないよう配慮した選抜試験を実施する。なお，「数学基礎」については，旧教育課程履修者に配慮し，2025年度入試では，数学Bの「統計的な推測」からは出題しない。

標準問題中心の出題

01 出題形式は？

2023・2024年度は，「数学」は大問4題，「数学基礎」は大問6題の出題であった。試験時間はいずれも60分。全問マークシート方式による空所補充問題である。

02 出題内容はどうか？

出題内容は，それぞれの出題範囲内の各分野から満遍なく出題されているが，「数学基礎」はいずれの日程でもほぼ同様の分野と大問構成で出題されている。

03 難易度は？

「数学」は標準的な問題が中心であるが，図形が関連した問題で，かなり難度の高い問題も出題されている。問題により計算量にかなり差があるので，自信をもって迅速に解けるものから手をつけていくとよい。また，問題文が長く，内容を読み取りにくい設問もあるが，落ち着いて読めば意味を正確に把握できるはずであるから，文章をしっかり読み取れる力をつけておきたい。「数学基礎」は基本的な教科書レベルの問題が中心である。

01 教科書の重点学習

まず教科書を完全に理解することである。基本公式を理解し，実際に使えるようにするためにも，教科書や参考書の例題は，見るだけでなく実際に自分の手で解いてみることが大切である。また，練習問題・章末問題は繰り返し解いて，確実に自分のものにしておく必要がある。

02 標準的な問題の演習

マークシート方式の出題だが，「数学」の内容は記述式で出題される標準問題と同様なものである。いわゆる定番パターンの解法に慣れておく必要がある。

03 マークシート方式対策

全問が空所補充問題である。正しい答えを出していても，問題で要求されている形に合わせて正確に答えなければ，点数には結びつかない。特に解答形式がユニークな設問もあるので，過去問を解いて解答の仕方に慣れておくこと。また，選択肢から選ぶときは，不適であるものを素早く見つけられるようにしたい。

04 計算力の充実を

問題によって必要とされる計算量にかなりの差があり，なかには根気のいる計算を必要とするものもある。普段から計算を素早く正確に行うように努めよう。実際に時間を計って過去問に挑戦しておくとよい。

国語

<table>
<tr><th>年度</th><th colspan="2">日程</th><th>番号</th><th>種　類</th><th>類別</th><th>内　容</th><th>出　典</th></tr>
<tr><td rowspan="9">2024
●</td><td colspan="2" rowspan="3">全学部</td><td>〔1〕</td><td>現代文</td><td>評論</td><td>空所補充，内容説明，箇所指摘，鑑賞，書き取り</td><td>「物の言葉」
高良留美子</td></tr>
<tr><td>〔2〕</td><td>現代文</td><td>評論</td><td>空所補充，内容説明，主旨，箇所指摘，内容真偽</td><td>「国語辞書事件簿」
石山茂利夫</td></tr>
<tr><td>〔3〕</td><td>古　文</td><td>日記</td><td>語意，口語訳，人物指摘，文法，文学史，和歌解釈，内容説明，内容真偽</td><td>「更級日記」
菅原孝標女</td></tr>
<tr><td rowspan="6">個別学部</td><td rowspan="3">2月4日</td><td>〔1〕</td><td>現代文</td><td>評論</td><td>空所補充，内容説明，内容真偽，書き取り</td><td>「声と文字」
大黒俊二</td></tr>
<tr><td>〔2〕</td><td>現代文</td><td>評論</td><td>語意，空所補充，内容説明，段落区分</td><td>「『私』をつくる」
安藤宏</td></tr>
<tr><td>〔3〕</td><td>古　文</td><td>日記</td><td>語意，文法，内容説明，人物指摘，敬語，和歌解釈，内容真偽</td><td>「紫式部日記」</td></tr>
<tr><td rowspan="3">2月7日</td><td>〔1〕</td><td>現代文</td><td>評論</td><td>空所補充，内容説明，欠文挿入箇所，書き取り</td><td>「アーカイブの思想」　根本彰</td></tr>
<tr><td>〔2〕</td><td>現代文</td><td>評論</td><td>空所補充，語意，内容説明，内容真偽</td><td>「人間・この劇的なるもの」
福田恆存</td></tr>
<tr><td>〔3〕</td><td>古　文</td><td>物語</td><td>語意，口語訳，人物指摘，和歌修辞，内容説明，文法，内容真偽，文学史</td><td>「狭衣物語」</td></tr>
</table>

2023●	全学部		〔1〕	現代文	評論	空所補充，内容説明，箇所指摘，主旨，書き取り	「『待つ』ということ」　鷲田清一
			〔2〕	現代文	評論	空所補充，内容説明，箇所指摘，内容真偽	「『表現』ということばのエネルギー」　田中克彦
			〔3〕	古　文	軍記物語	文法，語意，内容説明，人物指摘，空所補充，主旨，文学史	「曾我物語」
	個別学部	2月4日	〔1〕	現代文	評論	内容説明，箇所指摘，指示内容，段落区分，内容真偽，空所補充，書き取り	「非アメリカを生きる」　室謙二
			〔2〕	現代文	随筆	空所補充，語意，指示内容，内容説明，表題	「人生論ノート」　三木清
			〔3〕	古　文	歴史物語	口語訳，文法，語意，内容説明，内容真偽，文学史	「大鏡」
		2月7日	〔1〕	現代文	評論	内容説明，空所補充，箇所指摘，内容真偽，書き取り	「歴史修正主義」　武井彩佳
			〔2〕	現代文	評論	空所補充，語意，内容説明，内容真偽，人物指摘	「感染症と経営」　清水剛
			〔3〕	古　文	物語	語意，文法，和歌解釈，口語訳，内容説明，内容真偽，文学史	「住吉物語」

（注）〔1〕は必須問題。〔2〕と〔3〕はどちらかを選択して解答。
●印は全問，◑印は一部マークシート方式採用であることを表す。

傾向　文脈に沿った空所補充，内容真偽は頻出 文章の主題や構成を問う特徴的な問題も

01　出題形式は？

現代文１題と現代文・古文から１題選択の計２題の出題である。全問マークシート方式で，試験時間は60分。

02　出題内容はどうか？

現代文は，評論１題＋随筆１題の組み合わせか，評論２題が出題されている。問題文はやや長めで，小問数も１題あたり10問前後とやや多めである。内容真偽が頻出で，１つ１つの選択肢が本文の内容に合致しているかどうかを問う形式も出題されている。そのほか，書き取りも必出である。

特徴的な設問として，同じ著者の詩を本文の内容を踏まえて説明する文を空所補充で完成させる問題や，指示された内容について書かれている段落を指摘する問題なども出されている。

古文は，説話・物語・日記などが出題されている。中古・中世の作品が主である。本文そのものは比較的読みやすい文章が多いが，文章量はかなり多い。設問は 10 問程度とやや多めであり，内容は，口語訳，語意，内容説明，空所補充，人物指摘などオーソドックスなものが多い。助詞・助動詞の接続や活用形を中心とした文法，文学史の知識もよく問われる。

03 難易度は？

紛らわしい選択肢もあり，全体としては標準ないしやや難のレベルといえるだろう。現代文では，表現や構成についての出題もあり，文章全体の理解が前提になっている。内容を説明する文章の空所を補充し完成させるといった設問など時間のかかる問題が多く，本文も長いため，時間配分に気をつけなければならない。〔２〕〔３〕の選択問題はどちらを解答するか手早く決め，１題 25～30 分を目安に解き進める必要がある。

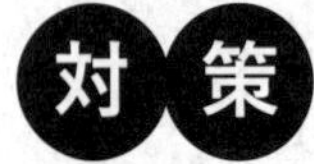

01 現代文

『大学入試 全レベル問題集現代文〈３ 私大標準レベル〉』（旺文社）などを利用して，評論や随筆中心の問題演習を徹底的に積んでおくことが必要である。新書や文庫などでさまざまな分野の文章に触れ，その概念や発想法，使われている術語に慣れておくと有利である。

問題集や過去問演習の際には，すぐに本文を読み始めるのではなく，先にどんな種類の設問があるかを見ておく方がよいだろう。形式段落ごとにキーワードをチェックし，段落の要旨をまとめて小見出しをつけながら論理展開を追う練習を重ねておきたい。そうした学習を意識して続けていけば，空所補充による説明文の完成や内容真偽といった問題にも十分対応できるはずである。

書き取りは必出であるので，漢字の問題集を１，２冊仕上げておこう。

02 古文

まず，文法力・単語力が基本になる。そして発展として，実際の文章の中で個々の部分がどのような意味になるか判別するという練習を重ねることが大切である。その上で，話の展開や人物関係などを素早く把握することを心がけよう。文法に関しては，少なくとも用言・助動詞・助詞などの知識は確実にしておきたい。単語に関しては，基本的な古語の意味はもちろん知っておくべきだが，単語の意味を丸暗記することに力を注ぐのではなく，文章の中でどのような意味をもつのかを類推するという練習をしてほしい。和歌修辞や文学史も国語便覧などでひととおり確認しておくこと。『大学入試 知らなきゃ解けない古文常識・和歌』（教学社）で古典常識や和歌を含む問題に集中的に取り組むのもよいだろう。

文章を読むにあたっては，大まかな話の流れをとらえる力を養っておくとよい。敬語もヒントにして，誰が誰に何をした，誰が誰に何を言った，という内容を丁寧に拾っていけば，全体の話の流れはおのずと明らかになっていくはずである。登場人物が多い場合，簡単な人物関係図などの自分なりのメモを作るのもよい。文章を解釈していく上でわからない部分があれば，古語の知識の不足か，文法を知らなかったからか，古典常識がなかったからか，など原因（弱点）を認識して，きちんと復習すること。また，長めの文章が出題されることが多いので，日頃から長めの文章を読み慣れておくことも大切である。

2024年度

問題と解答

一般方式：全学部統一型・全学部統一グローバル型

問題編

▶試験科目・配点

〔全学部統一型〕

<table>
<tr><th colspan="2">学部等</th><th>教科</th><th colspan="2">科目</th><th>配点</th></tr>
<tr><td colspan="2" rowspan="3">経済・人文・社会</td><td>外国語</td><td>コミュニケーション英語Ⅰ・Ⅱ・Ⅲ，英語表現Ⅰ・Ⅱ</td><td rowspan="3">3教科から2教科を選択[※1]</td><td rowspan="3">200点
（各100点）</td></tr>
<tr><td>選択</td><td>日本史Ｂ，世界史Ｂ，政治・経済，「数学Ⅰ・Ⅱ・Ａ・Ｂ[*1]」から1科目選択</td></tr>
<tr><td>国語</td><td>国語総合（古文は選択問題。漢文を除く）</td></tr>
<tr><td rowspan="7">国際教養</td><td rowspan="4">経済経営学</td><td>外国語</td><td colspan="2">コミュニケーション英語Ⅰ・Ⅱ・Ⅲ，英語表現Ⅰ・Ⅱ</td><td>100点</td></tr>
<tr><td>選択</td><td>日本史Ｂ，世界史Ｂ，政治・経済，「数学Ⅰ・Ⅱ・Ａ・Ｂ[*1]」から1科目選択</td><td rowspan="2">2教科から1教科を選択[※2]</td><td rowspan="2">100点</td></tr>
<tr><td>国語</td><td>国語総合（古文は選択問題。漢文を除く）</td></tr>
<tr><td>数学基礎[*2]</td><td colspan="2">数学Ⅰ・Ⅱ・Ａ・Ｂ</td><td>100点</td></tr>
<tr><td rowspan="3">グローバルスタディーズ</td><td>外国語</td><td colspan="2">コミュニケーション英語Ⅰ・Ⅱ・Ⅲ，英語表現Ⅰ・Ⅱ</td><td>150点</td></tr>
<tr><td>選択</td><td>日本史Ｂ，世界史Ｂ，政治・経済，「数学Ⅰ・Ⅱ・Ａ・Ｂ[*1]」から1科目選択</td><td rowspan="2">2教科から1教科を選択[※2]</td><td rowspan="2">100点</td></tr>
<tr><td>国語</td><td>国語総合（古文は選択問題。漢文を除く）</td></tr>
</table>

〔全学部統一グローバル型〕

教　科	科　　目		配　点
外国語	大学が指定する英語資格・検定試験（4技能）のスコアを，大学が定めた基準により得点化する		150点
選　択	日本史B，世界史B，政治・経済，「数学Ⅰ・Ⅱ・A・B[*1]」から1科目選択	2教科から1教科を選択[※2]	100点
国　語	国語総合（古文は選択問題。漢文を除く）		
数　学基礎[*2]	数学Ⅰ・Ⅱ・A・B ※国際教養学科経済経営学専攻のみ		100点

▶出題範囲

＊1　「数学B」は「数列・ベクトル」から出題する。

＊2　「数学基礎」の出題範囲は以下のとおり。

数学Ⅰ（数と式，二次関数，データの分析），数学A（場合の数と確率，整数の性質），数学Ⅱ（いろいろな式，図形と方程式，指数関数・対数関数，微分・積分の考え），数学B（数列）

▶備　考

※1　3教科を受験することもできる。その場合，高得点の2教科を合否判定に使用する。

※2　2教科を受験することもできる。その場合，高得点の教科を合否判定に使用する。

- 「国語総合」は，古文を選択せずに，現代文だけでも受験可能。選択問題の現代文と古文を両方解答した場合は，高得点の解答を合否判定に使用する。
- 国際教養学部国際教養学科経済経営学専攻においては，選択科目で「数学」を受験した場合でも「数学基礎」は必須。また，「数学基礎」の得点が基準点に満たない場合は，不合格とすることがある。

英 語

（60 分）

〔Ⅰ〕 次の各文の空所に入れるべき最も適切な語(句)を①～④の中からそれぞれ1つずつ選びなさい。

問 1 There are [1] ways to complete this particular task than I originally thought.

① further more ② many more

③ much more ④ such more

問 2 All you have to do is [2] your homework.

① finish ② to finishing

③ for finishing ④ to be finished

問 3 The greater your ability to send and receive nonverbal signals, the [3] your social skills are likely to be.

① clearer ② easier ③ kinder ④ stronger

問 4 The marketing team at Big Tech Giant has created a series of [4] immoral commercials, designed to trick social media-oriented consumers.

① exactly ② deliberately

③ logically ④ patiently

問 5 Perhaps we would be happier as a society if we all lived [5] accordance with nature.

① in ② of ③ on ④ to

問 6 Groundhog Day, [6] celebrated in a small town to welcome the arrival of spring, has become a prominent annual event thanks to the movie *Groundhog Day.*

① origin ② originate ③ originated ④ originally

問 7　Please note that it is necessary to receive [7] from the building manager if you intend to make major changes to the apartment's interior.

① approval　② benefits　③ learning　④ praise

〔Ⅱ〕　次の各文において，それぞれ下の選択肢①～⑤の語を並べ替えて空所を補い，和文と同じ意味の英文を完成させるとき，空所 [1] ～ [6] に入れるべき語を選択肢の中からそれぞれ1つずつ選びなさい。

問 1　I'm [1] (　　) (　　) (　　) [2] do his homework.

［ジョンは宿題をやってきていないに違いない。］

① forgot　② John　③ sure

④ that　⑤ to

問 2　The high salaries offered by the company [3] its (　　) (　　) (　　) [4] .

［その会社の給料の高さが一時的に従業員にやる気を出させた。］

① a　② employees　③ for

④ motivated　⑤ while

問 3　"Appropriation is what novelists do. Whatever we [5] (　　), knowingly or unknowingly, a borrowing. Nothing (　　) [6] (　　)."

－Margaret Drabble

［「流用とは小説家の本分である。我々が書くものとは，その意図はともかく，何であれ借り物なのだ。無から生まれるものは存在しない。」

――マーガレット・ドラブル］

① comes　② from　③ is

④ nowhere　⑤ write

〔Ⅲ〕 次の各問に答えなさい。

問 1 次の2つの会話を完成させるために，空所 [1] と [2] に入れるべき最も適切な文を①～④の中からそれぞれ1つずつ選びなさい。

会話 1

Passenger：Please take me to Kyoto station.

Taxi driver：Are you going to take a train?

Passenger：Yes, the six o'clock train to Tokyo.

Taxi driver：[1]

① Please say hello to your friend.

② I can pick you up at Kyoto station.

③ Oh, no! We won't make it in time.

④ How long is the wait?

会話 2

Kate：Hi all. We need to come up with a new menu item by Friday for our restaurant opening downtown. What stage are the plans at now?

John：So far, we've come up with four items. Choosing just one is proving difficult.

Kate：Hmm, the ideas sound good, but these ingredients aren't that popular with the group of customers we surveyed.

John：[2]

① Sounds perfect! Make sure you send me a plan before the deadline.

② True, but remember the visual appeal of the item is just as important as its taste.

③ Wow! What's that?

④ Positive publicity would really hurt the restaurant's reputation.

問 2 次の文を読み，各問の答えとして最も適切なものを①～④の中からそれぞれ1つずつ選びなさい。

Was your train delayed?

For a delay of 60 minutes or more, you shall receive compensation amounting to 25% of the amount paid for a single journey. For a delay of 120 minutes or more, the compensation is 50%.

For round-trip journeys, compensation is calculated on the basis of half the ticket price for the delayed part of the trip.

Holders of season tickets (e.g. weekly or monthly tickets) are entitled to lump-sum* compensation for each delay of 60 minutes or longer:

Lump-sum Compensation Amount

Types of journeys	2nd class	1st class
Regional and local transport	EUR 1.50	EUR 2.25
Long-distance transport	EUR 5.00	EUR 7.50

*lump-sum 一括の

1. What does this article mainly discuss? [3]
   ① How to purchase a seasonal ticket
   ② How to receive a ticket discount
   ③ How to make a connection to a different train
   ④ How to calculate compensation

2. How much money will you get back if you hold a 1st class season ticket

and you experience three delays on long-distance journeys of 30 minutes, 65 minutes, and 70 minutes in its period of validity? [4]

① 4.50 Euros
② 10.00 Euros
③ 15.00 Euros
④ 22.50 Euros

〔Ⅳ〕 次の文章を読み，問に答えなさい。

Anna Mary Robertson Moses (1860–1961), professionally known as Grandma Moses, might seem an unlikely candidate for America's favorite painter. While she is known as a famous folk artist [1] in scenes of the American countryside, she actually started painting at the age of seventy-eight. Before her career as an artist, she ran a farm with her family and raised five children.

Although her professional nickname is "Grandma," her success resembles that of Cinderella. Moses began embroidery* when she was seventy-two years old and was proficient at it but had to quit due to health problems. She replaced her needles with brushes and started to paint various aspects of farm life in rural North America. She painted seasonal activities in her neighborhood, such as making apple butter, collecting maple syrup, holding a quilting circle, and celebrating Christmas—mostly realistically, but sometimes with surprisingly bold imagination. She never received formal art education, but her simple and warm style <u>inspired</u>(2) American art lovers. One art collector, Louis J. Caldor, discovered her paintings in 1938 and fell in love with them. Since then, her [3] has only grown. When she died in 1961 at the age of 101, even President John F. Kennedy mourned her death.

We should take note of the fact that Moses started her artistic career as an embroiderer. Can you name a famous embroiderer in the history of art?

Unless you are an expert in textiles, you probably cannot. Embroidery requires highly advanced (5) handicraft skills and a good sense of design, but has not been considered proper "art," partly because it was and is "women's work." Embroidery was historically performed by women, from rural farm wives to royal princesses, in many cases as a hobby that contributed to housekeeping. Even when embroiderers were paid, their work was regarded as a commercial product created by anonymous craftswomen; in other words, the embroiderers were not treated as artists. We do not know who embroidered the splendid wedding gowns of princesses, though they are most definitely works of art.

If Grandma Moses had not suffered from health problems and continued doing embroidery, she might not have become a famous artist. She was recognized (7) in the mainstream art world because she painted. Painting is a typical "art," which has traditionally been dominated by formally trained male artists, and it is not until recently that the Western art world came to recognize female artists and artists without formal training. In order to be an artist, however, you have to paint or do other things officially treated as "art." If you are a woman who weaves, knits, or embroiders, you are typically not considered to be an "artist." Rather, you are just a woman with special skills.

"Okan art" is a relevant term in this context. It tries to approach handicraft works made by women—especially those made by mothers and housewives as a hobby—as "art." "Okan" is an informal way to say "mother" in Japanese. Perhaps Grandma Moses is the queen of Okan art, [8] her paintings, the fruits of her life as a mother and a farm wife, are now widely appreciated as artistic works. There must be many other Okan artists who were concealed behind this biased system of art, whom we failed to recognize as artists. It is high time to recognize such unknown female artists: the countless Okans weaving, knitting, and embroidering.

*embroidery 刺繍(ししゅう)

問 1 空所 [1] に入れるべき最も適切な語を①～④の中から1つ選びなさい。

① believing ② resulting

③ specializing ④ moving

問 2 下線部(2) inspired の言い換えとして最も適切な語を①～④の中から1つ選びなさい。[2]

① distracted ② stimulated

③ demonstrated ④ gathered

問 3 空所 [3] に入れるべき最も適切な語を①～④の中から1つ選びなさい。

① reputation ② frustration

③ association ④ realization

問 4 第1段落から第2段落(Anna Mary Robertson ... mourned her death.)の内容と一致するものを①～④の中から1つ選びなさい。[4]

① It was only after Moses had accomplished her career as a painter that she started embroidery.

② Moses replaced her needles with brushes because she thought she could express herself better.

③ Moses originally started painting because she thought selling her paintings for money would help her to raise her five children.

④ Although Moses was not trained at an art school, she was highly respected as an artist.

問 5 下線部(5) advanced の言い換えとして最も適切な語を①～④の中から1つ選びなさい。[5]

① sophisticated ② characterized

③ awarded ④ profitable

問 6 第3段落(We should take ... works of art.)の内容と一致するものを①～④の中から1つ選びなさい。[6]

① Embroidery has typically been performed by women throughout history.

② Only when embroiderers earn money as professionals are they treated as artists.

③ People know the names of famous embroiderers in art history, even if they are not textile experts.

④ Embroidery has been a popular hobby among women because it gives them the opportunity to work on royal gowns.

問 7 下線部(7) recognized の言い換えとして最も適切な語を①〜④の中から1つ選びなさい。 7

① realized ② arrived ③ known ④ taken

問 8 空所 8 に入れるべき最も適切な語を①〜④の中から1つ選びなさい。

① at ② of ③ to ④ for

問 9 第4段落から第5段落（If Grandma Moses … knitting, and embroidering.）の内容と一致するものを①〜④の中から1つ選びなさい。 9

① The phrase "Okan art" aims to recognize practical activities traditionally associated with women as art.

② Going to art school is often the most efficient and easiest way to become an artist.

③ Okan art will be recognized as art in the near future because it is increasingly being performed by highly creative professionals.

④ Grandma Moses could be considered the queen of Okan art because she raised five children.

問10 本文全体の内容と一致するものを①〜④の中から1つ選びなさい。 10

① We have to pay more attention to beautiful paintings and stop taking them for granted.

② Grandma Moses is one example of an artist who was highly regarded despite having no formal training.

③ Whether an activity is considered artistic or not solely depends on whether or not it is formally taught in schools.

④ Grandma Moses's abilities never received sufficient attention because she was totally engaged in embroidery throughout her career.

〔V〕 次の文章を読み，問に答えなさい。

Pompeii: Rebirth of Italy's Dead City That Nearly Died Again

The ancient Italian city of Pompeii historically has had its fair share of ups and downs. Back in 79 A.D., a volcano erupted and turned the lively city into a wasteland in just a few hours. The [1] event buried the city and its people in volcanic ash. Then in this century, the excavated* Roman city seemed close to a second death. This time not by a volcano, but by years of inattention and mismanagement of the heavily visited ruins. In 2010, a building where ancient Roman soldiers had trained collapsed. Because of this, Pompeii nearly lost its place as a UNESCO World Heritage Site, an honor it received in 1997.

But these days, Pompeii is beginning to experience a rebirth. A restoration project to prevent more collapses includes new excavations. The work has led to new discoveries about the everyday lives of the ancient people of Pompeii. The restoration is also helping to limit the effects of a new threat: climate change. Climate extremes—including increasingly intense rainfall and periods of extreme heat—could threaten Pompeii.

The new director of the ruins, archaeologist Gabriel Zuchtriegel, is using the latest computer technology to help restore Pompeii. He compares the ancient city's fast destruction, which began in the 1970s, [3] "an airplane going down to the ground and really risking breaking" apart. "Some conditions are changing and we can already measure this," Zuchtriegel told The Associated Press. The Great Pompeii Project was a $120 million restoration effort that ended in 2016. It helped keep the ruins from further harm. Zuchtriegel said, "It was all spent and spent well."

However, future problems are expected to develop for the ruins, which were first excavated 250 years ago. The ruins at Pompeii were first discovered in the 16th century, *Encyclopedia Britannica*** says on its website. Zuchtriegel said that moving forward, the use of new technology will be critical to help fight the ancient city's "battle against time."

[5]

The treasures of Pompeii include numerous pieces of art found on the floors and walls. Depending on humans alone to search for signs of climate-caused damage would be nearly impossible. So artificial intelligence (AI) tools and drones will help collect and process data and images in real time.

Since last year, AI and robots are doing what otherwise would be impossible jobs—such as putting wall paintings that have collapsed into very small pieces back together. Among the goals is to rebuild the painted ceiling of the House of the Painters at Work. It was destroyed by Allied bombing*** during World War II. Robots will also help repair damage to collapsed structures in a building believed to have been used by Roman soldiers.

Seventeen of Pompeii's 66 hectares remain unexcavated. They are still buried deep under lava stone. There is a [6] debate over whether they should stay buried. At the start of the 19th century, Zuchtriegel said, the idea was to "excavate all of Pompeii." But in the years leading up to the Great Pompeii Project, people were not [7] to excavate. Zuchtriegel said the thinking was "because we have so many problems we won't excavate anymore." The head archaeologist before him, Massimo Osanna, took a different approach to the restoration. Osanna targeted excavation in places that needed to be fixed and strengthened. This aimed to prevent further collapses. "But it was a different kind of excavation. It was part of a larger approach where we have the combination of protection, research, and accessibility," Zuchtriegel said.

Helping the Community Too

Today, the goals of the Pompeii park go further than protecting ruins. The nearby towns have suffered from organized crime and high youth unemployment. This has caused many young people to leave. So the archaeological park is bringing together students from the area's wealthy institutions and students from working class neighborhoods. They will perform together at Pompeii's Great Theater. "We ... can try to contribute to a change," Zuchtriegel said. There are also plans to create public walking grounds in an unexcavated part of Pompeii.

*excavated　発掘された

***Encyclopedia Britannica*　『ブリタニカ百科事典』

***Allied bombing　連合国軍による爆撃

出典

Frances D'emilio, "Pompeii: Rebirth of Italy's Dead City That Nearly Died Again." Adapted by Anna Matteo. *Voice of America*, February 23, 2022. https://learningenglish.voanews.com/a/pompeii-rebirth-of-italy-s-dead-city-that-nearly-died-again/6455819.html

問 1　空所 [1] に入れるべき最も適当な語を①～④の中から1つ選びなさい。

① constructive　　② destructive

③ panicked　　④ rigid

問 2　第1段落から第2段落(The ancient Italian ... could threaten Pompeii.)の内容と一致するものを①～④の中から1つ選びなさい。[2]

① UNESCO eventually stripped the title of World Heritage Site from

Pompeii because of the destruction and people's disregard for the historical artifacts.

② Climate change is one of the risks that the restoration project of Pompeii has to deal with.

③ The glories of ancient Rome are represented in the ruins of Pompeii, so over the years, people have preserved the city with extreme care.

④ Further excavation of Pompeii is not included in the city's restoration project plan.

問 3 空所 [3] に入れるべき最も適切な語を①〜④の中から1つ選びなさい。

① by ② for ③ in ④ to

問 4 第3段落から第4段落(The new director … "battle against time.")の内容と一致するものを①〜④の中から1つ選びなさい。 [4]

① According to Gabriel Zuchtriegel, computer technology is hardly advanced enough to be used for the preservation of Pompeii.

② A part of Pompeii was destroyed by a plane crash in the 1970s, and $120 million was raised to repair the damage.

③ Gabriel Zuchtriegel believes that the expense of the Great Pompeii project was too costly.

④ Gabriel Zuchtriegel insists that new technology is indispensable to protect the ruins of Pompeii from subsequent destruction.

問 5 第5段落から第7段落(The treasures of … accessibility," Zuchtriegel said.)の内容を短く表現した小見出しとして空所 [5] に入れるべき最も適切なものを①〜④の中から1つ選びなさい。

① AI to the Rescue

② Archaeologists and Their Values

③ Robots and the War

④ The History of Pompeii

問 6 空所 [6] に入れるべき最も適切な語句を①〜④の中から1つ選びなさ

い。

① short-term　② long-running

③ ready-made　④ close-up

問 7　空所 7 に入れるべき最も適切な語を①～④の中から１つ選びなさい。

① alert　② rapid　③ haste　④ quick

問 8　第５段落から第７段落(The treasures of ... accessibility," Zuchtriegel said.)の内容と一致するものを①～④の中から１つ選びなさい。 8

① In the years before launching the Great Pompeii Project, people promoted digging out the whole city of Pompeii.

② Massimo Osanna was the archaeologist who was in the position to lead the Great Pompeii Project before Gabriel Zuchtriegel.

③ One of the major tasks of the Great Pompeii Project was to excavate the remaining 49 hectares of Pompeii.

④ The Great Pompeii Project aimed to prevent more collapses; therefore, it focused more on research than excavation.

問 9　第８段落(Today, the goals ... part of Pompeii.)の内容と一致しないものを①～④の中から１つ選びなさい。 9

① There are plans to build public walkways in parts of Pompeii park.

② The Pompeii park aims to protect the ruins as well as support nearby communities.

③ Pompeii's Great Theatre is a project in which students from various backgrounds can join.

④ The Pompeii park provides employment counseling for young people who otherwise have difficulties finding work.

問10　本文全体の内容と一致するものを①～④の中から１つ選びなさい。 10

① The achievements of the Great Pompeii Project are less appreciated by the public than they deserve.

② Pompeii City is about to go bankrupt because of the decreasing number of tourists and the rising restoration fees.

③ Gabriel Zuchtriegel believes that an additional restoration project is needed to purchase AIs and robots to preserve Roman buildings.

④ Pompeii is being restored not only as an excavation site but also as a place where local people will connect.

日本史

（60分）

〔Ⅰ〕次の文を読んで，設問に答えよ。

前方後円墳は各地に広く分布しているが，墳形や副葬品がほぼ共通していることから，古墳時代には一つの政治的な連合体が形成されていたと考えられている。(a: 前方後円墳は各地に広く分布している)

5世紀はじめ頃から，倭の王は支配権を朝鮮半島南部にまで及ぼそうとし，さらに中国の南朝(宋など)に朝貢して，強力な支配権を打ち立てようとしていた。倭の五王と呼ばれる彼らのうち，「武」という王は，埼玉県の稲荷山古墳で出土した鉄剣にその名が見える［ A ］大王(［ B ］天皇)と同一人物だったという説が有力である。

645年の乙巳の変を発端とし，701年に大宝律令を完成させるまでに，ⓑ日本(倭)は段階的に中国の律令制を受け継ぎ，新たな体制へと移行した。

奈良時代には，聖武天皇が国分寺・国分尼寺や東大寺の大仏を設け，また孝謙太上天皇が信任した僧道鏡が台頭するなど，仏教が政治に強い影響を及ぼしてきた。それらの現象が生じたのは，仏教が［ C ］という役割を期待されて普及したためである。

平安時代に入ると藤原氏北家が勢力を拡大し，10世紀後半からほぼ1世紀の間にⓒ摂関政治が確立された。

11世紀後半になるとⓓ院政が始まり，白河上皇・鳥羽上皇の時に最盛期を迎えた。その後，保元・平治の乱を経て，ⓔ平清盛が急速に台頭する。

1179(治承3)年に平氏がクーデターを起こして後白河法皇を幽閉したことを契機として，全国的な内乱が起こり，最終的に平氏は滅亡して，ⓕ鎌倉幕府が成立する。鎌倉幕府では源頼朝の死後，北条氏が実権を握った。その過程ではいくつもの闘争があったが，最終的にはⓖ北条氏の支配は支持され，幕府の滅亡まで続いた。鎌倉幕府の滅亡後，朝廷が実権を握った短い期間を経て，ⓗ室町幕府が成立した。

問1　下線部ⓐについて述べた文として，明らかな誤りを含むものを，次の①〜④から1つ選べ。 1

①　3世紀後半頃に，近畿地方から瀬戸内海沿岸の各地で造られはじめた。

②　朝鮮半島北部から，日本列島の東北地方全体にまで分布している。

③　4世紀後半頃までに，九州南部から東北地方南部に広がった。

④　5世紀前半には，大阪平野で巨大な前方後円墳が築造された。

問2　文中の空欄A・Bに入る語句の組み合わせとして，最も適切なものを，次の①〜④から1つ選べ。 2

①　A　大国主　B　継体　②　A　大国主　B　雄略

③　A　獲加多支鹵　B　継体　④　A　獲加多支鹵　B　雄略

問3　下線部ⓑについて述べた文として，明らかな誤りを含むものを，次の①〜④から1つ選べ。 3

①　土地と民が一律に天皇(大王)に帰属する原則のもと，戸籍が作成され税の徴収が行われた。

②　効率的に耕作地を管理するための工夫として，土地を方形に区画する条里制が施行された。

③　律令制の発足時から，氏族の家柄が固定し，特定の官職を世襲的に受け継ぐことが一般的だった。

④　その後，嵯峨天皇の頃から，律令制に基づく政治はおもに格式によって運営されていった。

問4　文中の空欄Cに入る言葉として，最も適切なものを，次の①〜④から1つ選べ。 4

①　殺生禁断　②　極楽往生　③　専修念仏　④　鎮護国家

問5　下線部ⓒに関して述べた文として，最も適切なものを，次の①〜④から1つ選べ。 5

①　摂関政治の発端は，嵯峨天皇の信任を得た藤原不比等が皇太子に娘を嫁がせたことにまでさかのぼる。

②　摂関政治は，天皇を身内に取り込んだ上で，天皇の権威を否定して自らの意向を政治に反映させた政治である。

③　摂関政治のころ，現地に赴任せず地方行政を都で統轄する者は受領と呼

ばれ，その中に過酷な徴税を行う者も現れた。

④ 儀式(年中行事)が政治の一部として重視され，国政の会議も儀式と同じように先例通り運営されることが重んじられた。

問 6 下線部ⓒに関連して，この時代は武士が台頭する時代と重なっているが，10・11 世紀の合戦に関する文として，明らかな誤りを含むものを，次の①～④から1つ選べ。 6

① 藤原秀郷・平貞盛らが，坂東で反乱を起こした平将門を滅ぼした。

② 源義家が，後三年合戦で豪族一族の内紛を制圧した結果，奥州藤原氏が台頭した。

③ 源頼義が，陸奥で足かけ 12 年にわたって戦争し，現地勢力の清原氏を滅ぼした。

④ 源頼信が，房総半島で反乱を起こした平忠常を降伏させた。

問 7 下線部ⓓについて述べた文として，最も適切なものを，次の①～④から1つ選べ。 7

① 天皇家の家長である上皇が，天皇の位にある父・兄・弟・子・孫に代わって政治を行った。

② 国政を担う太政官を無視して上皇が政治を独裁した。

③ 院近臣と呼ばれる，上皇と個人的な関係が深い貴族・僧侶・武士や受領などが，政治的に活躍の場を得た。

④ 上皇と姻戚関係を結んだ摂関家が荘園を集積して経済力を高めた。

問 8 下線部ⓔに関連して，平清盛や平氏に関する文として，明らかな誤りを含むものを，次の①～④から1つ選べ。 8

① 平清盛の祖父が北面の武士に登用されたことから窺われるように，平氏の台頭は院政によって促された側面がある。

② 平清盛は太政大臣まで出世し，また安徳天皇の外戚となった。

③ 平清盛の台頭の背景には，武士の力が保元・平治の乱で貴族社会に浸透したことがあった。

④ 朝廷における平清盛の権力のあり方は，貴族的な性格を完全に脱却していた。

問 9 下線部ⓕに関連して，鎌倉幕府の成立に関わる次の①～⑤の出来事を年代

の古い順に並べたとき，3番目にあたるものを1つ選べ。 9

① 源頼朝が征夷大将軍に任命された。

② 源頼朝が守護と地頭を任命する権利を獲得した。

③ 奥州藤原氏が滅亡した。

④ 壇の浦の戦いで平氏が滅亡した。

⑤ 富士川の戦いの後，源頼朝が鎌倉に侍所を設けた。

問10 下線部ⓖについて述べた文として，明らかな誤りを含むものを，次の①～④から1つ選べ。 10

① 後鳥羽上皇が北条義時の討伐を命じた承久の乱で，北条政子の呼びかけにより東国武士が結集し，後鳥羽上皇の軍に勝利した。

② 北条泰時は，御家人が直面する法的問題を，道理や源頼朝以来の先例に基づいて解決できるよう，貞永式目を定めた。

③ 北条泰時は，連署を設置し，評定衆を交えた評定を創設することにより，政治から独裁を排除する仕組みを設けた。

④ 4代将軍藤原頼経は摂関家の出身だったため，北条泰時の死後の一時期，幕府の実権は摂関家に握られた。

問11 下線部ⓗについて述べた文として，最も適切なものを，次の①～④から1つ選べ。 11

① 成立当初の室町幕府では，初代将軍足利尊氏が軍事面を指揮し，弟の直義が司法・行政面を担当する形で権力が二分された。

② 南北朝の合一を果たした3代将軍足利義満は，鎌倉公方の足利基氏を討伐して幕府の支配を安定させた。

③ 室町幕府の守護は，守護請を認められ，守護の取り分として荘園の年貢の6割を取得する権利が認められていた。

④ 室町幕府は，1419(応永26)年，倭寇に対抗するため，朝鮮に大軍を送ってその根拠地を征圧した。

〔Ⅱ〕 次の文を読んで，設問に答えよ。

日本とオランダの交流は，1600(慶長5)年，オランダ船リーフデ号が豊後に漂着し，その乗組員であったヤン＝ヨーステンらを徳川家康が外交・貿易の顧問として重用したことに始まる。戦国時代から安土・桃山時代ⓐにかけて，日本と西洋の交流の中心はポルトガルとスペインⓑであったが，その後イギリスⓒとオランダがアジアへ進出し，日本へもやってくるようになった。徳川幕府は，1609年にオランダ，続いて1613年にイギリスとの貿易を許可したが，オランダの勢いがイギリスをしのぎ，ポルトガルとスペインに代わる新たな貿易相手国として台頭するようになった。

オランダ商館は，当初は平戸に置かれたが，いわゆる鎖国の完成とともに長崎へ移された。長崎は幕府の直轄地で唯一の海外に開かれた都市として繁栄したが，オランダとの交流には，さまざまな統制が加えられた。また徳川幕府はオランダに海外情報を提出させるとともに，オランダ商館長による江戸参府を義務づけた。これらは幕府権力を強化するための手段，あるいは幕府の権威を内外に示す方策でもあった。長崎貿易ⓓについては，17世紀を通じて盛んであったが，その一方で著しい金銀銅流出という問題を生み出したため，新井白石による正徳の治などのなかで，貿易は制限されるようになった。

徳川吉宗ⓔの治世には実学が奨励され，キリスト教関係以外の漢訳洋書の輸入制限が大幅に緩和された。また吉宗は，青木昆陽や野呂元丈にオランダ語の修得を命じて，蘭学興隆の基礎を築いた。18世紀後半以降，蘭学は医学や天文学ⓕなどの分野を中心に発達するようになった。民間でも蘭学に対する関心が高まるにつれ，蘭学を専門に教える私塾ⓖも登場した。オランダ商館付の医師であったシーボルトが，長崎郊外に営んだ鳴滝塾はとくに有名である。その塾からは，多くのすぐれた人材が生まれたが，シーボルトが国禁を犯し国外追放を命じられたため，蘭学に対する幕府権力の統制もしだいに強化されていった。

アヘン戦争における中国の敗北を契機として，西洋列強のアジア進出に深刻な脅威を感じた幕府ⓗは，それまで以上の国際情報の収集と軍事力の強化に乗り出した。オランダに対しては，より詳細な海外情報の提供を求めるとともに，軍事面とくに艦船に関する知識や技術を依存するようになった。幕府は長崎に海軍伝習所を設けてオランダ人を教官に招き，抜擢された幕臣らに西洋航海術を学ばせる一方，軍艦を購入して海軍力の強化をはかった。日米修好通商条約の批准書交換のためアメリカへ派遣された使節の随行艦として太平洋を往復した咸臨丸，戊辰戦争時に幕府海軍の旗艦であった開陽丸などの洋式の幕府艦船は，オランダで建造されたものであった。

このように，オランダは江戸時代を通して日本との交際を維持した唯一の西欧国家であった。19世紀には，その国力はイギリスやフランスには遠く及ばなかったが，それでもオランダが近代日本への橋渡しの役割を果たした意義の大きさは，正当に評価されるべきであろう。

問１　下線部ⓐに関する以下の文X・Yの正誤の組み合わせとして，最も適切なものを，次の①～④から１つ選べ。 1

X　織田信長は，指出検地や関所撤廃を征服地に広く実施し，自治的都市として繁栄を誇った堺を武力で屈伏させて直轄領とした。

Y　豊臣秀吉は，京都に新築した聚楽第に後陽成天皇を迎えて歓待し，その後に北条氏を滅ぼし東北も平定して全国統一を実現した。

①　X正　Y正　②　X正　Y誤

③　X誤　Y正　④　X誤　Y誤

問２　下線部ⓑに関して，ポルトガルとスペインについて述べた以下の文a～dのうち，最も適切なものの組み合わせを，次の①～④から１つ選べ。 2

a　種子島に漂着した中国船に乗っていたポルトガル人から，種子島時尭が鉄砲を購入した。

b　幕府はポルトガル商人に糸割符仲間をつくらせ，そこで輸入生糸の価格を決めさせた。

c　スペイン船のサン＝フェリペ号の事件をきっかけに，豊臣秀吉はバテレン追放令を発した。

d　徳川家康はスペイン領メキシコ(ノビスパン)との通商を求め，田中勝介を派遣した。

①　a・c　②　a・d　③　b・c　④　b・d

問３　下線部ⓒに関して，江戸時代のイギリスに関して述べた文として，最も適切なものを，次の①～④から１つ選べ。 3

①　東インド会社を設立してアジアに進出し，長崎の出島に商館を開いた。

② 軍艦フェートン号の長崎侵入事件が起こり，その後もイギリス船が日本近海に出没したため，幕府は異国船打払令を出した。

③ 1860年代半ばの横浜港における輸出入品の取引額は，アメリカ・フランスとほぼ同じ金額であった。

④ 生麦事件では，イギリス公使の通訳であったヒュースケンが殺害された。

問4 下線部ⓓに関して，鎖国下の長崎貿易について述べた以下の文X・Yの正誤の組み合わせとして，最も適切なものを，次の①～④から１つ選べ。 4

X オランダ船・中国船は，おもに中国産の生糸・絹織物・書籍や，南洋産の砂糖・蘇木・香料・獣皮などをもたらした。

Y 日本は，対価として金・銀を支払ったが，金・銀の流出が問題になると，銅や俵物とよばれる海産物を輸出するようになった。

① X 正 Y 正　② X 正 Y 誤

③ X 誤 Y 正　④ X 誤 Y 誤

問5 下線部ⓔに関する文として，最も適切なものを，次の①～④から１つ選べ。 5

① 徳川綱吉以来の側用人政治をあらため，譜代大名を重視した。

② 消火制度を改善するため組織した町火消が，明暦の大火で活躍した。

③ 上げ米を実施するかわりに，参勤交代を３年に１度とした。

④ ３人の息子に田安家・一橋家・清水家をおこさせ御三卿とし，徳川宗家の強化をはかった。

問6 下線部ⓕに関する文として，最も適切なものを，次の①～④から１つ選べ。 6

① 高橋至時らは，西洋天文学を学んで貞享暦を作成した。

② 19世紀の初め幕府天文方に蕃書調所が設けられ，蘭書の翻訳が進められた。

③ 幕府天文方の高橋景保は，モリソン号事件に連座して処罰された。

④ 志筑忠雄は『暦象新書』を著し，ニュートンの万有引力説やコペルニクスの地動説を紹介した。

問 7 下線部ⓖに関して，(1)大槻玄沢，(2)緒方洪庵の開いた塾を，次の①～⑧からそれぞれ1つ選べ。(1)：[7] (2)：[8]

① 古義堂 ② 咸宜園 ③ 適々斎塾(適塾) ④ 時習館

⑤ 明倫館 ⑥ 懐徳堂 ⑦ 芝蘭堂 ⑧ 洗心洞

問 8 下線部ⓗに関して，幕府のとった政策について述べた文として，明らかな誤りを含むものを，次の①～④から1つ選べ。[9]

① 幕府財政を改善するため，徳川家慶の日光社参を取り止めた。

② 異国船打払令を改め，いわゆる天保の薪水給与令を発した。

③ 西洋砲術を学んだ高島秋帆に，徳丸ヶ原で演習を行わせた。

④ 対外防備などのため，江戸・大坂周辺を幕府直轄地にしようとした。

問 9 下線部ⓘに関連して，(1)オランダ，(2)フランスの技術援助を受けて幕府が建設した造船所(製鉄所)の場所を，次の①～⑧からそれぞれ1つ選べ。(1)：[10] (2)：[11]

① 箱館 ② 長崎 ③ 下田 ④ 新潟

⑤ 横須賀 ⑥ 呉 ⑦ 堺 ⑧ 名古屋

問10 下線部ⓙについて述べた文として，最も適切なものを，次の①～④から1つ選べ。[12]

① 神奈川・長崎・新潟・兵庫を開港し，江戸・大坂を開市する。

② 清が結んだ条約と同じく，アヘンの輸入も承認させられた。

③ 開港場に居留地を設けるとともに，一般アメリカ人の国内旅行を自由化した。

④ 日本に関税の決定権がなく，アメリカが一方的に定めることになった。

問11 下線部ⓚについて述べた文として，最も適切なものを，次の①～④から1つ選べ。[13]

① 五稜郭に立てこもり抵抗していた榎本武揚が敗死して，戦争が終結した。

② 開城をめぐる勝海舟と西郷隆盛の会談が決裂し，新政府軍が江戸城総攻撃を行ったため，江戸の町は灰燼に帰した。

③ 相楽総三らの赤報隊は年貢半減を掲げて東山道を東進したが，のちに新政府は相楽らを偽官軍として処刑した。

④　奥羽越列藩同盟に参加しなかった会津藩は，旧幕府軍に攻撃され降伏した。

〔Ⅲ〕　次の文を読んで，設問に答えよ。

先生：きょうは，明治初期の自由民権運動から立憲国家成立までの時代について考えていきましょう。明治維新以降，内政・外交などの施策をめぐって政権内は分裂を繰り返します。政府の施策のなかには強引なものがありましたが，それはどんなものだったか，例をあげてください。

生徒：はい。政府は天皇の権威を高めるために新たな宗教政策ⓐを打ち出しますが，大きな波紋を広げ禍根を残すことになったように思います。

先生：宗教は人々の暮らしの要ですからね。政策が大きく変わるのは，いつからでしょうか。

生徒：明治六年の政変だと思います。下野した要人たちの多くは反乱に立ち上がり命を落としました。一方，その後に活躍した要人も多くいます。その中のキーパースンは板垣退助ⓑですね。

先生：さすが流れをよく理解していますね。この時代の新聞や雑誌ⓒは政府への批判を強めていきますが，政府はそれを厳しく弾圧します。互いのせめぎ合いの中で，政治家たちがメディアを巻き込んでぶつかる政変が起きますね。それは何でしょうか。

生徒：明治十四年の政変ⓓです。この時が，政府と民権派の両者の攻防の分水嶺だと思います。これ以降，薩長藩閥の力が強まり，天皇の権限を強化しようとする動きも高まっていくのだと思います。この頃新たな憲法私案ⓔが民間の手で作られ，立憲国家を作り出す模索が本格化しますよね。

先生：その通りです。さて，明治十四年の政変の後大蔵卿に就任した松方正義ⓕは大胆な経済政策を断行します。これは批判を抑えるためのものでもありましたが，逆に反発は激しさを増すことになります。

生徒：松方は近代的な資本主義経済の基礎を固めたという評価がある一方で，対立はより深刻化していきますよね。民権運動はますます激しくなりそれへの弾圧ⓖもより過酷になっていったんですね。

先生：政府は民権運動に対して懐柔策を打ち出します。これがしたたかなところです。典型的なのは板垣退助らを渡欧させたことです。そんな中，大同団結を呼びかける人たちが結集し，政府への批判勢力は再び力を得ていきます。

生徒：なるほど。そこで生まれたのが<u>三大事件建白運動ですが，それに対しても新たな弾圧や懐柔</u>ⓗがなされるのですね。

先生：振り子が揺れるように行ったり来たりを繰り返しながら，明治政府は<u>天皇大権のもとで民衆を統治するしくみ</u>ⓘを整えていくのです。そうした中で<u>さまざまな論者が新たに登場します</u>ⓙ。

生徒：さまざまな紆余曲折を経て，大日本帝国憲法が誕生し，<u>初期議会が発足し，政党活動が進展していく</u>ⓚのですね。

先生：このようにして立憲国家が生まれたわけですが，果たして自由民権運動は大きな成果をあげたのか，未完のまま終わったのか。これについては改めて考えることにしましょう。

問 1 下線部ⓐに関して述べた文として，最も適切なものを，次の①～④から1つ選べ。 1

① 五榜の掲示は，長年のキリスト教の禁止をやめるものだった。

② 神社の等級化をはかり，その頂点に明治神宮を位置づけた。

③ 神仏は分離するのではなく，習合し混淆されるべきものとした。

④ 神道の国教化をはかったが，島地黙雷はこれに反対し仏教の改革を呼びかけた。

問 2 下線部ⓑについて述べた文として，最も適切なものを，次の①～④から1つ選べ。 2

① 征韓論に強硬に反対し，留守政府の首脳であった西郷隆盛と激しく対立した。

② 愛国公党を立ち上げ，民撰議院設立の建白書を太政官右院に提出した。

③ 高知で立志社を設立したあと，東京で集会を開き全国的な連合として愛国社を結成した。

④ 明治十四年の政変後，自由党を結成し，その総理に就任した。

問 3 下線部ⓒに関連して，新聞や雑誌について述べた文として，最も適切なも

のを，次の①～④から1つ選べ。 3

① 日本初の日刊新聞は，『東京日日新聞』であり，主に経済情報を伝えた。

② 中村正直は『時事新報』を創刊し，政府批判の論陣を張った。

③ 新聞には，政治評論中心の小新聞と，事件や娯楽を伝える大新聞という二つの種類があった。

④ 本木昌造は鉛製活字印刷を導入し，新聞の量産に貢献した。

問 4 下線部ⓓについて述べた文として，明らかな誤りを含むものを，次の①～④から1つ選べ。 4

① 北海道開拓使の官有物を不当に安い値段で払い下げようとした疑惑を，新聞が報道したことがきっかけだった。

② 報道の背後に大隈重信がいるとにらんだ伊藤博文は，大隈らを政府から追放した。

③ 事件を契機に，開拓使官有物だけでなく，これ以降すべての払い下げが停止された。

④ 批判を抑えるために，政府は国会開設を約束する詔勅を出した。

問 5 下線部ⓔについて述べた以下の文X・Yについて，その正誤の組み合わせとして，最も適切なものを，次の①～④から1つ選べ。 5

X 五日市憲法草案は，地域住民の討論を基礎に起草されたものだった。

Y 植木枝盛の案は交詢社から発表され，一院制で抵抗権・革命権を認める急進的なものであった。

① X正 Y正 ② X正 Y誤

③ X誤 Y正 ④ X誤 Y誤

問 6 下線部ⓕの政策やその影響に関して述べた以下の文X・Yについて，その正誤の組み合わせとして，最も適切なものを，次の①～④から1つ選べ。

6

X 政府は増税によって歳入を増やし，軍事費を含めて徹底した歳出削減を断行することで生みだした剰余金をもとに，不換紙幣を償却した。

Y 物価が下落したことで深刻な不況が生まれ，多くの農民が土地を失い，小作人に転落し，地主への土地集中が進んだ。

① X正 Y正 ② X正 Y誤

③ X 誤 Y 正 ④ X 誤 Y 誤

問7 下線部ⓖに関して述べた文として，明らかな誤りを含むものを，次の①〜④から1つ選べ。 7

① 福島県では，県令の三島通庸が河野広中らの福島自由党員を逮捕させた。

② 秩父困民党に自由党員の一部が加わり，債務放棄を求める蜂起を起こした。

③ 相次ぐ激化事件を受けて，秩父事件の直前に自由党指導部は党の充実・強化をはかることを決議した。

④ 大井憲太郎らは，朝鮮の急進開化派と連携し，朝鮮の内政を改革しようと計画した。

問8 下線部ⓗについて述べた文として，最も適切なものを，次の①〜④から1つ選べ。 8

① 自由民権を求める人々は，外国人裁判官任用を認めない井上外相の条約改正案を批判した。

② 自由民権を求める人々は，言論・集会の自由や租税の軽減などを要求した。

③ 政府は保安条例を出し，民権派を関東地方からすべて退去させた。

④ 政府は運動の指導者である星亨らを入閣させるという譲歩を行った。

問9 下線部ⓘについて述べた文として，明らかな誤りを含むものを，次の①〜④から1つ選べ。 9

① 陸海軍の統帥権は，内閣から独立し天皇に直属することとなった。

② 元田永孚らが起草した教育勅語によって，忠君愛国が学校教育の基本であることが強調された。

③ 宮廷の事務を行う宮内省は，行政府の要として内閣の中に置かれた。

④ 内大臣は天皇を常侍輔弼（じょうじほひつ）する職と定められ，初代に三条実美が就任した。

問10 下線部ⓙについて述べた文として，明らかな誤りを含むものを，次の①〜④から1つ選べ。 10

① 徳富蘆花は，雑誌『国民之友』を発行し，貴族的な欧化政策を批判した。

② 中江兆民は，ルソーの『社会契約論』の一部を漢訳し，人民主権説を紹介した。

③ 高山樗牛は，雑誌『太陽』で日本の大陸進出を肯定した。

④ 川上音二郎は，流行歌「オッペケペー節」で自由民権思想を広めた。

問11 下線部ⓚについて述べた文として，最も適切なものを，次の①～④から1つ選べ。 11

① 第1回の総選挙の有権者は総人口の1％あまりで，そのほとんどは士族であった。

② 第1回の総選挙の結果，民権運動の流れをくむ民党と言われる政党は，衆議院の少数にとどまった。

③ 初期議会での政府は，政党の意向を最大限尊重しながら政策を進める方針をとった。

④ 民党は「政費節減・民力休養」を唱えて，第1次山県有朋内閣と対立した。

世界史

（60分）

〔Ⅰ〕 次の文を読んで，問に答えよ。

古代ギリシア人たちは共通の文化的基盤ⓐを持っていたが，統一国家を作ることはなく，独立国家である多くのポリスにわかれて暮らしていた。代表的なポリスとしては，スパルタⓑやアテネⓒがあるが，それらの文化は植民市ⓓによってさらに広がっていった。

アテネは紀元前8世紀半ばに王政から貴族政に移行し，アルコンがポリスを統治するようになる。しかし武具を購入して歩兵になる平民が増えると，彼らは参政権を主張して貴族と対立しはじめた。

アテネでは紀元前7世紀に［ⓔ－ア］によって慣習法の成文化がすすめられ，貴族の恣意的な制度運営に対して制限が加えられていった。次いで紀元前6世紀初めには［ⓔ－イ］が，血統ではなく財産に応じて市民を騎士，農民などの等級に分け，等級に応じて政治参加の権利や義務を定める改革を実施した。

しかし財産のある貴族の地位は揺るがず，貴族と平民の対立は続いた。こうした中，貴族出身の［ⓔ－ウ］が平民の支持を受けて僭主政を確立する。彼は貴族を抑圧して農民を保護し，商工業を奨励するなど平民の経済力の上昇を図ったほか，アテネの美化にも貢献した。次いでその子ヒッピアスが平民の支持を失って亡命すると，［ⓔ－エ］の改革により，アテネ民主政の基礎が築かれた。彼は貴族がよりどころとする血縁的な部族制を廃止して地縁的な10部族制に移行させ，そこから選ばれた評議員による五百人評議会を設けた。

その後アテネは他のポリスとともにペルシアⓕとの戦争を経験する。当時のペルシアの王ⓖに対し，イオニア諸市ⓗがおこした反乱をアテネが支援したことから，戦争ははじまった。紀元前490年の戦いではギリシア側が勝利したが，紀元前480年の［ⓘ－ア］ではペルシア軍が勝利している。しかし同年の［ⓘ－イ］と翌年の［ⓘ－ウ］でペルシア軍が敗北し，アテネらギリシア側の勝利が確定した。その後，諸ポリスは同盟を結成しペルシアの再攻に備える体制をとった。

ペルシア戦争後のアテネでは ⓔ－オ の改革によって民主政が確立していく。しかしスパルタを中心とする ⓙ－ア 同盟との対立が深まり，両者が戦争に突入する中，彼は病死する。その後のアテネは衆愚政治に陥り，スパルタにも敗北を喫した。

勝利を収めたスパルタも，長く覇権を握ることはできなかった。レウクトラの戦いでスパルタは ⓙ－イ に敗れたのである。しかし ⓙ－イ も，ⓙ－ウ と連合して戦ったカイロネイアの戦いでマケドニア[ⓚ]に敗れ，スパルタをのぞく全ギリシアはマケドニアの結成する ⓙ－エ 同盟の傘下に入った。

こうして古代ギリシアは次第に衰退の道をたどっていった。しかしながら，古代ギリシア時代は様々な優れた文化を生み出し，ヨーロッパの文化の起源の一つとなっていったのである。

問 1 下線部ⓐに関連して。この共通基盤について述べた文として正しくないものを，次の①～④から選べ。 1

① ギリシア神話に登場するオリンポスの神は，ゼウスなど10神からなる。

② デルフォイの神託が重視された。

③ 異民族をバルバロイ，自分たちをヘレネスとよんで区別した。

④ オリンピアの祭典には様々なポリスの市民が参加した。

問 2 下線部ⓑについて述べた文として最も適切なものを，次の①～④から選べ。 2

① イオニア系のスパルタ市民が，非イオニア系の多数の被征服奴隷を支配していた。

② デロス島にポリスを築き，他国との自由な行き来を禁止する鎖国政策をとった。

③ 征服された先住民はペリオイコイとして，スパルタ市民の農地を耕すことを強制され，家族を持つことも許されなかった。

④ スパルタ市民はリュクルゴスの制とよばれる国制の下に置かれ，厳しい軍国主義的規律に従って生活した。

問 3　下線部ⓒについて述べた文として正しくないものを，次の①～④から選べ。 3

① 市域には，政治や経済活動の場であるアゴラと呼ばれる広場があった。

② アクロポリスは神殿が建てられる神聖な場所であり，砦としての役割も持っていた。

③ アテネの奴隷の多くは異民族であり，その数は市民の10倍にも上った。

④ 僭主になるおそれのある人物名を陶器の破片に書いて投票する，オストラシズムと呼ばれる制度がつくられた。

問 4　下線部ⓓに関連して。植民市のうち，現在のフランスに位置するものを，次の①～⑤から選べ。 4

① シラクサ　② タレントゥム　③ ネアポリス

④ ビザンティオン　⑤ マッサリア

問 5　空欄ⓔ－ア～オにあてはまる人名を，次の①～⑨から選べ。

ア： 5 　イ： 6 　ウ： 7 　エ： 8 　オ： 9

① エラトステネス　② キュロン　③ クレイステネス

④ ソロン　⑤ テミストクレス　⑥ ドラコン

⑦ ペイシストラトス　⑧ ペリクレス　⑨ ホルテンシウス

問 6　下線部ⓕに関連して。この時のペルシアの王朝として最も適切なものを，次の①～④から選べ。 10

① アケメネス朝　② アルサケス朝　③ カージャール朝

④ ササン朝

問 7　下線部ⓖとして最も適切な人物を，次の①～⑥から選べ。 11

① アレクサンドロス大王　② アンティゴノス

③ エパメイノンダス　④ ダレイオス1世

⑤ ダレイオス3世　⑥ フィリッポス2世

問 8　下線部ⓗの1つとして最も適切な都市を，次の①～⑤から選べ。 12

① シドン　② スサ　③ ダマスクス　④ ニカイア

⑤ ミレトス

問 9　空欄ⓘ－ア～ウにあてはまる語句の組み合わせとして最も適切なものを，次の①～⑥から選べ。 13

① ア：サラミスの海戦　イ：マラトンの戦い　ウ：プラタイアの戦い

② ア：マラトンの戦い　イ：サラミスの海戦　ウ：プラタイアの戦い

③ ア：マラトンの戦い　イ：プラタイアの戦い　ウ：サラミスの海戦

④ ア：テルモピレーの戦い　イ：サラミスの海戦　ウ：プラタイアの戦い

⑤ ア：テルモピレーの戦い　イ：プラタイアの戦い　ウ：サラミスの海戦

⑥ ア：サラミスの海戦　イ：テルモピレーの戦い　ウ：プラタイアの戦い

問10　空欄ⓙ－ア～エにあてはまる語句を，次の①～⑧から選べ。

ア：[14]　イ：[15]　ウ：[16]　エ：[17]

① アテネ　② コリントス　③ 三国　④ スパルタ

⑤ テーベ　⑥ デロス　⑦ ペルシア　⑧ ペロポネソス

問11　下線部ⓚに関連して。この時のマケドニアの王として最も適切な人物を，問7の選択肢から選べ。[18]

〔Ⅱ〕次の文を読んで，問に答えよ。

ベトナムはインドシナ半島東部に位置し，中国・インドという両文化圏からのさまざまな影響を受けながら発展してきた。

北部では前4世紀には中国の影響を受け，独特の青銅器や鉄製農具を持つ[ⓐ]文化が発達していたことが知られている。しかし，距離上の近さもあり，古来から中国王朝の侵攻を受けて支配下に組み入れられてきた。前漢の武帝の時代には，現在のハノイ付近の[ⓑ－ア]，ベトナム中部地方の[ⓑ－イ]などが設置された。とりわけ，[ⓑ－ア]は[ⓒ]デルタに位置し，南海物産を中国に供給する港市として繁栄した。その後もこうした軍事・行政上の拠点は歴代の中国王朝に引き継がれ，1世紀に独立を目指した徴姉妹の反乱も後漢に鎮圧され，唐代にはあらたに[ⓑ－ウ]が置かれるなど，長く中国の支配下にあった。そのため，北部ベトナムに長期王朝が成立するのは遅く，最初の長期王朝である[ⓓ－ア]の大越国が出現したのは，実に11世紀のことであった。

一方，中部から南部にかけての地域ではサーフィン文化が広がっていたが，2世紀末にはチャム人による王国，チャンパーが成立する。チャンパーは中国の南朝に朝貢する一方で，メコン川下流域で栄えていた貿易大国 ⓔ－ア の影響を受け，その文化はインド化していった。チャンパーは中国側の史料では，2世紀から7世紀にかけては ⓔ－イ と，9世紀以降は ⓔ－ウ と呼ばれ，前者の時期にはサンスクリット語やヒンドゥー教が，後者の時期には密教系の大乗仏教が導入されている。

ⓓ－ア 以降の北部の各王朝は，ⓕ朝貢を通じて中国に儀礼的に服属し，中国の文化・制度を取り入れた結果，儒教や中国仏教，中国式の官僚制度などを特徴とする「亜熱帯のなかの中国文化」が発展した。ⓓ－イ の時代に漢字をもとにつくられた字喃(チュノム)なども，その文脈の中に位置づけられる。一方で，中国王朝の武力侵攻に対しては断固として抵抗し，政権の安定に努めた。また，南方のチャンパーに対して武力侵攻をさかんに行い，黎朝の時代には当時の中心都市であったヴィジャヤを徹底的に破壊している。

最後の王朝となった ⓓ－ウ は，ほぼ現在のベトナムの領域を版図とする統一政権であった。ⓓ－ウ はフランス人司教ピニョーやシャム(タイ)軍の協力もあって1802年に南北を統一した。六部からなる官制を持ち，科挙制度を整えたこの王朝は，同盟諸国からなる独自の朝貢圏も形成し，「南の小中華」と呼ばれるに相応しい陣容を整えた。しかし，1830年代に入るとシャムとの関係悪化に伴う周辺諸国での混乱の収拾や，中央集権化に伴う混乱や反乱によって疲弊し，1858年以降はフランスの侵略を受け，二度のユエ条約を経てフランスの保護国となる。その後もⓖベトナムは不断に大国の干渉や侵略を受け，ⓓ－エ として南北の統一を見るのは1976年のことになる。

問 1　空欄ⓐにあてはまる語を，次の①～⑤から選べ。 1

① クメール　② チャビン　③ ドンソン
④ 仰韶(ヤンシャオ)　⑤ 竜山(ロンシャン)

問 2　空欄ⓑ－ア～ウにあてはまる語を，次の①～⑧から選べ。

ア： 2 　イ： 3 　ウ： 4

① 安西都護府　② 安東都護府　③ 安南都護府　④ 交趾郡
⑤ 敦煌郡　⑥ 南海郡　⑦ 日南郡　⑧ 臨屯郡

問 3　空欄ⓒにあてはまる語を，次の①～⑤から選べ。 5

① イラワディ川　② 黄河　③ 紅河　④ チャオプラヤ川
⑤ 長江

問4 空欄ⓓ－ア～エにあてはまる語を，次の①～⑧から選べ。

ア：[6]　イ：[7]　ウ：[8]　エ：[9]

① 阮朝　② 西山朝
③ 陳朝　④ 百越
⑤ ベトナム共和国　⑥ ベトナム社会主義共和国
⑦ ベトナム民主共和国　⑧ 李朝

問5 空欄ⓔ－ア～ウにあてはまる語を，次の①～⑤から選べ。

ア：[10]　イ：[11]　ウ：[12]

① 三仏斉　② 真臘　③ 占城　④ 扶南　⑤ 林邑

問6 下線部ⓕに関連して。ベトナム北部の諸王朝と中国王朝の関係について述べた文として，正しいものを，次の①～④から選べ。[13]

① 西山朝は元に朝貢した。
② 陳朝は北宋に朝貢した。
③ 李朝は唐に朝貢した。
④ 黎朝は明に朝貢した。

問7 下線部ⓖに関連して。以下の文を読んで，空欄ア～オにあてはまる語を，続く①～⑨から選べ。

ア：[14]　イ：[15]　ウ：[16]　エ：[17]　オ：[18]

ベトナムは現代に至るまで，たびたび大国の侵略や占領を経験してきたが，その一方で，ゲリラ戦を得意とし，物量にまさる大国軍に勝利してきた「強国」でもある。

古くは，13世紀後半に当時最強とうたわれた[ア]を三たび撃退している。現代に入ると，日本降伏後に起こったインドシナ戦争では，[イ]を破って，[ウ]で休戦協定を成立させている。また，1964年のトンキン湾事件をきっかけに[エ]は北爆を開始し，一時は50万人以上の将兵を派遣するまでに軍事介入を拡大した。しかし後にベトナムはこの国を撤退させている。1979年にはベトナムの[オ]出兵に対して中華人民共和国がベトナム北部に侵入したが，豊富な実戦経験を活かして，これを撃退している。

① アメリカ　② カンボジア　③ ジュネーヴ　④ スペイン
⑤ チューリヒ　⑥ フランス　⑦ 明　⑧ モンゴル
⑨ ラオス

〔Ⅲ〕 次の会話文を読んで，問に答えよ。

先生：きょうは自由なテーマで歴史について考えてみましょう。

生徒A：衣服の歴史はどうですか。

先生：いいですね。歴史上，衣服は重要な産品でしたし，その時代・文化を映す鏡でもありました。このテーマで何か思いつくものはありますか。

生徒B：やはり「絹の道(シルク＝ロード)」ⓐでしょうか。

生徒A：「絹の道」では，とくに［ ⓑ ］商人が交易において重要な役割を担っており，マニ教を東方に伝えたことでも知られています。

先生：ビザンツ帝国の［ ⓒ ］は，中国から養蚕技術を取り入れて，絹織物業をおこし，代表的な産業に育成しました。絹製品以外ではどうでしょうか。

生徒A：毛織物製品ですね。中世ヨーロッパでは，商業の復活のなかで毛織物工業が発展しました。フランドル地方では［ ⓓ－ア ］と［ ⓓ－イ ］が代表的な産地として知られています。

先生：ほぼ同じ時期には，十字軍ⓔの遠征によって東西交流が進み，西アジア産の織物がヨーロッパにもたらされ，「ペルシア絨毯(じゅうたん)」も知られるようになりました。

生徒B：16世紀になると，イギリスでは，毛織物市場の拡大を受けて，囲い込みが進みました。

先生：そうですね。囲い込みの結果，多くの農民が土地を失ったため，トマス＝モアは『［ ⓕ ］』のなかで「羊が人を食う」と批判しました。

生徒A：あとは綿製品でしょうか。綿製品といえば，インド産綿布ⓖが有名で，ヨーロッパで広く愛用されました。

先生：毛皮の取引にも注目してみましょう。ヨーロッパでの毛皮の需要は14～15世紀に拡大し，ロシアや北欧で入手した毛皮がドイツ商人の手によって運ばれました。16世紀には，ⓗイヴァン4世がクロテンなどの毛皮を求め，ⓘシベリア方面に進出しました。シベリア攻略には，[ⓙ－ア]の首領であった[ⓙ－イ]が大きく貢献しました。

生徒B：毛皮貿易といえば，イギリスやフランスがⓚ北米大陸に進出し，先住民と交易していたことが思い出されます。

先生：ビーバーなどの北米産の毛皮は，ヨーロッパへはもちろん，ロシアを経由して清朝にもわたっていました。ロシアはさらなる毛皮を求めて，中国への南下を進める一方，ⓛ東方進出にも力を入れていきました。北太平洋に生息するラッコの毛皮は最高級品として珍重されたため，乱獲が進み，一時は絶滅の危機にさらされました。

生徒A：ラッコにも悲しい歴史があったのですね。

問1 下線部ⓐの発展に関わった人物として正しくないものを，次の①～④から選べ。[1]

① アメンホテプ4世　② アレクサンドロス大王
③ ダレイオス1世　④ 武帝(前漢)

問2 空欄ⓑにあてはまる語句として最も適切なものを，次の①～⑤から選べ。[2]

① アラム　② カーリミー　③ ギリシア　④ ソグド
⑤ ユダヤ

問3 空欄ⓒにあてはまる人名として最も適切なものを，次の①～⑤から選べ。[3]

① コンスタンティヌス帝　② テオドシウス帝
③ ヘラクレイオス1世　④ ユスティニアヌス1世(大帝)
⑤ レオン3世

問4 空欄ⓓ－ア，イにあてはまる都市名として最も適切なものを，次の①～⑨から選べ。[4]・[5](順不同)

① アウクスブルク　② ガン　③ ニュルンベルク
④ ハンブルク　⑤ フィレンツェ　⑥ フランクフルト
⑦ ブリュージュ　⑧ ブレーメン　⑨ リューベック

問５　下線部ⓔについて述べた文として最も適切なものを，次の①～④から選べ。［ 6 ］

①　アイユーブ朝がイェルサレムを占領したことが，第１回十字軍のきっかけとなった。

②　インノケンティウス３世がクレルモン宗教会議を開き，十字軍遠征を提唱した。

③　第１回十字軍において，十字軍側はイェルサレムの占領に成功した。

④　サラディンは第２回十字軍と戦い，これを撃退した。

問６　空欄ⓕにあてはまる書名として最も適切なものを，次の①～⑥から選べ。［ 7 ］

①　コモン＝センス　②　哲学書簡　③　統治二論

④　人間不平等起源論　⑤　ユートピア　⑥　リヴァイアサン

問７　下線部ⓖに関連して述べた次のA，Bについて，それぞれ正・誤を判断し，その正しい組み合わせを，続く①～④から選べ。［ 8 ］

A　イギリス東インド会社は，インド西岸のカルカッタやマドラスに拠点を置き，インド産綿布を入手した。

B　イギリスでは，綿工業の発達によって急増した綿花需要に対応するため，インドやアメリカ産の綿花を輸入した。

①　A＝正　B＝正　②　A＝正　B＝誤

③　A＝誤　B＝正　④　A＝誤　B＝誤

問８　下線部ⓗの在位期間中に国王・皇帝であった人物として<u>正しくない</u>ものを，次の①～⑤から選べ。［ 9 ］

①　アクバル　②　カール５世　③　シャー＝ジャハーン

④　スレイマン１世　⑤　フランソワ１世

問９　下線部ⓘと関連して。以下の文章の空欄ア～ウにあてはまる語句を，続く①～⑧から選べ。ア：［ 10 ］　イ：［ 11 ］　ウ：［ 12 ］

シベリア鉄道の建設は，ロシアの政治家［　ア　］によって推進され，主に［　イ　］から資本を受けて工事が進められた。それと並行して，ロシアは三国干渉の成果として［　ウ　］から敷設権を獲得した東清鉄道の建設に着手し，南下政策を推し進めた。

① ウィッテ　② ストルイピン　③ ラクスマン　④ アメリカ

⑤ イギリス　⑥ 清　⑦ 日本　⑧ フランス

問10　空欄ⓙ－ア，イにあてはまる語句を，次の①～⑥から選べ。

ア：13　イ：14

① イェルマーク　② コサック　③ タタール

④ リューリク　⑤ ルーシ(ルス)　⑥ ロロ

問11　下線部ⓚに関連して。フランスがハドソン湾地方の植民地を失った戦争を，次の①～④から選べ。15

① オーストリア継承戦争　② 七年戦争　③ スペイン継承戦争

④ ファルツ継承戦争

問12　下線部ⓛについて述べた文として正しくないものを，次の①～④から選べ。16

① 清とのアイグン条約により，黒竜江左岸が共同管理地となった。

② ベーリングが到達に成功したことで，アラスカがロシア領となった。

③ 明治新政府との樺太・千島交換条約により，樺太がロシア領となった。

④ ムラヴィヨフはウラジヴォストーク港を築き，極東経営の拠点とした。

政治・経済

(60分)

〔Ⅰ〕 以下の設問に答えよ。

問1 日本の領域や領土問題に関する記述として最も適切なものを，次の①～④から1つ選べ。 1

① 第二次世界大戦終結の直後にソ連が占拠した北方領土のうち，国後島および択捉島については，日ソ共同宣言において，日本への返還が合意された。

② 1950年代以降，日本は，日本固有の領土である竹島を韓国が不法に占拠する事態を，国際刑事裁判所への提訴を通じて解決するという立場をとっている。

③ 1970年代以降，中国は日本固有の領土である尖閣諸島の領有権が自国にあると主張しているが，日本は解決すべき領有権の問題それ自体が存在しないとの立場をとっている。

④ 日本の最東端に位置する沖ノ鳥島が消滅した場合には，日本は約40万平方キロメートルの排他的経済水域を失うおそれがあり，その保全を図るために護岸工事が行われている。

問2 先進国首脳会議もしくは主要国首脳会議(サミット)に関する記述として最も適切でないものを，次の①～④から1つ選べ。 2

① 1975年に開催されたサミットでは，日本，アメリカ，イギリス，フランス，西ドイツ，イタリアの首脳が石油危機などの経済問題に対する政策協議を行った。

② 1987年に開催されたサミットでは，ドル高を是正するために，ルーブル合意が成立した。

③ ロシアは，クリミア半島の併合により国際的に強い批判を浴びて，2014

年以降のサミットへの参加が停止されている。

④ 2020年のサミットは，新型コロナウイルス感染症(COVID-19)が終息せず，対面での会合が史上初めて中止された。

問 3 2022年度における日本の男性の育児休業取得率として最も適切なものを，次の①～④から1つ選べ。 3

① 17.13％ ② 27.13％ ③ 37.13％ ④ 47.13％

問 4 日本の消費者問題や消費者保護に関する記述として最も適切なものを，次の①～④から1つ選べ。 4

① 1976年，消費者の保護を目的として特定商取引法が制定され，契約締結の際に契約書面を顧客に交付することが販売業者に義務づけられた。

② 路上や街頭で「アンケートに答えてください。」などと言葉巧みに勧誘して契約を結ばせる悪質商法のことを，アポイントメント＝セールスという。

③ クーリングオフ制度の下では，訪問販売などで消費者が代金を支払った後でも，契約から14日以内であれば，書面で契約を解除することができる。

④ 1994年，製造物責任法が制定され，商品の欠陥によって消費者の生命や財産に損害が生じた場合，その商品の製造者は，過失の有無にかかわらず，消費者に責任を負うことが定められた。

問 5 日本の労働組合のナショナル＝センターに関する記述として最も適切でないものを，次の①～④から1つ選べ。 5

① 日本労働組合総評議会(総評)は，日本社会党系のナショナル＝センターであり，政府と資本からの自立を合言葉に，春季賃金闘争(春闘)，合理化反対運動，戦後平和運動を担った。

② 全日本労働総同盟(同盟)は，民社党系のナショナル＝センターであり，労働組合主義に基づき，労使協調路線をとった。

③ 全国労働組合連絡協議会(全労協)は，共産党系のナショナル＝センターであり，全日本自治団体労働組合(自治労)や日本教職員組合(日教組)などの一部が分裂して結成された。

④ 日本労働組合総連合会(連合)は，総評や同盟などが合流して結成された

日本最大のナショナル＝センターである。

問6 格差や貧困に関する記述として最も適切なものを，次の①～④から1つ選べ。 6

① 全世帯数のうち，全世帯の平均所得の半分以下の所得である世帯数の割合のことを，相対的貧困率という。

② 縦軸を累積相対所得，横軸を累積相対人数とする平面において，原点を通る45度の直線からローレンツ曲線が遠ざかると，ジニ係数は小さくなる。

③ 2021年の時点における日本の生活保護世帯数は，約160万世帯である。

④ 正規労働者とそれ以外の労働者との間における所得の格差は，年齢が上がるにつれて縮小するが，60歳代以降は拡大する傾向にある。

問7 資本主義経済体制の形成や発展の過程に関する記述として最も適切なものを，次の①～④から1つ選べ。 7

① 18世紀前半のフランスでは，自由貿易を基本思想とする重商主義政策の下，商業資本主義が形成された。

② 18世紀後半のイギリスでは，産業革命の進展によって工場制手工業の発展が促され，産業資本主義が形成された。

③ 19世紀後半のドイツでは，少数の大企業によって市場が支配され，独占資本主義の傾向が強まった。

④ 19世紀後半のロシアでは，資本主義経済の下で発生した貧富の格差や失業の問題からロシア革命が起こり，社会主義国家であるソ連が誕生した。

問8 気候変動に関する世界的な取り組みについて，次のa～dを時期の古いものから順に並べたものとして最も適切なものを，下の①～④から1つ選べ。

8

a 気候変動に関する政府間パネル(IPCC)の設立

b 地球温暖化防止京都会議の開催

c パリ協定の発効

d 国連環境開発会議の開催

① a→d→b→c　　② a→d→c→b

③　d→a→b→c　④　d→a→c→b

問 9　国際収支に関する記述として最も適切なものを，次の①～④から１つ選べ。 9

①　1950年代後半から1960年代前半までの日本においては，国際収支の悪化が経済成長を制約し，景気の上昇と後退を繰り返す現象がみられた。

②　第一次石油危機の直後においても，日本の経常収支が赤字になることはなかった。

③　アメリカの経常収支が巨額の赤字となる一方，中国などの経常収支は黒字となるといった世界的規模での慢性的な経常収支の不均衡のことを，スタグフレーションという。

④　日本の政府や日本銀行が外貨の保有量(外貨準備高)を増加させた場合，日本の経常収支は増加する。

問10　通貨に関する記述として最も適切なものを，次の①～④から１つ選べ。
10

①　日本で流通している現金通貨は，政府が発行する日本銀行券のみである。

②　管理通貨制度の下では，国内の現金通貨の量はその国の保有する金の量に従って決定される。

③　暗号資産(仮想通貨)は，中央銀行や政府などによって発行されたものではないため，他の現金通貨との交換はできない。

④　日本は，普通預金や当座預金などの預金通貨の量が現金通貨の量よりも多い。

問11　情報通信技術(ICT)に関する記述として最も適切でないものを，次の①～④から１つ選べ。 11

①　情報通信技術(ICT)が普及している現代社会においては，サイバーテロなどの情報ネットワークを悪用した犯罪への対応の必要性が相対的に高まる。

②　インターネットの普及や情報通信技術(ICT)の普及によって，大容量かつ多様なデータをビッグデータとして集積することが可能となった。

③　情報通信技術(ICT)の進展によって，情報機器やインターネットを利用

する能力の差から生じる新たな経済格差の問題のことを，eデモクラシーという。

④ 日本政府は行政の業務をオンライン化する電子政府の推進などを目的として，マイナンバー制度の運用を開始した。

問12 自由で公正な貿易を推進する上で，その妨げとなる可能性のある事項として最も適切でないものを，次の①～④から1つ選べ。 12

① 輸出産業に対する過度な補助金の交付

② 煩雑な輸入通関手続

③ 輸入数量の制限

④ 貿易相手国に対する最恵国待遇の保障

〔Ⅱ〕 以下の文章を読んで，設問に答えよ。

請願権は，イギリスの権利章典(a)にもみられる長い歴史のある権利である。日本の場合にも，大日本帝国憲法(b)が請願権に関する規定を設けており，日本国憲法第16条は「何人も，損害の救済，公務員(c)の罷免，法律(d)，命令又は規則の制定，廃止又は改正その他の事項に関し，平穏に請願する権利」を有するとして請願権を保障している。

日本国憲法上，請願権の主体は制限されておらず，日本国民だけではなく外国人(e)や法人にも請願権が保障されている。請願できる事項には国務や公務に関する事項がすべて含まれるとされるが，司法権の独立という観点から，裁判(f)に関する事項は含まれないと考える立場もある。請願の具体的な方法や手続などの詳細は，請願法という法律が規定している。請願法上，請願者は，請願書という文書によって請願しなければならず，その提出は原則として請願の事項を所管する国や地方公共団体の機関(g)に対してする。ただし，天皇(h)に対する請願については，内閣(i)に対してするものとされている。

国や地方公共団体の機関は，適法な請願を受理し，誠実にこれを処理する義務を負うが，請願内容を実現する義務までは負わない。請願が個人の意思や願望の表明にすぎない以上，それを国家として実現するか否かは国会(j)などの公の手続を通じて決定されるべきだからである。この結果，請願内容の実現は法的に保障されず，実現するとしても長い時間を要することが多い。このため，請願内容を確実かつ迅速に実現しようとする場合には，政党やその所属議員(k)に対する陳情，あるいは大衆運動などを通じた世論(l)に対する積極的かつ直接的な働きかけが必要となることが多い。

問 1　下線部(a)に関する記述として最も適切なものを，次の①～④から１つ選べ。 1

① 名誉革命の成功後に制定された法律である。

② チャールズ１世に対して提出された。

③ エドワード＝コークらによって起草された。

④ 基本的人権の不可侵性とその尊重が宣言された。

問 2　下線部(b)の規定に関する記述として最も適切なものを，次の①～④から１つ選べ。 2

① すべて日本臣民は，健康で文化的な最低限度の生活を営む権利を有する。

② いかなる宗教団体も，国から特権を受け，または政治上の権力を行使してはならない。

③ 帝国議会は，国権の最高機関であって，唯一の立法機関である。

④ 日本臣民は法律の範囲内において居住および移転の自由を有する。

問 3　下線部(c)に関する記述として最も適切なものを，次の①～④から１つ選べ。 3

① 一般職の公務員は日本国憲法を尊重し擁護する義務を負うが，特別職の公務員は日本国憲法を尊重し擁護する義務を負わない。

② 国家公務員法には，日本国籍を有しない者が特定の職務を担う公務員に就任できない旨を定める規定(国籍条項)が置かれている。

③ 国家公務員は，利害関係者から金品の贈与を受けることが禁止され，利害関係者との接触も制限されている。

④ 労働委員会は，公務員に対する不利益処分の審査権など人事行政に関する広汎な権限を有している。

問 4　下線部(d)に関して，日本国憲法における法律や法律案の取り扱いについて

の記述として最も適切でないものを，次の①～④から１つ選べ。 4

① 法律には，すべて主任の国務大臣が署名し，内閣総理大臣が連署することを要する。

② 内閣総理大臣その他の国務大臣は，何時でも法律案について発言するため議院に出席することができる。

③ 衆議院で可決し，参議院でこれと異なった議決をした法律案は，衆議院で出席議員の３分の２以上の多数で再び可決したときは，法律となる。

④ 内閣は法律の規定を実施するために政令を制定することができ，政令では，法律の委任の有無にかかわらず，罰則を設けることができる。

問５ 下線部(e)の基本的人権に関する最高裁判所の立場についての記述として適切なものを，次の①～④から２つ選べ(順不同)。 5 ・ 6

① 外国人が日本に入国する権利は，基本的人権として保障される。

② 人であることによって当然に享受する基本的人権は，不法に入国した外国人といえども，これを有する。

③ 日本国憲法の定める基本的人権の保障は，権利の性質上日本国民のみをその対象としていると解されるものを除き，外国人にも等しく及ぶ。

④ 外国人は，公務員の不法行為により損害を受けた場合において，国または地方公共団体に賠償を求める権利を有しない。

問６ 下線部(f)に関する日本国憲法の規定についての記述として最も適切でないものを，次の①～④から１つ選べ。 7

① 刑事被告人は，いかなる場合にも，資格を有する弁護人を依頼することができる。

② 何人も，現行犯として逮捕される場合を除いては，法律の定める手続によらなければ，刑罰を科せられない。

③ すべて刑事事件において，刑事被告人は，公平な裁判所の迅速な公開裁判を受ける権利を有する。

④ 政治犯罪，出版に関する犯罪または日本国憲法第三章で保障する国民の権利が問題となっている事件の対審は，常にこれを公開しなければならない。

問７ 下線部(g)に関連して，次のａ～ｄを発足時期が早い順に並べたものとして

最も適切なものを，下の①～④から1つ選べ。 8

a　復興庁　　b　観光庁　　c　環境省　　d　スポーツ庁

①　b→c→a→d　　②　b→c→d→a

③　c→b→d→a　　④　c→b→a→d

問8　下線部(h)に関する日本国憲法の規定についての記述として最も適切でないものを，次の①～④から1つ選べ。 9

①　男系男子による皇位の世襲を認める規定は置かれていないが，生前の退位を認める規定は置かれている。

②　天皇は，国会の指名に基づいて，内閣総理大臣を任命する。

③　天皇は，内閣の助言と承認により，国民のために，国務大臣の任免を認証する。

④　皇室が，財産を譲り受けまたは賜与することは，国会の議決に基づかなければならない。

問9　下線部(i)に関する日本国憲法の規定について述べたものとして最も適切なものを，次の①～④から1つ選べ。 10

①　国務大臣の過半数は，衆議院の議員の中から選ばれなければならない。

②　国務大臣は，その在任中，両議院の同意がなければ，訴追されない。

③　内閣総理大臣は，任意に国務大臣を罷免することができる。

④　内閣総理大臣がその在任中に死亡した場合には，内閣は後任の内閣総理大臣を指名しなければならない。

問10　下線部(j)の議員に関して述べたものとして最も適切なものを，次の①～④から1つ選べ。 11

①　両議院の議員は，その在職中，その議員の属する議院の同意がなければ，訴追されない。

②　両議院の議員は，法律の定めるところにより，国庫から相当額の歳費を受け，在職中，これを減額することができない。

③　両議院の議員が国会の会期前に逮捕された場合には，その議員の属する議院の要求があれば，会期中これを釈放しなければならない。

④　両議院は，各々その議員の資格に関する争訟を裁判し，その議院の定数の過半数による議決によって議員の議席を失わせることができる。

問11 下線部(k)に関して述べたものとして最も適切なものを次の①～④から1つ選べ。 12

① 議院内閣制では，議会で過半数を占める勢力が一般に政権政党となるが，大統領制では，大統領の所属する政党が議会の過半数を占めないこともある。

② 2012年に実施された衆議院議員総選挙の結果，政権政党であった民主党が大敗して，自由民主党の単独政権が実現した。

③ 政治資金規正法の制定によって，国が国会議員の活動費用の一部を政党助成金として所属議員に交付する制度が開始された。

④ 政党がその所属議員に党の賛否に従うよう強制することを党議拘束といい，大統領制よりも議院内閣制の方が，党議拘束は緩やかなことが多いとされる。

問12 下線部(l)に関して述べたものとして適切なものを次の①～④から2つ選べ（順不同）。 13 ・ 14

① 国民が高い政治意識を有していない社会の場合，世論による政治はポピュリズムに陥ることがある。

② タウンミーティングは，いわゆる「やらせ質問」などにより，政権が世論を誘導する手段として利用されることがある。

③ 世論調査は，科学的な手法に基づいて行われており，同一内容の質問であれば，調査の時期によって調査の結果が異なることはない。

④ マス＝メディアは，現代社会における世論の形成に重要な役割を果たしており，「第三の権力」といわれる。

〔Ⅲ〕 以下の文章を読んで，設問に答えよ。

企業は，土地(a)，労働力(b)，資本(c)などを利用して，生産活動(d)を行い，利潤を獲得することを目的としている。ただし，一口に企業といっても，その形態は多様であるため，その分類も一様ではない。

企業は，出資主体の属性を基準として，国や地方公共団体(e)によって出資される公企業(f)，民間によって出資される［ ア ］，国や地方公共団体と民間とが共同して出資する公私合同企業に分類される。［ ア ］は，さらに［ イ ］と［ ウ ］に分類される。［ ウ ］の典型例としては，一般の商店や農家(g)などがある。［ イ ］は，［ エ ］と組合企業に分類される。［ エ ］の典型例としては，会社法(h)に基づいて設立される株式会社(i)などがある。

また，企業は，その事業規模を基準として，大企業と中小企業(j)に分類される。大企業の中には，［ オ ］のようにグローバルな事業展開をする企業や，［ カ ］によって事業の多角化を進める企業がある。また，中小企業の中にも，近年の規制緩和や経済のグローバル化などを契機として，国内外での新規事業の展開を模索する企業もみられる。

問 1　空欄ア～エにそれぞれあてはまる語句の組合せとして最も適切なものを，表中の①～④から１つ選べ。［ 1 ］

選択肢＼空欄	ア	イ	ウ	エ
①	個人企業	会社企業	私企業	法人企業
②	個人企業	私企業	法人企業	会社企業
③	私企業	個人企業	会社企業	法人企業
④	私企業	法人企業	個人企業	会社企業

問 2　空欄オにあてはまる語句として最も適切なものを，次の①～④から１つ選べ。［ 2 ］

①　グローバル＝スタンダード　　②　SOHO(ソーホー)

③　多国籍企業　　④　コミュニティ＝ビジネス

問 3　空欄カにあてはまる語句として最も適切なものを，次の①～④から１つ選

べ。 3

① 企業買収　② グローバル＝インバランス

③ デモンストレーション効果　④ フィランソロピー

問4 下線部(a)に関する記述として最も適切なものを，次の①～④から1つ選べ。 4

① 中国では，1993年に社会主義市場経済が憲法に明記されて，土地の公有制が廃止された。

② 日本では，土地の所有者がその有する土地を他人に売却したときに，売却代金に対して固定資産税が賦課される。

③ 土地は，国富に含まれる有形非生産資産の1つである。

④ 最高裁判所は，公益事業に必要な土地などの収用を定めた土地収用法の規定が財産権の保障(日本国憲法第29条)に違反するとした。

問5 下線部(b)に関する記述として最も適切なものを，次の①～④から1つ選べ。 5

① バルフォア宣言においては，労働力は商品ではないことが謳われていた。

② 労働者に支払われた賃金額をその時点の消費者物価指数で割ると，名目賃金が算出される。

③ 生産活動によって得られた付加価値の総額に対する労働者の賃金などの割合のことを，労働生産性という。

④ 満15歳以上の人口のうち，就業者と完全失業者の数を合計したもののことを，労働力人口という。

問6 下線部(c)に関する記述として最も適切なものを，次の①～④から1つ選べ。 6

① 一定期間において，生産に投入された資本によって生み出された付加価値の総量のことを，資本生産性という。

② 外国における道路の建設などに対して行われる無償資金援助は，資本移転等収支に含まれる。

③ 経済学における資本には，生産のための要件である「実物の蓄積」は含まれるが，個人が所得を得るための手段である「資産の蓄積」は含まれない。

④　資本装備率は大企業よりも中小企業の方が高い傾向にあり，これによって大企業と中小企業との間における生産性の格差が生じている。

問 7　下線部(d)に関する記述として最も適切でないものを，次の①～④から１つ選べ。 7

①　企業は，生産増や販売増をねらって在庫投資を増やすことがある。

②　生産活動を支える社会資本のことを生産関連社会資本といい，道路や空港はその典型である。

③　企業は社員研修の実施や高性能の機械の導入によって生産性を高めようとすることがある。

④　ある国の全ての企業が拡大再生産を実現すると，その国の国内総生産(GDP)は小さくなる。

問 8　下線部(e)に関して，日本の地方公共団体に関する記述として最も適切でないものを，次の①～④から１つ選べ。 8

①　2000年代の三位一体改革では，国庫補助負担金の見直し，地方への税源の移譲，地方交付税の一体的見直しが行われた。

②　地方公共団体の財政の悪化などを背景として，「平成の大合併」といわれる大規模な市町村合併が進められた。

③　地方公共団体の住民による首長の解職請求は，有権者の３分の１以上の署名に基づいて，監査委員に対して行わなければならない。

④　知事および市町村長の任期は，１期４年である。

問 9　下線部(f)の具体例として最も適切でないものを，次の①～④から１つ選べ。 9

①　電車やバス事業などを営む地方公営企業

②　株式会社日本政策金融公庫(JFC)などの政府系金融機関

③　旧三公社の民営化によって成立した株式会社

④　国立博物館などの独立行政法人

問10　下線部(g)に関して，日本の農家についての記述として最も適切でないものを，次の①～④から１つ選べ。 10

①　農業の生産性や農家の所得水準の向上を目的として農業基本法が制定され，自作農主義を謳う農地法は廃止された。

② 販売農家のうち，主たる所得が農外所得で，かつ1年間に自営農業に60日以上従事している満65歳未満の者がいる販売農家のことを，準主業農家という。

③ 1年間に自営農業に60日以上従事している満65歳未満の者がいない販売農家のことを，副業的農家という。

④ 農家の戸数は，1960年時点では約600万戸あったが，2015年時点ではその半分以下になっている。

問11 下線部(h)が規定する会社に関する記述として最も適切なものを，次の①～④から1つ選べ。 11

① 有限会社は，会社法の制定によって新たに認められた種類の会社である。

② 合同会社は，有限責任と定款自治を特徴とし，比較的小規模な事業に適している。

③ 会社の成立時における出資者がすべて無限責任社員である会社は，合資会社である。

④ 合名会社は，無限責任社員と有限責任社員とが併存している。

問12 下線部(i)に関する記述として最も適切なものを，次の①～④から1つ選べ。 12

① 株主総会の決議によって，株式会社と直接の利害関係のない者が取締役として選任されることもある。

② 株式会社が株式を証券取引所に上場すると，その株式会社の経営権が外部の者に奪われる危険性は低下する。

③ 株式会社は，株式を発行することはできるが，社債を発行することはできない。

④ 自然人は株式会社に出資することができるが，法人は株式会社に出資することはできない。

問13 下線部(j)に関する記述として最も適切なものを，次の①～④から1つ選べ。 13

① 大企業と中小企業との間には，賃金の水準に格差があるが，内部留保の水準に格差はない。

② 日本全体でみると，中小企業の全事業所数は大企業よりも多いが，中小企業の全従業者数は大企業よりも少ない。

③ 1999 年，中小企業基本法が改正され，同法の理念が中小企業の多様で活力ある成長発展から大企業と中小企業との格差是正へと転換された。

④ ニッチ型中小企業は，需要が小規模かつ潜在的であるために，商品やサービスの提供が行われにくい産業分野に進出した企業である。

数　学

解答上の注意

［1］ 解答は，設問に対応した解答欄にマークしてください(問題〔Ⅰ〕の解答は解答欄〔Ⅰ〕に，問題〔Ⅱ〕の解答は解答欄〔Ⅱ〕に，問題〔Ⅲ〕以降も同様)。

［2］ 問題の文中の ア ， イウ などには，特に指示のないかぎり，符号(－，±)又は数字(0～9)が入ります。ア，イ，ウ，…の一つ一つは，これらのいずれか一つに対応します。それらを解答用紙のア，イ，ウ，…で示された解答欄にマークして答えてください。例： アイウ に－83と答えたいとき

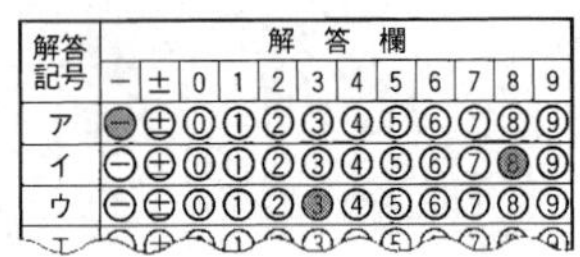

［3］ 分数形で解答する場合，分数の符号は分子につけ，分母につけてはいけません。たとえば，$\frac{\boxed{エオ}}{\boxed{カ}}$ に，$-\frac{3}{4}$ と答えたいときは，$\frac{-3}{4}$ として答えてください。また，それ以上約分できない形で答えてください。たとえば，$\frac{2}{3}$ と答えるところを，$\frac{4}{6}$ のように答えてはいけません。

［4］ 根号を含む形で解答する場合は，根号の中に現れる自然数が最小となる形で答えてください。
たとえば，$\boxed{キ}\sqrt{\boxed{ク}}$ に $8\sqrt{2}$ と答えるところを，$4\sqrt{8}$ のように答えてはいけません。

［5］ 分数形で根号を含む形で解答する場合，$\frac{\boxed{ケ}+\boxed{コ}\sqrt{\boxed{サ}}}{\boxed{シ}}$ に $\frac{1+2\sqrt{2}}{2}$ と答えるところを，$\frac{2+4\sqrt{2}}{4}$ や $\frac{2+2\sqrt{8}}{4}$ のように答えてはいけません。

［6］ 根号を含む形で解答する場合は，分母に根号が含まれない形に有理化して答えてください。
たとえば，$\frac{2\sqrt{3}}{3}$ と答えるところを，$\frac{2}{\sqrt{3}}$ と答えてはいけません。

［7］ 解が $y=x$ で，解答欄が $y=\boxed{ス}x+\boxed{セ}$ と示されている場合は， ス に1， セ に0をマークして答えてください。

［8］ 比を解答する場合は，それ以上公約数をもたない形で答えてください。たとえば，2：3と答えるところを，4：6のように答えてはいけません。

［9］ 小数の形で解答する場合，指定された桁数の一つ下の桁を四捨五入して答えてください。また，必要に応じて，指定された桁まで⓪にマークしてください。
たとえば， ソ ． タチ に5.9と答えたいときは，5.90として答えてください。

［10］ 問題の文中の二重四角で表記された ツ などには，選択肢から一つを選んで，答えてください。

■数　　学■

（60 分）

I ［1］ 座標平面において，放物線 $y = x^2 + 2x + 5$ を x 軸方向に ［ア］，y 軸方向に $-$ ［イ］ だけ平行移動すると，放物線 $y = x^2 - 6x + 10$ に一致する。

［2］ 実数 x，y が条件

$$\begin{cases} x \geqq 0 \\ y \geqq 0 \\ 2x + y = 3 \end{cases}$$

を満たすように変化するとき，$2x^2 - y^2$ の最大値は $\dfrac{\boxed{\text{ウ}}}{\boxed{\text{エ}}}$，最小値は $-$ ［オ］ である。

［3］ x を実数の定数として，$5^{2x} = 7$ とするとき

$$\frac{5^{3x} + 5^{-3x}}{5^x + 5^{-x}} = \frac{\boxed{\text{カキ}}}{\boxed{\text{ク}}}$$

である。

［4］ 2つの任意の正の実数 x，y に対して $\dfrac{\log_2 x + \log_2 y}{2}$ ［ケ］ $\log_2 \dfrac{x+y}{2}$ が成り立つ。

［ケ］ の解答群

［5］ 数列 $\{a_n\}$ を

$a_1 = 6$,

$a_{n+1} = 3a_n + 4n + 5 \quad (n = 1,\ 2,\ \cdots)$

と定義する。

(1) a_n の値が初めて 634 より大きくなるのは，第 [コ] 項である。

(2) 数列 $\{a_n\}$ の一般項は

$$a_n = \frac{\boxed{サシ}}{\boxed{ス}}\boxed{セ}^{n-1} - \boxed{ソ}\,n - \frac{\boxed{タ}}{\boxed{チ}}$$

である。

(3) 数列 $\{a_n\}$ の初項から第 n 項までの和 S_n を求めると

$$S_n = \frac{\boxed{ツテ}}{\boxed{ト}}\boxed{ナ}^{n} - n^2 - \frac{\boxed{ニ}}{\boxed{ヌ}}n - \frac{\boxed{ネノ}}{\boxed{ハ}}$$

である。

II [1] $0 \leqq \theta < \pi$ とし，x の 2 次方程式

$$\left(x - \sqrt{3}\sin\theta - \cos\theta\right)^2 + 4\sin^2\theta - 1 = 0 \quad \cdots\cdots①$$

の解を α, β とする。ただし，重解の場合は $\alpha = \beta$ とする。

(1) x の 2 次方程式①が実数解をもつとき，θ の範囲は

$$0 \leqq \theta \leqq \frac{\boxed{ア}}{\boxed{イ}}\pi, \quad \frac{\boxed{ウ}}{\boxed{エ}}\pi \leqq \theta < \pi \quad \cdots\cdots②$$

である。

(2) θ が ② の範囲を動くとき，$\alpha^2 + \beta^2$ は，$\theta = \dfrac{\boxed{オ}}{\boxed{カ}}\pi$ で最大値 [キ] をとる。

(3) θ が ② の範囲を動くとき，$\alpha^2 + \beta^2$ は，$\theta = \dfrac{\boxed{ク}}{\boxed{ケ}}\pi$ で最小値 [コ] をとる。

[2] 以下の A ～ C の文章のうち，内容が正しいものの組み合わせは [サ] である。

A　中央値は，データのいずれかの値に必ず一致する。

B　平均値は，データのいずれかの値に必ず一致する。

C　最頻値と一致する観測値の個数が全観測値の個数の半分より多いとき，中央値は最頻値と必ず一致する。

サ の解答群

① どれも正しくない。　② Aのみ正しい。　③ Bのみ正しい。
④ Cのみ正しい。　⑤ AとBが正しい。　⑥ AとCが正しい。
⑦ BとCが正しい。　⑧ AとBとCが正しい。

[3] 3つのクラスA，B，Cで10点満点のテストを行った。下の表は，各クラスの成績の結果である。なお，標準偏差は小数第4位を四捨五入して求めた。

	人数	平均値	標準偏差
A	30	6.0	1.751
B	30	6.0	1.125
C	30	4.9	1.739

X～Zはいずれかのクラスの成績についてのヒストグラムである。クラスとヒストグラムの組み合わせとして最も適切なものは シ である。

シ の解答群

① A…X，B…Y，C…Z　② A…X，B…Z，C…Y
③ A…Y，B…X，C…Z　④ A…Y，B…Z，C…X
⑤ A…Z，B…X，C…Y　⑥ A…Z，B…Y，C…X

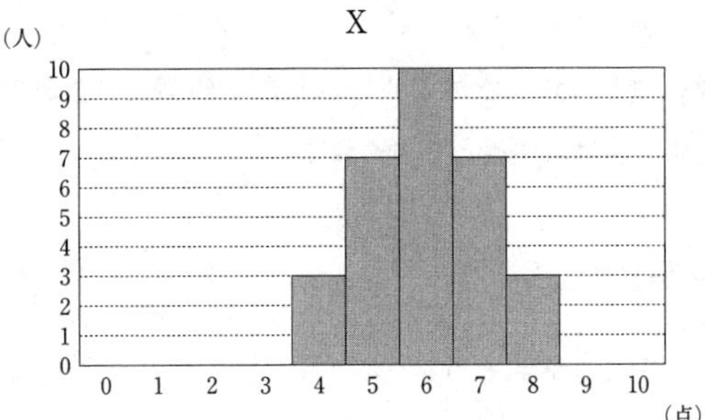
X
(人)
10
9
8
7
6
5
4
3
2
1
0
0 1 2 3 4 5 6 7 8 9 10
(点)

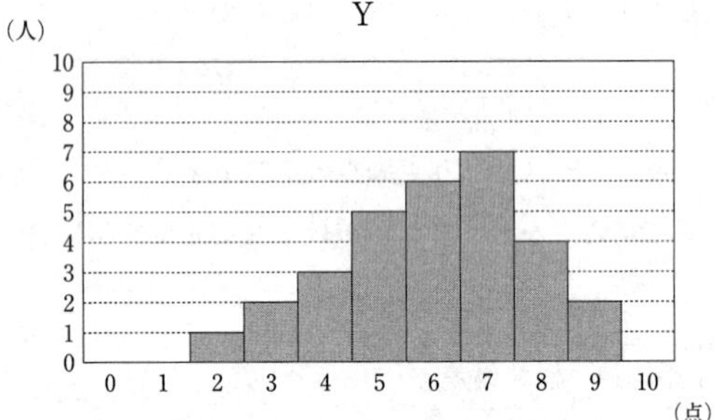
Y
(人)
10
9
8
7
6
5
4
3
2
1
0
0 1 2 3 4 5 6 7 8 9 10
(点)

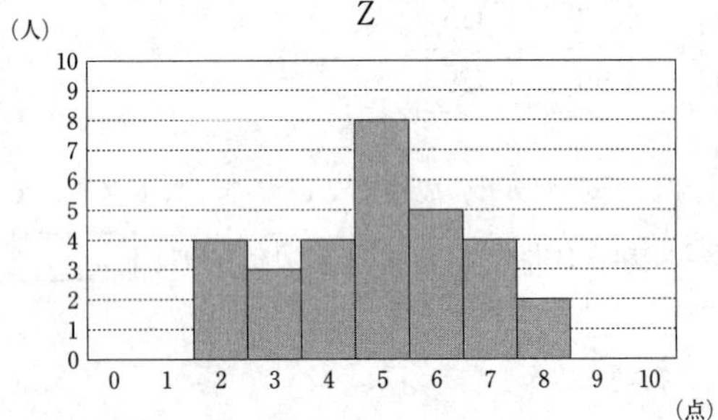
Z
(人)
10
9
8
7
6
5
4
3
2
1
0
0 1 2 3 4 5 6 7 8 9 10
(点)

Ⅲ 座標平面において，曲線 $y = f(x) = 2x^3 + 12x^2 + 15x + 7$ 上の異なる2点P，Qにおける接線が平行とする。点Pの座標を $(p,\ f(p))$，点Qの座標を $(q,\ f(q))$，ただし $p < q$ とする。点Qにおける接線と曲線 $y = f(x)$ の共有点のうち，接点Qとは異なるものをRとし，Rの座標を $(r,\ f(r))$ とする。

[1] $f'(x) =$ [ア] $x^2 +$ [イウ] $x +$ [エオ] である。

[2] $\dfrac{p+q}{2} = -$ [カ] である。

[3] 線分PQは，点P，Qの取り方によらず，点 $(-$ [キ] , [ク] $)$ を必ず通る。

[4] $p = -5$ のとき $q =$ [ケ] ，$r = -$ [コ] であり，$y = f(x)$ のグラフと点Qにおける接線で囲まれた部分の面積は $\dfrac{\text{[サシスセ]}}{\text{[ソ]}}$ である。

Ⅳ 図1のように，AB = 2，∠A = θ，∠C = 90° である直角三角形ABCを考える。ただし，$0° < \theta < 45°$ とする。また，辺ABの中点をDとする。

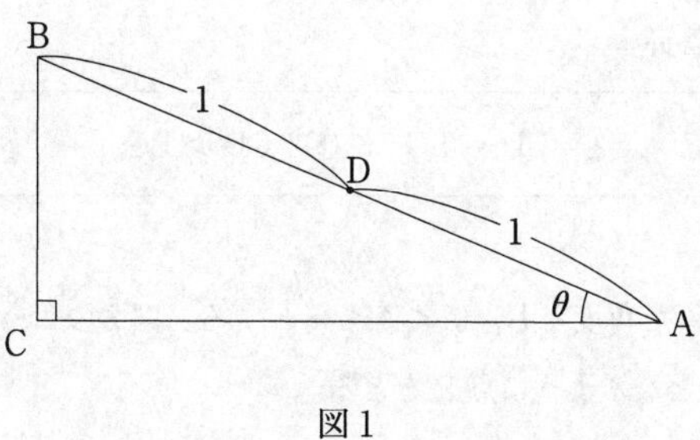

図1

[1] 辺BC，ACの長さを θ を用いて表すと，辺BCの長さは [ア] ，辺ACの長さは [イ] である。

ア ， イ の解答群

① $\sin\theta$	② $\cos\theta$	③ $\tan\theta$	④ $2\sin\theta$	⑤ $2\cos\theta$
⑥ $2\tan\theta$	⑦ $\dfrac{2}{\sin\theta}$	⑧ $\dfrac{2}{\cos\theta}$	⑨ $\dfrac{2}{\tan\theta}$	

[2] CD = ウ である。

[3] 三角形DCA，三角形DBCの面積をそれぞれ$S_{\triangle \mathrm{DCA}}$，$S_{\triangle \mathrm{DBC}}$とするとき エ の関係が成り立つ。

エ の解答群

① $S_{\triangle \mathrm{DCA}} < S_{\triangle \mathrm{DBC}}$　② $S_{\triangle \mathrm{DCA}} = S_{\triangle \mathrm{DBC}}$　③ $S_{\triangle \mathrm{DCA}} > S_{\triangle \mathrm{DBC}}$

[4] CD = BC が成り立つとき，θ = オカ °となる。
ここでα = オカ °と定める。

[5] αを[4]で定めた角度とする。$0° < \theta < \alpha$のとき キ の関係が成り立つ。

キ の解答群

① CD < BC　② CD = BC　③ CD > BC

[6] αを[4]で定めた角度とし，$0° < \theta < \alpha$とする。図2のように，辺ABの延長にCE = CDとなるように点Eをとる。

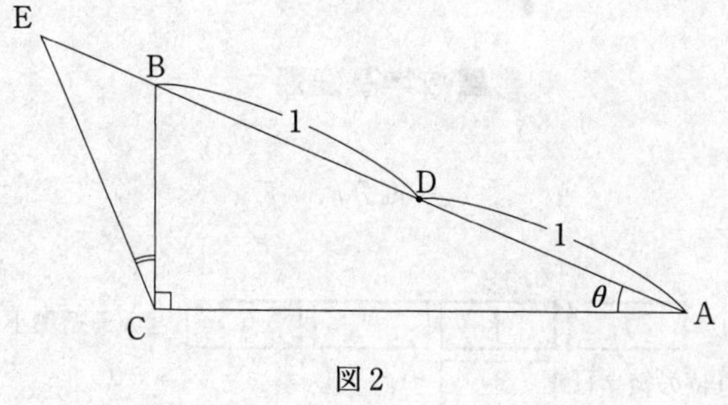

図 2

このとき，$\angle$ECB = ク となる。

ク の解答群

⓪ θ	① 2θ	② 3θ	③ 4θ
④ $90° - \theta$	⑤ $90° - 2\theta$	⑥ $90° - 3\theta$	⑦ $180° - 2\theta$
⑧ $180° - 3\theta$	⑨ $180° - 4\theta$		

[7] α を[4]で定めた角度，E を[6]で定めた点とする。$\theta = \dfrac{\alpha}{2}$ のとき，三角形 ECB の面積は

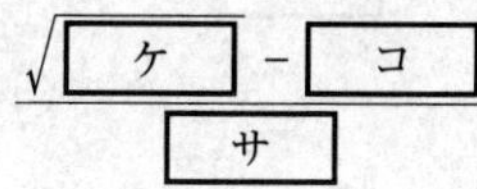

である。

■数学基礎■

（60 分）

I　[1]　$\frac{53}{101}$ は $0.\dot{\boxed{ア}}\boxed{イ}\boxed{ウ}\dot{\boxed{エ}}$ という循環小数であり，小数第 180 位の数字は $\boxed{オ}$ である。

[2]　$\frac{3}{4-\sqrt{13}}$ の分母を有理化すると $\boxed{カ} + \sqrt{\boxed{キク}}$ である。この数値の整数部分を a，小数部分を b とすると

$$\frac{1}{a-b-3} - \frac{1}{a+b+3} = \frac{\sqrt{\boxed{ケコ}}}{\boxed{サシ}}$$

である。

[3]　$6x + 3y = 3$ かつ $x \geqq 0$，$y \geqq 0$ を満たす実数 x と y について考える。このとき，$x(y+1)$ は $x = \frac{\boxed{ス}}{\boxed{セ}}$ のとき最大値 $\frac{\boxed{ソ}}{\boxed{タ}}$ をとり，$x = \boxed{チ}$ のとき最小値 $\boxed{ツ}$ をとる。

Ⅱ　次の表はあるクラスに属する全5人に対して2種類のテストX，Yを行った得点の結果である。テストX，Yの得点をそれぞれx，yとするとき，xの分散は［アイウ］，yの分散は［エオカ］，xとyの相関係数は，小数第4位を四捨五入して小数第3位まで求めると［キ］.［クケコ］である。ただし，$\sqrt{3}=1.732$として計算せよ。

5名のテストXとテストYの得点の結果

	テストX	テストY
生徒A	30	60
生徒B	50	50
生徒C	90	80
生徒D	60	70
生徒E	20	40

Ⅲ　数字の1が書かれたカードが5枚，数字の2，3，4，5，6が書かれたカードがそれぞれ1枚ある。これらのカードを並べて作られる10桁の整数を考える。

[1] 整数は全部で［アイウエオ］通りある。

[2] 1が連続して並ばない整数は［カキク］通りある。

[3] 1が4つ以上連続して並ぶ整数は［ケコサシ］通りある。

Ⅳ 以下の問いに答えよ。ただし，必要に応じて $\log_{10} 2 = 0.3010$, $\log_{10} 3 = 0.4771$，$\log_{10} 7 = 0.8451$ として計算せよ。

[1] $(\log_5 x)^2 - 5\log_5 x + 4 < 0$ となる x の範囲は

［ア］$< x <$［イウエ］である。

[2] $\log_{10} \sqrt[4]{735}$ を小数第5位を四捨五入して小数第4位まで求めると

［オ］.［カキクケ］である。

[3] 6^{15} を10進法で表すと［コサ］桁の整数である。

Ⅴ [1] a，b，c を定数として，関数 $f(x) = x^3 + ax^2 + bx + c$ は，$x = 2$ で極小値0をとる。また座標平面において，曲線 $y = f(x)$ の $x = -1$ における接線の傾きは15である。このとき，

$a = -$［ア］，$b =$［イ］，$c =$［ウ］である。また，この関数は $x = \dfrac{［エ］}{［オ］}$ で，極大値 $\dfrac{［カキ］}{［クケ］}$ をとる。

[2]
$$\int_{-2}^{4} |x^2 - 2x|\, dx = \frac{［コサ］}{［シ］}$$

[3] 定数 a に対して，関数 $f(x) = x^3 + (a-2)x^2 + 2(a-2)x + 13$ が極値をもつための a の範囲は，$a <$［ス］，$a >$［セ］である。

Ⅵ ［1］ 初項から第 3 項までの和が 45，第 4 項から第 6 項までの和が 144 である等差数列の初項は ア ，公差は イウ である。

［2］ 第 5 項が 567，第 8 項が 15309 であるすべての項が実数の等比数列の初項は エ ，公比は オ である。

［3］ 初項が 3，公比が 4 である等比数列 $\{a_n\}$ について，

$\sum_{n=1}^{5} a_n =$ カキクケ である。

(4)　筆者は「なにさまで」の歌を詠んだが、資通からの返歌はなかった。 20

(5)　資通は非常に生真面目な人柄で、世間一般の人のように、筆者たちのことを根掘り葉掘り聞きだそうとはしなかった。 21

問七　和歌Dの解釈として最も適切なものを、次の①～⑤から一つ選べ。16

① 時雨が木の葉に降りかかっていたという些細なことを私も覚えていなかったのに、そこまで細かいことを記憶していたのはなんと嬉しいことでしょう。

② その時たまたま時雨が木の葉に降りかかっていただけなのに、私のことではなくてことさら時雨のことを思い出したというのはどうしてでしょうか。

③ 木の葉に降り注ぐ時雨ほどの、ほんのわずかなかりそめの出来事だったのに、どうしてそれほどまでに思い出されたのでしょう。

④ なにげなく木の葉に降りかかる時雨のように、特に意図もなく私に言葉をかけてきたことをなぜわざわざ私に思い出させるのでしょうか。

⑤ 木の葉に時雨が降りかかったのはほんの一瞬の出来事でしたが、それと同じような短い出来事を二人とも鮮明に思い出すことができてとても驚いています。

問八　次の(1)～(5)のうち、本文の内容に合致するものには①を、合致しないものには②をそれぞれマークせよ。

(1) 貴公子として有名な資通が来た時に局にいる女房たちも集まってきたが、その振る舞いが野次馬のようなので、いかがなものかと筆者は思った。17

(2) 資通は、春の霞などの風物には趣があるが、春の夜に琵琶で風香調を弾いているのを聞くのはそぐわないので、春は秋と比較して少し残念な季節だ、と思っている。18

(3) 資通は、かつては冬には格段深い思いはなかったが、勅使として斎宮に行き、帰りがけに古参の女房とやりとりをして、冬の雪降る夜の風情を理解するようになった。19

か、最も適切なものを次の①〜⑤から一つ選べ。 14

① 思いがけない質問のために困惑しており、どちらが優れているか即座に判断はできない。
② はっきりとは答えかねるが、どちらかといえば春が優れている。
③ はっきりとは答えかねるが、どちらかといえば秋が優れている。
④ そもそも春と秋という季節そのものには関心が薄く、季節の移り変わりに心が惹かれる。
⑤ 時節に応じて春と秋どちらにも心が惹かれるので、優劣はつけられない。

問六　本文中の━━線5「さらば今宵よりは、暗き闇の夜の、時雨うちせむは、また心にしみ侍りなむかし」とあるが、「心にしみ」た理由として最も適切なものを、次の①〜⑤から一つ選べ。 15

① 時雨降る冬の夜なのに、春と秋のどちらが優れているかなどという季節違いの話題になったことがおもしろく、冬の斎宮での出来事とは比べ物にならないほど愉快であったから。
② 三人で春と秋のどちらが優れているか論じていたが、この時雨降る夜によって斎宮の出来事を思い出して、やはり冬が優れているとしみじみと思ったから。
③ 二人と話をしたところ、春と秋のどちらが優れているか互いに譲らなかったので、冬の夜こそが優れているという、斎宮での出来事で得た自らの切実な思いを伝えたくなったから。
④ 二人と話をしたところ、冬の斎宮でやはり同じように春と秋のどちらが優れているか論じたことをしみじみと懐かしく思い出したから。
⑤ 二人と和歌をとりかわして、しみじみとした思いを共有した、時雨降るこの夜こそが冬の斎宮での出来事にも劣らない思い出となったから。

春と秋とを対比させて、どちらにより深い趣があるかを競うことは文雅の遊びの題材として古くからあるもので、たとえば『万葉集』の歌人である［ア］には「天皇、内大臣藤原朝臣に詔(みことのり)して、春山万花の艶と秋山千葉の彩とを競(きほ)ひ憐れびしめたまふ時に、［ア］、歌を以て判(ことわ)る歌」と題する歌があり、平安時代以降には春と秋の優劣を論じ合う「春秋歌合」も催された。三番目の勅撰和歌集［イ］には「ある所に春秋いづれかまさると問はせ給ひけるに、詠みて奉りける」という詞書を持つ歌があり、そこでは、

E 春秋に思ひ乱れて分きかねつ時につけつつ移る心は

と詠まれる。さて、本文中で「冬の夜の月は、昔よりすさまじきもののためしにひかれて侍りけるに」とあるのは、具体的には『源氏物語』の「冬の夜の澄める月に雪の光りあひたる空こそ、あやしう色なきものの身にしみて、この世の外のことまで思ひ流され、おもしろさもあはれさも残らぬをりなれ。すさまじきためしに言ひおきけむ人の心浅さよ」などをふまえている。ちなみにここでの「言ひおきけむ人」というのは、［ウ］に仕えていた清少納言を婉曲(えんきょく)的に指している可能性があると従来指摘されている。いずれにせよ、王朝びとの季節感に対する鋭い感覚をみてとることができる。

(i) 空欄［ア］～［ウ］に入る語句を、次の各群の①～⑤からそれぞれ一つずつ選べ。なお、同じ記号の箇所には同じものが入る。

ア：［11］　① 小野小町　② 在原業平　③ 額田王(ぬかたのおおきみ)　④ 紀貫之　⑤ 紀友則

イ：［12］　① 金葉集　② 古今集　③ 拾遺集　④ 後撰集　⑤ 千載集

ウ：［13］　① 中宮篤子　② 中宮彰子　③ 中宮穏子　④ 中宮賢子　⑤ 中宮定子

(ii) 和歌E「春秋に思ひ乱れて分きかねつ時につけつつ移る心は」では、春と秋の優劣についてどのように言われている

なかなかに[3]
① 中途半端に　② かえって　③ 随分と　④ 予想通りに　⑤ 比較的　3

問二　本文中の――線4「何ぞの春とおぼゆかし」の解釈として最も適切なものを、次の①～⑤から一つ選べ。4
① 秋と春はそれぞれの良さがあるので比べられないように思われることですね
② 秋と比べても春はひけをとらないと思われることですね
③ 秋と比べれば春のほうがましのように思われることですね
④ 秋と比べると春はなんと素晴らしいものかと思われることですね
⑤ 秋と比べれば春は何ということもないように思われることですね

問三　本文中の和歌A～Cを詠んだ者は誰か、本文中の┅┅線を参照して、次の①～⑤からそれぞれ一つずつ選べ。ただし、一つの選択肢は一度しか使えない。
A：5　B：6　C：7
①「声よき人々」の一人　②「参りたる人」　③「局なる人々」の一人　④「われ」　⑤「人」

問四　本文中の空欄 X ～ Z に入る最も適切なものを、次の①～⑨からそれぞれ一つずつ選べ。ただし、一つの選択肢は一度しか使えない。
X：8　Y：9　Z：10
① なり　② なる　③ なれ　④ まほし　⑤ まほしき　⑥ まほしけれ　⑦ めり
⑧ める　⑨ めれ

問五　次の文章を読んで後の問(ⅰ)・(ⅱ)に答えよ。

とも言ひやらぬを、人々また来あへば、やがてすべり入りて、その夜さり、まかでにしかば、もろともなりし人たづねて、返ししたりしなども後にぞ聞く。「ありし時雨のやうならむに、いかで琵琶の音のおぼゆる限り弾きて聞かせむとなむある」と聞くに、ゆかしくて、我もさるべき折を待つに、さらになし。

春ごろ、のどやかなる夕つかた、参りたなりと聞きて、その夜もろともなりし人とゐざり出づるに、外に人々参り、内にも例の人々あれば、出でさいて入りぬ。あの人もさや思ひけむ、しめやかなる夕暮をおしはかりて参りたりけるに、騒がしかりければ、まかづめり。

　　かしまみて鳴戸(なると)の浦にこがれいづる心は得きや磯のあま人

とばかりにてやみにけり。あの人がらも、いとすくよかに、世のつねならぬ人にて、「その人は、かの人は」なども、たづねとはで過ぎぬ。

（『更級日記』による）

（注1）不断経－僧侶が交代で昼夜間断なく読経する行事

（注2）円融院－第六十四代天皇（在位九六九年～九八四年）のこと。資通が勅使として斎宮に赴いたのは一〇二五年。

問一　本文中の――線1～3の語句の意味として最も適切なものを、次の各群の①～⑤からそれぞれ一つずつ選べ。

1 くちをし　[1]

①　口数が少ない　②　残念な　③　騒々しい　④　遠慮がちな　⑤　珍しい

2 うちつけの　[2]

①　うってつけの　②　露骨な　③　当たり前の　④　投げやりな　⑤　おおげさな

と言ふに、秋に心寄せたる人、

C 人はみな春に心を寄せつめりわれのみや見む秋の夜の月

とあるに、いみじう興じ、思ひわづらひたるけしきにて、「もろこしなどにも昔より春秋の定めは、えし侍らざ［ X ］を、このかう思しわかせたまひけむ御心ども、思ふに、故侍らむかし。我が心のなびき、その折の、あはれともをかしとも思ふことのある時、やがてその折の空のけしきも、月も花も、心にそめらるるにこそあるべかる［ Y ］。春秋をしらせ給ひけむことのふしなむ、いみじう承ら［ Z ］。冬の夜の月は、昔よりすさまじきもののためしにひかれて侍りけるに、またいと寒くなどして殊に見られざりしを、斎宮の御裳着の勅使にて下りしに、暁に上らむとて、日頃降り積みたる雪に月のいと明きに、旅の空とさへ思へば心細くおぼゆるに、まかり申しに参りたれば、余の所にも似ず、思ひなしさへけ恐ろしきに、さべき所に召して円融院(注2)の御世より参りたりける人の、いといみじく神さび、古めいたるけはひの、いとよし深く、昔のふる事ども言ひいで、うち泣きなどして、よう調べたる琵琶の御琴をさしいでられたりしは、この世のことどもおぼえず、夜の明けなむも惜しう、京のことも思ひたえぬばかりおぼえ侍りしよりなむ、冬の夜の雪降れる夜は思ひ知られて、火桶などを抱きても、必ずいでゐてなむ見られ侍る。お前たちも必ずさ思す故侍らむかし。さらば今宵よりは、暗き闇の夜の、時雨うちせむは、また心にしみ侍りなむかし。斎宮の雪の夜に劣るべき心地もせずなむ」など言ひて別れにし後は、誰と知られじと思ひしを、またの年の八月に、内裏へ入らせ給ふに、夜もすがら殿上にて御遊びありけるに、この人のさぶらひけるも知らず、その夜はしもに明かして、細殿の遣戸をおしあけて見出したれば、暁がたの月の、あるかなきかにをかしきを見るに、沓の声聞えて、読経などする人もあり。読経の人は、この遣戸口に立ち止まりて、ものなど言ふに答へたれば、ふと思ひ出でて、「時雨の夜こそ、かた時忘れず恋しく侍れ」と言ふに、言ながう答ふべきほどならねば、

D なにさまで思ひ出でけむなほざりの木の葉にかけし時雨ばかりを

上達部、殿上人などに対面する人は、定まりたるやうなれば、うひうひしき里人は、ありなしをだに知るべきにもあらぬに、十月ついたちごろの、いと暗き夜、(注1)不断経に、声よき人々読むほどなりとて、そなた近き戸口に二人ばかり立ちいでて聞きつつ、物語して寄り臥してあるに、参りたる人のあるを、「逃げ入りて、局なる人々呼びあげなどせむも見苦し。さはれ、ただ折からこそ。かくてただ」と言ふいま一人のあれば、傍らにて聞きゐたるに、おとなしく静やかなるけはひにて、ものなど言ふ、1くちをしからざなり。「いま一人は」など問ひて、世の常の、2うちつけの懸想びてなども言ひなさず、世の中のあはれなることどもなど、こまやかに言ひいでて、さすがにきびしう引き入りがたいふしぶしありて、われも人も答へなどするを、「まだ知らぬ人のありける」など珍しがりて、とみに立つべくもあらぬほど、星の光だに見えず暗きに、うちしぐれつつ、木の葉にかかる音のをかしきを、「3なかなかに艶にをかしき夜かな。月の隈なく明からむも、はしたなく、まばゆかりぬべかりけり」。春秋のことなど言ひて、「時にしたがひ見ることには、春霞おもしろく、空ものどかに霞み、月の面もいと明うもあらず、遠う流るるやうに見えたるに、琵琶の風香調ゆるるかに弾き鳴らしたる、いといみじく聞こゆるに、また秋になりて、月いみじう明きに、空は霧りわたりたれど、手に取るばかりさやかに澄みわたりたるに、風の音、虫の声、とり集めたる心地するに、箏の琴かき鳴らされたる、横笛の吹き澄まされたるは、4何ぞの春とおぼゆかし。また、さかと思へば、冬の夜の、空さへさえわたりいみじきに、雪の降り積もり光りあひたるに、篳篥のわななきいでたるは春秋もみな忘れぬかし」と言ひ続けて、「いづれにか御心とどまる」と問ふに、秋の夜に心を寄せて答へ給ふを、さのみ同じさまには言はじとて、

A　浅緑花もひとつに霞みつつおぼろに見ゆる春の夜の月

と答へたれば、返す返すうち誦じて、「さは秋の夜は思し捨てつるなりな。

B　今宵よりのちの命のもしもあらばさは春の夜をかたみと思はむ」

されることはなかった。

③　山田忠雄氏の功績は、明治期に生まれた近代的国語辞書とは異なり、節用集が安価だったために広く使われていたことを明らかにしたことである。

④　山田忠雄氏の研究によると、伝統に逆らって節用集で五十音配列を採用する試みは皆無ではなかったことがわかるが、それは好評ではなかったと考えられる。

⑤　明治時代に刊行された節用集それぞれの延べ部数を合算すると、近代的国語辞書のそれをはるかに超えるものと考えられる。

〔Ⅲ〕を解答する場合には、必ず解答用紙（マークシート）の〔Ⅲ〕に記入してください。誤って解答用紙の〔Ⅱ〕に記入した場合には、0点となるので注意してください。

〔Ⅲ〕　次の文章を読んで、後の問に答えよ。

これは、この文章の作者（菅原孝標女）が宮仕えを始めて間もない頃の話である。作者を含む女房二人で読経の声を聞きながら話をしたりしていたところに、殿上人の一人、源資通（すけみち）がやってくる。

① 語の検索には五十音順が便利だが、明治時代にはその利点が多くの節用集編集者に理解されていなかったから。
② 五十音順の節用集は制作に費用がかかるので、多くの人々に行き渡らないから。
③ 五十音順の辞書が広まったことに対抗し、いろは文化の衰退を防ごうとする声が多くあったから。
④ 節用集を作る版元の多くが明治以降に現れた五十音順の辞書の革新性に気づいていなかったから。
⑤ 実際に節用集を購入する人のほとんどは五十音順よりもいろは順に慣れていたから。

問十 本文中の━━線6「いろは層は若い世代を中心に徐々にではあるが少なくなっていった」とあるが、なぜか。その説明として最も適切なものを、次の①～⑤から一つ選べ。 18

① 就学率の向上により、五十音図を使った教育を受けることを通じて五十音順に慣れ親しんだ人が増えたから。
② 学校教育を受ける子どもの比率が増えることで、教養層向けの五十音順国語辞書を使う若者が増えたから。
③ 明治時代中期以降は学校教育が定着し、人々は学校を卒業するまで節用集を使う機会がなくなったから。
④ 教養の向上により、百科事典などで使われていた五十音順を国語辞書に求める若者が増えたから。
⑤ 就学率の向上により、子どもたちが日本の伝統についての教育を受ける機会が減り、いろは順の辞書に慣れ親しむことも減ったから。

問十一 次の①～⑤のうち、本文③⑥段落から⑤③段落までに述べられている内容に合致するものを二つ選べ。なお、解答の順序は問わない。 19 20

① 山田忠雄氏の著作から、節用集は大半の日本人が目にすることはなかったとはいえ、近代的国語辞書の性格を有していたことがわかる。
② 節用集は庶民向けの辞書で、完成度が高いものではないため、これまで日本の辞書の歴史を語る上でその役割が重視

② 『言海』の利用者として大槻文彦が想定していたのは日本社会の中核を担う人々であったということ。
③ 大槻文彦は、知りたいことがすぐに調べられる辞書を求める人々のために『言海』を著したのではないということ。
④ 日本国民に十分な文法の知識を身につけて欲しいと大槻文彦が切実に願っていたということ。
⑤ 『言海』や他の明治期の近代的辞書は、教養のあるエリート層を読者の中心と見込んでいたということ。
⑥ 五十音順の辞書の編集者がその読者となりうると考えていた人々は、日本の中には多くはいないということ。

問七　第③①段落で触れられているような着想が浮かぶきっかけとなった筆者の体験が記された最初の段落の番号を答えよ。 14 15 段落

問八　本文中の━━線4「従来の辞書史は、明治期、とくに『言海』などの近代国語辞書が続出した明治中期以降における節用集の果たした役割という面について、あまり注意をはらうことがなかった」とあるが、なぜか。その理由の説明として最も適切なものを、次の①～⑤から一つ選べ。 16

① 節用集は江戸時代の文化に根差し、安価に作られた庶民の辞書であるため質の上で劣っているから。
② 辞書研究者は専門家・教養層向けに構想された五十音順を使った近代辞書を正しいものと評価していたから。
③ 節用集は明治期以降急速に発行数が減少し、辞書研究者にも忘れられていたから。
④ 辞書研究者の関心は明治期の辞書編集者が行った新しい試みに向けられ、昔ながらの群小辞書の存在意義を重視しなかったから。
⑤ 節用集のようないろは順を用いる辞書は見出し語の検索の点で使いづらく、辞書として淘汰（とうた）されるべきだから。

問九　本文中の━━線5「がんとしていろは順を遵守している」とあるが、その理由について著者はどのように考えているか。その説明として最も適切なものを、次の①～⑤から一つ選べ。 17

問四　この文章は⓪①段落から③⑤段落までの前半と、③⑥段落から⑤③段落までの後半の二つの部分に分けられる。前半―後半の部分のテーマの組み合わせとして最も適切なものを、次の①～⑤から一つ選べ。9

① 五十音順辞書の利用における文法知識の重要性　――　いろは順辞書の段階的衰退
② 五十音順辞書が対象とした読者層の性格　――　様々ないろは順辞書
③ 『言海』冒頭に書かれた説明文の難解さ　――　明治時代を通じた節用集人気の拡大
④ 教養層に属さない人々が五十音順辞書に感じた抵抗感　――　学制導入による世代間格差の発生
⑤ 五十音順辞書が残った経済的要因　――　明治期エリートの節用集に対する抵抗感

問五　本文中の――線2「うかつさ」とあるが、どのような意味で「うかつ」だったというのか。その説明として最も適切なものを、次の①～⑤から一つ選べ。10

① 明治時代の人々は、目新しさのためにいろは順でなく五十音順の辞書を選んだと思いこんでいた。
② 『言海』に否定的な作家ですら五十音順の配列を受け入れていることを重視しすぎていた。
③ 『言海』以降に著された五十音順の辞書の圧倒的な量に囚(とら)われていた。
④ 明治時代の辞書をとりまく社会状況を現代と同じように捉えてしまっていた。
⑤ 明治時代が変化の激しい時代であることから、辞書の配列法の急な変化に全く疑問を持たなかった。

問六　本文中の――線3「それまで見えなかったいろいろなことが見えてきた」とあるが、具体的にどのようなことが「見えてきた」というのか。その説明として適切なものを、次の①～⑥から三つ選べ。なお、解答の順序は問わない。11 12 13

① 『言海』が後世に残した大きな遺産は日本語文法の制定であったということ。

問二　本文中の空欄 a ～ c に入る最も適切な語句を、次の各群の①～⑤からそれぞれ一つずつ選べ。

a： 5
① 正解　② 結論　③ 回答　④ 長所　⑤ 勝負

b： 6
① わかる　② つかめる　③ 現れる　④ 隠れる　⑤ できる

c： 7
① 速さ　② 広さ　③ 低さ　④ 硬さ　⑤ 厳しさ

問三　本文中の――線1「そんな体たらくだった」とあるが、どういうことか。その説明として最も適切なものを、次の①～⑤から一つ選べ。 8

① 明治期には学校教育でも五十音図が取り上げられていたので、五十音順の辞書が早くから普及していたと思いこんでいたということ。
② 明治時代は社会が混乱することもあったので、どのような層が近代国語辞書を手にしていたのか意識しない人が多かったということ。
③ 『言海』出版以降、検索の容易さゆえに五十音順の辞書がすぐに主流になったと考え違いをしていたということ。
④ いろは順の辞書は近代的辞書の時代にも生き残っていたが、時代の趨勢（すうせい）に合わなかったのに利用されなくなっただけと安易に考え、辞書の利用のされ方に疑問を感じなかったということ。
⑤ 『言海』のような辞書の購買者に目を向けていなかったので、五十音順の辞書が急速に普及した背景には思い至らなかったということ。

⑤
③

こうしたことから、6いろは層は若い世代を中心に徐々にではあるが少なくなっていったように思われる。

（石山茂利夫『国語辞書事件簿』草思社による）

（注1）『言海』—大槻文彦著による、日本で最初の近代的国語辞書。明治二二～二四（一八八九～九一）年刊。三万九千語を収め、語を五十音順に配列している。

（注2）事事しく—大げさに

（注3）和名抄、拾芥抄、下学集、三才図会—江戸時代以前に日本で伝統的に用いられていた辞書・事典。

（注4）語彙—明治時代に『言海』より早く企画されたものの、完成に至らなかった辞書。

（注5）御一新—明治維新

（注6）〝バカの壁〟—大ベストセラーとなった養老孟司の著書『バカの壁』（二〇〇三）に基づいた表現。この文章が発表された当時（二〇〇四年）、頻繁に用いられていた。

（注7）文典—文法の解説。ここでは『言海』巻頭の「語法指南」を指す。

（注8）寥寥たる—数が少ない

（注9）庸才—凡才

問一　本文中の空欄 ア ～ エ に入る最も適切な語句を、次の①～④からそれぞれ一つずつ選べ。ただし、一つの選択肢は一度しか使えない。

ア： 1 　イ： 2 　ウ： 3 　エ： 4

①　実は　　②　そのうえ　　③　だが　　④　言うまでもなく

なく圧倒している。

値段も、発刊当時の『言海』（合冊本）が六円だったのに対して、同時期に出た節用集は、『普通伊呂波（いろは）字引大全』のように二円もするものもあるが、『いろは数引節用集』『広益節用集』など一〇銭、三〇銭と安価なものが少なくない。

興味深いのは、御一新の節用集は、明治期に急増した漢語を収録したり、意味説明を増やしたりして近代的国語辞書の特長を取り入れているのに、見出し語の配列は、がんとしていろは順を遵守していることだ。同著の〈附表〉で調べると、五十音順を採用したものは、たったの二種しかない。

版元がいろは文化を守るという信念を持した結果なのだろうか。いやいや、そうではあるまい。

二種のうちの一種、『開明節用集』は学制発布の四年後の明治九年にはやばやと刊行しているが、明治二五年に山田美妙の『新式節用辞典』が出るまで後続はなかったし、『新式節用辞典』以後、五十音引きの節用集は出ていない。売れ行きが芳しくなかったにちがいない。時代を先取りする気分は版元側にはあったが、いろはに慣れている利用者の意向がそれを制したと見るのが妥当な見方だろう。

［ウ］、明治の初めのころは、ほとんどの人がいろは層に属していた。

江戸期まで五十音図に親しんでいたのは、国学者などごくごく一部の教養層だったが、明治に入ってしばらくすると、いろは層を支えていた社会的な基盤が変わってくる。

まず、五十音図がいろはに代わる日本語のアルファベットとして小学校の国語教育に採り入れられる。その小学校の就学率も、初めての年である明治六年は二八パーセントほどだったが、同一五年には半分になり、同三八年には九六パーセントに達して村に不学の戸なく家に不学の人がない状態に大きく近づいた。［エ］、国語辞書だけでなく、百科事典や人名辞典など五十音順を採用する各種辞書が登場してくる。

ちゃけた話、同著の密度の高さと間口の[c]についていけず（読み取り能力の低さを棚に上げてこそっと言わせてもらえば、整理されていない個所が少なくないこともあって）、読んでいないところや消化していないところがかなりあるのだ。寄り道ついでにいえば、山田俊雄さんは忠雄さんの弟で、山田兄弟の父親は国語学界と国文学界の巨峰、山田孝雄（よしお）である。

③⑨ 話を戻すと、節用集は室町期に作られたいろは引きの国語辞書で、江戸期になって利用者が増え、とくに中期以降は漢字の表記を知るための庶民の辞書としていろいろに工夫したものが出版されている。このため節用集といえば、近世節用集のイメージが強いが、[イ]、明治期になってからも、改編増補されて数多く出版され、明治の庶民にとっても同じような存在でありつづけていた、というのである。

④⓪ 4 従来の辞書史は、明治期、とくに『言海』などの近代国語辞書が続出した明治中期以降における節用集の果たした役割という面について、あまり注意をはらうことがなかったように思う。

④① 明治期における関心は、もっぱら新しく登場した漢語辞書群と、近代国語辞書の完成度・工夫点に向けられていたと言っていい。『近代国語辞書の歩み』はこの弊を破り、江戸期から続く節用集などの群小辞書にも、スポットライトを当てている。

④② 同著の「序説」はいう。

④③ これらの群小辞書は〈蓼蓼（りょうりょう）（注8）たる近代辞書、遅遅（ちち）とした発達しか見せなかった近代辞書の底辺を支えるものと解することが出来るのではないか。それは言わば、エリートを支える庸才（ようさい）（注9）の群である。後者の存在を無視して歴史を語ることは今日においては不可能でもあり又（また）無意義でもある〉。

④④ 同著によれば、明治期に出版された節用集は、一四五種にもおよぶ。単純計算で年間三種強の節用集が刊行されていたことになる。これに重版のものを加えると、まさに〝節用集ラッシュ〟と言っていい。

④⑤ 大正期にはがくんと減るが、それでも五種出ている。種類はもちろんのこと、延べ部数のうえでも近代的国語辞書を間違い

③① 辞書史に残る明治期の辞書は、『言海』ほどではないにしろ多かれ少なかれ、教養層を対象にしていたのではないだろうか。

③② 先に触れた大和田建樹編『日本大辞典』も、今や「自序」でその間の事情をきちんと教えてくれる。

③③ 〈余が辞典の主とする処は通俗にあり。言語の順序に五十音を用ひずして「いろは」を用ひたるは其一なりとす。何となれば。五十音は或る少数の学者間にこそ便利を与ふれ。社会の大多数に行はる、ものは謂はゆる「いろは順」なりと信ずればなり〉

③④ 辞書界において五十音順・いろは順の問題にもし決着がついていたとしても、それは明治人のうち教養層(大和田によれば学者)を中心とした、ごく一部の人たちのあいだだけのことなのだ。

③⑤ 教養層ならざる、福沢諭吉の言を借りれば「貧民社会」に属する多くの人たちは、依然として伝統的ないろはの世界にいたのである。

③⑥ それにしても、明治期に、圧倒的多数を構成する一般の人たちが愛用していた辞書はどんなものだったのだろうか。

③⑦ いろは引きの近代的国語辞書としては、高橋五郎の『和漢雅俗 いろは辞典』(明治二一〜二二年定価三円五〇銭)や大和田建樹の『日本大辞典』(定価三円)があるにはあったが、これらは、値段からいっても体裁・内容からいっても、大半の人にとって縁遠いものだったはずだ。

③⑧ それが近代辞書の前身である節用集だと教えてくれたのは、国語学者山田忠雄さんの著『近代国語辞書の歩み』である。辞書を題材とする仕事では必ずといっていいほどこの本のお世話になっているが、いつも何かしら新しいことを発見する。ぶっ

㉓ いったん糸口が［ b ］と、3それまで見えなかったいろいろなことが見えてきた。

㉔ たとえば、『言海』という辞書の性格だ。

㉕ この辞書は、国家を担う気概と能力を持った人間のために作られた辞書であるということだ。しかもあろうことか、大槻文彦は、そのことを隠そうとしていなかった。巻頭の「本書編纂ノ大意」で〈文法ヲ知ラザルモノ、辞書ヲ使用スベカラズ〉と高らかに宣言し、利用者に知的面での資格を求めている。利用者を選んでいるのである。

㉖ 「編纂ノ大意」は何回も目を通していたのに、こんなふうに頭に入ってこなかった。たんに、時代を切り開いているという気負いがそう書かせたと解していた。つける薬がないくらい出来の悪い頭というのは、いくら中身の濃い良書を読んでも自分の当面知りたいことや自分の理解できることしか寄せつけないもののようである。

㉗ 大槻は、利用者の頭に刻み込むように述べている。

㉘ 〈(四)辞書ハ、文法ノ規定ニ拠(よ)リテ作(つく)ラルベキモノニシテ、辞書ト文法トハ、離(はな)ルベカラザルモノナリ。而(しか)シテ、文法ヲ知ラザルモノ、辞書ヲ使用スベカラズ、辞書ヲ使用セムホドノ者ハ、文法ヲ知レル者タルベシ〉

㉙ とはいうものの、文法はこれまで定まっていなかった。この辞書を編むために、新たに文典(注7)を著したと言い、こう続ける。

㉚ 〈此(この)書ノ篇首(へんしゅ)ニ、語法指南トテ掲(かか)ゲタルハ、其(その)文典中ノ規定ノ、辞書ニ用(よう)アル処(ところ)ヲ摘(つ)ミタルモノナレバ、此(この)書ヲ覧(み)ム者ハ、先(ま)ヅ之(これ)ニ就(つ)キテ、其(その)規定ヲ知リ、而(しか)シテ後ニ、本書ヲ使用スベシ〉

14 [1]そんな体たらくだったから、『言海』など辞書史に残る近代国語辞書が明治の多くの人にとってどんな存在だったのか、言い方を変えれば、購買層がどういう人たちで、どのぐらいの割合だったのか、という疑問すら持たなかったのである。

15 催眠術にかかったような、この思考停止ぶりは、自分の生きている時代の常識を、そうとは知らず明治の時代に安直に当てはめ、上っ面の現象面だけ眺めて納得していたとしか思えない。

16 その[2]うかつさに気づいたのは、週刊朝日編の『値段史年表　明治・大正・昭和』(朝日新聞社)のページを興の向くままにめくっていたときだった。

17 明治二〇年代の半ばに、白米の小売り価格は一〇キロ六七銭とあるのを見て、あれっと思った。記憶している『言海』の値段と比べ、あまりの落差に驚いたのである。

18 『言海』はたしか六円だったはずである。その金で白米が約九〇キロ買える勘定になるではないか。

19 反射的に給与関連の項目を次々に見ていった。そのころ巡査や小学校教員の初任給が八円ほど、日雇い労働者の一日当たりの賃金ともなると一八銭である。

20 新米の巡査や小学校の教員が『言海』を手に入れるのには、一か月分の給料の大半をつぎ込まなければならない。日雇い労働者だったら、三三日間も働きづめでやっとこさ買えるというかなり高価なものだったのである。

21 『言海』が特別に高かったわけではない。『言海』の刊行前後に出た近代的国語辞書はほとんどが三円から七円くらいだった。

22 一部のエリートおよび教養層の人たちは別として(たとえば高等文官試験に合格した公務員の初任給は五〇円、国会議員だと八〇〇円)、多くの明治人にとって、これらの辞書を買うことが今とは比較にならないほどに重い負担だったのである。圧倒的多数の明治人にとって、のちに辞書史に名を連ねることになる辞書は、高嶺(ね)の花だったというきわめて当たり前のことにやっとのことで思い至った。はやりの言葉を借りるならば、このとき〃バカの壁〃(注6)を乗り越えつつあったらしい。

⓪⑤　あっさりと『言海』の方針を追認しているのである。

⓪⑥　それより後発の落合直文の『ことばの泉』（明治三一～三二年）、金沢庄三郎の『辞林』（明治四〇年）になると、凡例で〈語詞の排列は五十音順に従ひ、促音は「ツ」の部に、撥音「ン」は最後、即ち和行の後に排置したり〉（『辞林』）と事務的に伝えるだけになる。

⓪⑦　国語辞書だけではない。

⓪⑧　『日本大辞書』が引き合いに出している田口卯吉の『大日本人名辞書』（明治一八～一九年）や『大日本地名辞書』（吉田東伍著、明治三三～四〇年）、『日本百科大辞典』（編集代表・斎藤精輔、明治四一年～大正八年）などそれぞれの分野で初の本格的辞典といわれるものも、五十音順を採用している。

⓪⑨　このように、辞書史をたどると、いろは順か五十音順かの問題は、明治半ば過ぎには五十音順でケリがついたように見える。

①⓪　むろん、いろは引きの近代的辞書が皆無だったというわけではない。

①①　「鉄道唱歌」の作詞者として知られる大和田建樹の『日本大辞典』が明治二九年に出ている。［ア］、それは滔々たる時代の流れに飲み込まれまいとするあがきのように思えた。

①②　言語生活に深く根ざす問題がこうも簡単に片づくものなのかと多少の引っかかりはあったが、なにせ、廃仏毀釈など鍋底を引っくり返したように何でもありの御一新（注5）の世の中である。しかも、学制発布で始まった小学校の国語教育では五十音図がとりあげられている。検索機能も、五十音順のほうがいろは順に比べて優っているのは明らかなように見えた。

①③　それやこれらで、正直にいえば、わたしは長いあいだ、『言海』出現以降、五十音順・いろは順の問題は早々と決着がついたものとばかり考えていた。

以下の問題〔Ⅱ〕と〔Ⅲ〕は選択問題です。どちらかを解答してください。〔Ⅱ〕と〔Ⅲ〕を両方解答した場合は、高得点の方を合否判定に使用します。

〔Ⅱ〕 次の文章を読んで、後の問に答えよ。なお、本文上段にある⓪①等の丸数字は段落番号である。

⓪① 辞書にとって、いろは順と五十音順のどちらがいいかは、明治中ごろに答えが出ている。『言海』(注1)以降、おもだった辞書は、雪崩(なだれ)現象のように五十音順を採用しているのである。

⓪② 全編、すきあらば『言海』の欠点をあげつらうのを目的としているかのような作家山田美妙の『日本大辞書』(明治二五〜二六年)ですら、すでに [a] あったというように五十音順で見出し語を並べている。その「緒言 日本辞書編纂(へんさん)法私見」でこう述べている。

⓪③ 〈(十一)日本辞書ノ語ハ五十音デ配列スルニ限(かぎ)ル。
五十音ヲ執(と)ル説ガ近頃ハ一般ニ多クナッテ、(注2)事事(ことごと)シク言フ必要モ無イ。(注3)和名抄(わみょうしょう)、拾芥抄(しゅうがいしょう)、下学集(かがくしゅう)、三才図会(さんさいずえ)ナドノ

⓪④ 部門類別法ハ素(もと)ヨリワルシ、いろは順ノ配列ハ順序ノ暗記ニ困難ナリ、コノ場合(ばあい)ヒ、五十音ナラバあかさたなはまやらわノ十音ヲサヘ順序ヲ覚エレバソレデイイトイフ、此(この)便利ニ勝(か)ツモノハ全(まった)ク無イ。(注4)語彙、言海、田口卯吉(たぐちうきち)氏ノ人名辞書ナド皆此(みなこの)例ニ拠(よ)ル〉

r　ヘイソク　18

①　脳コウソクの治療。
②　販売をソクシンする。
③　ソクジツ退去を命じられる。
④　物事を多様なソクメンから検討する。
⑤　セッソクな決断。

s　ケンザイ　19

①　ケンゼンな遊び。
②　ケンビ鏡をのぞく。
③　皇室にケンジョウする品物。
④　ケンジツな経営。
⑤　仕事をケンムする。

t　ゾウトウ　20

①　本を図書館にキゾウする。
②　写真をゲンゾウする。
③　ゾウキンで掃除する。
④　アイゾウ半ばする心を抱く。
⑤　下手にほめるとゾウチョウする。

語るというより、木のありうべき可能性を語ることであり、このような言葉の作用のうちに、私たちと木の新たな［C］が見出されると言える。ここにはまた、筆者が述べるように「知らなかった物たちの新しい表情」が提示されていると解せよう。

A：［13］　① 生　② 存在　③ 物　④ 自然　⑤ 詩

B：［14］　① 非存在　② 言葉　③ 被造物　④ 肉体　⑤ 実在

C：［15］　① 生　② 欠如　③ 共生　④ 対立　⑤ 関係

問九　本文中の‖線p～tのカタカナを漢字にしたときと同じ漢字が使われるものを、次の各群の①～⑤からそれぞれ一つずつ選べ。

p　カクゼツ　［16］
① 牛のオウカク膜。
② 法案をカクギで決定する。
③ 事業をカクチョウする。
④ 話のカクシンに触れる。
⑤ カクゲンを引用したスピーチ。

q　キョヒ　［17］
① 面会をキョゼツする。
② 人の話をキョシン坦懐に聞く。
③ 師匠のイッキョシュ一投足を真似る。
④ 横浜には外国人キョリュウ地があった。
⑤ キョトウ会談。

③　詩において、比喩は物の存在を言葉の音と形を通してイマージュと情緒として提示するが、それは生の潜在的な可能性を掘り起こすものであるため、今現にある生が何を欠いているかをも詩人はそこに見出すことになるから。

④　詩において、詩人は比喩を行使することで自身の身体を言葉という器に変換するため、言葉で作られた世界のこちら側に残された詩人自身の存在は、無というべき状態に置かれることになるから。

⑤　詩において、詩人は比喩を作り出すことで物や世界の側に自身を投げ出し参加することになるが、それはとりもなおさず言葉だけを通して世界に関わっている自身の行動の欠陥を詩人自身に教えることになるから。

問八　本文の著者の詩「木」に次の一節がある。

一本の木のなかに
まだない一本の木があって
その梢がいま
風にふるえている。

これについて、本文の内容を踏まえつつ述べた次の文章の空欄 A ～ C に入る最も適切なものを、後の各群の①～⑤からそれぞれ一つずつ選べ。

「木」という詩の第一連に当たるこの一節は、木という、本文で言われる「 A 」について語る。だがそれは、一般に木を言葉で表現する行為とかけ離れている。木の様子を客観的に描写するわけではなく、詩人は木の中に見出せる B としての木の、だが「梢のふるえ」という眼前に見えるかのようなイメージを提示する。これは、木の現実を

問六　本文中の━━線d「言葉を通してそれをひとびとの方へ送り返す」とあるが、なぜひとびとに「送り返す」と言えるのか。その理由の説明として最も適切なものを、次の①～⑤から一つ選べ。11

① 詩とは、物を映すだけでなく詩人の存在や詩人と世界との関係性を映し出すものであり、そのような詩の言葉を通して、ひとびとは自らが生きる現実についての真実を知ることができるから。

② 詩とは、生と死、未来と過去、希望と絶望とを一瞬のうちに入れかえることができるものであり、ひとびとは詩の言葉の世界に自らが生きる現実とは異なる世界を見出して救いを得ることができるから。

③ 詩とは、詩人がひとびとから受け取ったものを元手に、言葉によって物の世界として創出し、鏡に映すように他者に向けて届けるものであるから。

④ 詩とは、詩人がそれまで生きてきた現実の中でひとびとから受け取った贈り物に対して、自身の感謝の心情を物の世界という形にして送り届け、言葉で返礼する行為であるから。

⑤ 詩とは、詩人が生を通してひとびとから受け取ってきたものを言葉という形にすることであり、ひとびとは物や世界を映すその言葉の中に、自らが生きるこの現実の新たな可能性を見出せるから。

問七　本文中の━━線e「かれ自身の欠如を見る」とあるが、なぜそのように言えると考えられるか。その理由の説明として最も適切なものを、次の①～⑤から一つ選べ。12

① 詩において、比喩は物や詩人自身を言葉の音や形というイマージュと情緒に置き換えるが、そうすることで詩人自身の存在は無と化し、詩人はおのれ自身の存在が何を欠いているかに向き合うことになるから。

② 詩において、比喩は現にそうであるところの世界を一定の音と形というイマージュと情緒の中に閉じこめるが、そうすることで詩人は世界や自身が矛盾に満ちた存在であるということに気づくことができるから。

し」の存在そのものだと奇妙にも感じられたということ。

問四　本文中の空欄　X　・　Y　に入る最も適切な語句を、次の各群の①～⑤からそれぞれ一つずつ選べ。

X：6　①　連想　②　創出　③　嫌悪　④　排除　⑤　獲得

Y：7　①　因果　②　前後　③　逆接　④　協力　⑤　類縁

問五　本文中の━━線c「言葉のもつ二重の可能性」について、次の(1)～(2)の問に答えよ。

(1)「言葉のもつ二重の可能性」とはどういうことか。その説明として最も適切なものを、次の①～⑤から一つ選べ。

8

①　詩の言葉は、物と「わたし」の現在の関係性を映し出すだけでなく、ありうべき別の可能性をも開くということ。

②　詩の言葉は、今ここにある現実を映し出すだけでなく、可能性として考えうる非現実の世界をもありありと現前させるということ。

③　詩の言葉は、物そのものの現実を映し出すだけではなく、物と「わたし」との関係性をも言い表すことができるということ。

④　詩の言葉は、物の中に潜在している「わたし」の生だけではなく、死という未来に訪れる可能性をも開示することができるということ。

⑤　詩の言葉は、物たちの現実を名づけるだけでなく、「わたし」と物が共に押しこめられている状況を打破する力を持っているということ。

(2)　このような言葉のもつ可能性を通じて「わたし」が行おうとしていたことを端的に言い表している七文字の語句がこれ以前の部分にある。その七文字の語句を含む段落の番号を、⓪①～⓪⑥から答えよ。　9　10　段落

ができず、「わたし」の希望には添わなかったから。

③　言葉は一般に権力を持つ人々がその使用方法を決めるものであり、「わたし」は権力を持たない物の味方をしたいという考えから、そうした普遍的な言葉に対して批判的だったから。

④　一般的に通用している言葉は権力を持つ側が用いるものであり、そのために「わたし」にとってはよそよそしく、「わたし」自身の存在を言い表すには足りないものだから。

⑤　「わたし」は生の可能性を言葉のうちに見出そうとしたが、言葉は物やその死について語るばかりであり、「わたし」自身の存在については何事も語ってはくれなかったから。

問三　本文中の━━線b「わたしは物たちに、奇妙な近親感をもっていた」とあるが、どういうことか。その説明として最も適切なものを、次の①〜⑤から一つ選べ。 5

①　「わたし」は自然物よりも人々によって加工を加えられた物に対して、「わたし」自身と同様に不本意な暴力を外から加えられているという意味で奇妙にも身近さを感じていたということ。

②　「わたし」はあたかも物のように世界に対してよそよそしく存在しており、そのためにやはり世界に対して無関心に存在している物に対して、奇妙にも近しさを感じていたということ。

③　「わたし」は物が普遍的な顔をした言葉で名づけられ人々に使われる状態にある点で、自らの存在を不当に言葉で規定されている「わたし」自身と近い立場にあるものとして奇妙にも親しみを感じていたということ。

④　「わたし」は権力者によって所有されている物に対して、「わたし」自身もやはり社会の中で権力を持つ人々に支配されている自身の状況を重ね、奇妙にも同族意識を持っていたということ。

⑤　「わたし」をとりまき見つめている物は、かれらよりも「わたし」の側に近い言葉を用いており、そのために物は「わた

もなければ、その反対のものでもない。ルヴェルディが言ったように、イマージュは何らかの比較から生まれるものではない。比喩を成り立たせているのは、あらゆる存在物への詩人の参加以外のものではない。そこには詩人の唯一の行為がある。しかしその行為は、まだ実際の行為ではない。かつて滝口修造が言ったように、「詩人の現実的な作用は物質に運動の動機を与えるに過ぎない。」

（高良留美子『物の言葉－詩の行為と夢』による）

（注1）『文学とは何か』－哲学者ジャン＝ポール・サルトル（一九〇五－八〇）の文学論。一九五二年に邦訳が刊行され、日本の戦後の文学者に広く影響を与えた。

（注2）イマージュ－フランス語でイメージのこと。

問一　本文中の空欄 [A] ～ [C] に入る最も適切な語句を、次の各群の①～⑤からそれぞれ一つずつ選べ。

A： [1]　①　とりわけ　②　たとえば　③　また　④　すでに　⑤　とにかく

B： [2]　①　しかし　②　こうして　③　なぜなら　④　結局のところ　⑤　また

C： [3]　①　また　②　たとえば　③　ずっと　④　さらに　⑤　むしろ

問二　本文中の━━線a「わたしは言葉がきらいだった」とあるが、なぜか。その理由を説明した次の①～⑤から、最も適切なものを一つ選べ。 [4]

①　「わたし」は言葉の中に物の死や自分自身の死を感じとっており、それゆえに言葉がまるで他人のようだと長いあいだ感じていたから。

②　普遍的な言葉は、物や「わたし」の存在を常に一般的に語るがゆえに、その生や死といった大切な点をすくいとること

10　詩の言葉は、わたしたちの周囲にある道具と同じものではない。単なる透明な記号ではないし、また、彫刻や絵画の材料とまったく同じものと考えることにも、無理があるように思える。たしかに言葉の肉体というものは、存在する。それは言葉の音感や、長さや、その眼に見える形である。そしてサルトルが『文学とは何か』(注1)のなかで言ったように、それらは「意味を表現するというよりもむしろ意味を呈示する肉体の顔のようなものとなる。逆に、意味が実現されると、言葉の物理的な姿は意味に反映し、意味は言葉の身体のイマージュ(注2)として働く。」たしかにその通りなのだが、しかしそれは、詩人が作品をそういう風に作ったからでもあるのだ。詩人が言葉を、もののように感じるのは事実だとしても、かれはそうした言葉の肉体を、ひとびとに詩を感じてもらうために、言い表わしがたいものを暗示するために、最高度に生かし利用する立場にあるのだ。利用すると言ってちがえば、言葉の肉体とまだ実現されていない意味とを結婚させることによって、言葉を存在に近づけ、生きかえらせるのだ。わたし自身の経験に則して言えば、詩の言葉とは、それが物質的であるのと少くとも同じ程度に、観念に近いように思われる。そして言葉がそうした両極を自分のうちにもっていることは、言葉の魅力と可能性の源泉であり、また詩人の技術を可能にするものでもあるのだ。そして、詩人はおそらく、自分が言葉の肉体に観念を流しこんだのか、それとも観念そのものが必然的にそうした肉体の形をとったのか、もはや見わけることができないにちがいない。

11　詩人が語のなかに宇宙を見るということは、言葉に矛盾を見るということ、もっと正確に言えば、(e)かれ自身の欠如を見るということと同じなのだ。そしてそれは、かれにとって比喩のはじまりでもある。比喩は物たちの二重性を映しているだろう。物のあいだで生きる人間が帯びざるをえない二重性を映しているだろう。——比喩は、情緒とイマージュ（または肉体化された意味）を同時に喚起する。それはある論理性に支えられていることによって、人間の情緒に働きかける。しかし詩人が世界にまた言葉に、かれ自身の欠如を見ることがなければ、どうして比喩や、あるいはさらに、一篇（いっぺん）の詩というものが考えられるだろう？一つの語は、たえずかれを別の語に、あるいは別の語群に送りつける。比喩を成り立たせているのは、単なる類似で

わたしがそれを発音するとき、言葉が生きはじめ、言葉とともに、物たちが生きはじめるのを感じた。言葉は物の表情であり、身ぶりであり、その意志表示でさえあるように思われた。

07 わたしは物たちの現実を名づけようとしたというよりは、わたしとかれらとの関係を言葉にすることで、わたしたちが共に押しこめられていた奇妙なrヘイソク状態、否定的な Y 関係を、変えることができると信じていたのかもしれない。かれらのうちにあるわたし自身の生と死を言葉にすることが、かれらの現在とは別の可能性を開示することであり、かれらとの別の関係、現存しない関係を予見することでもあるという、c言葉のもつ二重の可能性が、わたしをひきつけていた。詩のなかでは言葉は、物たちの現実を映すばかりでなく、かれらとわたしとの現在とは別の関係を、非現実として映すことが可能なように思われた。そしてこのことは、言葉によってだけはじめて可能なことのように思われた。

08 なぜならわたしがほんとうに開示したいと思うのは、かれらの現実ではなく、現存しない、しかしありうるかもしれないかれらとの関係なのだ。しかしそれはまだsケンザイしないものであり、普通の意味で名づけられる対象ではない。ただ言葉は、詩人が言葉の肉体にかれの企てを流しこむことによって、そうした関係そのものを暗示することができるのではないだろうか。詩の言葉は、そのあらゆる意味と陰影を通じて、ひとびとに現実以上のものを伝えうるのではないだろうか。

09 詩人にとって、言葉はかれ自身の存在と同じものであり、少くともその鏡だ。しかし言葉はまた、物たちの鏡でもある。言葉のなかには、わたしたちの顔と物たちの表情とが、二重映しに映っているのだ。そこではわたしたちの生と死が、未来と過去が、希望と絶望が、一瞬のうちに入れかわり、わたしたちを無そのもののうちに置く。詩人はみずからの生によってひとびとから何かを受けとり、d言葉を通してそれをひとびとの方へ送り返すのだ。詩とはおそらく、そうしたtゾウトウ行為にほかならないだろう。それ故詩の言葉は、詩人がこの世界やひとびとのあいだで生きたものの全体を映していなければならないだろう。ひとびとが生きている生と現実の全体を、映していなければならないだろう。

⓪② わたしは自分を普遍的な言葉で語ることはできないと感じていた。わたしがつまづいたのは、もしかしたら権力者の言葉、存在から離れた言葉であり、普遍的な顔をして通用している言葉にたいしてだったかもしれない。[a]わたしは言葉がきらいだった。自分の存在がそれで不当に名づけられているという理由で、自分をそれで語れないという理由で、わたしは言葉がきらいだった。それは他人たちの言葉だ。かれらの言葉だ。

⓪③ 物たちもまた、かれらのものではないのか? わたしはそれを貸し与えられているにすぎない。それらを動かし使うことができるのは、他の人たちだ。それらの魂から汲みつくせない豊かさや深さを受けとるのは、別の人たちだ。わたしは物を使うことができない。わたしにできるのは、それらを使うふりをすること、一種カクゼツ[p]された無意味な魔術で、かれらを一定の秩序に置きかえること。

⓪④ わたしの存在は、ひとつの物のようにそこに置かれていた。それは決して語られないひとつの言葉のようでもあった。[B] それを語らせるためには、他人たちの言葉によらなければならなかった。わたしは自分の存在の鍵をひらくために、おそらく逆説的に言葉を選んだのだ。それは、かれらの言葉への裏切り行為でもあったはずだ。

⓪⑤ [b]わたしは物たちに、奇妙な近親感をもっていた。純粋な自然物にというよりは、[C] 加工され、名づけられ、使われている物たちに。かれらはわたしをとりまき、見つめ、しばしばわたし自身でもあった。おそらくわたしは、かれらの言葉をキョヒ[q]して、物の側についたのだ。名づける者ではなく、名づけられる者の側に。

⓪⑥ ひとびとが話している言葉もまた、不思議な存在だった。それはわたしにとって見知らぬものではあったが、わたしが [X] した言葉に比べていくらか親しみ深く、存在に近いように思われた。わたしは物のために、物について語るために、存在を映している言葉をひろい集め、発見し、それらのうちに逆に、わたしの知らなかった物たちの新しい表情を見つけだすことに、喜びを感じていった。言葉のなかには、物たちの置かれている現実ばかりでなく、なにかそれ以上のものがあった。

国語

（六〇分）

以下の問題〔Ⅰ〕は必須問題です。全員が解答してください。

〔Ⅰ〕　次の文章を読んで、後の問に答えよ。なお、本文上段にある⓪①等の丸数字は段落番号である。

⓪①　わたしは長いあいだ、言葉の外側にいた。言葉は事物と同じものだった。物の内側へはいって物をひらき、物に語らせることとは、言葉の内側にはいって言葉をひらき、言葉に語らせることでもあった。わたしはたぶん物と言葉にむかって、わたしの存在回復の要求をしたのだ。言葉は死んでいたし、物も［A］死んでいた。言葉のなかにはわたしの死があり、物のなかにもわたしの死があった。しかし、それらのうちには、わたしの未来、生きる可能性もまたひそんでいるようだった。いやわたしの生の可能性は、もしあるとしたら、それらのうちにしかなかった。物と言葉はわたしを閉じこめ、わたしを誘い、わたしに未知の片言を語った、かれらの言葉を。わたしはそれを解読しようとした。そこにあるわたしの死を、わたしの生を、つかもうとした。

解答編

英　語

I　**解答**　問1．②　問2．①　問3．④　問4．②
問5．①　問6．④　問7．①

解説

問1． 直後の ways に着目。「多くの」は many を用いて，「さらに多くの」とするには many more という語順になる。

問2． 主語の All you have to do は「あなたがしなければならないすべてのこと」という意味。空所の後には your homework とあるので，文全体は「あなたがしなければならないことは，宿題をすませることだけだ」あるいは「あなたは宿題をすませさえすればいい」となると考えられる。よって空所に入るのは finish（原形不定詞）である。

問3． 文頭の The greater と空所直前の the に着目。文頭は The＋比較級～, the＋比較級… という形で「～すればするほど，ますます…」と2つのことが互いに関連しながら比例する表現になる。文後半の主語は skill(s)「技能，技術」であり，それが「優れている」ことを表すので，stronger が適切である。

問4． 空所直後の immoral commercials「不道徳なコマーシャル」に着目。このコマーシャルのねらいはその後に続く to trick「だますこと」である。選択肢にはいずれも -ly がついていて副詞であり，どのようにして「不道徳」になるかを表す。「だます」のが意図的なので，「わざと，故意に」を表す deliberately が適切である。

問5． 空所直後の accordance with に着目。「～に従って，～と一致して」を表すには in が適切である。

問6． 主語は Groundhog Day で，述語動詞は has become である。空所

から the arrival of spring までは主語の Groundhog Day がどのようなものであるかを説明している。この部分は「もともと春の到来を祝うために小さな町で祝われていたが」という挿入（分詞構文）になるので，空所には originally「もともと，本来は」が入る。

問7． 問題文後半の if you intend to make major changes に着目。空所直前は，「～を受け取る必要がある」と述べている。「変更の際に管理人から受け取らなければならないもの」が空所に入る内容であるため approval「承認，認可」が適切である。

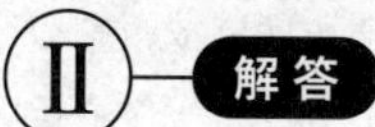

問1．1－③　2－⑤　問2．3－④　4－⑤
問3．5－⑤　6－②

解説

問1．「宿題をやってきていない」を選択肢の語句で表すには「やるのを忘れた」と表現する。空所は，sure that John forgot to（do）となる。

問2．「一時的に」は for a while と表し，「やる気を出させた」は motivated で表す。空所は，motivated（its）employees for a while となる。

問3．「その意図はともかく」は問題文中で knowingly or unknowingly と表されている。Whatever S V で「S が V するものはみな」という意味になる。また，「無から生まれるものは存在しない」は「何もないところからは何も生まれない」と言い換える。空所は，（Whatever we）write is,（knowingly or unknowingly, a borrowing. Nothing）comes from nowhere(.) となる。

III　解答　**問1．1－③　2－②　問2．1－④　2－③**

解説

問1．1　客は京都駅で，東京行き6時発の列車に乗りたいと希望している。それに対するタクシー運転手の発言を選択肢に求める。③の make it は「到着する，間に合う」を表し，文全体として「間に合いません」となり，適切である。

2　新しいメニューの提案について，ケイトは食材が客には不人気だと指摘した。それに対するジョンの発言を選択肢に求める。②は「たしかに，でも料理の見た目も味と同じくらい大切だ」と述べていて適切である。

問2．1　問題文は列車が遅延した時間によって，賠償（料金の払い戻し金）が片道料金のどのくらいの割合になるか，また，それが往復切符や定期券ではどうなるか，行程および列車の等級によりその総額はどうなるかについて述べている。この内容を端的に示している表現を選択肢に求める。④は「賠償の計算方法」であり，適切である。

2　旅程は「1等車の定期券で，長距離」である。遅延は3回あって，それぞれ30分，65分，70分である。このうち，定期券の場合は問題文第3段（Holders of season …）で「60分以上が対象になる」とあるので，対象は65分と70分の2回である。この賠償額を計算の表から求めると，「1等車でかつ長距離」の場合は右下の7.50ユーロとなる。これが2回分で15.00ユーロとなり，③に相当する。

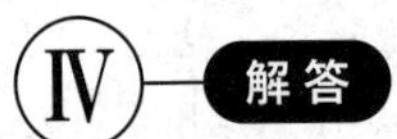

問1． ③　**問2．** ②　**問3．** ①　**問4．** ④　**問5．** ①
問6． ①　**問7．** ③　**問8．** ④　**問9．** ①　**問10．** ②

解説

《グランマ・モーゼスのおかんアート》

問1． 選択肢はすべて進行形であり，空所直前の a famous folk artist「有名で人気のある画家」を修飾すると考えられる。空所直後に in があり，specialize in ～で「～を得意とする」という意味になるので，③が適切である。

問2． inspired「感激させる，活気を与える」に相当する語を選択肢に求める。②が「刺激する，活気づける」を表し，適切である。

問3． 空所直後に has only grown と動詞があるので，空所には名詞が入ると考えられる。また空所の前の Since then「そのとき以来」というのは，その前の文の内容から「収集家が彼女の絵を発見して，それに惚れ込んで以来」ということである。そのとき以来，大きくなった（grow）ものを選択肢に求める。①の「評判，名声」が適切である。

問4． 第2段第5文（She never received …）に「正式なアート教育を受けなかった」とあり，同段第7文（Since then, …）で「評判が高くなった」とある。このことから④の「アートスクールで教育を受けなかったが，画家として高く評価された」が内容に一致する。

問5． advanced「高等な」を表す語を選択肢に求める。①が「洗練された」を表し，適切である。

問6． 第3段第5文（Embroidery was historically…）に「刺繍は歴史的に女性によって行われていた」とあり，本文中の historically を throughout history と言い換えている①が内容と一致する。

問7． recognized「認識される」を表す語を選択肢に求める。③が「知られる」を表し，適切である。

問8． 空所直前に「おそらくグランマ・モーゼスはおかんアートの女王だ」とあり，空所直後には「彼女の絵画は，母親と農家の奥さんとしての彼女の人生の産物であり，現在では芸術作品として幅広く認められている」とある。この2つの節の関係は，直後の節が原因で，直前の節がその結果である。この関係を表す語を選択肢に求める。④には「というのは，なぜならば」という接続詞の意味があり，適切である。

問9． 第5段第2文（It tries to approach…）に「それ（『おかんアート』）は女性により製作された手工芸品を，とりわけ母親や主婦に趣味として製作されたものを『アート』として取り扱おうとしている」とある。①は「『おかんアート』というフレーズは，伝統的に女性に関連した実際的な活動をアートとして認めることを目的としている」と表現を言い換えているが，内容が一致している。

問10． 第2段第5文（She never received…）の「正式なアート教育を受けなかったが」が②の後半（despite having…）の「正式な教育を受けていなかったにもかかわらず」に相当し，②の文前半で「グランマ・モーゼスは（それでも）高く評価されたアーティストの一例である」と表していて，本文全体の内容に一致する。

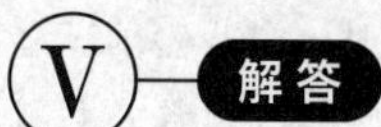

問1． ②　**問2．** ②　**問3．** ④　**問4．** ④　**問5．** ①
問6． ②　**問7．** ④　**問8．** ②　**問9．** ④　**問10．** ④

解説

《ポンペイの再生》

問1． 空所直後の event は直前の文の，火山が噴火して数時間で，活気ある都市が荒廃地と化した出来事を指す。この有様を述べる言葉を選択肢に求めると，②の「破壊的な」が適切である。

問2． 第2段第4文（The restoration is also…）に「修復は新たな脅威である気候変動の影響を抑えるのにも役立っている」とあり，②「気候変動は修復計画が取り扱うべき危険の1つである」が内容に一致する。なお，①には「結局はユネスコが世界遺産の資格を剝奪した」とあるが，第1段最終文（Because of this, …）では「ポンペイはもう少しでユネスコの世界遺産の地位を失うところであった」と述べていて内容が矛盾する。

問3． 空所を含む文の動詞 compare に着目。compare *A* to *B* で「*A* を *B* になぞらえる」という意味になるので，④の to を入れて「その破壊を『飛行機の墜落…』となぞらえる」と表せる。

問4． 第4段最終文（Zuchtriegel said…）で「『時間との闘い』を戦うには新しい技術の使用が不可欠である」と述べていて，④の「ガブリエル＝ツフトリーゲルは，ポンペイの遺跡を次の破壊から守るには新しい技術は不可欠だと主張する」が内容に一致する。

問5． 第5～7段（The treasures of… accessibility," Zuchtriegel said.）では，ロボットをはじめとしたAIツールがポンペイの財宝の修復作業などに役立っていることを中心に述べているため，①「AIによる救済」が適切である。

問6． 空所直後の debate「議論」は，次に続く文から19世紀初めに始まっているとわかる。このことから空所には②の「長時間にわたる」が適切である。

問7． 空所のある文に続く文で「多くの問題があるので，もうこれ以上発掘はしない」と述べられている。このことから，④ quick を選ぶと「人々は発掘を急がなかった」となるので適切である。

問8． 第7段第7文（The head archaeologist…）で「彼（ガブリエル＝ツフトリーゲル）の前任の首席研究者のマッシモ＝オサンナ」と紹介されていて，②「マッシモ＝オサンナはガブリエル＝ツフトリーゲルの前に，グレート・ポンペイ・プロジェクトを率いる地位にいた考古学者であった」が内容と一致する。

問9． 第8段第4文（So the archaeological park…）で「学生を集めている」と述べているが，「仕事を見つけるのが難しい若者のための職業カウンセリング」については言及がない。④が内容と一致しない。

問10. 第８段（Today, the goals…）に，ポンペイの大劇場での学生たちの合同演奏や，未開発地に公共のウォーキンググラウンドを作る計画があるとある。④「ポンペイは発掘現場としてだけでなく，地域の人々がつながる場所としても修復されつつある」が内容と一致する。

日本史

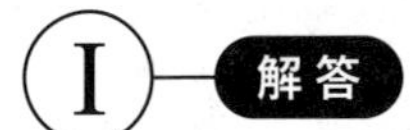

問1．②　**問2．**④　**問3．**③　**問4．**④　**問5．**④
問6．③　**問7．**③　**問8．**④　**問9．**②　**問10．**④
問11．①

解説

《古代～中世の政治》

問1．②誤文。前方後円墳は3世紀中頃に西日本で出現した古墳で，東北地方中部まで広がった。ヤマト政権の影響を受けた朝鮮半島南部にも見られるが，朝鮮半島北部には分布していない。

問3．③誤文。律令制が成立した8世紀初めには皇族や有力貴族間で勢力は比較的均衡していたが，平安時代末期には貴族の家柄が固定され，特定の技能や官職を世襲的に継承するようになった。

問5．④正文。①誤文。嵯峨天皇の信任を得たのは藤原冬嗣である。②誤文。摂関政治は天皇の伝統的な高い権威を利用して行われた。③誤文。受領は任国に赴任した国司の最上席者である。

問6．③誤文。前九年合戦で滅ぼされたのは安倍氏である。

問7．③正文。①誤文。上皇が父・兄・弟の天皇に代わって政治を行うことはなかった。②誤文。院政期も太政官は機能していた。④誤文。院政期には上皇への荘園寄進が増加した。

問8．④誤文。平氏政権は外戚政策や荘園・知行国による経済力など貴族的性格を有していた。

問9．②が正しい。①は1192年，②・④はともに1185年だが，守護・地頭は平氏滅亡後に源頼朝と対立した源義経を追跡する名目で設置された。③1189年，⑤1180年である。

問11．①正文。②誤文。足利基氏は初代鎌倉公方。③誤文。半済令によって荘園の年貢の半分が守護方の武士に与えられた。④誤文。1419年の応永の外寇は朝鮮が倭寇の本拠地とされた対馬を襲撃した事件である。

問1．① 問2．② 問3．② 問4．① 問5．①
問6．④ 問7．(1)—⑦ (2)—③ 問8．①
問9．(1)—② (2)—⑤ 問10．① 問11．③

解説

《近世の政治・文化・対外関係》

問2．②が正しい。a．正文。b．誤文。糸割符仲間は京都・堺・長崎（のち江戸・大坂を追加）の商人に輸入生糸を一括購入・販売させた制度であり，ポルトガル商人の利益独占に歯止めをかけた。c．誤文。バテレン追放令は長崎が教会に寄進されたことが契機となって発せられた。d．正文。

問3．②正文。①誤文。イギリスは平戸に商館を設けた。③誤文。イギリスは最大の貿易相手国であった。④誤文。生麦事件は島津久光の行列を横切ったイギリス人が殺傷された事件である。ヒュースケンはオランダ人で，アメリカ総領事ハリスの通訳であった。

問5．①正文。②誤文。明暦の大火は4代徳川家綱の治世に起こった。③誤文。上げ米の代償として在府期間が半年とされた。④誤文。清水家は徳川家重の子が祖である。

問6．④正文。①誤文。高橋至時が作成したのは寛政暦である。貞享暦は元禄期に渋川春海によって作成された。②誤文。19世紀初めに天文方に設置されたのは蛮書和解御用である。③誤文。高橋景保はシーボルト事件に連座して処罰された。

問8．①誤文。天保の改革期に将軍徳川家慶の日光社参を実行したが，財政難や農民の不満を招いた。

問10．①正文。②誤文。アヘン輸入は禁止された。③誤文。一般外国人の旅行は禁じられた。④誤文。協定関税制がとられ，相互の協議で関税は決定された。

問11．③正文。①誤文。榎本武揚は降伏し，明治政府でも活躍した。②誤文。江戸城総攻撃は回避された。④誤文。会津藩は奥羽越列藩同盟の中心となり，政府軍に攻撃され降伏した。

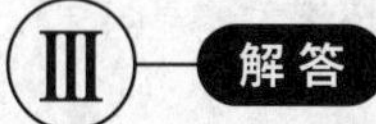

問1．④ 問2．④ 問3．④ 問4．③ 問5．②
問6．③ 問7．③ 問8．② 問9．③ 問10．①

問11. ④

解説

《自由民権運動と明治期の文化》

問1. ④正文。①誤文。五榜の掲示に示された民政の方針は幕府の方針を踏襲しており，キリスト教も禁止された。②誤文。明治神宮は大正期に明治天皇をまつる神社として創建された。③誤文。神仏分離令が出されて，古代以来の神仏習合は禁じられた。

問2. ④正文。①誤文。板垣退助は征韓派であった。②誤文。民撰議院設立建白書は，立法機関であった左院に提出された。③誤文。愛国社は大阪で結成された。

問3. ④正文。①誤文。日本初の日刊新聞は『横浜毎日新聞』。②誤文。『時事新報』を創刊したのは福沢諭吉である。③誤文。政治評論中心の新聞は大新聞，事件を伝える新聞は小新聞と呼ばれた。

問4. ③誤文。開拓使官有物払い下げ事件の後に大蔵卿に就任した松方正義によって官営工場の払い下げが積極的に進められた。

問5. ②が正しい。X．正文。Y．誤文。植木枝盛は自由党員で交詢社とは無関係である。交詢社は慶應義塾出身者の団体で，二院制や立憲君主制を主張した。

問6. ③が正しい。X．誤文。松方財政では歳出削減を徹底したが，軍事費は例外とされた。Y．正文。

問7. ③誤文。激化事件が頻発した時期に自由党は解党された。

問8. ②正文。①誤文。井上馨は外国人判事の任用を条件に条約改正を行おうとしていた。③誤文。保安条例では皇居・行在所から3里外の地に民権派を追放した。④誤文。星亨は保安条例によって東京から追放された。

問9. ③誤文。宮中・府中の別が定められ，宮内省は内閣の管轄外とされた。

問10. ①誤文。『国民之友』を発行して欧化政策を批判したのは，徳冨蘆花の兄徳富蘇峰である。

問11. ④正文。①誤文。有権者は直接国税15円以上を納入する満25歳以上の男子とされ，多くは中農以上の農民や都市の上層民であった。②誤文。民党は過半数を占めた。③誤文。初期議会では，政府は超然主義を唱え政党と対立した。

世界史

Ⅰ 解答

問1．① **問2．**④ **問3．**③ **問4．**⑤
問5．ア―⑥ **イ**―④ **ウ**―⑦ **エ**―③ **オ**―⑧
問6．① **問7．**④ **問8．**⑤ **問9．**④
問10．ア―⑧ **イ**―⑤ **ウ**―① **エ**―② **問11．**⑥

解説

《古代ギリシアの盛衰》

問1．①誤文。ギリシア神話に登場するオリンポスの神々は12神である。

問2．①誤文。スパルタの市民はドーリア系である。②誤文。スパルタはペロポネソス半島の南部に位置する。③誤文。スパルタにおいて強制的に農業に従事させられたのはヘイロータイ（ヘロット）である。ペリオイコイは劣格市民を指し，農業や商工業に従事していたが参政権は認められなかった。

問3．③誤文。奴隷の数が市民の10倍にも上ったのはスパルタである。

問6．①正解。アケメネス朝は前6世紀半ばから前4世紀前半までイランで栄えた王朝であり，古代ギリシアの盛期と同時代のペルシア王朝である。

問8．⑤正解。イオニア諸市とは，ギリシア人がアナトリアの西岸に建設した植民市で，ミレトスはその中心都市である。

問11．⑥正解。カイロネイアの戦いでギリシア諸都市の連合軍を破り，コリントス同盟を結成してギリシア諸都市を事実上支配下に置いたマケドニア王はフィリッポス2世である。

Ⅱ 解答

問1．③ **問2．ア**―④ **イ**―⑦ **ウ**―③ **問3．**③
問4．ア―⑧ **イ**―③ **ウ**―① **エ**―⑥
問5．ア―④ **イ**―⑤ **ウ**―③ **問6．**④
問7．ア―⑧ **イ**―⑥ **ウ**―③ **エ**―① **オ**―②

解説

《ベトナム史》

問1．③正解。ドンソン文化はベトナムの初期の金属文化で，ベトナム北部で発達していた。水稲栽培や銅鼓などで知られ，東南アジアに広範な影響を与えた。

問3．③正解。紅河はベトナム北部を流れトンキン湾にそそぐ河。ハノイ近辺でデルタ地帯を形成し米の大生産地となっている。

問5．ア．④正解。扶南，とりわけその外港オケオはローマ帝国やインド，漢などの海洋交易の中継地点として栄えた。

イ・ウ．チャンパーは中国側の史料では，漢以降は⑤林邑，唐代には環王，唐末以降は③占城とされた。

問6．①誤文。西山朝時代の中国王朝は清である。②誤文。北宋は陳朝の成立（1225年）の前に滅んでいる（1127年）。③誤文。李朝時代の中国王朝は宋である。

問7．オ．②正解。ベトナム戦争後，ベトナムがカンボジアに侵攻したことを機に，カンボジアの友好国であった中国がベトナムに侵攻した（中越戦争）。

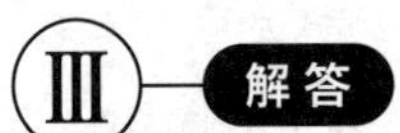

問1．①　**問2．**④　**問3．**④
問4．②・⑦（順不同）　**問5．**③　**問6．**⑤
問7．③　**問8．**③　**問9．ア**―①　**イ**―⑧　**ウ**―⑥
問10．ア―②　**イ**―①　**問11．**③　**問12．**①

解説

《衣服の歴史》

問1．①正解。アメンホテプ4世は新王国時代のエジプトのファラオであるため，シルク＝ロードの発展とは無関係である。

問2．④正解。ソグド人は中央アジアのサマルカンドなどのオアシス都市を拠点に隊商交易を担い，東西を結ぶ中継貿易で活躍した。

問5．①誤文。アイユーブ朝によるイェルサレム占領を機に始まったのは第3回十字軍である。②誤文。クレルモン宗教会議を開催したのはウルバヌス2世である。④誤文。サラディンが交戦したのは第3回十字軍である。

問6．⑤正解。主著『ユートピア』で知られるトマス＝モアは，16世紀前半にヘンリ8世に仕え大法官まで務めたが，ヘンリ8世の離婚や首長法に反対して刑死した。

問7．A．誤文。イギリス東インド会社がインドで拠点として建設したマドラスはインドの東南岸に，カルカッタはインドの東北に位置する。

問8． ③正解。シャー＝ジャハーンは17世紀前半のムガル皇帝である。

問9．イ． ⑧正解。1891～1894年にかけて成立した露仏同盟によって，ロシアへのフランスからの資本導入の道がひらけた。

問11． ③正解。スペイン継承戦争の講和条約として結ばれたユトレヒト条約で，フランスはイギリスに，アカディア・ハドソン湾地方・ニューファンドランドを割譲した。

問12． ①誤文。アイグン条約では，黒竜江以北をロシア領とし，ウスリー川以東（沿海州）を露清の共同管理地とすることを定めた。

政治・経済

I 解答

問1. ③ **問2.** ② **問3.** ① **問4.** ④ **問5.** ③
問6. ③ **問7.** ③ **問8.** ① **問9.** ① **問10.** ④
問11. ③ **問12.** ④

解説

《政治・経済問題などの小問集合》

問1. ③正文。尖閣諸島は日本固有の領土であり，現に日本の施政権下にある。したがって，尖閣諸島をめぐって解決しなければならない領有権の問題は存在しないというのが日本政府の立場である。①誤文。返還が合意されたのは歯舞群島および色丹島である。②誤文。日本政府が竹島の領有権に関する紛争の付託先として提案した機関は国際司法裁判所（ICJ）である。④誤文。沖ノ鳥島は日本の最東端ではなく最南端に位置する。

問4. ④正文。①誤文。特定商取引法は，1976 年に訪問販売法という名で制定された（2000 年に改称）。②誤文。アポイントメント＝セールスではなく，キャッチ＝セールス。③誤文。訪問販売の場合におけるクーリングオフ対象期間は，消費者側が契約内容の示された書面を受領した日から 8 日以内である。

問5. ③誤文。共産党系のナショナル＝センターは全国労働組合総連合（全労連）である。

問6. ③正文。①誤文。相対的貧困率とは，可処分所得（手取り収入）が貧困線（国民の等価可処分所得の中央値の半分）を下回る人の割合をいう。②誤文。「縦軸を累積相対所得，横軸を累積相対人数とする平面において，原点を通る 45 度の直線」は，均等分布線のこと。ローレンツ曲線は所得の低い世帯から高い世帯へ順に並べた場合の所得の累積比率を示すので，均等分布線から遠ざかるほど所得分布に偏りがあることを意味する。つまりジニ係数は大きくなる（1 に近づく）。④誤文。日本の雇用慣行では正規労働者には定期昇給などの制度があることが多く，これにより年齢が上がるにつれて非正規労働者との所得の格差は拡大する傾向にあるが，正規労働者には定年制度があるのが一般的であり，60 歳代以降においてはその格差はむしろ縮小する。

問7. ③正文。①誤文。重商主義は主にイギリスで採用された政策。②誤文。産業革命の進展によって発展が促されたのは，工場制手工業ではなく工場制機械工業。④誤文。ロシア革命が起こったのは20世紀前半である。

問8. ①が正解。気候変動に関する政府間パネルの設立（1988年）→国連環境開発会議の開催（1992年）→地球温暖化防止京都会議の開催（1997年）→パリ協定の発効（2016年）の順である。

問9. ①正文。③誤文。スタグフレーションとは，物価高騰と景気後退が同時に進行する状態をいう。④誤文。経常収支は，国外から国内への代金・配当金等の流入が国内から国外への流出を上回ることにより黒字化する。外貨準備高を増加させたからといって，経常収支が黒字化するとは限らない。

問10. ④正文。①誤文。日本銀行券の発行主体は政府ではなく日本銀行である。政府は補助貨幣（硬貨）を発行する。②誤文。管理通貨制度ではなく金本位制度において通貨発行量が国の保有する金の量に左右される。③誤文。暗号資産（仮想通貨）の現金化は可能である。

問11. ③誤文。「情報機器やインターネットを利用する能力の差から生じる新たな経済格差」はデジタルデバイドである。eデモクラシーとは，情報技術（主にインターネットや電子メディア）を活用して，民主主義の原則を支援し，政治参加や政策形成のプロセスを促進することである。

Ⅱ　解答　**問1.** ①　**問2.** ④　**問3.** ③　**問4.** ④
問5. ②・③（順不同）　**問6.** ②　**問7.** ④
問8. ①　**問9.** ③　**問10.** ③　**問11.** ①　**問12.** ①・②（順不同）

解説

《個人の請願権と国家機関》

問3. ③正文。①誤文。公務員の憲法尊重擁護義務（日本国憲法第99条）は一般職か特別職かの別を問わない。②誤文。国家公務員法の委任を受けた人事院規則は日本国籍を有しない者に国家公務員採用試験の受験資格を認めない旨規定している。④誤文。公務員に対する不利益処分の審査権は人事院が有する。

問4. ④誤文。法律の委任がなければ政令に罰則を設けることはできない

(日本国憲法第 73 条)。

問7. ④が正解。環境省（2001 年）→観光庁（2008 年）→復興庁（2012 年）→スポーツ庁（2015 年）の順。

問10. ③正文。①誤文。国会会期中の国会議員の逮捕については，院外における現行犯の場合を除いて，その議員の所属する議院の許諾を要する。しかし，国会議員の訴追については特に制約はない。②誤文。国会議員には歳費受領権（日本国憲法第 49 条）があり，その歳費は一般職の国家公務員の最高の給与額を下回らないものと定められている。しかし，在職中減額してはならないとの規定はない。④誤文。「議員の議席を失わせる」場合，定数の過半数ではなく出席議員の 3 分の 2 以上による議決を要する。

問11. ①正文。②誤文。2012 年総選挙の結果，自由民主党の単独政権ではなく自由民主党と公明党による連立政権が実現した。③誤文。政党助成金は「所属議員」ではなく政党に交付される。④誤文。議院内閣制の下で内閣は議会の信任に依拠して存立するため，議会の意思は内閣の政権運営により大きく影響を及ぼす。政党の所属議員に対する党議拘束はより厳格になりがちである。

問12. ①・②正文。③誤文。政治的・社会的情勢が変化すれば，同じ質問に対する世論の反応も異なり得る。④誤文。マス＝メディアは「第三の権力」ではなく「第四の権力」といわれる。

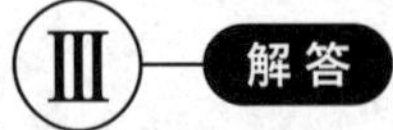

問1. ④　**問2.** ③　**問3.** ①　**問4.** ③　**問5.** ④　**問6.** ②　**問7.** ④　**問8.** ③　**問9.** ③　**問10.** ①　**問11.** ②　**問12.** ①　**問13.** ④

解説

《会社制度と地方自治》

問4. ③正文。①誤文。1993 年に中国の憲法において，社会主義市場経済が明記されたが，実際には，土地の公有制は廃止されておらず，土地の所有権は国または集団に属している。②誤文。固定資産税は土地の所有について賦課される。④誤文。日本国憲法第 29 条 3 項にいう「正当な補償」と土地収用法との関係に関して，その補償額の水準等につき最高裁判所が判断を示したことがあるが，土地収用法の規定が違憲とされたわけではない。

問6． ②正文。①誤文。一定期間に生み出された付加価値の総量について，国内の場合は国内総生産（GDP），国内であるかを問わなければ国民総生産（GNP）という。③誤文。経済学では，資本は生産に用いられる物的資産の他に，金融資産や不動産，技能や知識なども含まれる。したがって，資本の定義には個人が所得を得るための手段である「資産の蓄積」も含まれる。④誤文。資本装備率は労働者1人あたりの有形固定資産額であり，中小企業より大企業の方が高い傾向にある。

問7． ④誤文。国内総生産（GDP）は中間生産物を除く付加価値の合計として算出されるので，企業の拡大再生産が付加価値の増大につながるとGDPは大きくなる。しかし，企業の拡大再生産が中間生産物に集中すると，GDPが大きくなるとは限らない。逆に，企業の拡大再生産が海外での生産や海外における収益を主たる要因とするものであるとき，国民総所得（GNI）は大きくなるが，GDPが大きくなるとは限らない。以上のことから，企業の拡大再生産とGDPの増減が常に相関するとは限らない。

問8． ③誤文。首長の解職請求の請求先は監査委員ではなく選挙管理委員会である。

問9． ③誤文。旧三公社は日本専売公社，日本電信電話公社（電電公社），日本国有鉄道（国鉄）である。これらは民営化されて，それぞれ株式会社である日本たばこ産業（JT），日本電信電話株式会社（NTT）グループ各社，JR各社となったが，いずれも私企業である。

問10． ①誤文。農業基本法は食料・農業・農村基本法の制定（1999年）に伴い廃止された。

問11． ②正文。①誤文。会社法の制定によって有限会社を新たに設立することはできなくなった（既存の有限会社の存続は可能）。会社法の制定で新たに認められたのは合同会社である。③誤文。すべての出資者が無限責任社員である会社は合名会社である。④誤文。無限責任社員と有限責任社員の併存する会社は合資会社である。

数　学

■数　学■

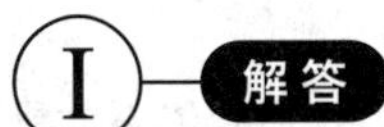

[1] ア．4　イ．3　[2] ウ．9　エ．2　オ．9
[3] カキ．43　ク．7　[4] ケ―③
[5] (1)コ．5　(2)サシ．23　ス．2　セ．3　ソ．2　タ．7　チ．2
(3)ツテ．23　ト．4　ナ．3　ニ．9　ヌ．2　ネノ．23　ハ．4

解説

《小問5問》

[1]　$y=x^2+2x+5=(x+1)^2+4$

$y=x^2-6x+10=(x-3)^2+1$

よりそれぞれの放物線の頂点の座標は $(-1,\ 4)$，$(3,\ 1)$ である。

よって，最初の放物線を x 軸方向に 4　(→ア)，y 軸方向に -3　(→イ）平行移動したことになる。

[2]　$y\geqq 0$ より $-2x+3\geqq 0$

$\therefore\quad x\leqq\dfrac{3}{2}$

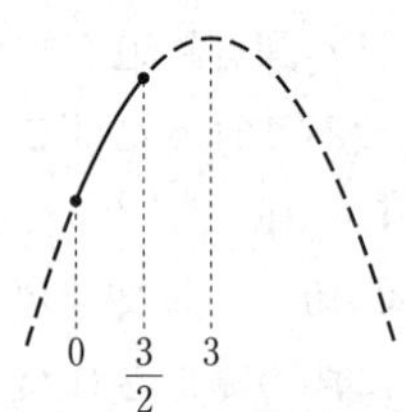

よって，$0\leqq x\leqq\dfrac{3}{2}$ であり

$$\begin{aligned}2x^2-y^2&=2x^2-(-2x+3)^2\\&=-2x^2+12x-9\\&=-2(x-3)^2+9\end{aligned}$$

より　$x=\dfrac{3}{2}$ で最大，$x=0$ で最小となり

最大値 $\dfrac{9}{2}$　(→ウ，エ)，最小値 -9　(→オ)

[3]　$\dfrac{5^{3x}+5^{-3x}}{5^x+5^{-x}}=\dfrac{(5^x+5^{-x})(5^{2x}-5^x\cdot 5^{-x}+5^{-2x})}{5^x+5^{-x}}$

$$=5^{2x}-1+\frac{1}{5^{2x}}$$

$$=7-1+\frac{1}{7}$$

$$=\frac{43}{7}\quad (\to カ〜ク)$$

[4] $\dfrac{\log_2 x+\log_2 y}{2}=\dfrac{1}{2}(\log_2 x+\log_2 y)$

$$=\frac{1}{2}\log_2 xy$$

$$=\log_2 (xy)^{\frac{1}{2}}$$

$$=\log_2 \sqrt{xy}$$

$x>0$, $y>0$ のとき相加平均と相乗平均の大小関係より $\dfrac{x+y}{2}\geqq\sqrt{xy}$ が成立するので，$\log_2 \dfrac{x+y}{2}\geqq\log_2 \sqrt{xy}$ が成立する。

ゆえに

$$\frac{\log_2 x+\log_2 y}{2}\leqq\log_2 \frac{x+y}{2}\quad (③)\quad (\to ケ)$$

[5] (1)　漸化式に $n=1,\ 2,\ 3,\ \cdots$ と代入していくと

$a_2=3a_1+4\cdot 1+5=27$

$a_3=3a_2+4\cdot 2+5=3\cdot 27+8+5=94$

$a_4=3a_3+4\cdot 3+5=3\cdot 94+12+5=299$

$a_5=3a_4+4\cdot 4+5=3\cdot 299+16+5=918$

より第5項である。（→コ）

(2)　与えられた漸化式を $a_{n+1}-\alpha(n+1)-\beta=3(a_n-\alpha n-\beta)$ とおくと

$a_{n+1}=3a_n-2\alpha n+\alpha-2\beta$

これを元の漸化式と係数比較すると

$$\begin{cases}-2\alpha=4\\ \alpha-2\beta=5\end{cases}$$

より　$\alpha=-2,\ \beta=-\dfrac{7}{2}$

よって

$$a_{n+1}+2(n+1)+\frac{7}{2}=3\left(a_n+2n+\frac{7}{2}\right)$$

$b_n=a_n+2n+\frac{7}{2}$ とおくと $b_{n+1}=3b_n$ となり数列 $\{b_n\}$ は公比 3 の等比数列となる。

よって

$$b_n=b_1\cdot 3^{n-1}=\left(a_1+2\cdot 1+\frac{7}{2}\right)\cdot 3^{n-1}$$
$$=\left(6+2+\frac{7}{2}\right)\cdot 3^{n-1}=\frac{23}{2}\cdot 3^{n-1}$$

ゆえに

$$a_n=\frac{23}{2}\cdot 3^{n-1}-2n-\frac{7}{2}\quad (\to サ〜チ)$$

別解　$a_{n+1}=3a_n+4n+5$　……①

より

$$a_n=3a_{n-1}+4(n-1)+5\quad ……②$$

①−② より

$$a_{n+1}-a_n=3(a_n-a_{n-1})+4$$

$a_{n+1}-a_n=p_n$ とおくと

$$p_n=3p_{n-1}+4$$

よって

$$p_{n+1}=3p_n+4\quad ……③$$

を得る。

③を変形すると

$$p_{n+1}+2=3(p_n+2)$$

となり，数列 $\{p_n+2\}$ は公比 3 の等比数列より

$$p_n+2=(p_1+2)\cdot 3^{n-1}=(a_2-a_1+2)\cdot 3^{n-1}$$
$$=(27-6+2)\cdot 3^{n-1}=23\cdot 3^{n-1}$$

よって

$$p_n=23\cdot 3^{n-1}-2\quad すなわち\quad a_{n+1}-a_n=23\cdot 3^{n-1}-2\quad ……④$$

④より　$n\geqq 2$ のとき

$$a_n=a_1+\sum_{k=1}^{n-1}(23\cdot 3^{k-1}-2)=6+23\sum_{k=1}^{n-1}3^{k-1}-2\sum_{k=1}^{n-1}$$
$$=6+23\frac{3^{n-1}-1}{3-1}-2(n-1)$$

$$=\frac{23}{2}\cdot 3^{n-1}-2n-\frac{7}{2}$$

$n=1$ のとき

$$a_1=\frac{23}{2}\cdot 1-2\cdot 1-\frac{7}{2}=6$$

より $n=1$ のときも成立する。

ゆえに

$$a_n=\frac{23}{2}\cdot 3^{n-1}-2n-\frac{7}{2}$$

参考　④および与式より

$$\begin{array}{rr} & a_{n+1}-a_n=23\cdot 3^{n-1}-2 \\ -) & a_{n+1}-3a_n=4n+5 \\ \hline & 2a_n=23\cdot 3^{n-1}-4n-7 \end{array}$$

$$\therefore\quad a_n=\frac{23}{2}\cdot 3^{n-1}-2n-\frac{7}{2}$$

(3)　(2)より

$$S_n=\sum_{k=1}^{n}a_k$$
$$=\sum_{k=1}^{n}\left(\frac{23}{2}\cdot 3^{k-1}-2k-\frac{7}{2}\right)$$
$$=\frac{23}{2}\sum_{k=1}^{n}3^{k-1}-2\sum_{k=1}^{n}k-\frac{7}{2}\sum_{k=1}^{n}1$$
$$=\frac{23}{2}\cdot\frac{3^n-1}{3-1}-2\cdot\frac{1}{2}n(n+1)-\frac{7}{2}n$$
$$=\frac{23}{4}\cdot 3^n-n^2-\frac{9}{2}n-\frac{23}{4}\quad(\to ツ〜ハ)$$

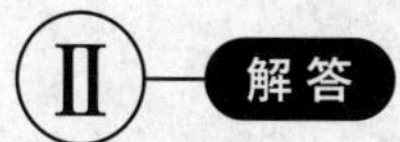

[1] (1)**ア.** 1　**イ.** 6　**ウ.** 5　**エ.** 6
(2)**オ.** 1　**カ.** 6　**キ.** 6　(3)**ク.** 5　**ケ.** 6
コ. 0

[2] サ—④　**[3] シ**—③

解説

《小問3問》

[1] (1)　①より

$$x^2-2(\sqrt{3}\sin\theta+\cos\theta)x+(\sqrt{3}\sin\theta+\cos\theta)^2+4\sin^2\theta-1=0$$

この方程式の判別式をDとすると

$$\begin{aligned}\frac{D}{4}&=(\sqrt{3}\sin\theta+\cos\theta)^2-\{(\sqrt{3}\sin\theta+\cos\theta)^2+4\sin^2\theta-1\}\\&=-4\sin^2\theta+1\\&=(1+2\sin\theta)(1-2\sin\theta)\end{aligned}$$

$0\leqq\theta<\pi$ より $0\leqq\sin\theta\leqq1$ なので，$\dfrac{D}{4}\geqq0$ を解くと，$1+2\sin\theta>0$ より

$$\sin\theta\leqq\frac{1}{2}$$

よって

$$0\leqq\theta\leqq\frac{1}{6}\pi\quad(\to ア，イ),\quad \frac{5}{6}\pi\leqq\theta<\pi\quad(\to ウ，エ)$$

(2)・(3)　①より解と係数の関係より

$$\begin{cases}\alpha+\beta=2(\sqrt{3}\sin\theta+\cos\theta)\\ \alpha\beta=(\sqrt{3}\sin\theta+\cos\theta)^2+4\sin^2\theta-1\end{cases}$$

なので

$$\begin{aligned}\alpha^2+\beta^2&=(\alpha+\beta)^2-2\alpha\beta\\&=4(\sqrt{3}\sin\theta+\cos\theta)^2-2\{(\sqrt{3}\sin\theta+\cos\theta)^2+4\sin^2\theta-1\}\\&=2(\sqrt{3}\sin\theta+\cos\theta)^2-8\sin^2\theta+2\\&=4\sqrt{3}\sin\theta\cos\theta+2(\cos^2\theta-\sin^2\theta)+2\\&=2\sqrt{3}\sin2\theta+2\cos2\theta+2\\&=4\sin\left(2\theta+\frac{\pi}{6}\right)+2\end{aligned}$$

②より

$$\frac{\pi}{6}\leqq2\theta+\frac{\pi}{6}\leqq\frac{\pi}{2},\quad \frac{11}{6}\pi\leqq2\theta+\frac{\pi}{6}<\frac{13}{6}\pi$$

よって，$2\theta+\dfrac{\pi}{6}=\dfrac{\pi}{2}$　すなわち　$\theta=\dfrac{1}{6}\pi$　(→オ，カ)　のとき最大値 6　(→キ) をとる。

また

$2\theta+\dfrac{\pi}{6}=\dfrac{11}{6}\pi$　すなわち　$\theta=\dfrac{5}{6}\pi$　(→ク，ケ) のとき最小値 0

(→コ) をとる。

[2] データの個数が偶数個のとき，中央値は必ずしもデータのいずれかの値に一致するとは限らないので，A は誤り。

平均値もデータのいずれかの値に一致するとは限らないので，B は誤り。

最頻値が全データの個数の半分より多いとき，中央値は必ず最頻値の範囲内に存在するので，C は正しい。

よって，C のみ正しい。(④)　(→サ)

[3] ヒストグラム X と Y の平均値は 6.0 である。A の平均値は 6.0，B の平均値は 6.0 で同じであるが，X と Y では X の方が Y より散らばり具合が小さいので，標準偏差も小さい。

よって

A…Y，B…X

また，C の平均値は 4.9 なので

C…Z

以上により

A…Y，B…X，C…Z　(③)　(→シ)

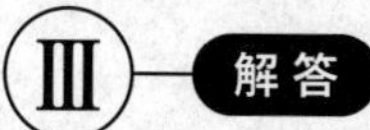

[1] ア. 6　**イウ.** 24　**エオ.** 15　**[2] カ.** 2
[3] キ. 2　**ク.** 9
[4] ケ. 1　**コ.** 8　**サシスセ.** 2187　**ソ.** 2

解説

《3次関数のグラフと接線，3次関数のグラフと接線とで囲まれた面積》

[1] $f(x)$ を微分すると

$f'(x)=6x^2+24x+15$　(→ア～オ)

[2] 点 P における接線と点 Q における接線が平行なので，$f'(p)=f'(q)$ が成立する。

よって

$6p^2+24p+15=6q^2+24q+15$

より

$6(p^2-q^2)+24(p-q)=0$

$6(p-q)(p+q+4)=0$

$p \neq q$ より　　$p+q+4=0$

よって

$$\frac{p+q}{2}=-2 \quad (\to カ)$$

[3] 点 $\mathrm{P}(p,\ 2p^3+12p^2+15p+7)$，点 $\mathrm{Q}(q,\ 2q^3+12q^2+15q+7)$ より線分PQの傾きを求めると

$$\frac{2(p^3-q^3)+12(p^2-q^2)+15(p-q)}{p-q}$$

$$=\frac{(p-q)\{2(p^2+pq+q^2)+12(p+q)+15\}}{p-q}$$

$$=2(p+q)^2-2pq+12(p+q)+15$$

［2］より $p+q=-4$ なので PQ の傾きは

$$2(-4)^2-2p(-p-4)+12(-4)+15=2p^2+8p-1$$

よって，線分PQの方程式は

$$y-(2p^3+12p^2+15p+7)=(2p^2+8p-1)(x-p)$$

すなわち　　$y-9=(2p^2+8p-1)(x+2)$

となるので，この線分は p の値によらず，点 $(-2,\ 9)$ （→キ，ク）を必ず通る。

[4] ［2］より $p=-5$ のとき

$$q=-4-p=1 \quad (\to ケ)$$

よって，点 $\mathrm{Q}(1,\ 36)$ における接線の方程式は，$f'(1)=45$ より

$$y-36=45(x-1) \quad すなわち \quad y=45x-9$$

よって，$y=f(x)$ と接線との交点は

$$2x^3+12x^2+15x+7=45x-9$$

より

$$2x^3+12x^2-30x+16=0$$

$$2(x^3+6x^2-15x+8)=0$$

$$2(x-1)^2(x+8)=0$$

よって，$x=-8,\ 1$（重解）より

$$r=-8 \quad (\to コ)$$

ゆえに，$y=f(x)$ のグラフと接線で囲まれた部分の面積は

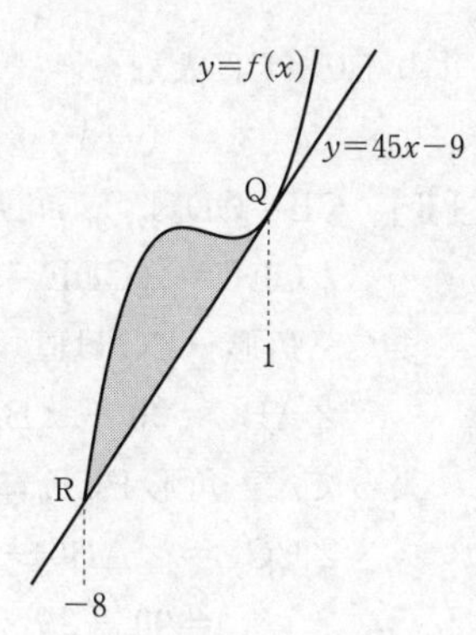

$$\int_{-8}^{1}\{f(x)-(45x-9)\}dx$$
$$=2\int_{-8}^{1}(x^3+6x^2-15x+8)dx$$
$$=2\int_{-8}^{1}(x+8)(x-1)^2dx$$
$$=2\times\frac{1}{12}\{1-(-8)\}^4$$
$$=\frac{1}{6}\cdot 9^4$$
$$=\frac{2187}{2}\quad(\to サ〜ソ)$$

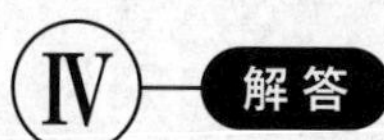
Ⅳ 解答　**[1] ア**—④　**イ**—⑤　**[2] ウ.** 1　**[3] エ**—②
[4] オカ. 30　**[5] キ**—③　**[6] ク**—⑥
[7] ケ. 3　**コ.** 1　**サ.** 4

解説

《三角形の計量》

[1]　三角比の定義から

$BC=2\sin\theta$　(④)　(→ア)

$AC=2\cos\theta$　(⑤)　(→イ)

[2]　三角形 ABC は AB を直径とする半径 1 の円に内接するため，CD は半径となるので

$CD=1$　(→ウ)

[3]　三角形 DCA，三角形 DBC は底辺を AD，DB とすると高さは共通なので，AD=DB=1 より 2 つの三角形の面積は等しくなる。

ゆえに

$S_{\triangle DCA}=S_{\triangle DBC}$　(②)　(→エ)

[4]　三角形 BCD が正三角形となるので $\angle CBD=60°$

よって

$\theta=30°$　(→オカ)

[5]　三角形 BDC の頂角 $\angle BDC=2\theta<2\alpha=60°$

よって，三角形 BDC は BD=CD の二等辺三角形で頂角 $\angle BDC<60°$

より BC<CD となる。

よって（③）（→キ）

[6] CE=CD より三角形 CDE は二等辺三角形なので

$$\angle CED=\angle CDE=2\theta$$

また三角形 ABC は直角三角形より

$$\angle ABC=90^\circ-\angle BAC=90^\circ-\theta$$

よって，三角形 BCE において

$$\angle BCE=\angle ABC-\angle CEB=(90^\circ-\theta)-2\theta$$

$$=90^\circ-3\theta$$ （⑥）（→ク）

[7] $S_{\triangle EBC}=S_{\triangle CDE}-S_{\triangle DBC}$

$$=\frac{1}{2}\cdot CD\cdot CE\cdot \sin\angle DCE-\frac{1}{2}\cdot DB\cdot DC\cdot \sin\angle BDC$$

$$=\frac{1}{2}\cdot 1\cdot 1\cdot \sin(180^\circ-4\theta)-\frac{1}{2}\cdot 1\cdot 1\cdot \sin 2\theta$$

$\theta=\dfrac{\alpha}{2}=15^\circ$ より

$$S_{\triangle EBC}=\frac{\sqrt{3}-1}{4}$$ （→ケ～サ）

■数学基礎■

I 解答 **[1] アイウエ.** 5247 **オ.** 7
[2] カ. 4 **キク.** 13 **ケコ.** 13 **サシ.** 18
[3] ス. 1 **セ.** 2 **ソ.** 1 **タ.** 2 **チ.** 0 **ツ.** 0

解説

《小問3問》

[1] $\dfrac{53}{101}=0.52475247\cdots$ (→ア～エ)

小数点以下は5247が循環する。180は4の倍数なので，小数第180位の数字は7 (→オ) である。

[2] $\dfrac{3}{4-\sqrt{13}}=\dfrac{3(4+\sqrt{13})}{(4-\sqrt{13})(4+\sqrt{13})}=\dfrac{3(4+\sqrt{13})}{3}$

$=4+\sqrt{13}$ (→カ～ク)

また $3<\sqrt{13}<4$ より $7<4+\sqrt{13}<8$

よって

整数部分 $a=7$，小数部分 $b=(4+\sqrt{13})-7=\sqrt{13}-3$

ゆえに

$$\frac{1}{a-b-3}-\frac{1}{a+b+3}=\frac{1}{7-\sqrt{13}}-\frac{1}{7+\sqrt{13}}$$
$$=\frac{(7+\sqrt{13})-(7-\sqrt{13})}{(7-\sqrt{13})(7+\sqrt{13})}$$
$$=\frac{\sqrt{13}}{18}$$ (→ケ～シ)

[3] $y=-2x+1$ で $x\geqq 0$，$y\geqq 0$ より $0\leqq x\leqq\dfrac{1}{2}$ となる。

$$x(y+1)=x(-2x+2)$$
$$=-2x^2+2x$$
$$=-2\left(x-\frac{1}{2}\right)^2+\frac{1}{2}$$

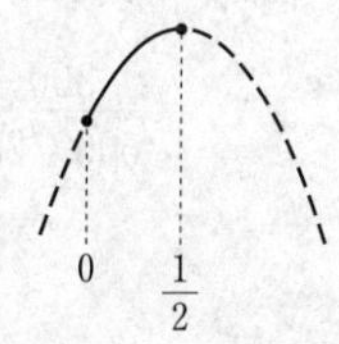

よって，$x=\dfrac{1}{2}$ (→ス，セ) のとき

最大値 $\dfrac{1}{2}$　（→ソ，タ）をとり，

$x=0$　（→チ）のとき

最小値 0　（→ツ）をとる。

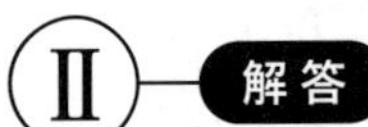

解答　**アイウ.** 600　**エオカ.** 200　**キ.** 0　**クケコ.** 866

解説

《分散，相関係数》

x の平均は

$$\frac{1}{5}(30+50+90+60+20)=50$$

より，x の分散は

$$\frac{1}{5}\{(30-50)^2+(50-50)^2+(90-50)^2+(60-50)^2+(20-50)^2\}$$

$$=600 \quad (\text{→アイウ})$$

y の平均は

$$\frac{1}{5}(60+50+80+70+40)=60$$

より，y の分散は

$$\frac{1}{5}\{(60-60)^2+(50-60)^2+(80-60)^2+(70-60)^2+(40-60)^2\}$$

$$=200 \quad (\text{→エオカ})$$

x と y の共分散は

$$\frac{1}{5}\{(30-50)(60-60)+(50-50)(50-60)+(90-50)(80-60)+(60-50)(70-60)+(20-50)(40-60)\}=300$$

ゆえに求める相関係数は

$$\frac{300}{\sqrt{600}\sqrt{200}}=\frac{300}{200\sqrt{3}}=\frac{3}{2\sqrt{3}}=\frac{\sqrt{3}}{2}$$

$$=\frac{1.732}{2}$$

$$=0.866 \quad (\text{→キ〜コ})$$

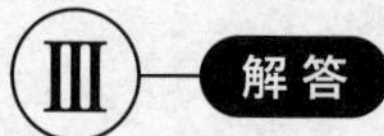

[1] アイウエオ. 30240　**[2] カキク.** 720
[3] ケコサシ. 4320

解説

《カードを並べて作られる 10 桁の整数》

[1]　1 が 5 枚重複した同じものを含む順列より

$\frac{10!}{5!}=30240$ 通り　(→ア～オ)

[2]　2, 3, 4, 5, 6 の 5 枚の並べ方は

$5!=120$ 通り

その 5 枚の前後と間の計 6 カ所のうち 5 カ所に 1 を並べればよいので, 6 カ所から 1 の入る所を 5 カ所選ぶと

${}_6C_5=6$ 通り

よって, 求める整数は

$120\times6=720$ 通り　(→カキク)

[3]　1 が 5 つ連続して並ぶ整数は, その 5 連続を 1 つとみなすと

$6!=720$ 通り

1 が 4 つ連続して並ぶ整数は, その 4 連続を 1 つとみなし, 2 から 6 までの数とともに並べると異なる 6 種類の順列になるので

$6!=720$ 通り

残りの 1 つの 1 は 1 の 4 連続の前後以外の 5 カ所のどこかに入るので, 求める整数は

$720+720\times5=4320$ 通り　(→ケ～シ)

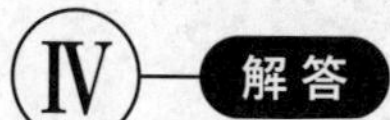

[1] ア. 5　**イウエ.** 625
[2] オ. 0　**カキクケ.** 7166
[3] コサ. 12

解説

《対数不等式, 対数の値, 桁数》

[1]　真数条件より $x>0$

$(\log_5 x)^2-5\log_5 x+4<0$

より

$(\log_5 x-1)(\log_5 x-4)<0$

よって

$1<\log_5 x<4$

ゆえに

$\log_5 5<\log_5 x<\log_5 625$

ゆえに x の範囲は

$5<x<625$　(→ア～エ)

[2]　$\log_{10}\sqrt[4]{735}=\frac{1}{4}\log_{10}735=\frac{1}{4}\log_{10}3\cdot5\cdot7^2$

$=\frac{1}{4}\left(\log_{10}3+\log_{10}\frac{10}{2}+2\log_{10}7\right)$

$=\frac{1}{4}(0.4771+1-0.3010+2\times0.8451)$

$=0.716575$

よって，小数第4位まで求めると

0.7166　(→オ～ケ)

[3]　$\log_{10}6^{15}=15\cdot\log_{10}6$

$=15(\log_{10}2+\log_{10}3)$

$=15(0.3010+0.4771)$

$=15\times0.7781$

$=11.6715$

$11\leqq\log_{10}6^{15}<12$

よって

$10^{11}\leqq6^{15}<10^{12}$

より求める桁数は

12桁　(→コサ)である。

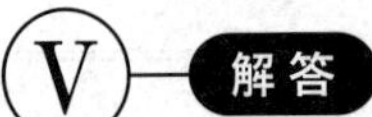

[1] ア. 4　**イ.** 4　**ウ.** 0　**エ.** 2　**オ.** 3
カキ. 32　**クケ.** 27

[2] コサ. 44　**シ.** 3　**[3] ス.** 2　**セ.** 8

解説

《3次関数の極大値・極小値，定積分の値，極値をもつための条件》

[1]　$f'(x)=3x^2+2ax+b$

より

$$f(2)=0,\ f'(2)=0,\ f'(-1)=15$$

なので

$$\begin{cases} 8+4a+2b+c=0 & \cdots\cdots① \\ 12+4a+b=0 & \cdots\cdots② \\ 3-2a+b=15 & \cdots\cdots③ \end{cases}$$

①，②，③を解くと

$a=-4$　(→ア)，$b=4$　(→イ)，$c=0$　(→ウ)

これより

$$f(x)=x^3-4x^2+4x$$

$$f'(x)=3x^2-8x+4$$

$f'(x)=0$ とすると

$$(3x-2)(x-2)=0$$

よって

$$x=\frac{2}{3},\ 2$$

x	$\cdots$	$\frac{2}{3}$	$\cdots$	2	$\cdots$
$f'(x)$	$+$	0	$-$	0	$+$
$f(x)$	↗	$\frac{32}{27}$	↘	0	↗

増減表より，$x=\dfrac{2}{3}$　(→エ，オ) で極大値 $\dfrac{32}{27}$　(→カ～ケ) をとる。

[2]　定積分の値は右下の図の網かけ部分の面積を表しているので，対称性より

$$\int_{-2}^{4}|x^2-2x|\,dx$$

$$=\int_{-2}^{0}(x^2-2x)\,dx+\int_{0}^{2}(-x^2+2x)\,dx+\int_{2}^{4}(x^2-2x)\,dx$$

$$=2\int_{-2}^{0}(x^2-2x)\,dx+\int_{0}^{2}(-x^2+2x)\,dx$$

$$=2\left[\frac{1}{3}x^3-x^2\right]_{-2}^{0}+\left[-\frac{1}{3}x^3+x^2\right]_{0}^{2}$$

$$=\frac{40}{3}+\frac{4}{3}$$

$$=\frac{44}{3}$$　(→コ～シ)

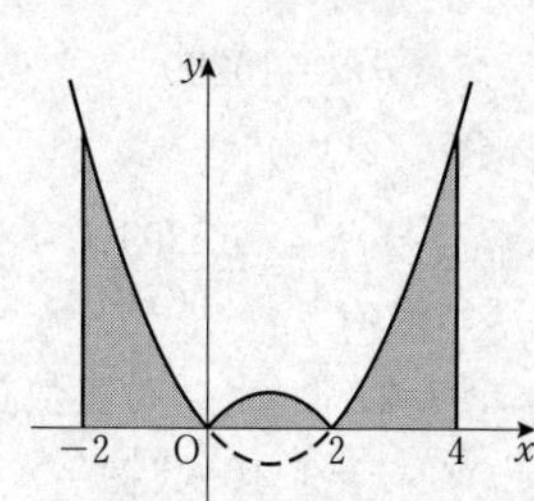

[3]　$f'(x)=3x^2+2(a-2)x+2(a-2)$ より3次関数 $f(x)$ が極値をもつための条件は，極大，極小を同時にもつときより方程式 $f'(x)=0$ が相異なる2実数解をもつときである。

判別式を D とすると $D>0$ となればよいので

$$\frac{D}{4}=(a-2)^2-6(a-2)$$
$$=(a-2)(a-8)>0$$

よって求める a の範囲は

$a<2$　(→ス)，$a>8$　(→セ)　である。

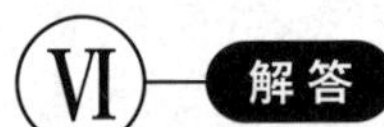

[1] ア． 4　**イウ．** 11　**[2] エ．** 7　**オ．** 3
[3] カキクケ． 1023

解説

《等差数列，等比数列》

[1]　初項 a，公差 d とする。

$$\frac{3}{2}\{2a+(3-1)d\}=3(a+d)$$

より

$$3(a+d)=45 \quad \cdots\cdots①$$

$$\frac{6}{2}\{2a+(6-1)d\}=3(2a+5d)=45+144$$

$$3(2a+5d)=189 \quad \cdots\cdots②$$

①，②より

$a=4$　(→ア)，$d=11$　(→イウ)

[2]　初項 a，公比 r とする。

$$ar^4=567 \quad \cdots\cdots①$$

$$ar^7=15309 \quad \cdots\cdots②$$

①，②より

$$\frac{ar^7}{ar^4}=\frac{15309}{567}$$

$r^3=27$ より，r は実数なので

$r=3$　(→オ)

また，①より

$$a\cdot 3^4=567$$

から

$$a=7 \quad (\to エ)$$

[3]　$a_n=3\cdot 4^{n-1}$

より

$$\begin{aligned}\sum_{n=1}^{5}3\cdot 4^{n-1}&=3\sum_{n=1}^{5}4^{n-1}\\&=3(1+4+4^2+4^3+4^4)\\&=3\frac{4^5-1}{4-1}\\&=4^5-1\\&=1023 \quad (\to カ\sim ケ)\end{aligned}$$

エピソードである「斎宮の雪の夜」の出来事に劣る気もしないとあるので、これらを踏まえた⑤が正解。

問七　和歌Dは、後日内裏に参上した資通の、あの時雨の夜を片時も忘れず恋しく思っていますという発言に対して作者が詠んだもので、〝どうしてそれほどまでに思い出したのだろうか。木の葉に降りそそぐほどのほんのわずかな時雨を〟の意。これを踏まえている③が正解。

問八　(1)第一段落三行目に「逃げ入りて、局なる人々呼びあげなどせむも見苦し」とあり、結局他の女房たちを呼んでいないので不適。また、この発言は作者ではなく女房によるものである。

(2)傍線部4を含む発言中に「琵琶の風香調ゆるるかに弾き鳴らしたる、いといみじく聞こゆる」とあるので不適。

(3)空欄Z以降の記述に合致。

(4)和歌Dの直後に「もろともなりし人たづねて、返ししたりなども後にぞ聞く」とあるので、不適。

(5)最終文の記述に合致。

も秋の方が素晴らしいという文脈になる。よって、⑤が正解。

問三　春と秋の優劣について話している登場人物は、作者（「われ」）、作者と話をしていた女房（「人」）、そこへ「参りたる人（＝資通）」の三人である。Aの前にある「いづれにか御心とどまる」の話者はここまで季節の話をしていた資通と考えられる。それに答えているAは「われ」か「人」のどちらかとなるが、Aの直前に「秋の夜に心を寄せて答へ給ふ」という敬語表現があり、続けて「言はじ」という一人称を主語とする打消意志の助動詞があるので、Aは「われ」となる。また、作者はAの前で「（女房は）秋の夜に心を寄せて答へ給ふを、（私は）さのみ同じさまには言はじ」と言っているので、「秋に心寄せたる人」と書かれるCは女房（「人」）と考えられる。選択肢の重複は許されないため、残ったBは資通となる。

問四　Xの直前にある「ざ」は打消の助動詞「ず」の連体形「ざる」の撥音便無表記の形。直後に推定の助動詞を伴って〝〜ではないようだ〟の意となる。また、Yの直前「べかる」は推量の助動詞「べし」の連体形。これも直後に推定の助動詞を伴うが、係助詞「こそ」があるので已然形になる。「なり」も「めり」も推定の助動詞だが、「なり」は聴覚に関する推定、「めり」は視覚に関する推定と使い分けられる。Xは「もろこし」、つまり中国より伝え聞いた話から推定しているので「なり」が適当。直後に連体形に接続する接続助詞「を」があるので連体形「なる」が入る。Yは「空のけしき」という見たものの話をしているので「めり」が適当で、已然形の「めれ」が入る。Zは資通が、二人が春と秋をそれぞれ選んだ理由を承りたいという文意になるので、希望の助動詞「まほし」が入る。直前に係助詞「なむ」があるので連体形の「まほしき」となる。

問五　(ii)　和歌Eは〝春が良いのか秋が良いのか、思いが乱れてしまって決めがたい。季節にしたがって移ろう心は〟の意。したがって、正解は⑤。

問六　傍線部に「今宵よりは」とあるので、資通は、今夜三人で春秋の優劣を語った出来事を経たので、時雨の降る暗い冬の夜が「心にしみ」るようになったのである。また傍線部直後に、資通が冬の夜を素晴らしいと思うようになった

②は、「完成度が高いものではない」とは本文に書かれていないため不適。

③は、④④・④⑤段落で節用集が多く刊行されたことを述べ、それに付け加える形で④⑥段落に「値段も…安価なものが少なくない」と記しているが、「安価だったために広く使われていた」とまでは言えない。よって不適。

④は、④⑦段落に、節用集の見出し語の配列に五十音順を採用したものは二種あり、④⑨段落二行目以降の記述からそれが好評ではなかったことがわかる。よって合致する。

⑤は、④⑤段落の内容と合致する。

Ⅲ

出典　菅原孝標女『更級日記』

解答

問一　**1**—②　**2**—②　**3**—②

問二　⑤

問三　**A**—④　**B**—②　**C**—⑤

問四　**X**—②　**Y**—⑨　**Z**—⑤

問五　**(i)ア**—③　**イ**—③　**ウ**—⑤　**(ii)**—⑤

問六　⑤

問七　③

問八　**(1)**—②　**(2)**—②　**(3)**—①　**(4)**—②　**(5)**—①

解説

問二　傍線部を含むかぎかっこの台詞は、資通が時の移ろいにしたがって見る景色について話しているものである。資通は春の素晴らしさについて述べた後に、秋の良さ、それから最後に冬の夜の良さを述べているので、傍線部は春より

③は、「知りたいことがすぐに調べられる辞書を求める人々」については本文中で言及されていないため、不適。
④は、②⑧・③⓪段落に、文法を知らない者は辞書を使ってはいけない、辞書を使う際は規定を知ってから使用するべきだとあるが、これは「日本国民に十分な文法の知識を身につけて欲しい」と切実に願っているとは言えないので、不適。
⑤は、③①段落の記述と合致する。
⑥は、⑤でみたように「五十音順の辞書」が「教養層を対象」にしたものであり、それは「ごく一部の人たち」（③④段落）にすぎないので、合致する。

問七　筆者は、週刊朝日編の『値段史年表　明治・大正・昭和』を読んでいて（①⑥段落）、明治二〇年代半ばの、白米の小売り価格と『言海』の価格の落差に驚くという体験をしている。ここから「辞書史に残る明治期の辞書は…教養層を対象にしていた」という着想を得るに至ったと考えられる。よって①⑥段落が正解。

問八　④①段落に「明治期における関心は…新しく登場した漢語辞書群と、近代国語辞書の完成度・工夫点に向けられていた」、「『近代国語辞書の歩み』はこの弊を破り…群小辞書にも、スポットライトを当てている」とある。つまり、研究者たちは新しいものに目を向け、群小辞書の存在を軽視していたのである。これらの記述を踏まえた④が正解。

問九　④⑨段落最終文に「いろはに慣れている利用者の意向がそれ（＝五十音引き）を制したと見るのが妥当」とあり、⑤⓪段落にも「明治の初めのころは、ほとんどの人がいろは層に属していた」とある。よって、⑤が正解。

問十　傍線部直前に「こうしたことから」とあるので前の段落に注目する。⑤②段落に、いろはに代わって五十音図が小学校教育に採り入れられ、小学校の就学率も徐々に上がり明治三八年には九六パーセントに至ったとある。よって、これらの流れを踏まえた①が正解。

問十一　①は、③⑨段落一行目に「節用集は…江戸期になって利用者が増え」とあるので「大半の日本人が目にすることはなかった」とは言えない。よって不適。

解説

問一　アの前後は、少ないながらもいろは引きの辞書は出されているが、それは「時代の流れに飲み込まれまいとするあがきのように思えた」という文脈なので、アには逆接の③「だが」が入る。イの前後では、節用集は近世のイメージが強いが、実際は明治期にも数多く出版されていたという流れになっているので、①「実は」が入る。ウは、直前に「いろはに慣れている利用者の意向がそれ（＝五十音引き）を制した」とあり、この状況は当然「ほとんどの人がいろは層に属していた」からだという文脈である。よって④「言うまでもなく」が入る。エは、⑤②段落一行目に「まず」とあるので、その次には累加の接続表現が来ると推測できる。よって②「そのうえ」が入る。

問三　「体たらく」は〝ありさま、様子〟の意。直前の①②・①③段落に、筆者はいろは順か五十音順かという問題が簡単に片づくものなのかと思いつつも、小学校では五十音図が使われ、検索機能でも五十音順のほうが優れていると感じていた、とある。そして「『言海』出現以降、五十音順・いろは順の問題は早々と決着がついた」と考えていた、とある。これらの内容を踏まえた③が正解。

問四　前半では、①④段落に近代国語辞書の購買層がどのような人たちでどのくらいの割合だったのか、という問題提起がなされている。そして後半では③⑥段落で明治期の一般人が愛用していた辞書について問いを投げ、次の段落以降でいろは引きの近代的国語辞書について具体例も挙げながら言及している。したがって、②が正解。

問五　筆者は五十音順の辞書に軍配が上がったと思い込んでいた要因として、①⑤段落に「自分の生きている時代の常識を、そうとは知らず明治の時代に安直に当てはめ、上っ面の現象面だけ眺めて納得していた」と記している。よって、時代の捉え方について触れている④が正解。

問六　①は、②⑨段落に「文法はこれまで定まって」おらず「この辞書を編むために、新たに文典を著した」とあるが、これが後の「大きな遺産」とまでは言えないので不適。

②は、②⑤段落一行目の記述と合致する。

以外のものではない」」とある。「比喩」について、〈情緒とイマージュを喚起する〉〈詩人自身が存在物へ参加しようとすることで成り立つ〉の二点を押さえた③が正解。

問八 「わたし」は語る対象を「物」と表現しているので、Aには③「物」が入る。Bは、⓪⑦段落最後から二文目に「詩のなかでは言葉は…かれらとわたしとの現在とは別の関係を、非現実として映すことが可能なように思われた」とあるので、「非現実」と意味の近い①「非存在」が入る。Cについては、その前後と対応する内容が⓪⑧段落にあり、「ありうるかもしれないかれらとの関係」と表現されている。よって⑤「関係」が入る。

Ⅱ

出典 石山茂利夫『国語辞書事件簿』〈1　激突！　いろは対五十音〉（草思社）

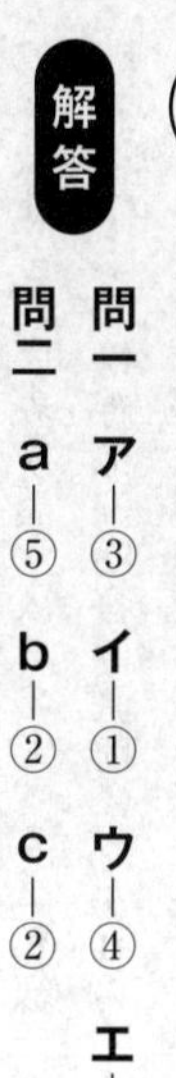

解答

問一 **ア**―③　**イ**―①　**ウ**―④　**エ**―②
問二 **a**―⑤　**b**―②　**c**―②
問三 ③
問四 ②
問五 ④
問六 ②・⑤・⑥（順不同）
問七 ①⑥
問八 ④
問九 ⑤
問十 ①
問十一 ④・⑤（順不同）

問二　傍線部直後に「自分の存在がそれ（＝普遍的な言葉）で不当に名づけられているという理由で、自分をそれで語れないという理由」で「言葉がきらいだった」とある。よって、普遍的な言葉では自身の存在を語れないという点に触れている④が正解。

問三　「物たち」とは、傍線部直後にあるとおり「加工され、名づけられ、使われている物たち」のことで、「かれら（＝物たち）」は「わたし自身でもあった」とある。つまり、「わたし」は「かれら」と同様、普遍的な言葉によって「名づけられる者の側」にあるということである。よって、③が正解。

問四　Xの直後に「…した言葉に比べて」とあるので、「わたし」がここまでにおいてどのように言葉を捉えていたかを振り返ると、⓪②段落に「きらいだった」とある。よって、Xには③「嫌悪」が入る。Yの前にある、「わたしたちが…奇妙なヘイソク状態」と「否定的な…関係」は言い換えの関係にある。よって、Yには両者が「共に」している状態を言い表す語が入るので、⑤「類縁」が適当。

問五　**(1)**　傍線部の内容は直前に「かれらのうちにある…を予見すること」と説明されているが、傍線部の後に「詩のなかでは言葉は、物たちの現実を映すばかりでなく、かれらとわたしとの現在とは別の関係を、非現実として映すことが可能」とわかりやすい説明がある。よって、正解は①。②は「関係」に言及できていない点で不適。

(2)　⓪②段落に、自分を普遍的な言葉で語れないために言葉がきらいだった、とある。つまり筆者は、言葉によって自分を語りたいと考えていたのである。よって、⓪①段落にある「存在回復の要求」が適当。

問六　二つ前の文に「言葉のなかには、わたしたちの顔と物たちの表情とが、二重映しに映っている」とあり、詩人はそういった言葉を通して「みずからの生によってひとびとから何かを受けとり」、「それをひとびとの方へ送り返す」のである。よって、これらの要素を含んでいる⑤が正解。

問七　直後に「それは、かれ（＝詩人）にとって比喩のはじまり」とある。「比喩」については続けて「情緒とイマージュ…を同時に喚起する」ものとされている。また、「比喩を成り立たせているのは、あらゆる存在物への詩人の参加

国語

Ⅰ

出典 高良留美子『物の言葉――詩の行為と夢』（せりか書房）

解答

問一 A―③ B―① C―⑤
問二 ④
問三 ③
問四 X―③ Y―⑤
問五 (1)―① (2)―⓪①
問六 ⑤
問七 ③
問八 A―③ B―① C―⑤
問九 p―① q―① r―① s―② t―①

解説

問一 Aの直前に「言葉は死んでいた」とあり、次に「物も…死んでいた」と続く。言葉と物は並列の関係なので、Aには③「また」が入る。Bの直前では、わたしの存在は決して語られないとあるが、直後ではそれを語らせる、とある。よって空所の前後で反対の内容が来ているため、Bには①「しかし」が入る。Cは、直前に「…というよりは」とあるので、⑤「むしろ」が入る。

一般方式：個別学部併願型

問題編

▶試験科目・配点

学部等		教　科	科　　目		配　点
経済・社会		外国語	コミュニケーション英語Ⅰ・Ⅱ・Ⅲ，英語表現Ⅰ・Ⅱ		200点
		選　択	日本史B，世界史B，政治・経済，「数学Ⅰ・Ⅱ・A・B*1」から1科目選択		150点
		国　語	国語総合（古文は選択問題。漢文を除く）		150点
人文	英語英米文化	外国語	コミュニケーション英語Ⅰ・Ⅱ・Ⅲ，英語表現Ⅰ・Ⅱ		200点
		選　択	日本史B，世界史B，政治・経済，「数学Ⅰ・Ⅱ・A・B*1」から1科目選択		150点
		国　語	国語総合（古文は選択問題。漢文を除く）		150点
	ヨーロッパ文化 日本・東アジア文化	外国語	コミュニケーション英語Ⅰ・Ⅱ・Ⅲ，英語表現Ⅰ・Ⅱ		100点
		選　択	日本史B，世界史B，政治・経済，「数学Ⅰ・Ⅱ・A・B*1」から1科目選択		100点
		国　語	国語総合（古文は選択問題。漢文を除く）		100点
国際教養	経済経営学	外国語	コミュニケーション英語Ⅰ・Ⅱ・Ⅲ，英語表現Ⅰ・Ⅱ		200点
		選　択	日本史B，世界史B，政治・経済，「数学Ⅰ・Ⅱ・A・B*1」から1科目選択	2教科から1教科を選択※1	100点
		国　語	国語総合（古文は選択問題。漢文を除く）		
		数学基礎*2	数学Ⅰ・Ⅱ・A・B		100点
	グローバルスタディーズ	外国語	コミュニケーション英語Ⅰ・Ⅱ・Ⅲ，英語表現Ⅰ・Ⅱ		200点
		選　択	日本史B，世界史B，政治・経済，「数学Ⅰ・Ⅱ・A・B*1」から1科目選択		100点
		国　語	国語総合（古文は選択問題。漢文を除く）		100点

▶出題範囲

＊1　「数学B」は「数列・ベクトル」から出題する。

＊2　「数学基礎」の出題範囲は以下のとおり。
数学Ⅰ（数と式，二次関数，データの分析），数学A（場合の数と確率，整数の性質），数学Ⅱ（いろいろな式，図形と方程式，指数関数・対数関数，微分・積分の考え），数学B（数列）

▶備　考

※1　2教科を受験することもできる。その場合，高得点の教科を合否判定に使用する。

- 学科別の2日程のうち，英語と国語は2日程，その他の科目は1日程を掲載。
- 「国語総合」は，古文を選択せずに，現代文だけでも受験可能。選択問題の現代文と古文を両方解答した場合は，高得点の解答を合否判定に使用する。
- 国際教養学部国際教養学科経済経営学専攻においては，選択科目で「数学」を受験した場合でも「数学基礎」は必須。また，「数学基礎」の得点が基準点に満たない場合は，不合格とすることがある。

英語

◀2月4日実施分▶

（60分）

〔Ⅰ〕 次の各文の空所に入れるべき最も適切な語（句）を①～④の中からそれぞれ1つずつ選びなさい。

問1 The [1] for the orchestra continued for a while because of their heart-stopping performance.

① sleeping　② clapping　③ booing　④ waiting

問2 She was successful [2] getting a good score on the examination.

① of　② by　③ for　④ in

問3 At this time tomorrow, my mother [3] arriving at Heathrow Airport.

① has been　② be　③ will be　④ is to

問4 That upcoming television series is supposed to be the company's most ambitious project [4].

① to date　② to pieces　③ to spare　④ to taste

問5 There has been construction work going on in the neighborhood, so I [5] a hard time concentrating on my studies.

① having　② had had

③ had have　④ have been having

問6 Listening to other people attentively is not as easy as you think because you need to [6] all of your energy on what they are saying.

① pay　② consume　③ focus　④ provide

問7 Using social networking services (SNS) is not [7] a bad thing. You just have to be careful not to overuse them.

① rarely　② necessarily　③ partly　④ slightly

〔Ⅱ〕 次の各文において，それぞれ下の選択肢①～⑤の語を並べ替えて空所を補い，和文と同じ意味の英文を完成させるとき，空所 1 ～ 6 に入れるべき語を選択肢の中からそれぞれ1つずつ選びなさい。

問1 Although this book seems difficult at first glance, it (　　) 1 2 (　　)(　　) basic words.

[この本は一見難しく見えるが，基本的な単語の組み合わせで書かれている。]

① combinations　② is　③ of
④ using　⑤ written

問2 On Martin Luther King Jr. Day, visitors to the Guggenheim Museum (　　)(　　) 3 (　　) 4 concert happening there.

[キング牧師記念日に，グッゲンハイム美術館を訪れた人々はそこで催されていたジャズコンサートに魅了された。]

① by　② fascinated　③ jazz
④ the　⑤ were

問3 As we strive to understand things more objectively, we 5 (　　) 6 (　　)(　　) of mathematics.

[物事をより客観的に理解しようとすると，数学の必要性に気付かされる。]

① come　② necessity　③ realize
④ the　⑤ to

〔Ⅲ〕 次の各問に答えなさい。

問１ 次の２つの会話を完成させるために，空所 [1] と [2] に入れるべき最も適切な文を①～④の中からそれぞれ１つずつ選びなさい。

会話 1

Clinic Receptionist : May I help you?

Patient : Hi, this is Walt Kowalski. I just received a bill in the mail from my last clinic visit, and I was overcharged.

Clinic Receptionist : I'd be happy to look into that, Mr. Kowalski. ... Okay, you were charged for some X-rays of your lungs.

Patient : [1]

Clinic Receptionist : I see the situation. I am sorry about that. I'll need to talk to Dr. Sue Murai to confirm before adjusting your bill. Can I call you back?

① Gee, I would like to talk about this with your manager.

② That's the problem. I'm quite sure I didn't have any X-rays taken.

③ I am happy to hear that. I can send you the link.

④ Don't hesitate to tell me the truth. You can do it.

会話 2

Guest : We'd like to extend our stay for one more night, if possible. We're planning to do sightseeing in Kyoto.

Hotel Receptionist : I guarantee you'll enjoy your trip there. OK. This is the off-season, so you'll have several rooms to choose from.

Guest : [2]

Hotel Receptionist : Certainly. I'll check to see if one is available for you.

① Actually, we changed our minds. Please cancel the booking.

② Do you know if it's going to rain in Kyoto tomorrow?

③ That's very kind of you. Then we want to move to a slightly larger room.

④ We'd like to stay in the same room, please.

問２　次の資料を読み，各問の答えとして最も適切なものを①～④の中からそれぞれ１つずつ選びなさい。

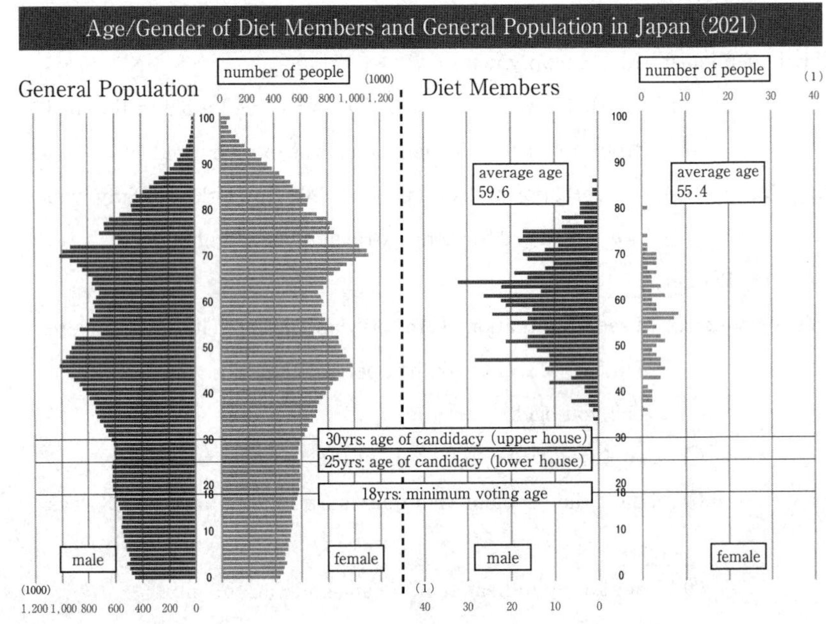

出典

内閣府男女共同参画局「女性活躍・男女共同参画の現状と課題」令和３年10月を基に一部改変　https://www.gender.go.jp/kaigi/renkei/kikaku/53/pdf/s2.pdf

1. Which of the following statements is true given the information presented in the two graphs? [3]

① The age of candidacy for lawmakers in the upper house is 10 years older than that for those in the lower house.

② The number of women in the national Diet is smaller than the number of men.

③ Men and women receive the right to vote at different ages.

④ The average age of male and female national Diet members is the same.

2. The two graphs suggest that [4]

① the number of male members in the Diet is about twice as many as that of women.

② the younger generation has more opportunities to reflect their opinions on politics.

③ the male-to-female ratio of Diet members does not reflect that of the general population.

④ the 18-30 age range forms the largest of the population.

〔Ⅳ〕 次の文章を読み，問に答えなさい。

In 2020, Finland's sauna culture was inscribed on the Representative List of the Intangible Cultural Heritage of Humanity by UNESCO. Finnish people have enjoyed the custom of sauna bathing for thousands of years. There are approximately 3 million public and private saunas in a country with a population of 5.5 million people.

In general, Finnish saunas are small wooden structures that contain heated stones. The inside air temperature varies, but it can reach up to 110 degrees Celsius. Bathers pour water over the stones to release more steam and heat. The heat raises the body temperature and makes people sweat. To cool down [1], bathers then take a dip in a lake or roll in the snow. This refreshes their minds and bodies.

There are various types of saunas, and they are categorized based on how the room is heated. For example, there are wood-burning saunas, electrically heated saunas, infrared room saunas, and steam room saunas. According to a medical news site, the [3] the body are similar, regardless of how a sauna is heated or the humidity level. When a person sits in a sauna, their heart beats faster and blood vessels widen. This improves the circulation (4) in addition to bringing health benefits such as a reduction in muscle soreness, improvement in joint movement, and ease of arthritis* pain.

According to medical research conducted in Finland, researchers investigated the association between the frequency and duration of sauna bathing and the risk of heart-related diseases and other causes of death. They studied 2,315 men aged from forty-two to sixty in eastern Finland over the duration of twenty years. The research participants provided their bathing frequency, duration of bathing, and the sauna temperature. The researchers followed up on these participants and found out how many of them suffered from heart-related diseases later in life. Out of these three [5], increased sauna use was associated with a lowered risk of fatal heart-related diseases.

Saunas are enjoyed all over the world, including Japan, so what makes Finnish sauna culture special enough to be designated as world heritage? According to the Finnish Heritage Agency, "In a sauna people cleanse their bodies and their minds, embracing (7) a sense of inner peace and enjoying their connection with nature." Finnish sauna culture has significance in the social, ritual, and festive domains and emphasizes forming a bond with nature. In Finland, spending time in the sauna with family and friends is a part of most people's lives. Sauna bathing is usually introduced when people are babies. Young children sit on the lower, cooler benches and play in a small tub while parents sit on the higher, hotter benches. As they grow up, they sit in saunas with their friends and classmates as a part of obligatory swimming classes and during summer camps. Thus, [8] to local children, immigrant children have the opportunity to become familiarized with Finnish sauna culture.

Unlike in Japan, Finnish sauna bathing culture is connected to seasonal and religious celebrations. It is a part of Finnish holiday rituals over Christmas and midsummer. For instance, on the morning of Christmas eve,

Finnish people wash the sauna, prepare fresh bench covers, and decorate the outside of the sauna with candles, lanterns, and seasonal flowers to create a festive atmosphere. After they finish preparations for the holiday celebration, family members bathe in the sauna to purify their bodies and stimulate their appetite so that they can enjoy a special Christmas dinner. The holiday sauna bathing tradition creates a sense of intimacy and togetherness in the family. Although sauna bathing might not be suitable for all people, it is firmly embedded in the lives of the Finnish.

*arthritis　関節炎

問 1　空所 [1] に入れるべき最も適切な語を①～④の中から1つ選びなさい。

① afterwards　② further　③ frequently　④ continually

問 2　第1段落から第2段落(In 2020, Finland's … minds and bodies.)の内容と一致するものを①～④の中から1つ選びなさい。 [2]

① Sauna bathing only become popular after Finnish sauna culture was designated as world heritage.

② Some of the public and private saunas in Finland have been used for thousands of years.

③ Sauna bathers pour water over heated stones to raise the temperature of the air inside the sauna.

④ Sweating in the sauna and cooling their bodies repeatedly keeps sauna bathers from catching colds.

問 3　空所 [3] に入れるべき最も適切な語句を①～④の中から1つ選びなさい。

① damage to　② shapes of　③ effects on　④ senses of

問 4　下線部(4) circulation の言い換えとして最も適切な語(句)を①～④の中から1つ選びなさい。 [4]

① blood pressure　② blood flow

③ rotation ④ spiral

問 5 空所 [5] に入れるべき最も適切な語を①～④の中から1つ選びなさい。

① variables ② diseases ③ symptoms ④ treatments

問 6 第3段落から第4段落(There are various … fatal heart-related diseases.)の内容と一致するものを①～④の中から1つ選びなさい。[6]

① Sauna bathing helps reduce many kinds of physical pain because of the humidity.

② Most of the medical research participants used to suffer from minor illnesses.

③ Medical research conducted in east Finland revealed that sauna bathing cured heart-related diseases.

④ People who bathed in a sauna more often tended to have fewer cases of heart-related diseases.

問 7 下線部(7) embracing の言い換えとして最も適切な語を①～④の中から1つ選びなさい。[7]

① welcoming ② controlling ③ removing ④ clearing

問 8 空所 [8] に入れるべき最も適切な語を①～④の中から1つ選びなさい。

① contrary ② related ③ reverse ④ similar

問 9 第5段落(Saunas are enjoyed … Finnish sauna culture.)の内容と一致しないものを①～④の中から1つ選びなさい。[9]

① Finnish sauna culture is special because people start bathing in the sauna from an early age.

② Many Finnish people grow up sharing time with their family and friends in the sauna.

③ Fostering a connection to nature is an important part of Finnish sauna culture.

④ It is not easy to become accustomed to Finnish sauna culture if you migrate there.

問10　最終段落(Unlike in Japan, ... of the Finnish.)の内容と一致するものを①～④の中から1つ選びなさい。［10］

① Finnish people bathe in a sauna to purify their bodies before Christmas.

② Japanese saunas also serve an essential role in religious or festive traditions.

③ Sauna rooms are cleaned and decorated weeks before Christmas celebrations begin.

④ Because Finnish people bathe in a sauna on holidays, family bonds are tighter than in Japan.

〔V〕　次の文章を読み，問に答えなさい。

Humans have long attributed(1) symbolic meaning to plants and flowers, beyond their use in medicine. For example, red roses represent love, daisies youthful innocence, and clovers good luck. Typically, flowers are associated with not just one meaning, but several. To give an example, the *Man'yōshū*—the oldest poetry collection in Japan—contains two poems on hydrangeas* with very different associations: one compares the flower to an unfaithful person, while the other uses the flower as a symbol for long life.

In the West, the hydrangea is nearly always associated with negative qualities: pride, vanity, coldness. One might be surprised to learn that the hydrangea, beloved in Japan as one of the seasonal markers of the rainy season, might generate such an unflattering image. One reason is because the hydrangea can change color depending on the soil and is thus seen as unreliable(2). Another reason is because while the hydrangea has large, eye-catching blossoms, it produces few fertile seeds, giving it the reputation of being heartless. Of course, these meanings are not ［3］; as we have already seen, they differ from culture to culture and can change throughout time.

The symbolic meanings of flowers are also linked to religious ritual, such as the sunflower in Aztec** culture. It is recorded that they used the sunflower in religious ceremonies as an offering to the sun god. No doubt the flower's physical similarity to the sun, and the fact that it turns its head to face the sun, is what led the two to be associated among the Aztec people. Another flower with religious [5] is the cornflower, which was prized by the ancient Egyptians. The young king Tutankhamun was buried with a collar made of cornflowers because, as self-seeding plants, they represented fertility and life after death.

Many literary works throughout history have drawn from the language of flowers. The plays of William Shakespeare are especially rich in floral imagery; Juliet's famous line about sweet-smelling roses from the play *Romeo and Juliet* is perhaps Shakespeare's most notable reference to flowers. *Hamlet*'s Ophelia, however, goes into particular detail about the symbolic meanings of flowers. After going mad, Ophelia hands out flowers to the characters whom she believes are most deserving of their symbolic characteristics, some of which include rosemary as associated with memories, pansies with thoughts, daisies with innocence, rue*** with regret, and violets with faithfulness but also early death.

During the Victorian era (c. 1837-1901), flower language became very fashionable. Many know the Victorian era as an age of suppressed emotions and strict morals, so it is thought that flower language gave Victorians an [7] to subtly(8) express their private feelings. People would exchange bouquets filled with flowers that expressed their true feelings about the other person. For example, a bouquet filled with yellow acacia indicated that the giver was secretly in love with the receiver. Enthusiasm for these so-called "talking bouquets" led to the production of various flower dictionaries in the latter half of the nineteenth century. Those who wanted to uncover the secret messages contained in their bouquets would refer to these dictionaries for guidance.

While "talking bouquets" are no longer in fashion today and most households are not likely to keep a flower dictionary on hand, the language of flowers is still very much alive and in use. When choosing what flowers to plant or give to others, we often give some thought to their meaning, beyond just their color or scent. Though we may not realize it, we all communicate using the language of flowers.

*hydrangeas　アジサイ

**Aztec　アステカ

***rue　ヘンルーダ。ミカン科の多年草で，初夏に黄色い花をつける。薬用植物としても使われる。

問 1　下線部(1) attributed の言い換えとして最も適切な語を①～④の中から 1 つ選びなさい。 1

① assigned　② channeled　③ performed　④ shifted

問 2　下線部(2) unreliable の言い換えとして最も適切な語を①～④の中から 1 つ選びなさい。 2

① unashamed　② uncaring

③ unconcerned　④ undependable

問 3　空所 3 に入れるべき最も適切な語を①～④の中から 1 つ選びなさい。

① few　② fixed　③ flexible　④ free

問 4　第 1 段落から第 2 段落(Humans have long ... change throughout time.)の内容と一致するものを①～④の中から 1 つ選びなさい。 4

① Hydrangeas have a negative image because they bloom during the unpleasantly hot and humid rainy season.

② Hydrangeas produce few flowers proportional to the number of seeds; therefore, they are seen as cruel.

③ The symbolic meanings of flowers are usually derived from their medicinal purposes.

④ The two *Man'yōshū* poems show us that one flower can have multiple contrasting meanings.

問 5 空所 [5] に入れるべき最も適切な語を①〜④の中から1つ選びなさい。

① behavior ② faith ③ passion ④ significance

問 6 第4段落(Many literary works ... also early death.)の内容と一致するものを①〜④の中から1つ選びなさい。 [6]

① Juliet gives more information about the symbolic characteristics of flowers than Ophelia does.

② Ophelia distributed flowers to the other characters out of jealousy.

③ Shakespeare's plays show how much he enjoyed the pleasant smell of flowers.

④ Ophelia's character provides one instance of the influence of flower language on literature.

問 7 空所 [7] に入れるべき最も適切な語を①〜④の中から1つ選びなさい。

① agreement ② arrangement

③ order ④ outlet

問 8 下線部(8) subtly の言い換えとして最も適切な語を①〜④の中から1つ選びなさい。 [8]

① artistically ② colorfully ③ indirectly ④ strongly

問 9 第5段落から第6段落(During the Victorian ... language of flowers.)の内容と一致するものを①〜④の中から1つ選びなさい。 [9]

① As flower language flourished, flower dictionaries declined in popularity.

② It is ironic that the conservative Victorians used fancy bouquets to express their emotions.

③ Talking bouquets are no longer popular today, but we still share some awareness of flower language.

④ Talking bouquets were used for the sole purpose of declaring one's secret love for another person.

問10　本文全体の内容と一致するものを①～④の中から１つ選びなさい。 10

① Flower language is incredibly complex, so we must use special dictionaries to make sense of it.

② Flower symbolism has played a role in various spheres of human culture, including religion and literature.

③ The language of flowers is universal; the meanings of flowers are consistent even among vastly different cultures and time periods.

④ The meanings of flowers typically have no relation to the physical characteristics of the flower itself.

◀2月7日実施分▶

(60分)

〔I〕 次の各文の空所に入れるべき最も適切な語(句)を①～④の中からそれぞれ1つずつ選びなさい。

問1 Congratulations on your graduation! Today is the first [1] of the rest of your life.

① minute ② day ③ time ④ year

問2 Are you [2] who is doing all the work for us? We appreciate all your hard work.

① that one ② this one ③ the one ④ the others

問3 Why are you so angry? I was [3] sleeping.

① altogether ② only ③ over ④ worth

問4 I [4] included much more information if the presentation time had been longer.

① have ② would have ③ will have ④ should

問5 Soon after the band announced their long-awaited reunion, their fans' enthusiasm made the record company's stock price [5].

① sink ② soar ③ broadcast ④ popular

問6 I can't believe you lied to me. I feel so let [6].

① above ② down ③ in ④ out

問7 The prices displayed on the two brochures [7]; however, the layout and design are entirely different.

① match ② change ③ attract ④ develop

〔Ⅱ〕　次の各文において，それぞれ下の選択肢①～⑤の語(句)を並べ替えて空所を補い，和文と同じ意味の英文を完成させるとき，空所 1 ～ 6 に入れるべき語(句)を選択肢の中からそれぞれ1つずつ選びなさい。

問 1　If I (　　) 1 (　　) 2 (　　) morning, I would be on that bus now.

［今朝もっと早く起きていたら，今頃そのバスに乗っているだろうに。］

① earlier　② had　③ this
④ up　⑤ woken

問 2　The crowded trains (　　) 3 (　　) 4 (　　) the daytime.

［電車が混んでいたせいで私たちは日中外出する気が失せてしまった。］

① discouraged　② during　③ from
④ going out　⑤ us

問 3　Icebreaking activities are useful exercises in enabling us to (　　) (　　) 5 (　　) 6 each other.

［アイスブレーキング(初対面同士の緊張をほぐすための活動)はお互いをよりよく理解するための便利な方法である。］

① a　② better　③ gain
④ of　⑤ understanding

〔Ⅲ〕　次の各問に答えなさい。

問１　次の２つの会話を完成させるために，空所 1 と 2 に入れるべき最も適切な文を①～④の中からそれぞれ１つずつ選びなさい。

会話　1

Kathy：My friends and I had a great time watching a kabuki play the other night.

Kevin：Oh, that sounds nice. What was it like?

Kathy：It had beautiful dancing and lively music.

Kevin：1

① What? That doesn't make any sense.

② Why didn't you dance with them?

③ Yes, it was a great experience.

④ Sounds fantastic. I'd love to go sometime.

会話　2

Operator：So, how would you like to pay?

Customer：I will pay in cash on the day of the concert.

Operator：OK, your tickets will be available for you to pick up at the booth.

Customer：2

① Will I need to show identification?

② I am afraid I forgot my credit card.

③ Could you also send this box with the document?

④ I'm not planning to go into the office today.

問２　次の文を読み，各問の答えとして最も適切なものを①～④の中からそれぞれ１つずつ選びなさい。

ESL202 English as a Second Language

Conversation and Fluency Spring 2024

Course Syllabus

Wednesday 3rd period

Classroom: 11102

Instructor: Professor Selman

Email: selman-p@xyzuniversity.edu

Office: Brown Hall 208

Office Hours: Thursdays 2nd period

COURSE DESCRIPTION

This is an English as a Second Language course designed to develop non-native English speakers' oral skills relevant to establishing and maintaining direct conversation and communication with native speakers of English. The course focuses on a range of skill sets, including improving listening comprehension, participating in class discussions, understanding conversational strategies, giving group presentations, interacting effectively with native speakers, and improvement through self-evaluation of speech. Specifically, this course seeks to:

- explore strategies for communicating effectively in a variety of academic and social situations
- develop an understanding of the most common conversational rules and expectations for maintaining a conversation in English, while also developing students' ability to repair communication breakdowns using specific strategies
- rethink conversation as a give-and-take relationship, where one speaks but one must also listen in an active way

• develop student skills and experience in academic speaking situations (i.e., presentations)

CLASS MATERIALS

Course learning materials will be provided in lectures and online through the course website. You will need access to a computer, as well as to presentation design programs such as PowerPoint or Keynote. Students will be responsible for attaining their own materials for the final poster project. Suggestion: Students are encouraged to purchase a language learner's dictionary, such as the *Longman Dictionary of American English*. Also helpful is the *Merriam-Webster* online dictionary (http://www.m-w.com/), which contains common pronunciations.

ASSIGNMENTS/GRADING

Conversation Analysis Assignment (recording & written analysis) 20%
Native Speaker Survey & Poster Presentations 15%
Dramatic Reenactment 15%
Listening Logs (3 total) 15%
Impromptu Personal Speech 15%
Attendance & Participation 20%

1. Which of the following is true? [3]

① The main aim of this course is to develop academic English writing skills.

② After taking this course, students will learn strategies to solve interpersonal conflicts.

③ Students will practice recording their speeches and the teacher will give feedback to students.

④ This course covers several oral communication skills such as giving presentations and listening.

2. Which of the following is FALSE? [4]

① The teacher will distribute course materials both in class and online.

② The school will not provide students with materials for their poster presentations.

③ Students are required to purchase a certain online dictionary for this course.

④ One of the assignments requires students to survey native English speakers.

〔Ⅳ〕 次の文章を読み，問に答えなさい。

One in four of the world's population will suffer from hearing problems by 2050, the World Health Organization (WHO) warned Tuesday, [1] for extra investment in prevention and treatment.

The first-ever global report on hearing said that the causes of many of the problems—such as infections, diseases, birth defects, noise exposure and lifestyle choices—could be prevented. The report proposed a package of <u>measures</u>(2), which it calculated would cost $1.33 per person per year. Against <u>that</u>(3), it set the figure of nearly $1 trillion lost every year because the issue was not being properly addressed.

"Failure to [4] will be costly in terms of the health and well-being of those affected, and the financial losses arising from their exclusion from communication, education and employment," said the report.

One in five people worldwide have hearing problems currently, it said. But the report warned: "The number of people with hearing loss may increase more than 1.5-fold during the next three decades" to 2.5 billion people—up from 1.6 billion in 2019. Of the 2.5 billion, 700 million would in

2050 have a serious enough condition to [5] some kind of treatment, it added—up from 430 million in 2019. Much of the expected rise is the result of demographic and population trends, it added.

A major [7] hearing problems is a lack of access to care, which is particularly striking in low-income countries where there are far fewer professionals available to treat them. Since nearly 80% of people with hearing loss live in such countries, most are not getting the help they need. Even in richer countries with better facilities, access to care is often uneven, the report said.

And a lack of accurate information and the stigma surrounding ear disease and hearing loss also prevents people getting the care they need. "Even among health-care providers, knowledge relevant to prevention, early identification and management of hearing loss and ear diseases is commonly lacking," it noted.

The report proposed a package of measures, including public health initiatives from reducing noise in public spaces to increasing vaccinations for diseases such as meningitis that can cause hearing loss. It also recommended systematic screening to identify the problem at key points in people's lives. [8]

"An estimated 1 trillion U.S. dollars is lost each year due to our collective failure to adequately address hearing loss," WHO director-general Tedros Adhanom Ghebreyesus said in the report. "While the financial burden is enormous, what cannot be quantified is the distress caused by the loss of communication, education and social interaction that accompanies unaddressed hearing loss."

出典

Agence France-Presse, "One in Four People Will Have Hearing Problems by 2050, WHO Says." *VOA News*, March 2, 2021. https://www.voanews.com/a/science-health_one-four-people-will-have-hearing-problems-2050-who-says/6202742.html

問1 空所 1 に入れるべき最も適当な語を①〜④の中から1つ選びなさい。

① accounting ② calling ③ passing ④ running

問2 下線部(2)と同じ意味で measure を使っているものを①〜④の中から1つ選びなさい。 2

① She has to measure her blood pressure at regular intervals every day.

② This workplace allows its employees a great measure of freedom in terms of working style.

③ We used sandbags as a temporary measure to help reduce flood damage.

④ Gross domestic product (GDP) is a measure of economic growth.

問3 下線部(3) that が指すものとして最も適切なものを①〜④の中から1つ選びなさい。 3

① The WHO warned that the number of patients suffering hearing problems is increasing.

② The causes of many hearing problems could be prevented.

③ A significant issue in the report has not been appropriately addressed.

④ $1.33 per person per year would be required as an extra investment to address hearing problems.

問4 空所 4 に入れるべき最も適当な語を①〜④の中から1つ選びなさい。

① attend ② battle ③ lose ④ act

問5 空所 5 に入れるべき最も適当な語を①〜④の中から1つ選びなさい。

① stop ② invent ③ require ④ refuse

問6 第1段落から第4段落(One in four ... trends, it added.)の内容と一致するものを①〜④の中から1つ選びなさい。 6

① The global report challenges the common perception that the causes of many hearing problems can be prevented.

② The WHO has discussed hearing issues and documented them in global reports several times.

③ It will cost more in the long run if hearing problems are not dealt with properly in the early stages.

④ Over the next three decades, the number of patients who would need special treatment would account for more than half of those with hearing problems.

問７ 空所 [7] に入れるべき最も適切な語句を①～④の中から１つ選びなさい。

① consequence of　　② contributor to

③ relation with　　④ step toward

問８ 空所 [8] に入れるべき一文として最も適切なものを①～④の中から１つ選びなさい。

① Among children, it said, hearing loss could be prevented in 60% of cases.

② Reducing noise levels too much can have a negative impact on economic development and urbanization.

③ Adequate medical treatments can activate the patients' visual systems.

④ Many developing countries suffer from an oversupply of vaccines.

問９ 第５段落から第７段落（A major [7] ... people's lives. [8]）の内容と一致するものを①～④の中から１つ選びなさい。[9]

① Increasing noise exposure can be one effective solution for dealing with hearing problems.

② There are many medical workers with insufficient knowledge about hearing loss and ear diseases.

③ Once they notice problems with their hearing, most people want to receive medical treatment immediately.

④ The report says that the cost of medical care is the only reason people in the developing world hesitate to go to the hospital.

問10 本文全体の内容と一致するものを①～④の中から1つ選びなさい。 [10]

① Most causes of hearing problems cannot be prevented, but this proposal tries to address the few issues that can actually be managed.

② The whole loss from hearing problems is difficult to measure because auditory problems can affect many areas in society.

③ Hearing problems only affect the developing world and are not found in the developed world.

④ The estimation expects that more than 40% of the world population will suffer from hearing problems in the next 30 years.

〔V〕 次の文章を読み，問に答えなさい。

Fairy tales are a fundamental part of childhood in Europe and North America. Many people have warm(1) memories of reading fantastical stories about magic and adventure in faraway kingdoms, [2] beautiful princesses must be heroically rescued by handsome princes.

However, in the 1970s, many feminists began questioning such stereotypical gender roles promoted by fairy tales, which often portray a helpless woman waiting patiently for a man to save her. Consequently, many feminist writers produced revised fairy tales that break down these gender roles. One example is contemporary British writer Angela Carter's collection of adapted fairy tales, *The Bloody Chamber and Other Stories* (1979). Carter seems to have been especially moved(3) by the classic "Little Red Riding Hood," of which three adaptations are included in her collection. How exactly does Carter rewrite this fairy tale, and how does she make it feminist?

In one of the adaptations titled, "The Werewolf," instead of the young girl's grandmother being swallowed up by an evil wolf, the grandmother actually *is* the wolf. The grandmother-as-wolf tries to attack the young girl on her way to visit her ... or so we think. The girl has her grandmother killed by the other villagers, who conclude that the grandmother must be some kind of witch. The story ends with the girl living in her grandmother's house. However, because the story is told ambiguously, we are not sure if the grandmother was actually a witch at all. The ending suggests that the young girl might have even used the villagers' [5] of witches in order to get rid of her grandmother so that she could inherit the house for herself.

In another adaptation, "The Company of Wolves," while the young girl is on the way to her grandmother's house, she meets a handsome man. She promises to give him a kiss if he arrives first to her grandmother's place. He does, and promptly swallows up the girl's grandmother. The young man, it turns out, is the wolf. Yet, when the girl arrives to the house and sees that her grandmother is no longer there, she is not afraid of being eaten by him. Instead, there is a romantic scene between the wolf and the young girl, who joins the side of the wolves.

In these stories, the heroine is [7] the typical fairy tale princess in need of saving. If anything, these heroines are perhaps closer to what we traditionally consider as evil rather than good. However, these heroines are portrayed with agency—the ability to think independently and take responsibility for one's own choices. By its very nature, agency is neither good nor evil. Carter probably avoided showing a simple role reversal, such as a story in which a courageous [8－1] saves a [8－2], because she disliked its gender imbalance. For Carter, a world in which either men or women constantly need saving was neither equal nor feminist.

問 1　下線部(1) warm の言い換えとして最も適切な語を①～④の中から1つ選びなさい。[1]

① exciting　② pleasant　③ rich　④ vivid

問 2　空所 [2] に入れるべき最も適切な語を①～④の中から1つ選びなさい。

① while ② where ③ whom ④ whereas

問 3 下線部(3) moved の言い換えとして最も適切な語を①～④の中から1つ選びなさい。 3

① activated ② deceived ③ affected ④ shifted

問 4 第1段落から第2段落(Fairy tales are … make it feminist?)の内容と一致するものを①～④の中から1つ選びなさい。 4

① Fairy tales are an important part of childhood in Europe and North America, and cultural movements from the 1970s have tried to preserve them in their original form.

② Feminists have expressed doubts about the way men and women are portrayed in fairy tales, and some writers have made new stories that try to change these portrayals.

③ Feminists in the 1970s were worried about the effect that fairy tales had on children, and they unsuccessfully tried to ban children from reading fairy tales.

④ Since the 1970s, various feminist writers have criticized "Little Red Riding Hood" for its portrayal of outdated gender roles.

問 5 空所 5 に入れるべき最も適切な語を①～④の中から1つ選びなさい。

① acceptance ② affection ③ fear ④ respect

問 6 第3段落(In one of … house for herself.)の内容と一致するものを①～④の中から1つ選びなさい。 6

① In this story, the girl is portrayed as an innocent victim of her grandmother, who is an evil witch.

② In this story, the girl is clearly portrayed as evil person who forces her innocent grandmother out of her house and takes it for herself.

③ In this story, we are not sure whether the grandmother was actually a witch or not.

④ In this story, the villagers got rid of the grandmother, although they knew she was not a witch.

問 7　空所 [7] に入れるべき最も適切な語句を①～④の中から 1 つ選びなさい。

① above and beyond　② close to

③ far from　④ inside and out

問 8　空所 [8－1] と [8－2] に入れるべき語の組み合わせとして最も適切なものを①～④の中から 1 つ選びなさい。

① [8－1] prince [8－2] prince

② [8－1] prince [8－2] princess

③ [8－1] princess [8－2] prince

④ [8－1] princess [8－2] princess

問 9　本文全体の内容と一致するものを①～④の中から 1 つ選びなさい。[9]

① Angela Carter created feminist fairy tale adaptations about strong, beautiful princesses who must be saved by handsome princes.

② Angela Carter created feminist fairy tale adaptations about heroines with agency, whether good or evil.

③ Feminist writers disliked the stereotypical gender roles of fairy tales, so instead they made stories about princes who are saved by courageous princesses.

④ Feminist writers tried to write ambiguous fairy tales about wolves.

日本史

（60 分）

〔Ⅰ〕 次の文を読んで，設問に答えよ。

縄文時代，人々が生活する土地や環境に適した作物を育てる「適地適作」が基本であった。ⓐ青森県の三内丸山遺跡の発掘調査では，クリ・ゴボウ・豆類が出土し，これらは栽培植物であることがわかっている。足りないタンパク源は，魚やウサギ・カモの肉などで補っていた。

ⓑ弥生時代になると水稲農耕が定着して，土地を切り開き，農地を耕すといった食糧生産の段階に進んだ。稲作に適した土地を奪い合うといった争いが起こる時代の始まりでもあった。農耕により安定した定住生活が可能となったことで人口は増え，集落は大きくなっていった。集団をまとめるリーダーたちが権力を持つようになり，蓄積された余剰生産物をめぐって，ⓒ別の集団と争いながら，より大きな集団を形成していった。

その後，ヤマト政権の勢力が拡大し，地方の支配，朝廷の整備が進んでいった。そして 645 年の乙巳の変を契機とするⓓ大化の改新とよばれる政治改革によって，私有地・私有民を廃して公地公民制への移行がめざされた。しかしその後，大寺社や貴族がⓔ荘園とよばれる私有地を拡大していくようになる。

室町時代には荘園のなかで，ⓕ農民たちの自立的・自治的結合が発展し，惣とよばれる村落が形成されていく。そして戦国時代になると，ⓖ戦国大名は，領国の経済を発達させるために，堤防や灌漑用の水路をつくって農業をさかんにすることを重視した。その結果，沖積平野の開発がいっそう進展した。

江戸時代，幕府や諸藩は財政基盤の安定化のため，ⓗ新田開発を積極的に奨励する。ⓘ八代将軍徳川吉宗は，財政再建のため農政に力を入れ，耕地の増加，米の増産を実現した。江戸時代は，ⓙ農具の改良や稲の品種改良など技術の開発がすすみ，またⓚ商品作物の生産も拡大した。商業や交通の発達のなかで商人が力をもつようになり，高い経営力を有する農家もあらわれ，農業のあり方が変わっていった時代でもあった。

問１　下線部ⓐに関して述べた以下の文X・Yの正誤の組み合わせとして，最も適切なものを，次の①〜④から１つ選べ。 1

X　この遺跡では，石器の原材料である黒曜石が多数出土しており，その原産地から，かなり遠方の集団との交易が行われていたことが知られる。

Y　この遺跡では，多くの竪穴住居址とともに巨大な柱を用いた掘立柱建物跡も発見され，共同労働を組織して大規模な土木工事が行われていたことがうかがえる。

①　X 正　Y 正　②　X 正　Y 誤

③　X 誤　Y 正　④　X 誤　Y 誤

問２　下線部ⓑに関連して，水稲農耕に関して述べた以下の文X・Yの正誤の組み合わせとして，最も適切なものを，次の①〜④から１つ選べ。 2

X　菜畑遺跡，板付遺跡など西日本各地で縄文時代晩期の水田が発見され，この時期に水稲農耕が始まっていたことが知られる。

Y　紀元前４世紀頃には，西日本を中心に南西諸島も含めて，水稲農耕を基礎とする弥生文化が広く成立した。

①　X 正　Y 正　②　X 正　Y 誤

③　X 誤　Y 正　④　X 誤　Y 誤

問３　下線部ⓒに関連して，弥生時代，古墳時代に関して述べた文として，明らかな誤りを含むものを，次の①〜④から１つ選べ。 3

①　弥生時代になって，深い濠や土塁をめぐらした環濠集落があらわれた。

②　弥生時代の小国分立の状況が，『漢書』地理志に記載されている。

③　巨大な古墳はすべて前方後円墳で，各地の有力首長たちが採用した墳形であった。

④　古墳時代になって，前代までみられなかった石製や金属製の武器が出現した。

問４　下線部ⓓに関して述べた文として，明らかな誤りを含むものを，次の①〜④から１つ選べ。 4

①　中央の官制が整備され，大規模な難波宮が営まれた。

②　豪族の田荘・部曲を廃止する方針が示された。

③ 中大兄皇子が天皇に即位して,「改新の詔」が出された。

④ 地方行政組織の「評」が各地に設置された。

問 5 下線部ⓔに関連して,荘園に関して述べた以下の文X・Yの正誤の組み合わせとして,最も適切なものを,次の①～④から1つ選べ。 5

X 奈良時代の初期荘園は,律令国家の力を背景にして設けられたものが多かったため,律令国家が衰えるとともに,衰退・消滅していった。

Y 後三条天皇は荘園の増加が公領(国衙領)を圧迫しているとして,延久の荘園整理令を出したが,摂関家の荘園は整理の対象としなかった。

① X正 Y正 ② X正 Y誤

③ X誤 Y正 ④ X誤 Y誤

問 6 下線部ⓕに関連して述べた以下の文a～dのうち,正しいものの組み合わせを,次の①～④から1つ選べ。 6

a 村民の会議である寄合により惣掟が定められた。

b 荘園の領域をこえて惣村どうしが連合し,国人一揆を結ぶこともよくみられた。

c 惣村の有力者のなかには,守護などと主従関係を結んで武士化するものも現れた。

d 惣村は村民の互助組織で,荘園領主への要求はしなかった。

① a・b ② a・c ③ b・d ④ c・d

問 7 下線部ⓖに関して述べた以下の文X・Yの正誤の組み合わせとして,最も適切なものを,次の①～④から1つ選べ。 7

X 戦国大名は,新たに征服した土地などで検地を行い,農民の耕作する土地面積と年貢量などを検地帳に登録し,農民支配を強化していった。

Y 戦国大名は,武器など大量の物資の生産や調達が必要であったため,有力な商工業者を取り立てて,領国内の商工業者を統制させていった。

① X正 Y正 ② X正 Y誤

③ X誤 Y正 ④ X誤 Y誤

問 8 下線部ⓗに関して述べた文として,明らかな誤りを含むものを,次の①～④から1つ選べ。 8

① 幕府や諸藩は,商人の資力を利用して新田開発を行わせることもあっ

た。

② 17世紀初めから18世紀初めころにかけて，全国の耕地面積は2倍近くに拡大した。

③ 幕領の石高は享保期に大きく増加し，以降幕末まで300万石前後で推移し続けた。

④ 田沼意次は印旛沼・手賀沼の干拓に着手し，新田開発を積極的に試みた。

問9 下線部ⓘに関して述べた以下の文X・Yの正誤の組み合わせとして，最も適切なものを，次の①～④から1つ選べ。 9

X 「米公方」とよばれた吉宗は，米価を安定させ武家の財政を保とうとして，米価の平準化をめざすために江戸蔵前の米市場を公認した。

Y 甘藷・さとうきび・櫨・朝鮮人参の栽培など，新しい産業を奨励し，漢訳洋書の輸入制限をゆるめるなどした。

① X 正 Y 正　② X 正 Y 誤

③ X 誤 Y 正　④ X 誤 Y 誤

問10 下線部ⓙに関して述べた以下の文a～dのうち，正しいものの組み合わせを，次の①～④から1つ選べ。 10

a 牛や馬に犂をひかせて収穫を行う農法が広く用いられた。

b 深耕用の備中鍬，脱穀用の千歯扱などの農具が広く普及した。

c 大蔵永常の『農業全書』など，農書が各地で作られた。

d 干鰯・〆粕など，漁業の収獲物は肥料にも用いられた。

① a・b　② a・c　③ b・d　④ c・d

問11 下線部ⓚに関して述べた文として，明らかな誤りを含むものを，次の①～④から1つ選べ。 11

① 農村を拠点に活動する在郷商人が出現した。

② 甲斐の葡萄，紀伊の蜜柑などの特産物が各地に生まれた。

③ 綿作は西日本では発展しなかったが，東日本の幕領でとくにさかんになった。

④ 養蚕・製糸がさかんとなり，国内産生糸が需要をまかなうようになっていった。

〔Ⅱ〕 次の文を読んで，設問に答えよ。

ⓐ日本列島への人類の渡来を考える時，現在の日本国の領域の南西部を占める琉球諸島は，想定される南方ルートに位置しており，実際にⓑ化石人骨が出土することから，日本史のはじまりの地の一つととらえることも出来よう。ただ，概ね弥生時代に並行する時期以降，九州以北の歴史とは異なる展開を遂げてきたと考えられている。

沖縄本島では12世紀ころから農耕が本格的に始まるようになり，13世紀ころには各地の［ A ］と呼ばれる地域の有力者が勢力を広げていったとされる。琉球諸島各地にⓒグスクと呼ばれる遺跡が分布しており，［ A ］の拠点だったと考えられている。14世紀後半までに，沖縄本島には［ B ］と呼ばれる複数の勢力が形成されていたという。

同じく14世紀後半，中国で成立した［ X ］王朝は，［ Y ］王朝を滅ぼすと周辺のアジア諸国に朝貢を求めてきた。琉球も例外ではなく，1372年に最初の入貢が行われ，朝貢貿易が開始される。その後，15世紀前半には［ ア ］が統一を成し遂げて琉球王国を作り上げ，［ イ ］を中心にして栄えた。［ イ ］は最大のグスクとしてその後も栄え続けることとなる。琉球王国は諸国間のⓓ中継貿易に活躍した。15世紀には北の奄美諸島，南の先島諸島への勢力拡大も行われている。

しかしⓔ16世紀には琉球王国の中継貿易は衰えを見せるようになる。各地の遺跡から出土する貿易陶磁器はこのころ顕著な減少傾向を見せ，貿易の衰退を物語っている。また豊臣秀吉や薩摩の島津氏が服属を求めるようになり，遂にⓕ1609年，琉球は薩摩藩による軍事侵攻を受けた。こうした中で，琉球王国は貿易から自給へと方針を転換するようになったと考えられ，16世紀以降，瓦，陶器等の独自生産を始めたことが発掘調査資料から良くうかがえる。

19世紀に入り，近代国家として歩み始めた日本は，国境の画定を重要な課題とし，琉球に注目した。［ Z ］は日本の主張を認めなかったが，ⓖ台湾での事件を経て日本は有利な立場を得たと主張し，ⓗ琉球の日本への帰属を一層進めていくこととなる。

問 1　文中の空欄A，Bに入る語句の組み合わせとして，最も適切なものを，次の①～④から1つ選べ。［ 1 ］

① A 按司 B 三山　② A 大君 B 三山

③ A 大君 B 三国　④ A 按司 B 三国

問2　文中の空欄X，Y，Zに入る語句の組み合わせとして，最も適切なものを，次の①～④から1つ選べ。 2

① X 元 Y 清 Z 明　② X 宋 Y 明 Z 清

③ X 明 Y 元 Z 清　④ X 清 Y 明 Z 元

問3　文中の空欄ア，イに入る語句の組み合わせとして，最も適切なものを，次の①～④から1つ選べ。 3

① ア 尚巴志 イ 勝連城　② ア 尚巴志 イ 首里城

③ ア 尚泰 イ 今帰仁城　④ ア 尚泰 イ 勝連城

問4　下線部ⓐに関連して，旧石器時代の日本列島に関して述べた文として，最も適切なものを，次の①～④から1つ選べ。 4

① 日本列島に最初に渡来したのは，新第三紀中新世後期に登場した原人と呼ばれる段階の人類であった。

② 日本列島における旧石器時代の人類は，石を加工して槍や弓矢を作り，狩猟と植物採集の生活をしていた。

③ 旧石器時代の日本列島には，ナウマンゾウやオオツノジカなどの大型動物は分布していなかった。

④ 海面が低下し大陸と地続きとなった氷河時代に，人類は日本列島に移動して来たと考えられる。

問5　下線部ⓑに関連して，日本列島で発見された化石人骨に関して述べた文として，最も適切なものを，次の①～④から1つ選べ。 5

① 戦後に群馬県岩宿遺跡で化石人骨が発見され，日本における旧石器時代の存在が明らかになった。

② 著名な化石人骨として，静岡県の浜北人，沖縄県の港川人がある。

③ これまでに沖縄県で発見された化石人骨は，約3万年前以降の原人段階の人骨である。

④ 日本列島の化石人骨は，アフリカ大陸北部の古モンゴロイドの系統につながることが確認できる。

問6　下線部ⓒに関して述べた文として，最も適切なものを，次の①～④から1

つ選べ。 6

① 祭祀，軍事施設であり，指導者の成長と共に次第に立派な石垣をもつものが作られるようになった。

② 異民族を服従させ律令国家の領域を拡大する目的で作られ，城柵の内側に農民を植民させた。

③ 寺院や道場などを中心に形成され，防衛の観点から周囲に環濠を巡らす例もみられた。

④ 当初は集落や聖地とは異なるものだったが，そのなかで次第に住民の自治組織が発展していった。

問 7 下線部ⓓに関して述べた文として，明らかな誤りを含むものを，次の①～④から1つ選べ。 7

① 那覇が重要な国際港となり，中国や日本，東南アジアにまで海外貿易を盛んに行った。

② 15世紀初頭に中国から冊封され，中国との朝貢体制を前提に，東南アジアの国々とも外交・貿易関係を結んだ。

③ 琉球王国は中国から渡来した人々が外交関係を担い，華僑社会のつながりを利用しながら貿易の拠点として繁栄した。

④ 運搬費など貿易費用を中国が負担したため利益が大きかったが，中国の海禁政策により途絶した。

問 8 下線部ⓔに関連して，同時期の日本，東アジアの動向について述べた文として，明らかな誤りを含むものを，次の①～④から1つ選べ。 8

① ポルトガル・スペインをはじめ西洋諸国がアジア貿易に進出し，琉球の中継貿易の役割が縮小した。

② 倭寇と呼ばれる海賊集団が朝鮮半島から東シナ海にかけて猛威を振るい，足利義満が勘合貿易を始める契機ともなった。

③ アジアへの西洋諸国の勢力拡大と共に，鉄砲やキリスト教が琉球諸島を経由せず日本列島にもたらされた。

④ 豊臣秀吉は1588年に海賊取締令を出して倭寇などの海賊行為を禁止し，南方諸国との貿易を盛んにしようとした。

問 9 下線部ⓕ以後の琉球王国に関して述べた文として，明らかな誤りを含むも

のを，次の①～④から1つ選べ。 9

① 薩摩藩に事実上支配されつつ，中国の冊封を受けて朝貢貿易を行う伝統的な関係も維持した。

② 薩摩藩は琉球全域を検地して石高を約9万石とし，国王は臣従させられ従属国となった。

③ 薩摩藩は，家臣たちに琉球での交易権を与える商場知行制を定めた。

④ 琉球国王の代替わり毎に謝恩使，徳川将軍の代替わり毎に慶賀使を幕府に派遣した。

問10 下線部ⓖに関して述べた文として，最も適切なものを，次の①～④から1つ選べ。 10

① 台湾に漂着した琉球人が現地人に殺害される事件が起こり，明治政府最初の海外派兵である台湾出兵が行われた。

② アメリカの斡旋で決着し，日本の行動は自国民を保護するための正当な行動と中国に認めさせた。

③ 日本はこの事件で賠償金を得られず，中国は日本が琉球王国の宗主国であることを明確に否定した。

④ 事件の結果，相互に領事裁判権を認めるなど，対等な条約である日朝修好条規が結ばれた。

問11 下線部ⓗに関して述べた文として，明らかな誤りを含むものを，次の①～④から1つ選べ。 11

① 1872年に琉球藩を設置し，国王を藩王とし天皇の直接の家臣とした。

② 1879年，日本政府は琉球の人々の反対を抑えつけて，琉球藩を廃し沖縄県を設置した。

③ 1880年，日本政府は宮古・八重山列島を中国に譲渡するかわりに修好条規を改正する提案をした。

④ 日本政府は中国に配慮し，1895年の下関条約まで琉球の日本，中国への両属関係を継続させる立場を取った。

〔Ⅲ〕 次の文を読んで，設問に答えよ。

第二次世界大戦の多大な犠牲を反省し，連合国側諸国は，1945 年に国際連合を創設した。しかし，ⓐ1947 年頃から，アメリカとソ連のあいだの冷戦と呼ばれる対立が明らかになっていった。ⓑこの冷戦の影響がアジア諸国にもおよぶのにともない，それまではⓒ民主化優先だったアメリカの対日政策は，経済的自立を援助し日本を自由主義陣営の有力な国家に育てる方向へと転換していった。

1951 年のサンフランシスコ平和条約調印ののち，1952 年から 1954 年にかけて，吉田茂内閣は再軍備や国家統制の強化を目指す政策をおしすすめた。

一方で，革新勢力は，これらの一連の政策を「逆コース」と批判し，憲法擁護，再軍備反対，アメリカ基地反対などを主張するⓓ平和運動を展開した。

他方で，これらの政策をおしすすめる吉田内閣があまりにアメリカに依存しすぎているという批判が，公職追放から復帰した保守系政治家を中心におこった。こうしたなか，1954 年 11 月には，岸信介や［ A ］などの自由党の反吉田勢力や［ X ］などが合流して日本民主党が結成された。

1954 年 12 月，造船疑獄事件をきっかけに吉田内閣が総辞職し，日本民主党の鳩山一郎内閣が成立した。しかし，鳩山内閣が「自主憲法」制定をとなえて臨んだ 1955 年 2 月の総選挙では，社会党が改憲阻止に必要な 3 分の 1 以上の議席を確保し，改憲発議は阻まれた。

鳩山内閣のもとでの憲法改正や再軍備化への危機感を背景に，党内の対立路線が続いていた共産党は 1955 年 7 月に統一を回復し，またⓔ左右両派に分裂していた社会党も 1955 年 10 月，左右両派の再統一を実現した。

こうした革新勢力の再編成に対抗して，保守勢力では，財界やアメリカの意向を受け，1955 年 11 月，日本民主党と自由党が合同し，自由民主党が結成された。

ここに，衆議院議席の約 3 分の 2 をしめて政権を保持する自由民主党と，約 3 分の 1 をしめる野党の社会党とが国会で対立する 55 年体制が成立した。この体制は，冷戦に対応した保革対立の政治構造であったといえる。55 年体制は，ⓕ高度経済成長期やⓖ1980 年代後半から 90 年代初めのⓗバブル経済期をへて，ⓘ1993 年に自由民主党が下野し，ⓙ政権が交代するまで，38 年間存続した。この 55 年体制の崩壊の背景には，ⓚ1980 年代後半からの国際情勢の変化にもとづく冷戦終結があった。55年体制は，冷戦とともに始まり冷戦とともに終わったと言えるだろう。

問1 文中の空欄Aに入る適切な人名を，次の①～④から1つ選べ。 1

① 重光葵 ② 三木武夫 ③ 石橋湛山 ④ 徳田球一

問2 文中の空欄Xに入る政党名として，最も適切なものを，次の①～④から1つ選べ。 2

① 改進党 ② 日本進歩党 ③ 社会革新党 ④ 進歩党

問3 下線部ⓐについて，1947年から1955年までの冷戦に関して述べた文として，明らかな誤りを含むものを，次の①～④から1つ選べ。 3

① ソ連と東欧諸国は，軍事同盟を結んでワルシャワ条約機構を結成した。

② アメリカは，マーシャル＝プランによるヨーロッパ経済復興援助計画を発表した。

③ アメリカは，アイゼンハワー＝ドクトリンによって共産主義「封じ込め」政策を宣言した。

④ ソ連は，コミンフォルムをつくって東欧諸国と相互援助条約を結んだ。

問4 下線部ⓑに関連して，1940年代半ばから1950年代にかけてのアジア情勢について述べた文として，明らかな誤りを含むものを，次の①～④から1つ選べ。 4

① 中国で勃発した内戦の結果，敗れた毛沢東を総統とする国民党が台湾に逃れた。

② 朝鮮半島では，南に大韓民国，北に朝鮮民主主義人民共和国が成立し，南北で異なる国家に分断された。

③ スカルノらが中心となったインドネシアの独立にオランダが介入したため，激しい独立戦争がおこった。

④ インドシナ休戦協定が結ばれ，ベトナムとフランスのあいだの戦闘は終結した。

問5 下線部ⓒに関して述べた文として，明らかな誤りを含むものを，次の①～④から1つ選べ。 5

① GHQは，教科書の不適当な記述の削除を指示し，修身・日本歴史・地理の授業を一時禁止した。

② GHQは，三井・三菱・住友・安田など15財閥の資産の凍結と解体を命じた。

③ 第一次農地改革が不徹底だったため，GHQの勧告案にもとづく自作農創設特別措置法によって第二次農地改革が実施された。

④ GHQは，労働組合の結成支援のため，労働組合期成会の設立を命じた。

問6 下線部ⓓに関して述べた文として，明らかな誤りを含むものを，次の①～④から1つ選べ。 6

① ソ連のビキニ環礁での水爆実験による第五福竜丸の被爆をきっかけに原水爆禁止運動が広がった。

② 東京都の砂川町では，アメリカ軍立川基地の拡張計画に対し，住民らが激しく抵抗した。

③ 沖縄県では，軍用地永久使用に反対する住民運動が高まった。

④ 石川県の内灘村では，アメリカ軍の射撃場新設への反対運動が行われた。

問7 下線部ⓔに関連して，社会党の分裂について述べた文として，最も適切なものを，次の①～④から1つ選べ。 7

① サンフランシスコ平和条約と日米安全保障条約への対応をめぐって分裂した。

② 日米行政協定が国会の承認を得ないまま調印されたことへの対応をめぐって分裂した。

③ 日米相互防衛援助協定における，自衛力増強の義務についての意見の相違から分裂した。

④ 「血のメーデー事件」をきっかけに制定された破壊活動防止法への対応をめぐって分裂した。

問8 下線部ⓕの文化に関して述べた文として，最も適切なものを，次の①～④から1つ選べ。 8

① 純文学の分野では，横光利一，開高健，大江健三郎らの優れた作品が生まれた。

② 菊池寛，松本清張，森村誠一らによる社会派推理小説が誕生し，広く読者を獲得した。

③ 新聞や大衆雑誌で，中里介山や吉川英治らの時代小説が連載され人気を博した。

④ マンガの分野では，藤子不二雄や，池田理代子らが人気作を生み出し，白土三平らも活躍した。

問 9 下線部ⓖに関連して，1980年代，1990年代の日本経済に関して述べた以下の二つの文X・Yの正誤の組み合わせとして，最も適切なものを，次の①～④から1つ選べ。 9

X 日本の対米貿易黒字の激増を背景に，貿易黒字の削減を迫るアメリカに応じて，日本政府は米(コメ)の輸出自主規制を実施した。

Y プラザ合意後，円高がいっきに加速し，輸出産業を中心に不況が深刻化したが，内需に主導されて景気が回復した。

① X 正 Y 正 ② X 正 Y 誤

③ X 誤 Y 正 ④ X 誤 Y 誤

問10 下線部ⓗに関して述べた以下の二つの文X・Yの正誤の組み合わせとして，最も適切なものを，次の①～④から1つ選べ。 10

X 超低金利政策のもとで，金融機関や企業にだぶついた資金が不動産市場や株式市場に流入し，地価や株価が暴騰した。

Y 自家用乗用車が広く普及し，名神高速道路や東名高速道路があいついで全通して，モータリゼーションがすすんだ。

① X 正 Y 正 ② X 正 Y 誤

③ X 誤 Y 正 ④ X 誤 Y 誤

問11 下線部ⓘに関連して，1989年から1993年の自民党内閣について述べた文として，最も適切なものを，次の①～④から1つ選べ。 11

① 竹下登内閣は，リクルート事件と消費税導入のため国民の支持を失い退陣した。

② 宮沢喜一内閣は，参議院選挙の惨敗により2ヶ月あまりで退陣した。

③ 宇野宗佑内閣は，湾岸戦争への対応に苦しみ，戦争終了後に海上自衛隊の掃海艇をペルシア湾に派遣した。

④ 海部俊樹内閣の下で，佐川急便事件などが明るみに出て，政官界と大企業の癒着に非難が高まった。

問12　下線部ⓙに関連して，1993年の政権交代以降の内閣について述べた文として，明らかな誤りを含むものを，次の①～④から1つ選べ。 12

① 日本新党の細川護煕を首相とした内閣は，小選挙区比例代表並立制を成立させたが，政治資金疑惑で退陣を余儀なくされた。

② 小渕恵三内閣は，財政構造改革法を成立させ，消費税を3％から5％に引き上げた。

③ 社会党の村山富市委員長は，自由民主党などとともに連立内閣を組織し，自衛隊の容認など社会党の基本路線を大幅に変更した。

④ 羽田孜内閣は，社会党が政権に参画せず，与党少数の連立内閣で短命に終わった。

問13　下線部ⓚに関して述べた以下の二つの文X・Yの正誤の組み合わせとして，最も適切なものを，次の①～④から1つ選べ。 13

X　ソ連では，1985年に登場したゴルバチョフが市場原理の導入，情報公開などを通じて政治・社会の自由化を進め，中距離核戦力全廃条約を締結し，アフガニスタンからの撤兵も開始した。

Y　中国では，改革・開放政策が進められていたが，1989年に共産党幹部の腐敗を批判し民主化を要求する運動が軍隊の力で鎮圧され，天安門事件と呼ばれた。

① X正　Y正　② X正　Y誤

③ X誤　Y正　④ X誤　Y誤

世界史

（60分）

〔Ⅰ〕次の文を読んで，問に答えよ。

英国の王族は，いろいろな面で我が国でも関心の的となっているが，常に王朝が安定して存続していたわけではなかった。アングロ＝サクソン人が5世紀頃からイングランドに建てた国々は，その主要国数にちなんでヘプターキー（アングロ＝サクソン［　ⓐ　］王国）と呼ばれるが，後にノルマン人ⓑの侵略をうけ，デーン朝ⓒの支配下に入った。その後アングロ＝サクソン系の王家が復活したが，1066年にはノルマン＝コンクェストによりノルマン朝ⓓが成立した。イングランドは島の外からの侵入者に再び支配されたのである。

そのノルマン朝も血統の関係上，フランスから王を迎えプランタジネット朝ⓔへと移る。しかしジョン王の時代になると，大陸の領土の多くを失い，教皇インノケンティウス3世ⓕに破門されるなど失政が続き，貴族らの圧力に屈して王権を制限する大憲章（マグナ＝カルタ）ⓖを認めざるを得なくなった。

百年戦争ⓗの後，ランカスター家とヨーク家による王位継承をめぐるバラ戦争を経て，ランカスター派のヘンリ7世によりテューダー朝ⓘが開かれ，絶対王政の時代が訪れた。しかしエリザベス1世の死後，スコットランドⓙ王ジェームズ6世がイングランド王ジェームズ1世として即位してステュアート朝の時代になると，王政は大きく動揺することとなる。プロテスタントの長老派の力が強いスコットランド，プロテスタントとカトリックの対立が激しかったアイルランドⓚも支配するステュアート朝の王たちは，宗教的な対立をうまく制御することができなかった。二代目のチャールズ1世がスコットランドにイングランド国教会の儀式を強制したことをきっかけとして反乱が勃発すると，それはピューリタン革命ⓛへとつながっていき，チャールズ1世の処刑に帰結したのである。

こうして共和政が一旦は成立したが，クロムウェルの死後，1660年にチャールズ1世の息子チャールズ2世ⓜが即位する。しかし次の王ジェームズ2世は，カトリック復活を目指したこともあり，追放されて新たな王がオランダから迎え入れられた。この出来事は名誉革命ⓝと呼ばれている。その後アン女王が亡くなると，［ ⓞ ］から新たな王が迎えられた。これが今日の英国王室の直接の祖となった。

問1　空欄ⓐに当てはまる数字を，次の①～⑥から選べ。［1］

①　三　②　四　③　五　④　七　⑤　十　⑥　十二

問2　下線部ⓑに関連して。ノルマン人の建国した国として正しいものを，次の①～⑤から選べ。［2］

①　ヴァンダル王国　②　キエフ公国　③　突厥

④　西フランク王国　⑤　ビザンツ帝国(東ローマ帝国)

問3　下線部ⓒについて，1016年にイングランド王となった人物を，次の①～⑥から選べ。［3］

①　アルフレッド大王　②　クヌート(カヌート)

③　ノルマンディー公ウィリアム　④　リューリク

⑤　ロタール1世　⑥　ロロ

問4　下線部ⓓが成立した年に存在していなかったものを，次の①～⑤から選べ。［4］

①　ガズナ朝　②　元　③　高麗　④　神聖ローマ帝国

⑤　セルジューク朝

問5　下線部ⓔの初代の王として正しいものを，次の①～⑤から選べ。［5］

①　エドワード1世　②　エドワード3世　③　フィリップ4世

④　ヘンリ2世　⑤　リチャード1世

問6　下線部ⓕに関して述べた文A，Bについて，それぞれ正・誤を判断し，その正しい組み合わせを，続く①～④から選べ。［6］

A　この教皇は，カノッサ事件をおこした。

B　この教皇が提唱した第4回十字軍は，コンスタンティノープルを占領した。

①　A＝正　B＝正　②　A＝正　B＝誤

③　A＝誤　B＝正　④　A＝誤　B＝誤

問 7　下線部ⓖに関連して。大憲章が成立した時代に関連する記述として正しいものを，次の①～④から選べ。 7

① ジョン王が当初，大憲章の承認を拒否したため，シモン＝ド＝モンフォールの反乱が起こった。

② 大憲章は，10ケ条以上の多くの条文から構成されていた。

③ ヘンリ3世が模範議会を招集した。

④ 1265年の模範議会はイギリス議会の起源とされる。

問 8　下線部ⓗに関して述べた文A，Bについて，それぞれ正・誤を判断し，その正しい組み合わせを，続く①～④から選べ。 8

A　百年戦争は実際には100年以上にわたった。

B　百年戦争はイギリス側の勝利で終結した。

① A＝正　B＝正　② A＝正　B＝誤

③ A＝誤　B＝正　④ A＝誤　B＝誤

問 9　下線部ⓘの時代に関する記述として正しくないものを，次の①～④から選べ。 9

① ヘンリ8世は，星室庁裁判所を整備した。

② ヘンリ8世は国王至上法(首長法)を定め，カトリック世界から離脱した。

③ エリザベス1世はイングランドで初の女王となった。

④ エリザベス1世の時代に東インド会社が設立された。

問10　下線部ⓙに関連して。イングランドとスコットランドに関して述べた文A，Bについて，それぞれ正・誤を判断し，その正しい組み合わせを，続く①～④から選べ。 10

A　ローマ時代にはブリタニアを守るため，カラカラ帝が長城を築いた。

B　イングランドとスコットランドは19世紀に合併し大ブリテン王国となった。

① A＝正　B＝正　② A＝正　B＝誤

③ A＝誤　B＝正　④ A＝誤　B＝誤

問11　下線部ⓚに関連して。イングランドとアイルランドに関して述べた文A，Bについて，それぞれ正・誤を判断し，その正しい組み合わせを，続く①～

④から選べ。 11

A クロムウェルのアイルランド征服後，カトリック勢力に対する大規模な土地没収が行われた。

B 1886年にアイルランド自治法の成立により，アイルランドは独立を認められた。

① A＝正 B＝正 ② A＝正 B＝誤

③ A＝誤 B＝正 ④ A＝誤 B＝誤

問12 下線部ⓛに関連して。この時代の出来事を起きた順番に正しく並べたものを，次の①～④から選べ。 12

① 短期議会開会→長期議会開会→アイルランド征服開始→航海法制定

② 長期議会開会→短期議会開会→航海法制定→アイルランド征服開始

③ 短期議会開会→長期議会開会→航海法制定→アイルランド征服開始

④ 長期議会開会→短期議会開会→アイルランド征服開始→航海法制定

問13 下線部ⓜのチャールズ2世の時代の出来事として正しいものを，次の①～④から選べ。 13

① イングランド銀行設立 ② 権利の請願提出 ③ 航海法廃止

④ 審査法制定

問14 下線部ⓝに関連して。名誉革命が起きた頃のイギリスに関する記述として正しいものを，次の①～④から選べ。 14

① ホイッグ党はジェームズ2世の王位継承を認める人々への蔑称であった。

② 権利の章典では，議会が承認しない王の課税が違法とされた。

③ 非国教徒のカトリック教徒を対象に寛容法が制定された。

④ ウィリアム3世の死後，その妻がメアリ2世として即位した。

問15 空欄ⓞに当てはまる最も適切な語句を次の①～⑤から選べ。 15

① オランダ ② スコットランド ③ スペイン

④ ドイツ ⑤ フランス

〔Ⅱ〕 次の文を読んで，問に答えよ。

1919年，ソヴィエト＝ロシア(ⓐ)は中国に対し，旧ロシア政府が中国に有していた帝国主義的特権の放棄を宣言した。21年には，コミンテルン(ⓑ)の支援により，［ ⓒ ］を指導者とする中国共産党が結成された。中国国民党(ⓓ)を基盤に革命運動の推進をめざしていた孫文も，ソ連の援助を受けて顧問を招き，24年に国民党を改組するとともに，第1次国共合作(ⓔ)を行った。孫文はまた，「［ ⓕ ］」を掲げ，軍閥打倒と帝国主義打倒の路線を打ち出した。孫文は25年に病死したが，同年に起こった［ ⓖ ］は，中国における反帝国主義運動の高揚を示すものであった。

この1925年には，国民党が［ ⓗ ］で国民政府を建て，26年に至ると，蔣介石(ⓘ)の率いる国民政府の軍勢が，中国統一をめざして北伐を開始した。共産党員の指導する農民運動に支援されて，北伐は順調に進み，27年には複数の主要都市を占領した。しかし，国民政府の内部では，共産党員などから成る左派と，これを警戒する右派が対立を深めた。そこで蔣介石は，上海(ⓙ)クーデタを起こして共産党を弾圧し，南京(ⓚ)に新たな国民政府を建ててみずから主席となった。28年に北伐は再開され，国民政府軍は北京に迫った。

日本は国民政府による中国統一を妨害するため，奉天軍閥の［ ⓛ ］が北伐軍に敗れて北京から東北へ引きあげる途中，列車を爆破して［ ⓛ ］を死亡させ，日本による東北の支配を図った。この謀略は失敗し，［ ⓛ ］の子［ ⓜ ］が日本に対抗するため国民政府の東北支配を認めた結果，国民政府による中国統一は一応達成されることになった。蔣介石は，銀行資本を通して中国の経済界を支配していた［ ⓝ ］と結び，［ ⓞ ］の支援のもとに，国民党一党体制による統一政権をめざした。

問1　下線部ⓐの1919年における指導者を，次の①～④から選べ。［ 1 ］

① ケレンスキー　② フルシチョフ　③ ブレジネフ

④ レーニン

問2　下線部ⓑに関して述べた文A，Bについて，それぞれ正・誤を判断し，その正しい組み合わせを，続く①～④から選べ。［ 2 ］

A　第3インターナショナルとも呼ばれる。

B　ソ連の崩壊と同時に解散した。

① A＝正 B＝正　② A＝正 B＝誤

③ A＝誤 B＝正　④ A＝誤 B＝誤

問 3　空欄ⓒに当てはまる人名を，次の①～④から選べ。 3

① 胡適　② 康有為　③ 陳独秀　④ 魯迅

問 4　下線部ⓓに関して述べた文A，Bについて，それぞれ正・誤を判断し，その正しい組み合わせを，続く①～④から選べ。 4

A　中華革命党を前身とする。

B　李登輝はこの政党に属して，台湾総統となった。

① A＝正 B＝正　② A＝正 B＝誤

③ A＝誤 B＝正　④ A＝誤 B＝誤

問 5　下線部ⓔについて述べた文A，Bについて，それぞれ正・誤を判断し，その正しい組み合わせを，続く①～④から選べ。 5

A　共産党員が個人の資格で国民党に加わることを認めた。

B　国民党と共産党が共同して，人民政治協商会議を開催した。

① A＝正 B＝正　② A＝正 B＝誤

③ A＝誤 B＝正　④ A＝誤 B＝誤

問 6　空欄ⓕに当てはまる語句として最も適切なものを，次の①～④から選べ。 6

① 上品に寒門なく，下品に勢族なし

② 代表なくして課税なし

③ 四つの現代化

④ 連ソ・容共・扶助工農

問 7　空欄ⓖに当てはまる語句を，次の①～④から選べ。 7

① 二・二八事件

② 三・一独立運動

③ 五・三〇運動

④ 五・四運動

問 8　空欄ⓗに当てはまる都市名を，次の①～④から選べ。 8

① 厦門　② 広州　③ 武昌　④ 香港

2024年度　個別学部併願型　世界史

問 9 下線部ⓘに関して述べた文A，Bについて，それぞれ正・誤を判断し，その正しい組み合わせを，続く①～④から選べ。 9

A カイロ会談に参加した。

B テヘラン会談に参加した。

① A＝正 B＝正 ② A＝正 B＝誤

③ A＝誤 B＝正 ④ A＝誤 B＝誤

問10 下線部ⓙの開港を初めて定めた条約を，次の①～④から選べ。 10

① 黄埔条約 ② 天津条約 ③ 南京条約 ④ 望厦条約

問11 下線部ⓚについて述べた文として最も適切なものを，次の①～④から選べ。 11

① 黄河の下流域に位置する。

② 長江の上流域に位置する。

③ 元の時代には大都と呼ばれた。

④ 朱元璋はここで王朝を建てた。

問12 空欄ⓛに当てはまる人名を，次の①～⑨から選べ。 12

① 張角 ② 張学良 ③ 張儀 ④ 張居正 ⑤ 趙匡胤

⑥ 張騫 ⑦ 張作霖 ⑧ 趙紫陽 ⑨ 張陵

問13 空欄ⓜに当てはまる人名を，問 12 の選択肢①～⑨から選べ。 13

問14 空欄ⓝに当てはまる語句として最も適切なものを，次の①～④から選べ。 14

① 山西商人 ② 浙江財閥 ③ ソグド商人 ④ 反穀物法同盟

問15 空欄ⓞに当てはまる国名の組み合わせとして最も適切なものを，次の①～⑥から選べ。 15

① アメリカ・イギリス

② アメリカ・ドイツ

③ アメリカ・フランス

④ イギリス・ドイツ

⑤ イギリス・フランス

⑥ ドイツ・フランス

〔Ⅲ〕 次の文を読んで，問に答えよ。

私たちが住む地球は球体で，自ら回転しながらⓐ太陽を中心とした円に近い軌道上を動いている。地球が球体であることは，水平線の先から現れるⓑ船が帆先から順番に見える現象を通して，古くから知られていた。ⓒヘレニズム時代，ⓓエジプトで活躍したエラトステネスは地球が球体であると仮定し，ⓔアレクサンドリアからシエネ(現在のアスワン)までの距離と，それぞれの地点で正午に観測した太陽の高度から地球の大きさを測った。

一方，太陽を中心に，そのまわりを地球がまわっているという考え方は地動説と呼ばれる。この考え方は古代ⓕギリシアで提唱されていたが，広く受け入れられることなく，太陽を含めた他の天体が地球のまわりを動いているという天動説が長く信じられてきた。天動説は2世紀にⓖ古代ローマのプトレマイオスらによって体系化された。この天動説は当時の天体観測の精度で太陽や惑星の動きをほとんど説明できたが，不十分なところも存在した。しかし，ヨーロッパでは次第に科学は停滞し，ⓗ西ローマ帝国滅亡後は暗黒時代を迎える。その結果，天動説は矛盾を持ちながらも長らく支持されてきた。

ⓘルネサンスに入ると科学が再び盛んになり，天体の動きに関する考察も進んだ。そしてⓙ16世紀になると，ⓚカトリック教会の聖職者であったコペルニクスが地動説を唱えた。これにより，すぐさま天動説が地動説に置き換わったわけではないが，ケプラーやガリレイといった天文学者が地動説を支持し，さまざまな証拠を発見した。そしてⓛニュートンにより地動説の正しさが証明された。

地動説の確立後，宇宙に関する科学技術が大きく発展した。20世紀になると，宇宙の成り立ちや構造を知ることと並行して，宇宙に行く，という動きが始まる。宇宙に行く乗り物であるロケットの原型はⓜ火薬が発明されたころには存在していたが，本格的なものはⓝ第二次世界大戦時に兵器として登場した。大戦後，兵器開発で培われたロケット開発技術をもとに，アメリカとⓞソ連を中心に宇宙開発の競争が行われた。

現在，地球のまわりには多くの人工衛星や宇宙ステーションが飛んでおり，そこでは宇宙空間の特性を生かした観測や実験が行われている。また，再び人類を月面に向かわせる計画や有人火星探査の計画も立てられ始めている。

問 1 下線部ⓐに関連して述べた文A，Bについて，それぞれ正・誤を判断し，その正しい組み合わせを，続く①～④から選べ。 1

A ルイ14世は「太陽王」と呼ばれた。

B テオティワカンに「太陽のピラミッド」と呼ばれる巨大ピラミッドが建設された。

① A＝正 B＝正 ② A＝正 B＝誤

③ A＝誤 B＝正 ④ A＝誤 B＝誤

問 2 下線部ⓑに関連して述べた文として<u>正しくない</u>ものを，次の①～④から選べ。 2

① 鄭和の船団はアフリカに到達した。

② フルトンが世界で初めて蒸気船を実用化した。

③ ガレオン船によってメキシコには主に銀が運ばれた。

④ ペルシア戦争では三段櫂船が活躍した。

問 3 下線部ⓒに関連して述べた文として<u>正しくない</u>ものを，次の①～④から選べ。 3

① 世界市民主義(コスモポリタニズム)の思想がうまれた。

② コイネーと呼ばれるギリシア語が共通語となった。

③ 「ミロのヴィーナス」はヘレニズム彫刻の代表的作品である。

④ タキトゥスが『年代記』を著した。

問 4 下線部ⓓに関連して述べた文として正しいものを，次の①～④から選べ。 4

① 古王国の都はテーベであった。

② ヒクソスが古王国末期にエジプトに数多く流入した。

③ ラメス(ラメセス)2世の時代にアマルナ美術がうみだされた。

④ ナセルらの指導によりエジプト革命がおこった。

問 5 下線部ⓔに関連して。エジプトのアレクサンドリアについて述べた文A，Bについて，それぞれ正・誤を判断し，その正しい組み合わせを，続く①～④から選べ。 5

A ナイル川の中流に位置する。

B ローマ時代にはキリスト教の五本山の一つとなった。

① A＝正 B＝正 ② A＝正 B＝誤

③ A＝誤 B＝正 ④ A＝誤 B＝誤

問６ 下線部ⓕに関連して述べた文A，Bについて，それぞれ正・誤を判断し，その正しい組み合わせを，続く①～④から選べ。 6

A 第一次世界大戦後，ギリシアはイズミルを一時占領した。

B ギリシア正教ではイコンが信仰の対象とされた。

① A＝正 B＝正 ② A＝正 B＝誤

③ A＝誤 B＝正 ④ A＝誤 B＝誤

問７ 下線部ⓖに関連して述べた文として正しくないものを，次の①～④から選べ。 7

① カルタゴの勢力との間でポエニ戦争がおこった。

② ポンペイウス・カエサル・クラッススが第１回三頭政治をおこなった。

③ マルクス＝アウレリウス＝アントニヌス帝のときローマ帝国の領土は最大となった。

④ オクタウィアヌスはプトレマイオス朝を滅ぼしローマ属州とした。

問８ 下線部ⓗに関して述べた文A，Bについて，それぞれ正・誤を判断し，その正しい組み合わせを，続く①～④から選べ。 8

A 成立から滅亡まで100年以上続いた。

B ゲルマン人傭兵隊長オドアケルに滅ぼされた。

① A＝正 B＝正 ② A＝正 B＝誤

③ A＝誤 B＝正 ④ A＝誤 B＝誤

問９ 下線部ⓘに関連して述べた以下の文を読んで，空欄ア～ウにあてはまる最も適切な語を，続く①～⑨から選べ。ア： 9 イ： 10 ウ： 11

文芸ではイタリアで ア が『神曲』を，イギリスで イ が『カンタベリ物語』を著した。また美術では，油絵の技法を改良した ウ がフランドル派を開いた。

① シェークスピア ② ダンテ ③ チョーサー

④ デューラー ⑤ トマス＝モア ⑥ ファン＝アイク兄弟

⑦ ブリューゲル ⑧ ペトラルカ ⑨ ボッカチオ

問10 下線部ⓙに関連して。16世紀に起きた出来事として正しいものを，次の

①～④から選べ。 12

① コンスタンツ公会議の開催

② サファヴィー朝の成立

③ アンボイナ事件の勃発

④ 清の建国

問11 下線部ⓚに関連して述べた文として正しくないものを，次の①～④から選べ。 13

① ヨーロッパでは12～13世紀の大開墾時代に，シトー修道会が中心的な役割を担った。

② 封建社会では，教会は農民から十分の一税を取り立てた。

③ 教皇レオ10世は贖宥状(免罪符)を多数売り出した。

④ アナーニ事件では，教皇がハインリヒ4世にとらえられた。

問12 下線部ⓛに関連して。ニュートンが活躍した17～18世紀の科学革命について述べた文A，Bについて，それぞれ正・誤を判断し，その正しい組み合わせを，続く①～④から選べ。 14

A フランシス＝ベーコンが，実験や観察で得られた個々の事例を集め，そこから一般的理論を導く帰納法を提唱した。

B パスカルは『方法序(叙)説』で合理論的な思考方法を説いた。

① A＝正　B＝正　② A＝正　B＝誤

③ A＝誤　B＝正　④ A＝誤　B＝誤

問13 下線部ⓜに関連して述べた文A，Bについて，それぞれ正・誤を判断し，その正しい組み合わせを，続く①～④から選べ。 15

A 火薬はアラビア半島で発明されアジアに広まった。

B 火薬が伝わったヨーロッパでは戦術が一変し，騎士階級が没落した。

① A＝正　B＝正　② A＝正　B＝誤

③ A＝誤　B＝正　④ A＝誤　B＝誤

問14 下線部ⓝに関連して述べた文として正しいものを，次の①～④から選べ。

16

① ドイツ軍はモスクワを占領した。

② フィンランドは連合国側として戦った。

③ ド＝ゴールはロンドンに亡命政府(自由フランス政府)を組織した。

④ イタリアが降伏したあと，大西洋憲章が発表された。

問15 下線部ⓞに関連して述べた文として<u>正しくない</u>ものを，次の①～④から選べ。 17

① ゴルバチョフがペレストロイカと呼ばれる改革を推進した。

② レーニンの死後，スターリンが一国社会主義論を掲げ実権をにぎった。

③ ソ連はベトナム戦争では北ベトナムを支援した。

④ ソ連の解体後，独立国家共同体(CIS)が結成され，バルト3国も参加した。

政治・経済

（60分）

〔Ⅰ〕 以下の文章を読んで，設問に答えよ。

日本国憲法第10条は「日本国民たる要件は，法律(a)でこれを定める。」と規定しており，これを受けて制定された法律が国籍法である。国籍法は，日本国籍を有する者を日本国民とし，日本国民でない者を外国人としている。日本国籍の取得は出生による取得(b)や帰化による取得などがあり，帰化による取得は法務大臣(c)の許可を要する。

日本国憲法の規定する基本的人権(d)が外国人にも保障されるかは，裁判(e)においてしばしば争われてきた。最高裁判所(f)は，「憲法第三章の諸規定による基本的人権の保障は，権利の性質上日本国民のみをその対象としていると解されるものを除き，わが国に在留する外国人に対しても等しく及ぶ」としている。しかし，「権利の性質上日本国民のみをその対象としている」ものが具体的にどこまでかは明確ではない。

たとえば，信教の自由（日本国憲法第20条）(g)および婚姻(h)などの家族関係における個人の尊厳と両性の平等（日本国憲法第24条）が外国人にも認められることについては，特に異論はない。他方，参政権（日本国憲法第15条）については，日本国憲法が国民主権(i)を基本原理としていることを踏まえて，国政参政権(j)については外国人に認められないとする立場が多い。しかし，地方参政権(k)については外国人にも認められるとする立場もある。

また，自衛隊(l)の任務を行う防衛省の職員や警察官などへの就任権については，日本国憲法は特に禁止していないが，国籍条項によって外国人には認められていない。

問 1　下線部(a)に関して，日本国憲法における法律案の取扱いについての記述として最も適切でないものを，次の①～④から1つ選べ。 1

① 法律案は，日本国憲法に特別の定めのある場合を除いては，両議院で可決したとき法律となる。

② 衆議院で可決し，参議院でこれと異なった議決をした法律案は，衆議院で出席議員の３分の２以上の多数で再び可決したときは，法律となる。

③ 衆議院で法律案が可決し，参議院でこれと異なった議決をした場合には，法律の定めるところにより，内閣総理大臣が，両議院の協議会を開くことを求めなければならない。

④ 参議院が，衆議院の可決した法律案を受け取った後，国会休会中の期間を除いて60日以内に，議決しないときは，衆議院は，参議院がその法律案を否決したものとみなすことができる。

問２ 下線部(b)に関する記述として最も適切なものを，次の①～④から１つ選べ。 2

① 最高裁判所は，父系優先血統主義を定める国籍法の規定が法の下の平等に違反するとした。

② 最高裁判所は，子が日本国籍を取得するための要件として父母の結婚を定める国籍法の規定が法の下の平等に違反しないとした。

③ 子が生まれた際に，その親がその子の出生届を提出しなかった場合には，その子は無国籍となることがある。

④ 出生によって日本国籍と外国の国籍の取得要件を同時に満たすこととなった者は，日本国籍の取得を選択することができない。

問３ 下線部(c)に関して，日本国憲法における国務大臣の規定についての記述として最も適切なものを，次の①～④から１つ選べ。 3

① 国務大臣の過半数は，国会議員の中から選ばれなければならない。

② 国務大臣は，その在任中，両議院の同意がなければ，罷免されない。

③ 国務大臣は定期に相当額の報酬を受け，この報酬は国務大臣の在任中に減額することができない。

④ 国務大臣は，両議院の一に議席を有する場合に限り，何時でも議案について発言するため，その所属する議院に出席することができる。

問４ 下線部(d)に関する記述として最も適切なものを，次の①～④から１つ選べ。 4

① 大日本帝国憲法は，法律の範囲内で，すべての臣民に基本的人権の享有を保障していた。

② 日本国憲法が国民に保障する自由および権利は，国民の不断の努力によって，これを保持しなければならない。

③ 日本国憲法には，基本的人権を確保するための権利に関する規定は置かれていない。

④ 日本国憲法は，基本的人権に関する日本国憲法第三章の規定が天皇には適用されないと規定している。

問５ 下線部(e)に関して，日本の裁判をめぐる状況についての記述として適切なものを，次の①～④から２つ選べ(順不同)。 5 ・ 6

① 法テラスは，裁判制度の利用を容易にするために，裁判所法に基づいて設立された最高裁判所所管の独立行政法人である。

② 刑事裁判の充実や迅速化を図るために，刑事訴訟法の改正によって，公判前整理手続が導入された。

③ 民事訴訟法が改正され，第１審を２年以内に終わらせることなど裁判の長期化を改善するための国の責務が定められた。

④ 裁判には多くの時間と費用を要することが多いため，裁判の当事者が協議して相互に譲歩することで紛争を解決することもある。

問６ 下線部(f)に関する日本国憲法における取扱いについての記述として最も適切なものを，次の①～④から１つ選べ。 7

① 最高裁判所の長たる裁判官は，内閣が任命する。

② 最高裁判所の裁判官は，法律の定める年齢に達した時に，国会の同意を得て退官する。

③ 最高裁判所の裁判官は，法律の定める場合を除いては，逮捕されない。

④ 最高裁判所の裁判官は，その任命後初めて行われる衆議院議員総選挙の際に国民の審査に付される。

問７ 下線部(g)に関する記述として最も適切なものを，次の①～④から１つ選べ。 8

① 日本国憲法上，何人も，法律の定める範囲内で，宗教上の行為，祝典，儀式または行事に参加することを強制されないとされている。

② 日本国憲法上，国およびその機関は，宗教教育その他いかなる宗教的活動もしてはならないとされている。

③ 津地鎮祭訴訟において，最高裁判所は，日本国憲法第20条の禁止する宗教的活動には，国およびその機関の活動で宗教との関わり合いをもつ一切の行為が含まれるとした。

④ 空知太神社訴訟において，最高裁判所は，市がその所有する土地を神社施設の敷地に供するために連合町内会に対して無償で提供した行為が政教分離原則(日本国憲法第20条第1項後段)に反するものではないとした。

問8 下線部(h)についての最高裁判所の立場に関する記述として適切でないものを次のa～cからすべて選び，その組み合わせとして最も適切なものを，下の①～⑦から1つ選べ。 9

a 同一の性別間における婚姻(いわゆる同性結婚)を認めていない民法の規定は，法の下の平等に違反する。

b 離婚した女性が一定の期間(いわゆる再婚禁止期間)を経過しなければ再婚することができない旨を定めた民法の規定は，その期間の長短にかかわらず，法の下の平等に違反する。

c 夫婦が，婚姻の際に定めるところに従い，夫または妻の氏を称することを定めた民法の規定は，法の下の平等に違反する。

① aのみ　② bのみ　③ cのみ　④ aとb
⑤ bとc　⑥ aとc　⑦ a～cのすべて

問9 下線部(i)に関して，国家と主権についての記述として最も適切なものを，次の①～④から1つ選べ。 10

① イギリスの哲学者であるミルは，その著書『国家論』において，上位に権威をもたない主権国家という概念を導入して，近代国家を理論的に基礎づけた。

② ドイツの法学者であるフィルマーは，国家が成立するための要素として，一定の領域(領土，領海，領空)および国民に加えて，主権が必要であると説いた。

③ 国家の主権が他国によって制限されることはなく，主権国家はすべて平等であるという国際社会における原則のことを，主権平等の原則という。

④　国家の主権を尊重し，各国の国内政治に関する決定について他国は干渉すべきではないという国際法上の原則のことを，ノン＝ルフールマンの原則という。

問10　下線部(j)に関する記述として最も適切でないものを，次の①～④から１つ選べ。 11

①　日本国憲法上，公務員の選挙については，成年者による普通選挙が保障され，選挙における投票の秘密を侵してはならないとされている。

②　日本国憲法上，選挙人は，選挙における選択に関して公的にも私的にも責任を問われないとされている。

③　最高裁判所は，公職選挙法が日本国外に居住する日本国民について国政選挙における投票を一切認めていなかったことは，法の下の平等に違反するとした。

④　最高裁判所は，衆議院議員総選挙における選挙区やその議員定数の配分は国会や内閣が高度な政治的判断に基づいて行うものであるから，司法審査の対象とはならないとした。

問11　下線部(k)に関する記述として最も適切でないものを，次の①～④から１つ選べ。 12

①　都道府県知事は，法律によって三選が禁止されている。

②　都道府県議会議員の任期は１期４年であり，再選の回数は制限されていない。

③　市町村長の被選挙権は，日本国民で満25歳以上とされている。

④　市町村議会議員の被選挙権は，日本国民で満25歳以上であり，かつその市町村議会議員の選挙権を有することとされている。

問12　下線部(l)に関して，自衛隊の合憲性が争われた裁判として最も適切でないものを，次の①～④から１つ選べ。 13

①　恵庭事件

②　砂川事件

③　長沼ナイキ訴訟

④　百里基地訴訟

〔Ⅱ〕 以下の文章を読んで，設問に答えよ。

2023年4月，日本の金融制度の中核である日本銀行の総裁が10年ぶりに交代し［ア］が総裁に就任した。そこで，この機会に，改めて金融の役割について整理してみよう。

家計と企業との間での財・サービスや労働力のやりとりなど，今日における経済取引の大部分は通貨(a)を媒介として営まれている。そして，個々の経済主体にとって，資金が必要となるタイミングは，実際にそれを入手するタイミングとは一致しないことが多いため，円滑な経済取引にとって金融(b)が重要となる。企業は生産活動のために先行投資を行う必要があるが，その資金を［イ］や［ウ］などの自己金融で賄えない場合には，外部から資金調達を行う必要が生じる。他方，家計部門を全体としてみた場合には，将来に備えて貯蓄を行う傾向がある。少子高齢化(c)が進む日本においては，社会保障に関する負担の増加や給付の見直しが進んでおり(d)，これに対応するための自助努力として，家計の資金運用ニーズが高まっている。銀行や証券会社などの金融機関(e)は，このような資金の調達や運用のニーズを充足する機能を果たしている。

このうち銀行は，与信機能とともに受信機能を有しており，受信機能をもたない金融機関にはみられない［エ］や［オ］も有している。しかし，銀行のこうした特徴は，近時の海外での事例にもみられるように，経営危機を招く原因となり得るだけでなく，いったん銀行が破綻した場合には，経済全体に大きな影響を及ぼす可能性がある。金融システムの安定(f)の重要性が強調されるのは，このためである。

日本銀行(g)にとって，金融システムの安定や，通貨価値や景気の安定(h)は重要である。特に，バブル経済の崩壊後は，景気の安定のために，金融政策に対する依存度が高まり，1990年代末からはそれ以前の金融政策とは異質な金融政策(i)もとられるようになった。日本銀行は，新たな体制の下で，これまでの金融政策運営を検証することになる。

問1 空欄アにあてはまる語句として最も適切なものを，次の①～④から1つ選べ。［1］

① 植田和男

② 黒田東彦

③ 白川方明

④ 氷見野良三

問 2 空欄イおよび空欄ウにあてはまる語句として適切なものを，次の①～④から2つ選べ(順不同)。 2 ・ 3

① 受取配当金

② 減価償却

③ 減損

④ 内部留保

問 3 空欄エおよび空欄オにそれぞれあてはまる語句の組み合わせとして最も適切なものを，次の①～④から1つ選べ。 4

選択肢＼空欄	エ	オ
①	新規に発行される有価証券を引き受ける機能	通貨量を増大させる機能
②	代金の支払いや受け取りを決済する機能	新規に発行される有価証券を引き受ける機能
③	新規に発行される有価証券を引き受ける機能	有価証券の売買を仲介する機能
④	代金の支払いや受け取りを決済する機能	通貨量を増大させる機能

問 4 下線部(a)に関する記述として適切でないものを次のa～cからすべて選び，その組み合わせとして最も適切なものを，下の①～⑦から1つ選べ。

5

a 金本位制の下では，通貨供給量に関する中央銀行の裁量が広いため，景気調整は比較的容易とされる。

b 価値の裏付けのある兌換紙幣には強制通用力が与えられるが，不換紙幣には強制通用力が与えられることはない。

c 1971年に発生したニクソン＝ショックによって通貨価値が不安定になると，日本は一時的に金本位制に復帰した。

① aのみ ② bのみ ③ cのみ ④ aとb

⑤ bとc　⑥ aとc　⑦ a～cのすべて

問 5　下線部(b)に関する記述として適切でないものを次のa～cからすべて選び，その組み合わせとして最も適切なものを，下の①～⑦から1つ選べ。 6

a　企業は，生産活動のために先行投資を必要とすることが多く，常に資金不足である。

b　政府は，租税を徴収する以外にも，家計から資金の供給を受けることがある。

c　日本では，1990年代後半の日本版金融ビッグバンを受けて，金融機関の再編が進んだ。

① aのみ　② bのみ　③ cのみ　④ aとb

⑤ bとc　⑥ aとc　⑦ a～cのすべて

問 6　下線部(c)に関する日本の状況についての記述として最も適切なものを，次の①～④から1つ選べ。 7

① 2020年の時点において，日本の総人口に占める満65歳以上の高齢者人口の割合は約20％であり，超高齢社会に近づいている。

② 合計特殊出生率は，既婚女性1人が生涯で出産する子どもの数のことであり，日本では2005年に過去最低を記録し，2023年の時点においても人口維持に必要な水準を下回っている。

③ 2020年の時点における日本の合計特殊出生率は，アメリカやイギリスに比べて低いが，韓国よりは高い水準にある。

④ 2022年の日本の出生者数は，第二次世界大戦後のピーク時からほぼ半減し，90万人をわずかに上回る水準となっている。

問 7　下線部(d)に関して，次の(1)および(2)に答えよ。

(1) 日本の社会保障制度についての記述として最も適切でないものを，次の①～④から1つ選べ。 8

① 1994年，厚生年金保険の受給開始年齢が満60歳から満65歳に段階的に引き上げることとされた。

② 2004年，人口減少，平均寿命の伸び，各受給者の経済状況などを勘案して公的年金の支給額が自動的に減額されるマクロ経済スライドが導

入された。

③　2004年，年金保険料の負担は2017年までに段階的に引き上げられることが決定された。

④　2008年，老人保健制度は後期高齢者医療制度に改められた。

(2)　日本の財政状況に関連する記述として最も適切なものを，次の①～④から1つ選べ。 9

①　2022年度の当初予算では，国の一般会計の歳出総額に占める社会保障関係費の割合は，国債費の割合に次いで多い。

②　歳出の抑制によりプライマリー＝バランスが均衡に達すれば，国債に頼ることなく，すべての歳出を歳入で賄うことができる。

③　2012年に，社会保障・税の一体改革関連法案が成立した。

④　2022年度の国債残高は約500兆円であり，これは同年度の国内総生産(GDP)に匹敵する水準である。

問8　下線部(e)に関する記述として最も適切でないものを，次の①～④から1つ選べ。 10

①　株式会社が証券会社を利用して行う社債の発行は，間接金融に該当する。

②　株式会社が銀行から直接に融資を受ける行為は，間接金融に該当する。

③　証券会社の中には，バブル経済の崩壊後に資金繰りが悪化して経営破綻するものもあった。

④　銀行や証券会社のほか，ノンバンクや生命保険会社は金融機関に分類される。

問9　下線部(f)に関する記述として最も適切でないものを，次の①～④から1つ選べ。 11

①　護送船団方式による金融行政は，金融システムの安定のために有効であったが，金融の自由化により転換を迫られた。

②　国際的な業務を営む銀行は，自己資本比率に関するBIS規制の適用を受ける。

③　国際的な金融取引の拡大により，ある国の金融危機の影響が世界的な規模で波及する危険性がある。

④　日本国内のみで業務を営む銀行は，BIS 規制の適用を受けず，自己資本比率規制が適用されることはない。

問10　下線部(g)に関する記述として最も適切なものを，次の①～④から１つ選べ。 12

①　日本銀行は，「唯一の発券銀行」として，銀行券(紙幣)および貨幣(硬貨)を発行することができる。

②　日本銀行は，「政府の銀行」として，原則として，政府の発行する国債を直接引き受ける。

③　日本銀行は，「銀行の銀行」として，民間の銀行に資金を貸し付けることもある。

④　日本銀行は，「政府の銀行」として，政府と一体となって景気対策などにあたるため，政府からの独立性はない。

問11　下線部(h)に関する記述として最も適切なものを，次の①～④から１つ選べ。 13

①　日本銀行が民間の金融機関に国債を売却することは，景気刺激策になり得る。

②　日本銀行が預金準備率を引き下げることは，景気刺激策になり得る。

③　日本銀行が金融緩和を実施することは，景気過熱時の景気安定化策になり得る。

④　日本銀行が物価を安定させるためにとる政策は，通貨価値を安定させるためにとる政策とは直接的な関係はない。

問12　下線部(i)に関する記述として最も適切なものを，次の①～④から１つ選べ。 14

①　1990 年代末から日本銀行が用いるようになった非伝統的とされる金融政策の例としては，公開市場操作やマイナス金利政策がある。

②　1990 年代末から日本銀行が用いるようになった非伝統的とされる金融政策のうち，ゼロ金利政策は最も早い時期に採用された。

③　2001 年から日本銀行が用いるようになった非伝統的とされる金融政策を総称して，インフレ＝ターゲット政策とよばれている。

④　日本銀行が用いるようになった非伝統的とされる金融政策は，金融政策

決定会合を経ず，日本銀行総裁と財務大臣の協議で決定された点で共通する。

〔Ⅲ〕 以下の文章を読んで，設問に答えよ。

第二次世界大戦後，日本では農地改革が実施され，政府は農民に農地(a)に対する平等なアクセスを保障することで経済的な振興を図ろうとした。しかし，高度経済成長期には工業化による経済成長が国家的な課題とされ，農業部門が工業部門にヒトやカネなどを奪われる構図は大きくは変わらなかった。

政府は，農業基本法の制定などの農業振興政策(b)を打ち出したが，そうした政策は必ずしも成功しなかった。高度経済成長期に起こった急速な工業化によって公害問題(c)が深刻化したが，農業分野でも，農薬などの多用による自然環境の破壊や食の安全(d)をめぐる問題が深刻化した。

1980 年代に入ると，日本の農業保護政策は国際的な批判にさらされた。米(e)のような主食の確保は，国家の安全保障上，長らく国家管理の対象とされてきた。諸外国からの市場開放の要求を受け，日本は高度経済成長期から主食以外の農産物の貿易自由化(f)を進めたが，貿易摩擦に発展することもあった。

1990 年代以降，農山村の過疎化は，地方公共団体(g)にとっても深刻な問題になっている。貿易自由化による低価格の農産物の輸入が増加し，国内の農業の衰退が進行する中，食料自給率(h)は低下を続けて回復する兆しはみられない。農業従事者の高齢化などに伴う労働力不足も深刻化し，農業分野における外国人の労働力(i)への依存度も高まっている。

2011 年に発生した福島第一原子力発電所(j)の事故によって，食の安全が改めてクローズアップされた。気候変動(k)が国際的な課題と認識されたことで，農業分野における環境負荷の低減も重要な課題になっている。

2022 年に発生したロシアによるウクライナへの侵攻などに起因するエネルギー(l)価格の上昇によって，酪農なども経済的な苦境に陥った。国内における農業の衰退が進行する中，食料生産にとどまらない農業の役割が再評価されており，農業のこうした役割を［ ア ］機能とよんでいる法律もある。

問1 空欄アにあてはまる語句として最も適切なものを，次の①～④から１つ選べ。 1

① 開発的

② 構造的

③ 多面的

④ 封建的

問2 下線部(a)に関する記述として最も適切でないものを，次の①～④から１つ選べ。 2

① 自らは直接に農業経営をしない地主（不在地主）が農地を小作人に貸し付けて小作料を徴集する土地制度のことを，寄生地主制という。

② 自作農の創出を目的とした農地改革の後，1952年に農地法が制定され，農地の転用の制限や農地上の権利移転などが定められた。

③ 1990年代以降，労働力不足や農産物価格の低迷などにより耕作放棄地が増加しており，その５割以上は中山間農業地域で占められている。

④ 2000年に農地法が改正され，農業経営の法人化の促進や個人が所有する農地の商業地への転用の自由化によって，耕作放棄地の問題の解決が期待されている。

問3 下線部(b)に関する記述として最も適切なものを，次の①～④から１つ選べ。 3

① 農業基本法では，米から他の作物への選択的拡大が奨励され，機械化や経営規模の拡大による自立経営が促される一方，農業の環境保全機能が明記されている。

② 農業基本法の目的の１つとされた農家と勤労者世帯の経済格差の是正は，農業所得の増加ではなく，農家の兼業化による農外所得の増加によって実現された。

③ 1999年には「食料・農業・農村基本法」（新農業基本法）が制定され，農作物の輸出の促進が法律の目的として定められた。

④ 2006年には有機農業推進法が制定され，化学的に合成された肥料を使用する農業の推進が法律の目的として定められた。

問4 下線部(c)に関する日本の状況についての記述として最も適切でないもの

を，次の①〜④から１つ選べ。 4

① 1960年代半ばから，公害反対の世論の盛り上がりもあって，地方公共団体の中には，政府による規制よりも厳しい内容の条例（いわゆる上乗せ条例や横出し条例）を制定するものもあった。

② 1970年には改正公害対策基本法など環境関連14法が制定され，1973年には公害健康被害補償法が世界に先駆けて制定された。

③ 熊本水俣病では，1969年に被害者が原因企業であるチッソに対して損害賠償などを求める訴えを提起したが，1973年にチッソがすべての被害者に損害賠償を支払う旨の和解が成立した。

④ 1980年代に入っても，日本のアスベスト規制は欧米に比べて不十分であったが，2006年以降には，日本でもアスベストの使用が禁止された。

問５ 下線部(d)に関する記述として最も適切なものを，次の①〜④から１つ選べ。 5

① 遺伝子組み換え作物は，EU（欧州連合）では商業栽培が自由化されたが，アメリカや日本では安全性への懸念などから規制が強化されている。

② 日本では，2003年に食品安全基本法が制定され，食品の安全性を評価する国の機関として食品安全委員会が設置された。

③ 2013年に中国製冷凍餃子中毒事件が起こり，中国産の食品に有害物質が混入していたことが判明して，「チャイナフリー」というロゴが出回った。

④ BSEは，生産から小売まで食品の移動経路を把握することによって，食品事故の原因の究明や迅速な解決に役立てようとする取り組みである。

問６ 下線部(e)に関する記述として最も適切でないものを，次の①〜④から１つ選べ。 6

① 食糧管理制度の下，政府は生産費用を補償する価格で農家から米を買い上げる一方，買い上げ価格より低い価格で消費者に米を販売した。

② 1970年に入ると，政府は農家１戸当たりの米の作付け面積を制限する代わりに，補助金を支払う政策（減反政策）を実施した。

③ 食糧管理特別会計の赤字の増大や貿易自由化の世界的な進行を背景として，1994年に新食糧法が制定され，第二次世界大戦中に生まれた食糧管

理制度は1995年に廃止された。

④ 民主党政権下で行われた戸別所得補償制度は，2007年から2008年にかけての世界的な食料価格の高騰を受けて，政府が米や麦などの価格を安定させることを目的としていた。

問7 下線部(f)に関する日本の状況についての記述として最も適切でないものを，次の①～④から1つ選べ。 7

① 1963年，日本は，GATT 11条国となり，国際収支上の理由によって貿易制限をすることができなくなった。

② 2001年，中国からの農産物の輸入量が激増したため，日本はWTO(世界貿易機関)の協定ルールに基づいて暫定的なセーフガード(緊急輸入制限)を発動した。

③ 2000年以降，日本は，EPA(経済連携協定)の締結を積極的に進めて，貿易に留まらない幅広い分野の自由化を目指している。

④ 2018年に11カ国で発足したTPP(環太平洋経済連携協定)は，輸入自由化の対象が農産物にも初めて拡大された国際協定であったため，農業団体からの強い反対にあった。

問8 下線部(g)に関する記述として最も適切なものを，次の①～④から1つ選べ。 8

① 三位一体改革では補助金の増額によって中央・地方政府間の税源配分が見直されたが，地方公共団体の財源は充実しなかった。

② 都道府県の財源構成をみると，東京都や神奈川県では歳入総額に占める地方交付税の割合が高いが，沖縄県，鳥取県，福島県では歳入総額に占める地方税の割合が高い。

③ 2008年，地域の経済的格差の是正や人口減少地域における税収減少への対応などを目的として，一定の範囲で地方公共団体への寄付金額が所得税や住民税から控除される制度が開始した。

④ 住民投票条例は，地方公共団体の議会が重要な政策決定について住民の意思を投票によって問うために制定される条例のことであり，地方公共団体の合併以外の政策決定に利用されたことはない。

問9 下線部(h)に関する記述として最も適切でないものを，次の①～④から1つ

選べ。 9

① 農林水産省の資料によれば，2017年度における自給率が100％近くに達している農畜産物は，米，大豆，鶏卵のみである。

② 農林水産省の資料によれば，カロリーベースでみた日本の食料自給率は，1961年度には78％であったが，2019年度には38％まで低下している。

③ 食料自給率の低下の背景には，輸入自由化により海外の安い農産物が増加したことに加えて，家畜の飼料となるトウモロコシなどを大量に輸入したことがある。

④ 食料自給率の向上が国の安全保障上必要であるという考え方は，食糧(料)安全保障といわれる。

問10 下線部(i)に関する日本の状況についての記述として最も適切でないものを，次の①～④から1つ選べ。 10

① 「出入国管理及び難民認定法」(入管法)は，外国人が単純労働を目的として日本に入国することを制限している。

② 不法就労の外国人労働者は，労働基準法や最低賃金法などの労働法規が適用されず，人権保護の観点から制度の整備が求められている。

③ 外国人技能実習制度は，発展途上国への技能や知識の移転を目的とする制度であるが，外国人実習生が低賃金で長時間の労働を強いられることもある。

④ 農業従事者の高齢化や農家の後継者不足を背景として，外国人技能実習生は農業生産にとって重要な存在になっている。

問11 下線部(j)に関する記述として最も適切なものを，次の①～④から1つ選べ。 11

① オイル＝ショックを契機として原子力発電が世界的に普及したが，1980年代にソ連のスリーマイル島原子力発電所の事故が発生して，周辺住民や農作物に大きな被害が発生した。

② 2014年に日本政府が閣議決定したエネルギー基本計画では，原子力発電が「ベースロード電源」から除外された。

③ 日本の場合，放射性廃棄物の最終処分場は2020年に正式決定されたが，

放射性廃棄物の放射能が大きく減少するまでには1000年以上を要するといわれる。

④　核燃料サイクルとは，原子力発電所から排出された使用済み核燃料を再処理してウランやプルトニウムを取り出し，再び核燃料として使用することである。

問12　下線部(k)に関する記述として最も適切でないものを，次の①～④から1つ選べ。 12

①　2013年のIPCC(気候変動に関する政府間パネル)の報告書では，温室効果ガスの増加が続くと，極端な高温，熱波，大雨の頻度が増大するとされた。

②　1992年の国連環境開発会議では気候変動枠組条約が採択され，1997年の第三回締約国会議では京都議定書が採択された。

③　2015年に採択されたパリ協定では，削減目標達成の義務化は見送られ，5年ごとに削減目標を見直すこととされた。

④　中国は，経済成長に伴って，2014年の1人当たりの二酸化炭素排出量がアメリカと日本を抜いて世界最大となった。

問13　下線部(l)に関する日本の状況についての記述として最も適切でないものを，次の①～④から1つ選べ。 13

①　地域資源を生かした内発的な農村再生の一環として，エネルギーの地産地消の動きもみられる。

②　2017年の電源別発電量をみると，再生可能エネルギー(水力を含む)の発電量は石油による発電量よりも少ない。

③　固定価格買取制度とは，再生可能エネルギーによって発電された電力を電力会社が一定の価格で発電者から買い取る制度のことである。

④　電力会社の発電事業と送電事業を分離する動き(いわゆる発送電分離)が進められ，2020年には大手の電力会社の発電事業と送電事業が分離された。

数学

解答上の注意

［1］ 解答は，設問に対応した解答欄にマークしてください(問題〔Ⅰ〕の解答は解答欄〔Ⅰ〕に，問題〔Ⅱ〕の解答は解答欄〔Ⅱ〕に，問題〔Ⅲ〕以降も同様)。

［2］ 問題の文中の $\boxed{\text{ア}}$，$\boxed{\text{イウ}}$ などには，特に指示のないかぎり，符号(－，±)又は数字(0～9)が入ります。ア，イ，ウ，…の一つ一つは，これらのいずれか一つに対応します。それらを解答用紙のア，イ，ウ，…で示された解答欄にマークして答えてください。例：$\boxed{\text{アイウ}}$ に－83と答えたいとき

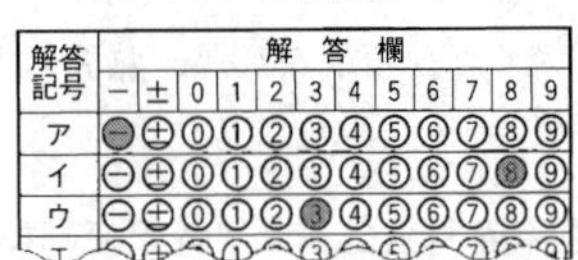

解答記号	解答欄											
	－	±	0	1	2	3	4	5	6	7	8	9
ア	●	⊕	⓪	①	②	③	④	⑤	⑥	⑦	⑧	⑨
イ	⊖	⊕	⓪	①	②	③	④	⑤	⑥	⑦	●	⑨
ウ	⊖	⊕	⓪	①	②	●	④	⑤	⑥	⑦	⑧	⑨

［3］ 分数形で解答する場合，分数の符号は分子につけ，分母につけてはいけません。たとえば，$\dfrac{\boxed{\text{エオ}}}{\boxed{\text{カ}}}$ に，$-\dfrac{3}{4}$ と答えたいときは，$\dfrac{-3}{4}$ として答えてください。また，それ以上約分できない形で答えてください。たとえば，$\dfrac{2}{3}$ と答えるところを，$\dfrac{4}{6}$ のように答えてはいけません。

［4］ 根号を含む形で解答する場合は，根号の中に現れる自然数が最小となる形で答えてください。
たとえば，$\boxed{\text{キ}}\sqrt{\boxed{\text{ク}}}$ に $8\sqrt{2}$ と答えるところを，$4\sqrt{8}$ のように答えてはいけません。

［5］ 分数形で根号を含む形で解答する場合，$\dfrac{\boxed{\text{ケ}}+\boxed{\text{コ}}\sqrt{\boxed{\text{サ}}}}{\boxed{\text{シ}}}$ に $\dfrac{1+2\sqrt{2}}{2}$ と答えるところを，$\dfrac{2+4\sqrt{2}}{4}$ や $\dfrac{2+2\sqrt{8}}{4}$ のように答えてはいけません。

［6］ 根号を含む形で解答する場合は，分母に根号が含まれない形に有理化して答えてください。
たとえば，$\dfrac{2\sqrt{3}}{3}$ と答えるところを，$\dfrac{2}{\sqrt{3}}$ と答えてはいけません。

［7］ 解が $y=x$ で，解答欄が $y=\boxed{\text{ス}}\,x+\boxed{\text{セ}}$ と示されている場合は，$\boxed{\text{ス}}$ に1，$\boxed{\text{セ}}$ に0をマークして答えてください。

［8］ 比を解答する場合は，それ以上公約数をもたない形で答えてください。たとえば，2：3と答えるところを，4：6のように答えてはいけません。

［9］ 小数の形で解答する場合，指定された桁数の一つ下の桁を四捨五入して答えてください。また，必要に応じて，指定された桁まで⓪にマークしてください。
たとえば，$\boxed{\text{ソ}}\,.\,\boxed{\text{タチ}}$ に5.9と答えたいときは，5.90として答えてください。

［10］ 問題の文中の二重四角で表記された $\boxed{\boxed{\text{ツ}}}$ などには，選択肢から一つを選んで，答えてください。

■数　学■

（60 分）

I　[1] 不等式 $3x^2 + x - 2 > 0$ を解くと，$x < -$ [ア] または $x > \dfrac{[イ]}{[ウ]}$ である。

[2] 座標平面における 2 次関数 $y =$ [エ] $x^2 + x -$ [オ] のグラフは，2 点$(1,\ -1)$，$(-2,\ 2)$を通る。

[3] a を実数の定数とする。座標平面において直線 $y = 2ax - 2a$ が放物線 $y = x^2 + 3$ と共有点をただ1つもつとき，$a = -$ [カ]，[キ] である。

共有点の座標を求めると，

$a = -$ [カ] のとき($-$ [ク]，[ケ])，

$a =$ [キ] のとき([コ]，[サシ])である。

[4] x，y は実数とする。

(1) $x^2 > 25$ は $x > 5$ であるための [ス]。

(2) $x^2 + y^2 \leqq 4$ は $|x| + |y| \leqq 10$ であるための [セ]。

[ス]，[セ] の解答群

① 必要条件であるが，十分条件でない

② 十分条件であるが，必要条件でない

③ 必要十分条件である

④ 必要条件でも十分条件でもない

Ⅱ [1] $x = \log_{\sqrt{8}} 27$ のとき，$4^x + 4^{-x} = \dfrac{\boxed{アイウエ}}{\boxed{オカ}}$ である。

[2] 関数

$$f(x) = \left|\sin\left(\frac{\sqrt{\pi}}{2}x\right) - \sqrt{3}\cos(x^2) + 2\right|$$

について考える。

$-4\sqrt{\pi} \leqq x \leqq 4\sqrt{\pi}$ のとき，$f(x)$ は，

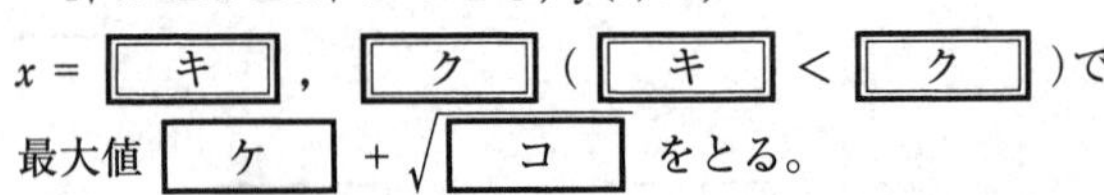

$x =$ キ ，ク （キ ＜ ク）で

最大値 ケ ＋ $\sqrt{\boxed{コ}}$ をとる。

キ ，ク の解答群

⓪ $-4\sqrt{\pi}$	① $-3\sqrt{\pi}$	② $-2\sqrt{\pi}$	③ $-\sqrt{\pi}$
④ $\sqrt{\pi}$	⑤ $2\sqrt{\pi}$	⑥ $3\sqrt{\pi}$	⑦ $4\sqrt{\pi}$

[3] 変量 x のデータが次のようにあたえられている。

520, 540, 550, 570, 550, 540

いま，$c = 10$，$x_0 = 500$，$u = \dfrac{x - x_0}{c}$ として，新しい変量 u を作る。

(1) 変量 u のデータの平均値は $\boxed{サ}.\boxed{シ}$，標準偏差は $\boxed{ス}.\boxed{セ}$ である。

(2) 変量 x のデータの平均値は $\boxed{ソタチ}$，標準偏差は $\boxed{ツテ}$ である。

[4] 以下のA〜Cの文章のうち，内容が正しいものの組み合わせは $\boxed{ト}$ である。

A　相関係数 r は，$0 \leqq r \leqq 1$ の範囲の値しかとらない。

B　相関係数は，共分散を2変量それぞれの標準偏差の積で割った値である。

C　2変量のうち一方の変量だけを2倍にしたときの相関係数は，元の2変量の相関係数の $\sqrt{2}$ 倍になる。

$\boxed{\text{ト}}$ の解答群

① どれも正しくない。　② Aのみ正しい。　③ Bのみ正しい。
④ Cのみ正しい。　⑤ AとBが正しい。　⑥ AとCが正しい。
⑦ BとCが正しい。　⑧ AとBとCが正しい。

Ⅲ 座標平面における2つの放物線

$$y = f(x) = -2x^2 + 26x - 72$$
$$y = g(x) = 2x^2 + 26x + 72$$

について考える。

[1] $y = f(x)$ は $x = \boxed{\text{ア}}$ と $x = \boxed{\text{イ}}$ $\left(\boxed{\text{ア}} < \boxed{\text{イ}}\right)$ で，x 軸と交わる。

[2] $f'(x) = -\boxed{\text{ウ}}\,x + \boxed{\text{エオ}}$ である。

[3] 関数 $h(x)$ を $h(x) = f'(x)\,g(x) + f(x)\,g'(x)$ と定義するとき，$h(x)$ は $x = \dfrac{\sqrt{\boxed{\text{カキク}}}}{\boxed{\text{ケ}}}$ で極大値をとる。

[4] 2つの放物線 $y = f(x)$ と $y = g(x)$ の両方と接する接線の方程式は $y = \boxed{\text{コ}}\,x$ と $y = \boxed{\text{サシ}}\,x$ である。

[5] 直線 $y = -x$ と放物線で囲まれた2つの部分の面積の合計は $\dfrac{\boxed{\text{スセソ}}\sqrt{\boxed{\text{タチ}}}}{\boxed{\text{ツ}}}$ である。このとき，直線と2つの放物線の交点のうち x 座標が最も大きい点をPとする。Pの x 座標は $\dfrac{\boxed{\text{テト}} + \boxed{\text{ナ}}\sqrt{\boxed{\text{ニヌ}}}}{\boxed{\text{ネ}}}$ である。

Ⅳ ベクトル$\vec{a}$, $\vec{b}$が$|\vec{a}|+2|\vec{b}|=4$をみたすとき，以下の問いに答えよ。

[1] $|\vec{a}|$, $|\vec{b}|$の取りうる範囲は，

$$\boxed{\text{ア}} \leqq |\vec{a}| \leqq \boxed{\text{イ}},\quad \boxed{\text{ウ}} \leqq |\vec{b}| \leqq \boxed{\text{エ}}$$

である。

[2] (1) $|\vec{a}||\vec{b}|$の最大値を求めよう。$x=|\vec{b}|$とおくと，

$$|\vec{a}||\vec{b}| = -\boxed{\text{オ}}\,x^2 + \boxed{\text{カ}}\,x$$

となるので，$|\vec{a}||\vec{b}|$は$|\vec{a}|=\boxed{\text{キ}}$，$|\vec{b}|=\boxed{\text{ク}}$のとき，最大値$\boxed{\text{ケ}}$をとる。

(2) (1)で求めた$|\vec{a}||\vec{b}|$の最大値をc，$\vec{a}$と$\vec{b}$のなす角をθとする。$|\vec{a}||\vec{b}|=\dfrac{c}{2}$のとき，$|\vec{a}+2\vec{b}|^2$を$\theta$を用いて表すと，

$$|\vec{a}+2\vec{b}|^2 = \boxed{\text{コサ}} + \boxed{\text{シ}}\cos\theta$$

となる。

[3] $\vec{a}$と$\vec{b}$のなす角が$\dfrac{\pi}{3}$のとき，$|\vec{a}+2\vec{b}|^2$の最小値は$\boxed{\text{スセ}}$である。

[4] $\vec{a}$と$\vec{b}$のなす角が$\dfrac{2\pi}{3}$のとき，$x=|\vec{b}|$とおくと，

$$|\vec{a}+\vec{b}|^2 = \boxed{\text{ソ}}\,x^2 - \boxed{\text{タチ}}\,x + \boxed{\text{ツテ}}$$

となるので，$|\vec{a}+\vec{b}|^2$は，$|\vec{a}|=\dfrac{\boxed{\text{ト}}}{\boxed{\text{ナ}}}$，$|\vec{b}|=\dfrac{\boxed{\text{ニヌ}}}{\boxed{\text{ネ}}}$のとき，最小値$\dfrac{\boxed{\text{ノハ}}}{\boxed{\text{ヒ}}}$をとる。

■数学基礎■

（60 分）

Ⅰ [1] 座標平面において $y = ax^2 + 12x + 4a$ のグラフが x 軸と共有点をもつような定数 a の範囲は $-$ [ア] $\leqq a \leqq$ [イ] である。

[2] 循環小数 $0.\dot{1}8\dot{5}$ を分数で表すと $\dfrac{\boxed{ウ}}{\boxed{エオ}}$ である。

[3] 2 次方程式 $14x^2 + 7x - 252 = 0$ の解は $x =$ [カ] と $x = -\dfrac{\boxed{キ}}{\boxed{ク}}$ である。

Ⅱ 次のデータは，全5名からなるクラスの試験結果の得点である。

$$55,\ 64,\ a,\ b,\ c$$

ただし，この試験結果の得点は以下を満たしている。

・5人の試験結果を得点順に並べると

$$55 < a < b < 64 < c$$

となる。

・この5人について，最高得点と最低得点の差は 10 である。

・平均値は 60 である。

・分散は 16.4 である。

このとき，$a =$ [アイ]，$b =$ [ウエ]，$c =$ [オカ] である。

Ⅲ 女子学生6人と男子学生3人の合計9人を3つのグループに分ける。

[1] 4人，3人，2人のグループに分けるとき，その分け方は アイウエ 通りある。

[2] 4人，3人，2人のグループに分けるが，必ずどのグループにも男子学生が1人入っているような分け方は オカキ 通りある。

[3] 4人，4人，1人のグループに分けるとき，その分け方は クケコ 通りある。

Ⅳ [1] 方程式 $\log_2 x + 18\log_x 2 - 9 = 0$ の解は $x =$ ア と $x =$ イウ である。

[2] 方程式 $\log_x(-x^2 + 6) = 4$ の実数解 x を求めよう。真数の条件および底の条件から，x のとりうる範囲は $0 < x < \sqrt{\text{エ}}$ かつ $x \neq 1$ であることに注意すると，この方程式の実数解は $x = \sqrt{\text{オ}}$ である。

[3] 必要に応じて $\log_{10} 2 = 0.3010$，$\log_{10} 3 = 0.4771$ として，以下の問いに答えよ。

6^{34} を10進法で表すと カキ 桁の整数であり，その最高位の数字は ク である。

Ⅴ [1] $\int_{-\frac{1}{2}}^{\frac{1}{2}}(2x+1)^2(2x+5)\,dx = \dfrac{\boxed{\text{アイ}}}{\boxed{\text{ウ}}}$

[2] aを実数とする。3次方程式$x^3+7x^2+8x-a=0$が，異なる実数解を3つもつようなaの範囲を求めよう。関数$f(x)=x^3+7x^2+8x-a$は，

$x=-\boxed{\text{エ}}$で極大，$x=-\dfrac{\boxed{\text{オ}}}{\boxed{\text{カ}}}$で極小となることに注意すると，

aの範囲は$-\dfrac{\boxed{\text{キク}}}{\boxed{\text{ケコ}}}<a<\boxed{\text{サシ}}$である。

Ⅵ [1] 公差が正の等差数列の連続する3つの項の和が-30，積が1890である。この数列の公差は$\boxed{\text{アイ}}$である。

[2] 公差が正の等差数列$\{a_n\}$は以下の2つの等式を満たす。

$$\begin{cases} a_1+a_2+a_3=60 \\ {a_1}^2+{a_2}^2+{a_3}^2=1538 \end{cases}$$

この等差数列の初項は$\boxed{\text{ウ}}$，公差は$\boxed{\text{エオ}}$であり，

$\displaystyle\sum_{n=1}^{10}a_n=\boxed{\text{カキク}}$である。

[3] 初項が6，公比が4の等比数列$\{a_n\}$について，

$\displaystyle\sum_{n=1}^{8}a_n=\boxed{\text{ケコサシスセ}}$である。ただし，必要に応じて$4^8=65536$を使って計算せよ。

哀しく思った。

問十一　次の文章の空欄 X ～ Z に入る最も適切なものを、後の①～⑨からそれぞれ一つずつ選べ。ただし、一つの選択肢は一度しか使えない。

『狭衣物語』は、『源氏物語』の影響を強く受けている X であり、成立年代の詳細や作者は不明だが、平安後期に成立したとする説が多い。鎌倉時代に成立した文芸評論『 Y 』では、『源氏物語』や、 Z の一つで、本文中にも「在五中将の日記」の名で出てくる『伊勢物語』を論評した他に、『狭衣物語』についても、「さごろもこそ源氏につぎてようおぼえ侍れ」と評価している。

X：22　Y：23　Z：24

① 歌物語　② 歴史物語　③ 伝奇物語　④ 作り物語　⑤ 説話集　⑥ 御伽(とぎ)草子
⑦ 仮名草子　⑧ 無名草子　⑨ 浮世草子

は二カ所の空欄 B があるが、同じものが入る。また、一つの選択肢は一度しか使えない。

A：15　B：16　C：17　D：18

① ける　② けれ　③ む　④ じ　⑤ たり　⑥ たれ　⑦ し　⑧ き

問九　本文中の━━線9「いとあさましきに動かれたまはで」という状態に表れた心情として、最も適切なものを次の①～⑤から一つ選べ。19

① 兄だと思っていた狭衣中将への自分の気持ちが、実は恋慕だったと気付き、顔を上げることさえできないほど恥ずかしかった。

② 兄のように思っていた狭衣中将が、自分に対して熱い恋情を持っていたと知って驚くと共に恐れおののいた。

③ 東宮と狭衣中将の双方からこのような思いを寄せられてしまい、どちらの気持ちに応えればよいか分からずに思い迷った。

④ 狭衣中将と思い合って手を取り合っているところを、人に見られそうになって緊張が極限に達した。

⑤ 東宮に入内すると思われている自分が、かつてより秘めた恋をしていることが罪深く恐ろしかった。

問十　本文の内容と合致するものを、次の①～⑤から二つ選べ。なお、解答の順序は問わない。20 21

① 狭衣中将が源氏の宮を思い始めたのは、つい最近のことだった。

② 源氏の宮を近くで見るとますます素晴らしく、狭衣中将は思い乱れ、心情をうまく表現しきれずに涙にくれた。

③ 狭衣中将が思いを語るのを聞いて、源氏の宮は恐ろしく思い、うつむいて涙をこぼした。

④ 源氏の宮の顔色が悪くなっていくのを見て、狭衣中将は、人が来たことを機にその場を退去することにした。

⑤ 源氏の宮は、「自分に恋焦がれる気持ちを持つような方だと知らずに頼りにして育ったのも両親と死別したからだ」と

⑤　語り手の、狭衣中将に対する見方

⑥　語り手の、源氏の宮に対する見方

問四　本文中の━━線3「我のみ惑ふ恋の道かは」は、「我」以外に惑う人がいることを連想させる言い方である。「我」以外に惑う人とは誰のことか、最も適切なものを次の①〜⑥から一つ選べ。 7

①　父である殿　②　母宮　③　在五中将　④　斎院　⑤　狭衣中将　⑥　源氏の宮

問五　本文中の━━線4〜7の行為の主体が中将である場合には①を、源氏の宮である場合には②を、それぞれマークせよ。

4 思す： 8 　5 取りて： 9 　6 思ひ忍びつる： 10 　7 ものせさせたまひし： 11

問六　本文中の和歌P「かくばかり思ひ焦がれて年経(ふ)やと室(むろ)の八島の煙(けぶり)にも問へ」に使われている技法を次の①〜⑤から二つ選べ。なお、解答の順序は問わない。 12 13

①　掛詞　②　序詞　③　折句　④　縁語　⑤　対句

問七　本文中の━━線8「かかる心を思し知りて、年月よりもあはれを添へて思しめさん」に込められた心情として、文脈上最も適切なものを、次の①〜⑤から一つ選べ。 14

①　自分がこれほど追い詰められているのを見て、永遠に叶わない思いだとあわれんでほしい気持ち。

②　自分が恋い焦がれているのを知って、今までの親しさよりももう少し好意を加えて接してほしい気持ち。

③　今、自分がこんな恥ずかしい思いを我慢しているのを理解して、もっと優しくしてほしい気持ち。

④　お互いに恋しい気持ちを抱いていることを認めて、恋人らしく振るまってほしい気持ち。

⑤　ある程度の時間が過ぎたら、「こんな気持ちを告白されたこともあった」と懐かしく思い出してほしい気持ち。

問八　本文中の空欄 A 〜 D に入る最も適切なものを次の①〜⑧からそれぞれ一つずつ選べ。なお、本文中に

a あえかなる： 1
① 華やかな ② 匂い立つような ③ 上品な ④ きゃしゃで薄い
⑤ 気取っていない

b うつし心： 2
① 卑しい願望 ② まねしたい欲求 ③ 懐かしい思い ④ 浮ついた気持ち
⑤ 理性のある心

c 年頃： 3
① 年代 ② 年かっこう ③ 年来 ④ 最近 ⑤ 結婚適齢期

d など： 4
① このように ② あなたたちに ③ 誰かが ④ どうして ⑤ だから

問二 本文中の——線1「かからぬ人」の解釈として最も適切なものを、次の①～⑤から一つ選べ。 5

① これほど愛らしくはない人
② こんなに深くは自分を信頼してくれない人
③ ここまで自分の思いに気づかない人
④ このような読書家ではない人
⑤ このように情が深くない人

問三 本文中の——線2「よくぞ忍びたまひける」は、誰の、誰に対する見方か。最も適切なものを次の①～⑥から一つ選べ。

6

① 狭衣中将の、源氏の宮に対する見方
② 源氏の宮の、狭衣中将に対する見方
③ 狭衣中将の、自分自身に対する見方
④ 源氏の宮の、自分自身に対する見方

人近く参れば、絵に紛らはして少し居退き(ゐの)たまふ。顔のけしきもいかがと思せば、立ち退きたまひぬ。

宮は、9いとあさましきに動かれたまはで、同じさまにて伏したまへるを、大納言の乳母、「などかくは」と見たてまつり驚きて、御帳(みちやう)の後ろに寝 C ける人々驚きなどしつつ、「中将殿のおはしましつれば、暑さのわりなさに、しばしと思ひはべりつるほどに寝入りはべりにけり」などおのおの言ひつつぞ参り集まる。なほ、この御心地例ならぬさまにて、今ぞ奥ざまに入らせたまひぬる。人々、絵ども散らして見ける。

宮はやうやう物覚えさせたまふままに、かくもの恐ろしき心おはしける人を、またなきものに思ひきこえて、明け暮れさし向かひたりけるこそ、さるべき人々に離れて生ひ出でけるよなど、初めてものあはれに思し続けて臥(ふ)し暮らさせたまひぬるを、御乳母たち、「dなど、例ならず思しめさるるにや」など嘆くを、誰も知らで、かやうに常にあらば、恥づかしうもあるべきかな、ありて憂き世はなど、今日ぞはじめて思し知られ D 。

（『狭衣物語』による）

(注1)源氏の宮－先帝の娘で狭衣中将の従妹。源氏の宮は小さい頃に両親が亡くなり、叔母である狭衣中将の母に引き取られたため、狭衣中将と兄妹同然に育つ。今上帝や周囲の人々は、源氏の宮が将来東宮に入内するものと考えている。
(注2)源氏の女一の宮－『源氏物語』の女一の宮。『源氏物語』では、薫大将は偶然女一の宮の姿を垣間見て心を奪われる。
(注3)斎院－賀茂神社に奉仕する未婚の内親王または女王のことで、ここでは今上帝の娘である皇女を指す。
(注4)在五中将の日記－『伊勢物語』のこと。
(注5)殿や宮－父である殿や母宮。

問一　本文中の‖線a～dの語句の意味として最も適切なものを、次の各群の①～⑤からそれぞれ一つずつ選べ。

たまへば、在五中将(注4)の日記をいとめでたう書きたるなりけりと見るに、あぢきなく、一つ心なる人に向かひたる心地して、目留まるところに忍びあへで、「これはいかが御覧ずる」とて、さし寄せたまふままに、

3よしさらば昔の跡を尋ね見よ我のみ惑ふ恋の道かは

ともえ言ひやらず、涙のほろほろとこぼるるを、あやしと4思す。御手をさへ5取りて、袖の柵堰きやらぬけしきなるに、宮、いと恐ろしうなりたまひて、とらへたまへる腕にやがてうつぶし伏したまへるけはひ、いといみじう恐ろしと思したるも、ただうち見たてまつるよりも、近まさりはいま少し類なくおぼえたまふに、心もいとど惑ひはてて、ここら6思ひ忍びつる心の中をも御覧じはてては、なかなか心騒ぎのみして、その片端をだに言ひ尽くすべうもなければ、ただ涙におぼれて、「いはけな7くものせさせたまひしより、心ざしことに思ひきこえさせて、ここらの年月積もりぬるは、あまり知らせたまはざらんも誰も後の世までうしろめたうもなりぬべければ、いとかう世に知らぬ物思ふ人もありけりとばかりを、心得させたまへかし」とてなん。

P　かくばかり思ひ焦がれて年経やと室の八島の煙にも問へ

まことに堰きかねたまへるけしきのわりなきを、宮はあさましう、恐ろしき夢におそはるる心地せさせたまへば、「むげに、知らざらん人のやうに、うとましう思しめしたるにこそ心憂［A］。よし御覧ぜよ。身はいたづらになりはべるとも、あるまじき心ばへとは、よも御覧ぜられ［B］。殿や宮など(注5)の、一方ならず思し嘆かんも、御心の中、みなこの年月思ひたまへ知りたれば、遂には、世にかやうにても見えまゐらせじ。かかる心ありけり、と世に侍らん限りは、これよりうとうとしく思しめし変はるな。8かかる心を思し知りて、年月よりもあはれを添へて思しめさんぞ、c身のいたづらにならん代はりには、この世の思ひ出でにしはべるべきと、今は限りと思すとも、思しめしつる年頃に変はる心はよも見えまゐらせ［B］ぞ。心の中、げにいかに苦しかりつらん、と思し知るや、いかに」とのたまへど、恐ろしうわびし、と思したるより外事なきに、

〔Ⅲ〕を解答する場合には、必ず解答用紙（マークシート）の〔Ⅲ〕に記入してください。誤って解答用紙の〔Ⅱ〕に記入した場合には、0点となるので注意してください。

〔Ⅲ〕　次の文章を読んで、後の問に答えよ。なお、『狭衣物語』の主人公である狭衣は、今上帝の弟で臣籍降下した父と、先帝の妹である母の間に生まれた貴公子である。次の文章は、中将であった時の狭衣が、源氏の宮を訪ねる場面から始まる。

月も立ちぬれば、暑さのわりなき頃は、いとど水恋鳥(みづこひどり)にも劣らず、心一つに思ひ焦がれたまふを知る人なし。つれづれなる昼つ方、源氏(注1)の宮の御方に参りたまへれば、白き薄物の単衣(ひとへ)を着たまひて、いと赤き紙なる書(ふみ)を御覧ずとてそばみて居たまへるに、御額髪(ひたひがみ)のゆらゆらとこぼれかかりたまへるに、裾はやがて後ろと等しく引かれゆきて、いとあえかなる御単衣の裾にこちたげにたたなはりゆきて、裾の削(そ)ぎめはなやかに見えたまへる、いつを限りに生ひゆかんと、所せげなるものから、あてになまめかしう見えたまふ。隠れなき御単衣に透きたまへるうつくしさ、いとかからぬ人しもこそ多かれと、なほいかで心あらん人の、ただうち見放ちたてまつるやうはあらん、ましてかばかり御心にしみたまへる人は、見たてまつりたまへるたびごとに、胸つぶつぶと鳴りつつ、うつし心もなきやうにおぼえたまふを、よくぞ忍びたまひける。源氏(注2)の女一の宮も、いとかくばかりえこそおはせざりければや、薫大将のさしも心留(とど)めざりけん、とぞ思(おぼ)さるる。

「いと暑きに、いかなる御書御覧ずるぞ」と聞こえたまへば、「斎院(注3)より絵ども賜はせたる」とて、隈(くま)なき日のけしきには、はなばなとにほひ満ちたまへる御顔に見合はせたてまつりたまひて、まばゆげに思(おぼ)して、この御書に紛らはしたまふ御もてなし、まみ、額髪のかかり、つらつきなど、言ひ知らずめでたし。例の、涙も落ちぬべきに、紛らはしに絵どもを取り寄せて見

互いのうちに生み出されるものであるということ。

③ 愛とは人が意識した時に初めて生じるものであり、人と人が無意識に惹かれ合っているうちはその感情は愛と呼ぶには値しないものであるということ。

④ 愛は特権的な状態を人間がつくりだすことで生まれるものであり、愛し合う者同士がその状態に達するように持続的に努力を重ねていく必要があるということ。

⑤ 愛は自然発生的に心の中に生まれるものというより、人と人とがそれぞれの役割を認識し、協力して演じることによってつくりだされるものであるということ。

問十一　本文中で論じられる「特権的状態」について説明した次の①〜⑤のうち、本文の内容に**合致していないもの**を二つ選べ。なお、解答の順序は問わない。 20 21

① 愛における「特権的状態」とは、男と女とがお互いへの感情を最高潮に高め合っていることをいう。

② 「特権的状態」と「完璧な瞬間」とは一致せず、前者が後者の達成を用意する関係にある。

③ 「特権的状態」とは、自身だけでなく周囲の人間にも影響を及ぼし、必ず喜びをもたらすものである。

④ 捕虜になった王は、鎖につながれた息子や娘が通ったとき、「特権的状態」の中にあった。

⑤ 芝の上の抱擁の場面で、いらくさが女に与える痛みは「特権的状態」に水をさすものだった。

のである。

O：14
① 小説　② 歴史　③ 演劇　④ 世界　⑤ 寓話

P：15
① 完璧な瞬間　② 契約　③ 禁欲主義　④ スタイル　⑤ 特権的状態

Q：16
① 創作する　② 会話をする　③ 恋愛をする　④ 同じ日常を反復する　⑤ 役割を演じる

R：17
① 現在を中断する　② 現在を生き切る　③ 現在を理想化する　④ 現在を正面から問う
⑤ 現在に拘泥する

S：18
① 現在を燃焼させる　② 現在を断片化する　③ 演劇を否認する　④ 深い絶望をもたらす
⑤ 現在を中断させる

問十　本文一行目の‖線「愛もまた創造である」とあるが、これはどういうことか。本文全体の内容を踏まえつつ説明した次の①〜⑤から最も適切なものを一つ選べ。19

① 愛は自然で静的な状態ではなく、愛する側と愛される側が互いの存在に働きかけることで、常に変化しながら理想的な状態へと変容する動的なものであるということ。
② 愛は自然が与えるものではなく、人間だけがつくりだすことができる感情であり、男女が何らかの協力をする時にお

② 私たちの現実は複雑な要因によって常に思い通りになるとは限らないが、私たちは、主役であれ端役であれ何かを演じることで、その思うにまかせない現実のしがらみから解放され、特権的状態をもつことができるということ。

③ 私たちが現実の中で主役を演じようとしてもしばしば何らかの邪魔が入るものであり、私たちは大抵の場合、人生の主役を演じることはできず、端役を演じることしか許されないということ。

④ 私たちが生活の中で自らが理想とする世界の住人を演じようとしても、そうした理想的な展開は失敗してしまうという法則のようなものが世の中にあり、私たちは自らが思い描いた役割を拙く(つたな)しか演じられないということ。

⑤ 複雑な社会の現実の中では、かつての演劇におけるような理想的な恋や人生の展開は期待できず、私たちは日常の繰り返しの中で疲弊し、失望して生きるしかないということ。

問九　本文中の━━線f「そんなものは未来ではない」とあるが、これについて説明した次の文章の空欄 O ～ S に入れるのに最も適切なものを、後の各群の①～⑤からそれぞれ一つずつ選べ。なお、同じ記号の箇所には同じものが入る。

筆者はこの文章で、私たちの生そのものを一種の O に見立てる形で論じている。サルトルの小説『嘔吐』の中の女のいう「 P 」なる概念も、そのような視点から眺められ、人が一種の理想を演じるために条件が整えられていることをそのように呼んでいる。

筆者は、私たちが自身の生を自ら支配して充分に実現する状態のことを、 Q ことになぞらえる。それが最後まで完遂されること、つまり人が R ことで新たな現在が到来することを、筆者は真の未来の到来と捉える。だが、筆者によれば現代の社会においてそうした理想的な展開は許されない。 Q 主体が思い描いた理想は到来せず、未来は S ことになる。筆者はそうした未来を否認する意味で、「そんなものは未来ではない」と述べている

が自分を愛してくれているかどうかはあまり問題ではなかったから。

② 男が自分から女を抱擁してくれただけで既に自らが思い描いていた状況に到達していた女にとって、そのあと男が口づけをしてくれるかどうかはあまり問題ではなかったから。

③ 女は自分の腿をちくちくとさすいらくさが気になってしまって恋愛に陶酔するどころではなく、男が自身に口づけをしてくれるかどうかを考える心の余裕が存在しなかったから。

④ 女は男からただ愛されればよかったというわけではなく、愛を求める男に対して女が接吻という恩恵を与えることを、恋愛の理想の状態として思い描いていたから。

⑤ 女にとって接吻というのは男と女の愛の契約や約束という意味をもっており、そのような約束は男が主体になって行うのではなく、女の側が主体となって取り結ぶべきものととらえられていたから。

問七　本文中の空欄 X ・ Y に入る最も適切な語句を、次の各群の①～⑤からそれぞれ一つずつ選べ。

X：11

① 平俗　② 幸福　③ 怠惰　④ 特別　⑤ 理想的

Y：12

① 技術　② 創造　③ 愉悦　④ 特権　⑤ 儀式

問八　本文中の――線e「現実はままならぬ」とあるが、これはどういうことか。その説明として最も適切なものを、次の①～⑤から一つ選べ。13

① 私たちが日々送る日常生活において、自身で何かの役割を演じようとしても、複雑な社会の現実の中で理想的な出来事の展開は阻害されてしまい、私たちは理想とする役を主体的に演じおおせることができないということ。

を主役として演じて生を終えていくことになるから。

⑤ 出生が、周囲の人間にとってより大きな意味を持つ出来事であるのに対し、死において重要なのは死にゆく本人であり、どのような人も等しく、その場において最も特別な存在になれるから。

問五 本文中の――線c「男は、この叔母や母とおなじだった」とあるが、「男」と「叔母や母」は、どのような点で「おなじ」だというのか。最も適切なものを、次の①～⑤から一つ選べ。 9

① 男が、恋愛における完璧な瞬間の実現を望む女の理想を理解できなかったように、叔母や母も、女が父の死に臨む娘としての緊張感に酔っているという心情を理解できない点。

② 男が、愛というものを創造的な体験にしようと努力する女の理想を共有してくれなかったように、叔母や母も、死が悲しむべきものではなく、むしろ特別で完璧な瞬間であることを共有もせずただ悲しんでいる点。

③ 女が恋愛において特権的な状態をつくりだそうとしても男がそれを待てなかったように、叔母や母も、女が父の死において特権的な状態をつくりだす瞬間を待ちきれず先に泣きだしてしまう点。

④ 自然には生まれえない恋愛というものを、男が自らつくりだそうとしなかったように、自然発生的に訪れるのではなく周囲のものがつくりあげるべき父の死の瞬間を、叔母や母がつくりだそうとしない点。

⑤ 恋愛における完璧な瞬間の実現を、男がともに演じることなくむしろぶち壊しにしたように、父を亡くす少女という役を演じようとする女の役割を、すすり泣く叔母や母が台なしにしてしまう点。

問六 本文中の――線d「あなたの脣(くちびる)がほしいとおもっていなかった」とあるが、なぜか。その理由の説明として最も適切なものを、次の①～⑤から一つ選べ。 10

① 心を傾ける対象として男を愛しているというよりは、恋愛という状況そのものを経験してみたかった女にとって、男

くりだす、寓意的なスタイルで描かれていること。

② いまだ読まれていない歴史本の中に、やがて美しく華麗な挿絵が現れることが予測され、何十頁も前からその楽しみにしている挿絵の登場が期待されている、特別な状態のこと。

③ 主要人物であるギイズ公だけでなく、彼をとりまく周囲の人々や細部も一体となって関わることで、暗殺という出来事に歴史上の転換点という重要な意味が与えられていること。

④ 歴史本の挿絵の中で、画中の一つ一つの細部が意味を持って調和をつくりだし、暗殺の舞台が厳密な統一性を実現している状態のこと。

⑤ 時の権力者であったギイズ公が、大貴族として富や名声を一身に集め、その特別な地位のために周りの人達から敬意だけでなく怒りや恨みをも集めていること。

問四 本文中の━━線b「死もまた「特権的状態」である」とあるが、なぜそのように言えるのか。「出生」の場合と対比しつつその理由を説明した次の①〜⑤から、最も適切なものを一つ選べ。 8

① 出生を自らにとって特別な出来事にすることができるのは私生児の場合のみであるのに対し、死の場合には、誰にとってもそれが平等に特別な事件でありうるから。

② 出生は肉体がこの世に生じるという物理的な出来事であるのに対し、意識が途絶する死は精神的な意味を帯びており、人はそれが特別な瞬間であることを意識して死んでいくから。

③ 人は出生を自ら意識して迎えられないのに対し、事前に意識できる臨終の場面では死にゆく本人が主役となり、周囲の人もその場面を意味を持つものとして受けとりがちであるから。

④ 出生の際に人はみな赤ん坊でまだ演じる力を持たないが、死の際には誰もが演技する力を身につけており、自らの死

③　必要なものがそろっていること
④　二つ以上の性質をあわせもつこと
⑤　具体的な検討がなされていること

イ：「軽妙」　5

①　言葉や態度が軽々しいこと
②　行き届いていること
③　気が利いていること
④　身軽で素早いこと
⑤　非常に巧みであること

ウ：「奇矯」　6

①　他に類を見ないめずらしいこと
②　特別で貴重であること
③　怪しく不思議であること
④　抜きん出てすぐれていること
⑤　風変わりであること

問三　本文中の――線a「『特権的状態』」とあるが、「女」が「子供のときに愛読した歴史本」の例に即してこれを説明した次の①～⑤から、最も適切なものを一つ選べ。　7

①　ギイズ公暗殺の場面が、画中の細部や逸話、主要人物とそれを支える脇の人物とがあいまって、統一された意味をつ

在しかない――そういう形で、私たちは未来を受けとりたい。中断された現在のあとに、真の未来があろうはずはない。

（福田恆存『人間・この劇的なるもの』による）

（注1）ミシュレ―ジュール・ミシュレ（一七九八～一八七四）。フランスの歴史家。

（注2）ギイズ公―ギーズ公アンリ（一五五〇～一五八八）のこと。フランス宗教戦争期におけるカトリック側の指導者だったが、国王の命で暗殺された。

問一　本文中の空欄［A］～［C］に入る最も適切な語句を、次の各群の①～⑤からそれぞれ一つずつ選べ。

A：［1］

①　ところが　②　もっとも　③　にもかかわらず　④　だから　⑤　ところで

B：［2］

①　ちなみに　②　たとえば　③　なぜなら　④　しかし　⑤　つまり

C：［3］

①　しかるに　②　こうして　③　かえって　④　したがって　⑤　なぜなら

問二　本文中の━━線ア「具備」・イ「軽妙」・ウ「奇矯」の本文中の意味として最も適切なものを、次の各群の①～⑤からそれぞれ一つずつ選べ。

ア：「具備」［4］

①　多くの項目を数えあげること

②　事前に予測してそなえること

ることができぬ。いや、誰もが主役を欲しているとはかぎらぬし、誰もがその能力に恵まれているともかぎらぬ。生きる喜びとは主役を演じることを意味しはしない。端役でも、それが役であればいい、なにかの役割を演じること、それが、この現実の人生では許されないのだ。

私たちは日々の労働で疲れてくる。ときには生気に満ちた自然に眺めいりたいとおもう。長雨のあとで、たまたまある朝、美しい青空にめぐりあう。だが、私たちは日の光をしみじみ味わってはいられない。仕事がある。あるものは暗い北向きの事務所に出かけて行き、そこで終日すごさなければならない。そのあげく待っていた休日には、また雨である。親しい友人を訪ねて、のんきな話に半日をすごしたいとおもうときがある。が、行ってみると、相手はるすである。そして孤独でありたいとおもうときに、かれはやってくる。

愛情は裏切られ、憎しみは調停され、悲しみはまぎらされ、喜びは邪魔される。相手がなければ愛憎も起らぬが、相手があるゆえに、愛憎は完成されない。邪魔をし、水をさすものが、かならず出てくる。父の病床で自分の悲哀を完全に掬(く)みつくそうと用意していた少女のまえには、節度なく泣きくずれる叔母や母がいる。芝生のうえで接吻の［Y］を完成しようとした女の下には、心ないいらくさがあった。さらに、自分の役割を理解し協力してくれぬ恋人がいた。

私たちの社会生活が複雑になればなるほど、私たちは自分で自分の役を選びとることができない。また、それを最後まで演じきって、去って行くこともできない。私たちの行為は、すべて断片で終る。たえず、ひとつの断片から他の断片へと移っていく。その転位は必然的な発展ではない。たんなる中絶である。未来はただ現在を中断するためにだけやってくるのだ。現在が中断されることによってしか未来は起りえず、未来とはたんに現在の中断しか意味しないのである。が、私たちは、現在の中断でしかない未来を欲してはいない。(f)そんなものは未来ではないからだ。私たちの欲する未来は、現在の完全燃焼であり、それによる現在の消滅であり、さらに、その消滅によって、新しき現在に脱出することである。私たちのまえには、つねに現

ちにぶちこわしてばかりいた男は、この叔母や母とおなじだった。それを、いま、女は男に告げる。こんな話もする。昔、戦いにやぶれ、捕虜になった王がいた。その前を鎖につながれた息子や娘が通って行く。が、王は一滴の涙もながさない。一言も口をきかない。そのあとで、やはり鎖につながれた召使が通った。それを見て、王は急に身もだえして、誰はばかることなく自分の苦しみをぶちまけた。「特権的状態」のなかにいるという自覚だが、「完璧な瞬間」をつくりあげようとする意思が、にわかに崩れさったからである。

［C］、いくつかの例をあげたのち、女は、自分たちの恋愛の、最初の瞬間のことを、率直に告白する。植物園の芝のうえで、はじめて男に抱擁されたときのことだ。

「でも、あたしがいらくさのうえに坐っていたことは、おそらくあなたは知らなかった。裾（すそ）がまくれて、腿（もも）がちくちくさされていた。すこしでも動くと、新しい痛みを感じた。そんなとき、禁欲主義だけでは充分じゃない。あたしはちっとも陶酔なんかしていなかったのだもの。あなたの唇（くちびる）がほしいとおもっていなかった。あなたに与えようとしていたあの接吻（せっぷん）のほうが、もっとずっと大切だった。それはひとつの契約、ひとつの約束だったの。わかるでしょう、腿の痛みなんて、とんでもないことだわ。そんなとき、腿のことなんか考えるのは許しがたいことなのよ。痛みに注意しないというだけでは、まだたりない。痛がってはいけなかったんだわ。」

サルトルの小説『嘔吐』からの引用である。例はやや奇矯であるが、この女の不満は、ごくありきたりのものであり、一般的なものである。だれもが経験する［X］な日常生活から、例はいくらでもあげられるであろう。

一口にいえば、現実はままならぬということだ。私たちは私たちの生活のあるじたりえない。現実の生活では、主役を演じ

て顧みることができるようになってからだ。そのとき、私たちは、それがなんらかの事件となりえた周囲のひとたちを通じ、かれらと交わることによって、はじめてそれを自分の事件となしうる。私生児は、気まずい母親の表情や、意味ありげな世間のあしらいによって、はじめて私生児になる。［B］、自分の出生がひとつの事件となるのだ。

死は、最初から、いや、それがやってくるずっとまえから、私たちはそれにたいして用意することができる。出生においてはたんなる物体にすぎず、その端役（はやく）さえ務められなかった私たちも、死にさいしては、瞬間、主役になりうるのである。芝居がかった人間なら、深刻な、あるいは軽妙なせりふの一つも吐くことができよう。そうでなくとも、臨終のことばは、周囲のひとびとによって、意味ありげに受けとられがちなものだ。それが意味ありげにひびく土壌が用意されているからである。その用意された土壌が、女のいう「特権的状態」なのだ。

死が当人にとって不意にやってくることはあろう。それにしても、周囲の人間にとっては、それは、出生とくらべものにならぬほど、意識的な役割を演じうる機会なのである。女はふたたび少女のころの経験を物語る。父が死んだときのことだ。その死に立ちあうため、少女は病床に連れて行かれた。階段をのぼって行く。悲しかった。だが、一種の緊張感に快く酔っていたこともたしかだ。病室の戸が開かれる。少女はそのなかに呼び入れられる。

「あたしはついに特権的状態のなかに足を踏みいれた。あたしは壁によりかかって、しなければならなかった動作をしようとした。だのに、叔母と母とが、ベッドの縁に跪（ひざまず）いていて、そのすすり泣きで、なにもかも台なしにしてしまったんだわ。」

二人の恋愛において、それをつくりあげるのにすこしも手を貸そうとしなかった男は、いや、むしろ女の試みを無意識のう

女のいう「特権的状態」とはなにか。

「たとえばギイズ公[注2]暗殺の場面では、図のなかの人物たちは、みんな掌を前に突きだし、顔をそむけて、驚きと憤りを現している。それはとても美しい。まるで合唱団みたい。もちろん、おもしろい細部や逸話的な部分も忘れられていない。床のうえに落ちている本とか、逃げだそうとする犬とか、玉座の階段に坐(すわ)っている道化役とか。そういう細部も、図面の他の部分と調和するような偉大さと不器用さをもって描かれているの。これほど厳密な統一によって描かれている絵を、いままで見たためしがない。で、それはそこからくるの。」

「特権的状態が?」

「特権的状態というものをつくりだす観念が。そういう状態は、まったく、たぐいまれな、貴い性質、まあ、ひとつのスタイルをもっているといってもいい。」

女はみずから「特権的状態」と名づけるものについて、いろいろな例をあげる。「特権的状態」というのは、「完璧な瞬間」を実現するのにつごうのいい条件を具備[ア]した、とくに恵まれた状況のことである。が、それは、かならずしも歓喜へと道を通じてはいない。

b死もまた「特権的状態」である。出生は生れてくるものにとって「特権的状態」になりえない。意識が参与していないからだ。私たちは自分の死を眺めることができ、これに対処しうる。が、私たちは自分の出生を眺めることができない。生れるときの私たちは、たんなる物体にすぎず、私たちは出生を自分の事件としてとりあげることができない。それが事件でありうるのは、その周囲の人間にとってだけである。それが当人にとって事件となりうるのは、後年、自分の出生を過去のできごととし

以下の問題〔Ⅱ〕と〔Ⅲ〕は選択問題です。どちらかを解答してください。〔Ⅱ〕と〔Ⅲ〕を両方解答した場合は、高得点の方を合否判定に使用します。

〔Ⅱ〕　次の文章は、サルトルの小説『嘔吐（おう）』をとりあげて論じたものである。これを読んで後の問に答えよ。

愛は自然にまかせて内側から生れてくるものではない。ただそれだけではない。愛もまた創造である。意識してつくられるものである。

女はそうおもう。自分はいつでもそうしてきた。だが、男にはそれがわからない。かれは自然にまかせ、自然のうちに埋没している。愛はみずから自分を完成するものだ、そうおもっている。［A］、男は手を貸そうとしない。女は疲れてくる。すべてはひとりずもうだったとおもう。もうこれ以上、がまんはできない。別れるときがきたのだ。女はものうげに別れ話をもちだす。男にはまだわからない。女は説明しようとする。「完璧（かんぺき）な瞬間」というものについて、その実現を用意する「特権的状態」（a）について。女は子供のときに愛読した歴史本について話す。

「それには挿絵がほんの少ししかなかった。一巻にせいぜい三・四枚だったかもしれない。でも、そこのところは、みんな一頁（ページ）分とってあって、裏にはなにも刷ってないの。ほかの文章のところは二段組で一杯つまっていただけに、それが、なおさら印象的にみえた。あたしは、その挿絵がたいそう気に入った。どれもみんなおぼえていて、そのミシュレ（注1）を読みかえすとき、あたしは五十頁もまえから、それがやってくるのを待ちうけていた。」

(エ) カンリョウ 19

① リョウシキある判断。
② 政府がリョウショクを備蓄する。
③ 子供のリョウヨウ費を払う。
④ 会社のドウリョウに恵まれる。
⑤ 書物をショウリョウする。

(オ) ケンイ 20

① 宣伝のイリョクをたしかめる。
② ウイルスのヘンイ株。
③ ヘイイな文章を書く。
④ 老人ホームをイモンする。
⑤ 必要以上にイシュクさせる。

(ア) ブンケン 16

① 社会に対するコウケンを評価する。
② ケンヤクしてつましく暮らす。
③ 彼はインケンな性格だ。
④ オリンピックのレースをキケンする。
⑤ 神仏がケンゲンする。

(イ) セイチ 17

① 相手のゲンチをとる。
② 応急ショチをほどこす。
③ チジョクにまみれる。
④ ヨウチな言動が目立つ。
⑤ 彼の作業はチミツすぎる。

(ウ) シントウ 18

① 洪水で床上シンスイにみまわれた。
② 経営フシンに陥る。
③ 泥棒がシンニュウした形跡がある。
④ 病院でゴシンされる。
⑤ 国会のシンギにかけられる。

る。

② 欧米では、知は書物や図書館に外部化されており、必要な時にいつでもアクセスして使えればよいと考えられているのに対し、東アジアでは知を習得する過程そのものが重視され、知の習得にかけられた時間と努力の多寡が試験で測られる。

③ 欧米では、知を集積した書物や図書館が重視され、それらを使いこなす能力を教育するのに対し、東アジアでは書物や図書館は情報が多すぎるものとして重視されず、それらを集約した教科書が知の体系として最も重視されている。

④ 欧米では、知は図書館や書物といった主体の外部から随時取り入れられるべきだと捉えられているのに対し、東アジアでは人が知を記憶しておいていつでもアクセスできる能力が重視され、そうしたアクセスの能力が試験で問われている。

⑤ 欧米では、他人の話を聞いたり自分の考えを話したりする能力が知と捉えられ、そうした知の集積が図書館や書物だと考えられているのに対し、東アジアでは考えたり話したりする能力よりも重要な知が何であるかを知っていることが重視される。

問九　本文中の‖線(ア)〜(オ)のカタカナを漢字にしたときと同じ漢字が使われているものを、次の各群の①〜⑤からそれぞれ一つずつ選べ。

O：9
① 知の獲得　② 思考方法の習得　③ 教育方法の教育　④ 実社会への知の応用
⑤ 道徳的な教育

P：10
① 共通する　② 背反する　③ 競合する　④ アプローチを異にする　⑤ 結果を異にする

Q：11
① 視野を広げること　② 問いを持つこと　③ 主体的に学ぶこと　④ 人格を作り上げること
⑤ 知識を得ること

R：12
① ディセルタシオン　② アビトゥーア　③ 探究学習　④ フンボルト型　⑤ 体験学習

S：13
① 形式陶冶　② 管理と訓練　③ 道徳的発達　④ 実質陶冶　⑤ 科学的アプローチ

T：14
① 弁証法的過程　② 文章の書き方　③ 試験の形態　④ 選抜主体　⑤ 学習効果

問八　本文中の━━線f「東西の知識観の違い」とあるが、本文の文脈に即したその説明として最も適切なものを、次の①～⑤から一つ選べ。15

① 欧米では、知は外部に蓄積されて自由にそこから引き出されるものとされ、それらを使いこなす能力が重視されるのに対し、東アジアでは特定の範囲の知を習得していることが重視され、教科書で学習すべき知の範囲が定められてい

べ。［8］

図書館はこの時代には単に古典的な書物を参照する場にとどまらず、産業社会においてそれを支え新しい知をもたらす場としての位置づけがされつつありました。

① 【 V 】
② 【 W 】
③ 【 X 】
④ 【 Y 】
⑤ 【 Z 】

問七　本文中の━━線e「古典的パイデイアは形式陶冶を重視していました」とあるが、筆者の主張全体を踏まえつつこれについて説明した次の文章の空欄［O］〜［T］に入れるのに最も適切なものを、後の各群の①〜⑤からそれぞれ一つずつ選べ。

本書でいわれるパイデイアは、人間形成や教養形成を伴う教育を指している。筆者は本文に先立つ部分で古典的パイデイアが［O］である形式陶冶を重視していたことを論じてきた。本文ではそれがデューイの思想と比較され、デューイの経験主義的な教育と［P］ものとしてとらえられている。デューイの学校モデルでは、［Q］よりも、自ら問いかけ、仮説を立て、検証する、［R］と呼ばれる動的な学びによる過程とその結果の知を重視するからである。こうした学習過程では、知識の習得自体はそれほど重要でないことになる。これと対照的な概念が［S］であり、こちらを重視したのが本文前半部で論じられたヘルバルト派の教育である。筆者はこうした教育観の違いが、端的に［T］に現れると本文の後に続く部分で論じている。

うな他者との交流に関わる経験ができる2階とで構成され、この点が自らが経験したことをもとに概念や認識を形にした上で、これを社会の他者に還元していくプラグマティズムの考えと合致しているから。

⑤ デューイの考えた学校のモデルは、1階の中心には図書室が、2階の中心には博物室が配され、子どもが教室で教師から知を伝達されることよりも、身体や感性による体験と外に拡がる知とを結びつけることを重視しており、この点が個人の経験を基礎とするプラグマティズムの考えと合致しているから。

問五　本文中の━━線d「重大な見落とし」とあるが、どのような点が見落とされているというのか。その説明として最も適切なものを、次の①～⑤から一つ選べ。 7

① デューイの学校モデルが、空間の中心部分に図書室や博物室、研究施設等を配置しており、人文的な知というものがどういうものであるかを、子ども自身に主体的に考えさせる構造である点。

② デューイの学校モデルが、直接的な経験を、文字資料や展示品を通した間接的な経験に照らし合わせ、確認することを促すような空間設定になっているという点。

③ デューイの学校モデルが、直接経験と間接経験の相乗効果を期待するものであり、そうした効果を高めるために、学校にいるすべての人が図書室を必ず通るような空間設定になっているという点。

④ デューイの学校モデルが、学びを拡張することを主眼に据えており、外部の研究施設との連携を重視し、学校外から専門家が来校しては、専門的な人文知を教授する構造になっている点。

⑤ デューイの学校モデルが、古代のムセイオンやアレクサンドリア図書館と生活の場を人々が往来する構造を受け継いでおり、建物の内外にある図書館の間を人が行き来する構造をとっている点。

問六　次の一文は、本文中の【V】～【Z】のいずれかの箇所に入る。どの箇所に入れるのが最も適切か、次の①～⑤から一つ選

③　ヘルバルト派の教育が、子どもの生活を管理して知識や道徳の習得を上から促したのに対し、「新教育」は何をどのように学習するかを子どもの選択に委ね、自由な成長を促した。

④　ヘルバルト派の教育が、道徳的な発達という目的に向かって知識を習得させたのに対し、「新教育」は子どもの自由の獲得を教育の目的とし、そのために子どもに経験させることを重視した。

⑤　ヘルバルト派の教育では、教育者が子どもの道徳的発達を目標にして管理のもとに教育を行ったのに対し、「新教育」では子どもの自由を抑圧せず、子どもが主体的に学ぶことを重視した。

問四　本文中の━━線c「学校をプラグマティズムの実験の場ととらえて」とあるが、デューイの『学校と社会』が「プラグマティズム」であると言える理由として最も適切なものを、次の①～⑤から一つ選べ。 6

①　デューイの考えた学校のモデルは、図書室を中心とする1階と、博物室を中心とする2階とで構成され、さらに学校外部の地域や上位の学校との人的な交流を重視しており、この点で個人が自身の経験と外的な世界における他者との交流を通して発展すると捉えるプラグマティズムの考えと合致しているから。

②　デューイの考えた学校のモデルは、労働について学ぶことができる1階と、観念的世界をみがくことができる2階とで構成され、子どもが単に知識を得るだけでなくそれを社会でどう働かせるかを同時に学ぶことができるようになっており、その点が効率主義的・現実主義的なプラグマティズムの考えと合致しているから。

③　デューイの考えた学校のモデルは、身体を動かすことで学べる1階と、主に心や感性を働かせることで学べる2階とで構成され、子どもが自ら外的世界に対して主体的に働きかけることが学習の条件となっており、観念的な学習ではなく身体による学習を重視するプラグマティズムの考えと合致しているから。

④　デューイの考えた学校のモデルは、食生活や労働などの家庭内における経験ができる1階と、音楽や美術、実験のよ

① そして　② というのも　③ にもかかわらず　④ だから　⑤ しかしながら

B：[2]

① そして　② それでも　③ というのは　④ 結局のところ　⑤ しかるに

C：[3]

① しかるに　② いずれにせよ　③ かえって　④ したがって　⑤ だが

問二　本文中の――線a「こうした教育制度の整備状況」とあるが、その端的な説明として最も適切なものを、次の①～⑤から一つ選べ。[4]

① 高等教育に至るまでの公教育が無償化された状況。
② 学校制度が出身階層に応じて整備された状況。
③ 公教育が拡充し、教育が大衆化した状況。
④ 公教育が確立し、エリート主義が消滅した状況。
⑤ リテラシー教育が発展し、識字率が上昇した状況。

問三　本文中の――線b「20世紀初頭の「新教育」と呼ばれる動き」とあるが、これについてヘルバルト派の教育と対比しつつ説明した次の①～⑤から最も適切なものを一つ選べ。[5]

① ヘルバルト派の教育が、教育する対象の選択と集中を行ったのに対し、「新教育」は教育対象を自由化し、どのような子どもも教育を受ける権利があると主張した。
② ヘルバルト派の教育が、日本などの近代化を目指す国にも適用できるようにその方法の画一化を行っていたのに対し、「新教育」はその主唱者によって方法が多種多様であった。

与えてくれるものですが多すぎて使うのに不便なので、国による検定なりの枠組みのなかで知識の範囲を定めるものとして教科書が重要となります。人文主義的伝統における書物は、知を構築する素材にすぎず、教科書すら知の枠組みではなくて大きなレファレンス書ということになります。教育学の用語を使えば、それらは教材であり、確かに一定の編集過程を通して知的ケンイ(オ)をもたせられるものではありますが、他の教材とともに使用し、時間がたてば見直すものです。知は構築されるものであり、また、時間とともに変化するものとします。

（根本彰『アーカイブの思想』による）

（注1）パイデイア－人間形成や教養形成を伴う教育のこと。
（注2）さきほどの－筆者は本文のこれより前の部分で、形式陶冶と実質陶冶という二つの概念について論じている。
（注3）ルソー－ジャン＝ジャック・ルソー（一七一二－一七七八）。フランスの啓蒙思想家・小説家。著書『エミール』では知性偏重の教育を批判した。
（注4）ムセイオンとアレクサンドリア図書館－いずれも古代エジプトの学術施設。ムセイオンはアレクサンドリアの学術研究所で、ミュージアムの語源でもある。アレクサンドリア図書館は古代世界において最大の規模を誇った図書館。
（注5）フンボルト－カール・ヴィルヘルム・フォン・フンボルト（一七六七－一八三五）。ドイツの政治家、言語学者。ベルリン大学の創設者。
（注6）ディセルタシオン－フランスの試験で課される小論文のこと。

問一　本文中の空欄 A ～ C に入る最も適切な語句を、次の各群の①～⑤からそれぞれ一つずつ選べ。

A：1

ます。デューイの経験主義教育は、子ども自身の経験をそれ以前に身につけているリテラシーと結びつけることで自らの学びを構築することができるとしています。いずれも、実質陶冶的な教育内容の部分は結果的に得られるものであり、それほど重視していませんでした。そのために、欧米諸国の初等中等教育のナショナルカリキュラムにおいては、学習内容の範囲や学ぶ順序、そして学び方のガイドラインは示しますが、学習者が何をどれだけ学ぶかは学校を設置する教育委員会や学校自体、そして担当の教員に委ねられています。上級学校への選抜も実質陶冶的な部分は基礎的なものに限られ、形式陶冶の力を確認することが中心となります。

09　フランスのバカロレアやドイツのアビトゥーアなど、中等教育の最終卒業共通試験は論文中心の筆記試験を課しますし、英米では大学の入学希望者はエッセイを用意する他は推薦状や社会活動の証明書などにより総合的な選抜が行われます。エッセイはディセルタシオン(注6)と違い、弁証法的過程を強調せずに最初に主張を提示して、あとは主張を支持する事実や論拠をいくつか並べて議論し、結論に進むというものです。エッセイはアメリカの心理学者が1960年代の大学の大衆化の時代に、ディセルタシオンを簡略化したライティングの型を提示して、それが普及したと言われています。

10　［ C ］、形式陶冶を重視している点で、中国の高級(エ)<u>カンリョウ</u>の採用試験であった科挙の伝統の影響を受けた東アジアの国々とは学力観に大きな違いがあります。それらの国では、試験は実質陶冶の結果を競うが故に、学習すべき知の範囲が基本的に同一内容のものとされるわけです。

11　この違いは f<u>東西の知識観の違い</u>と考えられます。欧米では、知は外部化された記憶としての書物やそのコレクションである図書館から得ることができるととらえ、人の能力とはこれらの知を使いこなすために他人の話を聞いて自分の考えを話す力や読み、考え、書く力、つまりリテラシーを駆使する力ということになります。その際に、外部的な知として存在する書物や図書館蔵書を使いこなすことの重要性が強調されます。他方、東アジアの実質陶冶的な知識観に立てば、書物や図書館は知識を

に図書室があるというのはわかりにくいのですが、直接的な経験を書物やブンケン(ア)資料を読むことによる間接的経験によって確認するという考え方です。【　Y　】

⓪⑥デューイは「中央の部分には、図書室があるが、それはすべてが図書室に集まってくる、すなわち実際的な作業の進展に光明を投じ、それに意味と自由な教養的な価値を与えるために、必要とされるあらゆる種類の知的資料を収集している図書室に、すべてのものが集まってくるような方式を表現しているのである」と述べています。さらには、外側の大学や研究施設や図書館・博物館とつながることを表すモデルによって、外部に拡がった知の世界の資源を利用して学びを拡張することができると主張されています。ここに、古代ヘレニズムのムセイオン(注4)とアレクサンドリア図書館の影を読み取ることができるかもしれません。【　Z　】

⓪⑦そもそも、この図には通常の授業をやるような教室が描かれていません。［B］、これは実験室学校(Laboratory School)の研究成果を報告した講演記録で、とくに強調した部分のみをモデル的に描き出したものだからです。つまり、図にある経験重視の学びの場以外にも、教室があると考えるべきでしょう。デューイがこうした学校モデルをつくる背景には、この時代にすでに大学や大学院で開発されセイチ(イ)化された探究知(inquiry)の学習スタイルが中等教育や初等教育へとシント(ウ)ウ・普及していたことがありました。フンボルト型のパイデイア(注5)によって高等教育と初等中等教育が連結されるという考え方です。デューイは、探究共同体としての学校は大学と自然に結びつき、探究知の習得が人々の経験の再構築(成長)と合体すべきことを提唱した人でした。その後、この探究知を基にした探究学習 inquiry based learning が世界中で実施されるようになるきっかけとなるのが、この『学校と社会』だったのです。

⓪⑧古典的パイデイアは形式陶冶を重視していました。(e)それは近代になってからも変わっていません。これまで見てきた哲学教育は、弁証法的なレトリックを身につけることでどんな難問にも自分なりにくらいつき、何らかの考え方を構築する知を養い

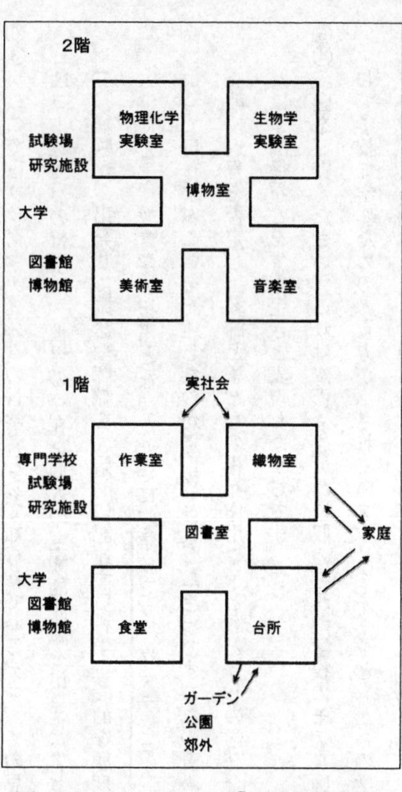

図　ジョン・デューイ『学校と社会』の学校モデル

および子どもたちの生活の場とその周辺の環境が置かれ相互関係が示されます。学校は食堂や台所のような食生活の場や作業室や織物室のような労働の場によって構成されています。また、学校外の家庭、ガーデン、公園、郊外のような環境、そして労働の場としての実社会(ビジネス)が取り囲んでいます。こうした生活や労働を通して経験し学ぶことが表明されています。2階は美術室、音楽室のような美的な経験をする場や物理・化学や生物学の実験を行う場が置かれ、自ら身体と感性を用いて学ぶわけです。このデューイのモデル図について、教育学では従来から、子どもたちが生活や労働経験や家庭、地域社会における交流を通して学んだり、美術作品をつくったり音楽演奏を通じて感性を養ったりというところに注目して、子どもたちが直接体験することを通した学びの場を強調しているという理解をするのが一般的でした。

⓪⑤ [A]、そこには重大なd見落としがあります。それは1階の中心に図書室(library)があり、2階の中心に博物室(museum)があり、さらに、学校外の左側に大学や研究施設、図書館などがあることです。本講のこれまでの議論から、学校が人文主義の文化装置を抱え込みそれを活かすことが想定されていることが理解できるでしょう。2階は古典的なミューズの場と近代以降のサイエンスの場をカバーする空間であって、ミュージアムそのものです。また、1階の生活や労働の場の中心

であり、子どもの道徳的発達を目標にし、授業実践のなかで管理と訓練を行うものでした。この考え方は明治・大正・昭和前期の日本の教育学に大きな影響を与え、戦前の日本で教育学といえばヘルバルト派の教育学でした。さきほどの形式陶冶と実質陶冶の対立概念もそこで議論されたものです。[注2]【　V　】

⓪② これに対して、ルソー[注3]の思想に見られた子ども中心主義の考え方は、b20世紀初頭の「新教育」と呼ばれる動きにつながりました。スウェーデンの思想家で『児童の世紀』(1900)を書いたエレン・ケイや、道徳教育における子どもの自立と社会的規律の関係を論じたフランスの社会学者エミール・デュルケーム、経験主義教育の祖であるアメリカの哲学者ジョン・デューイなどが代表的な論者です。いずれも、社会制度や枠組みの押しつけから子どもを解放し、自由な発達をもたらすための方法を指向します。【　W　】

⓪③ ここではプラグマティズムの哲学者として知られているデューイの思想を見ておきます。プラグマティズムは、19世紀の大陸ヨーロッパの哲学が、世界の存在を個人の主観的認識を出発点にして厳密に考察する形而上学的観念論に流れるのに対して、経験から出発して概念や認識を客観的に記述する科学主義的な態度を表明する考え方です。デューイは19世紀末にシカゴ大学で哲学、教育学の担当となったときに、c学校をプラグマティズムの実験の場ととらえて、子どもたちが行動することによって自ら学ぶことを記述したのが『学校と社会』(1899)です。この著書が「新教育」の聖典とされるのは、従来の固定的形式的な教授過程を否定し、教師と子どもの相互作用や子どもどうしの学び合い、また、学校という施設とその周りの環境が学びに及ぼす関係などを生き生きと表現したからです。【　X　】

⓪④ 図をご覧ください。これは『学校と社会』に収められた学校のモデル図です。ここに彼が主張したかった子どもの経験を活かして学校で学ぶための考え方が示されています。まず、子どもたちの学びの場が二つの階で分けられています。1階では学校

▲二月七日実施分▼

（六〇分）

以下の問題〔Ⅰ〕は必須問題です。全員が解答してください。

〔Ⅰ〕　次の文章を読んで、後の問に答えよ。なお、本文上段にある⓪①等の丸数字は段落番号である。

⓪①　19世紀末から20世紀初頭にかけて、現在の学校制度が開始されます。義務教育の普及、そして義務教育年限の延長、公費に支えられた学校制度の確立、初等、中等、高等教育の相互接続による学校制度の一元化などが行われます。あらゆる人にとって読み書き算盤（そろばん）が社会に出るために必要とされる社会が出現し、条件が揃えば上級学校へ進むことも可能になります。ヨーロッパにおいて公教育制度の出現は必然的に、それ以前のエリート主義あるいは人文主義的なパイデイア（注1）の考え方の変容をもたらします。19世紀のドイツではこうした教育制度の整備状況（a）に合わせて、専門職としての教員養成のためのヘルバルト教育学と呼ばれる考え方が一般的になりました。これはケーニヒスベルク大学の哲学及び教育学の担当ヨハン・F・ヘルバルトの説から始まるもので、教育に対する科学的アプローチを謳（うた）い、教育者が実践のなかで省察と教育行為を行えるような知識体系

たちの衣装の褄（つま）や袖口の襲（かさね）の色を観察している　W　、兵部のおもとの袖をむりやり引っぱっている　X　、女房の扇を取り上げてみっともないざれごとをいう　Y　、作者にも戯れながら几帳の間からのぞく　Z　、おどけた冗談を飛ばす道長など、貴族たちの浮かれた様子がありのままに記されていて、すこぶる興味深い。

V：16　W：17　X：18　Y：19　Z：20

①　右大将　②　内の大臣　③　権中納言　④　左衛門の督　⑤　三位の亮　⑥　侍従の宰相
⑦　四位の少将　⑧　右の大臣　⑨　宮の大夫

あったから。

③「宮はさぞ私をおろか者とお思いでしょう。でも、この親があるからこそ子どもは賢くなったのですよ」という道長のつぶやきは、中宮の聡明さを見直したものであり、その場の人々もなるほどごもっともと思ったから。

④「宮はさぞ私を軽率だとお思いでしょう。でも、この親があるからこそ子どもは慎重になったのですよ」という道長のつぶやきは、中宮の注意深い性格を誉めているようであったが、その場の人々にはそれが冗談に聞こえたから。

⑤「宮はさぞ私を無作法だとお思いでしょう。でも、この親があるからこそ子どもは立派になったのですよ」という道長のつぶやきには、中宮を大切に思う親の優しさが表れていて、その場の人々もほほえましく感じたから。

問九　次の①〜⑥のうち、本文の内容と**合致しないもの**を二つ選べ。ただし、解答の順序は問わない。［14］［15］

①　上達部などが酔っているのに気を許した作者は、右大将にちょっとした言葉をかけてみた。

②　上達部などが酔っ払って大騒ぎするのがこわくなった作者は、宰相の君と言い合わせて祝宴の終わる前から東面に隠れていた。

③　禁色の着用を許された親王の乳母は端正な様子で親王を抱き上げ、御帳台の内側で殿の上が抱き取った。

④　親王の前に並べられた小さなお台や食器などは、作者にはまるでひな遊びの道具のようにかわいらしく見えた。

⑤　道長は親王を女の子のようにかわいがり、すてきな男性をお婿さんに迎えましょうねと、おどけた冗談を言った。

⑥　道長の冗談に機嫌を悪くした殿の上が退出しようとしたので、道長は急いで御帳台を通り抜けて見送りに行った。

問十　次の文章中の空欄［V］〜［Z］に入るべき人物を、後の①〜⑨からそれぞれ一つずつ選べ。ただし、一つの選択肢は一度しか使えない。

本文の後半部では、盛大な祝宴のさまが記されている。素焼きの杯を取って上司のもとへ出て行く［V］、女房

は、作者の道長に対する感じ方が表れている。その説明として最も適切なものを次の①～⑤から一つ選べ。 12

① 道長が酔ったいきおいで、隠れていた作者と宰相の君をつかまえて引き据えたので、作者はとても恐ろしがっている。

② 道長が酔っ払って、「和歌を詠めば許してやろう」といったので、作者はいやいや和歌を詠んではみたが、内心ではいたく憤慨している。

③ 道長はあれほど酔っていても、いつも心にかけている親王のことを和歌に詠んだので、作者もしみじみとした気持ちで、もっともなこととうなずいている。

④ 道長はいくらか酔っ払った調子で冗談をいって、周囲の人たちを笑わせているので、作者もなごやかな気持ちになって道長に親しみを覚えている。

⑤ 道長はひどく酔っていても、天皇の臣下として立派なふるまいを見せたので、作者は心の底から頼もしく思っている。

問八　本文中の━━線5「人々笑ひきこゆ」というのはなぜか。その理由の説明として最も適切なものを次の①～⑤から一つ選べ。 13

① 「宮はさぞ私がだらしないとお思いでしょう。でも、この親があるからこそ子どもは礼儀正しくなったのですよ」という道長のつぶやきには、中宮の礼儀正しさに感銘した様子が表れており、その場の人々には娘自慢のように聞こえたから。

② 「宮はさぞ私がみっともないとお思いでしょう。でも、この親があるからこそ子どもは身だしなみが良くなったのですよ」という道長のつぶやきは、中宮の美しい衣装をたたえると同時に、その場の人々に道長の弱みを見せることでも

② 紫の上という上達部に左衛門の督が声をかけようとしていたが、自分のことではないので聞こえないふりをしていた。

③ 紫の上という女房は実在するが、この祝宴には参加していないので、左衛門の督の呼びかけを聞くだけにしていた。

④ 紫の上はなおさら実在するはずもないので、左衛門の督の呼びかけも誰に対するものかと思って聞き流していた。

⑤ 紫の上は本当に実在すると左衛門の督が熱弁をふるうのだが、まさかそんなはずはあるまいと思いながら聞いていた。

問六 本文中の和歌Pと和歌Qに関する説明として最も適切なものを、次の①〜⑤から一つ選べ。 11

① 和歌Pでは、作者が親王のとこしえの繁栄をことほぐ気持ちを詠んだのに対して、和歌Qでは、鶴ほどの寿命さえあったら親王のとこしえの繁栄を見届けられるであろうにと、孫となる親王を思いやる道長の気持ちが表れている。

② 和歌Pでは、作者が中宮彰子の永遠の幸福を願う心情を詠んだのに対して、和歌Qでは、めでたく親王が誕生して、我が世の春を謳歌(おうか)する道長のさまが表れている。

③ 和歌Pでは、作者が天皇家のますますの繁栄を祈る心情を詠んだのに対して、和歌Qでは、天皇家に仕える道長一族が権勢をほしいままにする様子が表れている。

④ 和歌Pでは、作者が道長の男らしさにあこがれる思いを詠んだのに対して、和歌Qでは、聡明な作者に対する道長のひたむきな愛情が語られている。

⑤ 和歌Pでは、作者が道長の長寿と健康を祈念する心情を詠んだのに対して、和歌Qでは、娘の中宮に真心を込めて仕えてくれる作者に対する道長の感謝の気持ちが表れている。

問七 本文中の――線4「さばかり酔ひたまへる御心地にも、おぼしけることのさまなれば、いとあはれに、ことわりなり」に

写が多くなっている。

③　作者は、それまで静かな環境で文筆生活を送っていて、盛大な祝宴には気乗りがしなかったので、人々の詳しい言動まで記してはいない。

④　作者は、自分の目で直接に見えた儀式の様子を記すにとどめ、奥からはよく見えなかったことまで想像で描くことはしないようにしている。

⑤　作者は、他の女房たちに強い対抗心を抱いていたので、彼女たちの様子については全く述べていない。

問四　本文中の━━線2「聞こしめしつ」について、次の㈠、㈡の問に答えよ。

㈠　その動作主は誰か。最も適切なものを次の①～⑤から一つ選べ。8

①　大宮　②　少輔(せふ)の乳母　③　大納言の君　④　殿の上　⑤　まうち君

㈡　「聞こしめし」(終止形「聞こしめす」)の説明として最も適切なものを次の①～⑤から一つ選べ。9

①　「聞き入れる」という意味の尊敬語で、宮の大夫の申し出を聞き入れて承認する意味を表している。

②　「聞く」の謙譲語で、宮の大夫の言うことをおうかがいしようという意味を表している。

③　「食う」の謙譲語で、宮の大夫にも一緒に食事をいただきましょうと勧める意味を表している。

④　「飲む」の尊敬語で、宮の大夫とともに親王の成長を祈って乾杯しようという意味を表している。

⑤　「召す」の丁寧語で、宮の大夫に対して上達部を呼び寄せるようにと依頼する意味を表している。

問五　本文中の━━線3「かの上は、まいていかでものしたまはむと、聞きゐたり」に関する説明として最も適切なものを、次の①～⑤から一つ選べ。10

①　紫の上が夢に現れたと左衛門の督が言うので、どんな夢のお告げがあったのかと思って熱心に聞いていた。

ア　したて（終止形「したつ」）　1

①　衣装を新調する　②　おごそかな態度をとる　③　着飾る　④　とても緊張する

⑤　はでな化粧をする

イ　ゐざり出で（終止形「ゐざり出づ」）　2

①　後ずさりしながら出る　②　おごそかに現れ出る　③　軽やかにすべり出る

④　座ったまま進み出る　⑤　飛び上がって表へ出る

ウ　かたじけなく（終止形「かたじけなし」）　3

①　ありがたい　②　おそれ多い　③　感慨深い　④　すばらしい　⑤　立派である

問二　本文中の空欄　A　～　C　に入る最も適切なものを、次の①～⑨からそれぞれ一つずつ選べ。ただし、一つの選択肢は一度しか使えない。

A：4　B：5　C：6

①　か　②　こそ　③　し　④　しか　⑤　しけれ　⑥　なむ　⑦　めり　⑧　める

⑨　めれ

問三　本文中の——線1「奥に居て、くはしうは見はべらず」からうかがうことのできる、作者の表現方法についての説明として最も適切なものを、次の①～⑤から一つ選べ。7

①　作者は、儀式の様子をこまごまと記しても読者にとっては冗漫になると考えたので、儀式の全体にわたって詳しい描写を行ってはいない。

②　作者は、詳しいところまでは見えなかったと述べるように、儀式がまっ暗な室内で行われたことによるおぼろげな描

づけらる。

「宮の御前、聞こしめすや。仕うまつれり」と、われぼめしたまひて、「宮の御父（てて）にてまろわろからず、まろがむすめにて宮わろくおはしまさず。母もまた幸ひありと思ひて、笑ひたまふめり。よいをとこは持たりかし、と思ひたんめり」と、たはぶれきこえたまふも、こよなき御酔ひのまぎれなりと見ゆ。さることもなければ、さわがしき心地はしながら、めでたくのみ。聞き居させたまふ殿の上、聞きにくしとおぼすにや、わたらせたまひぬるけしきなれば、「送りせずとて、母うらみたまはむものぞ」とて、いそぎて御帳のうちを通らせたまふ。「宮なめしとおぼすらむ。親のあればこそ子もかしこけれ」と、うちつぶやきたまふを、人々笑ひきこゆ。

（『紫式部日記』による）

（注1）沈の折敷－沈香（じんこう）の木で作られた、食器を載せる四角形の台。
（注2）洲浜－曲線状の浜の形をかたどった台。
（注3）殿の上－道長の北の方、源倫子。彰子、頼通、教通などの母。
（注4）餅－五十日の祝いに、父や外祖父などが箸を取って赤子の口に含ませる餅。
（注5）宮の大夫－中宮職（しき）（中宮に関する事務をつかさどる役所）の長官である中宮大夫（だいぶ）、藤原斉信（ただのぶ）。
（注6）美濃山－催馬楽（さいばら）の曲名。
（注7）殿の君達－道長の男子、頼通、教通など。

問一　本文中の‖線ア「したて」、イ「ゐざり出で」、ウ「かたじけなく」の意味として最も適切なものを、後の①～⑤からそれぞれ一つずつ選べ。

さだ過ぎたりとつきしろふも知らず、扇をとり、たはぶれごとのはしたなきも多かり。大夫、かはらけ取りて、そなたに出でたまへり。美濃山(注6)うたひて、御遊び、さまばかりなれど、いとおもしろし。

そのつぎの間の、東の柱もとに、右大将寄りて、衣の褄、袖口、かぞへたまへる気色、人よりことなり。酔ひのまぎれをあなづりきこえ、また誰とかはなど思ひはべりて、はかなきことども言ふに、いみじくざれいまめく人よりも、けにいと恥づかしげに［B］おはすべかめりしか。さかづきの順の来るを、大将はおぢたまへど、例のことならひの、千歳万代にて過ぎぬ。

左衛門の督、「あなかしこ、このわたりに若紫やさぶらふ」とうかがひたまふ。源氏に似るべき人も見えたまはぬに、3かの上は、まいていかでものしたまはむと、聞きゐたり。「三位の亮、かはらけ取れ」などあるに、侍従の宰相立ちて、内の大臣のおはすれば、下より出でたるを見て、大臣酔ひ泣きしたまふ。権中納言、すみの間の柱もとに寄りて、兵部のおもとひこしろひ、聞きにくきたはぶれ声も、殿のたまはず。

おそろしかるべき夜の御酔ひなめりと見て、こと果つるままに、宰相の君に言ひ合はせて、隠れなむとするに、東面に、殿(注7)の君達、宰相の中将など入りて、さわがしければ、二人御帳のうしろに居隠れたるを、取り払はせたまひて、二人ながらとらへ据ゑさせたまへり。「和歌ひとつづつ仕うまつれ。さらば許さむ」と、のたまはす。いとはしくおそろしければ聞こゆ。

P　いかにいかがかぞへやるべき八千歳のあまり久しき君が御代をば

「あはれ、仕うまつれるかな」と、ふたたびばかり誦せさせたまひて、いと疾うのたまはせたる、

Q　あしたづのよはひしあらば君が代の千歳の数もかぞへとりてむ

4さばかり酔ひたまへる御心地にも、おぼしけることのさまなれば、いとあはれに、ことわりなり。げにかくもてはやしきこえたまふにこそは、よろづの飾りもまさらせたまふ［C］。千代もあくまじき御行く末の、数ならぬ心地にだに、思ひつ

う似てはべり［A］。

御帳の東の御座(おまし)のきはに、御几帳(みきちやう)を奥の御障子(みさうじ)より廂(ひさし)の柱まで、ひまもあらせず立てきりて、南面(おもて)に御前のものはまゐり据ゑたり。西に寄りて、大宮のおもの、例の(注1)沈(ぢん)の折敷(をしき)、何くれの台なりけむかし。そなたのことは見ず。御まかなひ宰相の君讃岐(さぬき)、とりつぐ女房も、釵子(さいし)、元結(もとゆひ)などしたり。若宮の御まかなひは大納言の君、東に寄りてまゐり据ゑたり。小さき御台、御皿ども、御箸(はし)の台、(注2)洲浜(すはま)なども、雛遊び(ひひなあそび)の具と見ゆ。それより東の間の廂の御簾(みす)すこしあけて、弁の内侍、中務(なかつかさ)の命婦、小中将の君など、さべいかぎりぞ、取りつぎつつまゐる。1奥に居て、くはしうは見はべらず。

今宵、少輔(せふ)の乳母、イ色ゆるさる。ただしきさまうちしたり。宮抱きたてまつれり。御帳のうちにて、(注3)殿の上、抱き移したてまつりたまひて、ゐざり出(い)でさせたまへる火影(ほかげ)の御さま、けはひことにめでたし。赤色の唐の御衣(みそ)、地摺(ぢずり)の御裳(も)、うるはしくさうぞきたまへるも、ウかたじけなくもあはれに見ゆ。大宮は、葡萄染(えびぞめ)の五重(いつへ)の御衣、蘇芳(すはう)の御小袿(こうちき)たてまつれり。殿、(注4)餅(もちひ)はまゐりたまふ。

上達部(かんだちめ)の座は、例の東の対(たい)の西面(おもて)なり。いま二ところの大臣(おとど)も、まゐりたまへり。橋の上にまゐりて、また酔(ゑ)ひみだれて、ののしりたまふ。折櫃物(をりびつもの)、籠物(こもの)どもなど、殿の御方より、まうち君たち取りつづきてまゐれる、高欄(かうらん)につづけて据ゑわたしたり。たちあかしの光の心もとなければ、四位の少将などを呼び寄せて、脂燭(しそく)ささせて人々は見る。内裏(うち)の台盤所に持てまゐるべきに、明日よりは御物忌(ものいみ)とて、今宵みな急ぎて取り払ひつつ、(注5)宮の大夫(だいぶ)、御簾のもとにまゐりて、「上達部、御前に召さむ」と啓したまふ。2聞こしめしつとあれば、殿よりはじめたてまつりて、皆まゐりたまふ。階(はし)の東の間を上にて、東の妻戸の前まで居たまへり。女房、二重三重づつ居わたされたり。御簾どもを、その間(ま)にあたりて居たまへる人々、寄りつつ巻き上げたまふ。

大納言の君、宰相の君、小少将の君、宮の内侍と居たまへり。右の大臣寄りて、御几帳のほころび引きたちみだれたまふ。

③　ありのままの描写とそれを語ることの関係と重なってくる
④　心理をいかに描き、かつ語るべきかを、ともに問題にしている
⑤　描写についてもっぱら述べ、語りについては問題にしていない

〔Ⅲ〕を解答する場合には、必ず解答用紙（マークシート）の〔Ⅲ〕に記入してください。誤って解答用紙の〔Ⅱ〕に記入した場合には、０点となるので注意してください。

〔Ⅲ〕　次の文章を読んで、後の問に答えよ。なお、本文に関する簡単な説明を最初に記す。

本文の作者が仕えていた中宮彰子（本文中では「大宮」「宮」と呼ばれる）は、寛弘五年（一〇〇八年）九月十一日に、めでたく皇子敦成（あつひら）親王（後の後一条天皇。本文中では「若宮」「宮」などと呼ばれる）を出産する。彰子の父で、そのころ左大臣の職にあった藤原道長（本文中では「殿」と呼ばれる）も、孫となる親王の誕生を大いに喜んだ。同年十一月一日、道長の邸宅に多くの貴族が集まって、五十日（いか）の祝い（子どもが誕生して五十日目に行われる祝いの行事）が盛大にとりおこなわれる。本文ではその折の様子が記されている。

御五十日は霜月の朔日（ついたち）の日。例の、人々のアしたててまうのぼり集（つど）ひたる御前の有様、絵にかきたる物合（ものあはせ）の所にぞ、いとよ

(一)　小説の作者である者はもっぱら意を心理に集中して、仮に自分が創出した人物であっても、一度作品の中に出たからには、これを現実世界の人と見なして、その感情を写し出す際には、無理に自分の趣向によって善悪邪正の感情を創作しようとはしないで、ただ傍観してありのままに模写することを心がけるべきである。（……）したがって、小説の執筆にあたっては、人間心理の奥底を深く掘り下げて、世の中の真実を究めたいと望むならば、ぜひとも他人の将棋を見て、その局面の進行を人に語るようにするべきである。もし一言一句でも、そばから見て助言をするならば、将棋はまったく他の誰かが指したものとはいえない。「ああこの手はとてもよくない、もし自分だったらこう指すだろう、こんなふうに、こんなふうにやるだろうに」と思われるところがあっても改めないで、ただありのままに写してこそ、はじめて小説といえるのである。

(二)　坪内逍遥は、江戸時代の人気小説であった滝沢馬琴の『南総里見八犬伝』を例に挙げ、それが勧善懲悪の思想に依拠した創作であると批判している。(一)はそれに続く部分の大意であり、[X]人物設定を行うことが「作者の口出し」「余計な評言」として戒められ、実社会の人間心理を手を加えずに反映させて描くことが称揚されている。つまり、人物の心理描写の仕方が一義的主題となっている。しかし、将棋の客観的な実況中継という比喩が、[Y]ため、近代文学における語りと描写の葛藤という筆者の論点にうってつけの内容として、言及されている。

X：[16]

①　客観的な　②　主観的な　③　伝統的な　④　独創的な　⑤　現実的な

Y：[17]

①　語りと描写の葛藤の最初の例となっている

②　語りと描写を折衷する立場となっている

④　畢竟、不可能であると言わざるをえない
⑤　間違いなく可能であるとは言い切れないだろう

問七　本文を以下のように四段に分けた場合、第二段はどの部分になるか。始まりと終わりの段落番号をそれぞれ答えよ。
[11] [12] 段落から [13] [14] 段落まで

第一段：「描く」ことと「語る」こと
第二段：「ありのまま」という幻想
第三段：作中「小説家」の誕生
第四段：「成り立ち」の物語

問八　本文中の――線y「楽屋裏」とあるが、何を指しているのか。本文に即してまとめた次の①〜⑤から最も適切なものを一つ選べ。[15]

①　作者がこの作品を書くに至ったと考えられる具体的経緯
②　作者が自己のまなざしを内在化しながら小説を創作していく様子
③　作者の伝記的要素と作品とのあいだに存在するらしい密接な関係
④　登場人物の小説家が行う自己観察が、作品の注釈を構成しているらしいという示唆
⑤　登場人物の小説家が同時に、作品の語り手であるかもしれないという可能性

問九　以下㈠の文章は、本文中の段落⓪⑤で紹介されている坪内逍遥の『小説神髄』該当箇所の大意である。㈡はこの原文と本文の関係について説明した文章である。空欄 [X]・[Y] に入る最も適切なものを、後の各群の①〜⑤からそれぞれ一つずつ選べ。

① 江戸時代の戯作が場面内在的に語る語りの形式に含まれるかどうかは断定できない
② 江戸時代の戯作のくだりと場面内在的に語る語りの形式とは、独立した論理展開となっている
③ 江戸時代の戯作は場面内在的に語る語りの形式からはあえて度外視されている
④ 江戸時代の戯作も場面内在的に語る語りの形式に含まれる

ウ：［8］
① 日本の近代小説　② 日本固有の口承文芸の伝統　③ 日本の散文芸術一般
④ 語り手が登場する日本の伝統的叙述様式

問五　本文中の━━線x「実は双方の要素の橋渡し役として設けられたのが、時雄が「小説家」である、という設定だったのではないだろうか」とあるが、何と何の「橋渡し役」か。最も適切なものを、次の①～⑤から一つ選べ。［9］
① 三人称形式における客観性と、「私」が語ることの主観性
② 三人称で語る「小説家」と、彼自身の内面である「私」
③ 主観的・内在的な題材と、客観的・外在的な描写
④ 叙述に内在する「私」と、事件の当事者である作者
⑤ 場面に潜在する「私」と、自分の心理を客観視する主人公

問六　本文中の空欄［P］に入る最も適切なものを、次の①～⑤から一つ選べ。［10］
① あながち不可能ではないのである
② ある意味では不条理となってしまうのである
③ 当然の帰結のひとつとして導けるのである

① 主観的な　② 相対的な　③ 第一義的な　④ 副次的な　⑤ 傍観者的な

問三　本文中の‖線「自在に物語内容のウチ・ソトに出入りしていく」とあるが、どういうことか。その説明として最も適切なものを、次の①〜⑤から一つ選べ。［5］

① 語り手が、ある登場人物の言葉の中に、作者自身の解釈を巧みにしのばせるということ。
② 語り手が、登場人物になりかわって、自由に自己の立場を表明するということ。
③ 語り手が物語を語り進めながら、時に物語そのものについて注釈的な説明をしはじめるということ。
④ 語り手が、物語の描写の中に、当時の時代状況を巧みに組み込む場合があるということ。
⑤ 語り手だった人物が、登場人物として、物語の中で思いのままに活躍しはじめるということ。

問四　本文中の----線「場面内在的に「語ること」と、外在的な視点から「描くこと」との折衷をいかに図るか、という、日本の散文芸術固有の問題意識」とあるが、この箇所について、⓪①・⓪②段落との関連を踏まえて述べた次の文章の空欄［ア］〜［ウ］に入る最も適切なものを、後の各群の①〜④からそれぞれ一つずつ選べ。

「場面内在的」の「場面」とは、［ア］を指している。また、語り手が「自在に物語内容のウチ・ソトに出入りする」［イ］。「場面内在的に「語ること」と、外在的な観点から「描くこと」との折衷」がなされているのは、［ウ］においてである。

ア：［6］
① 会話中心の作品に挿入される地の文の語り　② 語り手が物語る話の中の場面
③ 語り手と語られる物語との関係そのもの　④ 物語の中で展開される個々の内容の場面設定

イ：［7］

行うが、それらを直接述べることはしない。

（注2）言文一致―文語体に代わって、話し言葉に近い口語体で文章を書くこと。

（注3）〝メタ・レベルの法則〟―高次の次元から、自分自身を俯瞰（ふかん）する手法。筆者によれば、小説家を主人公とする「小説家小説」の創作的特徴のひとつ。

（注4）『道化の華』や『和解』―『道化の華』（昭和一〇年）は太宰治、『和解』（大正六年）は志賀直哉の書いた小説。

（注5）語り手の〝頬被り〟―語り手が登場人物になりきることで、その人物に見えないことは空白として叙述しない手法。

問一　本文中の――線a・bの意味として最も適切なものを、次の各群の①～⑤からそれぞれ一つずつ選べ。

a：表白 [1]

① 軽く触れること　② 言葉にあらわすこと　③ 暴露すること　④ 批評すること

⑤ ほのめかすこと

b：脈々と [2]

① 延々と果てしなく　② ときおり途切れながらも、ずっと　③ 長く、途切れることなく

④ ほそぼそとだが、安定した形で　⑤ 目立たない場合があったとしても、確実な連続として

問二　本文中の空欄 [A]・[B] に当てはまる最も適切な語句を、次の①～⑤からそれぞれ一つずつ選べ。

A：[3]

B：[4]

① 好意的に　② 自虐的に　③ 批判的に　④ 俯瞰的に　⑤ 歴史的に

う。『蒲団』の場合、「文学者だけに、此の男は自から自分の心理を客観するだけの余裕を持って居た」という設定には明らかな無理があり、芳子への烈しい嫉妬にさいなまれながら、時雄が一方でそうした自分を冷静に客観できていたとは到底信じがたいことである。時雄の「冷静な自己観察」とそれに名を借りた語り手(注5)の〝頬被り(ほおかむ)り〟とが微妙に共鳴し合い、共同戦線を張ることによって、結果的に、彼の観察の偽善性や、語られざる空白部分が次々に明るみに出てくることになるだろう。たとえばヒロインの芳子が本当に、心から師としての時雄を信頼し、慕っていたのか、という〝疑惑〟もその一つであると言ってよい。時雄にあまりに都合よく各人物が語られすぎているために、かえってそこから、作家志望と恋愛という二つの夢を共に実現しようとし、挫折していく一人の魅力的な女性主人公の生きざまを救い出してみることも、［P］。

⑯　いわゆる〝なりきり――目隠し〟が生む空白によって浮上してくる物語は作者の意図をも超えたものだ。「小説家」としてふるまおうとし、ふるまいきれぬそのほころびを通して、結果的に作中の人物たちが精彩ある、独自の生を歩み始めることになるのである。

⑰　演奏のさなかに指揮を中断し、観客に向かって、ここは特に大切なところなので心して聴いてほしい、という解説を同時にできる点にこそ「小説」というジャンルの特性がある。小説は一個の演技空間なのであって、その舞台に登場する「小説家」の「私」は、背後の作者と連携しながら、さまざまなパフォーマンスを繰り広げていくことだろう。文学とは言葉によって言葉にならざる世界を喚起していく〝場〟なのであり、「私」の自己否定や〝挫折〟を通し、われわれは背後にある豊穣な世界をくみとっていくことが可能になるのである。

（安藤宏『「私」をつくる　近代小説の試み』による）

（注1）その背後には場面に潜在する「私」が必ずいる―日本の近代小説についての、筆者の基本的主張。「私」とは、実際の作者が作中で、読者の目には見えない形で演じさせている虚構の分身を指す。出来事や登場人物の心理の観察・説明を

ある。

⑪ 主人公を「小説家」にし、自分で自分を〝客観〟させる、という『蒲団』の形態は、実は坪内逍遥以来、一度否定されたはずの作品内「作者」の、近代におけるあらたな復活としての意味を持っていた。「作者曰く」という形でかつて物語内容を外側から対象化していたまなざしは、今度は物語を内側から、当事者の側から捉えるまなざしへとその役割を変えていったのである。「小説家」を主人公にする、というやり方は、「草子地」以来の散文芸術の伝統を引き継ぎつつも、「写実主義」というあらたな要請のもとに編み出された、近代固有の表現形態でもあったわけである。

⑫ 『蒲団』を一つのきっかけに、以後、言文一致[注2]の「三人称のよそおい」が一般化するのに比例するように、「小説家」を主人公にした「小説家小説」もまた、急速にその数を増していくことになる。ここから一つ指摘できるのは、プレーンな描写が求められれば求められるほど、そこに当事者の視点を付与するために、特殊な能力を持った作中「小説家」の役割もまた増大していくという一般則なのである。

⑬ ひとたび「小説家」が作中に登場し、しかもそれが当該作の作り手でもあるらしいというサジェスチョンが加えられた瞬間に、〝メタ・レベルの法則〟[注3]に従い、その小説の「成り立ち」が、いわば物語に対する「もう一つの物語」として派生していくことになるだろう。あたかも活動弁士の注釈を聞きながら映画を鑑賞するように……。

⑭ そしてその次に、ひとたび「楽屋裏」(y)が問題になった場合、読者ははたして本当に当初の意図通りに書かれている小説なのか、もしそうでないとしたなら、なぜ意に反した小説になってしまったのか、といった［B］関心を持ち始めるにちがいない。『道化の華』[注4]や『和解』のように、作中作を書きあぐねる「小説の書けない小説家」の形をとることによって、つまり「何が描けぬのか」を描くことによって、結果的に作者ははるかに多くを表現することが可能になるわけである。

⑮ 作中の「小説家」の試みは、それが無謀なものであればあるほど魅力ある空白や矛盾を作中に生み出していくことになるだろ

主義」があり得るのだ、という主張を展開しているのもその一例である。こうした主張は日本の自然主義受容のいびつなありようを示すものとして、これまで[A]取り上げられることが多かったのだが、実はその背景には、場面内在的に「語ること」と、外在的な視点から「描くこと」との折衷をいかに図るか、という、日本の散文芸術固有の問題意識が流れていたわけである。

⓪⑧　自然主義の代表作として知られる田山花袋の『蒲団(ふとん)』(明治四〇年)は、こうした工夫の実践という意味でも画期的な試みだった。中年の妻子ある小説家である時雄は自宅に住まわせた女弟子、芳子にひそかに恋情を抱いている。芳子が他の男と交渉を持つと烈(はげ)しく嫉妬するのだが、結局「温情なる保護者」の名のもと、偽善的な態度をとってそれを抑制してしまう。芳子もまた恋人と別れ、失意のうちに帰省するのだが、時雄は部屋に残されていた女の蒲団に顔を当て、その移り香に涙するのだった……。

⓪⑨　『蒲団』は花袋自身の実生活を大胆赤裸々に「告白」したものとしてセンセーショナルな反響を呼ぶのだが、実は花袋がもっとも意を注いだのは、いかにして主観的な題材を客観的なよそおいをもって描いていくか、という〝折衷〟の実践なのだった。事実この小説は時雄を主人公とした三人称の形がとられており、語り手の主観的判断が正面に出ることはほとんどない。その意味では坪内逍遥以来のいましめが固く守られていたわけである。しかし(注1)その背後には場面に潜在する「私」が必ずいるわけで、X実は双方の要素の橋渡し役として設けられたのが、時雄が「小説家」である、という設定だったのではないだろうか。

①⓪　その意味でも冒頭付近に、「文学者だけに、此(こ)の男は自(みず)から自分の心理を客観するだけの余裕を持って居(い)た」という一節がさりげなく記されている事実は重要だろう。事件の当事者でありながらそれを冷静に客観しうる、一種特異な才能を持った「小説家」を主人公にすることにより、叙述に潜在する「私」は余計な口出しをせず、みずからの観察や説明の権限の大半をそこに委譲することが可能になる。特殊な能力を持った「小説家」に見えた通りのことを〝客観的〟に読者に提示していけばよいので

⓪③ 近代になっても、小説というジャンルは落語や講談などの口承文芸――語りもの――と常に密接な関係があった。紙芝居の例を想起してみてもよいし、西洋から無声映画（サイレント）が伝わった時、活動弁士が間に立って内容を解説する形が一般化したのも、あるいはこうした伝統に連なるものであったのかもしれない。

⓪④ だが、大衆的な口承文芸からの自立を図り、西洋の芸術理念への接近をめざした狭義の近代小説は、まずこうした慣習といかに戦うか、というところから出発したのだった。科学精神の浸透、産業革命の影響などもあって、文学においてもまた、あるものを「ありのまま」に写し取る写実主義的な理念が主流になりつつあり、こうした影響のもと、いかにして旧来の文学伝統――作中の語り手の介入――を排除していくかが大きな課題になったのである。

⓪⑤ 坪内逍遥（しょうよう）の『小説神髄』（明治一八～一九年）は、西洋の近代小説、つまり「ノベル」の概念を日本で最初に移入したことで知られる画期的な文芸評論だが、その中で「模写（写実）」の要件として、作者の口出しをくりかえしいましめている。たとえば作者の役割を将棋の中継にたとえ、作者は客観的に将棋の進行を読者に報告しなければならず、もしも余計な評言を差し挟んだならば、その瞬間にそれはもはや、当人たちのさす将棋ではなくなってしまう、というのである。

⓪⑥ だが、逍遥のこうした主張は、それまでの文学伝統に照らした場合、見かけ以上に困難なものだったようだ。以後の近代小説は「ありのまま」に写すのだという「模写」の概念と、それまでの「語り」の要素との妥協、葛藤の歴史として捉えることができよう。逍遥以来の写実主義の延長線上に、やがて明治後期の自然主義の時代を迎えるのだが、田山花袋の「平面描写」論のところで明らかにしたように、結果的には「描写」と「語り」との〝妥協〟がさまざまなレベルで図られていくことになるのである。

⓪⑦ たとえば当時の自然主義の描写論を見ていると、本来「客観」が重視されるはずの議論の中で「主観」をいかに取り入れていくか、が大きなテーマになっていたことに気がつく。当時の主要な論客であった島村抱月（ほうげつ）が『文藝（ぶんげい）上の自然主義』（明治四一年）という評論で、「本来自然主義」は「消極的態度」であり、むしろ「積極的態度」として、「主観挿入的」で「説明的」な、「印象派自然

以下の問題〔Ⅱ〕と〔Ⅲ〕は選択問題です。どちらかを解答してください。〔Ⅱ〕と〔Ⅲ〕を両方解答した場合は、高得点の方を合否判定に使用します。

〔Ⅱ〕　次の文章を読んで、後の問に答えよ。なお、本文上段にある⓪①等の丸数字は段落番号である。

⓪①　「描くこと(showing)」と「語ること(telling)」と。この両者は古来から、文学における根本的な表現形態の違いであると考えられてきた。誰が見てもそうであるように客観的に示すことと、具体的なシチュエーションを前提に、誰かが誰かに語り伝えていく伝承形態との違いである。そして日本の散文芸術をふりかえってみると、多くの場合、「描くこと」よりも「語ること」を中心にその歴史が展開してきたことに気がつく。たとえば大宅世継(おおやけのよつぎ)が夏山繁樹(なつやまのしげき)に語るのを作者が聞き書きする、という『大鏡』の歴史語りを思い起こしてもよいし、琵琶法師と『平家物語』の関係を想起してみてもよいだろう。少なくとも散文の場合、常に誰が誰に語るのか、という具体的な「場」を暗黙の前提に、その世界が展開されてきた経緯を持っているのである。

⓪②　たとえば『源氏物語』の「草子地(そうしじ)」と呼ばれる語りもその一つで、叙述の中に「女(書き手である女房)」が突然顔を出し、語る内容に注釈を加える場面がしばしば登場する。内容を一個のモノとして提示するのではなく、語り手と語られる物語との関係それ自体が表白(a)されていくこうした伝統は、たとえば江戸時代の読本(よみほん)というジャンルにまで脈々(b)と受け継がれ、語り手は「それはさておき」「むだばなしはさておく」などといった語と共に自在に物語内容のウチ・ソトに出入りしていくことになる。さらには、一見会話中心で地の文の語りが介入しにくい洒落本(しゃれぼん)や黄表紙(いずれも江戸後期の戯作(げさく))にまで「口上」が冒頭に付され、「作者曰(いわ)く」といった形で作品の注釈を始める形態を生むことにもなったのである。

エ　ソヤ　20

① ソセイ乱造された製品。
② シッソな生活に慣れている。
③ 被害者が裁判所にテイソする。
④ 経済成長をソガイする要因。
⑤ 流れるような美しいキョソ。

オ　キセツ　21

① シキ折々の風景。
② キセキに入った人をしのぶ。
③ 情報キキの管理を請負う。
④ 彼はタイキバンセイ型の人である。
⑤ チンキな物品を収集する。

ア　センメイ　17
①　センケンの明がある。
②　飛行機が左にセンカイする。
③　セイセン食料品を購入する。
④　センサイな細工が特徴である。
⑤　不老不死を理想とするシンセン思想。

イ　ケンキョ　18
①　技術のトッキョを申請する。
②　キョショクの人生を終わらせる。
③　被疑者をケンキョする。
④　キョガクの投資を行う。
⑤　資材をテッキョする。

ウ　タンテキ　19
①　タントウチョクニュウに質問する。
②　サイセンタンの技術。
③　田舎町をタンボウする。
④　演技にカンタンした。
⑤　タンセイこめて盆栽を育てる。

テン語の乖離による、民衆の俗語の、ラテン語からの完全な離反のことである。

⑤　改革とは、フランク王シャルルマーニュの主導による文化全般の改革のことであり、反動とは、民衆の口語がこの改革に伴う強制によってロマンス語となったことである。

問九　本文中の━━線X「いつどのようにしてラテン語はロマンス語に変化したのか」とある。言語Aが言語Bに変化する（言語の変化はさらに続く）経緯において、まず、⓪①段落で説明されている、ラテン語がロマンス語に変化する際にたどった「話し言葉」と「文字化」の順序を前提とする。さらに、「言語Aが話されなくなった後に、言語Bが話されるようになることはない」と「言語は話されなくなった後に文字化されることはない」という追加の前提をおく。このとき、次の(あ)～(お)の可能な順序はどれか。後の①～⑤から最も適切なものを一つ選べ。 16

(あ)　言語Bが話されるようになる　(い)　言語Aが話されなくなる　(う)　言語Bが話されなくなる

(え)　言語Aが文字化される　(お)　言語Bが文字化される

①　(お)→(い)→(え)→(あ)→(う)

②　(え)→(あ)→(お)→(い)→(う)

③　(あ)→(え)→(い)→(う)→(お)

④　(い)→(あ)→(お)→(う)→(え)

⑤　(あ)→(え)→(い)→(お)→(う)

問十　本文中の‖線ア～オのカタカナを漢字にしたときと同じ漢字が使われているものを、次の各群の①～⑤からそれぞれ一つずつ選べ。

生じたことを「灰色」と表現している。

② ラテン語の文章が、カロリング期になって急速に端正になり古典ラテン語に回帰したことで、ラテン語の多様性が喪失したことを「灰色」と表現している。

③ ダイグロシアは、白と黒が混ざって灰色となるように、言語の二種類の変種が混じり合う形で社会のなかで併用されている事態をさすから、それを「灰色」と表現している。

④ カロリング朝での改革が文化にもおよび、かつそれがイタリアやスペインという海外の知識人が案出したものであり、文化が交じり合って曖昧なものとなったことを「灰色」と表現している。

⑤ ダイグロシアは二種類の言語が社会のなかで二重に存在している事態をさすから、その不便さ理不尽さを「灰色」と表現している。

問八　本文中の----線c「この改革がラテン語の改革にとどまらずその反動を生み出した」とある。ここで言う「この改革」と「反動」とはどういうことか。その説明として最も適切なものを次の①～⑤から一つ選べ。 15

① 改革とは、フランク王シャルルマーニュ主導によるラテン語の純化・統一の営みのことであり、反動とは、民衆の俗語がラテン語から大きく乖離したことである。

② 改革とは、ストラスブールの誓約における、ロマンス語によるテクストの発現のことであり、反動とは、フランク王シャルルマーニュの主導による聖職者のラテン語の純化、統一の営みのことである。

③ 改革とは、ゲルマン人の侵入とその言語の影響の西ヨーロッパへの拡大のことであり、反動とは、ラテン語の口語、文語双方の、古典の規範からの逸脱のことである。

④ 改革とは、トゥールのグレゴリウスによる、文語と口語の乖離の指摘のことであり、反動とは、従来の口語と統一ラ

② 口語ラテン語と文語ラテン語は、古代都市ポンペイにおいてはほぼ同一であったから。
③ ペトロニウスのような教養ある人の用いる言語にも、民衆の言葉づかいが深く影響を与えていた、という証拠があるから。
④ トリマルキオの話すラテン語は、古典ラテン語とは違った形をしており、それが民衆の話すラテン語を反映していたと考えられるから。
⑤ ポンペイの落書きは古典ラテン語として理解することが困難で、そこからかなり崩れた民衆言語だと推察できるから。

問六　本文中の━━線C「ダイグロシア」の定義が本文中の段落①⓪に示されている。その定義を説明している次の文章の空欄 10 ～ 13 に当てはまる最も適切な語句を、後の①～⑨からそれぞれ一つずつ選べ。一つの語句を二回以上用いてもよい。

ダイグロシアとは、言語の二種類の変種が一つの言語コミュニティで使用されている状態である。その一つは日常的な場で用いられる 10 である。もう一つは高度に厳密化され 11 を有する 12 であり、文学、公式教育、その他の特定の場面で使用される。これは教育水準や 13 に関係する概念である。

① 二言語変種併存　② 方言　③ 低次変種　④ 社会層　⑤ 文化的威信
⑥ 国家語　⑦ 教育水準　⑧ 高次変種　⑨ 古典語

問七　本文中の━━線D「灰色の領域」とあるが、ここで言う「灰色」とはどういうことか。その説明として最も適切なものを次の①～⑤から一つ選べ。 14

① 八世紀から九世紀初めにかけて、教育や教化の場でラテン語改革が強制され、慣れない言葉の強要で意味に曖昧さが

トラスブールで会合し、互いの領土をかけて戦うことを誓い合った文書である。

問四　本文中の----線a「分裂の時期をみる立場は三つに分かれる」とあるが、ここでいう「三つ」の「立場」の説明として適切なものを、次の①～⑥から二つ選べ。なお、解答の順序は問わない。 7 8

① 第一の立場は、すでに紀元前二世紀にラテン語とロマンス語は分裂しているとする。

② 第一の立場は、四～五世紀に転換点を求める立場で、当時の混乱と文化の衰退の中でラテン語がその姿を維持し得ず、ロマンス語に変化したとする。

③ 第二の立場は、七～八世紀をゆるやかな移行期とし、この間、ラテン語は話し言葉として社会の諸階層間のコミュニケーションを保つ機能を有していたとする。

④ 第二の立場は、第一の立場と第三の立場の中間的な立場であり、八世紀末に書き言葉と話し言葉の距離が急速に広がったとする。

⑤ 第三の立場は、八世紀末に決定的な分岐点を見るが、この時期の言語はラテン語かロマンス語かはっきり区別することはむずかしいとする。

⑥ 第三の立場は、ゆるやかな移行期を七～八世紀とし、この時期の言語はラテン語と呼んでもロマンス語と呼んでもさしつかえないとする。

問五　本文中の----線b「民衆が話していた口語の姿を教えてくれる」とあるが、なぜそのように言えるのか。その理由として最も適切なものを次の①～⑤から選べ。 9

① 当時のローマ帝国においては、ラテン語は教養ある人々と同様、民衆の間でも話し言葉として用いられており、テクストとして残っているものにはすべてそれが反映しているはずだから。

② 天に届くほど巨大な塔の建築を企図した人間の神話における英知を共通言語ラテン語の英知と比肩し、その分裂、多様化という現象の比喩として用いられている。
③ 天に届くほど巨大な塔の建築を企図した人間の傲慢に怒った神が、神罰を下し塔が倒壊したという神話になぞらえた、人心の荒廃及びゲルマン語の変質という現象の比喩として用いられている。
④ 巨大な塔のごとく強大なヨーロッパの王権がゆらぎ、王による言語統一の努力が失敗し、共通ラテン語が分裂したことの比喩として用いられている。
⑤ 天に届くほど巨大な塔の建築を企図した人間の傲慢に怒った神が、人々の話し言葉をバラバラにし、塔が倒壊したという神話に基づいて、ラテン語使用者同士のコミュニケーションが失敗したことの比喩として用いられている。

問三 本文中の━━線B「ストラスブールの誓約」について本文中に述べられた内容と合致するものはどれか。次の①〜⑥から適切なものを二つ選べ。なお、解答の順序は問わない。 5 6

① 東西フランク王は、それぞれ自分が日常的に話す言語で「ストラスブールの誓約」を宣言した。
② 「ストラスブールの誓約」に一世紀先だって、ゲルマン語によって書かれた文書があった。
③ 東フランク王のシャルルと西フランク王のルートヴィヒが、八四二年にライン河畔のストラスブールで会合し、互いの共通の敵に対しともに戦いあうことを誓い合った文書が、「ストラスブールの誓約」である。
④ 「ストラスブールの誓約」文は、現在まとまった形で残されている最古のロマンス語のテクストであり、「フランス語（ロマンス語）の出生証明書」と呼ばれている。
⑤ 「ストラスブールの誓約」は、ヨーロッパ全域がすでに二つの言語域に分かれていたことの証拠となっている。
⑥ 「ストラスブールの誓約」は、東フランク王のルートヴィヒと西フランク王のシャルルが、八四二年にライン河畔のス

(注2)トリマルキオ－ペトロニウスの『サテュリコン』に収められた逸話の一つ『トリマルキオの饗宴』の登場人物。放蕩で傲慢な俗物として描かれる。
(注3)アウグスティヌス－アウレリウス・アウグスティヌス(三五四～四三〇)。ローマ帝国下のカトリック教会司教。神学者、哲学者。
(注4)トゥールのグレゴリウス－中世フランスの歴史家、トゥール地方の司教(五三八頃～五九四)。
(注5)対格－主に直接目的語、すなわち動作の目標や対象を表す格。

問一　本文中の空欄 A ～ C に入る最も適切な語句を、次の各群の①～⑤からそれぞれ一つずつ選べ。
A： 1
① あるいは　② こうして　③ すでに　④ ところで　⑤ 一方で
B： 2
① どういうわけか　② こうして　③ やっと　④ 次のように　⑤ すぐに
C： 3
① とりわけ　② つまり　③ とはいえ　④ 一方で　⑤ なぜなら

問二　本文中の━━線A「ラテン語というバベルの塔」とあるが、これはどのようなことの比喩か。その説明として最も適切なものを、次の①～⑤から一つ選べ。 4
① 天に届くほど巨大な塔の建築を企図した人間の傲慢に怒った神が、人々の話し言葉をバラバラにし、塔が倒壊したという神話に基づいて、共通言語ラテン語の分裂という現象の比喩として用いられている。

風のラテン語に翻訳」すべきことを定めている。説教師の用いる改革ラテン語は、もはや翻訳しなければ民衆にわからないものとなっていたのである。

①③この前後からぽつぽつロマンス語で書かれたテクストが姿を現わしてくる。ただそれらは長くて数行程度の断片であり、後述するように同時期のゲルマン語がすでにかなり長文のテクストを生み出しているのと比べると、文字化の遅れは否めない。そうした初期ロマンス語の断片のうち、「ヴェローナの謎歌」（八世紀末―九世紀初）として知られているものを紹介しよう。

se pareba boves alba pratalia araba
et albo versoio teneba et negro semen seminaba

牛を駆って白い草地を耕していた。
白い犂（すき）をとって黒い種をまいていた。

①④みてのとおりラテン語ともイタリア語ともつかぬ奇妙な形をしており、どちらの言語としても意味をとることができる。ただ全体として何をいっているのかよくわからない。「謎歌」と呼ばれるゆえんである。この一文の意味をめぐってはキセツ（オ）珍説入り乱れて議論百出したが、現在有力なのはこれを「書く行為」の比喩とみる解釈である。つまり「牛」は指、「白い犂」は羽ペン、「黒い種」はインクであり、「まいた」跡が筆跡というわけである。この解釈は、二〇世紀初頭まで北イタリアに残っていた口承歌とも一致しており、かなりの説得力がある。こうした断片ののち、ロマンス語が初めてまとまった形で姿を現わすのが八四二年のストラスブールの誓約なのである。

（大黒俊二『声と文字―ヨーロッパの中世6』岩波書店による）

（注1）ペトロニウス―ガイウス・ペトロニウス（二〇頃―六六）。ローマ帝国の政治家、文筆家。風刺小説『サテュリコン』の作者。

までに彼らのラテン語は教育水準の低下、口語の影響、地域ごとの相違などによって大きく乱れていた。たとえば七世紀の例として、virgo（処女）の対格形(注5) virginem は「ヴィエルジャ」あるいは「ヴィルジャ」と発音されていた。ところが virgen, virgine, virgini も、綴(つづ)りが異なるとはいえ、同じように「ヴィエルジャ」ないし「ヴィルジャ」と発音されていたのである。八世紀末以降、カロリング朝のもとでの改革はこうした乱れを是正するため、第一に綴りと発音を一致させること、第二に（本来発音記号である）アルファベットの一字一字に一つの音を対応させること、第三にその音を標準化することをめざした。標準音のモデルとなったのはイタリアやスペインの知識人の発音であったらしい。こうして virginem は、われわれが知るように「ヴィルギネム」と発音されるようになり、逆に「ヴィルギネム」の表記は virginem に固定されたのである。言語改革には、シャルルマーニュによってヨーロッパ各地からアーヘンの宮廷に呼び集められた当代最高の知識人があたった。彼らの活動は言語改革にとどまらず文化全般におよび、彼らが活躍したカロリング時代は西洋史上でカロリング・ルネサンスとも呼ばれている。ラテン語改革はそのカロリング・ルネサンスの最重要部分であった。カロリング・ルネサンスについては次章でまとめてふれることにしよう。

⑫ ラテン語改革は、八世紀末から九世紀初めの二世代にわたって教育や教化の場でいわば強制され、ラテン語の読みと綴りは短期間に大きく変わった。メロヴィング期からカロリング期まで時代を追ってラテン文を読み進めた人は、カロリング期にいたって急速に文章が端正になり古典ラテン語に回帰したという印象をもつことであろう。しかし重要なのはc この改革がラテン語の改革にとどまらずその反動を生み出した点である。ラテン語の純化と統一によって聖職者のラテン語と民衆の口語との距離は一気に開いてしまい、改革されたラテン語はもはや民衆の理解しえない別の言語と化してしまった。ここに民衆の口語がロマンス語として姿を現わしてくる。ダイグロシアの灰色の領域は消え、ラテン語と俗語という西欧中世に特徴的な二重言語体制が明瞭な姿を現わした。八一三年トゥール教会会議決議では、説教師はラテン語の説教を民衆が理解できるように「田舎

衆の口語に関心をもちつづけたためである。

⑨　しかし六世紀以降、文化の全般的衰退のなかで文語も次第に古典の規範から離れていくようになる。トゥールのグレゴリウス[注4]は『歴史十書』(六世紀)において、文語は哲学者や修辞学者にしか理解しえずソヤな民衆には理解不能と述べているが、そのように書く彼のラテン語自体、すでにソヤとしかいいようのない崩れをみせている。こうして文語も口語も、ともに手をたずさえて古典から遠ざかっていった。しかし六世紀から八世紀末まで、文語と口語はその隔たりにもかかわらずなお相互にコミュニケーション可能であった。聖職者が説教や典礼で用いるラテン語は、民衆にとって自分たちの日常語と違ってはいても聞いて理解しうるものであり、その意味で両者は同じ一つのラテン語であった。このような状態が八世紀末まで続いた。

⑩　この状態を社会言語学者たちはダイグロシアと呼んでいる。ダイグロシアとは二言語変種並存とも呼ばれ、ある言語が文法や語彙の骨格は等しくしながら、用いられる時、所、状況によって二つの異なる現れ方をする状態をいう。現れ方の一つは学校や役所や教会など公の場で用いられる場合であり、もう一つは家庭や友人間など私的でくつろいだ場で用いられる場合である。前者を高次変種、後者を低次変種という。同一の人間が状況に応じて二つの変種を使い分けることは珍しくない。こうみるとダイグロシアは一見標準語と方言の関係に似ているようだが、それとは少し違う。二つの変種の違いは発音ではなく語彙や構文に明瞭に現れる。また低次変種は地域概念ではなく社会層や教育水準に関係する概念である。他方で、高次変種は近代国家の定める標準語(国家語)に限られるものではなく、文化的威信が高い知的エリートの文語表現もこれになりうる。その意味でいわゆる古典語は例外なくこの高次変種をもち、ギリシア語やラテン語はその典型である。

⑪　六世紀から八世紀までのラテン語は、このようなダイグロシアの灰色の領域でうごめいていた。これに変化が生じるのは八世紀末、カロリング朝フランク王国のシャルルマーニュ(フランク王、在位七六八—八一四年／西ローマ皇帝、在位八〇〇—八一四年)主導で進められた言語改革によってである。この改革は聖職者たちのラテン語の純化と統一を目的とした。この頃

八世紀末に決定的な分岐点をみようとする。これによると、古代以来八世紀までラテン語は大きく変化しながらも、話し言葉として社会の諸階層間のコミュニケーションを保つにはなお機能していたという。それが八世紀末の数十年という短期間に書き言葉と話し言葉の距離が急速に広がり、その結果書き言葉としてのラテン語と話し言葉としてのロマンス語は別の言語に分裂してしまったという。すぐ後でふれるR・ライトやM・バニヤールがこの説の主唱者である。第三は中間的な立場で、七—八世紀をラテン語からロマンス語へのゆるやかな移行期と考え、この時期の言語はラテン語、ロマンス語どちらの名称で呼んでもよいという。

⓪⑦ 今日、言語学者の多くは第二の説に傾いている。そこでライトとバニヤールによりながらもう少しこの説を追ってみよう。この説の特徴は、上述のとおりラテン語の口語形態と文語形態の違いに注目すること、およびこの二形態の距離が八世紀末のわずか数十年の間に拡大してロマンス語が生まれたとする点である。［　C　］口語ラテン語と文語ラテン語の乖離そのものはすでにローマ帝政の初期に始まっている。ポンペイの壁に残された落書（一世紀）やペトロニウス(注1)の『サテュリコン』（同）に登場するトリマルキオ(注2)のラテン語は、b民衆が話していた口語の姿を教えてくれるが、それはすでに古典ラテン語とは大きく違っている。それに対し教養ある人々の書くラテン語は五世紀にいたるまでほとんど変化しなかった。古代末期から中世初期にかけて口語と文語の開きはさらに大きくなったが、それでも相互に理解不可能になるほど離れてしまうことはなかった。知識人が話す文語的ラテン語を民衆は聞いて理解することができたし、知識人も民衆の日常会話を理解しえた。

⓪⑧ 分裂を押しとどめた一つの要因は、キリスト教会の努力である。教会知識人たちは古典ラテン語で読み書きしながら、教化に際しては民衆が日常話す言葉で語りかけようと努めた。そうした民衆の口語に近づけて語る教会人のラテン語を、アウグスティヌス(注3)は「イケンキョな言葉」と呼んだ。彼は同じことをもっとウタンテキに「日常の単純な言葉」とも呼んでいる。西ローマが滅んで以後数世紀間、文語と口語の決定的な分裂が回避されたのは、古典文化を継承した教会知識人たちが、教化の必要から民

⓪④　分裂には上記のとおり二つの局面があった。一つはラテン語からのロマンス語の自立、もう一つはゲルマン語という異言語の出現による分裂である。第一の分裂からみていくことにしよう。

⓪⑤　今日、フランス語やスペイン語などを勉強した後にラテン語を学んだ者は、［ B ］両者が密接な関係にあることに気づいたことであろう。語彙、文法でのつながりは明白であり、ロマンス諸語がラテン語から生まれたものであることは素人目にも容易にわかる。そこから、ではいつどのようにしてラテン語はロマンス語に変化したのか、という問いが生まれてくるのも自然である。フランスの中世史家F・ローはこの問いを、「ラテン語はガリアでいつ話されなくなったか」と定式化した。これは「ロマンス語はガリアでいつ話されるようになったか」といいかえてもよい。ラテン語からロマンス語へという発展は長くこのような問題設定の下に研究され、「……はいつ……したか（しなくなったか）」という似たような題名の論文がいくつも書かれた。ここで問題なのは「話す」(parler)という一語である。文字化されたテクストとしてロマンス語が最初に姿を現わすのは、すでにふれたように八四二年のストラスブールの誓約である。しかしこれは文字化された時点であって、話し言葉としてのロマンス語はそのはるか以前に生まれていたはずだという想定が、上の問いには含まれている。だからこそローは「話されなくなったのか」と問うたのである。

⓪⑥　ラテン語学者とロマンス語学者は、ラテン語がロマンス語へと変化する時点をめぐって論争し、さまざまな説が飛び交った。そのいくつかを紹介してみよう。研究者たちの意見は驚くほど多様である。ある者はすでに紀元前二世紀にラテン語とロマンス語の分裂は始まっているといい、別の論者はロマンス語は一〇世紀になって初めてラテン語から独立したという。しかし大きくみれば分裂の時期をみる立場は三つに分かれる。第一は四―五世紀に画期を求める立場で、古代末期の混乱と文化の衰退のなかでラテン語自体も古典期の姿を維持しえず、崩れてロマンス語に変化したとみる。こうした論は一九世紀に唱えられて以来、長く支配的な位置を占めてきた。代表的な論者は上述のローである。これに対し、近年有力になっている考え方は

あった。他方、ローマ世界においてもすでに一世紀には、書かれるラテン語と話されるラテン語との間には大きな乖離（かいり）が生じていた。口語ラテン語はその後さらに変化して文語ラテン語との距離を広げ、ついにロマンス語としてラテン語から独立する。ロマンス語が今日のフランス語、イタリア語、スペイン語などに発展していったことは周知のところであろう。［A］西欧中世の「声と文字」という主題に立ち入ろうとすれば、その発端において言語の分裂と多様化という問題に直面する。以下は、分裂と多様化の歩みをたどっていく試みである。

02　分裂と多様化への歩みは、上述のとおりすでに紀元一世紀に始まっていた。それではこの分裂がひとまず落ち着くのはいつであろうか。ここではその時点を八四二年のBストラスブールの誓約に求めることにしよう。この年の二月、ライン河畔のストラスブールで会合した東西フランク王国の王は、たがいに相手の語る言葉で同盟を誓いあった。東フランク王ルートヴィヒはロマンス語で、西フランク王シャルルはゲルマン語で、二人の共通の敵ロタールに対しともに戦いあうことを誓ったのである。この誓いの言葉が数十年後、ニタール『歴史』に記されて残っている。このロマンス語による誓約文が、現在まとまった形で残されている最古のロマンス語のテクストである。そのためこの誓約は「フランス語（ロマンス語）の出生証明書」とも呼ばれている。他方、ゲルマン語はすでにその一世紀前から文字化が始まっていた。しかし、同一内容をロマンス語とゲルマン語の双方で記し、フランク王国がすでに大きく二つの言語域に分かれていることをアセンメイに示してくれる最初のテクストが、この誓約文なのである。

03　この当時、ヨーロッパ中央、ライン西岸に沿うようにしてロマンス語とゲルマン語の境界線が走っていた。西のロマンス語はこの後フランス語やスペイン語、東のゲルマン語はドイツ語やオランダ語に発展していく。ここにラテン語とは異なる二つの言語、そして両者の境界線の存在を認めることができる。盛期ローマのラテン語による統一からここにいたる道は、どのようなものだったのだろうか。

国語

▲二月四日実施分▼

（六〇分）

以下の問題〔Ⅰ〕は必須問題です。
全員が解答してください。

〔Ⅰ〕 次の文章を読んで、後の問に答えよ。なお、本文上段にある⓪①等の丸数字は段落番号である。

⓪①　本書がおもにあつかうのは、ローマ時代ラテン語が数世紀にわたって深く根づいた地域、今日大まかに西ヨーロッパと呼ばれている地域である。この地でラテン語というバベルの塔は、大きくみれば二つの面で崩壊した。一つはゲルマン人という異民族の侵入によって、もう一つはラテン語そのものの変容によってである。そしてこの両者による塔の崩壊には、さらに重なるようにして「声と文字」という本書のメインテーマが深く関わっている。侵入したゲルマン人たちは自分たちの言語を書き記す文字をもたなかった。ローマ人たちにとってゲルマン語は、異なる言語でありかつ声のみの言葉であるという点で異質で

解答編

英語

◀2月4日実施分▶

I **解答** 問1．②　問2．④　問3．③　問4．①　問5．④
問6．③　問7．②

解説

問1． 問題文後半の「心臓が止まるような演奏のために」に着目。その結果しばらく続いたものを選択肢に求める。②の「拍手」が適切である。

問2．「良い成績をとるのに成功した」とするには，④の in が適切である。successful in ～「～に成功した」

問3． 文頭の At this time tomorrow「明日の今頃」に着目。③が「ヒースロー空港に到着しようとしている」と未来の動作・状態を表して適切である。

問4． 空所前の most ambitious「最も野心的な」に着目。①to date は「これまでで」を表し，適切である。

問5． 文頭の There has been construction work going は「建築工事が続いている」と現在完了形で，一定の期間の継続を表している。後半は so「その結果」に続いて「勉強に集中するのに苦労している」となる。④が現在完了進行形で状態の継続を表し，適切である。

問6． 問題文の前半で「他人の話を注意深く聴くのはあなたが考えるほど簡単ではない」と述べ，because 以下ではその理由を述べている。文末の on what they are saying に着目。「エネルギーすべてを彼らの話していることに」どうする必要があるかを選択肢に求める。focus *A* on ～ で「*A* を～に集中させる」という意味になるので，③が適切である。

問7． 空所直前の not に着目。②necessarily は not necessarily で「必ずしも～とは限らない」を表し，適切である。just have to *do*＝only have to *do*「～しさえすればよい」

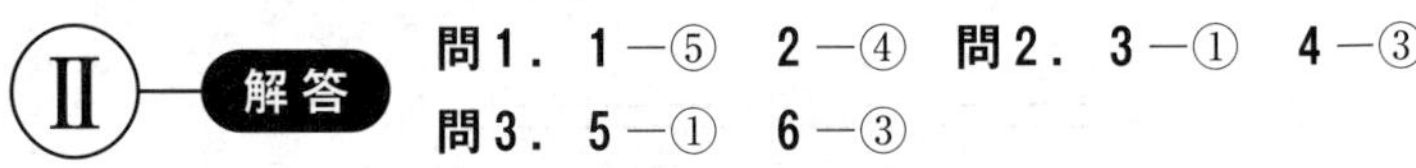

Ⅱ 解答 **問1．1**－⑤　**2**－④　**問2．3**－①　**4**－③
問3．5－①　**6**－③

解説

問1．「基本的な単語の組み合わせで」を「基本的な単語の組み合わせを使って」と表す。空所は（it）is written using combinations of（basic words.）となる。

問2． 空所は「（訪れた人々は）ジャズコンサートに魅了された」に当たる。be fascinated by ～で「～に魅了される」という意味。そこで空所は（visitors …）were fascinated by the jazz（concert …）となる。

問3． 空所は「（私たちは数学の）必要性に気付かされる」である。選択肢の語句を使うには「気付かされる」は受け身ではなく，「気付くようになる」と言い換える。空所は（we）come to realize the necessity（of mathematics.）となる。

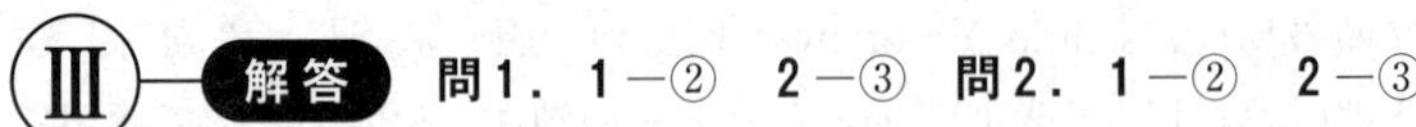

Ⅲ 解答 **問1．1**－②　**2**－③　**問2．1**－②　**2**－③

解説

問1．1　患者は，請求書を受け取ったが，金額が高すぎると申し出た。受付係は調べて，肺のX線の代金であると返事をした。それに対する患者の発言の後で，事情がわかったが，金額を訂正する前に医師に相談する，と述べている。このことから，患者の発言は②の「それは問題です。私は間違いなく，X線は撮っていません」が適切である。lungs「肺」

2　客が延泊を申し出て，受付係が，部屋は数室の中から選べると応えている。それに対する客の発言を聞いて，受付係は「広い部屋が利用できるかどうか調べます」と応えている。客の発言を選択肢に求めると，③「それはご親切さま。それなら今より少し広い部屋に移りたいです」が適切である。

問2．1　2つのグラフが示す内容について正しいものを選ぶ問題。右側の国会議員（Diet Members）の男女数のグラフを見ると女性が男性よりかなり少ない。②が適切である。

2　2つのグラフからわかることは，総人口では年齢別男女数はほぼ同じだが，国会議員の数では男性のほうが女性より圧倒的に多いことである。よって③「国会議員数の男女比率は，総人口の男女比率を反映していない」が適切である。

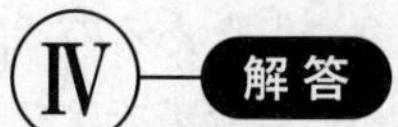

問1. ①　**問2.** ③　**問3.** ③　**問4.** ②　**問5.** ①
問6. ④　**問7.** ①　**問8.** ④　**問9.** ④　**問10.** ①

解説

《フィンランドのサウナ》

問1. 直前の文の「熱気が体温を上げ，汗をかかせる」に着目。空所直前の「冷やす」は，その後の動作であるので①の「その後」が適切である。

問2. 第2段第3文（Bathers pour…）に「蒸気と熱を放出させるために石に水をかける」とあるので，③「サウナの入浴者はサウナの中の空気の温度を上げるために，熱せられた石に水をかける」が一致する。

問3. 空所の後に「どのような方法でサウナが熱せられるかと湿度に関係なく同じ」とあるので，その主語は③の「（身体に）及ぼす効果」が適切である。

問4. circulation は「循環」を意味する。下線部の前の文で「心臓の鼓動が速くなり，血管が太くなる」とあるので，「循環」と同じ意味になるのは，②「血流」である。

問5. 空所直前の these three は第4段第3文（The research participants…）の bathing frequency, duration of bathing, the sauna temperature「入浴の頻度，入浴時間，サウナの温度」を指す。これらの具体的数値を総称する語は①「変数」になる。

問6. 第4段最終文（Out of these three…）に「サウナの使用が増えることは心臓関連の致命的な病気のリスクの低下と関連していた」とあるので，④の「より頻繁にサウナに入る人々は心臓関連の病気の症例がより少ない傾向にあった」が内容に一致する。

問7. embrace は「喜んで応じる」という意味なので，これを言い換えるには①welcoming「喜び迎える」が適切である。

問8. 空所の前の文で，フィンランドの子どもたちは「必修の水泳の授業の一部としてやサマーキャンプ中に，友達やクラスメイトとサウナで座る」とある。そして Thus「このようにして」に続いて，空所の後では「移民の子どもたちはフィンランドのサウナ文化に慣れる機会をもつ」とある。移民の子どもたちは local children「地元の子どもたち」と同じ経験をするので，④が適切である。similar to ～「～に似ている，同様の」

問9. 第5段最終文（Thus …）に「地元の子どもたちと同様に，移民の子どもたちはフィンランドのサウナ文化に慣れる機会をもつ」とあるので，④「フィンランドに移民したら，そのサウナ文化に慣れるのは容易ではない」が，内容に一致しない。

問10. 最終段第4文（After they finish …）の後半の内容に，サウナに入って体を浄化し，食欲を刺激してからクリスマスディナーを楽しむと述べられている。したがって①「フィンランドの人々はクリスマスの前にサウナに入って身を清める」が内容に一致する。

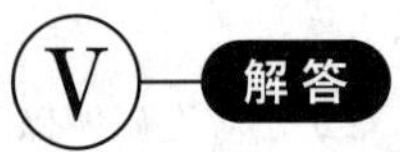

問1. ① **問2.** ④ **問3.** ② **問4.** ④ **問5.** ④
問6. ④ **問7.** ④ **問8.** ③ **問9.** ③ **問10.** ②

解説

《植物および花の象徴性》

問1. attributed「（性質や特徴が）～にあると考える」を言い換えるには① assigned「割り当てる」が適切である。

問2. unreliable「あてにならない」を言い換えるには④ undependable「頼りにならない」が適切である。

問3. 空所直後の「私たちがすでに見ているように，それらは文化によって異なり，時間により変化することもある」に着目。このことを not と共に用いて表すには，②「固定した，不動の」を入れると，「固定していない，不動ではない」という意味になり，適切である。

問4. 第1段第4文（To give an example, …）に『万葉集』ではアジサイを不実な人物にたとえた和歌と長寿の象徴として用いた和歌があると述べている。④「『万葉集』の和歌では1つの花が多様な対照的な意味をもつ」が内容に一致する。

問5. 空所の後に続く文の「若い王ツタンカーメンは，自然播種植物として繁殖力と死後の生活を象徴していたヤグルマギクでできた首飾りとともに埋葬された」に着目。④を選んで religious significance とすると，これを「宗教的意義」と表せる。

問6． 第4段第4文（After going mad, …）に，オフィーリアの差し出した花とそれが象徴する特徴の例がいくつも出ている。このことから，④「オフィーリアのキャラクターは，花言葉が文学に与える影響の一例を示している」が内容に一致する。

問7． 空所直後の「感情を密かに伝える」に着目。「感情を密かに伝える」ための対象となるのは，④の outlet「出口，はけ口」が適切である。

問8． subtly「微妙に，巧妙に，ほのかに」を言い換えるには，③ indirectly「間接的に，遠回しに」が適切である。

問9． 第6段第1文（While “talking bouquets” …）に「おしゃべりをする花束はもはや今日では流行していないし，多くの家庭で花の辞典を手元に置いていそうにはないが，花言葉は今でも活気にあふれて使用されている」とある。③「おしゃべりをする花束は今日では流行していないが，私たちはそれでも花言葉の認識を共有している」が内容に一致する。

問10． 第3段（The symbolic meanings …）および第4段（Many literary works …）においてそれぞれ，花の宗教的および文学的な側面が述べられている。②「宗教および文学を含む，人間の文化の様々な側面で，花の象徴性は役割を果たしてきている」が内容に一致する。

◀2月7日実施分▶

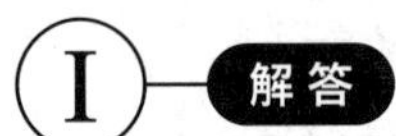

問1．② 問2．③ 問3．② 問4．② 問5．②
問6．② 問7．①

解説

問1． 主語のTodayに着目。「今日は残りの人生の最初の日」とするのが適切である。

問2． 選択肢より空所にはoneかothersかの名詞が入るとわかる。直後のwho isから単数であるとわかるのでone，また先行詞はyouという特定の人物なのでtheが必要であり，③のthe oneが適切である。

問3． 前の文の「なぜそんなに怒っているの？」に着目。その弁明をするには②のonlyを用いて「ただ眠っていただけ」とすると適切である。

問4． 問題文後半のif… had been longer「もしプレゼンの時間がもっと長かったら」に着目。仮定法過去完了の条件「もし～だったなら」を表しているので，帰結も仮定法過去完了「～だっただろうに」になる。助動詞の過去形＋have *done* にするには，空所直後にincludedがあるので②が適切である。

問5． makeは使役動詞で，make *A* *do* で「*A* に～させる」という意味になる。この場合 *A* にはthe record company's stock price「レコード会社の株価」が入り，バンドの再結成の結果，「ファンの熱狂が株価を上昇させた」と表すには②soarが適切である。

問6． 前の文に着目。空所を含む文は「あなたにウソをつかれた」ときの反応である。let down ～で「～をがっかりさせる」という意味。ここでは受け身（letの過去分詞はlet）の形で「がっかりした」となるため，②が適切である。

問7． 空所直後にはhoweverがあり，前半と逆の内容を表しているとわかる。空所は後半のdifferentと対立する意味合いになるので，①match「釣り合う，対等である」が適切である。brochure「パンフレット」

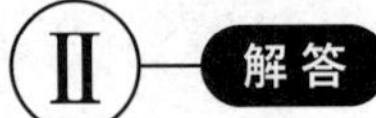

問1．1－⑤ 2－① 問2．3－⑤ 4－④
問3．5－② 6－④

解説

問1.「今朝もっと早く起きていたら」は過去の事実に反する空想なので，仮定法過去完了で表す。その条件は had + *done* を用いる。よって（If I）had woken up earlier this（morning）となる。

問2.「気が失せてしまった」を表すには，動詞に①discouraged「妨害した，抑止した」を用いる。discourage *A* from *doing* の形で「*A* に～することを思いとどまらせる，やめさせる」を表す。よって空所は，（The crowded trains）discouraged us from going out during（the daytime.）となる。

問3.空所は「お互いをよりよく理解する」の部分に当たるため gain a better understanding of（each other）「お互いのよりよい理解を得る」とする。enable *A* to *do*「*A* が～することを可能にする」

III　解答　問1. 1－④　2－①　問2. 1－④　2－③

解説

問1. 1　キャシーは歌舞伎を鑑賞して，美しい舞踊と生き生きとした音楽だったと感想を述べている。それに対する発言には④「素晴らしそう。いつか行きたい」が適切である。

2　客が「現金で支払う」と述べ，オペレーターは「チケットは窓口で受け取れる」と応えている。それに対する客の発言には①の「身分証明書を見せる必要がありますか」が適切である。

問2. 1　講座説明（COURSE DESCRIPTION）の第2文（The course focuses …）にリスニングの理解力向上やクラスディスカッションへの参加，会話戦略の理解，グループプレゼンテーションなど幅広い技能に焦点を当てていると述べている。そこで④「このコースはプレゼンテーションやリスニングといった数種の口頭コミュニケーション技術を扱う」が適切である。

2　③に「学生はこのコース用に特定のオンライン辞書を購入するよう求められている」とあるが，授業の教材（CLASS MATERIALS）の後半部分（Suggestion: Students are …）で，学校は複数のオンライン辞書を例（候補）に出しているが，必須ではないので内容に一致しない。

Ⅳ 解答

問1．② 問2．③ 問3．④ 問4．④ 問5．③
問6．③ 問7．② 問8．① 問9．② 問10．②

解説

《聴覚障害の予防と治療》

問1． 空所直後の for に着目。call for ～ で「～を呼びかける，要求する」となる。「WHO が警告し，予防と治療への追加投資を呼びかけた」となり，②が適切である。

問2． a package of measures という表現から，ここでの measure は名詞として用いられているとわかるので，動詞である①は該当しない。下線部直後に「これは1年に1人あたり 1.33 ドルの費用がかかる」という説明があるので，ここでの measure は「処置，方法」を意味する。これと同じ意味で用いられているのは③。ちなみに②は「程度」を表し，④は「尺度，目安」を表す。

問3． 下線部直前の Against に着目。「それに反して」の「それ」は下線部を含む文より前に述べた内容を表す。したがって，④「聴覚の問題に対処するための追加投資として，1年に1人あたり 1.33 ドルの費用が必要となる」が適切である。

問4． failure to ～ で「～しないこと，できないこと」という意味。空所に act「行動」を入れると「行動しないことは健康や福祉と，コミュニケーションや教育，雇用の排除から生じる財政の損失の観点で高くつくだろう」となる。よって④が適切である。

問5． 空所直前に「7億人が 2050 年には重症になる」とある。enough ～ to *do* で「…するのに十分な～」という意味で，③「必要とする」を入れると，空所前後は「何らかの治療を必要とするのに十分な重症」となり，文意が通る。

問6． 第2段最終文（Against that,…）で「その問題が適切に対処されなかったので，毎年1兆ドルの損失という数字を示した」とある。このことから③の「初期段階で適切に対処しないと長期的にはさらに多額の費用がかかる」が内容に一致する。

問7． 空所の後の a lack of access to care「ケアを受ける機会がないこと」に着目。②の「～の誘因，一因」を入れると「聴覚障害の主な誘因は」となり，全体の文意が通る。

問8． 空所前の２文で，公共の場での騒音の削減と聴覚障害を引き起こす病気に対するワクチン接種が必要であり，加えて人々の生活の要所要所での問題を特定するために体系的に検査することを提案していると述べている。これに続く内容には，①の「(そうすれば) 子どもたちの間で，難聴の60％を防止できるという」が適切である。

問9． 第６段第２文（“Even among health-care providers, …）で「医療従事者にも，予防に関する知識および聴覚の低下や耳の病気に対する初期の識別や同定が不足している」と述べている。②「聴覚の低下や耳の病気に対する知識不足の医療従事者が多い」が内容に一致する。

問10． 最終段第２文（“While the financial burden …）の後半で「議題に上っていない聴覚障害に付随する，コミュニケーションおよび教育，社会的交流の欠落により引き起こされる苦痛は計り知れない」と述べている。②「聴覚の問題は社会の多くの場面に影響を及ぼすので，聴覚障害による全体的損失は計り知れない」が内容に一致する。

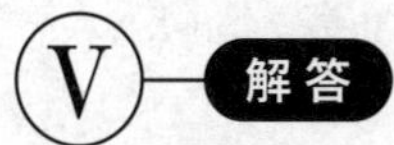

問1． ②　**問2．** ②　**問3．** ③　**問4．** ②　**問5．** ③
問6． ③　**問7．** ③　**問8．** ③　**問9．** ②

解説

《おとぎ話と性差》

問１． warm memories で「心温まる思い出」となるので，この warm と同じような意味をもつのは②「心地よい」である。

問２． 直前の fantastical stories … faraway kingdoms「遠い王国での魔法と冒険の物語」を修飾する形で，空所のあとに「美しい王女がハンサムな王子に勇敢に救出される」とある。②where「そしてそこでは」が適切である。

問３． 下線部は直後に「古典の『赤ずきんちゃん』によって」とあり，ここでの moved は「心が動かされる，感動する」という意味になる。これを言い換えるには③affected「強く心を動かされる」が適切である。

問４． 第２段第１・２文（However, in the … these gender roles.）に男女同権者はおとぎ話によって促進された典型的な性別役割に疑問をもち始め，男女同権者の作家がそれを打ち破る改訂版を創作したとある。②「男女同権者がおとぎ話における男女の描かれ方に疑問を表明し，作家の中にはこれらの描写を変えようとする新しい話を作った者もいた」が内容に一致する。

問5． 空所の前後（young girl might … of her grandmother）は「おばあさんを追い出すのに，若い少女が魔女に対する村人の～を利用した」となる。よって空所に入るのは③の「恐怖心」が適切である。

問6． 第3段第5文（However, because the …）で「私たちはそのおばあさんが実際に魔女であったかどうかをまったく知らない」とある。③「この物語において，私たちはそのおばあさんが実際に魔女であったかどうかを知らない」が内容と一致する。

問7． 空所直後の the typical fairy tale princess「典型的なおとぎ話の王女」に着目。そのすぐ後の文で「これらのヒロインは伝統的に邪悪と考えられる存在に近い」とあるので，③far from「（典型的なおとぎ話のヒロイン）からほど遠い」が適切である。

問8． 空所を含む文の前半に「単に性的役割を逆転させて示すのを避けた」とあり，such as 以下は「単に性的役割を逆転させた」具体例になる。つまり，一般的には「勇敢な王子が王女を救う」ので，男女を逆転させて「勇敢な王女が王子を救う」となる。③が適切である。

問9． 最終第3・4文（However, these heroines … good nor evil.）で，ヒロインは自立して考え，自分の選択に責任をもつ能力があるように描かれていて，その行動力は善でも悪でもない，と述べている。②「アンジェラ＝カーターは，善であろうと悪であろうと，行動力をもつヒロインについて男女同権の改訂版のおとぎ話を作った」が内容と一致する。

日本史

I　解答

問1．①　**問2**．②　**問3**．④　**問4**．③　**問5**．②
問6．②　**問7**．①　**問8**．③　**問9**．③　**問10**．③
問11．③

解説

《原始～近世の農業》

問2．②が正しい。X．正文。Y．誤文。南西諸島には弥生文化は伝播せず，貝塚文化とよばれる食料採取文化が続いた。

問3．④誤文。石製や金属製の武器は弥生時代にも使用されていた。

問4．③誤文。大化改新では孝徳天皇が即位し，「改新の詔」が出された。

問5．②が正しい。X．正文。Y．誤文。延久の荘園整理令は摂関家領の荘園も例外とされなかった。

問6．②が正しい。a．正文。b．誤文。国人一揆は国人による一揆で，惣の農民は参加していない。c．正文。d．誤文。惣では村民による自治が行われ，荘園領主に対して年貢減免・荘官罷免などの要求を行った。

問8．③誤文。江戸幕府は17世紀末には約400万石の幕領を領有していた。

問9．③が正しい。X．誤文。徳川吉宗は大坂の堂島米市場を公認した。Y．正文。

問10．③が正しい。a．誤文。牛馬を使って耕作を行う。b．正文。c．誤文。『農業全書』の著者は宮崎安貞である。d．正文。

問11．③誤文。綿作は西日本でさかんに行われた。

II　解答

問1．①　**問2**．③　**問3**．②　**問4**．④　**問5**．②
問6．①　**問7**．④　**問8**．②　**問9**．③　**問10**．①
問11．④

解説

《琉球の歴史》

問4．④正文。①誤文。日本列島の化石人骨はすべて新人段階のものと考えられている。②誤文。弓矢は縄文時代に使用され始めた。③誤文。旧石器時代にナウマンゾウなどが日本列島にいたことは化石から明らかである。
問5． ②正文。①誤文。岩宿遺跡から化石人骨は発見されていない。③誤文。沖縄県で発見された港川人や山下町洞人はいずれも新人段階のものである。④誤文。古モンゴロイドはアジア大陸に分布した。
問7． ④誤文。明の海禁政策で明の商人による私貿易が禁じられたため，琉球は明の冊封を受けて明と日本・朝鮮や東南アジア諸国との貿易を行った。
問8． ②誤文。足利義満によって勘合貿易が開始されたのは15世紀初めである。
問9． ③誤文。商場知行制は松前藩で行われた制度である。
問10． ①正文。②誤文。台湾出兵後の琉球をめぐる日清間の対立は，イギリス公使による斡旋によって決着した。③誤文。清国は日本の出兵を正当なものとして認め，日本に賠償金を支払った。④誤文。日朝修好条規は，江華島事件の結果1876年に締結された日朝間の条約であり，日本の領事裁判権や関税免除を定めた不平等なものであった。
問11． ④誤文。日本は琉球の日清両属関係を否定し，沖縄県として日本の領土に組みこんだ。

Ⅲ 解答

問1． ③　**問2．** ①　**問3．** ③　**問4．** ①　**問5．** ④
問6． ①　**問7．** ①　**問8．** ④　**問9．** ③　**問10．** ②
問11． ①　**問12．** ②　**問13．** ①

解説

《第二次世界大戦後の国際関係と国内政治》

問3． ③誤文。アメリカ大統領トルーマンは，1947年にソ連の「封じ込め」の必要を説くトルーマン＝ドクトリンを発表した。
問4． ①誤文。台湾に逃れた国民党の総統は蔣介石である。
問5． ④誤文。GHQが後押しして，日本労働組合総評議会（総評）が結成されて戦後の労働運動の主導権を握った。労働組合期成会は1897年に高野房太郎らによって結成された労働運動団体。
問6． ①誤文。ビキニ環礁での水爆実験を行い第五福竜丸事件を引き起こしたのはアメリカである。

問８． ④正文。①誤文。横光利一は昭和初期を中心に活躍した新感覚派の作家。②誤文。菊池寛は大正・昭和初期の新思潮派の作家。③誤文。中里介山や吉川英治らが活躍したのは大正・昭和初期である。

問９． ③が正しい。X．誤文。アメリカの要求に対して，自動車の輸出自主規制や米市場の部分開放が行われた。Y．正文。

問10． ②が正しい。X．正文。Y．誤文。自家用乗用車が普及しモータリゼーションがすすんだのは1960年代の高度経済成長期である。

問11． ①正文。②誤文。1991年に成立した宮沢喜一内閣は1993年に衆議院議員総選挙で敗北し総辞職した。③誤文。湾岸戦争に対応したのは，海部俊樹内閣である。④誤文。佐川急便事件は宮沢内閣の時に明るみに出て，国民の激しい非難を浴びた。

問12． ②誤文。財政構造改革法を成立させ，消費税を５％に引き上げたのは橋本龍太郎内閣である。

世界史

I 解答

問1. ④　**問2.** ②　**問3.** ②　**問4.** ②　**問5.** ④
問6. ③　**問7.** ②　**問8.** ②　**問9.** ③　**問10.** ④
問11. ②　**問12.** ①　**問13.** ④　**問14.** ②　**問15.** ④

解説

《イングランド王家の系譜》

問6. A．誤文。カノッサ事件（カノッサの屈辱：1077年）の時の教皇はグレゴリウス7世である。

問7. ①誤文。シモン＝ド＝モンフォールの反乱はヘンリ3世の時代である。③誤文。模範議会の招集はエドワード1世の時代である。④誤文。模範議会は1295年に招集された。

問8. B．誤文。百年戦争は，イギリスがカレーを除く大陸領をすべて失い，フランスの勝利で終わった。

問9. ③誤文。エリザベス1世に先立って，メアリ1世が女王として存在した。

問10. A．誤文。ブリタニアに長城を築いたのはハドリアヌス帝である。B．誤文。イングランドとスコットランドが合併し大ブリテン王国が成立したのはアン女王の時代の1707年である。

問11. B．誤文。1886年のアイルランド自治法案は不成立であり，成立したのは1914年のアイルランド自治法である。しかしこれも第一次世界大戦の勃発によって実施は延期された。

問14. ①誤文。ジェームズ2世の王位継承を認める人々はトーリ党を形成した。③誤文。1689年に制定された寛容法は，カトリック以外の非国教徒に信仰の自由を認めた。④誤文。ウィリアム3世とメアリ2世は名誉革命後同時に即位して共同統治を行い，メアリ2世が先に亡くなった。

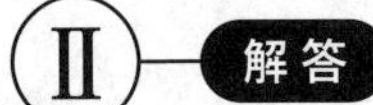

II 解答

問1. ④　**問2.** ②　**問3.** ③　**問4.** ①　**問5.** ②
問6. ④　**問7.** ③　**問8.** ②　**問9.** ②　**問10.** ③
問11. ④　**問12.** ⑦　**問13.** ②　**問14.** ②　**問15.** ①

解説

《1920 年代の中国》

問 2. B. 誤文。コミンテルン（第 3 インターナショナル）は 1943 年に解散され，第二次世界大戦後にコミンフォルム（共産党情報局）として再度結成されたが，これも 1956 年に解散された。

問 4. A. 正文。中国国民党は，五・四運動後に孫文が中華革命党を大衆政党として改組して成立した。B. 正文。李登輝は，中国国民党に属し，初の台湾出身の総統となって総統選挙も実施した。

問 5. B. 誤文。人民政治協商会議は，国共内戦の末期の，共産党の勝利が目前となった時期に国民党以外の諸派を集めて開かれた。

問 6. ④正解。「連ソ」はソ連との連携，「容共」は中国共産党の容認，「扶助工農」は労働者や農民の運動を支援することを指し，孫文はこの協力関係によって軍閥や帝国主義を打倒することを目指した。

問 7. ③正解。上海で日本人が経営する工場で起こった中国人労働者のストライキに始まり，中国共産党の指導で大規模な反帝国主義運動に発展，さらに全国に波及してその後の民族運動に大きな影響を与えた。

問 9. B. 誤文。テヘラン会談の参加者はフランクリン＝ローズヴェルト・チャーチル・スターリンである。

問10. ③正解。南京条約で開港した港は，上海・寧波・福州・厦門・広州であり，上海の開港はこれが最初である。

問11. ①・②誤文。南京は長江の下流域に位置する。③誤文。元の時代に大都と呼ばれたのは後の北京である。

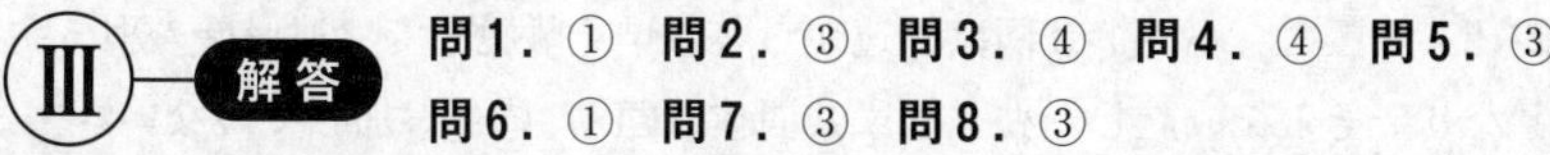

III 解答　**問 1.** ①　**問 2.** ③　**問 3.** ④　**問 4.** ④　**問 5.** ③　**問 6.** ①　**問 7.** ③　**問 8.** ③

問 9. **ア**―②　**イ**―③　**ウ**―⑥　**問10.** ②　**問11.** ④　**問12.** ②

問13. ③　**問14.** ③　**問15.** ④

解説

《天文学の発展と宇宙開発》

問 2. ③誤文。ガレオン貿易（アカプルコ貿易）において，アカプルコ（メキシコ）からマニラへ銀が運ばれ，中国からマニラ（フィリピン）を経由してメキシコに運ばれたのは絹や陶磁器などであった。これらはメキシコを経由して最終的にはスペインに渡った。

問3． ④誤文。タキトゥスはローマ帝政期の人物であり，ヘレニズム時代の人物ではない。

問4． ①誤文。古王国時代の都はメンフィスである。②誤文。ヒクソスがエジプトに流入したのは中王国時代の末期である。③誤文。アマルナ美術はアメンホテプ4世（イクナートン）の時代に生み出された。

問5． A．誤文。アレクサンドリアはナイル川の下流域に位置する。B．正文。キリスト教の五本山とされたのは，ローマ・コンスタンティノープル・イェルサレム・アンティオキア・アレクサンドリアである。

問7． ③誤文。ローマ帝国の領土が最大になったのはトラヤヌス帝の時代である。

問8． A．誤文。西ローマ帝国は395年に成立し，476年に滅亡しているため，100年以上継続していない。

問11． ④誤文。アナーニ事件は，フランス王フィリップ4世が教皇ボニファティウス8世を捕らえ，その後教皇が急死した事件である。

問12． B．誤文。『方法序（叙）説』の著者はデカルトであり，パスカルは『パンセ（瞑想録）』を著した。

問13． A．誤文。火薬は中国で発明された。唐末には軍事的使用が始まっていたとされるが，発明時期は確定していない。

問14． ①誤文。ドイツ軍はモスクワ郊外まで迫ったが，ソ連軍は大きな損害を出しながらも押し返した。②誤文。フィンランドは枢軸国側で参戦した。④誤文。大西洋憲章の発表（1941年）は，イタリアの降伏（1943年）よりも前である。

問15． ④誤文。バルト3国はソ連からいち早く離脱してソ連崩壊の引き金となり，その後成立した独立国家共同体（CIS）にも参加していない。

政治・経済

I 解答 **問1.** ③　**問2.** ③　**問3.** ①　**問4.** ②
問5. ②・④（順不同）　**問6.** ④　**問7.** ②
問8. ⑦　**問9.** ③　**問10.** ④　**問11.** ①　**問12.** ②

解説

《憲法の保障する基本的人権と司法制度》

問1. ③誤文。衆議院で可決した法律案について参議院がこれと異なった議決をした場合，衆議院は両院協議会の開催を求めることができる。内閣総理大臣には，この場合における両院協議会の開催を求める権利も義務もない。①正文。日本国憲法第59条1項の規定。②正文。日本国憲法第59条2項の規定。④正文。日本国憲法第59条4項の規定。

問2. ③正文。嫡出でない子（法律上婚姻していない父母から生まれた子）がその親から認知されている場合には，法務大臣に届け出ることでその親の国籍に応じて日本国籍を取得し得る。ただし，その届出には子の出生を証する書面の添付が必要であり，出生届の未提出が子の国籍取得の妨げとなる可能性があり得る。①誤文。日本の国籍法はかつて父系優先血統主義を採用していたが，その後の改正により父母両系血統主義によるものとされた。しかし，この法改正は最高裁判所の違憲判断を受けたものではない。②誤文。最高裁判所は，日本国民である父から出生後に認知された非嫡出子について，父母が法律上の婚姻をしていない場合には日本国籍を取得できないとしていた国籍法の規定が法の下の平等に違反すると判断した。④誤文。出生によって日本国籍と外国の国籍の取得要件を同時に有する者は，20歳に達するまでにいずれかの国籍を選択しなければならず，その際に日本国籍を選択することもできる。

問3. ①正文。日本国憲法第68条1項の規定。②誤文。内閣総理大臣は任意に国務大臣を罷免することができ（日本国憲法第68条2項），罷免権の行使には衆参いずれの議院の同意も要しない。③誤文。国務大臣の報酬の在任中の減額は可能である。④誤文。国務大臣は両議院の一に議席を有する，有しないにかかわらず，議院に出席することができる（日本国憲法

第63条前段)。

問5． ②・④正文。①誤文。法テラスは正式名称を「日本司法支援センター」といい，裁判制度の利用を容易にすることなどのために，総合法律支援法に基づき設立された法務省所管の独立行政法人である。③誤文。第1審の2年以内の終局という目標については裁判の迅速化に関する法律第2条1項で規定され，民事訴訟法で規定されているわけではない。

問9． ③正文。①誤文。『国家論』はフランスの政治思想家ボーダンの著書である。②誤文。領域・国民・主権という国家の三要素は，ドイツの法学者イェリネックが主張した。④誤文。ノン＝ルフールマンの原則は，難民を，迫害を受けるおそれのある国・地域に送還してはならないというものである。

問10． ④誤文。最高裁判所は，衆議院解散や日米安全保障条約の合憲性について，統治行為論（高度な政治性を有する問題に関する司法審査の回避）の考え方を採用したことがある。しかし，衆議院議員総選挙における選挙区やその議員定数の配分については統治行為論の考え方を採らず，投票価値の平等に反するとして違憲の判断をした例もある。

問12． ②不適。砂川事件では日米安全保障条約の合憲性が争われた。

Ⅱ　解答　**問1．** ①　**問2．** ②・④（順不同）　**問3．** ④
問4． ⑦　**問5．** ①　**問6．** ③
問7． (1)―②　(2)―③　**問8．** ①　**問9．** ④　**問10．** ③　**問11．** ②
問12． ②

解説

《金融政策と社会保障・財政制度》

問5． a．誤文。先行投資が常に必要であるとは限らないし，内部留保を新たな生産の資金とする場合などには資金の不足は生じない。b．正文。公的年金や公的医療保険の保険料の支払い，個人による国債購入なども家計から政府への資金の供給に当たる。c．正文。

問6． ③正文。①誤文。2020年における65歳以上の高齢者人口の割合は28.6％であり（『日本国勢図会 2023/24年版』），すでに超高齢社会に該当している。②誤文。合計特殊出生率は2023年の時点で人口維持に必要な水準を下回っているが，過去最低を記録したのは2022年である。④誤文。

2022年の日本の出生者数は80万人を下回っている。

問7. ⑴　②誤文。マクロ経済スライドは保険料を負担する現役世代の減少や平均寿命の伸びによる受給者増を勘案し，年金給付額の伸びを賃金や物価の伸びより抑制する仕組みである。

⑵　③正文。①誤文。社会保障関係費の割合は国債費の割合より多い。②誤文。プライマリー＝バランスが均衡に達するというのは，税収だけで国債費以外の歳出分を賄うことができる状態になることであり，これにより国債発行残高の上昇を抑止することができる。しかし，その時点でも国債を発行している限りは，すべての歳出を歳入で賄えているとはいえない。④誤文。2022年度の国債残高はすでに1000兆円に達しており，同年度の国内総生産（GDP）の約2倍になっている。

問10. ③正文。①誤文。硬貨は日本銀行ではなく政府が発行する。②誤文。日本銀行が政府の発行する国債を直接引き受けることは原則として禁止されている（財政法第5条）。金融緩和策の実行として日本銀行が国債を購入する際には民間の金融機関の保有する国債を買い入れることとしている。④誤文。日本銀行法は，日本銀行の自主性の尊重（第3条1項），総裁など役員の身分保障（第25条1項）を定めている。政府は金融政策に関する日本銀行政策委員会の議決について，その延長請求権を有する（同法第19条2項）が，日本銀行の決定を政府の意思に従わせることまではできない。以上のことから日本銀行には政府からの独立性があるといえる。

問12. ②正文。ゼロ金利政策は1999年にまず実施された。①誤文。マイナス金利政策は非伝統的な金融政策であるが，公開市場操作は伝統的な金融政策である。③誤文。インフレ＝ターゲット政策は2013年から実施されたものである。④誤文。金融政策に関する決定は，総裁1名・副総裁2名・審議委員6名の計9名による政策委員会の議決によるものとされる。

Ⅲ　解答

問1. ③　**問2.** ④　**問3.** ②　**問4.** ③　**問5.** ②
問6. ④　**問7.** ④　**問8.** ③　**問9.** ①　**問10.** ②
問11. ④　**問12.** ④　**問13.** ②

解説

《農政のあり方》

問2. ④誤文。農地の商業地への転用は一定の条件を満たした場合にのみ認められる許可制であり，自由化されているわけではない。

問5. ②正文。①誤文。遺伝子組み換え作物はアメリカでは栽培されているが，EU（欧州連合）や日本では規制の対象とされている。③誤文。中国製冷凍餃子中毒事件は2008年に発生した。④誤文。BSEはBovine Spongiform Encephalopathyの略で「牛海綿状脳症」を指す。

問6. ④誤文。民主党政権下で行われた戸別所得補償制度は農家の経営の安定を目的としていた。

問7. ④誤文。TPP11協定以前にも牛肉・オレンジの輸入自由化（1991年）やGATT（関税と貿易に関する一般協定）ウルグアイ＝ラウンド（1993年）でのコメの輸入自由化という例がある。

問8. ③正文。①誤文。三位一体改革は，地方への税源の移譲，地方交付税交付金の見直し，補助金の削減を内容とするものであった。②誤文。東京都や神奈川県のように大都市のある都道府県では，税収により地方税を得やすい。そうでない都道府県の財政は国から配分される地方交付税交付金に依存しがちである。④誤文。1996年新潟県西蒲原郡巻町（現・新潟市）で原子力発電所の建設計画を巡る住民投票が実施されたという例がある。

問12. ④誤文。中国の二酸化炭素排出量が世界最大となったのは，2006年である。

問13. ②誤文。2017年の日本の電源別発電量を見ると，再生可能エネルギーの発電量は石油による発電量よりも多い。日本では水力，風力，太陽光などの再生可能エネルギーの利用が増加しており，再生可能エネルギーの発電量は石油による発電量を上回っている。

数　学

■数　学■

I　解答　**[1] ア.** 1　**イ.** 2　**ウ.** 3　**[2] エ.** 2　**オ.** 4
[3] カ. 1　**キ.** 3　**ク.** 1　**ケ.** 4　**コ.** 3
サシ. 12
[4] (1)**ス**—①　(2)**セ**—②

解説

《小問4問》

[1]　$3x^2+x-2>0$

より

$$(x+1)(3x-2)>0$$

よって

$$x<-1\quad(\to ア),\ x>\frac{2}{3}\quad(\to イ,\ ウ)$$

[2]　求める2次関数は，$y=ax^2+x-b$ とおくと，通る点を代入して

$$\begin{cases}a+1-b=-1\\4a-2-b=2\end{cases}\quad すなわち\quad\begin{cases}a-b=-2\quad\cdots\cdots①\\4a-b=4\quad\cdots\cdots②\end{cases}$$

①，②を解くと

$$a=2,\ b=4$$

となり，求める2次関数の式は

$$y=2x^2+x-4\quad(\to エ,\ オ)$$

[3]　2式を連立すると

$$x^2+3=2ax-2a$$

より

$$x^2-2ax+2a+3=0\quad\cdots\cdots③$$

共有点をただ1つもつとき，③の方程式は重解をもつので，③の判別式 D は $D=0$ をみたす。

$$\frac{D}{4}=(-a)^2-(2a+3)=a^2-2a-3$$

$$=(a+1)(a-3)=0$$

よって

$a=-1,\ 3$　（→カ，キ）

となる。

$a=-1$ のとき③は　$x^2+2x+1=0$ より

$(x+1)^2=0$

よって　$x=-1$ より共有点の座標は

$(-1,\ 4)$　（→ク，ケ）

次に $a=3$ のとき③は　$x^2-6x+9=0$ より

$(x-3)^2=0$

よって　$x=3$ より共有点の座標は

$(3,\ 12)$　（→コ，サシ）

［4］(1)　$x^2>25$ より　$x>5,\ x<-5$ なので

$x^2>25 \Longrightarrow x>5$ は偽

$x>5 \Longrightarrow x^2>25$ は真

よって　$x^2>25$ は $x>5$ であるための必要条件であるが十分条件でない。

ゆえに　①　（→ス）

(2)　$x^2+y^2\leqq 4$ を表す領域を図示すると，左下の図の網かけ部分である（境界含む）。

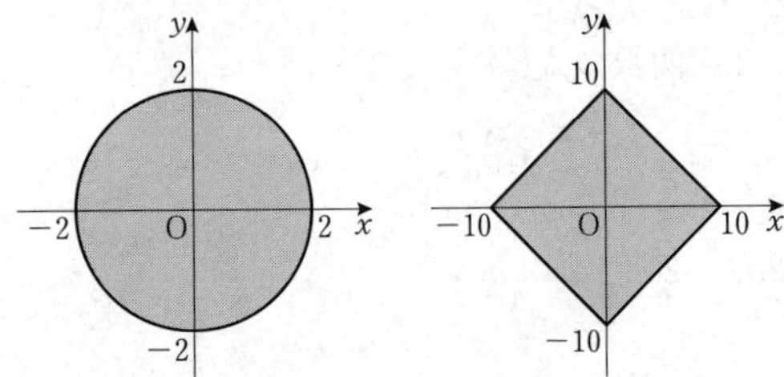

$|x|+|y|\leqq 10$ を表す領域を図示すると，右上の図の網かけ部分である（境界含む）。

(i)　$x\geqq 0,\ y\geqq 0$ のとき　$x+y\leqq 10$

(ii) $x<0$, $y\geqq 0$ のとき　$-x+y\leqq 10$

(iii) $x<0$, $y<0$ のとき　$-x-y\leqq 10$

(iv) $x\geqq 0$, $y<0$ のとき　$x-y\leqq 10$

円の領域は，正方形の領域に含まれるので

$$x^2+y^2\leqq 4 \Longrightarrow |x|+|y|\leqq 10 \text{ は真}$$

$$|x|+|y|\leqq 10 \Longrightarrow x^2+y^2\leqq 4 \text{ は偽}$$

よって，$x^2+y^2\leqq 4$ は $|x|+|y|\leqq 10$ であるための十分条件であるが必要条件でない。

ゆえに　②　(→セ)

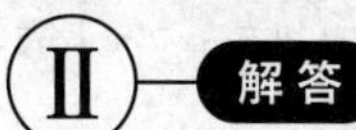

[1] アイウエ. 6562　**オカ.** 81

[2] キ—①　**ク**—④　**ケ.** 3　**コ.** 3

[3] (1)**サ.** 4　**シ.** 5　**ス.** 1　**セ.** 5　(2)**ソタチ.** 545　**ツテ.** 15

[4] ト—③

解説

《小問4問》

[1]　$x=\log_{\sqrt{8}}27$ より

$$(\sqrt{8})^x=27$$

$$(\sqrt{2})^{3x}=3^3$$

$$(\sqrt{2})^x=3$$

$$2^{\frac{x}{2}}=3$$

$$2^x=9$$

両辺を2乗して

$$4^x=81$$

ゆえに

$$4^x+4^{-x}=4^x+\frac{1}{4^x}$$

$$=81+\frac{1}{81}$$

$$=\frac{6562}{81} \quad (\to ア\sim カ)$$

［2］　$-4\sqrt{\pi} \leqq x \leqq 4\sqrt{\pi}$ より

$$-2\pi \leqq \frac{\sqrt{\pi}}{2}x \leqq 2\pi$$

$$0 \leqq x^2 \leqq 16\pi$$

よって　$\sin\left(\frac{\sqrt{\pi}}{2}x\right)$ は　$\frac{\sqrt{\pi}}{2}x = -\frac{3}{2}\pi,\ \frac{1}{2}\pi$

すなわち　$x = -3\sqrt{\pi},\ \sqrt{\pi}$ で最大値 1 をとる。

次に　$\cos(x^2)$ は　$x^2 = \pi,\ 3\pi,\ 5\pi,\ 7\pi,\ 9\pi,\ 11\pi,\ 13\pi,\ 15\pi$ で最小値 -1 をとる。

すなわち

$$x = \pm\sqrt{\pi},\ \pm\sqrt{3\pi},\ \pm\sqrt{5\pi},\ \pm\sqrt{7\pi},\ \pm 3\sqrt{\pi},\ \pm\sqrt{11\pi},\ \pm\sqrt{13\pi},\ \pm\sqrt{15\pi}$$

である。

ゆえに　$\sin\left(\frac{\sqrt{\pi}}{2}x\right) - \sqrt{3}\cos(x^2)$ は　$x = -3\sqrt{\pi},\ \sqrt{\pi}$　(①，④)（→キ，ク）において，$\sin\left(\frac{\sqrt{\pi}}{2}x\right)$ が最大となり，$-\sqrt{3}\cos(x^2)$ も最大となるので，求める最大値は

$$\left|\sin\left(\frac{\sqrt{\pi}}{2}x\right) - \sqrt{3}\cos(x^2) + 2\right| = |1 - \sqrt{3}(-1) + 2|$$

$$= 3 + \sqrt{3}\quad (\text{→ケ，コ})$$

［3］　x と u の平均値，分散，標準偏差をそれぞれ $\overline{x}$，$\overline{u}$，$S_x{}^2$，$S_u{}^2$，S_x，S_u とする。

x	520	540	550	570
u	2	4	5	7
u^2	4	16	25	49

(1)　$\overline{u} = \frac{2 + 4\times 2 + 5\times 2 + 7}{6}$

$= 4.5$　（→サ，シ）

$$S_u{}^2 = \overline{u^2} - (\overline{u})^2 = \frac{4 + 16\times 2 + 25\times 2 + 49}{6} - \left(\frac{9}{2}\right)^2$$

$$= \frac{135}{6} - \frac{81}{4} = \frac{90}{4} - \frac{81}{4} = \frac{9}{4}$$

よって　$S_u = \sqrt{\frac{9}{4}} = \frac{3}{2} = 1.5$　（→ス，セ）

(2)　$u=\dfrac{x-500}{10}$ より

$$\bar{u}=\frac{\bar{x}-500}{10}$$

よって

$$\begin{aligned}\bar{x}&=10\bar{u}+500\\&=10\times4.5+500\\&=545\quad(\to ソタチ)\end{aligned}$$

$S_u=\dfrac{S_x}{10}$ より

$$\begin{aligned}S_x&=10S_u\\&=10\times1.5\\&=15\quad(\to ツテ)\end{aligned}$$

[4]　相関係数の値は $-1\leqq r\leqq1$ より A は正しくない。

相関係数の定義は共分散を 2 変量それぞれの標準偏差の積で割った値であり，B は正しい。

2 変量のうち一方の変量だけを 2 倍にしたとき，共分散は 2 倍，標準偏差の積も 2 倍となり相関係数は変化しないので C は正しくない。

よって　③　(→ト)

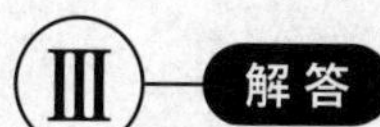

[1] ア. 4　**イ.** 9
[2] ウ. 4　**エオ.** 26
[3] カキク. 582　**ケ.** 6
[4] コ. 2　**サシ.** 50
[5] スセソ. 153　**タチ.** 17　**ツ.** 4　**テト.** 27　**ナ.** 3　**ニヌ.** 17　**ネ.** 4

解説

《2 次関数の接線の方程式，3 次関数の極値，放物線と直線とで囲まれた面積》

[1]　$f(x)=0$ より

$$-2x^2+26x-72=0$$

よって

$-2(x^2-13x+36)=0$

$-2(x-4)(x-9)=0$

ゆえに　$x=4,\ 9$ （→ア，イ）で x 軸と交わる。

[2] $f(x)$ を微分すると

$f'(x)=-4x+26$ （→ウ，エオ）

[3]

$$h(x)=f'(x)g(x)+f(x)g'(x)$$
$$=(-4x+26)(2x^2+26x+72)+(-2x^2+26x-72)(4x+26)$$
$$=-16x^3+776x$$

より

$$h'(x)=-48x^2+776=-8(6x^2-97)$$

$h'(x)=0$ より

$$x^2=\frac{97}{6}$$

$$x^2=\frac{582}{36} \text{ より}$$

$$x=\pm\frac{\sqrt{582}}{6}$$

x	$\cdots$	$-\frac{\sqrt{582}}{6}$	$\cdots$	$\frac{\sqrt{582}}{6}$	$\cdots$
$h'(x)$	$-$	0	$+$	0	$-$
$h(x)$	↘	極小	↗	極大	↘

増減表より　$x=\frac{\sqrt{582}}{6}$ （→カ～ケ）で極大値をとる。

[4] $y=f(x)$ 上の点を $(s,\ -2s^2+26s-72)$ とする。

$f'(x)=-4x+26$ より接線の方程式は

$$y-(-2s^2+26s-72)=(-4s+26)(x-s)$$

より

$$y=(-4s+26)x+2s^2-72 \quad \cdots\cdots①$$

同様に $y=g(x)$ 上の点を $(t,\ 2t^2+26t+72)$ とする。

$g'(x)=4x+26$ より接線の方程式は

$$y-(2t^2+26t+72)=(4t+26)(x-t)$$

より

$$y=(4t+26)x-2t^2+72 \quad \cdots\cdots②$$

①，②より係数比較すると

$$\begin{cases} -4s+26=4t+26 & \cdots\cdots③ \\ 2s^2-72=-2t^2+72 & \cdots\cdots④ \end{cases}$$

③, ④を解くと

$(s,\ t)=(-6,\ 6),\ (6,\ -6)$

①に $s=6$ を代入すると

$y=2x$ 　(→コ)

①に $s=-6$ を代入すると

$y=50x$ 　(→サシ)

[5]　$f(x)=-x$ より

$2x^2-27x+72=0$

よって

$$x=\frac{27\pm3\sqrt{17}}{4},$$

$$\alpha=\frac{27-3\sqrt{17}}{4},\ \beta=\frac{27+3\sqrt{17}}{4}$$

とする。同様にして

$g(x)=-x$ より

$2x^2+27x+72=0$

よって

$$x=\frac{-27\pm3\sqrt{17}}{4},\ \alpha'=\frac{-27-3\sqrt{17}}{4},\ \beta'=\frac{-27+3\sqrt{17}}{4}$$

とする。よって，求める 2 つの部分の面積の合計は

$$\int_{\alpha}^{\beta}\{f(x)-(-x)\}dx+\int_{\alpha'}^{\beta'}\{(-x)-g(x)\}dx$$

$$=-2\int_{\alpha}^{\beta}(x-\alpha)(x-\beta)dx-2\int_{\alpha'}^{\beta'}(x-\alpha')(x-\beta')dx$$

$$=-2\left(-\frac{1}{6}\right)(\beta-\alpha)^3-2\left(-\frac{1}{6}\right)(\beta'-\alpha')^3$$

$$=\frac{1}{3}\left(\frac{3}{2}\sqrt{17}\right)^3+\frac{1}{3}\left(\frac{3}{2}\sqrt{17}\right)^3$$

$$=\frac{153\sqrt{17}}{4}$$ 　(→ス～ツ)

図より求める点 P の x 座標は β より

$\dfrac{27+3\sqrt{17}}{4}$　(→テ～ネ) である。

IV **解答**

[1] ア. 0　**イ.** 4　**ウ.** 0　**エ.** 2

[2] (1)**オ.** 2　**カ.** 4　**キ.** 2　**ク.** 1　**ケ.** 2

(2)**コサ.** 12　**シ.** 4

[3] スセ. 12

[4] ソ. 7　**タチ.** 20　**ツテ.** 16　**ト.** 8　**ナ.** 7　**ニヌ.** 10　**ネ.** 7

ノハ. 12　**ヒ.** 7

解説

《ベクトルの大きさ，内積》

[1]　$2|\vec{b}|=4-|\vec{a}|\geqq 0$ より　　$|\vec{a}|\leqq 4$

よって

$$0\leqq|\vec{a}|\leqq 4\quad(\text{→ア，イ})$$

同様にして

$$|\vec{a}|=4-2|\vec{b}|\geqq 0 \text{ より}\qquad |\vec{b}|\leqq 2$$

よって

$$0\leqq|\vec{b}|\leqq 2\quad(\text{→ウ，エ})$$

[2] (1)　$x=|\vec{b}|$ とおくと，$|\vec{a}|=4-2x$ より

$$|\vec{a}||\vec{b}|=(4-2x)\cdot x$$
$$=-2x^2+4x\quad(\text{→オ，カ})$$

よって

$$|\vec{a}||\vec{b}|=-2(x-1)^2+2$$

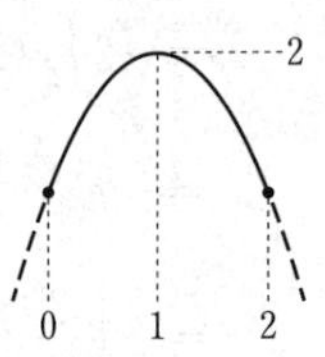

［1］より　　$0\leqq x\leqq 2$ なので，$x=1$　すなわち　$|\vec{b}|=1$ (→ク)，$|\vec{a}|=2$　(→キ) のとき最大値 2　(→ケ) をとる。

(2)　(1)より　　$c=2$　　よって　　$|\vec{a}||\vec{b}|=\dfrac{2}{2}=1$ である。

よって

$$|\vec{a}|+2|\vec{b}|=4$$

より両辺を2乗すると

$$|\vec{a}|^2+4|\vec{a}||\vec{b}|+4|\vec{b}|^2=16 \quad \cdots\cdots①$$

ここで $|\vec{a}||\vec{b}|=1$ より

$$|\vec{a}|^2+4|\vec{b}|^2=12$$

よって

$$\begin{aligned}|\vec{a}+2\vec{b}|^2&=(\vec{a}+2\vec{b})\cdot(\vec{a}+2\vec{b})\\&=|\vec{a}|^2+4\vec{a}\cdot\vec{b}+4|\vec{b}|^2\\&=(|\vec{a}|^2+4|\vec{b}|^2)+4|\vec{a}||\vec{b}|\cos\theta\\&=12+4\times1\times\cos\theta\\&=12+4\cos\theta \quad (\to コ〜シ)\end{aligned}$$

[3] $|\vec{a}+2\vec{b}|^2=|\vec{a}|^2+4\vec{a}\cdot\vec{b}+4|\vec{b}|^2$

$$\begin{aligned}&=|\vec{a}|^2+4|\vec{a}||\vec{b}|\cos\frac{\pi}{3}+4|\vec{b}|^2\\&=|\vec{a}|^2+2|\vec{a}||\vec{b}|+4|\vec{b}|^2\end{aligned}$$

①より

$$|\vec{a}|^2+4|\vec{b}|^2=16-4|\vec{a}||\vec{b}|$$

だから

$$\begin{aligned}|\vec{a}+2\vec{b}|^2&=(|\vec{a}|^2+4|\vec{b}|^2)+2|\vec{a}||\vec{b}|=(16-4|\vec{a}||\vec{b}|)+2|\vec{a}||\vec{b}|\\&=16-2|\vec{a}||\vec{b}|\end{aligned}$$

［2］(1)より $|\vec{a}||\vec{b}|$ の最大値は2であり，$|\vec{a}+2\vec{b}|^2=16-2|\vec{a}||\vec{b}|$ なので，このときに $|\vec{a}+2\vec{b}|^2$ は最小となる。

よって，最小値は

$$16-2\times2=12 \quad (\to スセ)$$

[4] $x=|\vec{b}|$ より　$|\vec{a}|=4-2x$ で　$0\leqq x\leqq 2$

$$\begin{aligned}|\vec{a}+\vec{b}|^2&=(\vec{a}+\vec{b})\cdot(\vec{a}+\vec{b})\\&=|\vec{a}|^2+2\vec{a}\cdot\vec{b}+|\vec{b}|^2\\&=|\vec{a}|^2+2|\vec{a}||\vec{b}|\cos\frac{2}{3}\pi+|\vec{b}|^2\\&=(4-2x)^2-(4-2x)\cdot x+x^2\end{aligned}$$

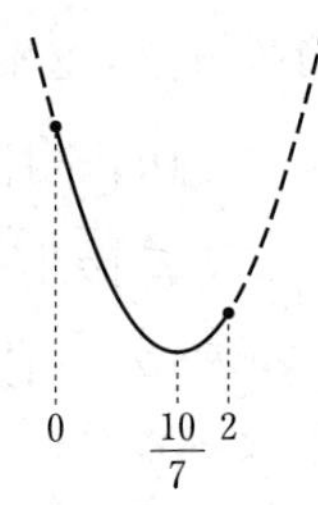

$$=7x^2-20x+16 \quad (\to ソ\sim テ)$$

$$=7\left(x-\frac{10}{7}\right)^2+\frac{12}{7}$$

$0\leqq x\leqq 2$ より

$$x=\frac{10}{7} \quad すなわち \quad |\vec{b}|=\frac{10}{7} \quad (\to ニ\sim ネ)$$

$|\vec{a}|=4-2\cdot\frac{10}{7}=\frac{8}{7}$　(→ト，ナ) のとき最小値 $\frac{12}{7}$

(→ノ～ヒ) をとる。

■数学基礎■

I 解答　**[1] ア.** 3　**イ.** 3　**[2] ウ.** 5　**エオ.** 27
[3] カ. 4　**キ.** 9　**ク.** 2

解説

《小問3問》

[1]　グラフが x 軸と共有点をもつには，方程式 $ax^2+12x+4a=0$ の判別式 D が $D\geqq 0$ をみたせばよいので

$$\frac{D}{4}=6^2-a\cdot 4a=36-4a^2\geqq 0$$

より

$$a^2\leqq 9$$

よって

$$-3\leqq a\leqq 3\quad (\to ア，イ)$$

[2]　$x=0.\dot{1}8\dot{5}$ とおくと

$$1000x=185.185185\cdots\cdots$$
$$x=0.185185\cdots\cdots$$

それぞれを引くと

$$999x=185$$

より

$$x=\frac{185}{999}=\frac{5}{27}$$

よって

$$0.\dot{1}8\dot{5}=\frac{5}{27}\quad (\to ウ〜オ)$$

[3]　方程式 $14x^2+7x-252=0$ より

$$2x^2+x-36=0$$
$$(x-4)(2x+9)=0$$

よって，求める解は

$$x=4,\ -\frac{9}{2}\quad (\to カ〜ク)$$

Ⅱ 解答 **アイ．** 56 **ウエ．** 60 **オカ．** 65

解説

《平均値，分散》

最高得点と最低得点の差が 10 より

$$c=55+10=65 \quad (\to オカ)$$

となる。

5 人のデータの平均から

$$\frac{1}{5}(55+64+a+b+65)=60$$

より

$$a+b=116 \quad \cdots\cdots①$$

次に 5 人のデータの分散を求めると

$$\frac{1}{5}\{(55-60)^2+(64-60)^2+(a-60)^2+(b-60)^2+(65-60)^2\}$$

$$=\frac{1}{5}\{25+16+(a-60)^2+(b-60)^2+25\}$$

$$=\frac{1}{5}\{66+(a-60)^2+(b-60)^2\}$$

よって

$$\frac{1}{5}\{66+(a-60)^2+(b-60)^2\}=16.4$$

より

$$(a-60)^2+(b-60)^2=16 \quad \cdots\cdots②$$

①，②より

$$(a-60)^2+(116-a-60)^2=16$$

$$a^2-120a+3600+a^2-112a+3136=16$$

$$2a^2-232a+6720=0$$

$$a^2-116a+3360=0$$

$$(a-56)(a-60)=0$$

$$a=56,\ 60$$

①より

$$(a,\ b)=(56,\ 60),\ (60,\ 56)$$

$a<b$ より

$a=56$ （→アイ），$b=60$ （→ウエ）

となる。

Ⅲ　解答　**[1] アイウエ.** 1260　**[2] オカキ.** 360
[3] クケコ. 315

解説

《グループ分け》

[1]　4人，3人，2人のグループに9人からそれぞれ${}_9C_4$通り，${}_5C_3$通り，${}_2C_2$通りで各グループを選べるので

$${}_9C_4\times{}_5C_3\times{}_2C_2=\frac{9\cdot8\cdot7\cdot6}{4\cdot3\cdot2\cdot1}\times\frac{5\cdot4\cdot3}{3\cdot2\cdot1}\times1=126\times10\times1$$

$=1260$ 通り　(→ア～エ)

[2]　4人，3人，2人のグループに男子3人をそれぞれ振り分ける場合の数は

${}_3C_1\times{}_2C_1\times{}_1C_1=3\times2\times1=6$ 通り

である。

次に4人，3人，2人のグループに女子6人をそれぞれ振り分ける場合の数は

${}_6C_3\times{}_3C_2\times{}_1C_1=20\times3\times1=60$ 通り

である。

よって，求める場合の数は

$6\times60=360$ 通り　(→オ～キ)

である。

[3]　4人の2グループは区別がつかないので，仮に4人A，4人Bの2グループとすると，9人の振り分け方は

${}_9C_4\times{}_5C_4\times{}_1C_1=126\times5\times1=630$ 通り

ある。ところが4人グループは区別がつかないので，求める場合の数は

$\frac{630}{2!}=315$ 通り　(→クケコ)

となる。

Ⅳ 解答

[1] ア. 8 **イウ.** 64 **[2] エ.** 6 **オ.** 2
[3] カキ. 27 **ク.** 2

解説

《対数方程式，桁数，最高位の数》

[1] 真数条件より $x>0$，また底の条件より $0<x$ $(x\neq1)$ である。

$$\log_2 x+18\log_x 2-9=0$$

より

$$\log_2 x+18\frac{\log_2 2}{\log_2 x}-9=0$$

$\log_2 x=X$ とおくと

$$X+\frac{18}{X}-9=0$$

よって

$$X^2-9X+18=0$$
$$(X-3)(X-6)=0$$

より

$$X=3,\ 6$$
$$\log_2 x=3,\ \log_2 x=6$$

より

$$x=2^3,\ 2^6$$

よって

$x=8$ と $x=64$ （→ア～ウ）

である。

[2] 方程式 $\log_x(-x^2+6)=4$ ……① において

真数条件より　$-x^2+6>0$ ……②

底の条件より　$x>0$ $(x\neq1)$ ……③

②，③をともにみたすのは

$0<x<\sqrt{6}$ （→エ）　かつ　$x\neq1$

①より

$$x^4=-x^2+6$$
$$x^4+x^2-6=0$$
$$(x^2+3)(x^2-2)=0$$

$x^2 \geqq 0$ より

$x^2=2$

$0<x<\sqrt{6}$ かつ $x \neq 1$ なので

$x=\sqrt{2}$ (→オ)

である。

[3] $\log_{10}6^{34}=34\cdot\log_{10}6=34(\log_{10}2+\log_{10}3)$

$=34(0.3010+0.4771)$

$=34\times0.7781$

$=26.4554$

$26 \leqq \log_{10}6^{34}<27$

よって

$10^{26} \leqq 6^{34}<10^{27}$

より求める桁数は 27 桁 (→カキ) である。

次に $\log_{10}6^{34}=26.4554$ より

$6^{34}=10^{26.4554}$

$=10^{0.4554}\times10^{26}$

$\log_{10}2=0.3010$, $\log_{10}3=0.4771$ より

$2=10^{0.3010}$, $3=10^{0.4771}$

ゆえに

$10^{0.3010}<10^{0.4554}<10^{0.4771}$

よって

$2<10^{0.4554}<3$

ゆえに 6^{34} の最高位の数は 2 (→ク) である。

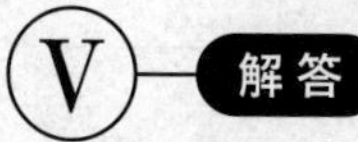

[1] アイ. 22 **ウ.** 3

[2] エ. 4 **オ.** 2 **カ.** 3 **キク.** 68 **ケコ.** 27 **サシ.** 16

解説

《定積分の計算，微分法の方程式への応用》

[1] 偶関数と奇関数に注目すると

$$\int_{-\frac{1}{2}}^{\frac{1}{2}}(2x+1)^2(2x+5)dx=\int_{-\frac{1}{2}}^{\frac{1}{2}}(8x^3+28x^2+22x+5)dx$$

$$=2\int_{0}^{\frac{1}{2}}(28x^2+5)dx$$

$$=2\left[\frac{28}{3}x^3+5x\right]_0^{\frac{1}{2}}$$

$$=2\left(\frac{7}{6}+\frac{5}{2}\right)$$

$$=\frac{22}{3}$$　（→ア～ウ）

別解

$$\int_{-\frac{1}{2}}^{\frac{1}{2}}(2x+1)^2(2x+5)dx=\int_{-\frac{1}{2}}^{\frac{1}{2}}(2x+1)^2\{(2x+1)+4\}dx$$

$$=\int_{-\frac{1}{2}}^{\frac{1}{2}}\{(2x+1)^3+4(2x+1)^2\}dx$$

$$=\left[\frac{1}{8}(2x+1)^4+\frac{2}{3}(2x+1)^3\right]_{-\frac{1}{2}}^{\frac{1}{2}}$$

$$=\frac{1}{8}\cdot 2^4+\frac{2}{3}\cdot 2^3$$

$$=2+\frac{16}{3}=\frac{22}{3}$$

[2]　$f(x)=x^3+7x^2+8x-a$ より

$$f'(x)=3x^2+14x+8$$

$$=(x+4)(3x+2)$$

$f'(x)=0$ より $x=-4,\ -\frac{2}{3}$ となり，増減表は右の通りである。

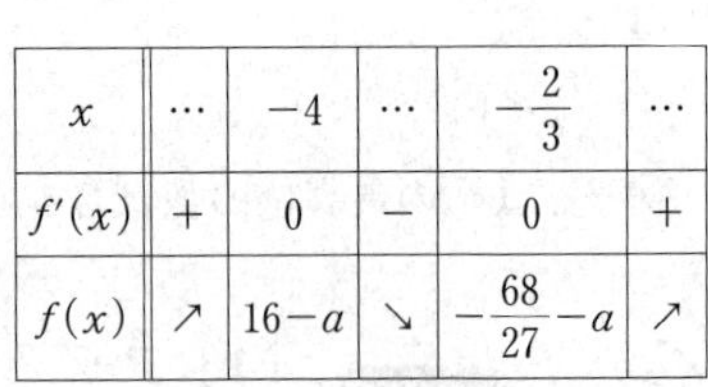

x	$\cdots$	-4	$\cdots$	$-\frac{2}{3}$	$\cdots$
$f'(x)$	$+$	0	$-$	0	$+$
$f(x)$	↗	$16-a$	↘	$-\frac{68}{27}-a$	↗

ゆえに，$x=-4$　（→エ）で極大，

$x=-\frac{2}{3}$　（→オ，カ）で極小となる。

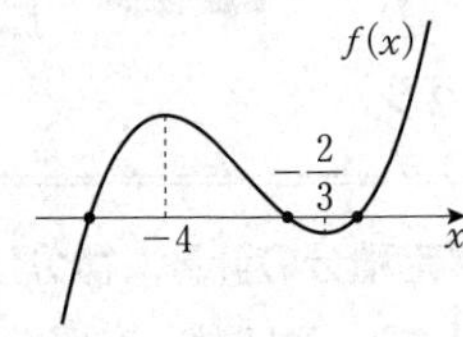

グラフより方程式 $x^3+7x^2+8x-a=0$ が異なる実数解を3つもつには

$$f(-4)>0 \quad \text{かつ} \quad f\left(-\frac{2}{3}\right)<0$$

をみたせばよい。

$$f(-4)=16-a>0 \text{ より} \qquad a<16$$

$$f\left(-\frac{2}{3}\right)=-\frac{68}{27}-a<0 \text{ より} \qquad -\frac{68}{27}<a$$

ゆえに求める a の範囲は

$-\dfrac{68}{27}<a<16$ （→キ～シ）である。

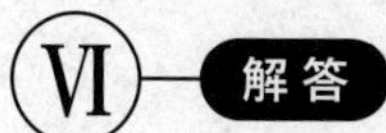

［1］アイ． 17

［2］ウ． 7　**エオ．** 13　**カキク．** 655

［3］ケコサシスセ． 131070

解説

《等差数列，等比数列とその和》

［1］ 3つの中央の項を x，公差を d とすると

$$(x-d)+x+(x+d)=-30$$

より $x=-10$ となり，3つの項は，$-10-d$，-10，$-10+d$ となるので

$$(-10-d)(-10)(-10+d)=-10(100-d^2)$$

より

$$-10(100-d^2)=1890$$

よって

$$d^2=289$$

$d>0$ より

$d=17$ （→アイ）

［2］ 公差を d とすると，$a_1=a_2-d$，$a_3=a_2+d$ より

$$(a_2-d)+a_2+(a_2+d)=60$$

より

$$a_2=20$$

ゆえに

$$(20-d)^2+20^2+(20+d)^2=1538$$

より

$$d^2=169$$

$d>0$ より

$d=13$　(→エオ)

以上より

$a_1=a_2-d=20-13=7$　(→ウ)

よって，一般項は

$a_n=7+(n-1)\cdot 13=13n-6$

より

$$\sum_{n=1}^{10} a_n=\sum_{n=1}^{10}(13n-6)$$
$$=\frac{10}{2}(a_1+a_{10})$$
$$=5(7+124)$$
$$=655$$　(→カキク)

[3]　一般項は，$a_n=6\cdot 4^{n-1}$ より

$$\sum_{n=1}^{8} a_n=\sum_{n=1}^{8}6\cdot 4^{n-1}$$
$$=6\sum_{n=1}^{8}4^{n-1}$$
$$=6\frac{4^8-1}{4-1}$$
$$=2(4^8-1)$$
$$=2(65536-1)$$
$$=131070$$　(→ケ〜セ)

ぼしているのは狭衣で、源氏の宮ではないので不適。
④は傍線部9の前の記述と合わない。狭衣中将は、人が来たので絵を見るふりをして少し離れたのである。
⑤は、最後の段落一・二行目の記述に合致。

傍線部は、〝(在五中将の先例があるので) 我だけが惑う恋の道だろうか、いやそうではない〟と解釈できる。

問五　4は、「よしさらば」の歌を言い終えずに涙をほろほろと流した狭衣を「あやし(=妙だ)」と思った人物なので、主語は宮。5は、手を取り、涙を袖では堰き止められない人物なので、主語は狭衣。ちなみに格助詞「て」の前後において主語は変わらない。6は、その前後を訳すと〝心もますます動揺し果てて、多くを想い耐えた心〟となるので主語は狭衣。7は、幼くいらっしゃった頃から心をお寄せ申し上げた、という文脈なので、「ものす」の主語は宮。

問六　思ひの「ひ」が〝恋の思ひ〟と〝火〟の掛詞。また、「焦がれ」「煙」は〝火〟の縁語。

問七　傍線部を含むかぎかっこは狭衣の言葉であり、「かかる心」とは、これまで述べられてきたように、宮を想う気持ちのことである。つまり、傍線部は〝このような私の気持ちを(あなたが)お知りになって、これまでの年月よりもご好意をさらに増してお思いになるならば〟の意。よって、正解は②。

問八　Aの直前に「心憂」という、ク活用の形容詞「心憂し」の語幹がある。係助詞「こそ」があるので②「けれ」を入れて已然形にする。二箇所のBの前にはいずれも副詞「よも」があるので、打消推量の助動詞④「じ」と呼応して〝まさか～あるまい〟の意となる。Cの直後に連用形接続の助動詞「けり」の連体形「ける」があるので、連用形の⑤「たり」が入る。Dの前に係助詞「ぞ」があるので結びは連体形となる。①か⑧のどちらかだが、ここは語り手が語っている箇所なので間接過去の①が適当。

問九　傍線部の前において狭衣は宮に恋心を打ち明けているので、傍線部はそれに対する宮の反応である。「あさまし」は〝驚きあきれる〟、「動かれたまはで」は〝お動きにならないで〟の意。宮は、狭衣による突然の告白に驚いて身動きがとれなくなってしまったのである。よって、②が正解。

問十　①は「よしさらば」の歌の四行目以降に、幼い頃から特別な想いをお寄せ申し上げてきたとあるので、不適。
②は傍線部6を含む文の「片端をだに言ひ尽くすべうもなければ、ただ涙におぼれて」と合致。
③は「よしさらば」の歌の後に「うつぶし伏したまへるけはひ、いといみじう恐ろしと思したる」とあるが、涙をこ

Ⅲ

出典 『狭衣物語』〈巻一〉

解答

問一 a—④ b—⑤ c—③ d—④
問二 ①
問三 ⑤
問四 ③
問五 4—② 5—① 6—① 7—②
問六 ①・④（順不同）
問七 ②
問八 A—② B—④ C—⑤ D—①
問九 ②
問十 ②・⑤（順不同）
問十一 X—④ Y—⑧ Z—①

解説

問二 「かからぬ」の「かから（かかり）」は〝このように〟の意で、「ぬ」は体言の前にあるので打消の助動詞「ず」の連体形とわかる。「かから」は直前の内容、すなわち源氏の宮の愛らしさを指している。よって正解は①。

問三 傍線部の一行前で狭衣中将のことを「かばかり御心にしみたまへる人（＝これほど宮を想っていらっしゃる人）」と記していることから、この一文は第三者である語り手の目線とわかる。傍線部は、宮への想いがあふれ、正気も失せてしまいそうなのを、狭衣中将は〝よく耐えていらっしゃる〟の意。よって正解は⑤。

問四 「よしさらば」の歌の「昔の跡」とは、前に出てくる「在五中将（＝在原業平）」の日記を指す。これを踏まえると

いる④が正解。

問七 Xの直前に「だれもが経験する」とあるのでそれと同じ意味の①「平俗」が適当。Yの前後は、冒頭で出てきた男女の話において、女は自らが理想とする恋愛の演技を完成させようとしていたことが述べられている。よって、演技に意味が近い⑤「儀式」を選ぶ。

問八 傍線部の二行後に「なにかの役割を演じること、それが、この現実の人生では許されない」とある。また、空欄Yの段落に、女が「叔母や母」「いらくさ」「協力してくれぬ恋人」に邪魔されて理想を演じられなかったことが書かれている。つまり、他者がいる限り、現実において自分の理想的な役を演じることはできないということ。よって、正解は①。

問九 傍線部イの段落以降の内容にある通り、Oには③「演劇」が入る。Pには女の台詞に出てくる⑤「特権的状態」が入る。Qには、傍線部eの段落や空欄Yの段落あたりに書かれるように⑤「役割を演じる」が入る。Rには、筆者が「真の未来の到来」とみなす内容が入る。最終段落に「私たちの欲する未来」は「現在の完全燃焼」による「現在の消滅」によって「新しき現在に脱出すること」だとあるので最も意味が近い②「現在を生き切る」を選ぶ。Sには、筆者が否認する未来が入るので、⑤「現在を中断させる」が適当。

問十 筆者は本文全体を通して、自身の理想的な生を十分に実現することを、演じると表現している。これを踏まえれば、理想的な愛も演技によってつくりだされるものということである。よって、⑤が正解となる。

問十一 ①は、「完璧な瞬間」を創造しようとする状態に言及できていないので不適。
②は、傍線部アを含む文の記述と合致。
③は、傍線部アの次の文に「かならずしも歓喜へと道を通じてはいない」とあるので不適。
④は、傍線部cの段落後半に合致。
⑤は、傍線部dを含む引用部分後半の記述に合致。

問八 ①
問九 O―③ P―⑤ Q―⑤ R―② S―⑤
問十 ⑤
問十一 ①・③（順不同）

解説

問一 Aの前後を確認すると、男は「愛はみずから自分を完成するもの」とおもっているから、「手を貸そうとしない」という文脈となっている。よって順接の④「だから」が入る。Bの直後は、周囲と交わることによってはじめて出生を自分の事件となしうる、という直前の内容の言い換えなので、⑤「つまり」を選ぶ。Cの直後に「いくつかの例をあげたのち」とあり、女の主張をまとめている部分なので、②「こうして」を選ぶ。

問三 女は、ギイズ公暗殺の場面について「厳密な統一によって描かれている絵」とした上で、「特権的状態」は「まったく、たぐいまれな、貴い性質」で「ひとつのスタイル」をもっていると述べている。よって、これらを踏まえた④が正解。①は「寓意的なスタイル」が本文に記述がなく誤り。

問四 第五・六段落によれば、出生は意識が参与しておらずそれを自分の事件としてみなせないため「特権的状態」にはなり得ないが、死はそれに向けて準備することができ、「臨終のことばは、周囲のひとびとによって…土壌が用意されている」「その用意された土壌が…『特権的状態』」とあるので「特権的状態」であるといえる。よって正解は③。

問五 男は、女のつくりあげる愛に手を貸そうとしなかった、すなわち女の演技を邪魔していたのである。それと同様に叔母や母もすすり泣くことで、父の死に際する女の演技を妨害していたというわけである。よって正解は⑤。

問六 この引用文は、「特権的状態」にあって「完璧な瞬間」をつくりあげようとする一例として挙げられている。傍線部の直後に「あなたに与えようとしていたあの接吻のほうが、もっとずっと大切だった」とあるので、女は理想とする恋愛を演じようとしていたことがわかる。よって、女の目指していた「完璧な瞬間」（＝「理想の状態」）に触れて

考え方を構築する知を養」うものである。よってOには②「思考方法の習得」が入る。こうした「形式陶冶」の考え方は、経験とそれ以前に身につけたリテラシーを結びつけるデューイの教育と「共通する」といえるので、Pには①が入る。Qには、⓪③段落にデューイの教育は「従来の固定的形式的な教授過程を否定」とあるので⑤「知識を得ること」が入る。Rには⓪⑦段落にある通り③「探究学習」が入る。Sには①⓪・①①段落にあるように、欧米諸国が重視する「形式陶冶」と東アジア諸国の重視する「実質陶冶」の対照関係が読み取れるので④とわかる。Tには⓪⑨・①⓪段落で東西諸国における「試験」「選抜」の方法の違いが話題となっているので③「試験の形態」が入ると推測される。

問八　①①段落に、欧米では知は外部化された記憶としての書物や図書館から得られると考え、人の能力とはこれらの知を使いこなす力とされる。一方、東アジアでは図書館は知識を与えてくれるが多すぎて使うのに不便なので、検定を経た教科書が知識の範囲を定めるものとして重視されるとある。以上を踏まえた①が正解。

Ⅱ

出典　福田恆存『人間・この劇的なるもの』〈人間・この劇的なるもの〉（新潮文庫）

解答

問一　A―④　B―⑤　C―②

問二　ア―③　イ―③　ウ―⑤

問三　④

問四　③

問五　⑤

問六　④

問七　X―①　Y―⑤

問二　「こうした教育制度」とはその直前の四行に述べられている内容を指す。つまり、公費によって支えられた義務教育が普及し、あらゆる人に読み書き算盤などの能力が求められるようになったということである。それらを過不足なく要約している③が正解。①は「無償化」、②は「出身階層に応じて整備」、④は「エリート主義が消滅」、⑤は「リテラシー教育が発展」が不適。

問三　⓪①段落にヘルバルト派の教育は「子どもの道徳的発達を目標にし、授業実践のなかで管理と訓練を行うもの」とある。それに対して「新教育」は⓪②段落に「社会制度や枠組みの押しつけから子どもを解放し、自由な発達をもたらすための方法を指向」するものとある。よってこれらを踏まえた⑤が正解。

問四　⓪③段落に、プラグマティズムとは「経験から出発して概念や認識を客観的に記述する科学主義的な態度を表明する考え方」とある。そしてデューイの『学校と社会』について⓪④段落で「彼が主張したかった子どもの経験を活かして学校で学ぶための考え方が示され」たものとして図を挙げ、⓪⑤・⓪⑥段落で「1階の中心に図書室があり、2階の中心に博物室があり」「直接的な経験を…間接的経験によって確認」「外部に拡がった知の世界の資源を利用して学びを拡張する」と説明している。これらを踏まえた⑤が正解。

問五　⓪④段落の最後に、デューイのモデル図については「子どもたちが直接体験することを通した学びの場を強調しているという理解をするのが一般的」とあるが、⓪⑤段落にある通り、中心部分に図書室や博物室があり、学校外の左側には大学や研究施設などのあることが見落とされていたのである。つまり、学校は人文主義の文化装置を抱え込んでおり、直接的な経験を文献などの間接的な経験で裏付けることが想定されているのである。よって正解は②。

問六　空所V～Zの前に「図書館」についての話題があるのは、YかZである。抜かれた一文には、「図書館」の、「産業社会においてそれを支え新しい知をもたらす場」としての位置付けについて書かれているので、直前に労働の話題が出ているYを選ぶ。

問七　「形式陶冶」は⓪⑧段落にある通り「弁証法的なレトリックを身につけること」で、難問にくらいつき「何らかの

▲二月七日実施分▼

出典　根本彰『アーカイブの思想──言葉を知に変える仕組み』〈第7章　カリキュラムと学び〉（みすず書房）

解答

問一　A─⑤　B─③　C─②
問二　③
問三　⑤
問四　⑤
問五　②
問六　④
問七　O─②　P─①　Q─⑤　R─③　S─④　T─③
問八　①
問九　ア─①　イ─⑤　ウ─①　エ─④　オ─①

解説

問一　Aの直前では、デューイの「直接体験することを通した学び」についての一般的な理解について述べられているが、その後で「重大な見落とし」について言及される。よって、逆接の⑤「しかしながら」が入る。Bを含む一文の末尾に「だからです」という理由の表現がきているので、③「というのは」を選ぶ。Cの前段落では欧米諸国における形式陶冶教育について述べられ、その後で「(それらの欧米諸国は）形式陶冶を重視している点で…東アジアの国々とは学力観に大きな違いがあ」るという文脈になっている。よって、②「いずれにせよ」を選ぶ。

問九 ①は空欄Bの段落一・二文目の記述に合致。②は傍線部3の次の段落一文目に「こと果つるままに」「御帳のうしろに居隠れたる」とあるので、合致しない。③は傍線部1直後の記述に合致。④は傍線部1の二文前の記述に合致。⑤の記述は本文に見られないため不適。⑥は本文最後から二文目の記述に合致。

問十 Vは傍線部2の次の段落二行目に「大夫、かはらけ取りて、そなたに出でたまへり」とある。Wは空欄Bの段落一文目に「右大将寄りて、衣の褄、袖口、かぞへたまへる」とある。Xは傍線部3の段落最終文に「権中納言、すみの間の柱もとに寄りて、兵部のおもとひこしろひ」とある。なお「ひこしろふ」は〝無理に引っ張る〟の意。Yは傍線部2の次の段落二・三文目に「右の大臣寄りて…扇をとり、たはぶれごとのはしたなきも多かり」とある。Zは傍線部3の前文に「左衛門の督、…うかがひたまふ」とあり、几帳の間から様子をうかがっていると推測される。また、作者とも戯れの会話をしている。

である。よって、正解は④。

問四 (一) 傍線部の直前に「啓したまふ」とあるのに注目する。「啓す」は中宮や皇后に対してのみ用いられ、「言ふ」の謙譲語である。よって、宮の大夫が申し上げた相手は「大宮」であり、「大宮」が返事をしているとわかる。

(二) 「聞こしめす」は〈聞く、治む、食ふ〉の尊敬語。ここでは、宮の大夫が上達部たちを御前にお呼びしましょうと申し上げたのに対して、大宮がそれをお聞きになり、殿をはじめとする人々が参上なさるという文脈なので、正解は①。

問五 傍線部前の「若紫」「源氏」は作者が著した『源氏物語』の登場人物で、「若紫」は「源氏」が最も愛した女性とされる「紫の上」のこと。左衛門の督が、この辺りに若紫はおりませんか、とふざけたのに対して、作者は、源氏に似ていそうな方もお見えにならないのに、若紫がどうしていらっしゃるだろうか、とあきれつつ聞き流しているのである。よって、正解は④。

問六 和歌Pは、〝どうしてどのようにして数えることができるだろうか、幾千年にも及ぶほど長い若君の御代を〟と訳されるので、若君の御代の繁栄を寿ぐものである。それに対する和歌Qは、〝私に鶴ほどの齢があるならば、若君の御代の千年という年数もきっと数えることができるだろう〟と訳され、若君の御代を見届けたいという道長の気持ちが詠まれている。よって、①が正解。

問七 作者がこのように感じたのは、問六でも触れたように、道長が酔っ払いながらも若君の御代を思う和歌を詠んだからである。よって、正解は③。なお、「あはれ」は「しみじみとした気持ち」、「ことわり」は「もっともなこと」に対応している。

問八 人々が笑い申し上げたのは、その直前の道長のつぶやきを聞いたからである。「なめし」は〝無礼だ、無作法だ〟の意。「かしこけれ」はク活用の形容詞「かしこし」の已然形で、〝立派だ、恐れ多い〟の意。道長は、実の娘といえども中宮の御帳の内を通った自身の無作法さを苦し紛れに言い訳しているのである。よって、正解は⑤。

出典　『紫式部日記』

解答

問一　ア―③　イ―④　ウ―②
問二　A―③　B―②　C―⑨
問三　④
問四　(一)―①　(二)―①
問五　④
問六　①
問七　③
問八　⑤
問九　②・⑤（順不同）
問十　V―⑨　W―①　X―③　Y―⑧　Z―④

解説

問二　Aは直前に連用形の「はべり」があるので、連用形に接続する過去の助動詞「き」が入る。ただし、係助詞「ぞ」があるため連体形③「し」が入る。Bを含む一文の末尾が「しか」という過去の助動詞「き」の已然形となっているため、係助詞②「こそ」が入る。Cの前には係助詞「こそ」があるので已然形が入る。前の「たまふ」は終止形（または連体形）であることから、⑨「めれ」が適当。⑤の「しけれ」はシク活用形容詞の已然形活用語尾なのでここでは不適。

問三　傍線部を含む段落には、五十日の祝いの準備を慌ただしく行う様子が書かれている。傍線部は、〝自分（＝作者）は奥にいて、詳しくは見ていません〟の意。つまり、作者は自分のいる場所から見えた状況を記すにとどめているの

る。これを踏まえれば「場面内在的」の説明は前者に対応するので、アには②が入る。イには、⓪②段落五・六行目に、江戸後期の戯作にも「口上」という形で「作品の注釈を始める形態を生むことにもなった」とあるので、④が入る。ウには⓪①・⓪②段落に『大鏡』『平家物語』を例に「散文の場合、常に誰が誰に語るのか…を暗黙の前提に」「江戸時代の読本というジャンルにまで脈々と受け継がれ」とあるので、③が入る。

問五　⓪⑨段落一・二行目に「花袋がもっとも意を注いだのは、いかにして主観的な題材を客観的なよそおいをもって描いていくか、という〝折衷〟の実践」だったとある。つまり、花袋は主観的な「私」という語りに客観性をもたせるために、「小説家」という設定を用いたのである。よって、①が正解。

問六　①⑤段落一行目において、「作中の『小説家』の試み」が無謀であるほど「魅力ある空白や矛盾を作中に生み出していくことになる」と述べられる。これを踏まえると、都合のよすぎる語りは本来「無謀」と言えるが、「かえって」それが魅力をもたらすこともあるということである。よってPには①が入る。

問七　⓪④段落の「だが」以降では、「近代小説」がこれまでの「語り」から自立を図るという流れになり、「ありのまま」という写実主義の話題になっているので、ここが第二段の始まりとなる。その後、⓪⑤〜⓪⑦段落まで「近代小説」の語りをめぐる具体的な議論が記述されているので⓪⑦段落が終わりとなる。

問八　①③段落に、登場人物としての「小説家」が、「当該作の作り手でもあるらしいというサジェスチョンが加えられた」場合、「その小説の『成り立ち』」が「『もう一つの物語』として派生していくことになる」とある。つまり「楽屋裏」とは、登場人物の「小説家」が作り手でもある可能性のことを指しているのである。よって、⑤が正解。

問九　㈠の二・三行目に「無理に自分の趣向によって善悪邪正の感情を創作しようとは」せず、「傍観してありのままに模写することを心がけるべき」とある。よって戒められるのは「主観的な」人物設定を行うことと考えられるので、Xには②が入る。Yについて、将棋の実況中継の比喩は、模写を心がけるべきという逍遥の主張を支えるものなので、③が適当。

Ⅱ

出典 安藤宏『「私」をつくる――近代小説の試み』〈第五章 小説を書く「私」―メタ・レベルの法則、『和解』を書いているのは誰か?〉(岩波新書)

解答

問一 a―② b―③
問二 A―③ B―④
問三 ③
問四 ア―② イ―④ ウ―③
問五 ①
問六 ①
問七 11―⓪ 12―④ 13―⓪ 14―⑦
問八 ⑤
問九 X―② Y―③

解説

問二 Aの直前に「いびつなありようを示すものとして」とあるので、Aにはマイナスの言葉が入ると考えられるが、「自虐」の要素はないため②は不適。したがって③が入る。Bの直前には「楽屋裏」、すなわち登場人物の「小説家」が当該作の作り手である可能性が問題になった場合の読者の関心について書かれている。これは①③段落に「もう一つの物語」とあることから④の「副次的な」が入る。

問三 『源氏物語』の「草子地」という語りは、物語を語る語り手が「突然顔を出し、語る内容に注釈を加える」というものである。つまり、語り手は物語を語るが、時には物語の外に出て俯瞰的(=メタ的)に物語を見つめることができるということである。よって、正解は③。

問四 ⓪②段落にあるとおり、「草子地」の語り手は物語を語るが、時にはメタ的な視点に立って物語に注釈を加えてい

れが「古典ラテン語とは大きく違っている」とあるので、これを踏まえた④が正解。

問六　空所10の直前に「日常的な」とあるので、これはダイグロシアの現れ方のうち、「私的」で「くつろいだ場」で用いられる③「低次変種」に対応している。その後に「もう一つは」と続くので空所12には「低次変種」と対の関係にある⑧「高次変種」が入る。すると、空所11には「高次変種」の有する特徴の説明が来ると考えられるので、①⓪段落最後から二文目にある⑤「文化的威信」が入る。空所13直前の「これ」は「ダイグロシア」を指すと考えられる。この「二言語変種並存」は標準語と方言のように「地域概念」ではなく、「社会層や教育水準に関係する概念」と説明されているので、空所13には「教育水準」と併記される④「社会層」が入る。

問七　傍線部の直前に「このようなダイグロシアの」とあるので、「灰色の領域」とは「ダイグロシア」の性質を指す。問六で触れたように、ダイグロシアとは、ある言語が状況によって二つの異なる現れ方をする状態のことなので、二種類の変種が混ざり合っている状態について述べた③が正解。

問八　破線部の「この改革」とは①①段落に述べられている、フランク王シャルルマーニュによるラテン語の純化・統一を指す。こうした短期間における強制的な改革によって、①②段落にあるように、聖職者のラテン語と民衆の口語は大きく乖離してしまったのである。よって正解は①。

問九　⓪①段落空欄Aの二文前に、口語ラテン語はロマンス語として独立する、とある。つまり、「話し言葉」→「文字化」の順序である。「追加の前提」の前者により、(い)→(あ)、後者により、(い)→(え)、(う)→(お)の順序はあり得ないので①・③・④は不適。また、言語AがBに変化する経緯とあるので、(あ)→(え)を含む⑤は不適。よって、正解は②。

が提示されている。よって順接の②「こうして」が入る。Bは次の文に「つながりは明白」「素人目にも容易にわかる」とあるので⑤「すぐに」が入り、「すぐに…気づいたことであろう」となる。Cは、直前で八世紀末におけるラテン語の口語形態と文語形態の乖離について述べられているが、直後でこの乖離はすでにローマ帝政期初期から始まっているとある。よって、逆接の③「とはいえ」が入る。

問二 傍線部の二文後に「この両者による塔の崩壊」とあるので、ラテン語の崩壊、すなわちラテン語が分裂していったことを指すと考えられる。よって、正解は①。④は「塔」を「ヨーロッパの王権」としている点で不適。

問三 ①は傍線部の次文に「たがいに相手の語る言葉で」とあるので不適。

②は傍線部の五行後に「ゲルマン語はすでにその一世紀前から文字化が始まっていた」とあるので合致。

③は、東フランク王と西フランク王の名前が入れ替わっているため不適。

④は傍線部の三～五行後の内容と合致する。

⑤は⓪②段落最後の文に「フランク王国がすでに大きく二つの言語域に分かれていること」とあるので不適。

⑥は傍線部の二文後の記述と合わないので不適。

問四 ①は破線部の前の文に記述はあるが「第一の立場」ではないので不適。

②は破線部の次文の記述に合致する。

③の「七～八世紀をゆるやかな移行期とし」は⓪⑥段落最後の文にあるように「第三の立場」の説明なので不適。

④の「中間的な立場」は⓪⑥段落最後の文にあるように「第三の立場」の説明なので不適。

⑤は破線部の四・五文後にあるように「第二の立場」の説明なので不適。

⑥は⓪⑥段落の最後の文の内容と合致する。

問五 前段落七行目に「ラテン語は大きく変化しながらも、話し言葉として社会の諸階層間のコミュニケーションを保つにはなお機能していた」とあり、「トリマルキオのラテン語」はこの「口語」のラテン語である。破線部直後にはそ

国　語

▲二月四日実施分▼

Ⅰ

出典　大黒俊二『声と文字――ヨーロッパの中世6』〈第一章　ラテン語から俗語へ〉（岩波書店）

解答

問一　**A**―②　**B**―⑤　**C**―③

問二　①

問三　②・④（順不同）

問四　②・⑥（順不同）

問五　④

問六　**10**―③　**11**―⑤　**12**―⑧　**13**―④

問七　③

問八　①

問九　②

問十　**ア**―③　**イ**―②　**ウ**―②　**エ**―①　**オ**―⑤

解説

問一　Aの直前ではラテン語の今日に至るまでの歴史が述べられ、直後ではその流れを踏まえた「声と文字」という主題

//////////////////// · memo · ////////////////////

/////////////////// · memo · ///////////////////

/////////////////// · memo · ///////////////////

//////////////////// · memo · ////////////////////

2023年度

問題と解答

■一般方式：全学部統一型・全学部統一グローバル型

問題編

▶試験科目・配点

〔全学部統一型〕

学部等		教　科	科　目		配　点
経済・人文・社会		外国語	コミュニケーション英語Ⅰ・Ⅱ・Ⅲ，英語表現Ⅰ・Ⅱ	3 教科から 2 教科を選択※1	200 点（各 100 点）
		選　択	日本史Ｂ，世界史Ｂ，政治・経済，「数学Ⅰ・Ⅱ・Ａ・Ｂ*1」から 1 科目選択		
		国　語	国語総合（古文は選択問題。漢文を除く）		
国際教養	経済経営学	外国語	コミュニケーション英語Ⅰ・Ⅱ・Ⅲ，英語表現Ⅰ・Ⅱ		100 点
		選　択	日本史Ｂ，世界史Ｂ，政治・経済，「数学Ⅰ・Ⅱ・Ａ・Ｂ*1」から 1 科目選択	2 教科から 1 教科を選択※2	100 点
		国　語	国語総合（古文は選択問題。漢文を除く）		
		数　学基礎*2	数学Ⅰ・Ⅱ・Ａ・Ｂ		100 点
	グローバルスタディーズ	外国語	コミュニケーション英語Ⅰ・Ⅱ・Ⅲ，英語表現Ⅰ・Ⅱ		150 点
		選　択	日本史Ｂ，世界史Ｂ，政治・経済，「数学Ⅰ・Ⅱ・Ａ・Ｂ*1」から 1 科目選択	2 教科から 1 教科を選択※2	100 点
		国　語	国語総合（古文は選択問題。漢文を除く）		

〔全学部統一グローバル型〕

教　科	科　目		配　点
外国語	大学が指定する英語資格・検定試験（4 技能）のスコアを，大学が定めた基準により得点化する		150 点
選　択	日本史Ｂ，世界史Ｂ，政治・経済，「数学Ⅰ・Ⅱ・Ａ・Ｂ*1」から 1 科目選択	2 教科から 1 教科を選択※2	100 点
国　語	国語総合（古文は選択問題。漢文を除く）		
数　学基礎*2	数学Ⅰ・Ⅱ・Ａ・Ｂ ※国際教養学科経済経営学専攻のみ		100 点

■出題範囲■

＊1　「数学B」は「数列・ベクトル」から出題する。

＊2　「数学基礎」の出題範囲は以下のとおり。

数学Ⅰ（数と式，二次関数，データの分析），数学A（場合の数と確率，整数の性質），数学Ⅱ（いろいろな式，図形と方程式，指数関数・対数関数，微分・積分の考え），数学B（数列）

▶備　考

※1　3教科を受験することもできる。その場合，高得点の2教科を合否判定に使用する。

※2　2教科を受験することもできる。その場合，高得点の教科を合否判定に使用する。

- 「国語総合」は，古文を選択せずに，現代文だけでも受験可能。選択問題の現代文と古文を両方解答した場合は，高得点の解答を合否判定に使用する。
- 国際教養学部国際教養学科経済経営学専攻においては，選択科目で「数学」を受験した場合でも「数学基礎」は必須。また，「数学基礎」の得点が基準点に満たない場合は，不合格とすることがある。

英語

（60分）

〔Ⅰ〕　次の各文の空所に入れるべき最も適切な語(句)を①～④の中からそれぞれ1つずつ選びなさい。

問1　The team was exhausted because of the week long [1] they took through the jungle.

① lane　② path　③ road　④ trip

問2　By the time I arrived at the airport, the flight [2] due to the thunderstorm.

① delays　② has been delayed

③ was delaying　④ had been delayed

問3　The professor recommended that I [3] you to ask for your advice.

① called　② would call　③ was to call　④ call

問4　Dennis is three years senior [4] her.

① to　② of　③ as　④ by

問5　[5] choice you make, I'm on your side.

① However　② Whatever　③ Whenever　④ Wherever

問6　I asked my husband to pick up groceries from the supermarket but he forgot [6] so.

① doing　② having done

③ do　④ to do

問7　Did you know that NPO [7] for non-profit organization?

① explains　② means　③ shows　④ stands

〔Ⅱ〕　次の各文において，それぞれ下の選択肢①～⑤の語(句)を並べ替えて空所を補い，和文と同じ意味の英文を完成させるとき，空所 1 ～ 6 に入れるべき語(句)を選択肢の中からそれぞれ1つずつ選びなさい。ただし，問1は文頭に来るべき語も小文字で始まっている。

問1　(　　) 1 (　　) 2 (　　) and inclusiveness, we often think of the media, as well as the fashion and beauty industries.

[多様性と包摂性といえば，私たちはしばしばファッション，美容業界とともにメディアを思い浮かべる。]

① comes　② diversity　③ it
④ to　⑤ when

問2　What we (　　) 3 (　　) 4 (　　) with friends face-to-face without wearing a mask.

[私たちが求めているのは，友達とマスクを着けずに対面でおしゃべりすることです。]

① do　② is　③ to
④ to talk　⑤ want

問3　While we were driving to our grandparents' house over the weekend, we (　　) 5 (　　) 6 (　　) jam.

[週末に祖父母の家へとドライブしているとき，私たちは渋滞に捕まった。]

① a　② caught　③ got
④ in　⑤ traffic

〔Ⅲ〕 次の各問に答えなさい。

問 1 次の 2 つの会話を完成させるために，空所 [1] と [2] に入れるべき最も適切な文を①～④の中からそれぞれ 1 つずつ選びなさい。

会話 1

Natsuko : It's nice outside today. We should go to the park and have a picnic.

Tin : Sounds like a great idea.

Natsuko : What should we take?

Tin : [1]

① Some snacks and a frisbee?

② I didn't sleep last night.

③ Let's go after lunch.

④ He's bringing his favorite surfboard.

会話 2

Stephanie : We're renewing our apartment contract soon. Do you think our rent will go up next April?

Nick : [2]

Stephanie : I heard the people across the hall are paying more.

Nick : I see. Then I'll go and ask them about it.

① Are they going to cancel our contract?

② I thought we were planning to move before then.

③ We have to find new renters for our apartment.

④ Why do you say that?

問 2 次の文書を読み，各問の答えとして最も適切なものを①～④の中からそれぞれ 1 つずつ選びなさい。

Student Health Insurance Plan

The Student Health Insurance Plan (SHIP) provides comprehensive health coverage for students and scholars at East American University.

SHIP is currently accepting summer applications for new students only. Summer SHIP coverage is effective from your first day of class. The SHIP Office must receive your application together with full payment within 31 days of your first day of class.

People Who Can Apply:

- Domestic Students

For U.S. citizens or U.S. permanent residents who have registered to take at least five credits at East American University.

- International Students

For international students registered for classes at East American University on any type of non-immigrant status.

- International Scholars

For visiting scientists, professors, postdoctoral fellows, and students in academic training who have completed their program of study.

COVID-19 Updates:

- SHIP Office

The SHIP office is open to in-person visitors. The SHIP office is located on the 7th floor of the University Health Services building and is open from 9am to 5pm, Monday to Friday.

- SHIP Benefits

In addition to primary care services at University Health Service, SHIP will cover all member costs for COVID-19 testing and antibody testing at all facilities, including emergency room, urgent care, office visits, and telephone appointments.

1. Which of the following is true? [3]
   ① Students who want to sign up for summer SHIP must pay the fee by their first day of class.
   ② SHIP will cover costs for COVID-19 testing.
   ③ SHIP is available for students but not for scholars.
   ④ Because of COVID-19, students are not permitted to visit the SHIP office directly.

2. Which of the following is FALSE? [4]
   ① This notice is about a health insurance service that is provided by a university.
   ② Not only domestic students but also international students can register for SHIP.
   ③ The SHIP office is open on weekdays but closed on weekends.
   ④ Summer SHIP coverage is effective only after the SHIP office receives the full payment.

〔Ⅳ〕 次の文章を読み，問に答えなさい。

In 2020, it was reported that the video game industry had grown bigger than both the music and movie industries combined. In the 1980s and 1990s, video games were typically considered a minor pastime, enjoyed mostly by children, teenagers, and a small group of <u>dedicated</u>(1) fans. Back then, the idea that games might one day exceed movies or music in popularity was [2] . But now, video games form a central part of mainstream entertainment and culture.

As video games have [3] in popularity over the past few decades, certain aspects of games have begun to be applied to other areas of society. One might even say that our lives have become "gamified" to some extent. What this means is that features we associate with gaming—challenges, reaching goals, competition, rewards—have been introduced and applied to various areas of work and our personal lives.

Games have long been used in education and parenting to make learning fun or to <u>motivate</u>(5) children to behave in a particular way. For example, it is not uncommon in the United States for parents to have "chore* charts," in which children gain points for completing chores and receive rewards once a certain number of points are attained. Children become more eager to do housework, not only because of the reward, but because of the sense of accomplishment gained through tracking their progress and achievements. In this way, "gamification" can change people's behavior through applying game-like mechanics to certain activities, influencing people to behave in a [6] way.

Corporations have been quick to take advantage of gamification in increasing customer loyalty. Many shopping and travel companies have gamified their websites using point stages or badges to give customers more discounts or access to special privileges. Customers must complete challenges, like spending a certain amount of money on a certain day of the week, to obtain a prize or reach a goal. Market research suggests that gamifying the user experience increases engagement with the company's brand and [7] increases customer loyalty.

Shopping is not the only area of our lives that has been gamified; fitness apps provide another example of the <u>far-reaching</u>(8) effects of gamification. Some smartphone apps created by local governments, businesses, or health insurance companies track fitness levels and provide rewards for exercising. The rewards can include virtual points, but also real goods and services, e-money, or even discounts on health insurance premiums**. Many people find exercise boring, but by gamifying exercise, users can turn their experiences into a series of measurable achievement goals and enjoy rewards along the way. Through gamification, even the time that we spend away from our busy lives, increasingly spent in front of screens, is converted into data, measured, and standardized.

Encouraging more people to exercise is undoubtedly a positive social change. But it is concerning that through gamification we are being influenced to focus on the goal rather than the simple enjoyment of the activity itself. Furthermore, in areas such as shopping, customers are investing more time, energy, and money than they might have otherwise intended. (9)<u>As more and more aspects of our lives become gamified, we must question what it means to "play" these games and what power the "player" has, if any at all.</u>

*chore　家事

**health insurance premiums　健康保険料

問 1　下線部(1) dedicated の言い換えとして最も適切な語を①～④の中から1つ選びなさい。[1]

① exciting　　② hard-working

③ interested ④ passionate

問2 空所 [2] に入れるべき最も適切な語を①～④の中から1つ選びなさい。

① expected ② hopeful

③ unthinkable ④ unsurprising

問3 空所 [3] に入れるべき最も適切な語(句)を①～④の中から1つ選びなさい。

① dropped ② risen

③ stayed the same ④ varied

問4 第1段落から第2段落(In 2020, it ... our personal lives.)の内容と一致するものを①～④の中から1つ選びなさい。[4]

① "Gamification" only affects the lives of children, teenagers, and dedicated fans of video games.

② Game-like features have been introduced into more and more areas of our society.

③ Video games are incredibly popular, but that does not mean they have any effect on our real lives.

④ Video games are not nearly as popular as movies or music.

問5 下線部(5) motivate の言い換えとして最も適切な語を①～④の中から1つ選びなさい。[5]

① develop ② encourage ③ pass ④ shift

問6 空所 [6] に入れるべき最も適切な語を①～④の中から1つ選びなさい。

① dependent ② desired ③ dishonest ④ divided

問7 空所 [7] に入れるべき最も適切な語を①～④の中から1つ選びなさい。

① because ② before ③ never ④ therefore

問8 下線部(8) far-reaching の言い換えとして最も適切な語を①～④の中から1つ選びなさい。[8]

① falling　　② faraway
③ stretched-out　　④ sweeping

問 9　下線部(9) As more and more aspects of our lives become gamified, we must question what it means to "play" these games and what power the "player" has, if any at all. の内容と一致するものを①～④の中から1つ選びなさい。 9

① People need to question if playing these games is fun for them.
② People should consider which game they want to play next.
③ People should ask themselves if they want to be a developer of games.
④ People should think more seriously about the effects of gamification on their lives.

問10　第5段落から第6段落(Shopping is not … any at all.)の内容と一致するものを①～④の中から1つ選びなさい。 10

① Exercise is one area that has completely escaped the effects of gamification.
② Gamification has made our free time resemble the time we spend working, because of its emphasis on progress and achievements.
③ The kinds of rewards one can receive from fitness apps are purely imaginary and unusable in the real world.
④ The more we exercise, the more we contribute to the gamification of society.

問11　本文全体の内容と一致するものを①～④の中から1つ選びなさい。 11

① Certain features of video games have begun to be used in other areas of our lives, resulting in our spending more time and money on activities that we otherwise might not have.
② Gamification makes us track our progress and achievements in other areas of our lives, which is necessarily a good thing because it makes us more productive.

③ The increasing gamification of our society has made it difficult to tell the difference between games and the real world.

④ We play video games to take a break from the real world, so corporations have introduced game-like features into their products as a way for us to have fun and escape from reality.

〔V〕 次の文章を読み，問に答えなさい。

For years, European and American researchers dug up land where Native Americans buried their dead. They recovered countless bones and cultural artifacts* as part of their studies.

Now, museum officials have begun returning some of these artifacts to Native American tribes. Late last month, the Prussian Cultural Heritage Foundation returned nine such objects to the Alaskan Native Chugach tribe. The objects included a wooden mask, a wooden idol, and a basket for carrying a baby. (1)They were taken by a Norwegian explorer, Johan Adrian Jacobsen, in the late 1800s. He found them in tribal lands along the northwest coast of North America.

Jacobsen gave the artifacts to the Royal Museum of Ethnology in Berlin. They were stored for many years at Berlin's Ethnographic Museum. Hermann Parzinger is president of the Prussian Cultural Heritage Foundation. He said that since the artifacts were taken from the Chugach people without their approval, they do not belong to the museum.

John F.C. Johnson is with the Chugach Alaska Corporation. He (3)represented the tribe in Berlin at a ceremony marking the official return of the nine artifacts. Johnson told VOA** that, for years, he has traveled to Europe to document all the objects taken from the tribe's territory. He plans to create an online registry showing where (4)the artifacts can be found around the world.

The process for returning the mask, baby's basket and other objects began in 2015. That is when a Chugach delegation*** visited the Berlin museum to [6] Chugach artifacts in its collection. Some of the artifacts were found to be funerary**** objects.

Johnson said he does not expect that everything will be returned to the tribe, but it is important that funerary or religious objects are sent back. "When we do reburials, different elders will say that it's a basic cultural value that you have to ... respect ... honor, and give dignity to the human remains and funerary objects. If different cultural organizations or states went by those value systems, I think our world would be a lot better place to live in."

After the German museum confirmed that the nine objects had been taken without the tribe's approval, museum officials agreed to give them back. After the artifacts are officially returned to the Chugach, Johnson says they will be kept in local museums or community centers.

In the United States, the federal government is supporting Native Americans' efforts to recover lost or missing artifacts. The Native American Graves Protection and Repatriation***** Act requires museums to make Native American artifacts available to government-recognized tribes.

Johnson said this means that if tribes wish to have objects returned from an American museum, they need to make an official request. [9] European countries do not have such laws. So Native American tribes depend on the willingness of European museum officials to return artifacts.

Johnson said that with Berlin's Ethnographic Museum, this was not a problem. "People in Germany are doing it out of their own good will, and I'm really impressed with their efforts of doing that."

*cultural artifacts　工芸品など，人が作った物

**VOA　米国の報道メディア。Voice of America の略

***delegation　代表団

****funerary　葬礼に用いる

*****Repatriation　返還

出典

Dierking, Phil. "Berlin Museum Returns Native American Artifacts to Tribe in Alaska." *Voice of America,* June 7, 2018. https://learningenglish.voanews.com/a/berlin-museum-returns-native-american-artifacts-to-tribe-in-alaska/4419712.html

問 1　下線部(1) They が指す最も適切な語を①～④の中から1つ選びなさい。

[1]

① foundations　② objects

③ tribes　④ officials

問 2　第1段落から第2段落(For years, European ... of North America.)の内容と一致するものを①～④の中から1つ選びなさい。[2]

① Recently, museum officials have begun returning objects to Native American tribes.

② European and American scholars in collaboration with museum officials found Native American human remains.

③ European and American scholars have helped museum officials return objects to Native American tribes.

④ European and American scholars criticized tribal museums for keeping stolen bones and cultural artifacts.

問 3　下線部(3) represented の言い換えとして最も適切な語(句)を①～④の中から1つ選びなさい。[3]

① described　② expressed

③ behaved like　④ acted on behalf of

問４　下線部(4) the artifacts can be found around the world が示す事態が起こった原因について，①～④の中から最も適切な説明を１つ選びなさい。 [4]

① European and American explorers have stored them in museums.

② European and American explorers returned them to the tribes.

③ European and American researchers have increased their market value.

④ European and American researchers and explorers took them from the tribes.

問５　第４段落から第５段落（John F.C. Johnson … be funerary objects.）の内容と一致するものを①～④の中から１つ選びなさい。 [5]

① The Chugach people founded a corporation with John F.C. Johnson.

② The Chugach people and Johnson plan to document objects taken from tribal communities in the future.

③ John F.C. Johnson attended a ceremony to celebrate the Chugach people recovering part of their cultural heritage.

④ John F.C. Johnson created a painting of the Chugach tribe at the ceremony.

問６　空所 [6] に入れるべき最も適切な語を①～④の中から１つ選びなさい。

① create　② destroy　③ identify　④ measure

問７　第５段落から第７段落（The process for … or community centers.）の内容と一致しないものを①～④の中から１つ選びなさい。 [7]

① Johnson states returning the funerary and religious objects is a priority because they are sources of the Chugach people's honor and dignity.

② It was not until the Chugach delegation visited the Berlin museum that the returning process began.

③ The Berlin museum's returning of human remains and funerary objects triggered a worldwide repatriation movement.

④ The museum officials agreed with the return after they acknowledged the fact that the objects were taken from the tribes.

問 8　第8段落(In the United ... to government-recognized tribes.)の内容と一致するものを①～④の中から1つ選びなさい。 8

① Actions taken against the US federal government led to a dialogue between museums and Native Americans.

② Legislation gave Native Americans the right to access objects in US museums related to their cultures.

③ US museums can decide whether they want to return Native American artifacts to their original communities.

④ The US government requires Native American tribes to be registered in order to exhibit these museum collections.

問 9　空所 9 に入れるべき最も適切な語を①～④の中から1つ選びなさい。

① Although　② Regardless

③ However　④ Otherwise

問10　本文全体の内容について最も適切なものを①～④の中から1つ選びなさい。 10

① Legislation such as The Native American Graves Protection and Repatriation Act solved all the issues regarding the return of Native American collections stored at European and American museums.

② Whereas some advances have been made in the repatriation process of Native American objects, in some places, it depends on the museum whether the objects can be returned.

③ The official returning ceremony of the nine Chugach artifacts held at the Berlin Ethnographic Museum was the largest event in the history of repatriation.

④ The Chugach tribe took a leading role in creating museum collections on Native American art since the late 1800s.

日本史

(60 分)

〔Ⅰ〕 次の文を読んで，設問に答えよ。

日本では，時代によって政治的実権のありかが大きく転変した。平安時代の初期には，まだ天皇が名実ともに朝廷の主導者で，ⓐ桓武天皇は相次いで長岡京・平安京を造営し，朝廷を奈良盆地の外へ移した。その子の嵯峨天皇は，宮殿の門の名前や礼節の所作を中国風にし，ⓑ朝廷制度・文化の中国化を一挙に推し進めた。

しかし，その孫の文徳天皇の時代に入ると，藤原良房の娘が文徳の子の清和天皇をもうけ，藤原氏が天皇の外祖父となった。良房は臣下で最初の摂政となり，その養子の基経は史上初の関白となって，摂関政治が本格化し，藤原氏北家の嫡流に摂関家が成立する。

その後，宇多天皇はⓒ阿衡の紛議で強大な権勢を誇る関白基経と緊張関係に陥ったが，その一方で菅原道真の才能を高く評価して重用した。しかし，宇多が子の醍醐天皇に譲位すると，ⓓ道真は失脚し，摂関家と並ぶ権勢を持つ氏族は出なくなる。醍醐の子の朱雀天皇の時には藤原忠平が摂政となり，折しも東国と西海で勃発したⓔ承平・天慶の乱への対処に奔走した。

忠平の没後，息子の実頼は関白となったが天皇の外戚となれず，その弟の師輔が2人の天皇の外祖父となって，一家の主流派となった。以後，摂関政治では，天皇に娘を嫁がせて外戚の地位を得ようとする競争が激化する。その末に師輔の孫の道長が勝利し，以後，「御堂流」と呼ばれる彼の子孫だけが摂関を独占して，摂関政治は全盛期を迎えるのである。

しかし，11 世紀のⓕ後三条天皇の時から，摂関家の権勢は低下し始める。そして，白河上皇(法皇)がⓖ天皇の直系の尊属として朝廷を支配する院政を始め，朝廷政治では院政が主流になる。

その後，鎌倉幕府が成立すると，これを樹立した源頼朝は自ら政治を主導したが，その没後は幕府で内紛が重なり，北条氏が台頭した。三代将軍源実朝が暗殺されると，その母の北条政子が実質的な幕府の長となった。彼女の弟の北条義時は執権となって幕府政治の実権を握り，承久の乱に勝利してその地位を固めた。その後，息子の泰時が執権になると，評定衆の設置や御成敗式目の制定など画期的な政策を打ち出し，執権政治が確立する。ⓗ その権力を引き継いだ孫の時頼は，宝治合戦などを通じて執権の権力強化を実現した。ⓘ その子の時宗は文永・弘安の役などの難局を乗り切ったが，幕府では霜月騒動ⓙなどの内紛が頻発し，主導権のありかは転変を重ねた。その隙を突いて朝廷で台頭した後醍醐天皇の攻勢により，幕府は滅ぼされることになる。

問1 下線部ⓐに関する文として，明らかな誤りを含むものを，次の①～④から1つ選べ。 1

① 桓武天皇は，既存の警察機構に代わって京中の治安を維持する役所として，長岡京に検非違使を設置した。

② これらの京では，東西・南北方向の街路によって土地が区分される条坊制が採用された。

③ これらの京は，遣唐使がもたらした唐の情報をもとに，中国の都城を模倣して造営された。

④ 平安京に既存の寺院が移転することは禁止され，代わりに新たに東寺・西寺が建立された。

問2 下線部ⓑに関する文として，明らかな誤りを含むものを，次の①～④から1つ選べ。 2

① 官立教育機関の大学で学ぶ者が増えたほか，藤原氏の勧学院など大学別曹が設けられた。

② 空海は『三教指帰』において，儒教・仏教・神道を比較して，優劣はつけられないと結論した。

③ 嵯峨天皇の頃，日本の漢詩文は盛期を迎え，『凌雲集』を初めとする勅撰漢詩文集が相次いで成立した。

④ 唐の礼制を参考にして，元日の朝賀や天皇の即位式などの儀礼の形態が，中国的なものに改められた。

問3 下線部ⓒおよびⓓに関する文として，明らかな誤りを含むものを，次の①～④から1つ選べ。 3

① 阿衡の紛議では，藤原基経と対立した宇多天皇が非を認めた。

② 菅原道真は，儒学者・文人であると同時に有能な行政官であった。

③ 菅原道真は，陰謀の疑いで太政大臣の職を解かれ，隠岐に流された。

④ 摂関政治の成立過程で，伴善男が左大臣源信を陥れようとした応天門の変など，政争が相次いだ。

問 4 下線部ⓔに関連して，平将門の乱について述べた文として，明らかな誤りを含むものを，次の①～④から１つ選べ。 4

① この乱が起こる背景として，各地で「群盗」や「海賊」などの強盗団が猛威を振るっていた。

② この乱では，かつて摂政藤原忠平に仕えていた平将門が，忠平の説得に従って降伏した。

③ この乱の特色は，東国を掌握した平将門が「新皇」と自称し，独立した国家を築こうとした点にある。

④ 平将門は，最初は平氏の内紛の当事者にすぎなかったが，後に国府を襲撃したため国家的反乱へと展開した。

問 5 下線部ⓕの人物に関する文として，明らかな誤りを含むものを，次の①～④から１つ選べ。 5

① 院政を始めた白河上皇(法皇)の父である。

② 摂関家は，外孫でない彼のもとで政治の主導権を独占できなくなった。

③ 正規の手続きを経た荘園だけを認めるため，記録荘園券契所(記録所)を設置した。

④ 東国で平忠常が反乱を起こすと，源頼義に命じてこれを平定させた。

問 6 下線部ⓖの体制下の政治や社会に関する文として，明らかな誤りを含むものを，次の①～④から１つ選べ。 6

① 大寺院が僧兵を組織して武力を持ち，強訴で朝廷を圧迫した。

② 院は旧来の秩序や慣習に囚われず，恣意的に貴族・僧・武士などを重用した。

③ 政治の中心であった太政官が廃止され，院の家政機関である院庁が国政を担った。

④ 白河上皇(法皇)は，息子・孫・曽孫が天皇であった40年間以上，政治

の実権を握った。

問７　下線部ⓗに関して，北条泰時の政治について述べた文として，明らかな誤りを含むものを，次の①～④から１つ選べ。 7

① 執権と並んで幕府政治に取り組む「連署」を設置し，その地位に経験豊かな北条氏一族を迎えた。

② 制定した貞永式目(御成敗式目)が用いられた範囲は，幕府の勢力圏に限られた。

③ 源頼朝以来の先例と「道理」によって，社会に受け入れられやすい裁定を行おうとした。

④ 幕府政治の実権を握るために，４代将軍藤原頼経の外戚となった。

問８　下線部ⓘに関して，北条時頼の政治について述べた文として，明らかな誤りを含むものを，次の①～④から１つ選べ。 8

① 宝治合戦で，有力な御家人であった和田義盛を排除した。

② 前将軍藤原頼経を京都に送還し，北条氏の有力な一族である名越氏を謀反の疑いで失脚させた。

③ ６代将軍として後嵯峨上皇の子の宗尊親王を迎え，以後，皇族将軍が続いた。

④ 評定衆を補佐する引付(引付衆)を設置し，裁判制度を充実させた。

問９　下線部ⓙに関連する文として，明らかな誤りを含むものを，次の①～④から１つ選べ。 9

① 北条氏嫡流の家督は「得宗」と呼ばれ，圧倒的な権力を握るに至った。

② 困窮する御家人に対し，永仁の徳政令など特別の施策が行われたものの，その不十分さが霜月騒動の原因となった。

③ 霜月騒動で，時宗の舅の安達泰盛が，御内人の平頼綱に滅ぼされた。

④ 次第に御内人が幕府政治を動かし始め，評定衆などの幕府制度が形骸化していった。

問10　本文を通して，天皇・将軍以外の者が政治の実権を握ることを可能とした要素を２つ観察できる。それらの組み合わせとして正しいものを，次の①～④から１つ選べ。 10

① 国際連携と軍事力　　② 軍事力と財力　　③ 財力と親権

④　親権と姻戚関係

問11　本文を通して，古代・中世日本の政治史には，通時代的な特色をいくつか見て取ることができる。それらについて述べた文として，明らかな誤りを含むものを，次の①～④から1つ選べ。 11

①　様々な経緯や口実によって，政治の実権が，形式上の主君からその代行者へと委譲されてゆく傾向がある。

②　既存の統治システムが廃止されないまま形骸化して残り，別のシステムが実質を支配する傾向がある。

③　天皇を朝廷政治の軸とする基本形は保たれたが，実際には天皇でない者が実権を握った時期が大部分である。

④　女性の政治的役割は，婚姻関係を結んだり後継ぎをもうけたりすることに限定されていた。

〔Ⅱ〕　次の文を読んで，設問に答えよ。

幕藩体制の成立とともに，室町時代に京都五山で学ばれていた朱子学を中心に，儒学がさかんになった。近世朱子学の祖と称される藤原惺窩の門人の林羅山は，徳川家康の侍講となり，彼の子孫(林家)は代々儒者として幕府に仕え文教政策ⓐをささえた。林家以外の儒者では，徳川綱吉の侍講となった A がいるが，その門下からは，徳川家宣と徳川家継ⓑに仕えた新井白石，徳川吉宗の侍講の室鳩巣，対馬藩に仕えて朝鮮との外交にあたった B らが出た。

朱子学が重んじられる一方で，山崎闇斎は神道を儒教流に解釈した垂加神道を説き，近江に私塾を開いた中江藤樹は，王陽明にはじまる陽明学を学んで知行合一を主張した。藤樹の門人の C は岡山藩に仕え藩政改革ⓒにも成果を上げたが，幕政を批判して処罰を受けた。

17世紀後半には，孔子や孟子の著作に直接立ち返ろうとする古学派が，山鹿素行や伊藤仁斎㋐らによって始められた。仁斎らの古学を受け継いだ荻生徂徠は，現実政治への関心が高く，柳沢吉保や徳川吉宗の政治顧問として用いられ経世家としても重きをなした。

幕藩体制の動揺がみられ始めると，その打開策を提言する経世論がさかんになった。徂徠の門人の太宰春台は，政治の基礎には経済があると説き，藩による商業活動や専売制の必要を論じた。そして海保青陵が積極的な殖産興業策を主張し，本多利明は西洋諸国との交易や蝦夷地開発を説いた。また佐藤信淵は，国家による諸産業や貿易の振興を主張し，統一国家を構想した。

18世紀になると，儒学とは異なる学問，思想が発展した。戸田茂睡や契沖らの日本古歌の実証的研究のうえに，荷田春満，賀茂真淵，そして本居宣長によって国学が大成された。宣長は日本古来の精神に返ることを主張したが，のちに彼の門人を自称した平田篤胤は，復古神道を唱えて幕末の尊王攘夷運動に大きな影響を与えた。

従来の学問の枠組みを相対化し，独自の学問方法を追求した思想家たちもあらわれた。懐徳堂で学んだ富永仲基，山片蟠桃は，合理主義の立場から既成の教学に対して疑問の目を向け，仲基は仏教思想の発達という観点から仏教の経典の成立を論じ，蟠桃は無鬼論(無神論)を展開した。また安藤昌益は，すべての人々が農業に従事する平等な社会を理想とし，身分社会を鋭く批判した。

鎖国のもと，西洋の学術，文化への関心は一般に低かったが，徳川吉宗が漢訳洋書の輸入制限を緩和し，[D]や青木昆陽らにオランダ語を学ばせて，洋学が蘭学として発達し始めた。昆陽に学んだ前野良沢は，杉田玄白らとともに西洋医学の解剖書を訳述し，医学で洋学がさかんとなった。医学以外でも平賀源内は物理・化学の研究をすすめ，幕府天文方の[E]が西洋天文学を学んで寛政の改暦にあたった。開国という情勢の変化で洋学はさらに発展し，日本の近代化をすすめる基礎となった。

問1 文中の空欄A～Eに入る人名を，次の①～⓪からそれぞれ1つ選べ。

A：[1] B：[2] C：[3] D：[4] E：[5]

① 高橋至時 ② 竹内式部 ③ 渋川春海 ④ 貝原益軒

⑤ 藤田東湖 ⑥ 木下順庵 ⑦ 北村季吟 ⑧ 野呂元丈

⑨ 雨森芳洲 ⓪ 熊沢蕃山

問2 文中の波線を引いた人物，㋐伊藤仁斎，㋑太宰春台，㋒本多利明，㋓山片蟠桃，㋔杉田玄白の著作を，次の①～⓪からそれぞれ1つ選べ。

㋐：[6] ㋑：[7] ㋒：[8] ㋓：[9] ㋔：[10]

① 夢の代 ② 稽古談 ③ 蘭学事始 ④ 西域物語

⑤　農政本論　⑥　経済録　⑦　孟子古義　⑧　海国兵談

⑨　大学或問　⓪　政談

問 3　下線部ⓐに関連して，幕府の文教政策について述べた文として，明らかな誤りを含むものを，次の①～④から1つ選べ。 11

①　徳川綱吉は湯島聖堂をたて，林鳳岡(信篤)を大学頭に任じた。

②　松平定信は湯島の聖堂付の儒官に，柴野栗山らを任命した。

③　幕政を批判し尊王斥覇を説いた兵学者の山県大弐を処刑した。

④　シーボルト事件で，尚歯会の蘭学者たちを処罰した。

問 4　下線部ⓑの治世に関して述べた文として，明らかな誤りを含むものを，次の①～④から1つ選べ。 12

①　生類憐みの令が廃止され，柳沢吉保が退けられた。

②　荻原重秀を引き続き登用し，正徳金銀を鋳造させた。

③　将軍職の地位と権威を高めるため，閑院宮家を創設した。

④　海舶互市新例を出して，長崎貿易の額を制限した。

問 5　下線部ⓒに関連して，19世紀の藩政改革について述べた文として，最も適切なものを次の①～④から1つ選べ。 13

①　保科正之や前田綱紀らは，新田開発や国産品奨励を主導し「名君」とよばれた。

②　水戸藩では「おこぜ組」が結成されて改革を牽引し，財政再建と軍備増強に成功した。

③　佐賀藩は均田制を実施するとともに，特産の有田焼(伊万里焼)の専売制を強化した。

④　長州藩は村田清風のもとで紙・蠟の専売制を改革し，江戸と大坂に越荷方をおいて収益を上げた。

問 6　下線部ⓓに関連して，江戸時代，明治時代の蝦夷地開発に関する以下の二つの文X・Yの正誤の組み合わせとして，最も適切なものを，次の①～④から1つ選べ。 14

X　田沼意次は，仙台藩の医師工藤平助の意見を取り入れ，最上徳内らを蝦夷地に派遣して，その開発やロシア人との交易の可能性を調査させた。

Y　明治新政府は，蝦夷地を北海道と改称して開拓使をおき，アメリカ式の大農場制度の移植をはかり，クラークを招いて札幌農学校を開校した。

① X 正　Y 正　② X 正　Y 誤

③ X 誤　Y 正　④ X 誤　Y 誤

問 7　下線部ⓔに関して述べた文として，明らかな誤りを含むものを，次の①～④から1つ選べ。 15

① 僧の契沖は，『万葉集』の考証により，のちの国学の成立に大きな影響を与えた。

② 賀茂真淵は，儒教や仏教を積極的に受容した古代人の生活や思想に立ち戻ることを主張した。

③ 本居宣長は，『源氏物語』や『古事記』の研究から，日本人の心の本質は「もののあはれ」であるとした。

④ 塙保己一は，幕府の援助を得て和学講談所を設立し，『群書類従』を編集・刊行した。

問 8　下線部ⓕに関して述べた文として，明らかな誤りを含むものを，次の①～④から1つ選べ。 16

① 安藤信正は和宮と将軍家茂の結婚を実現したが，尊攘派の反発を招き，水戸藩浪士らに襲撃された。

② 八月十八日の政変で，薩摩・長州の両藩は朝廷内の実権を握り，尊攘派の三条実美らを追放した。

③ 近藤勇らによって組織された新選組は，京都守護職の指揮下に尊攘派の制圧にあたった。

④ ハリスの通訳官のヒュースケン殺害事件など，尊攘派の志士による外国人殺傷事件が頻発した。

問 9　下線部ⓖに関連して，江戸時代の学校について述べた文として，最も適切なものを次の①～④から1つ選べ。 17

① 寺子屋では，『庭訓往来』や『塵劫記』などを教科書として「読み・書き・そろばん」の実用教育が行われた。

② 懐徳堂は，西南雄藩の出資によって設立され，寛政期に学主の中井竹山のもとで最盛期を迎えた。

③ 蘭学者が設立した私塾として，大槻玄沢の芝蘭堂や広瀬淡窓の咸宜園が

有名である。

④　京都の石田梅岩が，商行為を否定して利益追求の不当性を説く心学をはじめ，心学講舎で教えられた。

問10　下線部ⓗに関して，日米和親条約調印後の洋学について述べた文として，最も適切なものを次の①～④から1つ選べ。 18

①　幕府は種痘所を設置したり，オランダ人医師ポンペを長崎に招いて教育にあたらせたりした。

②　幕府は江戸に蛮書和解御用を新設して，洋学の教授と外交文書の翻訳などにあたらせた。

③　幕府がフランスの技術援助で横須賀に建設した造船所を，明治新政府は接収することなく破却した。

④　幕府が海外渡航の禁止を緩めなかったため，幕末に欧米に留学した日本人はいなかった。

〔Ⅲ〕 次の文を読んで，設問に答えよ。

先生：きょうは20世紀に起きた日本と中国との戦争について考えます。この戦争がどこを起点とするかについては諸説あります。今回は，1915(大正4)年，袁世凱政権に突き付けたⓐ二十一カ条の要求から見ていきましょう。この要求は中国国民の反発を生みました。一方，ロシアとの間の緊張も高まっていきます。ロシア革命後，日本軍はⓑシベリア出兵という名の干渉戦争を行います。1920年代後半，中国の政党や軍閥と，そして日本の軍や政府との関係はどのように推移していきましたか。

生徒：日本は，中国国民党の国民革命軍に対抗して満州軍閥を支援します。「満蒙の危機」を叫ぶ日本軍は，国民革命軍と直接軍事衝突するようになり，ⓒさまざまな事件が立て続けに起きます。

先生：その通りです。外交や経済，軍部との関係において難問を突き付けられた日本の内閣は短命で交代を繰り返すことになりますね。ⓓ張作霖爆殺事件の際の首相は　ア　でした。続いての首相の　イ　はⓔ経済不況の中で金解禁を実施します。そして1931(昭和6)年の満州事変の時は［ウ］首相でした。

生徒：日本は国際社会からの孤立の度を深めていきますが，それでも満州国が建国されるわけですね。にもかかわらずこうした選択を，日本国民の多くは支持します。その背景には<u>1920年代からの大衆文化の広がり</u>ⓕがあったと思います。

先生：とても大事な指摘ですね。それとともに<u>学問への弾圧</u>ⓖによって，多様な声をあげられなくなっていったことも忘れてはなりません。

生徒：戦争に異を唱えることができなくなるのは恐ろしいことです。そうしたなか，［エ］内閣成立直後の1937年，<u>盧溝橋事件</u>ⓗが勃発します。これが日中戦争の始まりとされますが，それまでも戦争が続いていたのに，なにか不思議な気がします。

先生：宣戦布告がなされなかったという面がありますが，違和感はよくわかります。いずれにしても，中国軍民の抵抗に直面し泥沼化していきます。さてソ連との間にはずっと緊張があり，1939年にノモンハン事件が起きます。1941年には日ソ中立条約が結ばれましたが，<u>1945年8月8日，ソ連軍は満州・朝鮮に侵入</u>ⓘします。これをどう考えればよいでしょう。

生徒：たしかに中立条約に反していたわけですが，日本軍がソ連をつねに仮想敵とみなし，北進論を捨てていなかったことも確かです。

先生：戦後，内戦を経て中華人民共和国が建国され，<u>日中国交正常化</u>ⓙがなされるのは1972年のことです。二十一カ条の要求から半世紀以上が経っていました。

問1　文中の空欄ア～エに入る人物を，次の①～⓪からそれぞれ1つ選べ。

ア：［1］　イ：［2］　ウ：［3］　エ：［4］

①　若槻礼次郎　②　東条英機　③　西園寺公望　④　近衛文麿
⑤　山本権兵衛　⑥　浜口雄幸　⑦　原敬　⑧　桂太郎
⑨　犬養毅　⓪　田中義一

問2　下線部ⓐに関する以下の二つの文X・Yの正誤の組み合わせとして，最も適切なものを，次の①～④から1つ選べ。［5］

X　加藤高明外相が，元老の山県有朋や政友会総裁の原敬ら多くの政治家の後押しを受けて，袁世凱政権に要求した。

Y　山東省のドイツ利権の継承など，日本海軍の艦隊が出動し圧力をかけて承認を迫ったことで，中国国民の反発を呼んだ。

① X正 Y正　② X正 Y誤

③ X誤 Y正　④ X誤 Y誤

問3　下線部ⓑに関連して，以下の二つの文X・Yの正誤の組み合わせとして，最も適切なものを，次の①～④から1つ選べ。 6

X　名目は，捕虜としてシベリアに送られたポーランド軍兵士の救出だったが，ロシア革命の影響が中国に及ぶことを防ぐねらいがあった。

Y　日本国内では，出兵を当て込んだ投機的買占めにより米の価格が急騰したことで，大規模な騒擾が起きた。

① X正 Y正　② X正 Y誤

③ X誤 Y正　④ X誤 Y誤

問4　下線部ⓒに関連して，1920年代後半の対外情勢や政策に関する文として，最も適切なものを，次の①～④から1つ選べ。 7

①　孫文のあとを引き継いだ毛沢東は南京に国民政府を樹立し，満州軍閥を打倒する北伐を進めた。

②　日本は朝鮮半島から移住させた朝鮮人の保護を名目に，山東出兵を実施した。

③　関東軍は遼東半島租借地や満鉄沿線の守備だけでなく，大陸進出の急先鋒となっていった。

④　日本は協調外交から決別し，パリ不戦条約に参加することを拒否した。

問5　下線部ⓓに関する文として，明らかな誤りを含むものを，次の①～④から1つ選べ。 8

①　関東軍は独断で，張作霖を奉天郊外で列車ごと爆殺した。

②　政府は首謀者の河本大作大佐をはじめ，多くの関係者を逮捕・処罰した。

③　当時の真相は日本国民に知らされず，満州某重大事件と呼ばれた。

④　張作霖の後継者の張学良は，勢力下にあった満州を国民政府支配下の土地と認めた。

問 6　下線部ⓔに関する文として，明らかな誤りを含むものを，次の①～④から1つ選べ。 9

① アメリカで起きた恐慌が世界恐慌に拡大し，それが日本にも波及した。

② 金解禁によって輸出が拡大し，正貨が日本に大量に流入した。

③ 国民生活が困窮するなか，労働争議の発生件数は大きく増加した。

④ 財閥や三井・三菱・住友など五大銀行による産業支配がさらに進んだ。

問 7　下線部ⓕに関する文として，明らかな誤りを含むものを，次の①～④から1つ選べ。 10

① 『大阪朝日新聞』や『東京日日新聞』のような100万部をこえる巨大新聞があらわれた。

② 司馬遼太郎や太宰治らの大衆作家が活躍し，大衆文学が開花した。

③ 円本と呼ばれる1冊1円の文学全集や文庫本が誕生し，総合雑誌が急速に発展した。

④ ラジオ放送が始まり，娯楽だけでなく，情報や指示が全国に瞬時に伝わるようになった。

問 8　下線部ⓖに関する以下のⅠ～Ⅲの出来事について，古いものから年代順に正しく並べたものを，次の①～⑥から1つ選べ。 11

Ⅰ　文部省が『国体の本義』を学校に配布し，思想統制を進めた。

Ⅱ　美濃部達吉の天皇機関説が，貴族院で反国体的だと非難を浴びた。

Ⅲ　京大教授の滝川幸辰は，刑法の学説をめぐって休職処分を受けた。

① Ⅰ－Ⅱ－Ⅲ　② Ⅰ－Ⅲ－Ⅱ　③ Ⅱ－Ⅰ－Ⅲ

④ Ⅱ－Ⅲ－Ⅰ　⑤ Ⅲ－Ⅰ－Ⅱ　⑥ Ⅲ－Ⅱ－Ⅰ

問 9　下線部ⓗに関する以下の二つの文X・Yの正誤の組み合わせとして，最も適切なものを，次の①～④から1つ選べ。 12

X　この事件を契機に，中国で国民党と共産党の提携が決裂し，それまで強固だった抗日民族統一戦線が解体していった。

Y　この事件後に日本は，東亜新秩序建設の声明を出し，国民党副総裁の周恩来を重慶から脱出させ，南京に新政権を樹立した。

① X 正　Y 正　② X 正　Y 誤

③ X 誤　Y 正　④ X 誤　Y 誤

問10　下線部ⓘに関連して，1945年当時のソ連に関する文として，最も適切なものを，次の①～④から1つ選べ。 13

① ヤルタ会談では，ソ連・アメリカ・フランス・イギリスの4国の首脳が戦争方針について話し合った。

② ソ連はヤルタ会談で，ドイツ降伏から半年以上先に対日参戦することを秘密に約束した。

③ ソ連は宣戦布告をせずに，一挙に満州・朝鮮に進攻した。

④ ソ連の進攻によって関東軍は壊滅し，軍人や満蒙開拓移民の子たちのなかで多くの中国残留孤児がうまれた。

問11　下線部ⓙの頃の日中関係や中国の状況に関する文として，明らかな誤りを含むものを，次の①～④から1つ選べ。 14

① 1972年，アメリカ大統領ニクソンが中国を電撃的に訪問した。

② 国連の中国代表権が，中華民国(台湾)から中華人民共和国に移った。

③ 1972年，田中角栄首相が中国を訪問し，国交が正常化した。

④ 日本政府は，中国が受けた戦争被害への賠償金として2兆円を支払った。

世界史

（60分）

〔Ｉ〕次の文を読んで，問に答えよ。

2019年4月15日，パリのノートルダム大聖堂で火災が起こった。消防士たちの必死の消火活動により全焼は免れたが，大聖堂の尖塔と屋根の大半が焼け落ちた。テレビカメラはセーヌ川ⓐ対岸から固唾を呑んで鎮火活動を見守る大勢の市民たちの姿をとらえ，SNS上には世界中からの連帯の表明が溢れかえった。この火災が多くの人に衝撃を与えたのは，ノートルダム大聖堂がカトリック教徒にとって重要な祈りの場だったからだけでなく，宗派や宗教ⓑを超えたフランスの象徴であり，さらには，世界中から観光客が訪れる世界遺産ⓒだったからでもある。

ノートルダム大聖堂の歴史は，中世盛期に遡る。12世紀前半ⓓにカペー朝の王都として公認されたパリでは，その庇護のもと都市改造ⓔが進められていった。すでに水運で栄えていたセーヌ右岸地域では，主要道路の舗装，中央市場の設置，上水の確保など，一層の経済社会活動活性化のための基盤が整えられた。様々な分野の商人や職人ⓕが集まり，パリが都市としての発展期を迎えていた12世紀後半に，ノートルダム大聖堂はセーヌ川の中州シテ島で着工された。王宮も置かれるパリの心臓部で始まったこの工事は，完成まで100年以上の歳月を要する巨大事業であった。また，パリのノートルダム大聖堂は，この時期にフランス各地で建立されたノートルダムの名を冠するゴシック教会ⓖのひとつとも位置づけられる。ノートルダムとは聖母マリアを指すが，中世におけるキリスト教普及の過程ⓗにおいてマリア崇拝が大きな役割を果たしていたことがその背景にある。さらに，外壁や柱に施された彫刻，美しいステンドグラス，高い天井といった特徴を持つゴシック建築には，視覚的に畏敬の念を民衆に抱かせることで彼らを信仰ⓘへと導く効果があった。

しかし，ノートルダム大聖堂は，フランスの人々にとって常に象徴的存在だったわけではない。歴代フランス王の戴冠式を執り行ってきたという意味では，ランス大聖堂をフランス史においてより重要な教会と考えることもできる。非キリスト教化運動が加速した革命期には，ノートルダム大聖堂は度重なる略奪と破壊を受け，19世紀中葉の大規模な再建まで半ば廃墟となっていた。その一方で，ナポレオンの戴冠式ⓙ，第二次世界大戦ⓚの勝利を祝う式典，第5共和政ⓛの歴代大統領の国葬など重要な行事の舞台に選ばれてきた。ノートルダム大聖堂は，紆余曲折の歴史を経て，多くの人にとって心の拠り所とされるようになったのである。

問 1　下線部ⓐの位置として正しいものを，下の地図上の①～⑤から選べ。 1

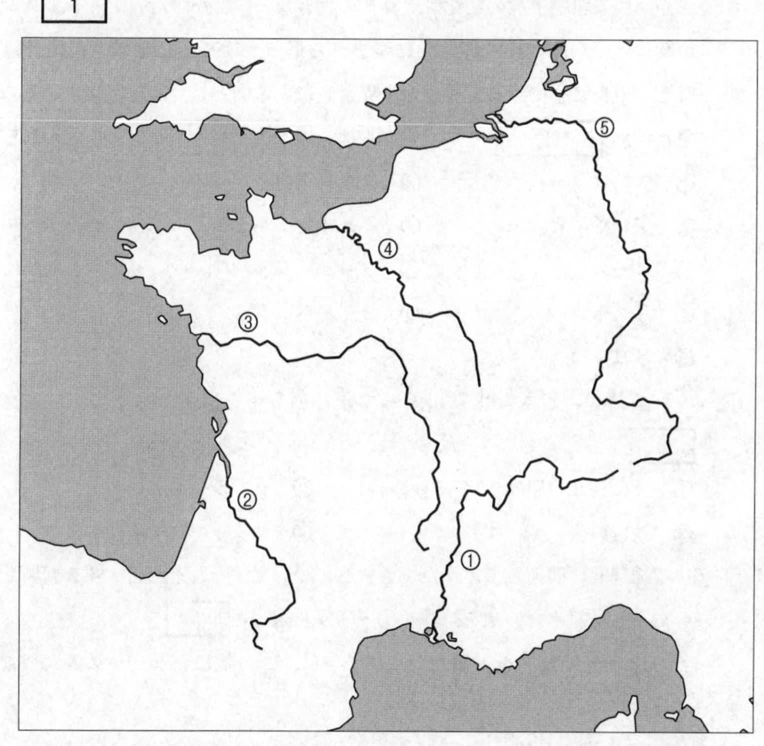

問 2　下線部ⓑに関連して。古代ローマにおけるキリスト教について述べた文として正しいものを，次の①～④から選べ。 2

① エフェソス公会議で，ネストリウス派が異端とされた。

② ディオクレティアヌス帝が，ミラノ勅令でキリスト教を公認した。

③　ニケーア公会議で，アタナシウス派が異端とされた。

④　ユリアヌス帝が，キリスト教を国教とした。

問 3　下線部ⓒに関連して述べた以下の文を読んで，空欄ア～ウにあてはまる最も適切な語を，続く①～⑨から選べ。ア：［3］　イ：［4］　ウ：［5］

世界遺産とは，人類が共有すべき「顕著な普遍的価値」を持つと評価され，世界遺産条約に基づき登録された文化遺産・自然遺産などを指す。1950年代からエジプト政府が進めていたナイル川中流における［ア］の建設は周辺の遺跡を水没させる危険性があり，その救済のための国際キャンペーンが，国際組織主導の文化財保存への大きな一歩となった。ノートルダム大聖堂は，「パリのセーヌ河岸」に含まれる形で，1991年に世界遺産に登録された。中世にまで遡る街並みが世界遺産になる例としては，ハンザ同盟の盟主だった［イ］やフランドル地方の［ウ］なども挙げられる。

①　アスワン＝ハイダム　　②　スエズ運河

③　ダンツィヒ　　④　ニュルンベルク

⑤　ノモス　　⑥　ブリュージュ(ブルッヘ)

⑦　リスボン　　⑧　リューベック

⑨　リヨン

問 4　下線部ⓓに起きた出来事として正しいものを，次の①～④から選べ。

［6］

①　カノッサの屈辱(カノッサ事件)　　②　クレシーの戦い

③　靖康の変　　④　マジャパヒト王国の成立

問 5　下線部ⓔに関連して述べた文A，Bについて，それぞれ正・誤を判断し，その正しい組み合わせを，続く①～④から選べ。［7］

A　16世紀にゴアを占領したスペインは，この地にカトリックの大聖堂を建設した。

B　19世紀にナポレオン3世が，パリの都市改造をオスマンに命じた。

①　A＝正　B＝正　　②　A＝正　B＝誤

③　A＝誤　B＝正　　④　A＝誤　B＝誤

問 6　下線部ⓕに関連して。ヨーロッパ中世の商工業について述べた文として正しいものを，次の①～④から選べ。［8］

① 銀・銅鉱山の開発等で富を築いたフッガー家は，フランクフルトを本拠地とした。

② 商人ギルド内の争いをツンフト闘争と呼ぶ。

③ 同職ギルドは，親方のみを正式な組合員とした。

④ 職人と徒弟のあいだに厳格な身分序列はなかった。

問7　下線部ⓖとして正しくないものを，次の①～④から選べ。 9

① アミアン大聖堂　　② ケルン大聖堂

③ シャルトル大聖堂　　④ ピサ大聖堂

問8　下線部ⓗに関連して。中世のローマ＝カトリック教会について述べた文A，Bについて，それぞれ正・誤を判断し，その正しい組み合わせを，続く①～④から選べ。 10

A　聖職者の序列を定めたピラミッド型の階層制組織がつくられた。

B　グレゴリウス7世は聖職者の妻帯を認めた。

① A＝正　B＝正　　② A＝正　B＝誤

③ A＝誤　B＝正　　④ A＝誤　B＝誤

問9　下線部ⓘに関連して述べた以下の文を読んで，空欄ア～ウにあてはまる最も適切な語を，続く①～⑨から選べ。ア： 11 　イ： 12 　ウ： 13

多くの宗教は，その思想や教えが記された聖典を持っている。ゾロアスター教の経典『 ア 』は，長く口承で伝えられてきたが，ササン朝時代に文字化された。キリスト教の『新約聖書』は，2世紀までに共通 イ 語であるコイネーで書かれたものが，4世紀に聖典化された。『コーラン(クルアーン)』は，第3代正統 ウ の時代に，聖典化するための編纂が行われた。

① アヴェスター　② アラム　③ カリフ　④ ギリシア

⑤ 告白録　⑥ スーフィー　⑦ ソフィスト　⑧ ラテン

⑨ ラーマーヤナ

問10－1　下線部ⓙを題材とした作品を描いた画家を，次の①～④から選べ。 14

① ダヴィド　② マネ　③ ルーベンス　④ ワトー

問10－2　下線部ⓙに関連して。君主の地位に就いていた時期が，ナポレオンが

皇帝の座に就いていた時期と重なる人物として正しいものを，次の①～④から選べ。 15

① ニコライ1世　② フリードリヒ2世(大王)

③ ムハンマド＝アリー　④ レオポルド2世

問11 下線部ⓚの時期の出来事について述べた文として正しくないものを，次の①～④から選べ。 16

① ソ連はフィンランドに侵攻し，その領土の一部を獲得した。

② ペタンは，対独レジスタンス運動を展開した。

③ ドイツ軍は，イギリスに対して大規模な空襲を行った。

④ 1941年に，日本とソ連のあいだで日ソ中立条約が結ばれた。

問12 下線部ⓛに関連して述べた文A，Bについて，それぞれ正・誤を判断し，その正しい組み合わせを，続く①～④から選べ。 17

A ド＝ゴール大統領の任期中，アルジェリアはフランスから独立した。

B ミッテラン大統領の任期中，マーストリヒト条約が調印された。

① A＝正 B＝正　② A＝正 B＝誤

③ A＝誤 B＝正　④ A＝誤 B＝誤

〔Ⅱ〕 次の文を読んで，問に答えよ。

太平洋という名は，ポルトガル(ⓐ)の航海者マゼラン(ⓑ)(マガリャンイス)が「おだやかな海」と名づけたことに由来する。太平洋諸地域はオセアニア(大洋州)とも呼ばれ，オーストラリア大陸，ニュージーランド，ミクロネシア，メラネシア(ⓒ)，ポリネシアに大別される。これらの地域には，実にさまざまな国や人々が存在しているが，彼らが「主語」となって歴史の表舞台に登場する機会はそう多くはない。「おだやかな海」に暮らしていた彼らは，ヨーロッパ人の進出によって，大国に翻弄される世界史の波に呑み込まれることになる。

太平洋を探検した航海者(ⓓ)で，もっとも著名なのはクックであろう。「未知の南方大陸」を求めて，彼は1768年(ⓔ)から3回の航海で太平洋のほぼ全域を探検し，イギリスが太平洋に進出するきっかけを作った。先住民が存在していたにもかかわらず，ヨーロッパ人による一方的な到達によって領有された南海の島々は，オーストラリア(ⓕ)やニュージーランドをはじめ数知れない。

19世紀後半に入ると，太平洋地域における帝国主義的な領土争奪は激しさを増し，ヨーロッパ諸国はタヒチ島(ⓖ)，マリアナ諸島(ⓗ)などを次々と領有していった。また，アメリカはハワイ(ⓘ)を併合したほか，アメリカ＝スペイン(米西)戦争の結果，スペインから［ ⓙ ］を獲得した。

さらに，20世紀，「おだやかな海」は第二次世界大戦の戦場となった(ⓚ)ばかりでなく，戦争が終わった後も，ビキニ水爆実験に代表されるような核実験(ⓛ)で繰り返し死の灰にさらされることになる。ビキニ環礁の住民は強制退去，移住を余儀なくされた。

こうしたなか，ニュージーランドでは1980年代(ⓜ)に登場したロンギ首相のもと，太平洋の非核化を訴える反核運動が興隆したことは特筆される。1985年には，核実験に対して抗議活動に向かう船を，核実験実施国がニュージーランドの港で爆破する事件なども起きた。このように核大国(ⓝ)と摩擦を起こしながらも，ニュージーランドの非核政策は堅持されている。

問 1　下線部ⓐに関連して述べた文として正しくないものを，次の①～④から選べ。［ 1 ］

① 「航海王子」エンリケは西アフリカの探検事業を推進し，奴隷貿易で富を築いた。

② バルトロメウ＝ディアスは喜望峰に到達した。

③ ヴァスコ＝ダ＝ガマはマラッカ(ムラカ)王国を占領した。

④ ポルトガルはマカオを領有したが，1999年に中国へ返還した。

問2 下線部ⓑについて述べた文A，Bについて，それぞれ正・誤を判断し，その正しい組み合わせを，続く①～④から選べ。 2

A スペイン王の後援を得て，航海に出た。

B パナマ地峡を横断した。

① A＝正 B＝正　② A＝正 B＝誤

③ A＝誤 B＝正　④ A＝誤 B＝誤

問3 下線部ⓒに関連して。メラネシアに属する島々について述べた文として正しくないものを，次の①～④から選べ。 3

① 19世紀半ば，ニューカレドニアはフランス領となった。

② 19世紀前半，ニューギニア西部はポルトガル領となった。

③ 19世紀後半，ビスマルク諸島はドイツ領となった。

④ ガダルカナル島は太平洋戦争の激戦地の一つである。

問4 下線部ⓓに関連して述べた文A，Bについて，それぞれ正・誤を判断し，その正しい組み合わせを，続く①～④から選べ。 4

A スペインはメキシコとフィリピンを結ぶ太平洋航路を開いた。

B タスマンはクックに先んじて，オーストラリアを探検している。

① A＝正 B＝正　② A＝正 B＝誤

③ A＝誤 B＝正　④ A＝誤 B＝誤

問5 下線部ⓔに関連して。18世紀後半に起きた出来事として正しいものを，次の①～④から選べ。 5

① オーストリア継承戦争の勃発

② 乾隆帝の即位

③ トラファルガーの海戦

④ プガチョフの農民反乱

問6 下線部ⓕに関して述べた文として正しくないものを，次の①～④から選

べ。 6

① アメリカ，ニュージーランドと3国で太平洋安全保障条約(ANZUS)を結んだ。

② オーストラリアでは20世紀初頭に金鉱が発見され，ゴールドラッシュが起きた。

③ オーストラリアの先住民はアボリジニー(アボリジナル)と呼ばれる。

④ オーストラリアは白豪主義という移民制限政策をとっていた。

問7 下線部ⓖに関連して。タヒチ島に移り住み，代表作「タヒチの女たち」を描いた画家として正しいものを，次の①～④から選べ。 7

① クールベ　② ゴーガン　③ ゴッホ　④ セザンヌ

問8 下線部ⓗに関連して。マリアナ諸島(グアムを除く)を実効支配した国の順番として正しいものを，次の①～④から選べ。 8

① スペイン → ドイツ → 日本 → アメリカ

② スペイン → 日本 → ドイツ → アメリカ

③ ドイツ → スペイン → 日本 → アメリカ

④ ドイツ → 日本 → スペイン → アメリカ

問9 下線部ⓘに関連して述べた以下の文を読んで，空欄ア～ウにあてはまる最も適切な語句を，続く①～⑨から選べ。ア： 9 　イ： 10 　ウ： 11

ハワイでは，1810年，カメハメハ朝がハワイ全島を統一し，ハワイ王国をたてた。王朝は積極的に欧米人を活用したため，欧米人の移住が増加し，やがて ア 栽培が盛んになった。しかし，19世紀末になると親アメリカ系市民のクーデタが起き，王朝は転覆させられた。ハワイ王国最後の女王は，「アロハオエ」の作者でもある イ である。時がくだり，第二次世界大戦後に，ハワイはアメリカ第 ウ 番目の州となった。

① カルティニ　② コーヒー　③ ゴム

④ サトウキビ　⑤ リリウオカラニ　⑥ レイチェル＝カーソン

⑦ 49　⑧ 50　⑨ 51

問10 空欄ⓙにあてはまる語句を，次の①～④から選べ。 12

① グアム　② パラオ諸島　③ フィジー　④ マーシャル諸島

問11　下線部ⓚに関して述べた文A，Bについて，それぞれ正・誤を判断し，その正しい組み合わせを，続く①～④から選べ。 13

A　サイパン島陥落ののち，日本本土への爆撃が本格化した。

B　ミッドウェー海戦でアメリカ海軍は日本海軍に大敗した。

①　A＝正　B＝正　　②　A＝正　B＝誤

③　A＝誤　B＝正　　④　A＝誤　B＝誤

問12　下線部ⓛに関連して述べた文A，Bについて，それぞれ正・誤を判断し，その正しい組み合わせを，続く①～④から選べ。 14

A　パグウォッシュ会議で，科学者たちは核兵器廃絶を求めた。

B　ビキニ水爆実験で，第五福竜丸は放射能汚染を受けた。

①　A＝正　B＝正　　②　A＝正　B＝誤

③　A＝誤　B＝正　　④　A＝誤　B＝誤

問13　下線部ⓜに関連して。1980年代に起きた出来事として正しいものを，次の①～④から選べ。 15

①　カーター大統領の就任

②　天安門事件

③　ポル＝ポト政権の崩壊

④　湾岸戦争の勃発

問14　下線部ⓝに関連して。核軍縮に関して述べた文A，Bについて，それぞれ正・誤を判断し，その正しい組み合わせを，続く①～④から選べ。 16

A　中距離核戦力(INF)全廃条約が，アメリカと中国の間で締結された。

B　国連で採択された包括的核実験禁止条約(CTBT)は，すべての核保有国で批准された。

①　A＝正　B＝正　　②　A＝正　B＝誤

③　A＝誤　B＝正　　④　A＝誤　B＝誤

〔Ⅲ〕 次の文を読んで，問に答えよ。

先生：きょうはヴァイマル憲法について学びましょう。1919年ⓐにドイツで制定された，当時としては世界で最も民主的ⓑな憲法といわれています。

生徒A：日本国憲法にも影響を与えたそうですね。どんな特徴があるのですか。

先生：画期的だったのは，20歳以上の男女普通選挙制度が導入されたことです。フランス革命時に世界で初めて普通選挙が実施されましたが，選挙権ⓒは男性に限られていました。その後，世界的に女性参政権についての議論が高まります。ヴァイマル憲法では国民主権や信仰の自由ⓓなどとともに，男女同権が明文化ⓔされています。

生徒B：社会保障ⓕを盛りこんだというのも特徴らしいですね。

先生：ヴァイマル憲法では経済活動の自由ⓖを認めていますが，人間が人間らしく生きる権利，すなわち生存権の保障をその前提としています。所有権を保障する場合も，公共の福祉のためにはその権利が制限されうることが明記されています。国民に対して社会的義務を課すことで，自由主義の弊害を除こうとしているのです。

生徒C：ビスマルクの時代ⓗもさまざまな社会政策がとられていたそうですが。

先生：そうですね。ただし，ビスマルクは労働者を保護する政策を推し進めたⓘと同時に，［ ⓙ ］に社会主義者鎮圧法を制定して，労働者の運動を厳しく弾圧しました。それに対してヴァイマル憲法は，すべての職業に団結の自由を認め，労働組合ⓚを憲法の保障する団体として認めました。

生徒A：ヴァイマル憲法の問題点は何ですか。

先生：大統領に非常に大きな権限が与えられていたことです。大統領緊急令条項があり，非常時には「住居の不可侵」や「表現の自由」など，私たちが基本的人権として思い浮かべるものの多くを大統領の権限のもとに失効させることができました。世界恐慌ⓛによる混乱でドイツの議会政治が行き詰まるなか，大統領［ ⓜ ］は権威主義体制を作り上げ，1933年1月にはヒトラーを首相に任命しました。皮肉なことに，議会制民主主義を否定したナチ党による一党独裁体制ⓝ成立の法的根拠は，世界で最も民主的とされたヴァイマル憲法にあったのです。

問 1-1　下線部ⓐの年に起きた出来事として<u>正しくない</u>ものを，次の①～④から選べ。1

① 北京で五・四運動が起きた。

② モスクワでコミンテルンが創設された。

③ 青年トルコ革命によってミドハト憲法が復活した。

④ アフガニスタンがイギリスから独立した。

問 1-2　下線部ⓐに関連して。この年に調印されたヴェルサイユ条約の内容について述べた文として正しいものを，次の①～④から選べ。2

① ドイツとオーストリアの合併が認められた。

② 国際連合の設立が合意された。

③ 南チロルがイタリア領とされた。

④ ラインラントの非武装化が決定した。

問 2　下線部ⓑに関連して。古代ギリシアのアテネにおける民主政について述べた文として正しいものを，次の①～④から選べ。3

① ソロンの指導によって民主政が完成された。

② 国政の最高決定機関として元老院が設置された。

③ 成年男子市民全員が参加する直接民主政であった。

④ ペリオイコイにも参政権が与えられた。

問 3　下線部ⓒに関連して。イギリスの選挙法改正について述べた文として<u>正しくない</u>ものを，次の①～④から選べ。4

① 1832年の改正で，新興都市へ議席が割り当てられた。

② 1867年の改正で，成人男性のほとんどが選挙権を獲得した。

③ 1884年の改正は，グラッドストン内閣で成立した。

④ 1918年の改正で，選挙権における財産制限が撤廃された。

問 4　下線部ⓓに関連して。宗教を問わずオスマン臣民に法の下での平等を宣言するギュルハネ勅令を出したスルタンを，次の①～④から選べ。5

① アブデュルハミト2世　② アブデュルメジト1世

③ セリム2世　④ マフムト2世

問 5　下線部ⓔに関連して。従来貴族が独占していた慣習法を明文化し，平民の地位向上につながったローマ最古の成文法を，次の①～④から選べ。6

①　十二表法　　②　ホルテンシウス法

③　リキニウス・セクスティウス法　　④　ローラット法

問 6　下線部ⓕに関連して。イギリスの社会保障に関して述べた文A，Bについて，それぞれ正・誤を判断し，その正しい組み合わせを，続く①～④から選べ。 7

A　第2次マクドナルド内閣は失業保険の削減案を提出し，労働党の支持を失った。

B　アトリー内閣は国民保険法を制定し，福祉国家の実現を目指した。

①　A＝正　B＝正　　②　A＝正　B＝誤

③　A＝誤　B＝正　　④　A＝誤　B＝誤

問 7-1　下線部ⓖに関して述べた文A，Bについて，それぞれ正・誤を判断し，その正しい組み合わせを，続く①～④から選べ。 8

A　テュルゴーの『経済表』は，自由放任主義経済を主張した。

B　アダム＝スミスは『諸国民の富』で市場経済の自然調和を説いた。

①　A＝正　B＝正　　②　A＝正　B＝誤

③　A＝誤　B＝正　　④　A＝誤　B＝誤

問 7-2　下線部ⓖに関連して。19世紀のイギリスの自由貿易政策について述べた文として<u>正しくない</u>ものを，次の①～④から選べ。 9

①　穀物法が廃止された。

②　航海法が制定された。

③　東インド会社の中国貿易独占権が撤廃された。

④　コブデンは自由貿易を主張した。

問 8　下線部ⓗについて，この時代の出来事を起きた順番に正しく並べたものを，次の①～⑥から選べ。 10

①　再保障条約　→　三帝同盟　→　プロイセン＝フランス(普仏)戦争

②　再保障条約　→　プロイセン＝フランス(普仏)戦争　→　三帝同盟

③　三帝同盟　→　再保障条約　→　プロイセン＝フランス(普仏)戦争

④　三帝同盟　→　プロイセン＝フランス(普仏)戦争　→　再保障条約

⑤　プロイセン＝フランス(普仏)戦争　→　再保障条約　→　三帝同盟

⑥　プロイセン＝フランス(普仏)戦争　→　三帝同盟　→　再保障条約

問 9　下線部ⓘに関して述べた文A，Bについて，それぞれ正・誤を判断し，その正しい組み合わせを，続く①～④から選べ。 11

A　ビスマルクは災害保険などの社会保険制度を実施した。

B　ビスマルクはワグナー法を制定して労働者の権利を保護した。

①　A＝正　B＝正　　②　A＝正　B＝誤

③　A＝誤　B＝正　　④　A＝誤　B＝誤

問10　空欄ⓙに当てはまる年を，次の①～⑤から選べ。 12

①　1871年　　②　1875年　　③　1878年　　④　1889年

⑤　1890年

問11　下線部ⓚに関して述べた文A，Bについて，それぞれ正・誤を判断し，その正しい組み合わせを，続く①～④から選べ。 13

A　イギリスでは1824年に団結禁止法が廃止された。

B　オーウェンは労働組合や協同組合の設立に努力した。

①　A＝正　B＝正　　②　A＝正　B＝誤

③　A＝誤　B＝正　　④　A＝誤　B＝誤

問12　下線部ⓛに関連して。大恐慌に対する政府の介入に消極的だったが，その後，政府間債務の支払い猶予宣言を出したアメリカの大統領を，次の①～④から選べ。 14

①　ウィルソン　　②　トルーマン

③　フーヴァー　　④　フランクリン＝ローズヴェルト

問13　空欄ⓜに当てはまる人名を，次の①～④から選べ。 15

①　ヴァイツゼッカー　　②　エーベルト

③　シュトレーゼマン　　④　ヒンデンブルク

問14　下線部ⓝに関連して。この独裁体制の時期に起きた出来事を，次の①～④から選べ。 16

①　アイルランド自由国が成立した。

②　インドネシア国民党が結成された。

③　オタワ連邦会議(イギリス連邦経済会議)が開催された。

④　大西洋憲章が発表された。

政治・経済

(60分)

〔Ⅰ〕以下の設問に答えよ。

問1　新自由主義経済に関する記述として最も適切でないものを，次の①～④から1つ選べ。 1

① 誕生の背景には，手厚い社会保障制度の存在が人々の勤労意欲を低下させ，生産活動が停滞するという英国病の存在があった。

② ハイエクは，政府による財政・金融政策では経済を安定化させる力が弱く，個人の自由な選択を重視した経済体制への回帰が必要であると主張した。

③ イギリスでは，小さな政府への転換を掲げた保守党のブレア政権が誕生し，国有企業の民営化，規制緩和，労働組合の権限縮小などの改革が行われた。

④ アメリカでは，大幅減税を掲げたレーガノミックスにより，景気が回復した一方，財政赤字は急速に増加した。

問2　日本の内閣に関する記述として最も適切なものを，次の①～④から1つ選べ。 2

① 岸信介内閣は，日米安全保障条約の改定を強行したが，安保反対闘争などの国民の強い反発を受けて総辞職した。

② 池田勇人内閣は，日韓基本条約の締結，日米安全保障条約の自動延長および沖縄返還を実現した。

③ 佐藤栄作内閣は，国民所得倍増計画を策定して，社会資本の充実と産業構造の高度化を推進した。

④ 田中角栄内閣は，日本電信電話公社などの三公社五現業の民営化を実行して，行政改革を推進した。

問 3　在日外国人やマイノリティに関する記述として最も適切でないものを，次の①～④から1つ選べ。 3

① 1993年，外国人登録法が改正されて，永住権者に対する指紋の押捺が義務づけられた。

② 1997年，北海道旧土人保護法が廃止され，アイヌの誇りが尊重される社会の実現を目的としてアイヌ文化振興法が制定された。

③ 2015年，東京都渋谷区は，同性のカップルに対して，男女の婚姻関係と異ならない程度の実質を備えた「パートナーシップ」関係を証明する制度を開始した。

④ 2016年，日本以外の国および地域の出身者などに対する不当な差別的言動の解消に向けて，その基本理念と国などの責務を定めたヘイトスピーチ対策法が制定された。

問 4　内閣府の外局として適切なものを次のａ～ｃからすべて選び，その組み合わせとして最も適切なものを，下の①～⑦から1つ選べ。 4

ａ　海上保安庁　　ｂ　金融庁　　ｃ　消費者庁

①　ａのみ　　②　ｂのみ　　③　ｃのみ　　④　ａとｂ

⑤　ｂとｃ　　⑥　ａとｃ　　⑦　ａ～ｃのすべて

問 5　朝鮮民主主義人民共和国(北朝鮮)をめぐる政治状況に関する記述として最も適切なものを，次の①～④から1つ選べ。 5

① 1950年，北朝鮮が韓国に侵攻したことを契機として朝鮮戦争が勃発し，アメリカ軍を主力とする軍隊が韓国を，中国の人民義勇軍が北朝鮮をそれぞれ支援した。

② 2000年，韓国の盧武鉉大統領が北朝鮮のピョンヤンを訪問し，朝鮮半島の分断後初めて南北朝鮮首脳会談が行われた。

③ 2003年，北朝鮮が核拡散防止条約(NPT)からの脱退を表明したことを受け，日本を議長国とする6カ国協議が断続的に開催されたが，問題の解決には至っていない。

④ 2011年，北朝鮮の最高指導者であった金日成が死去し，その後継者である金正恩が，2012年に党・国家・軍を掌握して，最高指導者の地位に就いた。

問 6　ソ連・ロシアの政治状況に関する記述として最も適切でないものを，次の①～④から1つ選べ。[6]

① ソ連の政治指導者であったスターリンは，対立者を次々に粛清して独裁色を強めたが，その死後に粛清や個人崇拝などの生前の行為が批判された。

② ソ連共産党の解体を契機としてソ連を構成していた15の共和国が分離・独立したことは，ベルリンの壁崩壊や東西ドイツの統一にも影響を与えた。

③ ソ連の崩壊後に誕生したロシアは，連邦制の下，中央政府と地方政府とが統治権を分担する形態の政治体制を採用している。

④ 2020年7月，ロシアで憲法改正案をめぐる国民投票が行われ，プーチン大統領は最長で2036年まで大統領職に留まることが制度上可能になった。

問 7　相互に関連性のない複数の産業や業種にわたって多角的な事業活動を行う巨大複合企業を表す語句として最も適切なものを，次の①～④から1つ選べ。[7]

① カルテル　② コングロマリット　③ トラスト

④ ヘッジファンド

問 8　ベンチャー＝ビジネスに関する記述として最も適切なものを，次の①～④から1つ選べ。[8]

① ベンチャー＝ビジネスは，創造的かつ冒険的な事業を展開するため，創業者が自己資金で開始しなければならないとされる。

② ベンチャー＝ビジネスは，その事業過程で金融市場に膨大な資金を投資するために，金融市場を混乱させるおそれがあるとされる。

③ ベンチャー＝ビジネスは，国の経済の活性化には大きく貢献するが，地場産業の活性化にはほとんど貢献しないとされる。

④ アメリカのシリコンバレーにおけるベンチャー＝ビジネスは，大企業主導の産業発展とは異なる先駆的な事例とされる。

問 9　第二次世界大戦後の日本における労働者をめぐる状況に関する記述として最も適切なものを，次の①～④から1つ選べ。[9]

① 2021年3月より，障害者雇用促進法における民間企業の障害者法定雇用率は最低2.3％とされた。

② 上場企業では，非正規労働者のみを構成員とする労働組合の結成が義務づけられており，企業の実情に即した労使交渉が可能である。

③ 企業が正社員に対して希望退職を募る行為は，不当労働行為に該当する。

④ 年功序列型賃金制度を採用している企業では，正社員の賃金は職務や職能のみに基づいて決定される。

問10　社会保障制度に関する記述として最も適切なものを，次の①～④から1つ選べ。 10

① アメリカでは，「小さな政府」が志向されて，民間保険が普及したことから，2021年時点において社会保険制度は導入されていない。

② イギリスでは，「ゆりかごから墓場まで」をスローガンとして，1911年の国民保険法の制定によって，社会保障制度が導入された。

③ ドイツでは，ビスマルクによる「アメとムチの政策」の一環として，疾病保険法や労災保険法が制定された。

④ 日本では，労働者災害補償保険法の制定によって，初めて社会保険制度が創設された。

問11　日本の国家予算に関する記述として最も適切でないものを，次の①～④から1つ選べ。 11

① 予算における一会計年度の期間は，4月1日から翌年3月31日までである。

② 予算は，さきに衆議院に提出しなければならない。

③ 予算には，一般会計予算，特別会計予算，暫定予算の3種類がある。

④ 本予算の成立後において，追加の財政支出が必要となった場合に組まれる予算のことを補正予算という。

問12　日本の圧力団体に関する記述として最も適切でないものを，次の①～④から1つ選べ。 12

① 主婦連合会や全国地域婦人団体連絡協議会のような消費者団体は，圧力団体としての側面を有する。

② 日本経済団体連合会，経済同友会および日本商工会議所は，日本の経済界(財界)を代表する圧力団体である。

③ 日本医師会は，全国的な規模で組織された医師の職能団体であり，医療制度問題に強い影響力を有する。

④ 宗教団体は，信仰を通じて強い結束力を有するが，信仰以外の問題についての関心が低いため，その集票力は低い。

〔Ⅱ〕 以下の文章を読んで，設問に答えよ。

マス＝メディアによる報道は，民主主義社会において，国民(a)が政治に関与するために重要な資料を提供し，国民の「知る権利」(b)に奉仕するものとされる。最高裁判所(c)も報道の自由が表現の自由(日本国憲法第21条)(d)の保障の下にあるとする。

しかし，報道の自由をめぐっては課題も少なくない。たとえば，マス＝メディアは私企業(e)であることが多く，商業主義に走る危険があること(f)が指摘されている。また，マス＝メディアが，みずからに都合のよい事実を殊更に切り取って報道し，世論(g)を操作する危険があることも従来から指摘されてきた。他方，誤った内容の報道によって社会的・経済的な不利益を受けた者に対する迅速かつ実効的な救済(h)は事実上難しく，そうした不利益が長期間にわたって放置されるおそれもある。

一方，最高裁判所は，取材の自由については「憲法二一条の精神に照らし，十分尊重に値いするもの」とするにとどまる。この立場を前提とすると，公正な刑事裁判(i)の実現といった日本国憲法上の要請がある場合には，取材の自由は相対的に広く制約されることとなる。

取材の自由は，マス＝メディアが自律的な取材を展開し，国家権力(j)を監視しているという国民の信頼に依拠するところも大きい。しかし，プライバシー権(k)の侵害などを伴う取材活動が後を絶たず，中央省庁(l)などに置かれる記者クラブについては取材の自律性に疑問が呈されることもある。また，取材で得た情報が報道目的以外で外部に流出するという不祥事も散見され，マス＝メディアの取材に対する国民の信頼は必ずしも高いものとはいえない。

(m)メディアリテラシーの重要性がいわれて久しい昨今，マス＝メディアに対する国民の視線も厳しくなっている。マス＝メディアは，適切な取材と公平な報道の実践が国民から強く求められていることを従来以上に自覚する必要があるといえよう。

問１　下線部(a)に関する記述として最も適切なものを，次の①～④から１つ選べ。 1

① 国民とは，国家の領域内において政治的な統一性を有する単一の民族から構成される人々の集団のことである。

② 国家の政治のあり方を最終的に決定する権力は国民にあるという考え方のことを，国民主義という。

③ 国籍法は，日本国憲法第10条の規定する「日本国民たる要件」について定めた法律であり，父系優先血統主義を採用している。

④ ドイツの社会主義者ラッサールは，国民の生活や活動に対する国家の介入をきわめて狭い範囲に限定した国家のことを夜警国家とよんだ。

問２　下線部(b)に関する記述として最も適切でないものを，次の①～④から１つ選べ。 2

① 1976年，アメリカにおいて，サンシャイン法が制定され，国民の知る権利に対応するための情報公開制度が整備された。

② 特定秘密保護法は，国民の知る権利を侵害するおそれがあるとの指摘もある。

③ 外務省公電漏洩事件では，国家機密と知る権利との関係が争われ，最高裁判所は取材の自由に一定の理解を示したが，取材の方法には一定の限界があるとした。

④ 情報公開法は，国民が知る権利を有することを明記した上で，行政文書の原則的な公開を政府に義務づけている。

問３　下線部(c)に関する記述として最も適切なものを，次の①～④から１つ選べ。 3

① 最高裁判所の裁判官の国民審査において，投票者の多数が罷免を可とした裁判官は，国会の承認を経て罷免される。

② 最高裁判所は，一切の法律，命令，規則または処分が憲法に適合するか

否かを決定する権限を有する終審裁判所である。

③　最高裁判所の長たる裁判官は，内閣でこれを任命する。

④　最高裁判所は，裁判所の内部規律および司法事務処理に関する事項についての規則を制定する場合には，国会の承認を経なければならない。

問4　下線部(d)に関する最高裁判所の立場についての記述として適切なものを，次の①～④から2つ選べ(順不同)。[4]・[5]

①　表現の内容が芸術性または文学性の高い場合であっても，個人の名誉などの人格的尊厳を侵害することは許されない。

②　表現の自由は，民主主義の根幹をなす基本的人権であるから，外国人に対してその保障が及ぶことはない。

③　公共の安全を守ることを理由として集会や集団示威運動を規制する公安条例は，表現の自由を侵害するものである。

④　表現の内容が真実ではないことが明白であって，被害者に重大かつ著しく回復困難な損害が生ずるおそれがある場合には，出版の差し止めが認められる。

問5　下線部(e)のうち，株式会社に関する記述として最も適切なものを，次の①～④から1つ選べ。[6]

①　国や地方公共団体が民間企業と協同して設立した株式会社のことを特殊法人といい，その例としては日本年金機構や日本放送協会(NHK)がある。

②　株式会社の経営の透明性の向上を目的として，株式会社と直接の利害関係を有しない者が社外取締役として選任されることもある。

③　株式会社は，営利を目的とする組織であるから，その利益を教育や慈善活動に寄付することは許されない。

④　株式会社が財務や経営に関する情報を株主や投資家に対して公開することを，プロパガンダという。

問6　下線部(f)に関する記述として適切でないものを，次のa～cからすべて選び，その組み合わせとして最も適切なものを，下の①～⑦から1つ選べ。[7]

a　マス＝メディアが広告主(スポンサー)の企業不祥事を報道する場合には，その切り口が鈍ることがある。

b　マス＝メディアがみずからの利益を過度に重視することによって，報道がセンセーショナリズム（扇情主義）に陥ることがある。

c　マス＝メディアが過度な商業主義に陥るという問題は，欧米のマス＝メディアにはみられず，日本のマス＝メディアに固有のものである。

①　aのみ　②　bのみ　③　cのみ　④　aとb

⑤　bとc　⑥　aとc　⑦　a～cすべて

問7　下線部(g)に関する記述として最も適切なものを，次の①～④から1つ選べ。 8

①　大手のマス＝メディアによる世論調査は，専門の調査会社に委託して実施されており，不正が行われることはない。

②　マス＝メディアが報道したい事実をねつ造する「やらせ」行為は，マス＝メディアによる世論操作の手段として利用されることもある。

③　第二次世界大戦時のアメリカにおいては，マス＝メディアがアメリカ軍の撤退を望む世論の形成において大きな影響を及ぼした。

④　世論や人々の行動が現実に変化することによってマス＝メディアの報道が変化する効果のことを，アナウンスメント効果という。

問8　下線部(h)に関する記述として最も適切でないものを，次の①～④から1つ選べ。 9

①　マス＝メディアの不適切な報道によって，国家がその国際的評価や国益を損なうこともある。

②　誤った報道によって損害を被った者は，その報道をしたマス＝メディアに対して損害の賠償を請求することができる。

③　調停委員会は，マス＝メディアの放送に対する意見，苦情および放送倫理上の問題について独立した立場から対応する機関である。

④　報道された者が自己の意見の発表の場をマス＝メディアに求める権利は，具体的な成文法の根拠のない限り，認められないとするのが最高裁判所の立場である。

問9　下線部(i)に関する日本国憲法の規定についての記述として最も適切でないものを，次の①～④から1つ選べ。 10

①　国務大臣は，その在任中，内閣総理大臣の同意がなければ，訴追されない。

② 何人も，実行の時に適法であった行為については，刑事上の責任を問われない。

③ 刑事被告人は，公費で自己のために強制的手続により証人を求める権利を有する。

④ 何人も，既に無罪とされた行為については，新たな証拠が発見された場合を除き，刑事上の責任を問われない。

問10 下線部(j)に関する記述として最も適切なものを，次の①～④から1つ選べ。 11

① 憲法は国家権力を制限して国民の自由や権利を擁護するためにあるという考え方のことを，立憲主義という。

② 国家権力は，国家が国民に対して有する強制力であり，外国に対する強制力として現れることはない。

③ 政治的な支配者層の内部において権力の獲得または強化のために非合法的な武力行使が行われることを，インティファーダという。

④ ドイツの社会学者であるイェリネックは，その著書『支配の社会学』において，国家権力による支配の正当性を説明した。

問11 下線部(k)に関する記述として最も適切でないものを，次の①～④から1つ選べ。 12

① 個人情報保護関連五法の制定によって，マス＝メディアによるプライバシー権の侵害を伴う取材活動が助長された。

② 社会的に注目される事件において大量のマス＝メディアが過熱した取材活動をすることを，メディア・スクラムという。

③ プライバシー権の侵害を受けている者は，差止請求の行使によって，侵害行為者に対して侵害行為の停止などを求めることができる。

④ 肖像権は，パブリシティ権としての側面と同時に，プライバシー権としての側面がある。

問12 下線部(l)に関する記述として最も適切でないものを，次の①～④から1つ選べ。 13

① 中央省庁で「キャリア」といわれる公務員は，キャリア以外の公務員とは昇進のスピードが異なるとされる。

② 中央省庁の場合には，省の長は国務大臣が務めるが，庁の長は国務大臣が務めることはない。

③ 中央省庁のうち，内閣府は，その長を内閣総理大臣が務め，各省庁よりも高い位置付けが与えられている。

④ 中央省庁の公務員が，退職後，その職務と関係のあった企業や団体に再就職することを，天下りという。

問13　下線部(m)の意味を説明した記述として最も適切なものを，次の①～④から1つ選べ。 14

① コンピューターやインターネットなどを利用する能力の格差によって経済的な格差が生じることである。

② いつでも，どこでも，誰でも，意識することなく情報通信技術(ICT)を利用できる社会のことである。

③ 新聞，放送，インターネットなどのさまざまな情報媒体を使いこなして，マス・メディアなどが提供する情報を批判的に吟味する能力のことである。

④ 情報通信技術(ICT)の普及によって，民主政治における主権者の政治への関与が多様化することである。

〔Ⅲ〕 以下の文章を読んで，設問に答えよ。

人々は，結婚や子どもの教育，老後の生活など，将来のさまざまな場面で必要となる費用を考えた上で，生活設計を考えることが望ましいとされている。すなわち，家計は消費生活を通じて経済的な満足を追求する経済主体であるが，同時に，収入を得るための労働者(a)でもあり，日々生活するための消費者(b)でもあり，貯蓄をするための出資者(投資家)でもある。ここでは，出資者の視点，いいかえると家計の貯蓄(c)行動について考察する。その1つが金融商品の選択である。

家計の貯蓄の基本は預金(d)である。預金の対価として支払われるのが利子であり，預金額に対する利子の割合が利子率(e)である。預金は，安全性が高い金融商品ではあるが収益性は低い。より収益性の高い金融商品を選択し，積極的に貯蓄を増やすことを考えるのであれば，ある程度のリスク(f)を負わなければならない。

金融商品のなかで債券(g)は比較的リスクが低いといわれている。債券は，大きく公債と社債(h)に分かれる。1996年の日本版金融ビッグバンで金融自由化が進むとともに，「貯蓄から投資へ」というスローガンの下，株式投資(i)への関心を高める動きがみられるようになった。株式投資は，株主が株式と引き換えに株式会社(j)に資本金を出資するのに対して，投資信託(k)は，資産運用会社が多数の人々から集めた資金を一体的に投資する金融商品である。

最近では，金融派生商品や証券化商品(l)を購入する個人も増えてきたが，貯蓄の目的が将来にわたる効用を最大化することであるから，金融商品の選択については投機(m)であってはならない。

問1　下線部(a)に関する記述として最も適切なものを，次の①～④から1つ選べ。 1

① 不況時において，操業短縮を目的とした再雇用を前提としない解雇制度のことを，レイオフという。

② 新入社員がマナー講座などのセミナーに参加する制度のことを，インターンシップという。

③ コアタイムが設けられている場合はその時間帯を除き，労働者が自由に出社や退社をする時間を決めることができる制度のことを，フレックスタイム制という。

④　自宅や小規模な事務所などを利用したワークスタイルのことを，アウトソーシングという。

問2　下線部(b)に関連して，消費支出についての記述として最も適切なものを，次の①～④から1つ選べ。 2

①　2000年以降，国内総支出のうち家計の最終消費支出が占める割合は10％以下で推移しており，家計の消費動向が経済に大きな影響を与えているとはいえない。

②　経済統計における消費支出は食料や衣料などの消費財への支出を集計するため，レジャーや教育などへの支出はその計算から除かれる。

③　平均的な家計の消費支出は，経時的に安定しており，所得が増える好況の時期でも大幅に増加することはない。

④　資産効果が働くと消費支出は増加する傾向にあるため，バブル経済期には消費が大幅に増進したが，バブル崩壊後には逆に消費が減退した。

問3　下線部(c)に関する記述として最も適切なものを，次の①～④から1つ選べ。 3

①　企業の投資資金や政府の借り入れに与える影響は小さい。

②　勤労所得に占める貯蓄割合のことは，平均貯蓄性向とよばれる。

③　消費支出，税および社会保険料を除いた所得は，可処分所得とよばれ，貯蓄に回される。

④　蓄積した資産の運用によって得られる預貯金の利子や株式の配当などは，資産所得とよばれる。

問4　下線部(d)に関する記述として最も適切なものを，次の①～④から1つ選べ。 4

①　多くの個人は，給与の受け取りや公共料金の支払いのために当座預金を利用する。

②　普通預金および定期預金は，さまざまな支払いに利用される決済性のある預金である。

③　2005年に全面解禁されたペイ＝オフにより，預金の払い戻しについては保証額の上限が設けられ，その利子については保証の対象外とされた。

④　20,000円を年利0.01％(税引前)で1年間預金し，利子は1年後に1回

支払われるとする場合，預金者が受け取る利息は2円(税引前)である。

問5　下線部(e)に関連し，利子率の決定要因として適切なものを次のa～cからすべて選び，その組み合わせとして最も適切なものを，下の①～⑦から1つ選べ。［5］

a　資金の需給関係　　b　借り手の信用度　　c　借入期間

①　aのみ　　②　bのみ　　③　cのみ　　④　aとb

⑤　bとc　　⑥　aとc　　⑦　a～cすべて

問6　下線部(f)に関する記述として最も適切でないものを，次の①～④から1つ選べ。［6］

①　円をドル建てで預金した後に円安ドル高が進んだ場合，預金をドルで引き出して円に交換すると，元本割れするリスクがあることに注意が必要である。

②　社債を購入したとき，その社債を発行した企業が倒産すると，元金の支払いが受けられなくなるリスクがあることに注意が必要である。

③　株式を売却したとき，売却価格が購入価格よりも下がってしまうリスクがあることに注意が必要である。

④　金融商品への投資リスクは，複数の異なる金融商品を適切に組み合わせることによって，ある程度低減させることができる。

問7　下線部(g)に関連して，次の【文章】の空欄アにあてはまる最も適切な数値を，下の①～④から1つ選べ。［7］

【文章】

あなたは額面金額(償還時受取金額)100万円分の債券を95万円で購入した。満期は1年後であり，表面利率(額面金額に対する利子率)は年利4.5％であり，1年後に1回の利子支払いがある。この債券の利回りは，年利［ア］％である。

①　－5.0　　②　－0.5　　③　＋4.5　　④　＋10.0

問8　下線部(h)に関する記述として最も適切なものを，次の①～④から1つ選べ。［8］

①　2006年，都道府県による地方債の発行については，総務大臣および知事の同意を要する制度から総務大臣の許可を要する制度へと変更された。

② 株式会社の社債を購入した投資家には，その購入額に応じて，その株式会社の株主総会における議決権が与えられる。

③ 投資家が国債や社債を購入するという行為は，投資家がその資金を国や会社に対して貸し付けることを意味する。

④ 地方債の発行によって調達された資金は，国がこれをとりまとめて，資金が必要な地方に対して国庫支出金として配分する。

問 9　下線部(i)に関する記述として最も適切なものを，次の①～④から１つ選べ。［9］

① 日々，前日の株価とその日の株価との差額は，配当として受け取ることができる。

② すべての株式会社は，その発行する株式を証券取引所に上場しており，投資家が株式を売買することは容易である。

③ 一定割合を超える持株比率を有する株主は，株主総会の議題を提案することができる。

④ 株式会社が倒産した場合には，その株主は，出資額にかかわらず，その株式会社の債務を弁済する責任を負う。

問10　下線部(j)に関する記述として最も適切なものを，次の①～④から１つ選べ。［10］

① 農地法の改正によって，一定の要件を満たす株式会社が農業へ参入することも可能となった。

② 株式会社は，出資者の責任の大きさに応じて，合資会社，合名会社，合同会社に分類される。

③ 株式会社は，株主の権利を守るため，資金の借り入れや社債の発行が制限されている。

④ 外国の株式会社に対する資金調達の場を提供するためにつくられた株式市場のことを，エマージング＝マーケットという。

問11　下線部(k)に関する記述として最も適切なものを，次の①～④から１つ選べ。［11］

① 専門家が資産の運用を行う金融商品であるため，その運用成績は個人投資家の運用成績を必ず上回る。

② 投資対象となる資産は株式や社債などの有価証券に限られ，不動産は含まれない。

③ 証券会社でのみ購入可能な金融商品であるため，銀行での取扱いを認めることによって，購入する投資家を増やすべきであるという議論がある。

④ 投資額が少額の投資家も含めて，多数の投資家から資金を集めることによって，大規模な投資を行うことが可能である。

問12 下線部(l)に関する記述として最も適切なものを，次の①～④から１つ選べ。 12

① あらかじめ定められた時期に定められた価格で売買するレバレッジ取引は，金融派生商品の一種である。

② 金融派生商品は株式や為替などの取引で生じる損失を回避するために開発された商品であるため，金融派生商品を利用して利ざやを稼ぐ行為は法律によって禁止されている。

③ 証券化商品の中には，住宅ローンなどの債権を束ねて，将来の元金および利息の支払いによる収益を裏付けとした商品がある。

④ 証券化商品は，金融工学の最先端の技術を駆使して開発された商品であるため，そのリスクの透明性は常に保たれている。

問13 下線部(m)に関する記述として最も適切なものを，次の①～④から１つ選べ。 13

① 機関投資家に相談せず投資すること。

② 株式などの金融商品を除く，絵画や骨董品などへ投資すること。

③ 一般的に，短期的な価格変動の中で利ざやを得ること。

④ ローリスクでハイリターンを得ること。

■数　　学■

（60 分）

解答上の注意

[数学]

［1］ 解答は，設問に対応した解答欄にマークしてください(問題〔Ⅰ〕の解答は解答欄〔Ⅰ〕に，問題〔Ⅱ〕の解答は解答欄〔Ⅱ〕に，問題〔Ⅲ〕以降も同様)。

［2］ 問題の文中の [ア] ， [イウ] などには，特に指示のないかぎり，符号(－，±)又は数字(０～９)が入ります。ア，イ，ウ，…の一つ一つは，これらのいずれか一つに対応します。それらを解答用紙のア，イ，ウ，…で示された解答欄にマークして答えてください。例： [アイウ] に －83 と答えたいとき

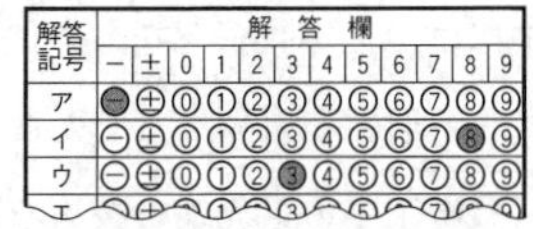

［3］ 分数形で解答する場合，分数の符号は分子につけ，分母につけてはいけません。たとえば，$\dfrac{\boxed{\text{エオ}}}{\boxed{\text{カ}}}$ に，$-\dfrac{3}{4}$ と答えたいときは，$\dfrac{-3}{4}$ として答えてください。また，それ以上約分できない形で答えてください。たとえば，$\dfrac{2}{3}$ と答えるところを，$\dfrac{4}{6}$ のように答えてはいけません。

［4］ 根号を含む形で解答する場合は，根号の中に現れる自然数が最小となる形で答えてください。
たとえば，$\boxed{\text{キ}}\sqrt{\boxed{\text{ク}}}$ に $8\sqrt{2}$ と答えるところを，$4\sqrt{8}$ のように答えてはいけません。

［5］ 分数形で根号を含む形で解答する場合，$\dfrac{\boxed{\text{ケ}}+\boxed{\text{コ}}\sqrt{\boxed{\text{サ}}}}{\boxed{\text{シ}}}$ に $\dfrac{1+2\sqrt{2}}{2}$ と答えるところを，$\dfrac{2+4\sqrt{2}}{4}$ や $\dfrac{2+2\sqrt{8}}{4}$ のように答えてはいけません。

［6］ 根号を含む形で解答する場合は，分母に根号が含まれない形に有理化して答えてください。
たとえば，$\dfrac{2\sqrt{3}}{3}$ と答えるところを，$\dfrac{2}{\sqrt{3}}$ と答えてはいけません。

［7］ 解が $y=x$ で，解答欄が $y=\boxed{\text{ス}}\,x+\boxed{\text{セ}}$ と示されている場合は，[ス] に 1，[セ] に 0 をマークして答えてください。

［8］ 比を解答する場合は，それ以上公約数をもたない形で答えてください。たとえば，2：3 と答えるところを，4：6 のように答えてはいけません。

［9］ 小数の形で解答する場合，指定された桁数の一つ下の桁を四捨五入して答えてください。また，必要に応じて，指定された桁まで⓪にマークしてください。
たとえば，[ソ] . [タチ] に 5.9 と答えたいときは，5.90 として答えてください。

［10］ 問題の文中の二重四角で表記された [[ツ]] などには，選択肢から一つを選んで，答えてください。

Ⅰ [1] $\sin\theta + \cos\theta = \dfrac{\sqrt{11}}{3}$ とする。このとき，以下の式の値を求めよ。

(1) $\sin\theta\cos\theta = \dfrac{\boxed{\text{ア}}}{\boxed{\text{イ}}}$

(2) $\sin^3\theta + \cos^3\theta = \dfrac{\boxed{\text{ウ}}\sqrt{\boxed{\text{エオ}}}}{\boxed{\text{カキ}}}$

(3) $\sin\theta - \cos\theta = \pm\dfrac{\sqrt{\boxed{\text{ク}}}}{\boxed{\text{ケ}}}$

(4) $|\sin^3\theta - \cos^3\theta| = \dfrac{\boxed{\text{コサ}}\sqrt{\boxed{\text{シ}}}}{\boxed{\text{スセ}}}$

[2] $f(\theta) = \sin\theta + \cos\theta$ $(0° \leqq \theta < 360°)$ とする。このとき $f(\theta)$ は

$\theta = \boxed{\text{ソタチ}}°$ で最小値 $-\sqrt{\boxed{\text{ツ}}}$ をとり，$\theta = \boxed{\text{テト}}°$ で最大値 $\sqrt{\boxed{\text{ナ}}}$ をとる。

Ⅱ [1] tの方程式$f(t)=4^t+4^{-t}-2^{t-2}-2^{-t-2}-15=0$の解を求めよう。

$x=2^t+2^{-t}\ (x>0)$ とおくと，$f(t)=x^2-\dfrac{\boxed{ア}}{\boxed{イ}}x-\boxed{ウエ}$ となるから，$x=\dfrac{\boxed{オカ}}{\boxed{キ}}$ のとき$f(t)=0$となる。これより，

$t=-\boxed{ク}$ または$t=\boxed{ケ}$ となる。

[2] 1回フィルターを通すごとに，あるウィルスを20％除去できるフィルターがある。このウィルスを95％以上除去するには最低 $\boxed{コサ}$ 回フィルターを通せばよい。ただし，繰り返し使用してもフィルターの効率は一定で変化しないとし，$\log_{10}2=0.3010$とする。

[3] 座標空間内の3点をそれぞれA(1, 5, 0)，B(−1, 3, 3)，C(3, 1, −4)とする。

(1) $\angle BAC=\theta$とするとき，$\cos\theta=-\dfrac{\boxed{シ}\sqrt{\boxed{スセ}}}{\boxed{ソタ}}$ である。

(2) 三角形ABCの面積は $\sqrt{\boxed{チツテ}}$ である。

[4] 座標平面上において，放物線$y=2x^2+3x-1$を，x軸方向にa，y軸方向にbだけ平行移動すると，放物線$y=2x^2-2x+3$に一致する。このとき，

$a=\dfrac{\boxed{ト}}{\boxed{ナ}}$，$b=\dfrac{\boxed{ニヌ}}{\boxed{ネ}}$ である。

[5] xの整式$P(x)$を

$$P(x)=x^{2023}+3x+5$$

とする。

ここで$P(x)$をx^2+x+1で割った余りを求めよう。

このときの商を$Q(x)$，余りを$R(x)$とすると

$$P(x)=x^{2023}+3x+5=(x^2+x+1)Q(x)+R(x)$$

が成り立つ。

ここで $x^2+x+1=0$ の解を w_1, w_2 とすると

$$w_1=\frac{-\boxed{\text{ノ}}+\sqrt{\boxed{\text{ハ}}}\,i}{2},\quad w_2=\frac{-\boxed{\text{ノ}}-\sqrt{\boxed{\text{ハ}}}\,i}{2}$$

(i は虚数単位)

と表せる。

$P(x)$ の x に w_1 および w_2 を代入すると

$$P(w_1)=w_1{}^{2023}+3w_1+5=(w_1{}^2+w_1+1)Q(w_1)+R(w_1)$$

$$P(w_2)=w_2{}^{2023}+3w_2+5=(w_2{}^2+w_2+1)Q(w_2)+R(w_2)$$

が成り立つ。

したがって $R(x)=\boxed{\text{ヒ}}\,x+\boxed{\text{フ}}$ である。

Ⅲ [1] 1から6までの目がそれぞれ $\frac{1}{6}$ の確率で出るさいころ1個を2回続けて投げるとき，1回目に出る目を p，2回目に出る目を q とする。

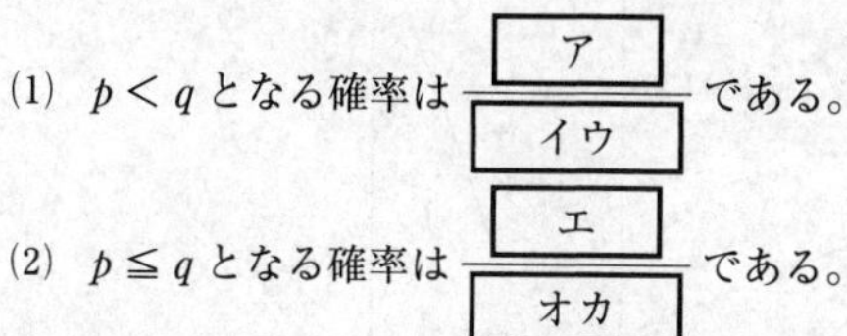

(1) $p<q$ となる確率は $\dfrac{\boxed{\text{ア}}}{\boxed{\text{イウ}}}$ である。

(2) $p\leqq q$ となる確率は $\dfrac{\boxed{\text{エ}}}{\boxed{\text{オカ}}}$ である。

[2] 1から6までの目がそれぞれ $\frac{1}{6}$ の確率で出るさいころ1個を3回続けて投げるとき，1回目に出る目を p，2回目に出る目を q，3回目に出る目を r とする。

(1) $p<q<r$ となる確率は $\dfrac{\boxed{\text{キ}}}{\boxed{\text{クケ}}}$ である。

(2) $p\leqq q\leqq r$ となる確率は $\dfrac{\boxed{\text{コ}}}{\boxed{\text{サシ}}}$ である。

(3) p，q，r を降順に並べた(値の大きい順に並べた)数字を s，t，u $(s\geqq t\geqq u)$ とし，3桁の整数 $100s+10t+u$ をつくる。例えば，1回目に3，2回目に6，3回目に4が出たとすると，$100s+10t+u=643$ となる。この手続きによりつくられる3桁の整数 $100s+10t+u$ が634以上となる確率は $\dfrac{\boxed{\text{ス}}}{\boxed{\text{セソ}}}$ である。

Ⅳ　下図のように一辺の長さが1の正方形ABCDに対して，辺BA，辺BC，辺ADを$M_n : N_n$に内分する点をそれぞれX_n，Y_n，Z_nとし，線分Z_nY_nを$M_n : N_n$に内分する点をW_nとする。ただし，nは自然数で，$M_1 = 2$，$N_1 = 1$である。また，$AX_n = a_n$，$X_nB = b_n$とおく。すなわち，$a_n = \dfrac{N_n}{M_n + N_n}$，$b_n = \dfrac{M_n}{M_n + N_n}$である。さらに，$\angle DY_nC = \alpha_n$，$\angle BX_nW_n = \beta_n$とおく。

ここで，数列$\{M_n\}$，$\{N_n\}$を

$$\left.\begin{array}{l} M_1 = 2,\ N_1 = 1 \\ M_{n+1} = M_n + N_n \quad (n = 1,\ 2,\ \cdots) \\ N_{n+1} = M_n \quad (n = 1,\ 2,\ \cdots) \end{array}\right\} \quad \cdots\cdots(*)$$

で定義する。

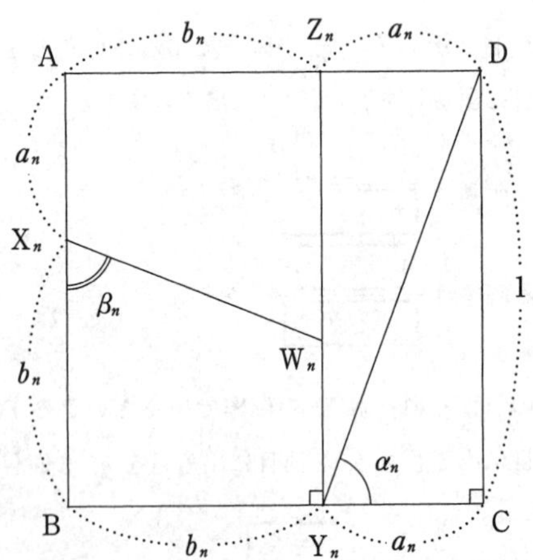

[1] $\tan\alpha_1 =$ [ア]，$\tan\beta_1 =$ [イ] となる。$y = \tan\theta$は$0 < \theta < \dfrac{\pi}{2}$において$\theta$が増加するとき，$y$は [ウ] ので，[エ] が成り立つ。したがって，[オ] が成り立つ。また，$\tan\alpha_2 = \dfrac{[カ]}{[キ]}$であるから，$\alpha_1 \neq \alpha_2$が成り立つ。一般に，(*)と$y = \tan\theta$の性質を用いると，任意の自然数$n$に対して [ク] が成り立つ。

ウ の解答群

⓪　増加する　①　減少する　②　変化しない

エ の解答群

⓪　$\alpha_1 < \beta_1$　①　$\alpha_1 = \beta_1$　②　$\alpha_1 > \beta_1$

オ の解答群

⓪　$\angle X_1W_1Y_1 + \angle DY_1C < \pi$　①　$\angle X_1W_1Y_1 + \angle DY_1C = \pi$

②　$\angle X_1W_1Y_1 + \angle DY_1C > \pi$

ク の解答群

⓪　$\beta_{n+1} < \alpha_n$　①　$\beta_{n+1} = \alpha_n$　②　$\beta_{n+1} > \alpha_n$

[2] 数列$\{M_n\}$，$\{N_n\}$の一般項を考えることで，数列$\{a_n\}$，$\{b_n\}$の一般項を求めよう。(*)の3行目のx倍を2行目に加えて整理すると次式を得る。

$$M_{n+1} + xN_{n+1} = (x+1)\left(M_n + \frac{1}{x+1}N_n\right)$$

方程式$x = \dfrac{1}{x+1}$の解は$x = x_{\mathrm{P}} = \dfrac{-\boxed{ケ} - \sqrt{\boxed{コ}}}{\boxed{サ}}$，

$x = x_{\mathrm{Q}} = \dfrac{-\boxed{ケ} + \sqrt{\boxed{コ}}}{\boxed{サ}}$だから，数列$\{P_n\}$，$\{Q_n\}$を

$$P_n = M_n + x_{\mathrm{P}}N_n,\ Q_n = M_n + x_{\mathrm{Q}}N_n,$$

によって定めると，それぞれ公比が$x_{\mathrm{P}} + 1$，$x_{\mathrm{Q}} + 1$の等比数列になる。したがって，

$$P_n = \left(\frac{\boxed{シ} - \sqrt{\boxed{ス}}}{\boxed{セ}}\right)^{n+1},\ Q_n = \left(\frac{\boxed{シ} + \sqrt{\boxed{ス}}}{\boxed{セ}}\right)^{n+1}$$

となるので

$$a_n = \frac{\left(\frac{\boxed{ソ} + \sqrt{\boxed{タ}}}{\boxed{チ}}\right)^{n+1} - \left(\frac{\boxed{ソ} - \sqrt{\boxed{タ}}}{\boxed{チ}}\right)^{n+1}}{\left(\frac{\boxed{ソ} + \sqrt{\boxed{タ}}}{\boxed{チ}}\right)^{n+3} - \left(\frac{\boxed{ソ} - \sqrt{\boxed{タ}}}{\boxed{チ}}\right)^{n+3}}$$

$$b_n = \frac{\left(\frac{\boxed{ソ} + \sqrt{\boxed{タ}}}{\boxed{チ}}\right)^{n+2} - \left(\frac{\boxed{ソ} - \sqrt{\boxed{タ}}}{\boxed{チ}}\right)^{n+2}}{\left(\frac{\boxed{ソ} + \sqrt{\boxed{タ}}}{\boxed{チ}}\right)^{n+3} - \left(\frac{\boxed{ソ} - \sqrt{\boxed{タ}}}{\boxed{チ}}\right)^{n+3}}$$

となる。

[3] 下の左図のように一辺の長さが 1 の正方形 ABCD に対して，辺 BA，辺 BC，辺 AD の内分点 X，Y，Z を AX = CY = DZ = a，
XB = YB = ZA = b ($a < b$) となるようにとり，線分 YZ の内分点 W を YW = a，WZ = b となるようにとる。そして，∠DYC = α，∠BXW = β とするとき，$\alpha = \beta$ が成り立つように a，b を定めると，

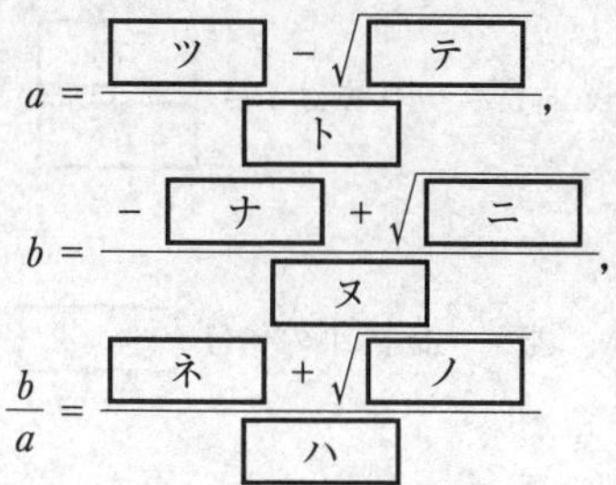

$$a = \frac{\boxed{\text{ツ}} - \sqrt{\boxed{\text{テ}}}}{\boxed{\text{ト}}},$$

$$b = \frac{-\boxed{\text{ナ}} + \sqrt{\boxed{\text{ニ}}}}{\boxed{\text{ヌ}}},$$

$$\frac{b}{a} = \frac{\boxed{\text{ネ}} + \sqrt{\boxed{\text{ノ}}}}{\boxed{\text{ハ}}}$$

となる。このとき，直角三角形 YCD と台形 XBYW を切り取り，下の右図のように点 B，点 C，点 D が一直線になるように台形の辺 WY と直角三角形の辺 YC を貼り合わせると，点 X，Y，D は一直線上に並び，直角三角形 XBD の面積は $\dfrac{\boxed{\text{ヒ}}}{\boxed{\text{フ}}}$ となる。

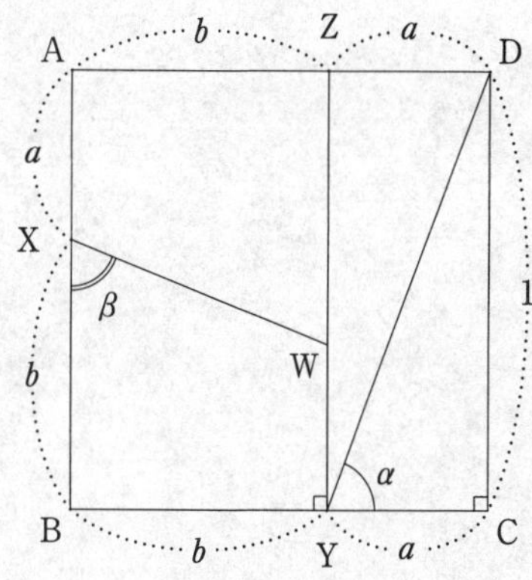

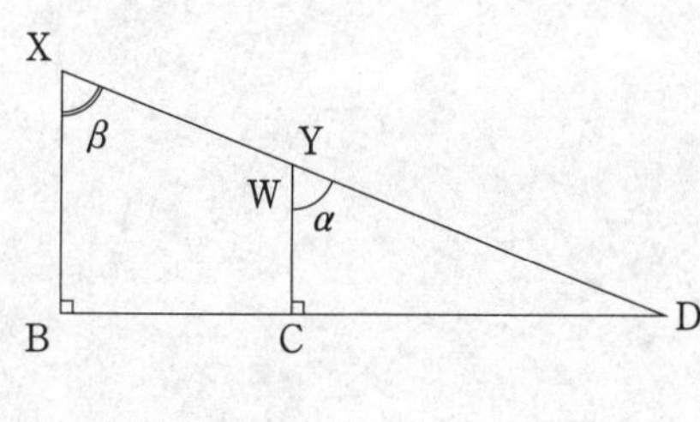

■数学基礎■

（60分）

I [1] 2次方程式 $3x^2 - 14x + 8 = 0$ の解は $x = \dfrac{\boxed{\text{ア}}}{\boxed{\text{イ}}}$ と $x = \boxed{\text{ウ}}$ である。

[2] $a = \dfrac{1 + \sqrt{3}}{2}$ のとき，$2a^2 - 2a - 1$ の値は $\boxed{\text{エ}}$ である。

[3] k を実数の定数として，関数 $y = x^2 - 8x + k \quad (0 \leqq x \leqq 5)$ の最小値が10であるとき，k の値は $\boxed{\text{オカ}}$ で，y の最大値は $\boxed{\text{キク}}$ である。

[4] a を実数の定数として，座標平面において，
放物線 $y = x^2 - 2(a - 1)x + 5a - 9$ が x 軸と共有点をもたないような a の値の範囲は $\boxed{\text{ケ}} < a < \boxed{\text{コ}}$ である。

Ⅱ 次の表はあるクラスに属する全5人に対して2種類のテストX，Yを行った得点の結果である。テストX，Yの得点をそれぞれx，yとするとき，xの分散は［アイウ］，yの分散は［エオカ］，xとyの相関係数は［キ］.［クケ］である。

ただし，$\sqrt{2}=1.414$として計算せよ。なお，小数の形で解答する場合は，解答上の注意にあるように，指定された桁数の一つ下の桁を四捨五入して答えよ。また，必要に応じて，指定された桁まで⓪にマークせよ。たとえば，［マ］.［ミム］に5.9と答えたいときは，5.90として答えよ。

	テストX(x)	テストY(y)
生徒1	90	80
生徒2	70	60
生徒3	60	60
生徒4	80	80
生徒5	100	90

Ⅲ [1] 4個のさいころを同時に投げるとき，出る目がすべて異なる確率は$\dfrac{\fbox{ア}}{\fbox{イウ}}$で，少なくとも2個のさいころの出る目が同じ確率は$\dfrac{\fbox{エオ}}{\fbox{カキ}}$である。

[2] ある工場は，A，B，Cの3つの機械を使って同じ製品を生産している。機械A，B，Cの1日あたりの生産個数の比は7：5：3であり，製品に不良品の発生する割合はそれぞれ2％，3％，5％であることがわかっている。いま，生産した製品から無作為に1個抜き取って調べてみたところ，不良品であった。これが機械Aによって生産された製品である確率は$\dfrac{\fbox{ク}}{\fbox{ケコ}}$である。

Ⅳ ［1］方程式 $\log_2 x - \log_x 8 = 2$ の解は $x = \dfrac{\boxed{\text{ア}}}{\boxed{\text{イ}}}$ と $x = \boxed{\text{ウ}}$ である。

［2］$\log_{10} 2 = 0.3010$，$\log_{10} 3 = 0.4771$ として，以下の問いに答えよ。

(1) $\log_{10}\sqrt{18}$ の値は $\boxed{\text{エ}}.\boxed{\text{オカキク}}$ である。

(2) 3^n が10進法で10桁の整数となるような正の整数 n の値は

$n = \boxed{\text{ケコ}}$ と $n = \boxed{\text{サシ}}$

（ただし，$\boxed{\text{ケコ}} < \boxed{\text{サシ}}$）である。

Ⅴ ［1］3次関数 $f(x) = x^3 - 2x^2 - 15x$ について考える。

(1) $f(x) = 0$ の解は $x = -\boxed{\text{ア}}$，$\boxed{\text{イ}}$ と $\boxed{\text{ウ}}$

（ただし，$\boxed{\text{イ}} < \boxed{\text{ウ}}$）である。

(2) $f(x)$ は $x = -\dfrac{\boxed{\text{エ}}}{\boxed{\text{オ}}}$ のとき極大値 $\dfrac{\boxed{\text{カキク}}}{\boxed{\text{ケコ}}}$ を，$x = \boxed{\text{サ}}$

のとき極小値 $-\boxed{\text{シス}}$ をとる。

(3) $x \leqq 0$ とする。座標平面上の曲線 $y = f(x)$ と x 軸で囲まれた部分の面積は

$\dfrac{\boxed{\text{セソタ}}}{\boxed{\text{チ}}}$ である。

［2］$y = 2x^3 - 9x^2 + 5 \quad (0 \leqq x \leqq 5)$ の最大値は $\boxed{\text{ツテ}}$，最小値は

$-\boxed{\text{トナ}}$ である。

［3］2次関数 $f(x) = -x^2 + 3$ について，座標平面上の点 $(1,\ 11)$ から放物線

$y = f(x)$ に引いた接線は

$y = -\boxed{\text{ニ}}\,x + \boxed{\text{ヌネ}}$ と $y = \boxed{\text{ノ}}\,x + \boxed{\text{ハ}}$

である。

Ⅵ　[1] 3つの数 a, b, c がこの順で等差数列をなしていて，$a+b+c=51$，$a^2+b^2+c^2=917$ を満たすとき，a の値は $a=$ [アイ] または $a=$ [ウエ]（ただし，[アイ] < [ウエ]）である。

[2] 初項が6，公比が2である等比数列 $\{a_n\}$ について，$\sum_{n=1}^{10} a_n$ は [オカキク] である。必要に応じて，$2^{10}=1024$ を使って計算せよ。

[3] 年利率3％，1年ごとの複利で，毎年年初に100万円ずつ積み立てる。複利計算を用いると11年間積み立てた場合の元利合計(11年間経過し，12年目の新たな積み立てがなされていない時点の元金と利息の合計)は [ケコサシ] 万円(小数点以下は切り捨て)になる。ただし，$1.03^{11}=1.3842$ として計算せよ。

なお，複利計算とは，一定期間の終わりごとに，その元利合計を次の期間の元金とする利息の計算方法である。例えば，年利率5％，1年ごとの複利で，元金 a 円を1年間預金したときの元利合計は $a \times 1.05$ 円，2年間預金したときの元利合計は $a \times 1.05^2$ 円，n 年間預金したときの元利合計は $a \times 1.05^n$ 円となる。

問十三　次の空欄 W ～ Z に入る最も適切なものを、後の各群の①～⑤からそれぞれ一つずつ選べ。

曾我物語は、一一九三年に起きた曾我十郎・五郎兄弟による父の敵討ちを題材にした英雄伝記物語である。作者と成立年は不明であるが、 W 時代後期から室町時代初期にかけて成立したものと推定されている。後世、その影響を受けて曾我兄弟の仇討ちを扱った芸能作品が数多く作られ、これらは「曾我物」と総称されている。そのような例として、観阿弥・ X 父子によって大成された Y には、夜討曾我、小袖曾我などの作品がある。さらに、江戸時代になっても、浄瑠璃や歌舞伎に影響を与えた。歌舞伎 Z 番の一つ助六由縁江戸桜では、主人公助六が実は曾我五郎、兄の新兵衛が実は曾我十郎というのもその一例である。

W： 18 　①　安土桃山　②　鎌倉　③　戦国　④　奈良　⑤　平安

X： 19 　①　円阿弥　②　音阿弥　③　世阿弥　④　能阿弥　⑤　黙阿弥

Y： 20 　①　今様　②　雅楽　③　狂言　④　能　⑤　舞楽

Z： 21 　①　三　②　八　③　十二　④　十八　⑤　三十六

り評価しないこと。

③ 重忠が兄弟に対して自分勝手なことをしないように、同様の訴訟をした家臣たちにも監視させようとすること。

④ 重忠だけに兄弟を任せるのではなく、同様の訴訟をした家臣たちにも配慮し、家臣一同を平等に扱おうとすること。

⑤ 重忠一人に兄弟の世話という面倒な仕事を押しつけるのではなく、同様の訴訟をした家臣たちにも一致協力させようとすること。

問十二　次の①〜⑥のうち、本文の趣旨と合致するものを二つ選べ。ただし、解答の順序は問わない。 16 17

① 重忠の話によれば、大国の大王は、合戦に敗れた時に逃げ去った臣下を再び召し抱えようとしたのだが、ちやうしの諫言(かんげん)を聞き入れて、新しく別の臣下を召し使うことにした。

② 重忠の話によれば、ちやうしはならびの国の市に行って善根を買い求めてきたが、結局、大国の大王にとっては何の役にも立たなかった。

③ 重忠は、頼朝が同様の訴訟をした他の家臣たちにも配慮してくれたことについて、だからこそ天下の主となったのだと感激した。

④ 頼朝は、重忠の発言から彼が高潔な人物であることを知り、もし彼を失ったならば、神の恵みに背いて天下の安定が保てなくなると思い、その訴えを聞き入れることにした。

⑤ 頼朝は、冷酷無比の人間であって、自分に異を唱える者を次々に処刑したので、重忠などの家臣たちからは常に恐れられていた。

⑥ 頼朝本来の考え方は、天下を治めるためには道理に反してまでも情を重んじることが大切であり、家臣に対しても情を最優先しなくてはいけないというものであった。

問十　本文中の――線サ「これらみな末代の衆生をおぼしめす御慈悲の故ぞかし」と言って、重忠は頼朝に何を伝えようとしたか、その説明として最も適切なものを、次の①～⑤から一つ選べ。14

① 仏の前身における自己犠牲の精神を引き合いに出して、将来にわたって天下を治めるためには、慈悲の精神が肝要であるということ。

② 仏の前身における受難を引き合いに出して、将来にわたって人々を救済するためには、慈悲の精神が肝要であるということ。

③ 仏の前身における仁義の思想を引き合いに出して、将来にわたって平和を実現するためには、慈悲の精神が肝要であるということ。

④ 仏の前身における聖人君子のような行いを引き合いに出して、将来にわたって繁栄をきわめるためには、慈悲の精神が肝要であるということ。

⑤ 仏の前身における天衣無縫な人生観を引き合いに出して、将来にわたって自由な生活を送るためには、慈悲の精神が肝要であるということ。

問十一　本文中の――線シ「御分(ごぶん)一人には預けぬぞ。今日の訴訟人どもに、ことごとく許す」という発言には、家臣に対する頼朝の基本的な態度や姿勢が表れているが、それはどのようなことか。その説明として最も適切なものを、次の①～⑤から選べ。15

① 兄弟を許すことになった功績をたたえて、重忠だけに恩賞を与えるのではなく、同様の訴訟をした家臣たちにも同等に恩賞を分け与えようとすること。

② 高潔な人格の持ち主である重忠のことは評価するが、自分の利益を優先して同様の訴訟をした家臣たちのことはあま

なものを次の①～⑤から一つ選べ。 12

① 主君が主君にふさわしく慈悲の心をもてば、臣下は礼節をもって主君に仕えるようになるので、まず主君が臣下を助けてやるべきである。

② 主君が臣下に恩賞を与えれば、臣下は礼節をもって主君に仕えるようになるので、まず主君が臣下を助けてやるべきである。

③ 主君から臣下に温情をかけていただくには、臣下が礼節をもって主君に仕えなければいけないので、まず臣下が礼儀をもって主君を助けるべきである。

④ 主君が臣下に対して恩愛をもって接してやっても、臣下は礼節をもって主君に仕えるとは限らないので、主君が臣下を助けても無駄である。

⑤ 主君が臣下に対して法に従った行いをすれば、臣下は礼節をもって主君に仕えなければいけないので、まず主君が臣下を助けてやるべきである。

問九　本文中の――線コ「あはざる訴訟」について、この場合の意味内容として最も適切なものを、次の①～⑤から選べ。 13

① 相手の心情に配慮しないで起こした訴訟

② 感情的になって大声でわめき叫ぶ訴訟

③ 客観的な物証が欠けている訴訟

④ 前例のないことを平気で要求する訴訟

⑤ ものの道理に反する訴訟

⑤　重忠の発言から、重忠が利益よりも名誉を重んじる人物であることがわかり、頼朝は重忠に利益を与えて自分の言うことを聞かせようとしても意味がないと知って、どのように納得させればよいかことばにつまったから。

問五　本文中の――線キ「かれら」が指す人物として最も適切なものを、次の①～⑤から一つ選べ。 7

①　伊東が孫ども　②　国の兵（つはもの）　③　しはうと多くの兵　④　千人の臣下　⑤　非人ども

問六　本文中の空欄 A ～ C に入る最も適切なものを、次の①～⑨からそれぞれ一つずつ選べ。ただし、一つの選択肢は一度しか使えない。

A： 8 　B： 9 　C： 10

①　き　②　し　③　しか　④　な　⑤　に　⑥　ぬ　⑦　べし　⑧　んずる
⑨　んずれ

問七　本文中の――線ク「後の御せんどにもや、たち候ひなん」という発言の説明として、最も適切なものを次の①～⑤から一つ選べ。 11

①　兄弟を助けても、時間の経過とともに頼朝に命を助けられたという恩を忘れて、反乱を起こすにちがいないということ。
②　兄弟を助けなければ、頼朝の厳しさに耐えかねた臣下たちが反旗を翻すにちがいないということ。
③　兄弟を助ければ、将来、世のため人のため先頭に立って働く人物になるにちがいないということ。
④　兄弟を助ければ、将来、頼朝を守るために、戦場で先頭に立って命を惜しまず戦うにちがいないということ。
⑤　兄弟を助ければ、その影響で新しい臣下の方が昔からの臣下よりも先頭に立って戦うにちがいないということ。

問八　本文中の――線ケ「御助け候はば、いかでかその礼なかるべき」という発言の根拠となる考え方の説明として、最も適切

問三　本文中の━━線ウ「一期」、エ「おこたり」、オ「かたじけなく」の意味として最も適切なものを、次の各群の①～⑤からそれぞれ一つずつ選べ。

ウ　一期　3

①　一季　②　一生　③　一時（いっとき）　④　一念　⑤　一年

エ　おこたり　4

①　お祝い　②　お悔やみ　③　お見舞い　④　お礼　⑤　お詫び

オ　かたじけなく　5

①　恐れ多く　②　片腹痛く　③　とんでもなく　④　恥ずかしく　⑤　申し訳なく

問四　本文中の━━線カ「御返り事にも及ばざりけり」となったのはなぜか、その理由として最も適切なものを、次の①～⑤から一つ選べ。　6

①　重忠が切々と心に響くような訴え方をするので、頼朝も心を強く揺さぶられてしまい、感動の余り涙がこぼれ、返すことばもなかったから。

②　重忠が道理をわきまえずに大声で叫ぶので、頼朝は重忠がなんと愚かな人物なのだろうかと、あきれて物が言えなくなったから。

③　重忠がなぜ突拍子もないことを言い出すのか、頼朝はどうしても理解できなかったので、自分の発想がまちがっていないか、しばらく考え直してみようと思ったから。

④　重忠の主張は世間の評判や身の恥をも顧みようともせず堂々としたものであったので、頼朝には反論の余地がなく、重忠に対してどのように答えてよいかわからなくなったから。

て、数々の武功を上げた。鎌倉では筋違橋の近くに屋敷を構えていた。

(注2)燃燈仏―釈迦が悟りを開いて仏になることを預言した仏。
(注3)薩埵王子―釈迦の前身で、飢えた虎の親子を救うために、自らの身を投げて与えた。
(注4)尸毘大王―釈迦の前身で、鷹に追われた鳩を救うために、自らの肉を切り取って鷹に与えた。
(注5)成清―重忠の郎等、榛沢(はんざわ)六郎成清のこと。

問一 本文中の━━線ア「なる」の説明として最も適切なものを、次の①~⑤から一つ選べ。 1

① 断定を表す助動詞「なり」の終止形
② 伝聞・推定を表す助動詞「なり」の連体形
③ ナリ活用形容動詞の連用形語尾
④ ラ行下二段活用の動詞「なる」の已然形
⑤ ラ行四段活用の動詞「なる」の未然形

問二 本文中の━━線イ「とも」の説明として最も適切なものを、次の①~⑤から一つ選べ。 2

① 活用語の已然形に接続して順接の仮定条件を表す助詞
② 活用語の終止形に接続して逆接の仮定条件を表す助詞
③ 活用語の未然形に接続して逆接の確定条件を表す助詞
④ 活用語の命令形に接続して順接の確定条件を表す助詞
⑤ 活用語の連体形に接続して逆接の確定条件を表す助詞

ひ、法といひ、いかでか、かれらのがるべき」。

　重忠も、申しかかりたる事なれば、身をも命をも惜しまず、高声になりて、申しけるは、「国をほろぼすてんけんも、さんせは聞かずとこそ、承りて候へ。釈迦如来の昔、善恵（ぜんゑ）仙人と申せし時、道をつくりたまふ中間に、（注2）燃燈仏（ねんとうぶつ）通りたまふ。道あしくして、わづらひたまふ時に、仙人、泥の上に伏したまひて、御髪（ぐし）をしき、仏を通したてまつる。（注3）薩埵（さつた）王子は、飢ゑたる虎に、身を与へ、（注4）尸毘（しび）大王は、鳩のはかりに、身をかくる。サこれらみな末代の衆生をおぼしめす御慈悲の故ぞかし。なかんづく、諸国を治めたまふ事、理非を正し、情を旨とし、あはれみを本としたまふべきに、これほど面々の申す、かれらを御助けなくは、人頼み少なく思ひたてまつるべし。重忠が一期の大事とおぼしめし、助けおかれ候へかし」と、まこと思ひ切りたる気色で、仏法、世法、唐土、天竺（てんぢく）の事まで、ひきかけひきかけ、申されければ、君、御思案ありて、「まことこの人は、内には五戒を守り、外には仁義を本とす、賢人ぞかし。この重忠を失ひ［ C ］ば、神の恵みに背き、天下も穏やかなるまじ」とおぼしめしければ、「さらば、この者ども助け候へ。ただし、シ御分（ごぶん）一人には預けぬぞ。今日の訴訟人どもに、ことごとく許す」と、おほせくだされけり。御前祗候（しこう）の侍ども、思はずに、あつとぞ感じける。げにや、重忠、身にかへて申さるる一人には、御許しもなくて、「今日の訴訟人どもに」と、おほせくださるるありがたさよ。されば、天下の主ともなりたまふと、重忠、感じ申されけるとかや。

　その後、畠山重忠、（注5）成清（なりきよ）を呼び、「幼き人々の事、やうやうに申し預かり候ひぬ。はやはや御帰り候へ。曾我に、心もとなく思ひたまふべし。見参に入れたく候へども、御前に候ふ間」と言ひ送りければ、曾我太郎、是非をわきまへかねて、ただ、「かしこまり存ずる」とばかりぞ申しける。

（『曾我物語』より）

（注1）畠山庄司二郎重忠－源平の合戦で活躍した武将（一一六四～一二〇五）。元は平家方であったが、後に源頼朝に仕え

く、『かの国の貧者を集め、もつ所の宝をとらせぬ』と答ふ。大王、不思議に思ひしかども、賢人のはからふ事なりしかば、さてのみ過ごしたまふ。その頃、国の兵（つはもの）おこりて、大王を傾く。合戦にうち負けて、ならびの国に移りぬ。その時、千人の臣下、さしも愛せし恩を捨てて、一度に逃げ失せにけり。王一人になりて、すでに自害に及びける時、ちやうしが、しばらくおさへていはく、『待ちたまへ。この国の市にて買ひ置きし善根、尋ねてみん』とて行く。その宝をえたりし貧人の中に、しはうといふ武勇の達者なり。深き志を感じ、多くの兵を語らひ、この王の為に、城郭をこしらへ、しばらく引き籠もりぬ。時あつて、運を開き、ふたたび国に帰りたまふ。これひとへに、ちやうしが買ひ置きし善根の故と、国王感じたまふ。一人当千といふ事、この時より始まりける。その時、もと逃げ失せし千人の臣下、又出でて、『仕へん』といふ。大王聞きたまひて、『又事あらば、逃げぬべし。あたらしき臣下を召し使ふべし』とのたまふ。ちやうしいさめて、『はじめたる臣下を、心知りがたし。ただもと逃げ失せし臣下を、召し使ひたまへ。人心ありて、二度の恩を忘れんや』といふ。大王、理（ことわり）を案じて、逃げ失せし臣下を、ことごとく尋ねいだして、召し使ふ。時に又、国おほきにおこりて、王の都を傾く。帰り来たる所の臣下、二度の忘恩を恥ぢて、身を捨て、命を惜しまず、防き戦ふ。されば、勝つことを千里の外に得（え）、位を永久に保ちたまふと申し伝へて候ふ。キかれらも、さる者の子にて候へば、御恩を忘れ奉るべきにあらず。つひには、御用にこそたち申し候は［A］」。

君きこしめし、「それも、臣下たつときにあらず。ちやうしが賢によつてなり」。「さらば、それがしをちやうしとおぼしめし、かれらを臣下になずらへて、御助け候はば、ク後の御せんどにもや、たち候ひなん。君、君たる時は、臣礼をもつてし、臣、臣たる時は、君あはれみを残すとこそ、見えて候へ」。頼朝、「かれら、何の礼かあり［B］」。重忠承つて、「ケ御助け候はば、いかでかその礼なかるべき。君、御許しなくは、我々までも、果におごるべきにあらず。さあらんにとりては、コあはざる訴訟なりとも、一度は、などや御免なからん」。「理をやぶる法はあれども、法をやぶる理はなし。罪科とい

候へかし」。君きこしめし、「存知のごとく、伊東がふるまひ、条々の旨、忘るべきにあらず。かれらが子孫におきては、いかにいやしき者なりとも、助けおかんとはおぼえず。これらはまさしき孫ながら、嫡孫ぞかし。頼朝が末の敵となるべし。されば、誅しても足らざるものを。頼朝うらみたまふべからず」とおほせられければ、「かなはじとの御諚、重ねて申し上ぐる条、おそれにて候へども、成人の後、いかなるふるまひ候ふとも、重忠かかり申すべし。そのうへ、一期に一度の大事をこそと存じ候ひて、つねには訴訟を申さず候へ。これはかりをば、御免わたらせたまへ」と申されければ、君のおほせには、「かれらが先祖の不忠、みなみな存知の事、なにとてかほどにのたまふ。この事かなへぬおこたりに、武蔵国二十四郡をたてまつらん」とおほせくだされしぞ、まことにかたじけなくはおぼえける。重忠うけたまはり、「御諚のおもむき、かしこまり存ずれども、国をたまはり、かれらを誅せられては、世の聞こえ、重忠が恥辱にて候ふべし。それがしがもとたまはりて候ふ所領をまゐらせあげ、かれらを助け候ひてこそ、人の思はくも候へ」と申されければ、君、御返り事にも及ばざりけり。（中略）

重忠かしこまつて、「おそれ存ずる次第にて候へども、昔、大国に大王あり、武勇の臣下を集めて、千人愛し、玉の冠、金の沓を与へて、召し使ふ。その中の臣下に、ちやうしといふ賢人あり。大王これを召し、『このおほせを保つて、七珍万宝、一つとして不足なる事なし。しかるに、ならびの国の市に、宝の数を売るなり。汝、かの市に行きて、我が倉の内に、なからん宝を買ひて来たるべし』とて、多くの宝を与へぬ。ちやうし、これを受け取り、かの市に行きて見るに、王宮の宝に、一つとして漏れたる物なし。しかれども、王宮、善根長くたえてなかりけり。これを買ひ取らんと思ひて、保つ所の財宝を、かの国の非人どもを集めて、ことごとく施し、手をむなしくして帰りぬ。大王、問ひていはく、『買ひ取る所の珍宝いかに、見ん』とのたまふ。その時、ちやうし答へていはく、『王宮の宝蔵を見るに、金銀珠玉を始めとして、不足なる事なし。されども、善根のなかりしかば、買ひ取りぬ』と答ふ。大王、歓喜して、『その善根見む』とのたまふ。ちやうしがいは

〔Ⅲ〕を解答する場合には、必ず解答用紙（マークシート）の〔Ⅲ〕に記入してください。誤って解答用紙の〔Ⅱ〕に記入した場合には、0点となるので注意してください。

〔Ⅲ〕　次の文章を読んで、後の問に答えよ。なお、本文に至るまでの簡単な説明を最初に記す。

平安時代の末、諸国の源氏を中心に、奢（おご）りを極めた平家に反抗する動きが活発化する。平家に敗れて流人（るにん）となった源頼朝を監視していた伊東祐親（すけちか）は、頼朝の命をねらい、その子千鶴御前を殺し、石橋山の合戦に際しても平家方につく。しかし、源氏方が優勢になると、捕らえられて処刑される。その後、頼朝は平家を滅ぼして、天下を平定する。さて、祐親直系の孫に、一万（後の曾我十郎祐成（すけなり））、箱王（後の曾我五郎時宗（ときむね））という幼い二人の兄弟がいた。頼朝は、かれらを捕らえさせて由比ガ浜で処刑しようとする。その場にいた養父曾我太郎祐信（すけのぶ）は、人手にかけるよりはと刀をとるが、これまで二人を育ててきた不憫（ふびん）さからどうしても刀を振り下ろすことができない。この様子を見るに見かねて、梶原景時、梶原景季（かげすえ）、和田義盛、宇都宮朝綱、千葉介常胤（つねたね）などの家臣たちは、かわるがわる頼朝に面会して二人の助命を訴える。しかし、伊東祐親のことを深く恨む頼朝は、断じて認めようとはしなかった。

ここに、武蔵国の住人、畠山庄司二郎重忠（しげただ）[注1]、在鎌倉して、筋違橋（すぢかひばし）にありけるが、このことを聞き、とるものもとりあへず、急ぎ御前に参られける。君、御覧ぜられて、「重忠めづらし」とおほせくだされければ、「さん候」とて、深くかしこまり、ややありて、申されけるは、「伊東が孫どもを、浜にて切られ候ふなる（ア）。いまだ幼く候へば、成人の程、重忠に御（おん）預け

① ドイツで独自の新語が多く生まれた背景にあった国粋主義的言語学は、現在でもなお隆盛を極めている。
② 一八世紀の言語学者は、英仏語などからの外来語がドイツ語へ流入するのを未然に防ごうとした。
③ 外来語の影響は知識層では特に根強く、それを除くことは不十分なまま終わってしまった。
④ Eindruck のように手持ちの材料により新語をつくるモデルを使って、expression にその直訳である Ausdruck があてられた。
⑤ 表現主義が盛んになると、非日常的な言語表現を求める空気が社会に広まっていった。

問十　次の①～⑥のうち、本文で述べられている内容に合致するものを二つ選べ。なお、解答の順序は問わない。 19 20

① 「表現」という語は日本や漢字使用諸国の中で昔から使われていたものではなく、後になって使用されるようになり、概念としても定着したと推測される。
② 明治時代の日本においてどのような語が新しく生まれたかを調べる場合、最も信頼できるのはヘボンによる辞書である。
③ ドイツでは「印象」を表す単語の方が「表現」を表す単語より早く成立していた。
④ 日本では国粋主義的な言語学者がおらず、漢字を日本独自の表現に置き換えようとする声が大きくならなかった。
⑤ 今日では意識しにくいが、「表現」には「常軌を逸した」という意味があるため、戦時中に子どもが使うことは望ましくなかった。
⑥ 「表現」という語の使用は現代の日本社会でも「自由」と深く結びついているため、大学生などはこの語の使用をためらいがちである。

14

① 一〇〇〇ページに近い大部の辞典であり、中国語源の単語を重視していること
② 「表現」の起源に注目しながらも、その複雑な成立過程を見ようとしないこと
③ 多くの優れた刊行物を世に出した出版社の辞典でありながら、記述が簡潔すぎること
④ 日本語の単語の語源をめぐる説明に意義を認める一方で、中国語源の「表現」の項目があること
⑤ 「表現」の概念が西洋起源だと予測できるのに、中国語起源であると突き止めたこと

問八　第⓪⑨段落から第①③段落では筆者による「表現」の語源についての調査・考察が示されている。その内容と合致するものを次の①～⑥から三つ選べ。なお、解答の順序は問わない。 15 16 17

① さまざまな日本語の著作を読むことで「表現」ということばを初めて使った人物を調べようとしたが、うまくいかなかった。
② 日本語の辞典類を調べたところ、「表現」が幕末か明治に西洋の expression を元に作られたという経緯がわかった。
③ 『明治のことば辞典』によると、明治一四年と一九年に刊行された図書の記述からは、「表現」は哲学用語として生まれ、その後、文学でも使われるようになったことが推測できる。
④ ヘボンの辞典や哲学書、美術書における「表現」の扱われ方からは、この語の浸透に時間がかかったことがわかる。
⑤ 大正末期に盛んになった「表現主義」は、生まれたばかりの「表現」という語に基づいた芸術運動である。
⑥ 「表現」という語が広く使われるようになったきっかけの一つは大正一三年の築地小劇場での催しである。

問九　第①④段落から①⑧段落ではドイツ語の「表現」にあたる語を取り巻く状況が述べられている。その内容と合致するものを次の①～⑤から一つ選べ。 18

⑤　敗戦直後の世の中にあって、新しい語を知ることで将来への希望が得られたため。

問四　本文中の――線2「あのころはそうではなかった」とあるが、どういうことか。最も適切なものを、次の①～⑤から一つ選べ。10

①　「表現」という語は中等教育以上の教育機関でのみ使われていた。
②　検閲を通じて「表現」という語がどのように使われているか監視されていた。
③　「表現」という語は手垢にまみれていなかった。
④　「表現」という語を使用することは「非国民」的であると広く言われていた。
⑤　公的機関によって「表現」という語の利用を強制されることがなかった。

問五　本文中の――線3「そこまでの追求のかまえ」とあるが、どういうことか。その説明として最も適切なものを、次の①～⑤から一つ選べ。11

①　ある語の使用法の変遷を、具体的使用例に基づいてたどろうとする姿勢
②　主たる用法だけでなく、副次的用法も含めて語の意味を説明しようとする姿勢
③　ある語の意味を語源と歴史的経緯を踏まえて詳細に説明しようとする姿勢
④　ある語が生まれた背景にあるその時代の思潮や観念までを明らかにしようとする姿勢
⑤　社会的環境に基づいて語の意味の起源を記述しようとする姿勢

問六　第⓪⑥段落では、外来概念に対する日本人の向き合い方が話題になっている。これについての筆者の否定的評価が現れた段落を挙げよ。12 13 段落

問七　本文中の――線4「一層の驚き」とあるが、筆者は何に驚いているのか。最も適切なものを、次の①～⑤から一つ選べ。

ア：[1]　イ：[2]　ウ：[3]　エ：[4]

①　あるいは　②　こうして　③　だから　④　では　⑤　というのは　⑥　ところが
⑦　なお

問二　本文中の空欄 [a] 〜 [d] に入る最も適切な語句を、次の各群の①〜⑤からそれぞれ一つずつ選べ。

a：[5]
①　士気　②　時局　③　社会　④　世間　⑤　戦局

b：[6]
①　意義　②　気概　③　帰結　④　困難　⑤　様相

c：[7]
①　粛々　②　遅々　③　堂々　④　微々　⑤　洋々

d：[8]
①　意識　②　記憶　③　再生　④　準備　⑤　蓄積

問三　本文中の――線1「感に打たれた」とあるが、なぜか。その説明として最も適切なものを、次の①〜⑤から一つ選べ。[9]

①　「表現」が、戦時中に耳にすることができなかった、自由の感覚と結びついた語だったため。
②　「表現」という語を自由に使うことが許される時代の到来に喜びを感じたため。
③　自分がくぐり抜けてきた戦時中の記憶が鮮明によみがえったため。
④　戦時中には使うことがためらわれたはずのことばを使う勇気に驚いたため。

⑲「表現」ということばが、私に喚起するのは、上に述べたようなことがらである。それは、「型どおり」ではなく、むしろ型やしきたりから「はずれ」ていて、独自で個性的であり、ときに「常軌を逸している」ことが、このことばの生命と言ってもいいくらいである。

⑳このような感覚は、こどもにしてすでに自由な表現を禁じられていた私たちの世代に特有のものであって、若い世代には理解されないのだろうか。最初から表現ということばを、普通のこととして与えられている世代には、このことばがかき鳴らす解放のひびきはもう聞こえなくなっているのだろうか。

㉑しかしそうではないように思える。いまの学生たちも、また大学の教師すらも、日々権力の脅迫におびえ、用心深くなり、臆病になっているような気配を感じる――こう書いているさなかに、日本国は、大した抵抗もなく「特定秘密保護法」[注2]なる、「表現」鎮圧の窮極の兵器を、国民に向けて装備してしまったではないか。［エ］「表現」ということばは、これからさらに戦闘的に、新しい歴史を生きることになる。

（田中克彦「「表現」ということばのエネルギー」による）

（注1）表現主義－美術、文学、音楽などにおいて、感情を中心に据えた表現を推進しようとする前衛芸術運動。特に二〇世紀初めのドイツで盛んになった。

（注2）特定秘密保護法－「特定秘密の保護に関する法律」（二〇一四年一二月施行）の通称。安全保障に関わる情報の一部を保護することを定める法律。

問一　本文中の空欄［ア］～［エ］に入る最も適切な語句を、次の①～⑦からそれぞれ一つずつ選べ。ただし、一つの選択肢は一度しか使えない。

13 大正一三年に築地小劇場が開かれ、その第一回の出しものが、表現主義作家ゲーリングの「海戦」だったというから、この一大イベントが、この語の普及の一つの画期になったと見ることができよう。

14 ではそのころドイツ語では「表現」を何と言っていたのであろうか。それにあたる語は当時も今もAusdruck（アウスドルック）で、この語はexpression の直訳(ex → aus, pression → druck)によって生まれた。この手持ちの材料によって新語をつくるモデルは、すでに、「in → ein, pression → druck」という置きかえによって、impression(印象)に代わるEindruck（アインドルック）をつくった経験が提供していた。

15 ここで注目しておきたいのは、一八世紀のドイツでは、ドイツ語を水びたしにした、ラテン語、英仏語などからの外来語を追放して、自前の材料で置きかえようという、言語純化運動がたかまったおかげで、それに代わる多数のドイツ新語が生まれて今日に至っていることだ。

16 この運動を先導したのは急進的国粋主義者とも言える言語学者たちで、かれらは「外来語をドイツ語で言いかえるための辞典」を刊行した。有名なものとして、ハイゼの『外来語言いかえ・説明辞典』(初版一八〇四年)があり、私のところには、H・ドゥンガーの『なくてもすませる外来語をドイツ語で言いかえる辞典』(一八八二年)もある。

17 日本ではこういう動きがあってもたかまりを見せず、どこどこまでも漢字の知識をふりまわして学識を誇り、母なるやまとのことばをさげすんで育てなかった結果が、いまの、漢字がなければ何も言えなくなってしまった日本語の状態なのである。

18 もちろんドイツも、どこどこまでもラテン語などの知識を手ばなせず、見せびらかしていた人士はいたが、次第に声をひそめていった。いったい、ドイツと日本のことばのあり方のこのようなちがいはどこから来るのだろうかというのが私の関心であるから、ついつい書いてしまったのだが、ドイツの表現主義の運動がエクスプレッシオニスムスとわざわざラテン語起源の語を用いたことは、この運動が、芸術革命にふさわしい非日常の感覚をかきたてるための戦術であったろう。

09 では、日本語ではどうなのだろうか。残念なことに私は、日本語の著作をあまり読まないので、「表現」なる語が、誰々のどの著作にいつ現われはじめたなどと、くわしいことは言えないから、やはり辞典類にたよらざるを得ない。ただし、「表現」のもとになったのは、たぶん西洋語の expression あたりで、その借入期は幕末か明治ではなかったかと大ざっぱに見当をつけて、惣郷正明・飛田良文編『明治のことば辞典』(東京堂出版)に助けを求める。するとそこには、この語は「明治時代の新語」と明示した上で、もとになっているのは、representation あるいは expression の二つの語の可能性があるとの指摘がある。そして、出現の場として明治一四年の『哲学字彙』、明治一九年の二葉亭四迷訳『カートコフ氏美術俗解』などがあげてある。つまり、「表現」なる漢字語は、まず哲学(美学)や美術の専門用語として日本語の中に移植され、文学作品などを通じて俗界の中にひろまっていったというあしどりが示唆されている。

10 しかしこのあしどりは、かなり［ c ］たるものだったにちがいない。［ イ ］、当時の活発に新語を生みだした日本語のすがたをとらえた明治一九年の、ヘボンの『和英語林集成』第三版には、この語はまだ登録されていないからである。

11 そこでこんどは念のため、同じ辞典の英和の部の、expression、representation から、それにあたる日本語を求めると、前者には「ノベルコト、ハナシ」などとあり、後者には「アラワスコト、カキアラワスコト」とある。このことから、明治二〇年頃には、この語「表現」はまだ哲学の辞典の中にとどまっていて、庶民の生きた、日常のことばとしては採用されなかったことがわかる。すなわち、当時「表現」という語は、新聞や小説などでは、まだ気安く用いられるに至っていない「超新語」だったことが推察される。

12 ［ ウ ］この語が「学界」を出て俗界入りを果たしたのはいつごろだったろうか。二〇世紀に入ってからドイツに発生した、美術、文学の領域に起こった表現主義(注1)の運動が日本をも侵し、この運動の名が、すでに日本語の中に［ d ］されていた「表現」なる新語に、あらためてエネルギーを与えてひろめたのが、大正末ごろではなかったろうか。

⓪⑤ あることばにつきまとっている、このような副次的意味、語感は、そのことばが生み出されて以来、くぐり抜けてきた時代の経験がつけ加えたものだが、それをさらにさかのぼると、起源の時代の刻印につきあたる。とりわけそのことばが求められた動機が。こういうことを明らかにするためには、広い意味での語源研究が必要とされるのだが、「表現」のように感情価値のたかいことばになると、その語源は、単なる「モノ」の起源としてではなく、そのことばを生んだイデオロギー的環境の復元という作業の［ b ］を帯びてくる。といっても、これは私の単なる見通しによるものであって、実証的な備えがあるわけではない。辞典、とりわけ日本語の辞典類は、3そこまでの追求のかまえをほとんど持ちあわせていない。

⓪⑥ 私はこの語は、本来の日本語にも、また日本よりもずっと個人の自由の確立のおくれた漢字使用諸国にも、もとからあったことばではなく、表現の自由を求めてたたかってきた西洋文化の中から生まれたものであって、まず日本語が漢字を用いてとり入れて定着させ、それを他の漢字使用国が、文字もろともその概念をとり入れたものだととりあえず見当をつけてみる。

⓪⑦ このことを、私がこだわって、ちょっとくどく言いたい気持ちになるのは、次のような事情があるからだ。ミネルヴァ書房刊行の一〇〇〇ページに近い大冊『日本語源広辞典』が、この「表現」を項目に入れたそのことを私は心から歓迎し、注目している。「表現」の語源を知り、説明することに、この辞典が意義を見出した、そのこと自体、非凡なことである。ところが、この辞典が、「表現」の起源をあっさりと「中国語源」としていることは、4一層の驚きであった。この辞典が、漢字で表記されている日本語はすべて中国語起源とする奇妙な性癖を持っていることは、この辞典に登録された漢字で表記される他の多くの日本語語彙についての語源説明からもすぐに判明するところである。尊敬すべき刊行物を多数世に送っている出版社としても、この「語源」という用語への根本的理解の欠如は大いに悔やまれるところだ。そのことを以下に述べる。

⓪⑧ たとえばこころみに、漢字に対してはより慎重な、白川静『字通』の「表」の字の項を見ると、そこには「表現」という、文字の組みあわせは登録されていない。すなわち、本来の「中国語」には存在しなかったと見ていい。

以下の問題〔Ⅱ〕と〔Ⅲ〕は選択問題です。どちらかを解答してください。〔Ⅱ〕と〔Ⅲ〕を両方解答した場合は、高得点の方を合否判定に使用します。

〔Ⅱ〕 次の文章を読んで、後の問に答えよ。なお、本文上段にある⓪①等の丸数字は段落番号である。

⓪① 「表現」――このことばをはじめて聞いたときの、あの新鮮な感じを私はいまでも忘れない。何ときらびやかで、しゃれていて、自由で大胆なことばだろうと[1]感に打たれたのは、敗戦後まもない中学生のころだった。戦争中にそんなことばを聞いたことはなく、もし聞いていたとすれば、［ a ］にそぐわぬ、避けるべきことばだという感じがしたであろう。

⓪② いまでこそ、「国語の表現力」をつけましょうだの、小学校ですら、「うれしい気持ちをからだで表現してみましょう」などと、ふだんから言っているらしく、すでに「学校教育用語」として、むしろ官僚的に汚染されてしまっているが、[2]あのころはそうではなかった。背景には、自由な感情の表現などは、日常的に検閲され、禁圧されていたから、表現の意欲をそそることなど、あるまじき「非国民」的態度だという、無意識の圧力があったからだ。

⓪③ そういうわけで、「表現」ということばに付着している、あのまばゆいような感覚を、私は、当時のままに思い起こし、それを若い世代の人たちにも理解してもらい、共有したいから、いま、こうして書いているわけだ。

⓪④ ［ ア ］、「表現」という語は、単に「心の内にあるものを外に出してあらわにする」といったような辞書的記述だけではつくされないものを含んでいる。それは「個性の主張」、「自由」の感覚などと深くむすびついていて、何よりも勇気を伴わないでは実行できないものなのだ。

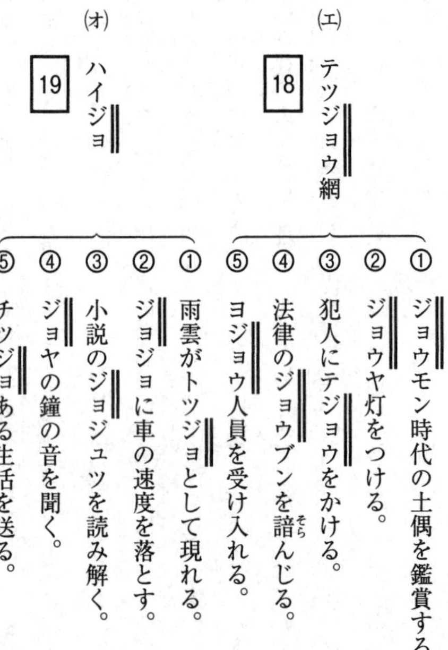

(エ) テツジョウ網 18

① ジョウモン時代の土偶を鑑賞する。
② ジョウヤ灯をつける。
③ 犯人にテジョウをかける。
④ 法律のジョウブンを諳(そら)んじる。
⑤ ヨジョウ人員を受け入れる。

(オ) ハイジョ 19

① 雨雲がトツジョとして現れる。
② ジョジョに車の速度を落とす。
③ 小説のジョジュツを読み解く。
④ ジョヤの鐘の音を聞く。
⑤ チツジョある生活を送る。

問九　本文中の‖線(ア)〜(オ)のカタカナを漢字にしたときと同じ漢字が使われるものを、次の各群の①〜⑤からそれぞれ一つずつ選べ。

(ア)　ヨユウ　15
① 一刻のユウヨもない。
② フユウ層向けの不動産物件を買う。
③ ユウシュウの美。
④ ユウユウ自適の生活を送る。
⑤ ユウラン船からの眺めを楽しむ。

(イ)　カイコン　16
① 意識がコンダクする。
② この失敗はツウコンの極みだ。
③ 事件のコンセキを消す。
④ 亡くなった友にチンコン歌を詠む。
⑤ 不正をコンゼツする。

(ウ)　マギらす　17
① 大いにフンキして励む。
② 事件の背景については諸説フンプンだ。
③ そろそろフンベツのつく年頃だ。
④ 不満がフンシュツする。
⑤ フンショク会計が発覚する。

と。

② まだ実現されていない未知の状況に、既知の了解事項を投影しているということ。

③ 待ち望む事態を、それ以前に頭で思い描いた意識にかたどって実現しているということ。

④ 待ち望む未来の事態がじっさいにどのように起こるか、ひとはあらかじめ正確にイメージできているということ。

⑤ ひとは、待ち望む事態の実現がすでに確実であると希望的観測を抱くものだということ。

問八　次の①～⑤のうち、本文の趣旨に合致するものを二つ選べ。なお、解答の順序は問わない。 13 14

① 既知の対象についてある事態を待つとは、いまだよくわからないものが「いま」に流れ込んでいるということでもある。

② 私たちが「いま」と口にするとき、話し手の「いま」の基準に合わせて、聞き手はしばしば自分の「いま」の幅を修正する。

③ 未来が不確定である以上、未来の経験に対し、過去のできごとのようなある種のかたどりを施すことは不可能である。

④ 筆者は、過去と未来が質的に見て非対称的である部分も考慮しながら、待つという行為に伴う時間の意識を分析している。

⑤ ひとの尊厳は、自己を「いま」へと封鎖することも、「いま」から引き剥がすことも、どちらも選択可能である点にある。

り、過去形、現在形という区別もまた便宜的な切り分けにすぎないが、そうした時制の便宜的切り分けにこそ、〈時〉を成立させる不可欠の要素が存在するということ。

③　想起する出来事が起こった過去と、それを想起している「いま」とを区切り、それらを言葉を通して経時的に理解するとき、「いま」がその出来事の不在とともに明確に意識されるが、そうした不在とのかかわりにおける「いま」の認識なしに、そもそも〈時〉は存在しないということ。

④　想起する出来事が起こった過去と、それを想起している「いま」は、ひとの無意識のなかではもともと明確に区別されているが、それを言語化する際に起こる、ふたつのものを幅のあるひとまとまりのものとしてかたどる総合的な体験こそが〈時〉であるということ。

⑤　出来事が起こった過去を、それを想起している「いま」から切り分けるときには、現前の「いま」と不在の「過去」の二つが区別されながらも、同時にそれぞれが幅をもった新たな「いま」として重ね合わされるため、過去とのかかわりなしには「いま」も、ひいては〈時〉そのものも成立しないということ。

問六　本文中の空欄 X ・ Y に入る最も適切な語句を、次の各群の①〜⑤からそれぞれ一つずつ選べ。

X：①　あられもない　②　ぐうの音も出ない　③　当意即妙の　④　突拍子もない
⑤　身も蓋もない　10

Y：①　共有する　②　吟味する　③　現実化する　④　先取りする　⑤　提唱する　11

問七　本文中の――線d「未来完了形で語っている」とあるが、どういうことか。その説明として最も適切なものを、次の①〜⑤から一つ選べ。　12

①　事態が実現するであろう未来の時点からみると、現在の待つという行為は相対的な過去として意識しているというこ

間の直線的な流れを保持しつつ、希望や落胆といった、ひとだけに可能な心理的現象の深みへと進化する。

③　ひとは言葉を覚えることで、具体的な「いま」の現前から客観的に距離をおき、実体をもたない抽象的な概念として時間を把握するようになり、また、瞬間が直線的に流れていく時間のほかに、生きられた時間ともいうべき新たな次元が成立する。

④　ひとは言葉を覚えることで、現在を、現前する「いま」と不在の「いま」という二重の観点から理解できるようになり、また、瞬間的な点の一直線の流れではない、ふたつの「いま」が重なり合うようになる。

⑤　ひとは言葉を覚えることで、「いま」目の前に不在であるものを名指せるようになり、また、「いま」現前するものをすべてと考える状態を脱し、過去や未来に対して開かれる。

問四　〈I　「いま」への封鎖〉のまとまりについて、次の(1)、(2)に答えよ。

(1)：〰線あ「「時が流れる」と、ひとは言う」とあるが、「時が流れる」ということについて一般的にひとが抱きやすい誤解が端的に示されている段落が、〈I　「いま」への封鎖〉中にある。その段落番号を答えよ。 5 6

(2)：〰線い「これもまた、ほぼ点にまで縮まった「いま」への、自己の無残な封鎖である」とあるが、これ以前にも自己へのこのような封鎖を他の例を挙げて説明している段落が一つある。その段落番号を答えよ。 7 8

問五　本文中の━━線c「こうした言葉による切り分けのなかで、〈時〉というものが成立してくる」とあるが、どういうことか。その説明として最も適切なものを、次の①～⑤から一つ選べ。 9

①　過去の出来事を想起している「いま」を、出来事が起こったかつての「いま」が忠実に現前したものとして、改めて意識しなおすことで、はじめて〈いま〉の明確な意識が生まれ、そこから〈時〉の意識そのものが生まれるということ。

②　想起する出来事が起こった過去と、それを想起している「いま」とは、不在、現前の関係にもとづく相対的な区別であ

問二　本文中の——線a「待つというのもよく似た時間の出来事である」とあるが、ここで筆者はどのような意味で「よく似た時間の出来事」と言っているのか。その説明として最も適切なものを、次の①～⑤から一つ選べ。 3

① 待つという行為は、まだ「いま」ではないものが、現在の「いま」に侵入してくるという点で、かつての「いま」が現在の「いま」に侵入してくる過去の想起と似ているということ。

② 待つという行為は、期待する未来がいつまでも現在になってくれないという点で、いつになっても忘れることができない印象深い記憶と似ているということ。

③ 待つという行為は、「いま」という時間が引き延ばされたような感覚を伴うという点で、辛い過去の出来事が「いま」も苦痛とともにとどまりつづける経験と似ているということ。

④ 待つという行為は、それが「いま」そこにいる人間にとって辛い心理的体験にほかならないという点で、いつまでも疼く過去の想起と似ているということ。

⑤ 待つという行為は、通常は次々と流れている「いま」が立ちどまってしまうという点で、いつになっても滑り落ちていってくれない過去の記憶と似ているということ。

問三　本文中の——線b「言葉は、ひとを「いま」から引き剥がしてくれるものである。言葉によってひとは時間の地平を超える」とあるが、その説明として最も適切なものを、次の①～⑤から一つ選べ。 4

① ひとは言葉を覚えることで、ある対象が「いま」不在で自分が辛い状況にあるとしても、その不在の対象を想起し、苦しみながらもその対象を捜し求めることができるようになり、また、過去、現在から未来へと瞬間が直線的に流れる一方で、記憶の過去や、再会を期待する未来とが、現在において恒常的に重なり合うようになる。

② ひとは言葉を覚えることで、「いま」現前する対象だけでなく、不在の対象も意識できるようになり、また、物理的瞬

事態を、たとえば再会や完成や終焉を、ゆるやかに待っているのであろう。待ち合わせる、待ち伏せるとか、待ち人来たらず、待ちぼうけをくわされるとかいうばあいにも、その登場を待っている相手はすでに知っているひとである。ひとはそのばあい、何かを待っているわけで、その何かはすでにあるかたどりを得ているものである。［ B ］このばあいの〈待つ〉は予期でしかない。それは待った後をあらかじめ思い描いている未来完了形の〈待つ〉である。

㉗　電車を待つ、返事を待つ、出産を待つ、春の訪れを待つ、刑期明けを待つ、そして酒の発酵を待つのと同じ、予期としての〈待つ〉である。そのときひとは、「いま」というところから、未来を完了形で先取りしようとしている。が、これは未来の経験の半面でしかない。あるのかないのかさえさだかでない、なんのはずみで起こるのかわからない、不意を襲ってふりかかる……といった思いがけなさの感覚が、未来の経験にはたしかにあるからだ。

㉘　〈待つ〉にも同じように、何を待っているのか自身にもわからないような〈待つ〉があるのではないだろうか。そう、予期ではない待機としての〈待つ〉が。あるいはさらに、あらゆる予期がことごとく潰えたあと、諦めきったあとで、そこからようやく立ち上がってくる〈待つ〉が。

（鷲田清一『「待つ」ということ』による）

（注1）Ｖ・Ｅ・フランクル―ウィーン生まれの精神医学者（一九〇五～一九九七）。ナチスによってユダヤ人強制収容所に送られた自身の体験を『夜と霧』（初版一九四七年）に著した。

問一　本文中の空欄［ A ］・［ B ］に入る最も適切な語を、次の各群の①～⑤からそれぞれ一つずつ選べ。

Ａ：［ 1 ］　①　そして　②　たしかに　③　たとえば　④　というのは　⑤　むしろ

Ｂ：［ 2 ］　①　いや　②　だから　③　ところが　④　にもかかわらず　⑤　やはり

だれかに向けて同じ「いま」の幅を［Y］ことへの呼びかけが含まれているというわけだ。

〈Ⅲ　何を待っているのか……〉

㉒　過去と現在がこのように言葉によって「制作」されるとしたら、未来はどうだろう。未来もまた言語的に、とまでは言わなくても「意味」によって、「制作」されるのだろうか。未来がなりたつためには、未来が現在といっしょに切り分けられねばならない。が、それはどんな言語行為によってか。

㉓　「～してみたい」「～だったらいいなあ」といった願望表現によってだろうか。「きっと～してみせる」といった決意表明によってだろうか。はたまた、「～が起こりそう」「なんか怖い」といった兆しや予感によってだろうか。

㉔　過去を現在から切り分けることが過去の「制作」だというのがそうであるにしても、それでも「制作」である以上、それは何かのかたどりであるには違いない。「制作」以前に過去の出来事そのものがあるのではないにしても、それはもっと別なふうにかたどることもありえたことである。社会の歴史のみならず、ひとりの人生においても、過去は幾度となく語りなおされるもの、語り改められるものである。

㉕　未来はその点で、はじめから不確定である。何が起こるのかあらかじめわからないのが未来だからである。とすれば、先ほど挙げたような未来についての言明はどれも、予想とか予期とか予感でしかないと言える。「予」という字が示しているごとく、それらは未来の到来に先立って、あるいはそれに備えるかたちで、「あらかじめ」未来に投射されるものである。だからそれは、未来を語るかにみえて、[d]じつは未来完了形で語っている。すでに視野にあるもの、あったものを未来に投影しているにすぎないのだ。すでに知っているもののうちでいまだ知らないものを測っているのである。このとき、「未知は既知の一様態」（フッサール）でしかない。

㉖　〈待つ〉ことにおいてはどうか。待ち望むというばあいには、おそらく実現してはいないがある意味ですでに知っているある

ることでもある。風呂上がりに、「ああ、いい湯だった」とつぶやく言語行為が、湯につかっていた過去とそこから上がっている「いま」とを区切り、こうして時間に先後の順序をつけることで「いま」が明確なかたどりを得る。

⑲　若い日、「哲学」を大森に学んだ中島義道が、これを承けて書く。「私はまず現在の知覚に対応して『暑い』という現在形を学び、次に過去の想起に対応して『暑かった』という過去形を学ぶのではない。言葉を了解することは『現前』の刺激に反応することではない。むしろ、刺激が『不在』でも、それを意味として了解することなのである。現在暑い場合に『暑い』と語ることだけができる者は『暑い』という言葉を学んだことにはならない。『もう暑くない、まだ暑くない、暑かった』という暑さの不在を学ぶこと、それがすなわち『暑い』という言葉を学ぶことなのである」（『時間論』）、と。

⑳　c<u>こうした言葉による切り分けのなかで、〈時〉というものが成立してくる。</u>「いま」が「いま」だけでなりたつものではないこと、不在との、切り分けというかたちでのかかわりなしには「いま」もまた消失してしまうことを、中島は「いま」についてのわたしたちの言葉遣いを例にとって、こう説明する。

㉑　「いま」と口にするとき、私たちは他の「いま」をそこからハイジョ(オ)することを含めて、「いま」を「いま」でないものから切り分ける。たとえば電話で「いま、何してる？」と訊くとき、「いま、きみと電話しているところだ」という［X］返事を期待しているわけではない。電話をかけた寸前まで何をしつつあったかという継続のなかで問いを立て、またそうした「いま」の切り取り方を共有するよう求めているのである。同じように、電話口で「助けてくれ」という友人の叫び声を聴いて、とっさに「今行く」とわたしが応えるばあい、この「いま」は十分ほど先まで含んでいる。「待ち合わせていた時間に三〇分も遅れて喫茶店に滑り込み『やあごめん』と謝ると、妻が愛想よく答える。『私もいま着いたところなの』。彼女は、〈いま〉という適当に短い区切りを私に提唱しているのである」。じっさい、わたしたちは行為の最中に「いま」と言うより、行為がまだ完了していないとき、もしくはすでに完了してしまっているときに、「いま」という言葉を使いがちだと、中島は指摘する。「いま」という言葉には、

る。これもまた、ほぼ点にまで縮まった「いま」への、自己の無残な封鎖である。

⑭ あるいは、言葉の喪失？

⑮ 言葉は、ひとを「いま」から引き剥(は)がしてくれるものである。言葉によってひとは時間の地平を超える。「ママ」という言葉を覚えた子どもにとって、母は目の前にいてもいなくても「母」である。犬は目の前にいてもいなくても「犬」である。だから、その不在に泣きじゃくるばかりではない。泣き叫びながら、母を、犬を、捜しもする。ひとの「現実」はこのように不在のものとともに編まれている。目の前にあるもの（現前）から離れることができるということ、それが希望と追憶を可能にし、誇りと落胆をもたらす。

⑯ 「いま」というのは、だから、ひとにおいては、デジタル時計の表示するような瞬間的な点ではない。現在が刻々と過去へと滑り落ち、未来がつぎつぎと現在に流れ込んでくるというわけではないのである。

〈Ⅱ　「いま」の幅〉

⑰ 「過去と未来を現在の以前以後で定義するのは見当違いではあるまいか」と語ったのは、大森荘蔵である。大森は、「過去なるものが想起という意識の外にそれと独立して実在するのではなくて、想起される命題の言語的意味の中に実在するのだ」と言う。これはどういうことか。

⑱ 「夢をみたがそのことを憶えていない」というのが、日本語の文章として意味をなさないことからもあきらかなように、「一旦(たん)まず夢をみる、そして後刻それを想い出す、というのではなく、夢を想い出すこと、それが夢をみた、ということなのである。私たちは『夢をみる』という現在形の体験を持つことはない、ただ、夢の想起という形で『夢をみた』という体験があるだけなのである」（『時間と自我』）。要するに、夢を想起するという体験が「夢をみた」という経験にほかならない。そこには、夢をみたという過去形の経験があるばかりなのである。［A］、「夢をみた」と語ることは、夢から醒(さ)めている「いま」をかたど

ない。過ぎ去った昔の思い出に安らかに浸ることもできない。二、三分後、二、三分前のことすら考えることもできない。文字どおり、ひとは「いま」に貼りつけられる。

⑩　くりかえすが、未来があるというのは、だから、希望をもてるということである。何かを待つことができるということである。V・E・フランクル(注1)によれば、強制収容所では、クリスマスから新年にかけて、いつも大量の死亡者が出たという。これは、苛酷な労働条件によるものでも、悪天候や伝染性疾患によるものでもない。「クリスマスになったら家に帰れるだろう」という、素朴な希望に多くの収容者が身をゆだねた結果だというのである。苛酷な毎日が続くなかで生き延びるには、ありえないような極小の希望にそれでも身をあずけるよりほかない。それすらも粉々に砕かれたのである。

⑪　V・E・フランクルは、自身の体験をふり返って、こうも書いている。

⑫　破れ靴の中で泥だらけになっている傷ついた足の痛みに殆(ほと)んど泣きながら、私はひどい寒さと氷のような向い風の中を長い縦列をなして収容所から数キロ離れた労働場までよろめいて行った。私の心は絶え間なくわれわれの哀れな収容所生活の無数の小さな問題にかかずらっていた。今晩の食事には何が与えられるだろうか？おそらく追加として与えられるであろう一片のソーセージをパンの一片と取りかえた方がよいだろうか？一週間前私に報酬として「特給」された最後の煙草をスープ一杯と取引きすべきだろうか？どうして切れてしまった靴紐(くつひも)の代りに(エ)テツジョウ網の切端をみつけるべきか？労働場で自分がよく慣れた労働グループにうまく入れるだろうか、それとも他のグループに入れられて、怒りっぽい苦しめる監督の下で殴られるだろうか？

(V・E・フランクル『夜と霧』、霜山徳爾訳)

⑬　「無数の小さな問題にかかずらっていた」……。視野はいよいよ狭窄(きょうさく)していった。ひととしての誇りがここでは殺(そ)がれてい

と、それはいまもわたしのどこかで疼いている。そう、いつまでも過去になってくれない出来事、「いま」から滑り落ちていってくれない出来事である。

⓪④　a待つというのもよく似た時間の出来事である。

⓪⑤　これ以上待ちつづけたら身が崩れる。ばらばらになってしまう。この一分すら耐えるのがむずかしい。時間が苦痛の持続そのものになっている。時間の地平は塞がりきって、あしたのことなんか考えることもできない。ましてや半年先のことなんて。また同じことのくりかえし。期待を抱けば、ちょうどそれと同じ、いやそれ以上の疲労が後にかならず襲ってくる。その疲労を受け止めるだけの(ア)ヨユウが、圧しひしがれたわたしにはもうない……。そしてぼそっとつぶやく。「わたし、もうこれ以上待てないわ」。

⓪⑥　これをこんどは、過去の傷についてすでに言ったように、いつまでも現在になってくれない未来、「いま」へと到来しない未来だと、言っていいだろうか。

⓪⑦　未来があるというのは、希望があるということ、いや希望を容れることができるということである。これにたいして、絶望とは、未来に何も託さない、いや託せないということである。そうはたしかに言える。

⓪⑧　あるいは、もっと一般的に、未来を夢みたり、未来に目標をもつことができるということ、これが、過去に愉しい思い出や苦い(イ)カイコンをもつこと、過去のじぶんの行為に責任をとることとともに、ひとであることの証しである。未来や過去をもてるというのは、現在から離れるということであり、現在にあって不在のものを思うことができるということである。

⓪⑨　さきに、いつまでも過去になってくれない疼きの「いま」にふれたが、疼きは原因となった出来事が過ぎ去ったにもかかわらず、いまも執拗にわたしに襲いかかる。その意味では、これもひとであることの証しである。これにたいして激しい苦痛は、ひとを「いま」に閉じ込める。激痛に見舞われているとき、わたしは激痛が消えたあとのことを思って、気を(ウ)マギらすヨユウが

国語

（六〇分）

以下の問題〔Ⅰ〕は必須問題です。
全員が解答してください。

〔Ⅰ〕 次の文章を読んで、後の問に答えよ。なお、本文上段にある⓪①等の丸数字は段落番号である。

〈Ⅰ 「いま」への封鎖〉

⓪① あ「時が流れる」と、ひとは言う。

⓪② が、時とは、河の流れのように、かんたんに流れてくれるわけではない。

⓪③ たとえば、ぺしゃんこになるまで踏みつけられた、あるいはごそっと肉をえぐりとられた、としか言いようのない過去の出来事。ちらっと思い出しただけで軀（からだ）ががたがた震えてしまう過去の傷。口では「過去の」と言っているが、それはほんとうは過去の出来事なのではない。それはいまでもふとわたしの表情をよぎるものであり、フラッシュバックというのだろうか、ちょっとしたきっかけでわたしをぐらぐら揺さぶる。その烈しさに衰えはない。過去が文字どおり過ぎ去ったものだとする

解答編

英語

Ⅰ

解答　問1．④　問2．④　問3．④　問4．①　問5．②
問6．④　問7．④

解説　問1．week long「一週間の長さの」がヒント。take a trip「旅行をする」

問2．by the time は「～するまでには」という意味の接続詞句。arrived が過去形なので，そのときまでには，ということで過去より前を表す過去の完了形が使われるはずである。

問3．recommend の目的語が節になっているときには，その動詞には should がつくことになっているが，省略されることもあり，その場合はその動詞が原形になる。

問4．be senior to～「～より年上である」ふつうの比較級では比較対象の前に than を使うが，形容詞が senior の場合には to を使う。

問5．whatever はその後ろに譲歩節を導いて，「たとえ～が…しても」という意味になる。「どんな選択をあなたがしたとしても，私はあなたの味方です」というのが文の意味。

問6．forget to *do*「～することを忘れる」という意味。forget は後ろに *doing* 形が来ると，「～したことを忘れる」というように意味が変わるので注意。

問7．stand for～「～を意味する」という熟語。「NPO というのは非営利団体を意味していると知っていましたか？」

Ⅱ

解答　問1．1－③　2－④　問2．3－③　4－②
問3．5－②　6－①

解説　問1．並べ替えた文は，When it comes to diversity (and inclusiveness, we often think of the media, as well as the fashion and beauty industries.）となる。when it comes to～「～ということになると」という決まり文句。

問2．並べ替えた文は，（What we）want to do is to talk（with friends face-to-face without wearing a mask.）となる。文頭の what は「～すること」という意味の，先行詞を含む関係詞。

問3．並べ替えた文は，（While we were driving to our grandparents' house over the weekend, we）got caught in a traffic（jam.）となる。get ＋動詞過去分詞は「～される」という受動態の意味になる。通常の受動態は be を使うが，代わりに get を使うことで動作性が強まる。

III 解答 問1．1－① 2－④ 問2．1－② 2－④

解説 問1．1．空所の直前でナツコが「何を持っていったらよい？」と聞いているので，持っていくべきものが書いてある選択肢を選ぶ。

2．ステファニーが最初に「私たちの賃貸料が次の4月に上がると思う？」と聞き，空所の次の発言では「もっと払っている人がいる」と答えているので，ニックに理由を聞かれているとわかる。

問2．1．①第2段最終文（The SHIP Office…）には月謝の前納は授業の初日から31日間のうちにと書かれているが，①には初日までにとあるので不一致。

②COVID-19 Updates の2つ目の "SHIP Benefits" に，検査代を補ってくれると記述があるのでこれが正解。

③People Who Can Apply の3つ目の "International Scholars" に学者たちも利用できると書かれているが，③では学生だけとあるので不一致。

④COVID-19 Updates の "SHIP Office" に対面で訪問可能と書かれているが，④では直接事務所に来ることは不可とあるので不一致。

2．①第1段（The Student Health…）に一致。

②People Who Can Apply の2つ目の "International Students" に一致。国内の学生だけでなく留学生も登録できることが書かれている。

③COVID-19 Updates の1つ目の "SHIP Office" にウィークデイのみ開いていることが書かれているので一致。

④第2段最終文（The SHIP Office…）に初日から数えて31日以内に支

払えばよいと書かれているが，④には全額支払ってからでないと保障が始まらないとあるので不一致。

IV 解答 問1．④　問2．③　問3．②　問4．②　問5．②
問6．②　問7．④　問8．④　問9．④　問10．②
問11．①

解説 ≪ゲームが世の中に与える影響≫

問1．dedicatedは「ひたむきな」という意味。第1段第1文（In 2020, it…）にも「大きくなった」と書かれているので，ゲーム業界が栄えているという予測はつく。④passionateは「熱意を持った」という意味なのでこれが最も近い。

問2．空所を含む文にはBack then「当時は」とあり，その次の文で「今ではビデオゲームは娯楽と文化の中心にある」と書かれているので，昔はそのようなことは③unthinkable「想像できなかった」となる。

問3．第1段の内容を受けると，ビデオゲームの人気はどんどん上がっていると考えられる。よって，空所の後ろのin popularityに合うようにrise「上がる」を，空所の前の完了形のhaveとつながる過去分詞の形で入れる。

問4．①第1段第2文（In the 1980s…）に，子供や十代の人たちや熱心なファンに支持されているだけだったのは過去のこととして書かれているので，不一致。

②第2段最終文（What this means…）に一致。「ゲームに付随する特徴，挑戦や目標達成，競争，報酬といったものが様々な仕事や我々の個人的な生活に取り入れられている」と書かれている。

③ゲームの日常生活への影響がないように書かれているので，第2段最終文（What this means…）に不一致。②に書いたように個人生活に影響を与えている。

④第1段第1文（In 2020, it…）に不一致。映画や音楽よりも人気があると書かれている。

問5．motivateは「動機づける」という意味であるが，意味を知らなくても，続く文章で子供たちがお手伝いでポイントをためる話が書かれているので，そこから推測することができるだろう。

問６．空所を含む段落では，子供たちがゲームのように家事を楽しんでやる話が書かれているので，それは②「望ましい」行動様式に変わることだと考えられる。
問７．空所の前の部分の that 以下を見ると，主語が gamifying the user experience「ユーザーの経験をゲーム化すること」であり，動詞部分は同じ increases が２つあるので，その２つを結ぶ接続詞が必要である。内容を見ると，前半は「その会社のブランドの使用を増やす」であり，後半は「顧客の忠誠心を増やす」であるので，④「したがって」が合う。
問８．下線部は「広範囲の」という意味であるが，意味を知らなくても，この語に続く文に様々な分野に及んでいることが書かれているので，ニュースなどが広く早く広がるという表現で用いる sweep の ing 形である④を選ぶ。
問９．下線部は「我々の生活がよりゲーム化するにつれて，我々はこれらのゲームを『する』ことが何を意味し，そして『プレーヤー』には，あるとするならどんな力があるのかということについて疑問を持つ必要がある」という意味である。この段落の第２文（But it is concerning …）からもわかるように，筆者はゲーム化しつつある世の中に疑問を呈しているので，④「ゲーム化が生活にどんな影響を与えるのか，人々はもっと真剣に考える必要がある」と言いたいのであろう。
問10．①本文に言及がない。
②第５段第４文（Many people find …）に，計測可能なゲーム化した運動では，進歩や達成といったゴールや報酬という要素が生じることが述べられている。その次の文は，そうした要素のために仕事を離れた余暇の時間でさえも仕事と同じように過ごすという内容で一致する。
③第５段第３文（The rewards can …）に健康保険料の減額とあるので，現実にも役に立つと書かれているが，③には unusable in the real world「実際の世界では使えない」と書かれているから不一致。
④「運動すればするほど社会のゲーム化に貢献する」というような内容は本文にはない。
問11．第４段から第５段にかけて（Corporations have been … measured, and standardized.），ゲームが様々な社会の分野で取り入れられていることが例示されている。特に最終段第３文（Furthermore, in areas …）に

は，本来意図したよりも多くのエネルギーやお金をショッピングに費やしていることが書かれている。①には，ビデオゲームをやらなければしていなかった活動により多くの時間とお金を費やしていると書かれているので，これが一致する。②は「我々をより生産的にする」とまでは本文に書かれていないので不一致。③・④は本文に言及がない。

V　解答

問1．②　問2．①　問3．④　問4．④　問5．③
問6．③　問7．③　問8．②　問9．③　問10．②

解説　≪先住民の工芸品≫

問1．直前の文の主語を指すので，②が正解。

問2．①第2段第1文（Now, museum officials …）に一致。②・③・④は本文に言及なし。

問3．represent は「代表する」という意味なので，「～を代表して行動した」という意味の④acted on behalf of ～を選ぶ。

問4．第2段第4文（They were taken …）や第3段最終文（He said that …）から，工芸品は世界のあちこちに持っていかれてしまっていることがわかる。第1段に工芸品を発見したり掘り起こしたりしたことが書かれているので，その流れで④「ヨーロッパやアメリカの研究者や探検家が種族から持ち去った」ことが原因であると推測できる。

問5．①チューガッチの人々が会社を設立したという記載は本文にはない。
②「将来において奪われた工芸品を文章にして証明」とあるが，もうすでに始められていることが第4段第3文（Johnson told VOA …）に書かれているため合致しない。
③「ジョンソンはチューガッチの人々が彼らの文化遺産の一部を取り戻すお祝いの儀式に参加した」 第4段第2文（He represented the …）に「彼（＝ジョンソン）は種族を代表して9つの彼らの工芸品を公式に返還するベルリンで行われた儀式に参加した」とあるので，これが正しい。
④ジョンソンがセレモニーで絵を描いたと書かれているが，そのような記載は本文にはない。

問6．チューガッチの代表団がチューガッチの工芸品を③「同定する」ためにベルリンの美術館を訪問した，と考えると話が通る。

問7．①第6段第2文（“When we do …）に葬儀や宗教に関するものの取り扱いに対して払われるべき名誉や尊厳といったことが書かれており，一致する。

②第5段第2文（That is when …）に返還が始まったときのことが書かれており，一致する。

③本文に言及がない。

④第7段第1文（After the German …）に許可なく持ち去られたことが書かれており，一致する。

問8．①・③・④本文に言及がない。

②第8段第1文（In the United …）に「連邦政府がサポートしている」と書かれてあるので，一致する。第8段ではないが，次の第9段第1・2文（Johnson said this … have such laws.）に，公式に要望すれば返却されると書かれているので，裏付けになる。

問9．空所の前の文には，「取り戻したければ正式なリクエストをすればよい」と書かれているのに対し，空所の後の文では「ヨーロッパ諸国にはそのような法はない」と書かれているので，逆接の副詞③Howeverを入れる。

問10．①挙げられているような法律がすべての問題を解決していたという事実はないので不一致。

②本文の前半では，先住民族の工芸品が戻される過程が書かれているが，後半では，そのような手順を踏めるような法律が整っていない国々で博物館が個別の努力をしていることが書かれているので，一致。

③・④本文の内容と一致しない。

日本史

I

解答　問1．①　問2．②　問3．③　問4．②　問5．④
問6．③　問7．④　問8．①　問9．②　問10．④
問11．④

解説　≪古代・中世の政治≫

問1．①誤文。検非違使が設置されたのは嵯峨天皇の時代である。

問2．②誤文。空海は儒教・仏教・道教の三教を比較して仏教が優れていることを説いた。

問3．③誤文。菅原道真は右大臣から大宰権帥に左遷され，失脚した。

問4．②誤文。平将門が藤原忠平に仕えていた時期はあったが，平将門が降伏して乱が平定されたわけではない。平貞盛や藤原秀郷ら関東の武士が平将門を武力で滅ぼして，平将門の乱は鎮圧された。

問5．④誤文。平忠常の乱は 1028 年に起こった。後三条天皇は 1068 年に即位し，翌年延久の荘園整理令を発した。

問6．③誤文。太政官など国家機構は院政期も廃止されることはなかった。

問7．④誤文。北条氏の執権政治が確立した執権北条泰時の時期に藤原（九条）頼経は将軍に擁立された。北条氏は 4 代将軍藤原頼経の外戚とはならず，反執権の動きをした藤原頼経やその子頼嗣は北条時頼によって京都に送り返された。

問8．①誤文。北条時頼は宝治合戦で，有力御家人であった三浦泰村を滅ぼした。

問9．②誤文。霜月騒動は 1285 年，有力御家人安達泰盛が執権北条貞時の御内人平頼綱によって滅ぼされた事件である。平頼綱を 1293 年に滅ぼし，全権を掌握した北条貞時によって永仁の徳政令が 1297 年に出された。

問10．④が正しい。リード文では，天皇の外戚として権力を掌握した藤原氏の摂関政治，天皇の直系の尊属として上皇が行った院政，初代将軍源頼朝と姻戚関係をもった北条氏の執権政治について述べられている。

問11．④誤文。リード文中にもあるように，北条政子は尼将軍として幕政に深く関わった。

Ⅱ 解答

問1．A―⑥ B―⑨ C―⓪ D―⑧ E―①
問2．㋐―⑦ ㋑―⑥ ㋒―④ ㋓―① ㋔―③
問3．④ 問4．② 問5．③ 問6．① 問7．② 問8．②
問9．① 問10．①

解説 ≪近世の学問≫

問3．④誤文。シーボルトの弟子であった高野長英らが処罰された1839年の蛮社の獄に関連して，尚歯会の学者たちが一時逮捕された。

問4．②誤文。正徳金銀は，荻原重秀を罷免した後，新井白石によって鋳造された。

問5．③が正しい。①誤文。保科正之や前田綱紀は17世紀の「名君」であった。

②誤文。おこぜ組は土佐藩の山内豊信に登用された改革派。

④誤文。越荷方は下関に設けられて，下関に入港する北前船から上方へ送られる越荷を購入，委託販売して収益を上げた。

問7．②誤文。賀茂真淵は儒教や仏教が伝来する以前の日本の古代思想を追求し，洋学・儒教・仏教を外来思想として排した。

問8．②誤文。八月十八日の政変では，公武合体派の薩摩藩や会津藩が，尊王攘夷派の長州藩の勢力を京都から追放した。

問9．①正文。②誤文。懐徳堂は大坂の町人の出資によって設立された。

③誤文。広瀬淡窓は豊後日田の儒学者。

④誤文。石田梅岩は庶民の生活倫理を平易に説き，商取引や利益追求を正当なものとして町人や百姓の役割を強調した。

問10．①正文。②誤文。蛮書和解御用は高橋景保の建議によって1811年に設置された。

③誤文。横須賀造船所は明治政府に接収され海軍省の造船所として軍艦の建造にあたった。

④誤文。海外渡航禁止は1866年に緩和された。幕府や諸藩の派遣した留学生には，福沢諭吉・渋沢栄一・榎本武揚・伊藤博文・森有礼らがいる。

Ⅲ 解答

問1．ア―⓪ イ―⑥ ウ―① エ―④
問2．③ 問3．③ 問4．③ 問5．② 問6．②
問7．② 問8．⑥ 問9．④ 問10．④ 問11．④

解説　≪20 世紀の日中関係≫

問2．X．誤文。二十一カ条の要求に対しては大隈重信を首相に推薦した元老山県有朋でさえ批判的であった。Y．正文。

問3．X．誤文。チェコ・スロバキア軍の救援を名目としてアメリカの共同出兵の提案を受け入れ，ロシア革命に干渉するために出兵した。Y．正文。

問4．③正文。①誤文。孫文の後継者で国民政府を樹立したのは蔣介石。

②誤文。山東半島の日本人保護を名目に山東出兵が行われた。

④誤文。田中義一内閣はパリ不戦条約に参加し，調印した。

問6．②誤文。旧平価による金解禁を断行した結果，実質的に円の切り上げ（円高）となり，輸出は不振で，金が大量に流出した。

問7．②誤文。太宰治は戦前・戦後占領期に，司馬遼太郎は高度経済成長期に活躍した小説家である。

問8．⑥が正しい。Ⅲ．滝川事件が起こったのは 1933 年で，1930 年代の自由主義的な学問に対する弾圧事件のなかで最も早い事件である。Ⅱ．天皇機関説は 1935 年に政治問題化し，当時の岡田啓介内閣は国体明徴声明を発表して天皇機関説を否定した。Ⅰ．『国体の本義』は 1937 年日中戦争開戦直前に配布された。

問9．X．誤文。盧溝橋事件発生後の 1937 年 9 月第 2 次国共合作が成立し抗日民族統一戦線が成立した。Y．誤文。3 次にわたる近衛声明を受けて汪兆銘（汪精衛）が重慶の国民政府を脱出，南京に傀儡政権が樹立された。

問10．④正文。①誤文。ヤルタ会談に参加したのはソ連・アメリカ・イギリス 3 カ国の首脳である。

②誤文。ヤルタ協定では，ドイツ降伏後 3 カ月以内のソ連の対日参戦等が密約された。

③誤文。1945 年 8 月 8 日にソ連の対日宣戦布告が行われた。

問11．④誤文。日中共同声明では，日本が加害責任を明確にしたうえで反省する態度を表明し，中華人民共和国が中国の唯一の合法政府であると承認した。これに対し，中国側が戦争賠償の請求を放棄して，国交正常化が実現した。

世界史

I

解答 問1．④ 問2．① 問3．ア―① イ―⑧ ウ―⑥
問4．③ 問5．③ 問6．③ 問7．④ 問8．②
問9．ア―① イ―④ ウ―③ 問10―1．① 問10―2．③
問11．② 問12．①

解説 ≪ノートルダム寺院関連史≫

問2．②ミラノ勅令でキリスト教を公認したのは，コンスタンティヌス帝。③ニケーア公会議では，アリウス派が異端とされた。④ユリアヌス帝は背教者とされ，ユダヤ教やキリスト教の異端を認めている。

問4．③金が北宋を滅ぼした靖康の変は1126年に起こった。①カノッサの屈辱は1077年，②クレシーの戦いは1346年，④マジャパヒト王国の成立は1293年である。

問5．A．誤文。ゴアを占領したのは，ポルトガルである。B．正文。セーヌ県知事オスマンがパリ大改造を担った。

問6．①フッガー家の本拠地はアウクスブルクである。②ツンフト闘争は，都市で権力を握る商人ギルドに対し，同職ギルドが市政への参加を求めて起こしたもの。④手工業者の徒弟制度が厳格であり，その最下層である徒弟は，年限を過ぎることで職人へと昇格した。

問7．④ピサ大聖堂は，十字型の平面・アーチ型の天井を特徴とした，ロマネスク様式建築の代表である。

問8．A．正文。教皇を頂点とし，以下，大司教・司教・司祭などの序列が形成された。B．誤文。グレゴリウス7世は1075年からローマ＝カトリック教会の改革に乗り出し，聖職売買と聖職者の妻帯を禁止した。

問9．イ．④正解。コイネーは，もともとアテネ周辺の方言であったが，アレクサンドロス大王の東征以降，ヘレニズム世界の共通語となった。

問10―1．①ダヴィドはナポレオンに仕えた宮廷画家であり，古典主義の様式を確立した。「球戯場の誓い」や「ナポレオン1世の戴冠式」が代表作である。

問10―2．③ナポレオンが皇帝となったのは1804年であるが，ムハンマド＝アリーは1805年にエジプト総督に就任している。①ニコライ１世は1825年にロシア皇帝に就任。②フリードリヒ２世は1740年にプロイセン王に就任。④レオポルド２世は1865年にベルギー国王に就任している。

問11．②誤文。ペタンはヴィシー政府の元首としてドイツに協力した。

問12．A．正文。アルジェリアは1962年にド＝ゴールが独立を承認した。B．正文。ミッテランは1981年に大統領に就任し，アメリカと距離を置きつつ，ヨーロッパ統合を推進，1992年のマーストリヒト条約締結に尽力し，翌93年にヨーロッパ連合が成立した。

Ⅱ　解答

問１．③　問２．②　問３．②　問４．①　問５．④

問６．②　問７．②　問８．①

問９．ア―④　イ―⑤　ウ―⑧

問10．①　問11．②　問12．①　問13．②　問14．④

解説　≪太平洋関連史≫

問１．③誤文。マラッカ王国は1511年にポルトガルのインド総督アルブケルケによって占領された。ヴァスコ＝ダ＝ガマは1498年にインドのカリカットに到達した。

問２．A．正文。マゼランはスペイン王カルロス１世の命を受けて西回りルートの開拓に向かった。B．誤文。マゼランは南米大陸南端のマゼラン海峡を経て，太平洋を横断した。

問３．②誤文。ニューギニア島西部はオランダ領であった。

問４．A．正文。スペインは，絹織物や陶磁器とメキシコ銀を交換するアカプルコ貿易で繁栄した。B．正文。タスマンはタスマニアやニュージーランドなどに到達し，帰途オーストラリア沿岸を探検した。

問５．④正文。プガチョフの乱はエカチェリーナ２世の治下，1773年に起こった大農民反乱である。①オーストリア継承戦争は1740年に起こった。②清の乾隆帝が即位したのは1735年。③トラファルガーの海戦は1805年である。

問６．②誤文。オーストラリアのゴールドラッシュは，19世紀後半に複数回発生している。

問７．②ゴーガンはフランスの後期印象派画家。タヒチに移住し現地の人々を描いた。

問9．イ．ハワイ王国最後の王である⑤リリウオカラニ女王は兄王の急死を受け，1891年に即位，1893年のクーデタで退位した。

問11．A．正文。1944年7月にサイパン島が陥落し，ここから日本空爆が行われた。B．誤文。1942年6月のミッドウェー海戦で日本海軍が壊滅し，太平洋戦争は転機を迎えた。

問12．A．正文。1957年7月カナダのパグウォッシュに22人の科学者が集まり，核兵器の脅威と核戦争廃止を訴えた。B．正文。1954年3月，アメリカがビキニ環礁で行った水爆実験により，日本の漁船第五福竜丸が放射能汚染を受け，乗務員1名が亡くなった。

問13．②第2次天安門事件は1989年6月に発生，天安門で民主化を求める学生らを軍が武力弾圧した。①カーター大統領の就任は1977年。③ポル＝ポト政権が崩壊したのは1979年。④湾岸戦争が始まったのは1991年である。

問14．A．誤文。中距離核戦力（INF）全廃条約は米ソ間で締結された。B．誤文。包括的核実験禁止条約（CTBT）は，採決されたものの核保有国であるアメリカが批准していないなど，条約の死文化が懸念されている。

Ⅲ　解答

問1－1．③　問1－2．④
問2．③　問3．②　問4．②　問5．①　問6．①
問7－1．③　問7－2．②
問8．⑥　問9．②　問10．③　問11．①　問12．③　問13．④
問14．④

解説　≪ヴァイマル憲法関係史≫

問1－1．③誤文。青年トルコ革命は1908年である。

問3．②誤文。1867年の第2回選挙法改正では，都市の労働者のほとんどが有権者となったが，農村の労働者は有権者にはなれなかった。

問7－1．A．誤文。『経済表』はフランスの経済学者ケネーの著作である。B．正文。アダム＝スミスは「見えざる手」で価格は自然と調整されると唱えた。

問7－2．②誤文。航海法は1651年，クロムウェルが当時海上の覇権を握るオランダに対抗するために制定したもので，1849年に自由貿易主義政策の一環として廃止された。

問8．⑥正解。プロイセン＝フランス戦争は1870年，三帝同盟は1873年，再保障条約は1887年である。

問9．A．正文。ビスマルクは災害保険法，医療保険法など一連の社会保障政策をすすめた。B．誤文。ワグナー法は1935年ニューディールの一環として制定された労働立法であり，労働者の団結権・団体交渉権を認めた。

問11．A．正文。自由主義政策に転換したイギリスで1824年に団結禁止法が廃止された。B．正文。ロバート＝オーウェンはイギリスの社会主義者。ニューラナーク工場での労働者待遇改善や工場法制定の提唱，労働組合・協同組合の設立に努力した。

問14．ナチ党の一党独裁は1933年の全権委任法により成立し，敗戦の1945年まで続いた。①アイルランド自由国の成立は1922年。②インドネシア国民党をスカルノが結成したのは1927年。③オタワ連邦会議の開催は1932年。④大西洋憲章の発表は1941年である。

政治・経済

I

解答　問1．③　問2．①　問3．①　問4．⑤　問5．①
問6．②　問7．②　問8．④　問9．①　問10．③
問11．③　問12．④

解説　≪日本と世界の政治経済に関する小問集合≫

問1．③誤文。イギリスで小さな政府への転換を掲げたのは，ブレア政権以前のサッチャー政権。ブレア政権は，小さな政府路線の脱却を目指しつつ，また既存のケインズ経済とも異なる「第三の道」路線を推し進めた。

問2．①正文。②誤文。佐藤栄作内閣の政策。
③誤文。池田勇人内閣の政策。
④誤文。中曽根康弘内閣の政策。

問3．①誤文。1993 年の外国人登録法の改正により，指紋の押捺は，義務付けられたのではなく一部免除された。

問5．①正文。②誤文。2000 年に北朝鮮を訪問した韓国の大統領は金大中大統領。
③誤文。6カ国協議の議長国は日本ではなく，中国。
④誤文。北朝鮮の建国者で第1代最高指導者であった金日成が死去したのは 1994 年で，2011 年に死去したのは第2代最高指導者の金正日。

問6．②誤文。ベルリンの壁崩壊（1989 年）→東西ドイツの統一（1990 年）→ソ連の解体による 15 の共和国の分離・独立（1991 年）の時系列なので，「影響を与えた」は不適切。

問9．①正文。②誤文。労働組合は，企業の規模にかかわらず，いずれの場合も自発的に結成されるものであるため，結成が義務付けられているものではない。また，構成員となる労働者の雇用形態に規定や制限もない。
③誤文。不当労働行為とは，使用者が労働組合の団体交渉を妨害すること等であり，人員整理などのために希望退職者を募ることはこれに該当しない。
④誤文。賃金が職務や職能に基づいて決定されるのは成果主義賃金制度。

問11．③誤文。予算は，一般会計予算，特別会計予算，政府関係機関予

算の3種類に分類される。なおそのうち基本の予算である一般会計予算は，本予算，補正予算，暫定予算の3つから構成される。

Ⅱ 解答

問1．④　問2．④　問3．②　問4．①・④
問5．②　問6．③　問7．②　問8．③　問9．④
問10．①　問11．①　問12．②　問13．③

解説　≪マス＝メディアと日本の政治機構≫

問1．④正文。①誤文。国民は単一の民族から構成されるとは限らない。
②誤文。「国家の政治のあり方を最終的に決定する権力は国民にあるという考え方」は国民主義ではなく，国民主権。
③誤文。国籍法は1984年の改正までは父系優先血統主義であったが，以降は父または母のいずれかが日本国籍であれば日本国籍を取得できる父母両系血統主義に変更された。
問2．④誤文。情報公開法に「知る権利を有する」とは明記されていない。
問6．c．誤文。マス＝メディアが過度な商業主義に陥る問題は，日本のマス＝メディアに特有の現象ではない。
問8．③誤文。調停委員会は，マス＝メディアに関する問題に対応する機関ではなく，私人間における争いを調停する委員会である。
問9．④誤文。刑事裁判が確定した場合，新たな証拠が発見されたとしても同じ事件を再び起訴することはできない。
①正文。②正文。文は「遡及処罰の禁止」のこと。
③正文。文は「証人審問権」のこと。
問10．①正文。②誤文。外国に対して行使される強制力には，経済制裁や武力制裁などがある。
③誤文。インティファーダではなく，クーデタ。なお，インティファーダとは，1987年頃から広まったイスラエルの支配下にあったパレスチナ住民らがガザで起こした反乱のこと。
④誤文。『支配の社会学』を研究としてまとめたのは，イェリネックではなくマックス＝ウェーバー。ウェーバーは，支配の正当性を三類型で説明した。

Ⅲ 解答

問1．③　問2．④　問3．④　問4．④　問5．⑦
問6．①　問7．④　問8．③　問9．③　問10．①
問11．④　問12．③　問13．③

解説　≪金　融≫

問3．④適当。①誤文。家計は経済主体のうちのひとつであり，他の企業や政府とも相互に影響しあっている。

②誤文。勤労所得だけでなく利子所得や不動産所得などのすべての所得に占める貯蓄割合のことを平均貯蓄性向という。

③誤文。可処分所得に消費支出は含まれない。

問6．①誤文。具体的数値を当てはめて考えるとわかりやすい。たとえば1ドル＝100円のときに100円分をドル建て預金したとする。その後1ドル＝120円の円安ドル高になった際に引き出して円に交換すると，手元には120円残り元本割れはしない。

問7．④適切。利回りは以下の計算式で求めることができる。

$$\text{利回り（\%）} = \frac{\text{表面利率} + \dfrac{\text{額面金額} - \text{購入価格}}{\text{満期までの年数}}}{\text{購入価格}} \times 100$$

よって，④＋10.0が適切である。

問12．③正文。金融機関が発行する住宅ローンなどは本来長期間にわたり小口ずつ返済される貸付金であるが，この債権を有価証券化することで，金融機関は投資家に売買して短期間で資金調達ができるようになる。

①誤文。「レバレッジ取引」ではなく「先物取引」。レバレッジ（効果）とは，少ない証拠金で大きな取引が期待できるという金融派生商品の特徴の一つである。

④誤文。証券化商品とは，金融機関や企業が保有する特定の資産から生み出される収益を裏付けとして発行される有価証券のこと。

■数学■

■数　学■

I **解答** [1](1)ア．1　イ．9　(2)ウ．8　エオ．11　カキ．27
(3)ク．7　ケ．3　(4)コサ．10　シ．7　スセ．27

[2]ソタチ．225　ツ．2　テト．45　ナ．2

解説　≪三角関数の式の値，最大・最小≫

[1](1)　$\sin\theta+\cos\theta=\dfrac{\sqrt{11}}{3}$ の両辺を2乗すると

$$\sin^2\theta+2\sin\theta\cos\theta+\cos^2\theta=\frac{11}{9}$$

より

$$2\sin\theta\cos\theta=\frac{11}{9}-1$$

$$\sin\theta\cos\theta=\frac{1}{9}\quad(\rightarrow ア,\ イ)$$

(2)

$$\begin{aligned}\sin^3\theta+\cos^3\theta&=(\sin\theta+\cos\theta)^3-3\sin\theta\cos\theta(\sin\theta+\cos\theta)\\&=\left(\frac{\sqrt{11}}{3}\right)^3-3\cdot\frac{1}{9}\cdot\frac{\sqrt{11}}{3}\\&=\frac{8\sqrt{11}}{27}\quad(\rightarrow ウ\sim キ)\end{aligned}$$

(3)

$$\begin{aligned}(\sin\theta-\cos\theta)^2&=(\sin^2\theta+\cos^2\theta)-2\sin\theta\cos\theta\\&=1-2\times\frac{1}{9}\\&=\frac{7}{9}\end{aligned}$$

$$\sin\theta-\cos\theta=\pm\frac{\sqrt{7}}{3}\quad(\rightarrow ク,\ ケ)$$

(4)

$$\sin^3\theta-\cos^3\theta=(\sin\theta-\cos\theta)^3+3\sin\theta\cos\theta(\sin\theta-\cos\theta)$$

$$=\left(\pm\frac{\sqrt{7}}{3}\right)^3+3\cdot\frac{1}{9}\cdot\left(\pm\frac{\sqrt{7}}{3}\right)$$

$$=\pm\frac{7\sqrt{7}}{27}\pm\frac{3\sqrt{7}}{27}$$

$$=\pm\frac{10\sqrt{7}}{27}\quad（複号同順）$$

$$|\sin^3\theta-\cos^3\theta|=\frac{10\sqrt{7}}{27}\quad（\toコ〜セ）$$

［2］　$f(\theta)=\sin\theta+\cos\theta=\sqrt{2}\sin(\theta+45°)$

$45°\leqq\theta+45°<360°+45°$ より，$f(\theta)$ は

$\theta+45°=270°$，すなわち $\theta=225°$（→ソタチ）で最小値 $-\sqrt{2}$ をとり（→ツ）

$\theta+45°=90°$，すなわち $\theta=45°$（→テト）で最大値 $\sqrt{2}$ をとる。（→ナ）

II　解答

［1］ア．1　イ．4　ウエ．17　オカ．17　キ．4
ク．2　ケ．2

［2］コサ．14

［3］(1)シ．4　スセ．17　ソタ．51　(2)チツテ．137

［4］ト．5　ナ．4　ニヌ．37　ネ．8

［5］ノ．1　ハ．3　ヒ．4　フ．5

解説　≪指数方程式，対数不等式，空間ベクトル，２次関数の平行移動，1 の 3 乗根 w≫

［1］　$x=2^t+2^{-t}$ より　　$x^2=4^t+2+4^{-t}$

よって，$4^t+4^{-t}=x^2-2$ より

$$f(t)=(4^t+4^{-t})-2^{-2}(2^t+2^{-t})-15$$

$$=(x^2-2)-\frac{1}{4}x-15$$

$$=x^2-\frac{1}{4}x-17\quad（\toア〜エ）$$

$f(t)=0$ より　　$x^2-\frac{1}{4}x-17=0$

$$4x^2-x-68=0$$

$$(4x-17)(x+4)=0$$

$$x=\frac{17}{4},\ -4$$

$2^t>0$ かつ $2^{-t}>0$ だから，相加平均と相乗平均の関係より

$$x=2^t+\frac{1}{2^t}\geqq 2\sqrt{2^t\cdot\frac{1}{2^t}}=2$$

ゆえに　　$x\geqq 2$

よって　　$x=\frac{17}{4}$　（→オ～キ）

$2^t+\frac{1}{2^t}=\frac{17}{4}$ より，$2^t=X$ とおくと

$$4X^2-17X+4=0$$
$$(4X-1)(X-4)=0$$
$$X=\frac{1}{4},\ 4$$

ゆえに，$2^t=\frac{1}{4}$ より　　$t=-2$　（→ク）

$2^t=4$ より　　$t=2$　（→ケ）

［2］　一番最初のウィルスの量を a とすると，1回で $\frac{1}{5}a$ が除去される。2回目は残りの $\frac{4}{5}a$ に対する20％より $\frac{4}{25}a$ が除去される。これを n 回繰り返していくと

$$\frac{1}{5}a+\frac{4}{25}a+\frac{16}{125}a+\cdots+\frac{1}{5}\left(\frac{4}{5}\right)^{n-1}a$$

が除去される。よって

$$\frac{\frac{1}{5}a\left\{1-\left(\frac{4}{5}\right)^n\right\}}{1-\frac{4}{5}}\geqq\frac{95}{100}a$$

をみたす最小の自然数 n を求めればよい。よって

$1-\left(\frac{4}{5}\right)^n\geqq\frac{95}{100}$ より　　$\left(\frac{8}{10}\right)^n\leqq\frac{5}{100}$

両辺の10を底とする対数をとると

$$n\log_{10}\frac{8}{10}\leqq\log_{10}\frac{5}{100}$$

$$n(3\log_{10}2-\log_{10}10)\leqq(\log_{10}10-\log_{10}2)-\log_{10}100$$

$$n(3\times0.3010-1)\leqq(1-0.3010)-2$$

$$n(0.9030-1)\leqq-0.3010-1$$

$$-0.097n\leqq-1.3010$$

$$n\geqq13.4\cdots$$

よって，最低14回（→コサ）フィルターを通せばよい。

[3](1) $\overrightarrow{AB}=(-2,\ -2,\ 3)$，$\overrightarrow{AC}=(2,\ -4,\ -4)$

内積の定義より

$$\cos\theta=\frac{\overrightarrow{AB}\cdot\overrightarrow{AC}}{|\overrightarrow{AB}||\overrightarrow{AC}|}=\frac{(-2,\ -2,\ 3)\cdot(2,\ -4,\ -4)}{\sqrt{17}\cdot6}$$

$$=-\frac{4\sqrt{17}}{51}\quad(\text{→シ〜タ})$$

(2) 面積の公式より，$\frac{1}{2}\sqrt{|\overrightarrow{AB}|^2|\overrightarrow{AC}|^2-(\overrightarrow{AB}\cdot\overrightarrow{AC})^2}$ なので

$$\frac{1}{2}\sqrt{17\times36-(-8)^2}=\frac{1}{2}\sqrt{548}$$

$$=\sqrt{137}\quad(\text{→チ〜テ})$$

[4] $y=2x^2+3x-1$ を x 軸方向に a，y 軸方向に b だけ平行移動すると

$$y=2(x-a)^2+3(x-a)-1+b$$

$$y=2x^2+(-4a+3)x+(2a^2-3a+b-1)$$

よって $\begin{cases}-4a+3=-2\\2a^2-3a+b-1=3\end{cases}$

ゆえに $a=\frac{5}{4}$ （→トナ），$b=\frac{37}{8}$ （→ニ〜ネ）

[5] $x^2+x+1=0$ の両辺に $x-1$ をかけると $x^3-1=0$ となる。

よって w_1，w_2 に関して

$$w_1{}^3=1,\ w_2{}^3=1,\ w_1{}^2+w_1+1=0,\ w_2{}^2+w_2+1=0$$

をみたす。

このとき，方程式 $x^2+x+1=0$ を解くと

$$w_1=\frac{-1+\sqrt{3}i}{2},\ w_2=\frac{-1-\sqrt{3}i}{2}\quad (\rightarrow ノ,\ ハ)$$

となる。

$R(x)=ax+b$（a, b は実数）とおくと

$$x^{2023}+3x+5=(x^2+x+1)Q(x)+ax+b$$

両辺に $x=w_1$ を代入すると，${w_1}^{2023}=({w_1}^3)^{674}\cdot w_1=w_1$ だから

$$ {w_1}^{2023}+3w_1+5=({w_1}^2+w_1+1)Q(w_1)+aw_1+b$$

$$w_1+3w_1+5=0\cdot Q(w_1)+aw_1+b$$

$$(4-a)w_1+5-b=0$$

$w_1=\dfrac{-1+\sqrt{3}i}{2}$ を代入して整理すると

$$-\frac{1}{2}(4-a)+5-b+\frac{\sqrt{3}}{2}(4-a)i=0$$

a, b は実数だから　　$a=4$, $b=5$

w_2 についても同様に成立するから

$$R(x)=4x+5\quad (\rightarrow ヒ,\ フ)$$

III 解答

［1］(1)ア．5　イウ．12　(2)エ．7　オカ．12

［2］(1)キ．5　クケ．54　(2)コ．7　サシ．27

(3)ス．8　セソ．27

解説　≪さいころの目の出方の確率≫

［1］(1)　$p<q$ をみたす場合の数は，1 から 6 までの中で異なる 2 個の数字を選ぶ場合の数と同じであるので，${}_6C_2=15$ 通りある。よって，求める確率は

$$\frac{15}{6^2}=\frac{5}{12}\quad (\rightarrow ア\sim ウ)$$

(2)　$p\leqq q$ をみたす場合の数は，(1)に $p=q$ の 6 通りの場合を加えたものより，求める確率は

$$\frac{15+6}{6^2}=\frac{7}{12}\quad (\rightarrow エ\sim カ)$$

［2］(1)　$p<q<r$ をみたす場合の数は，1 から 6 までの中で異なる 3 個の数字を選ぶ場合の数と同じであるので，${}_6C_3=20$ 通りある。よって，求め

る確率は

$$\frac{20}{6^3}=\frac{5}{54}\quad(\rightarrow キ〜ケ)$$

(2)　$p\leqq q\leqq r$ をみたす場合の数は，(1)に $p=q=r$，$p=q<r$，$p<q=r$ の場合を加えたもので

$p=q=r$ となるのは　$(1,\ 1,\ 1)\sim(6,\ 6,\ 6)$ の 6 通り

$p=q<r$ となるのは，[1]の(1)より　${}_6C_2=15$ 通り

$p<q=r$ となるのは，[1]の(1)より　${}_6C_2=15$ 通り

よって，求める確率は

$$\frac{20+6+15+15}{6^3}=\frac{56}{216}=\frac{7}{27}\quad(\rightarrow コ〜シ)$$

(3)　題意をみたす整数の組は

$(s,\ t,\ u)=(6,\ 4,\ 1),\ (6,\ 4,\ 2),\ (6,\ 4,\ 3),\ (6,\ 4,\ 4),$
$(6,\ 5,\ 1),\ (6,\ 5,\ 2),\ (6,\ 5,\ 3),\ (6,\ 5,\ 4),$
$(6,\ 5,\ 5),\ (6,\ 6,\ 1),\ (6,\ 6,\ 2),\ (6,\ 6,\ 3),$
$(6,\ 6,\ 4),\ (6,\ 6,\ 5),\ (6,\ 6,\ 6)$

3 数の組 $(s,\ t,\ u)$ が 3 つの異なる整数の組の場合は，それに対応する $(p,\ q,\ r)$ の組は 6 通りある。

次に，$(s,\ t,\ u)$ が 2 つの異なる整数の組の場合は，それに対応する $(p,\ q,\ r)$ の組は 3 通りある。

$(p,\ q,\ r)$ がすべて同じ整数の組の場合は，それに対応する $(p,\ q,\ r)$ の組は 1 通りある。

ゆえに求める確率は

$$\frac{6\times7+3\times7+1}{6^3}=\frac{64}{216}=\frac{8}{27}\quad(\rightarrow ス〜ソ)$$

Ⅳ　解答

[1]ア．3　イ．2　ウ－⓪　エ－②　オ－②　カ．5　キ．2　ク－①

[2]ケ．1　コ．5　サ．2　シ．1　ス．5　セ．2　ソ．1　タ．5　チ．2

[3]ツ．3　テ．5　ト．2　ナ．1　ニ．5　ヌ．2　ネ．1　ノ．5　ハ．2　ヒ．1　フ．2

解説　≪三角比，漸化式≫

[1]　$a_1=\dfrac{1}{2+1}=\dfrac{1}{3}$

$b_1=\dfrac{2}{2+1}=\dfrac{2}{3}$

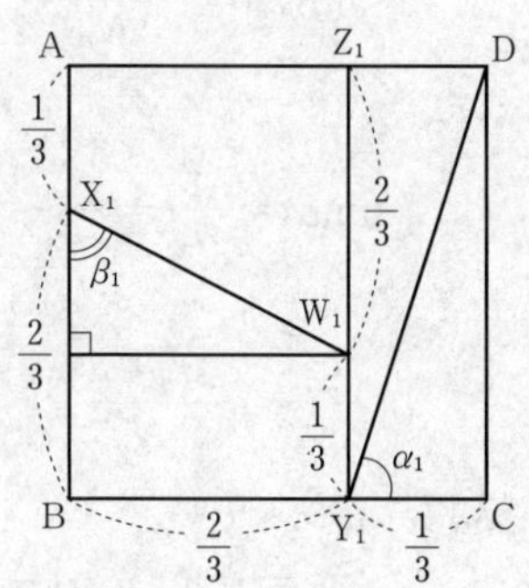

より

$$\tan\alpha_1=\frac{1}{\frac{1}{3}}=3 \quad (\to ア)$$

$$\tan\beta_1=\frac{\frac{2}{3}}{\frac{1}{3}}=2 \quad (\to イ)$$

$0<\theta<\dfrac{\pi}{2}$ において $y=\tan\theta$ は増加する（⓪）。（→ウ）

$\tan\alpha_1>\tan\beta_1$ より，$\alpha_1>\beta_1$（②）（→エ）が成立する。

次に，図より $\angle X_1W_1Y_1$ は，$AB /\!/ Z_1Y_1$ だから，$\angle X_1W_1Y_1=\pi-\beta_1>0$ である。

$\alpha_1-\beta_1>0$ より

$$\angle X_1W_1Y_1+\angle DY_1C=(\pi-\beta_1)+\alpha_1=\pi+(\alpha_1-\beta_1)>\pi$$

以上より，②（→オ）が成立する。

次に，$M_2=M_1+N_1=3$，$N_2=M_1=2$ より

$$a_2=\frac{N_2}{M_2+N_2}=\frac{2}{3+2}=\frac{2}{5},\quad b_2=\frac{M_2}{M_2+N_2}=\frac{3}{3+2}=\frac{3}{5}$$

だから

$$\tan\alpha_2=\frac{1}{a_2}=\frac{5}{2} \quad (\to カ，キ)$$

さらに，$a_n=\dfrac{N_n}{M_n+N_n}$，$b_n=\dfrac{M_n}{M_n+N_n}$ より

$$a_{n+1}=\frac{N_{n+1}}{M_{n+1}+N_{n+1}}=\frac{M_n}{(M_n+N_n)+M_n}=\frac{M_n}{2M_n+N_n}$$

$$b_{n+1}=\frac{M_{n+1}}{M_{n+1}+N_{n+1}}=\frac{M_n+N_n}{(M_n+N_n)+M_n}=\frac{M_n+N_n}{2M_n+N_n}$$

以上から

$$\tan\beta_{n+1}=\frac{M_n+N_n}{N_n}\quad\cdots\cdots①$$

また

$$\tan\alpha_n=\frac{1}{a_n}=\frac{1}{\dfrac{N_n}{M_n+N_n}}$$

$$=\frac{M_n+N_n}{N_n}\quad\cdots\cdots②$$

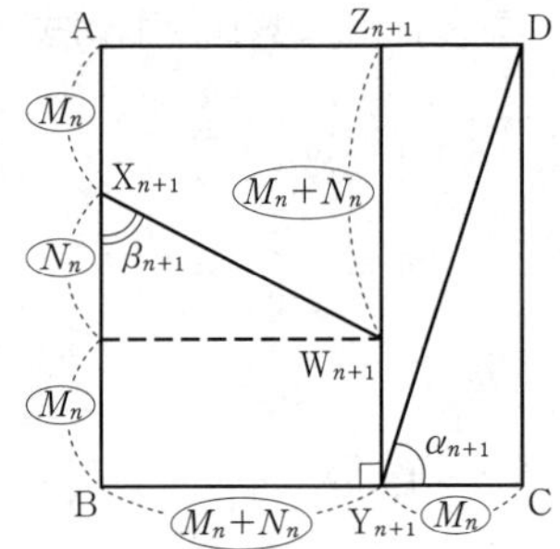

以上①，②より

$\beta_{n+1}=\alpha_n$（①）　（→ク）

［２］　方程式 $x=\dfrac{1}{x+1}$ を解くと

$$x^2+x-1=0 \qquad \therefore \quad x=\frac{-1\pm\sqrt{5}}{2}$$

よって

$$x_{\mathrm{P}}=\frac{-1-\sqrt{5}}{2},\ x_{\mathrm{Q}}=\frac{-1+\sqrt{5}}{2}\quad(\text{→ケ～サ})$$

$P_n=M_n+x_{\mathrm{P}}N_n$，$Q_n=M_n+x_{\mathrm{Q}}N_n$ とおくと

$$P_{n+1}=(x_{\mathrm{P}}+1)P_n,\ Q_{n+1}=(x_{\mathrm{Q}}+1)Q_n$$

の漸化式を得る。よって

$$\begin{aligned}P_n=P_1\cdot(x_{\mathrm{P}}+1)^{n-1}&=(M_1+x_{\mathrm{P}}N_1)\cdot(x_{\mathrm{P}}+1)^{n-1}\\&=\left(2+\frac{-1-\sqrt{5}}{2}\cdot1\right)\left(\frac{-1-\sqrt{5}}{2}+1\right)^{n-1}\\&=\left(\frac{3-\sqrt{5}}{2}\right)\left(\frac{1-\sqrt{5}}{2}\right)^{n-1}\\&=\left(\frac{1-\sqrt{5}}{2}\right)^2\left(\frac{1-\sqrt{5}}{2}\right)^{n-1}\\&=\left(\frac{1-\sqrt{5}}{2}\right)^{n+1}\quad(\text{→シ～セ})\end{aligned}$$

同様にして，$Q_n=\left(\dfrac{1+\sqrt{5}}{2}\right)^{n+1}$ を得る。

以上より
$$\begin{cases} P_n=M_n+\dfrac{-1-\sqrt{5}}{2}N_n & \cdots\cdots③ \\ Q_n=M_n+\dfrac{-1+\sqrt{5}}{2}N_n & \cdots\cdots④ \end{cases}$$

③＋④ より　　$P_n+Q_n=2M_n-N_n$　……⑤

③－④ より　　$P_n-Q_n=-\sqrt{5}\,N_n$　……⑥

(⑤×$\sqrt{5}$－⑥)÷$2\sqrt{5}$ より

$$M_n=\frac{-1+\sqrt{5}}{2\sqrt{5}}P_n+\frac{1+\sqrt{5}}{2\sqrt{5}}Q_n$$

⑥より　　$N_n=\dfrac{1}{\sqrt{5}}(-P_n+Q_n)$

よって

$$a_n=\frac{N_n}{M_n+N_n}=\frac{-P_n+Q_n}{\dfrac{-3+\sqrt{5}}{2}P_n+\dfrac{3+\sqrt{5}}{2}Q_n}$$

$$=\frac{Q_n-P_n}{\left(\dfrac{1+\sqrt{5}}{2}\right)^2Q_n-\left(\dfrac{1-\sqrt{5}}{2}\right)^2P_n}$$

$$=\frac{\left(\dfrac{1+\sqrt{5}}{2}\right)^{n+1}-\left(\dfrac{1-\sqrt{5}}{2}\right)^{n+1}}{\left(\dfrac{1+\sqrt{5}}{2}\right)^{n+3}-\left(\dfrac{1-\sqrt{5}}{2}\right)^{n+3}}$$ (→ソ～チ)

同様にして

$$b_n=\frac{\left(\dfrac{1+\sqrt{5}}{2}\right)^{n+2}-\left(\dfrac{1-\sqrt{5}}{2}\right)^{n+2}}{\left(\dfrac{1+\sqrt{5}}{2}\right)^{n+3}-\left(\dfrac{1-\sqrt{5}}{2}\right)^{n+3}}$$

［3］　$\alpha=\beta$ のとき $\tan\alpha=\tan\beta$ なので

$\dfrac{1}{a}=\dfrac{b}{b-a}$　すなわち　$ab=b-a$　……⑦

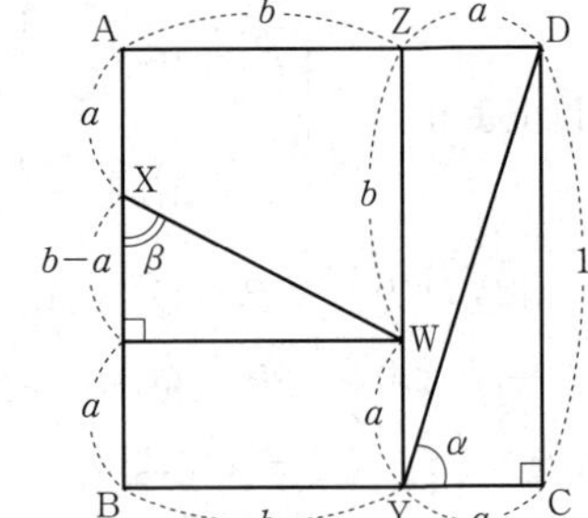

$a+b=1$　……⑧

⑦，⑧より　$a^2-3a+1=0$

$a=\dfrac{3\pm\sqrt{5}}{2}$

$0<a<\dfrac{1}{2}$ より　$a=\dfrac{3-\sqrt{5}}{2}$　（→ツ〜ト）

$b=1-\dfrac{3-\sqrt{5}}{2}=\dfrac{-1+\sqrt{5}}{2}$　（→ナ〜ヌ）

$\dfrac{b}{a}=\dfrac{-1+\sqrt{5}}{3-\sqrt{5}}=\dfrac{1+\sqrt{5}}{2}$　（→ネ〜ハ）

次に　△YCD≡△DZY　かつ　台形 XBYW≡台形 WZAX

これらから，△XBD が正方形 ABCD の半分となっているため，面積は $\dfrac{1}{2}$（→ヒ，フ）となる。

■数学基礎■

I　解答

[1]ア．2　イ．3　ウ．4

[2]エ．0

[3]オカ．26　キク．26

[4]ケ．2　コ．5

解説 ≪2次方程式，式の値，2次関数の最大・最小，2次関数のグラフ≫

[1]　$3x^2-14x+8=0$ より　$(3x-2)(x-4)=0$

$x=\dfrac{2}{3}$ （→ア，イ），$x=4$ （→ウ）

[2]　$a=\dfrac{1+\sqrt{3}}{2}$ より　$2a-1=\sqrt{3}$

両辺を2乗すると　$4a^2-4a+1=3$

ゆえに　$4a^2-4a-2=0$

よって　$2a^2-2a-1=0$ （→エ）

[3]　$y=x^2-8x+k$

$=(x-4)^2+k-16$

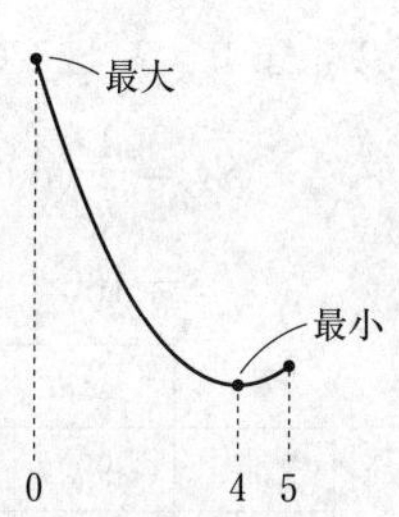

$0\leqq x\leqq 5$ において，$x=4$ のとき最小となり，最小値 $k-16=10$ より

$k=26$ （→オカ）

また，最大値は $x=0$ のときより

最大値　26 （→キク）

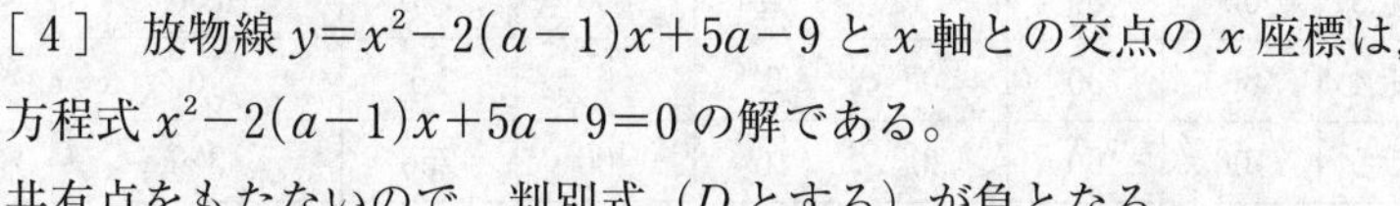

[4]　放物線 $y=x^2-2(a-1)x+5a-9$ と x 軸との交点の x 座標は，方程式 $x^2-2(a-1)x+5a-9=0$ の解である。

共有点をもたないので，判別式（D とする）が負となる。

$\dfrac{D}{4}=(a-1)^2-(5a-9)$

$=a^2-7a+10<0$

$(a-2)(a-5)<10$

ゆえに　$2<a<5$ （→ケ，コ）

Ⅱ 解答 アイウ．200　エオカ．144　キ．0　クケ．94

解説 ≪分散，相関係数≫

テスト X(x) の平均（$\overline{x}$ とする）は

$$\overline{x}=\frac{1}{5}(90+70+60+80+100)=80$$

よって，その分散（$S_x{}^2$ とする）は

$$S_x{}^2=\frac{1}{5}(100+100+400+0+400)$$

$$=200 \quad (\to アイウ)$$

テスト Y(y) の平均（$\overline{y}$ とする）は

$$\overline{y}=\frac{1}{5}(80+60+60+80+90)=74$$

よって，その分散（$S_y{}^2$ とする）は

$$S_y{}^2=\frac{1}{5}(36+196+196+36+256)$$

$$=144 \quad (\to エオカ)$$

以上より，x と y の共分散 S_{xy} は

$$S_{xy}=\frac{1}{5}(60+140+280+0+320)$$

$$=160$$

	x	y	$x-\overline{x}$	$y-\overline{y}$	$(x-\overline{x})^2$	$(y-\overline{y})^2$	$(x-\overline{x})(y-\overline{y})$
生徒 1	90	80	10	6	100	36	60
生徒 2	70	60	−10	−14	100	196	140
生徒 3	60	60	−20	−14	400	196	280
生徒 4	80	80	0	6	0	36	0
生徒 5	100	90	20	16	400	256	320

よって，求める x と y の相関係数（r とする）は

$$r=\frac{S_{xy}}{S_xS_y}$$

$$=\frac{160}{\sqrt{200}\cdot\sqrt{144}}$$

$$=\frac{160}{10\sqrt{2}\cdot 12}$$

$$=\frac{2\sqrt{2}}{3}=0.942\cdots$$

$$\fallingdotseq 0.94$$ (→キ～ケ)

Ⅲ 解答

［1］ア．5　イウ．18　エオ．13　カキ．18

［2］ク．7　ケコ．22

解 説　≪さいころの目の出方の確率，余事象，条件付き確率≫

［1］　4 個のさいころの異なる目の出方は $_6P_4=6\cdot5\cdot4\cdot3$ 通りあるので，求める確率は

$$\frac{6\cdot5\cdot4\cdot3}{6^4}=\frac{5}{18}$$ (→ア～ウ)

少なくとも 2 個のさいころで同じ目が出る確率は，余事象を用いて求められるので

$$1-\frac{5}{18}=\frac{13}{18}$$ (→エ～キ)

［2］　1 つの製品に対してそれが機械 A，B，C で作られたかどうかの確率はそれぞれ $\frac{7}{15}$，$\frac{5}{15}$，$\frac{3}{15}$ であるので，ある 1 つの製品が不良品である確率は

$$\frac{7}{15}\times\frac{2}{100}+\frac{5}{15}\times\frac{3}{100}+\frac{3}{15}\times\frac{5}{100}=\frac{44}{1500}$$

以上からこの製品が A で生産された条件付き確率は

$$\frac{\frac{14}{1500}}{\frac{44}{1500}}=\frac{14}{44}=\frac{7}{22}$$ (→ク～コ)

Ⅳ 解答

［1］ア．1　イ．2　ウ．8

［2］(1)エ．0　オカキク．6276　(2)ケコ．19　サシ．20

解 説　≪対数方程式，桁数≫

［1］　$\log_2 x-\log_x 8=2$　……①

真数，底の条件から，$x>0$，$x\neq1$ が解の条件となる。

①より　$\log_2 x - \dfrac{\log_2 8}{\log_2 x} = 2$

$t = \log_2 x$ とおくと

$$t - \frac{3}{t} = 2$$

よって　$t^2 - 2t - 3 = 0$

$$(t+1)(t-3) = 0$$

ゆえに　$t = -1,\ 3$

よって，$\log_2 x = -1$ より　$x = 2^{-1} = \dfrac{1}{2}$　(→ア，イ)

$\log_2 x = 3$ より　$x = 2^3 = 8$　(→ウ)

[2](1)　$\log_{10}\sqrt{18} = \dfrac{1}{2}\log_{10} 2\cdot 3^2 = \dfrac{1}{2}(\log_{10} 2 + 2\log_{10} 3)$

$$= \frac{1}{2}(0.3010 + 2\times 0.4771)$$

$$= 0.6276$$　(→エ～ク)

(2)　題意をみたすには，$10^9 \leqq 3^n < 10^{10}$ である必要があるので，両辺の 10 を底とする対数をとると

$$\log_{10} 10^9 \leqq \log_{10} 3^n < \log_{10} 10^{10}$$

$$9 \leqq n\cdot\log_{10} 3 < 10$$

$$9 \leqq n \times 0.4771 < 10$$

よって　$18.8\cdots \leqq n < 20.9\cdots$

ゆえに求める正の整数は

$n = 19$ (→ケコ)，20 (→サシ)

V　解答

[1](1)ア．3　イ．0　ウ．5

(2)エ．5　オ．3　カキク．400　ケコ．27　サ．3　シス．36

(3)セソタ．117　チ．4

[2]ツテ．30　トナ．22

[3]ニ．8　ヌネ．19　ノ．4　ハ．7

解説　≪3次関数の極大・極小，面積，最大・最小，接線の方程式≫

[1](1)　$f(x) = x^3 - 2x^2 - 15x = x(x-5)(x+3)$

より，$f(x)=0$ を解くと

$x=-3$（→ア），0（→イ），5（→ウ）

(2)　$f(x)$ を微分すると

$$f'(x)=3x^2-4x-15$$
$$=(3x+5)(x-3)$$

$f'(x)=0$ を解くと $x=-\frac{5}{3}$，3 となり，

増減表は右のようになる。

x	$\cdots$	$-\frac{5}{3}$	$\cdots$	3	$\cdots$
$f'(x)$	+	0	−	0	+
$f(x)$	↗	$\frac{400}{27}$	↘	−36	↗

よって

$x=-\frac{5}{3}$（→エ，オ）のとき　　極大値 $\frac{400}{27}$（→カ〜コ）

$x=3$（→サ）のとき　　極小値 −36（→シス）

をとる。

(3)　求める面積は右図の網かけ部分であるので

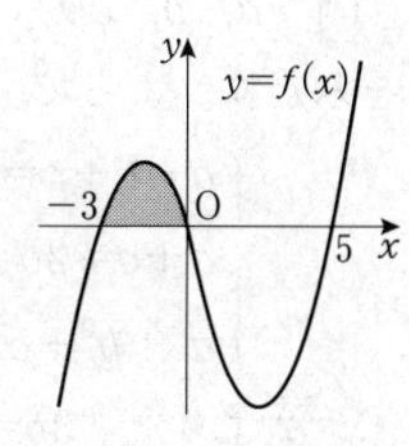

$$\int_{-3}^{0}(x^3-2x^2-15x)dx$$
$$=\left[\frac{1}{4}x^4-\frac{2}{3}x^3-\frac{15}{2}x^2\right]_{-3}^{0}$$
$$=-\left(\frac{81}{4}+18-\frac{135}{2}\right)$$
$$=\frac{117}{4}$$　（→セ〜チ）

［2］　$y=2x^3-9x^2+5$ を微分すると

$$y'=6x^2-18x=6x(x-3)$$

$y'=0$ より　　$x=0,\ 3$

増減表より，求める最大値は $x=5$ のとき 30（→ツテ），最小値は $x=3$ のとき −22（→トナ）となる。

x	0	$\cdots$	3	$\cdots$	5
y'	0	−	0	+	
y	5	↘	−22	↗	30

［3］　$f(x)=-x^2+3$ を微分して $f'(x)=-2x$ より，接点 $(t,\ -t^2+3)$ における接線の方程式を求めると

$$y-(-t^2+3)=-2t(x-t)\quad\cdots\cdots①$$

となる。(1，11) を①に代入して

$$11+t^2-3=-2t+2t^2$$

$t^2-2t-8=0$

$(t-4)(t+2)=0$

$t=-2,\ 4$

よって，$t=4$ のとき求める接線は

$y=-8x+19$　（→ニ～ネ）

$t=-2$ のときめる接線は

$y=4x+7$　（→ノ，ハ）

Ⅵ 解答

［1］アイ．12　ウエ．22

［2］オカキク．6138

［3］ケコサシ．1319

解説　≪等差数列，等比数列，複利計算≫

［1］　$a,\ b,\ c$ がこの順に等差数列をなすので，等差中項より $a+c=2b$ をみたす。よって

$$\begin{cases} a+b+c=51 & \cdots\cdots① \\ a+c=2b & \cdots\cdots② \\ a^2+b^2+c^2=917 & \cdots\cdots③ \end{cases}$$

①，②より　$3b=51$　∴　$b=17$

ゆえに①，②は　$a+c=34$　……④

③，④より　$a^2+17^2+(34-a)^2=917$

$a^2-34a+264=0$

$(a-12)(a-22)=0$

よって　$a=12$　（→アイ），$a=22$　（→ウエ）

［2］　$a_n=6\cdot2^{n-1}$ より

$$\sum_{n=1}^{10}a_n=\sum_{n=1}^{10}6\cdot2^{n-1}$$

$$=\frac{6(2^{10}-1)}{2-1}$$

$$=6(1024-1)$$

$$=6138$$　（→オカキク）

［3］　元金100万円の11年後の積み立てた元利合計は

$$\begin{aligned}100(1.03+1.03^2+1.03^3+\cdots+1.03^{11})&=100\times\frac{1.03(1.03^{11}-1)}{1.03-1}\\&=100\times\frac{1.03(1.3842-1)}{0.03}\\&\fallingdotseq 100\times 34.3333\times 0.3842\\&\fallingdotseq 1319.09\end{aligned}$$

よって，小数点以下を切り捨てると，元利合計は

1319万円　(→ケコサシ)

已然形に接続する場合は順接確定条件などを表すが、ここでは頼朝が〝重忠を失ったならば〟と仮定しているので、連用形接続の完了の助動詞「ぬ」の未然形「な」が入る。

問七　「せんど」は「先途」で、〝将来（役に立つ）〟の意。「ちやうし」がかつて裏切った臣下を許すよう進言し、その臣下が「身を捨て、命を惜しまず、防き戦」った逸話をふまえた④が適切。

問八　前の「君、君たる時は、臣礼をもつてし、臣、臣たる時は、君あはれみを残す」をふまえる。また、傍線ケの「いかでか」は反語を表す副詞であり、重忠が兄弟の助命を願っている場面であることにも注意する。

問九　〝あわない訴訟であっても、一度（＝兄弟の命請い）は、どうにか許していただけないでしょうか〟という意から、「（道理に）あわない訴訟」だとわかる。

問十　傍線サの前の、「仏の前身」の話は、すべて我が身を犠牲にして他者を救う話である。よって、その要素の入った①が正解となる。

問十一　傍線シの直後に、重忠一人だけを許すのではなく訴訟人全員を許すことに対し、重忠が感じ入っていることが書かれている。④と⑤がこの処置を説明しているが、⑤は「面倒な仕事を押しつける」が本文にない。

問十二　①は「新しく別の臣下を召し使うことにした」、②は「大王にとっては何の役にも立たなかった」が本文の内容と真逆であり、不適。⑤は「自分に異を唱える者を次々に処刑した」が本文にない。⑥は「頼朝本来の考え方は……情を最優先しなくてはいけない」とあるが、本文では敵となることを警戒し、「情」をかけずに兄弟を処刑しようとしていたため、不適。傍線シ付近の内容を説明した③と、その直前の「賢人」という、頼朝の重忠に対する評価をふまえた④が適切。

問九　⑤
問十　①
問十一　④
問十二　③・④
問十三　W―②　X―③　Y―④　Z―④

解説

問一　傍線ア「なる」が接続する「候ふ」はハ行四段活用の動詞の終止形または連体形。接続からいえば断定の助動詞「なり」もありえるが、選択肢内で「なる」という形になるのは②伝聞・推定の助動詞「なり」の連体形しかない。また、文脈上、「伊東が孫ども」はまだ処刑されておらず、断定ではなく伝聞・推定の方が適切である。

問四　源頼朝は兄弟を助けない代わりに土地を与えることを提案したが、重忠は「国をたまはり、かれら（＝曾我兄弟）を誅せられては、世の聞こえ（＝評判）、重忠が恥辱にて候ふべし」と固く断る。この発言をふまえたのが④か⑤だが、④の「世間の評判や身の恥をも顧みようともせず」が不適当。むしろ、武士としての名誉を気にするからこその行動である。

問五　「ちやうし」の逸話を語る場面に続いており、直前に「申し伝へて候ふ」とあるのは、この「ちやうし」の逸話が終わったことを指す。逸話をふまえ、再び自分の要求に戻っているのであり、後に「さる者の子にて……」とあることから、兄弟の助命を願い出ているのである。

問六　A、係助詞「こそ」の結びであるため、已然形の語が入る。未然形の語に接続しており、（未来の）推量を表す「むず」の已然形「むずれ（んずれ）」が正解。

B、係助詞「か」の結びであるため、連体形の語が入る。連用形の語に接続しており、過去の助動詞「き」の連体形「し」が正解。

C、連用形の語に接続しており、接続助詞「ば」に続く語である。「ば」は未然形に接続する場合は順接仮定条件を、

調査を行っている。

問八　①は「日本語の著作を読むことで」が不適。筆者は辞書類や外国の書物を調査している。②は「幕末か明治に」、⑤は「大正末期に……生まれたばかりの『表現』という語」が、⑩⑨段落に「表現」は「明治時代の新語」とあることに合致せず、不適。

問九　①④段落の内容に合致する④が適切。①は「現在でもなお」、②は「未然に」がそれぞれ不適。

問十　②はヘボンの辞書を「最も信頼できる」としているが、筆者は複数の辞書を検討していることから不適。④は①⑦段落に「こういう動きがあってもたかまりを見せず」とはあるが、「国粋主義的な言語学者がおらず」とは述べられておらず、不適。⑤は「常軌を逸した」は「表現」という語の意味ではないので不適。⑥は「大学生などはこの語の使用をためらいがち」は本文に書かれていない。本文の主旨をまとめた①、①④段落の内容をふまえた③が適切。

III

出典　『曾我物語』仮名本〈巻三　畠山重忠乞い許さるる事〉

解答

問一　②

問二　②

問三　ウ―②　エ―⑤　オ―①

問四　⑤

問五　①

問六　A―⑨　B―②　C―④

問七　④

問八　①

エ、②⓪段落の問いに対する答えであり、現代日本の「表現」の状況をまとめて終結させている。

問二　a、「時局（にそぐわない）」・b、「様相（を帯びる）」はいずれも定型の言い回し。

c、「表現」という語があまり浸透しないことを言ったものだが、「あしどりは」が主語なので、④「微々」よりも②「遅々」がふさわしい。

d、前に「すでに」とあることに着目。①①段落にあるように、「表現」という語は日常のことばとしては用いられていなかったが、哲学の辞典の中にはあった。⑤「蓄積」というほどため込んでいた意には読み取れず、④「準備」が適当。

問三　直前の「何と……自由で大胆なことばだろう」という傍線1の内容や、後の「戦争中にそんなことばを聞いたことはな」かったことが理由となる。

問四　①は本文中にない事実である。②や④は〈『表現』という語の使用〉に関する説明になっているが、監視対象となる「非国民」的なのは言葉ではなく「表現」という行為である。⑤は、現代において「公的機関によって……強制される」という意味になってしまうので、不適。③の「手垢にまみれた」は〝多くの人に使用されて陳腐になる〟ことであり、現在は学校教育等で多用され、「表現」という言葉の感動が薄れていることを指している。

問五　傍線3「そこ」は2行前の「その語源は、単なる『モノ』の起源としてではなく、そのことばを生んだイデオロギー的環境の復元……」を指す。「イデオロギー」を「その時代の思潮や観念」と言い換えた④が適切。

問六　①⑦段落の「母なるやまとのことばをさげすんで育てなかった」が「否定的評価」である。

問七　傍線4で「驚き」と述べられている対象は、同じ段落で述べられている〝『日本語源広辞典』が「表現」を項目に入れたことを喜び、「表現」の語源を説明してくれることを期待していたのに、「あっさりと『中国語源』として」しまった〟ことである。①・④は驚く対象がずれているので不適。③は「簡潔」さに驚いたわけではない。⑤は「中国語起源であると突き止めた」わけではない。筆者はこの結論に納得していないために、以下実証的にこの語について

ることである。③は②⑥段落の「(何かを待つ場合に) その何かはすでにあるかたどりを得ている (＝予期)」に合致しない。⑤は文章の内容自体「ひとの尊厳」に関するものではないため、不適。②①段落の内容に合致する②、〈Ⅲ〉の内容に合致する④が適切。

Ⅱ

出典 田中克彦「「表現」ということばのエネルギー」(『世界思想』四一号　二〇一四春)

解答

問一　ア―③　イ―⑤　ウ―④　エ―②

問二　a―②　b―⑤　c―②　d―④

問三　①

問四　③

問五　④

問六　①⑦段落

問七　②

問八　③・④・⑥

問九　④

問十　①・③

解説 問一　ア、空欄の後、「『表現』という語は、……辞書的記述だけではつくされないものを含んでいる」ことの理由として、前に「『表現』ということばに付着している、あのまばゆいような感覚」の存在を述べている。

イ、文末に「……からである」とあることに注意。

ウ、話題が転換している。

い苦痛は、ひとを『いま』に閉じ込める」という〈待つ〉行為の特徴から、その類似点を考える。②は「印象深い記憶」が「疼いている」にそぐわないうえに、選択肢の文中で類似点が説明できていない。⑤は「通常は次々と流れている」が、①⑥段落の筆者の考えと矛盾するため、不適。

問三　傍線b直後で、言葉について「母」や「犬」を例に、「目の前にいてもいなくても」あらわすことができ、「目の前にあるもの（現前）から離れることができる」ものだと述べている。この内容と、選択肢内の「過去や未来」が本文の「希望と追憶」の言い換えといえることから、⑤が正解となる。

問四　（1）①⑥段落の「現在が刻々と過去へと滑り落ち、未来がつぎつぎと現在に流れ込んでくる」と時間の流れを一律のものとみなすのが「一般的にひとが抱きやすい誤解」である。

（2）波線い「『いま』への……封鎖」と同様の表現が⓪⑨段落に、「ひとを『いま』に閉じ込める」「ひとは『いま』に貼りつけられる」とあることに着目する。その段落で「激痛に見舞われているとき……二、三分後、二、三分前のことすら考えることもできない」と例が挙げられている。

問五　傍線c「こうした」は、直前の段落の内容を指している。その「『もう暑くない……暑さの不在を学ぶこと、それがすなわち『暑い』という言葉を学ぶこと』という内容、また直後の「不在との、切り分けというかたちでのかかわりなしには『いま』もまた消失してしまう」を言い換えた③が答え。

問六　X、直前の、電話での会話の内容から、「身も蓋もない」＝〝露骨すぎて、話の続けようがない〟が入る。

Y、空欄Xの次の文「『いま』の切り取り方を共有する」の言い換え表現にあたることが手掛かりになる。

問七　傍線dの三文後「未知は既知の一様態」などをふまえる。③は「実現している」、④は「正確に」が言い過ぎ。同段落冒頭に「未来」とは「はじめから不確定」で「何が起こるのか……わからない」と述べられていること、そして傍線d直後に「すでに視野にあるもの、あったものを未来に投影している」とあることに合致する②が正解となる。

問八　①は「流れ込んでいる」が不適。問七や②⑦段落などにもあるように、「待つ」とは「未来を完了形で先取り」す

国語

I

出典　鷲田清一『「待つ」ということ』〈2　予期〉（角川選書）

解答

問一　A―①　B―②

問二　③

問三　⑤

問四　(1)―①⑥　(2)―⓪⑨

問五　③

問六　X―⑤　Y―①

問七　②

問八　②・④

問九　(ア)―②　(イ)―②　(ウ)―②　(エ)―④　(オ)―④

解説

問一　A、文末が「でもある」なので、添加を表す語が入る。

B、前で述べている「何かを待って……その何かはすでにあるかたどりを得ているものである」ということを理由として、後の「このばあいの〈待つ〉は予期でしかない」という結論につなげているので、「だから」と入れるのが適当。

問二　⓪③段落の「いつまでも過去になってくれない出来事」という過去の疼きについての言及や、⓪⑨段落の「激し

■一般方式：個別学部併願型

問題編

▶試験科目・配点

<table>
<tr><th colspan="2">学部等</th><th>教　科</th><th colspan="2">科　　目</th><th>配　点</th></tr>
<tr><td colspan="2" rowspan="3">経済・社会</td><td>外国語</td><td colspan="2">コミュニケーション英語Ⅰ・Ⅱ・Ⅲ，英語表現Ⅰ・Ⅱ</td><td>200点</td></tr>
<tr><td>選　択</td><td colspan="2">日本史B，世界史B，政治・経済，「数学Ⅰ・Ⅱ・A・B[*1]」から1科目選択</td><td>150点</td></tr>
<tr><td>国　語</td><td colspan="2">国語総合（古文は選択問題。漢文を除く）</td><td>150点</td></tr>
<tr><td rowspan="6">人文</td><td rowspan="3">英語英米文化</td><td>外国語</td><td colspan="2">コミュニケーション英語Ⅰ・Ⅱ・Ⅲ，英語表現Ⅰ・Ⅱ</td><td>200点</td></tr>
<tr><td>選　択</td><td colspan="2">日本史B，世界史B，政治・経済，「数学Ⅰ・Ⅱ・A・B[*1]」から1科目選択</td><td>150点</td></tr>
<tr><td>国　語</td><td colspan="2">国語総合（古文は選択問題。漢文を除く）</td><td>150点</td></tr>
<tr><td rowspan="3">日本・東アジア文化
ヨーロッパ文化</td><td>外国語</td><td colspan="2">コミュニケーション英語Ⅰ・Ⅱ・Ⅲ，英語表現Ⅰ・Ⅱ</td><td>100点</td></tr>
<tr><td>選　択</td><td colspan="2">日本史B，世界史B，政治・経済，「数学Ⅰ・Ⅱ・A・B[*1]」から1科目選択</td><td>100点</td></tr>
<tr><td>国　語</td><td colspan="2">国語総合（古文は選択問題。漢文を除く）</td><td>100点</td></tr>
<tr><td rowspan="7">国際教養</td><td rowspan="4">経済経営学</td><td>外国語</td><td colspan="2">コミュニケーション英語Ⅰ・Ⅱ・Ⅲ，英語表現Ⅰ・Ⅱ</td><td>200点</td></tr>
<tr><td>選　択</td><td>日本史B，世界史B，政治・経済，「数学Ⅰ・Ⅱ・A・B[*1]」から1科目選択</td><td rowspan="2">2教科から1教科を選択[※1]</td><td rowspan="2">100点</td></tr>
<tr><td>国　語</td><td>国語総合（古文は選択問題。漢文を除く）</td></tr>
<tr><td>数学基礎[*2]</td><td colspan="2">数学Ⅰ・Ⅱ・A・B</td><td>100点</td></tr>
<tr><td rowspan="3">グローバルスタディーズ</td><td>外国語</td><td colspan="2">コミュニケーション英語Ⅰ・Ⅱ・Ⅲ，英語表現Ⅰ・Ⅱ</td><td>200点</td></tr>
<tr><td>選　択</td><td colspan="2">日本史B，世界史B，政治・経済，「数学Ⅰ・Ⅱ・A・B[*1]」から1科目選択</td><td>100点</td></tr>
<tr><td>国　語</td><td colspan="2">国語総合（古文は選択問題。漢文を除く）</td><td>100点</td></tr>
</table>

■出題範囲■

＊1　「数学B」は「数列・ベクトル」から出題する。

＊2　「数学基礎」の出題範囲は以下のとおり。

数学Ⅰ（数と式，二次関数，データの分析），数学A（場合の数と確率，整数の性質），数学Ⅱ（いろいろな式，図形と方程式，指数関数・対数関数，微分・積分の考え），数学B（数列）

▶備　考

※1　2教科を受験することもできる。その場合，高得点の教科を合否判定に使用する。

- 学科別の2日程のうち，英語と国語は2日程，その他の科目は1日程を掲載。
- 「国語総合」は，古文を選択せずに，現代文だけでも受験可能。選択問題の現代文と古文を両方解答した場合は，高得点の解答を合否判定に使用する。
- 国際教養学部国際教養学科経済経営学専攻においては，選択科目で「数学」を受験した場合でも「数学基礎」は必須。また，「数学基礎」の得点が基準点に満たない場合は，不合格とすることがある。

英語

◀2月4日実施分▶

（60 分）

〔Ⅰ〕　次の各文の空所に入れるべき最も適切な語(句)を①～④の中からそれぞれ1つずつ選びなさい。

問 1　According to the doctor's [1] , Mary has to take medicine for a week.

① amendment　② correspondent
③ impression　④ prescription

問 2　If humans make the right decisions within the next ten years, they [2] a chance to change the future of the earth.

① might have　② would have
③ did have　④ wouldn't have

問 3　Unfortunately, nothing has emerged [3] their efforts.

① at　② by　③ from　④ with

問 4　I asked my friend if she [4] planning to go to Europe over the summer.

① be　② had　③ was　④ will

問 5　I am going to study abroad at Musashi University next year, so let's [5] in touch while I am in Japan.

① have　② keep　③ mail　④ write

問 6　The spa I go to once a month has many [6] including various types of baths, saunas, lounge areas, and restaurants.

① faculties　② facilities　③ factories　④ facts

問 7　By the time we had stopped [7] lunch, it was already half past three.

①　have　②　to have　③　be having　④　had

〔Ⅱ〕　次の各文において，それぞれ下の選択肢①～⑤の語(句)を並べ替えて空所を補い，和文と同じ意味の英文を完成させるとき，空所 [1] ～ [6] に入れるべき語(句)を選択肢の中からそれぞれ１つずつ選びなさい。

問 1　If you are going to hike, you (　　) [1] (　　) (　　) [2] along with you.

［ハイキングに行くならば，食べ物を持っていく方がよい。］

①　better　②　food　③　had　④　some　⑤　take

問 2　Has (　　) [3] (　　) [4] (　　) yet?

［あなたが招待した人はもう来ましたか？］

①　arrived　②　invited　③　the person

④　whom　⑤　you

問 3　When learning a foreign language, it is important to first [5] (　　) [6] (　　) (　　).

［外国語を学ぶときには，正確さよりも意味を伝えることにまずは注力するのが大切だ。］

①　accuracy　②　focus on　③　meaning

④　rather　⑤　than

〔Ⅲ〕　次の各問に答えなさい。

問 1　次の 2 つの会話を完成させるために，空所 [1] と [2] に入れるべき最も適切な文を①～④の中からそれぞれ 1 つずつ選びなさい。

会話　1

Waiter : Would you like another cup of coffee?

Customer : [1]

Waiter : Okay. We have pecan pie that tastes great with coffee. Do you want to try a slice?

Customer : Sure, I'll take one.

① Actually, I still have some left.

② How much is it?

③ Thanks, but no. I have a sore throat.

④ I'd like the check please.

会話　2

Kevin : Alice, would you tell everyone working on the project that there's a meeting at two o'clock this afternoon?

Alice: : [2]

Kevin : Just the managers and sales staff, please.

Alice : Certainly, boss.

① Don't worry, I already let them know.

② Got it. Should I include the designers and programmers?

③ Understood. Will the meeting end by four o'clock?

④ Of course. I'll mark it on the calendar.

問 2　次の図表を読み，各問の答えとして最も適切なものを①～④の中からそれぞれ 1 つずつ選びなさい。

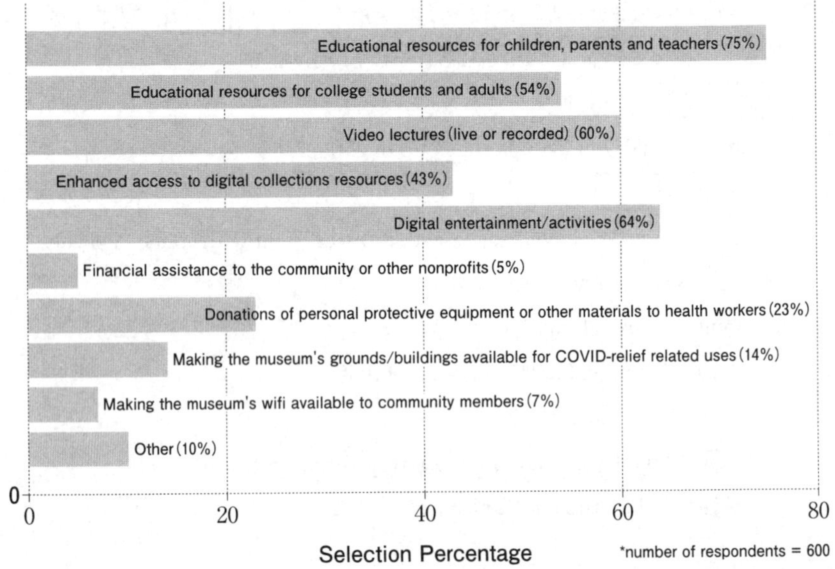

出典

American Alliance of Museums. "National Survey of COVID-19 Impact on United States Museums Fielded June 2020." https: //www. aam-us. org/wp-content/uploads/2020/07/2020_National-Survey-of-COVID19-Impact-on-US-Museums.pdf

1. The graph demonstrates [3].

① how great American museums did during the COVID-19 pandemic

② how many American museums closed in 2020 during the pandemic

③ what services American museums offered during the pandemic

④ what types of American museums received financial aid during the lockdown period

2. Which of the following statements is true given the information presented in the graph? [4]

① The majority of the museums provided video lectures.

② Internet service was provided by many local communities and businesses.

③ All the museums faced financial difficulties during the pandemic.

④ Only a small number of the museums offered digital entertainment/activities.

〔Ⅳ〕 次の文章を読み，問に答えなさい。

When corals are mentioned, many people think of rock-like forms in the sea filled with colorful fish. But corals are made up of hundreds of thousands of small organisms which live and feed like any other sea life.

For the past five years, researchers in Hawaii and Australia have been engineering (1) corals inside a lab to see if they could better resist the effects of climate change. They say it is now time to see how their creations perform in nature. The scientists say climate change linked to human causes has led to warming oceans that can harm sea life. They say if the more heat-resistant corals they developed do well in the ocean, the method can be used to help save suffering and dying reefs.

The team tested three methods for making corals that would be strong and healthy in nature. One was the method of selective breeding. This method involves scientists choosing parents with desirable characteristics for reproductive purposes. The goal is to produce babies with the same desirable characteristics. A second method subjected the corals to increasing temperatures to condition (3) them to be able to survive in warm ocean environments. The third involved making changes to the algae* that provide corals with necessary nutrients.

The leader of the project, University of Hawaii researcher Kira Hughes, said all the methods proved successful in the lab. She told The Associated Press (AP) that some scientists might worry that such methods go against the natural processes of nature. But with the planet continuing to warm more and more, she does not see any better [4]. "We have to intervene** in order to make a change for coral reefs to survive into the future," Hughes said.

When ocean temperatures rise, corals release algae that supplies nutrients and gives them color. This causes them to turn white, a process called bleaching. When this happens, corals can quickly become sick and die. But for years, scientists have been observing corals that have survived bleaching, even when others have died on the same reef. They are now centering on those healthy survivors and hoping to further increase their resistance to heat. Those corals were used as the parents for the newly created kinds.

A recent study from the National Oceanic and Atmospheric Administration and other research organizations took a close look at bleaching events. It found them to be the biggest current threat to the world's coral reefs. Scientists found that between 2009 and 2018, the world lost about 14 percent of its corals. "Corals are threatened worldwide by a lot of stressors, but increasing temperatures are probably the most severe," said Crawford Drury. He is the chief scientist at Hawaii's Coral Resilience Lab.

Madeleine van Oppen is a research scientist with the Australian Institute of Marine Science. She told the AP there were concerns about whether the experiments could result [7] a loss of genetic diversity. And there were critics who said the scientists were "playing god" by making such changes to the reef. "Well, you know, (humans) have already intervened with the reef for very long periods of time," van Oppen said. "All we're trying to do is to repair the damage." Rather than editing genes or creating anything unnatural, the researchers are just attempting to begin what could already happen in the ocean, van Oppen added. In this way, she said, the team can center on a small area to keep and "enhance"(8) what is already there.

*algae　褐虫藻

**intervene　介入する

出典

Lynn, Bryan. "Scientists Create Corals in Lab to Better Resist Climate Change." *Voice of America,* December 27, 2021. https: //learningenglish. voanews.com/a/scientists-create-corals-in-lab-to-better-resist-climate-change/6352252.html

問 1　下線部(1) engineering の言い換えとして最も適当な語を①～④の中から 1 つ選びなさい。 [1]

① directing　② making　③ planning　④ planting

問 2　第 1 段落から第 2 段落(When corals are … and dying reefs.)の内容と一致するものを①～④の中から 1 つ選びなさい。 [2]

① Corals can quickly adapt to warm water because they are equipped with natural protection.

② Corals are made of rocks where various kinds of fish like to live.

③ Experts suggest that they might have found one possible solution to tackle the issue of dying corals.

④ Humans are unaware of their responsibility for rising sea levels; they live and behave as they want.

問 3　下線部(3) condition の言い換えとして最も適切な語を①～④の中から 1 つ選びなさい。 [3]

① constitute ② prepare ③ sort ④ status

問 4 空所 [4] に入れるべき最も適切な語を①～④の中から1つ選びなさい。

① assumptions ② creations

③ options ④ transitions

問 5 第3段落から第4段落(The team tested … future," Hughes said.)の内容と一致しないものを①～④の中から1つ選びなさい。[5]

① Kira Hughes insists that breeding corals will lead to further problems.

② Kira Hughes says that in order to save corals from extinction, human intervention is necessary.

③ The scientists adopted several methods to create strong and healthy corals.

④ The team picked corals with distinctive characteristics as parents for the experiment.

問 6 第5段落から第6段落(When ocean temperatures … Coral Resilience Lab.)の内容と一致するものを①～④の中から1つ選びなさい。[6]

① 86 percent of coral reefs died from chemicals released in the ocean.

② Bleaching is just one of the minor causes of the disappearance of coral reefs.

③ Scientists collect corals that died from bleaching to study how the event happens.

④ When ocean temperatures increase, algae escape from corals.

問 7 空所 [7] に入れるべき最も適切な語を①～④の中から1つ選びなさい。

① at ② for ③ in ④ of

問 8 下線部(8) enhance の言い換えとして最も適切な語を①～④の中から1つ選びなさい。[8]

① exaggerate ② preserve ③ rise ④ strengthen

問 9　本文全体の内容と一致するものを①～④の中から 1 つ選びなさい。[9]

① Scientists should stop experimenting on corals, because it goes against the natural order of things.

② Developing heat-resistant corals inside a lab is necessary to fight the climate crisis.

③ Scientists can hardly carry on with their research when confronted by the threat of global warming.

④ Scientists made huge changes to existing coral reefs by genetically changing the corals.

〔V〕　次の文章を読み，問に答えなさい。

Arthur Conan Doyle, the creator of Sherlock Holmes, was once tricked by two young girls in a way Sherlock himself would never have imagined. In 1917, two girls from Cottingley, a village in the English countryside, took photographs of what appeared to be fairies flying about in nature. When the photographs became public, many adults thought that they were real. Conan Doyle, who was interested in supernatural phenomena*, also believed they were [1]. The photographs, however, turned out to be fake.

In Britain and Ireland, fairies and other imaginary creatures are popular among both children and adults. In the early modern era, William Shakespeare and other <u>prominent</u>(2) poets featured playful and sometimes dangerous fairies in their works. They were similar to Japanese *yōkai* in that they would grant good or bad luck to humans, depending on their mood. After the Romantic period, fairies in the British Isles were increasingly drawn in an ideal way. Painters began to portray fairies as beautiful women and that image of fairies dominated people's imaginations. The Cottingley girls' fairy photographs fit into this trend because they also featured lovely female fairies.

In fact, the two girls, Elsie and Frances, used a very easy trick to create these fake photographs: they cut out fairy pictures from a book and put them in front of a camera. This simple technique was effective, and many adults were entranced by the girls' trick. Perhaps they(4), too, had secretly wanted to believe in the existence of fairies ever since they were children.

Why was Arthur Conan Doyle so easily tricked? Most people in this era had limited knowledge of photography, and some of them believed everything that appeared in photographs was real. However, photograph modification has existed since the beginning of photography. In "A Scandal in Bohemia," a popular short story by Conan Doyle, Sherlock Holmes implies that photographs are reliable pieces of evidence. Some fans of Sherlock Holmes might think that our favourite detective's unusually [5] judgment about photography is caused by the author's misunderstanding of it.

Yet, it is important to note that fantastical things have always fascinated human beings. It was relatively common for well-educated people in the late 19th and early 20th centuries to take an interest in supernatural phenomena. For example, they enjoyed spiritual gatherings in which they would attempt to contact ghosts. World War I (1914-1918) was one key factor that contributed to this trend, [6] an enormous number of people were killed in the war and people who lost family members and close friends relied on various types of spiritual counselling to ease their sadness. Conan Doyle was one of them. We tend to judge people in the past according to our own point of view and regard them as ignorant(7), but people who experienced World War I needed that kind of help, or some kind of escape from reality. Perhaps we, too, will be considered ignorant by people in the future, even though we just follow trends and try to cope with our problems as best we can.

The truth behind the fake fairy photographs was later revealed, and this incident became known as the "Cottingley Fairy" incident. If you loved fairies, ghosts, or *yōkai* as a child and keep fond memories of them in your heart, you could be easily tricked by fake fairy photographs, too. [9], even the creator of the great Sherlock Holmes was deceived.

*supernatural phenomena　超常現象

問 1　空所 [1] に入れるべき最も適切な語を①〜④の中から1つ選びなさい。

① artificial　② framed
③ genuine　④ progressive

問 2　下線部(2) prominent の言い換えとして最も適切な語を①〜④の中から1つ選びなさい。[2]

① adventurous　② apparent
③ notable　④ striking

問 3　第2段落(In Britain and … lovely female fairies.)の内容と一致するものを①〜④の中から1つ選びなさい。[3]

① As time went on, fairies were increasingly portrayed as attractive women.
② At first, British painters portrayed fairies as evil creatures that brought harm to humans.
③ Due to William Shakespeare's influence, fairies became well known among British and Irish people.
④ Fairies are loved by people in the British Isles because of their unpredictable behaviour.

問 4　下線部(4) they が指す最も適切な語(句)を①〜④の中から1つ選びなさい。[4]

① adults　② Elise and Frances
③ fairies　④ girls

問5　空所 [5] に入れるべき最も適切な語を①～④の中から1つ選びなさい。

① keen　② objective　③ poor　④ sound

問6　空所 [6] に入れるべき最も適切な語を①～④の中から1つ選びなさい。

① besides　② for　③ therefore　④ toward

問7　下線部(7) ignorant の言い換えとして最も適切な語句を①～④の中から1つ選びなさい。[7]

① completely wrong　② cruelly treated

③ lacking knowledge　④ utter nonsense

問8　第4段落から第5段落(Why was Arthur ... best we can.)の内容と一致するものを①～④の中から1つ選びなさい。[8]

① Sherlock Holmes was fooled by the Cottingley fairy photographs because he knew nothing about photography.

② During World War I, people would create fake photographs as an amusing pastime to distract themselves from the war.

③ Arthur Conan Doyle was a soldier in World War I, which is why he believed in the Cottingley fairy photographs.

④ There are historical reasons why so many people like Arthur Conan Doyle believed in the Cottingley fairy photographs.

問9　空所 [9] に入れるべき最も適切な語(句)を①～④の中から1つ選びなさい。

① After all　② Finally

③ In addition　④ Regardless

問10　本文全体の内容と一致するものを①～④の中から1つ選びなさい。

[10]

① Characters are only as clever as their creators, which is why Sherlock Holmes could never be more intelligent than Arthur Conan Doyle.

② People are interested in supernatural phenomena for many reasons, one of which is because they provide an escape from reality.

③ The author predicts that the Cottingley fairy photographs will fool many people again in the future.

④ The "Cottingley Fairy" incident is an excellent example of the dangers of altering photographs to trick people.

◀2月7日実施分▶

(60分)

〔Ⅰ〕　次の各文の空所に入れるべき最も適切な語(句)を①～④の中からそれぞれ1つずつ選びなさい。

問1　According to Tom's [1] of thinking, surprises make life more interesting.

①　form　②　term　③　time　④　way

問2　It is no [2] trying to persuade my parents to let me study abroad.

①　mean　②　return　③　use　④　need

問3　He went over to the shelf and [3] a book that was given to him by a dear friend.

①　got up　②　looked out

③　picked out　④　took off

問4　If I [4] one more dollar on me, I could have bought the tote bag I wanted.

①　did have　②　had had

③　would had　④　would have

問5　No [5] than five hundred people came to the concert.

①　larger　②　fewer　③　rather　④　sooner

問6　The number of educational institutions that contain both junior and senior high schools [6] over the past 15 years in the Kanto region.

①　increase　②　has been increasing

③　have been increased　④　been increased

問7　[7] with you, I am against the United Nations' proposal. It's not enough.

①　When I talk　②　Not to mention

③　Speaking broadly　④　To be frank

〔Ⅱ〕　次の各文において，それぞれ下の選択肢①～⑤の語(句)を並べ替えて空所を補い，和文と同じ意味の英文を完成させるとき，空所 [1] ～ [6] に入れるべき語(句)を選択肢の中からそれぞれ1つずつ選びなさい。

問1　His (　　) (　　) [1] (　　) [2] the audience listened carefully.

[彼の話はとても興味深かったので聴衆は注意深く耳を傾けた。]

① interesting　② so　③ story

④ that　⑤ was

問2　I was finally able to visit my old friend in (　　) [3] (　　) [4] (　　).

[ついに，昔私が住んでいた街にいる旧友を訪ねることができた。]

① grew up　② I　③ the

④ town　⑤ where

問3　I can't believe she said she (　　) [5] (　　) [6] (　　) the office once in a while.

[彼女がたまにならば事務所で遅くまで残業しても構わないと言ったなんて信じられない。]

① at　② didn't　③ late　④ mind　⑤ staying

〔Ⅲ〕 次の各問に答えなさい。

問 1 次の2つの会話を完成させるために，空所 [1] と [2] に入れるべき最も適切な文を①～④の中からそれぞれ1つずつ選びなさい。

会話 1

Jack：My company gave us discount tickets to the opera.

Jill：That's generous of them.

Jack：Would you like to go with me?

Jill：[1]

① Yes, I'm going to buy you a ticket.

② Opera is one form of entertainment.

③ Why is your company making you go?

④ Opera puts me to sleep.

会話 2

Tom：Feel like driving to Philadelphia with me?

Takashi：I can't, I have a job interview tonight.

Tom：[2]

Takashi：Can we go on the weekend instead?

① Come on, you didn't even try.

② Besides, I don't have six hours!

③ Thanks for the lift.

④ What about next Tuesday?

問 2　次の文書を読み，各問の答えとして最も適切なものを①～④の中からそれぞれ 1 つずつ選びなさい。

Register for University Housing

The housing registration for fall term 2024 will open in May. Admitted students will get an email to register for housing. Students do not need to be committed to ABC University to register.

New students will use the university's ID and then register (create an account) on the University Housing portal using the password in the email they are sent.

⇒ When to Register

All first-year students at the ABC University live on campus. As soon as you are admitted to ABC University, you can complete your housing registration. The earlier you sign up for housing, the more choices you will have when selecting your room. Take a look at room types to help fill out your registration.

⇒ Registration Details

Students select their rooms (based on registration dates). The sooner you complete your housing registration, the more options you will have. Complete your registration, sign your contract, and pay a $50 registration fee and a $350 initial housing payment for your fall term room and board costs before July 31.

Students can select a room from June 1 by logging onto the University Housing portal. You can update your 2024 fall registration any time until July 31, 2024, and it will not change the date at which you completed your registration. We will make every effort to honor changes and new requests received from June 1 to July 31 but cannot guarantee them.

1. Which of the following is true? [3]

① Any student accepted by the university can register for university housing from May.

② In order to register for university housing, students have to commit themselves to entering the university.

③ In order to register for university housing, students need a password which will be sent with other admission documents.

④ Students are not allowed to cancel their registration after making an initial payment.

2. Which of the following is FALSE? [4]

① There will be more room options if students register as soon as possible.

② Students must log in to the University Housing portal, register, and make payments before July 31.

③ If students want to live in university accommodations from fall, they must pay $400.

④ If made by July 31, every student's request to change to a different room will be granted.

〔Ⅳ〕 次の文章を読み，問に答えなさい。

Once, there were no farms. All humans were hunter-gatherers. They hunted wild animals and gathered wild food such as fruit and nuts. They moved from place to place and developed strategies for hunting animals and looking for plants they could eat. Then, approximately 10,000 years ago, people discovered that they could [1] crops and keep certain animals to use for food or for work. Thus began farming.

Adapting animals for use as food or for work such as pulling vehicles is called "domestication." The first animals to be domesticated were dogs; these were [2] sheep, pigs, goats, and cows. Some animals, for example rabbits, were not domesticated until the modern era. In the book *Guns, Germs, and Steel*, author Jared Diamond discusses which sorts of animals can be domesticated. First, he suggests, they must be able to eat a broad diet, and it is especially useful if they do not consume the food humans eat. They must also have a fast growth rate. Slow-growing animals need too much care before they reach a useful size. Next, they must be able to be bred in captivity*. Some animals, such as the panda, are difficult to breed in captivity. In addition, they must be able to live alongside humans and not be aggressive(3); lions or hyenas are clearly not suitable for this reason.

As more and more animals were domesticated over time, farms developed. Animals were captive, but their existence was mostly unchanged from the wild state. Domesticated cattle in a field eating grass are basically the same as a group of wild cattle doing the same thing. This is still the picture most of us see in our minds when we think of a farm: contented(5) animals chewing fresh, green grass in wide, open fields.

However, circumstances have changed, and most modern farms are very different. In the latter half of the twentieth century, the demand for cheap food and the pressure from shareholders to make a profit from their investments gave rise to the factory farm. The outcome for farm animals at this kind of facility is not good; animal welfare is not a priority, and they often suffer in terrible conditions. [6], this treatment continues when the animals are killed. Again, [7] rules, and speed is the key to [7]. Because workers have to kill as quickly as possible, mistakes are made. Some animals are still alive after their throats are cut, and they are boiled or skinned alive.

All of this takes place behind closed doors, and the public is largely kept unaware of the circumstances under which the killing takes place. We go to the supermarket and purchase our cheap food. Perhaps we notice the traditional farm pictured on the label. Usually, we think no more about it. But if we did know how these animals suffer from this abuse, would we make a complaint and change our eating habits? Would we give up cheap food to ensure proper treatment of farm animals? Would you?

*in captivity 飼育下で

出典

Charles Browne, Brent Culligan, and Joseph Phillips. "Animal Slaves." In *In Focus: A Vocabulary, Reading and Critical Thinking Skills Course Student's Books 2.* Cambridge University Press, 2014. p. 92.

問 1 空所 [1] に入れるべき最も適切な語を①～④の中から１つ選びなさい。

① throw ② give ③ grow ④ water

問 2 空所 [2] に入れるべき最も適切な語句を①～④の中から１つ選びなさい。

① cared by ② captured by

③ used by ④ followed by

問3　下線部(3) aggressive の言い換えとして最も適切な語を①～④の中から1つ選びなさい。 3

① strong　② violent　③ bitter　④ energetic

問4　第1段落から第2段落(Once, there were … for this reason.)の内容と一致するものを①～④の中から1つ選びなさい。 4

① Rabbits are one of the first animals that humans domesticated.

② In the past, humans did not domesticate any animals because wild animals were more delicious.

③ What an animal eats is an important factor in the ability to domesticate that animal.

④ Small animals are more suitable for domestication than large animals.

問5　下線部(5) contented の言い換えとして最も適切な語を①～④の中から1つ選びなさい。 5

① happy　② friendly　③ young　④ healthy

問6　空所 6 に入れるべき最も適切な語(句)を①～④の中から1つ選びなさい。

① In other words　② Nevertheless
③ That being said　④ Unfortunately

問7　空所 7 には同一の語(句)が入るが, 7 に入れるべき最も適切な語(句)を①～④の中から1つ選びなさい。

① pressure　② profit
③ animal welfare　④ quality

問8　第3段落から第4段落(As more and … or skinned alive.)の内容と一致するものを①～④の中から1つ選びなさい。 8

① The circumstances surrounding domesticated animals have worsened.

② It is easy to achieve both profitability and animal welfare at the same time.

③ Most of us have seen a picture in which domesticated cattle are trapped in a cage.

④ Once, domesticated animals were closer to their wild state because technology was less developed at the time.

問 9 第5段落(All of this ... animals? Would you?)の内容と一致するものを①～④の中から1つ選びなさい。 9

① Not only traditional farms but also modern farms need to be pictured on the labels of cheap food.

② We must stop buying cheap food to save farm animals.

③ People tend to buy cheap food more often than before because they are becoming poorer.

④ People are not aware of the reality that domesticated animals suffer in the kind of environments they are kept in.

問10 本文全体の内容と一致するものを①～④の中から1つ選びなさい。 10

① Slow-growing animals are more appropriate for domestication because they live longer.

② The environment in which animals are domesticated has changed over time.

③ Farm managers usually emphasize the quality of their goods over profitability.

④ Domesticated animals are happier than wild animals because they get more food.

〔V〕 次の文章を読み，問に答えなさい。

Ancient Egypt is usually one of the most popular topics in world history, perhaps unsurprisingly. Images of tall pyramids rising out of the desert, mysterious sphinxes, golden coffins—these symbols of a lost civilization readily capture the imagination of children and adults [1]. Of course, enthusiasm for everything related to ancient Egypt is not new; you might have heard of the Egypt craze that happened after Tutankhamun's tomb was discovered in the 1920s. But did you know that over 2000 years ago the ancient Romans also had a similar passion for everything Egyptian?

Egypt became a part of the Roman Empire in 30 BCE, after its conquest by Octavian (later known as Emperor Augustus). After that, Egyptian culture began to flow into Rome, leaving <u>its</u>(2) mark on Roman art, architecture, and religion. For the ancient Romans, ancient Egypt was just as captivating and mysterious as it is for us today. We know this because some remains that show ancient Rome's fascination with Egypt can still be found in Italy.

In terms of art, many objects recovered from the houses of wealthy Romans in Pompeii, a city that was buried by the eruption of Mount Vesuvius in 79 CE, show Egyptian influence. For example, there are recently discovered wall paintings with scenes of native African people and animals from the Nile Delta. Also among the remains is a mosaic that illustrates the many plants and animals of the Egyptian Nile, which must have seemed exotic to the ancient Romans. [4], various objects uncovered from homes in Pompeii were found to be decorated with sphinx motifs. These Egyptian influences on art and interior decoration suggest a deep interest in Egyptian culture, as well as how fashionable Egypt must have been among the upper classes.

As for Egyptian influence on architecture, did you know there is a pyramid in Rome that still stands today? It is called the Pyramid of Cestius and is thought to have been built between 18 and 12 BCE. In ancient Egypt, pyramids were tombs for royalty. The Pyramid of Cestius also serves as a tomb, but not for members of a royal family. It is the burial place of a wealthy Roman man named Gaius Cestius, who requested in his [6] to be buried in a pyramid. Another example of Egypt's influence on Roman architecture is the presence of several obelisks throughout the city. Obelisks are tall pillars made of stone with a pyramidal top and are usually constructed as monuments or landmarks. Rome has thirteen obelisks that still exist today—more than anywhere else in the world, including Egypt!

Egyptian religion, in particular the Cult of Isis, also gained a large following in ancient Rome. The religion of the ancient Romans was polytheistic, meaning they believed in more than one god. <u>That</u>(8) might be one reason why gods from Egypt, like Isis, were easily adopted into Roman religious beliefs. In ancient Rome, Isis was associated with motherhood, rituals connected with the dead, healing, the moon, and the sea. A Temple of Isis discovered in Pompeii proved [9] a dedicated group of believers Isis had, as well as how deeply connected Egyptian and Roman religions were at the time.

While Egypt may no longer have such a significant impact on architecture and religion in modern society, if you look at contemporary art, fashion, and entertainment, you can easily spot how ancient Egypt continues to provide inspiration to us even now. Our obsession with the mysteries of ancient Egypt has existed for a long time and is unlikely to disappear anytime soon.

問1　空所 [1] に入れるべき最も適切な語を①～④の中から1つ選びなさい。

①　together　　②　always　　③　alike　　④　differently

問2　下線部(2) its が指す最も適切な語(句)を①～④の中から1つ選びなさい。

[2]

① Italy's　② the Roman Empire's
③ Octavian's　④ Egyptian culture's

問 3 第1段落から第2段落(Ancient Egypt is ... found in Italy.)の内容と一致するものを①～④の中から1つ選びなさい。 3

① Ancient Romans were fascinated by Egypt, just as young and old people are in the 21st century.
② Ancient Romans were fascinated by ancient Egypt because of its efficiency.
③ Ancient Egypt started being recognized by people in the modern era because of war.
④ The influence of ancient Egypt on the daily lives of Romans caused confusion in society.

問 4 空所 4 に入れるべき最も適切な語(句)を①～④の中から1つ選びなさい。

① On the other hand　② By the way
③ Therefore　④ Additionally

問 5 第3段落(In terms of ... the upper classes.)の内容と一致するものを①～④の中から1つ選びなさい。 5

① Sphinx motifs were used in Roman interior decoration because they helped to protect the house.
② Wall paintings with native African people and animals were created by Egyptian artists.
③ The wall paintings and mosaic show how often ancient Romans must have visited Egypt.
④ Wealthy Romans decorated their dwellings with Egyptian-inspired art, illustrating their appreciation of Egyptian culture.

問 6 空所 6 に入れるべき最も適切な語を①～④の中から1つ選びなさい。

① will　② mind　③ chance　④ imagination

問 7　第 4 段落(As for Egyptian ... world, including Egypt!)の内容と一致するものを①～④の中から 1 つ選びなさい。 7

① It became very popular among ancient Romans to build pyramids as their tombs.

② Egypt used to have the largest number of obelisks, but they were destroyed during the Roman invasion.

③ Gaius Cestius wanted to be a member of the royal family, so he built a pyramid in Rome.

④ The existence of a pyramid and obelisks in Rome shows the architectural influence of Egypt.

問 8　下線部(8) That が指す最も適切なものを①～④の中から 1 つ選びなさい。 8

① Isis symbolizing motherhood

② Romans believing in multiple gods

③ A pyramid being built in Rome

④ Pompeii being buried by an eruption

問 9　空所 9 に入れるべき最も適切な語を①～④の中から 1 つ選びなさい。

① when　② whether　③ while　④ what

問10　本文全体の内容と一致するものを①～④の中から 1 つ選びなさい。 10

① The fact that the ancient Romans looked down on Egyptian culture is widely known.

② The acquisition of new land by an empire improves the standard of living for the people in that empire.

③ Egypt's distinctive culture is one of the reasons why people in different eras have been fascinated by it.

④ Natural disasters such as eruptions can help preserve the ruins of previous civilizations.

日本史

(60分)

〔Ⅰ〕 次の文を読んで，設問に答えよ。

わが国の国土は，北海道・本州・四国・九州の4つの親島と沖縄諸島をはじめとする大小数百の島々(無人島を除く)から成り立っている。ともすれば見過ごされがちな離島地域が果たしてきた歴史的役割について振り返ってみよう。

律令国家の形成にともなって，国・郡・里などの地方行政区画が編成されていったが，その過程で ⓐ対馬・壱岐・隠岐・佐渡・淡路の5つの島は，それぞれ国もしくはそれに準ずるものとなった。このうち ⓑ対馬は朝鮮半島にもっとも近く，壱岐とともに大陸との交通の要衝として重視された。また島内は地勢が険しく良田に恵まれなかったため，古くから貿易が行われ，中世には ⓒ倭寇による私的な貿易活動や略奪行為の拠点となった。この島の領主であった宗氏は，すでに室町時代に日朝貿易に関与する権限を得ていたが，近世に入ると一時悪化していた朝鮮との関係修復に尽力し，その後朝鮮からの使節との折衝にあたるなど，日朝外交の仲介役をつとめた。こうして対馬は，ⓓいわゆる鎖国の時代に異国に開かれた窓口として役割を果たした。

都から遠く，海で隔てられた多くの島々は，古くから流刑の地でもあった。日本海に浮かぶ隠岐と佐渡は，ⓔ配流地としても知られている。鎌倉幕府打倒を企てて起きた承久の乱では，後鳥羽上皇が隠岐へ，順徳上皇が佐渡へ流された。それからおよそ百年後に倒幕に成功した ⓕ後醍醐天皇も，いったん隠岐に配流されている。佐渡には，ⓖ他宗や幕府を激しく批判した日蓮や，室町時代初めに能を大成した世阿弥が配流されたこともあった。ⓗ近世に入って，佐渡に金銀山が発見されたことや，帆船の寄港などによって，日本海域の島々は繁栄をみるようになった。流刑の地としての役割は続いたが，むしろ太平洋上の伊豆七島の島々がそうした役割を大きく担わされることになっていった。

自然の海の上に国境線などもちろん存在しないが，西洋諸国の東アジア進出，そして日本に対する開国要求がはじまると，国境の画定が重要な外交問題となった。1854年に結ばれた日露和親条約ⓘにおいて，千島列島の択捉島と得撫島の間に国境が定められ，樺太は国境を定めず雑居地となった。その後日露間の国境問題ⓙは明治政府にも引き継がれ，その内容は大きく変更された。国境画定は，北方だけの問題ではなかった。明治になって起こった琉球の帰属問題ⓚも，日中間の国境画定という問題を含んでいた。さらに太平洋上の小笠原諸島ⓛをめぐって，英米両国がそれぞれ領有権を主張していたが，明治政府は日本の領有であることを両国に公認させた。海に開かれていた島々は，近代国家の領土として編成されていった。

問１　下線部ⓐの５つの島のいずれも属さない現在の県を，次の①～⑥から２つ選べ。［1］［2］

①　新潟　　②　佐賀　　③　兵庫　　④　鳥取　　⑤　長崎　　⑥　島根

問２　下線部ⓑに関して，対馬や壱岐について述べた文として最も適切なものを，次の①～④から１つ選べ。［3］

①　倭の奴国の王が光武帝から授かったものと考えられる金印が，江戸時代に壱岐で発見された。

②　白村江の戦いで唐・新羅連合軍に大敗したことを受け，壱岐などに防人と烽（とぶひ）がおかれた。

③　新羅による朝鮮半島統一ののち，対馬に水城と朝鮮式山城が築かれ，国防が強化された。

④　新羅を滅ぼした高麗が11世紀の初めに北九州を襲撃した刀伊の入寇で，対馬は大きな被害を受けた。

問３　下線部ⓒに関連して，倭寇について述べた以下の二つの文Ｘ・Ｙの正誤の組み合わせとして，最も適切なものを，次の①～④から１つ選べ。［4］

Ｘ　対馬・五島などの日本人が主体であった初期の倭寇の背景には，これらの地域での慢性的な食糧不足や，南北朝の内乱時代で中央政府の統制が不十分であったことなどが考えられる。

Ｙ　朝鮮が倭寇の根拠地の一つであった対馬を軍船で襲撃した応永の外寇をきっかけに，対馬の宗氏が発行する通航許可書(文引)をもつ者が朝鮮との通交を行う体制がととのった。

① X 正 Y 正　② X 正 Y 誤

③ X 誤 Y 正　④ X 誤 Y 誤

問 4　下線部ⓓに関連して，江戸時代の対外関係について述べた文として，明らかな誤りを含むものを，次の①～④から 1 つ選べ。 5

① 中国・オランダは，日本と貿易を行ったが，国と国の外交関係はなく，通商の国と呼ばれた。

② 朝鮮は朝鮮通信使，琉球は謝恩使・慶賀使を日本に派遣し，通信の国と呼ばれた。

③ 幕府は，長崎・対馬・薩摩・松前の四つの窓口を通して異国・異民族との交流をもった。

④ 江戸時代を「鎖国」だとする考えは後世の説で，そもそも「鎖国」という言葉が江戸時代にはなかった。

問 5　下線部ⓔに関連して，淳仁天皇は，ある事件の結果，廃されて淡路に配流となったが，その事件を次の①～⑤から 1 つ選べ。 6

① 恵美押勝の乱　② 長屋王の変　③ 藤原種継の暗殺

④ 応天門の変　⑤ 藤原広嗣の乱

問 6　下線部ⓕについて述べた文として，明らかな誤りを含むものを，次の①～④から 1 つ選べ。 7

① 後醍醐天皇は，幕府・院政・摂政・関白を否定して，天皇への権限集中をはかった。

② すべての土地所有権の確認は天皇の綸旨を必要とするという趣旨の法令を打ち出した。

③ 地方支配では，国司と守護を廃止して各地に将軍府をおき，皇子を派遣して統治させた。

④ 国政の重要事項を審議する記録所，所領問題を処理する雑訴決断所などを設置した。

問 7　下線部ⓖに関連して，⑴日蓮の著作，⑵世阿弥の著作を，次の①～⑧からそれぞれ 1 つ選べ。⑴： 8 　⑵： 9

① 興禅護国論　② 正法眼蔵　③ 立正安国論　④ 教行信証

⑤ 風姿花伝　⑥ 山家集　⑦ 菟玖波集　⑧ 閑吟集

問 8 下線部ⓗに関連して，(1)大坂の豪商住友家が開いた鉱山，(2)幕府直轄で，のちに田中正造が鉱毒事件を追及した鉱山を，次の①～⑧からそれぞれ1つ選べ。(1)：10 (2)：11

① 石見銀山 ② 阿仁銅山 ③ 生野銀山 ④ 足尾銅山

⑤ 院内銀山 ⑥ 別子銅山 ⑦ 伊豆金山 ⑧ 佐渡金山

問 9 下線部ⓘに関して，(1)条約が結ばれた場所，(2)ロシア側の全権を，次の①～⑧からそれぞれ1つ選べ。(1)：12 (2)：13

① 箱館 ② 下田 ③ 神奈川 ④ 長崎

⑤ プチャーチン ⑥ ラクスマン ⑦ モリソン ⑧ レザノフ

問10 下線部ⓙに関連して，日本とロシアやソ連との国境問題について述べた文として，明らかな誤りを含むものを，次の①～④から1つ選べ。14

① 日本は，樺太・千島交換条約で樺太の権利をロシアに譲り，そのかわりに千島全島を領有した。

② 日本は，ポーツマス条約で北緯50度以南のサハリン(樺太)と付属の諸島を領有した。

③ 日本は，サンフランシスコ平和条約で南樺太，千島列島を放棄した。

④ 日ソ共同宣言でソ連は，平和条約締結後に国後島・択捉島を含む北方四島の返還を約束した。

問11 下線部ⓚに関連して，琉球・沖縄に対する明治政府の政策について述べた以下の二つの文X・Yの正誤の組み合わせとして，最も適切なものを，次の①～④から1つ選べ。15

X 1872年に琉球藩を置いて琉球国王尚泰を藩王とし，さらに1874年には琉球漁民殺害事件を口実に台湾出兵をおこなった。

Y 清に日本の領有を認めさせるため，1879年に沖縄県の設置を強行して，その数年後に徴兵制・地租改正などを施行した。

① X 正 Y 正 ② X 正 Y 誤

③ X 誤 Y 正 ④ X 誤 Y 誤

問12 下線部ⓛに関して述べた文として，明らかな誤りを含むものを，次の①～④から1つ選べ。16

① 江戸時代には欧米の捕鯨船が近寄り，島に住み着く者もいた。

② アジア太平洋戦争の激闘で，硫黄島の日本軍は全滅した。

③ サンフランシスコ平和条約で，アメリカの施政権下におかれた。

④ 佐藤栄作内閣のとき，奄美群島とともに，日本復帰が実現した。

〔Ⅱ〕 次の文を読んで，設問に答えよ。

紙の製法を日本に伝えたのはⓐ渡来系の人々であった。610 年に曇徴が渡来し，その製法を伝えたという。その後，律令国家の形成にともなって公文書用の紙の需要は急激に増えていった。

ⓑ仏教文化が栄えた奈良時代には，膨大な量の紙が写経に費やされた。710 年から 772 年までの間に，1 部が数千巻におよぶ一切経(大蔵経)だけについてみても，21 部の写経が行われている。こうした写経は国家的事業として営まれたものであるが，紙の需要を高めて製紙技術を向上させた。中央のみならず地方の国府でも紙が漉かれるようになり，ⓒ戸籍や計帳の用紙としても利用された。今日奈良の正倉院に伝わる文書から多彩な紙の情報を知ることができるが，そのなかにはⓓ播磨・美濃・常陸など，産地の国名も見られる。

平安時代になると，王朝貴族の繊細な美意識にかなった良質の紙が愛用されるようになる。この時代の貴族にとって書は教養として重んじられた。ⓔ唐風文化に代わって国風文化が台頭するにともなって和様の書風が確立し，以後の書道の歴史に大きな影響を与えた。貴族社会では，男性の漢詩に加えて和歌も教養として普及し，女性たちも美しい紙を求めるようになる。清少納言は『枕草子』のなかで「みちのくに紙，ただのも，よき得たる。…我ながらうれし」と，細やかな感情を記している。また，末法思想の流行から写経が盛んに行われるようになると，表紙に特別な飾りをほどこすなど当時の紙の加工技術の粋を尽くしたⓕ装飾経も作られるようになった。

ⓖ鎌倉時代には，良質な紙が越前・備中などの国々でも作られるようになり，武家の間にも普及していった。武家の公文書が多くなると，播磨が起源という杉原紙などがその料紙として用いられるようになり，その後，武家の贈答品としても重宝されるようになった。また，絵画の分野では中国から水墨画が伝えられた。

紙はそれまで高価で庶民の生活とは縁遠いものであったが，室町時代以降，しだいに日常生活との結びつきを強めていった。また，書院造という建築様式ⓗの成立は，住まいの紙の需要を増した。室町時代には地方製紙業が急速に伸び，商品としての紙の生産と流通が発展したことに対応して，紙商人たちは自らの営業の利益を確保するため特権的な同業組合である座ⓘを組織するようになった。

江戸時代になると，紙は半紙・障子紙・ちり紙などとして庶民の暮らしに深く根を下ろすとともに，書物の出版や浮世絵ⓙなどの都市における町人文化の興隆は，紙の需要を飛躍的に増加させた。紙の生産も全国的に拡大した。諸藩では国産奨励政策として紙の増産につとめ，たとえば中国・四国・九州の諸藩などの紙は，主として大坂の蔵屋敷に送られ，同地の紙問屋に売られた。大坂で取引された全商品のなかでも，紙の取引高は上位を占めるに至っており，紙が都市の生活や文化に不可欠なものとなっていたことがわかる。明治以降，洋紙の流入や生活様式の変化ⓚによって和紙の需要はしだいに減少していったが，その耐久性や強靱性，そして優美さは，和紙の長所として今日改めて見直されつつある。

問１　下線部ⓐに関連した以下のａ～ｄの文のうち，正しいものの組み合わせを，次の①～④から１つ選べ。［1］

ａ　曇徴は百済の僧で，墨の製法を日本に伝えた。

ｂ　曇徴は高句麗の僧で，絵の具の製法を日本に伝えた。

ｃ　観勒は百済の僧で，暦法を日本に伝えた。

ｄ　観勒は高句麗の僧で，天文や地理の書を日本に伝えた。

①　ａ・ｃ　　②　ａ・ｄ　　③　ｂ・ｃ　　④　ｂ・ｄ

問２　下線部ⓑに関連して，奈良時代の仏教文化に関する文として，明らかな誤りを含むものを，次の①～④から１つ選べ。［2］

①　正倉院宝庫には，大仏開眼に用いられた調度品などが伝えられている。

②　木を芯として粘土で塗り固めた塑像の技法が発達した。

③　観心寺如意輪観音像は，木彫に乾漆を併用した坐像である。

④　百万塔陀羅尼は，年代の確かな現存最古の印刷物といわれている。

問３　下線部ⓒに関する以下の二つの文Ｘ・Ｙの正誤の組み合わせとして，最も適切なものを，次の①～④から１つ選べ。［3］

Ｘ　戸籍は６年ごとに作成されたもので，これに登記された戸を単位として口分田が班給され，租税が課せられた。

Y　計帳は，戸籍をもとに毎年作成された租や調を課すための台帳であるが，顔の特徴なども記されており人相書きの役割も果たしていた。

①　X正　Y正　　②　X正　Y誤

③　X誤　Y正　　④　X誤　Y誤

問4　下線部ⓓに関連して，これら3つの国に関する文として，明らかな誤りを含むものを，次の①～④から1つ選べ。 4

①　播磨・美濃・常陸いずれの国の『風土記』も現存している。

②　平将門は，一時常陸・下野・上野の国府を攻め落とした。

③　播磨の守護赤松満祐は，足利義教を自邸に招いて暗殺した。

④　織田信長は，桶狭間の戦いのあと美濃の斎藤氏を滅ぼした。

問5　下線部ⓔについて述べた文として，明らかな誤りを含むものを，次の①～④から1つ選べ。 5

①　小野道風・藤原佐理・藤原行成は三蹟(跡)とたたえられた。

②　勅撰の漢詩文集にかわり，『古今和歌集』など勅撰和歌集が編纂された。

③　貴族男子においては，唐風の服装を日本風に変えた束帯を正装として着用した。

④　平がなや片かなといった表意文字が広く使用されるようになった。

問6　下線部ⓕに関する以下の二つの文X・Yの正誤の組み合わせとして，最も適切なものを，次の①～④から1つ選べ。 6

X　四天王寺に伝わる『扇面古写経』の下絵には当時の風俗が唐絵で描かれており，これに法華経の経文がそえられている。

Y　『平家納経』は平家一門の繁栄を祈念し，氏神である厳島神社に奉納されたもので，さまざまな趣向がこらされた豪華なものである。

①　X正　Y正　　②　X正　Y誤

③　X誤　Y正　　④　X誤　Y誤

問7　下線部ⓖの文化に関連した以下のa～dの文のうち，正しいものの組み合わせを，次の①～④から1つ選べ。 7

a　書道の青蓮院流が尊円入道親王によって大成された。

b　鴨長明は承久の乱の直前，『愚管抄』で道理による歴史の解釈を試みた。

c　藤原隆信・信実父子は，大和絵で描いた似絵の作品を残している。

d　『信貴山縁起絵巻』をはじめとする絵巻物がさかんに制作された。

①　a・c　②　a・d　③　b・c　④　b・d

問8　下線部ⓗについて述べた文として，明らかな誤りを含むものを，次の①～④から1つ選べ。 8

①　襖障子などで間仕切りし，数室に分けることができた。

②　明障子を用いることで採光の便がはかられている。

③　平安時代の数寄屋造から発展したものである。

④　代表的な建物として，慈照寺銀閣の下層や東求堂同仁斎があげられる。

問9　下線部ⓘに関する以下の二つの文X・Yの正誤の組み合わせとして，最も適切なものを，次の①～④から1つ選べ。 9

X　同業者同士の団体である座は京都や奈良を中心に発達し，当初特定の寺社や貴族の保護を受けた。

Y　戦国大名は，城下町の経済的な繁栄のために楽市令を出し，積極的に座の結成を奨励した。

①　X 正　Y 正　②　X 正　Y 誤

③　X 誤　Y 正　④　X 誤　Y 誤

問10　下線部ⓙに関連して，江戸時代の作者とその作品の組み合わせとして，最も適切なものを，次の①～⑤から1つ選べ。 10

①　鈴木春信・『見返り美人図』　②　葛飾北斎・『東海道五十三次』

③　井原西鶴・『浮世風呂』　④　曲亭馬琴・『椿説弓張月』

⑤　山東京伝・『偐紫田舎源氏』

問11　下線部ⓚに関連して，明治初期の文明開化に関する文として，明らかな誤りを含むものを，次の①～④から1つ選べ。 11

①　洋服が公式の礼装として採用され，官吏や巡査が着用するようになった。

②　東京の銀座に，煉瓦造りの建物が並ぶ洋式街路ができた。

③　新たに太陽暦が採用され，農村部でもすぐに広く用いられた。

④　古い芸術品などが軽視され，貴重な文化遺産の多くが失われた。

〔Ⅲ〕 次の文を読んで，設問に答えよ。

1945(昭和20)年8月，ポツダム宣言ⓐを受諾した日本は，連合国の占領下に置かれた。占領政策を担当した連合国軍最高司令官総司令部(GHQ)ⓑは，同年10月，五大改革指令ⓒを出した。

まず財閥を戦争推進勢力・軍国主義の温床と考え，同年11月，経済民主化のためその資産凍結と解体を指示した。1946年に［ア］が設置され，財閥の所有する株式の譲渡を受けて公売し，株式所有による企業支配を解体した。そして1947年4月に［イ］が制定されて，独占的な企業結合や不公正な取引が禁止され，さらに同年12月には［ウ］が制定されて，巨大独占企業の分割がめざされた。

GHQは財閥解体を促進する一方で，労働組合の結成を奨励した。1945年12月に労働組合法が制定され，労働者の労働三権ⓓが保障されたことで，多くの労働組合が結成された。1946年には労働組合の全国組織として，［エ］や全日本産業別労働組合会議が結成された。そして同年9月に労働争議の仲裁・斡旋のため労働関係調整法が制定され，中央と地方に労働委員会が置かれた。1947年4月には労働条件の最低基準を定めた労働基準法が制定ⓔされた。

また1945年12月，農地調整法を改正して第一次農地改革が行われた。だがGHQから不徹底との勧告を受け，［オ］内閣は1946年10月に自作農創設特別措置法を制定して第二次農地改革ⓕを行い，国が農地を強制的に買い上げて，小作人に安く売り渡した。その結果，1950年頃までに農地改革はほぼ完了した。

他に教育面では，GHQは1945年に戦時中に使用された教科書から不適当な記述を排除するとともに修身・日本歴史・地理の授業を一時禁止したⓖ。また1946年から1947年にかけて，軍国主義，国家主義的な教員を追放する教職追放が行われた。そしてGHQの招聘で来日したアメリカ教育使節団の勧告にもとづいて教育の民主化が行われ，1947年3月に教育基本法，学校教育法ⓗが制定された。

その後，1948年6月の国会で，教育勅語ⓘの失効が決議された。さらに教育行政の地方分権化を図るため，同年7月に教育委員会法が制定され，都道府県と市町村に公選制による教育委員会が設置された。

問1　文中の空欄ア～ウに入る語句の組み合わせとして，最も適切なものを，次の①～④から1つ選べ。［1］

① ア：持株会社整理委員会　イ：独占禁止法　ウ：過度経済力集中排除法

② ア：持株会社整理委員会　イ：過度経済力集中排除法　ウ：独占禁止法

③ ア：公正取引委員会　イ：独占禁止法　ウ：過度経済力集中排除法

④ ア：公正取引委員会　イ：過度経済力集中排除法　ウ：独占禁止法

問2　文中の空欄エに入る語句として，最も適切なものを，次の①～④から1つ選べ。[2]

① 日本労働総同盟　② 日本労働組合総同盟

③ 日本労働組合総評議会　④ 日本労働組合総連合会

問3　文中の空欄オに入る人名として，最も適切なものを，次の①～④から1つ選べ。[3]

① 幣原喜重郎　② 吉田茂　③ 片山哲　④ 芦田均

問4　下線部ⓐについて述べた文として，最も適切なものを，次の①～④から1つ選べ。[4]

① 受諾を決定した時の内閣は，東久邇宮稔彦内閣である。

② ローズヴェルト，チャーチル，スターリンが会談し，日本に降伏を勧告した。

③ 満州・台湾の中国への返還，朝鮮の独立，ソ連による千島列島・南樺太の領有を要求した。

④ 終戦の条件として，軍国主義の絶滅，領土制限，民主化促進などを通告した。

問5　下線部ⓑについて述べた文として，明らかな誤りを含むものを，次の①～④から1つ選べ。[5]

① アメリカのマッカーサーを最高司令官として東京に置かれた。

② その上部の最高決定機関は1946年にワシントンに設置された対日理事会である。

③ 1946年2月，憲法改正に向けた英文の草案を日本政府に提示した。

④ 1952年4月のサンフランシスコ平和条約の発効によって，その統治は終了し日本は主権を回復した。

問6　下線部ⓒの内容に含まれるものを，次の①～④から1つ選べ。[6]

① 憲法草案の作成　② 戦争協力者・国家主義者の公職追放

③　婦人(女性)参政権の付与　　④　国家と神道との分離

問 7　下線部ⓓに関連して，日本国憲法が保障する労働三権ではないものを，次の①～④から1つ選べ。 7

①　団結する権利　　②　団体交渉の権利

③　争議行為(ストライキ)を行う権利

④　労働委員会による調停を受ける権利

問 8　下線部ⓔによって，それ以前にあった工場労働者を保護する工場法は廃止されたが，その工場法について述べた文として明らかな誤りを含むものを，次の①～④から1つ選べ。 8

①　第2次桂太郎内閣によって1911年に制定された。

②　12歳未満の就業，年少者・女性の深夜業を禁止した。

③　15人以上の工場のみに適用され，施行は1916年に延期された。

④　工場労働者の団結権，争議権(ストライキ権)を制限した。

問 9　下線部ⓕについて述べた文として，明らかな誤りを含むものを，次の①～④から1つ選べ。 9

①　在村地主の小作地所有限度を5町歩とした。

②　各市町村で，地主・自作農・小作農で構成された農地委員会が，買収と売り渡しを実施した。

③　全農地の半分近くを占めていた小作地が1割程度にまで減少した。

④　山林地主は対象とならなかった。

問10　下線部ⓖに関する文として，明らかな誤りを含むものを，次の①～④から1つ選べ。 10

①　新しい教科書が間に合わず，軍国主義的な記述を墨で塗りつぶした教科書が使われた。

②　1946年に，日本歴史・地理の授業が再開し，最後の国定歴史教科書として『くにのあゆみ』が使用された。

③　1947年に，検定に合格した民間の教科書を使用する検定教科書制度が廃止された。

④　1947年に，修身・日本歴史・地理の授業に代わり，社会科の授業が新設された。

問11 下線部ⓗについて述べた文として，明らかな誤りを含むものを，次の①～④から1つ選べ。 11

① 教育基本法で，教育の機会均等や男女共学の原則が定められた。

② 教育基本法は，日本国憲法の精神に立脚し，他の教育法令の根拠法となった。

③ 教育基本法で，義務教育が4年制から9年制に延長された。

④ 学校教育法により，六・三・三・四制の新学校制度が発足した。

問12 下線部ⓘについて述べた文として，明らかな誤りを含むものを，次の①～④から1つ選べ。 12

① 1890年に発布され，教育の指導原理を示す勅語であった。

② 森有礼が原案を起草し，彼が文部大臣のときに発布された。

③ 忠君愛国を強調し，御真影とともに各学校に配布された。

④ 内村鑑三は，キリスト教徒の良心から教育勅語に最敬礼せず，第一高等中学校の職を追われた。

世界史

（60分）

〔Ⅰ〕 次の文を読んで，問に答えよ。

10世紀にローマ＝カトリックを受容し，西方ラテン文化圏に入ったポーランドは，長らく「キリスト教の防壁」とみなされていた。ⓐ13世紀にモンゴル軍の侵攻を受け，ⓑ17世紀にオスマン帝国に対してオーストリアらとともに戦った歴史は，ポーランドに異教との境界意識が形成されるうえで大きな影響を与えた。

その一方でポーランドは，異教的なものを受け入れることで国家を維持・拡大し，文化的繁栄を遂げてきた。14世紀末にはⓒドイツ騎士団やⓓモスクワ大公国からの脅威に対抗するために，当時非キリスト教国であったリトアニアと結んで［ ⓔ ］朝リトアニア＝ポーランド王国を成立させた。この多民族国家はⓕ16～17世紀にかけて最盛期を迎え，17世紀前半には現在のバルト3国，ベラルーシ，ウクライナからロシア西部に至るまで版図を広げた。また，14世紀のポーランド国王［ ⓖ ］は，当時ヨーロッパ各地から放逐されたユダヤ人の移住を奨励した。この地で生活するユダヤ人は，イディッシュ語と呼ばれる言語を用いるなど独自の文化を発展させた。17世紀末には全世界のユダヤ人の4分の3，ⓗ1930年代には300万ものユダヤ人がポーランドで暮らしていたといわれている。

ドイツやロシアなど大国のはざまに置かれたポーランドは，歴史の過程で幾度も国境の変更を余儀なくされた。18世紀にはⓘプロイセン，ロシア，オーストリアによってⓙ三度にわたる分割がなされ，独立国家としてのポーランドは世界地図上から姿を消した。［ ⓚ ］条約により成立したワルシャワ大公国はナポレオンの支配下にあり，ウィーン会議後に成立したポーランド（立憲）王国の君主はロシア皇帝が兼ねた。「革命のエチュード」と呼ばれるショパンのピアノ曲は，ⓛ1830年のポーランド蜂起がロシア軍に鎮圧された際に作曲されたものである。

第一次世界大戦後，ポーランドは独立を果たしたが，ナチス＝ドイツに侵略された。冷戦下になると，ポーランドはソ連の強い影響のもとⓜ「鉄のカーテン」の東側に置かれた。冷戦終結後はNATOやEUに加盟し，西側社会への復帰を果たしたが，ロシアがウクライナに軍事介入を行った2010年代以降，「ヨーロッパの境界」としてのポーランドの役割が改めて問われるようになった。

問１　下線部ⓐに関連して述べた文A，Bについて，それぞれ正・誤を判断し，その正しい組み合わせを，続く①～④から選べ。 1

A　バトゥ率いるモンゴル軍が，ドイツ・ポーランド連合軍に勝利した。

B　オゴタイ率いるモンゴル軍が，バグダードを占領した。

①　A＝正　B＝正　　②　A＝正　B＝誤

③　A＝誤　B＝正　　④　A＝誤　B＝誤

問２　下線部ⓑに関連して。第２次ウィーン包囲後のオスマン帝国について述べた文として正しいものを，次の①～④から選べ。 2

①　アンカラ(アンゴラ)の戦いに敗北した。

②　イェニチェリ軍団が解体された。

③　スレイマン＝モスクが建設された。

④　プレヴェザの海戦に勝利した。

問３　下線部ⓒに関して述べた文A，Bについて，それぞれ正・誤を判断し，その正しい組み合わせを，続く①～④から選べ。 3

A　第１回十字軍の際に結成された。

B　13世紀以降，東方植民の中心的役割を担った。

①　A＝正　B＝正　　②　A＝正　B＝誤

③　A＝誤　B＝正　　④　A＝誤　B＝誤

問４　下線部ⓓについて述べた文として正しくないものを，次の①～④から選べ。 4

①　1480年にモンゴルによる支配から脱した。

②　イヴァン３世は専制政治を進めて「雷帝」と呼ばれた。

③　ツァーリ(皇帝)の称号がはじめて用いられるようになった。

④　16世紀にシベリアへの進出を開始した。

問５　空欄ⓔに当てはまる語として正しいものを，次の①～⑤から選べ。 5

①　サーマーン　　②　シュタウフェン　　③　ヤゲウォ(ヤゲロー)

④　ルクセンブルク　　⑤　ロマノフ

問 6　下線部ⓕに関連して。16～17世紀に活躍した作家として正しいものを，次の①～⑤から選べ。 6

①　ゲーテ　　②　シェークスピア　　③　ダンテ

④　ドストエフスキー　　⑤　ボッカチオ

問 7　空欄ⓖに当てはまる語句として正しいものを，次の①～⑤から選べ。 7

①　カジミェシュ(カシミール)大王　　②　グレゴリウス1世

③　ハルシャ王　　④　ピョートル1世(大帝)

⑤　マルグレーテ

問 8　下線部ⓗに関連して。1930年代以降に起きた世界の出来事として正しくないものを，次の①～④から選べ。 8

①　アラブ連盟(アラブ諸国連盟)が結成された。

②　東南アジア条約機構(SEATO)が結成された。

③　アフリカ民族会議(ANC)が創設された。

④　米州機構(OAS)が結成された。

問 9　下線部ⓘに関連して。東プロイセン出身のドイツの哲学者で，『純粋理性批判』によって経験論・合理論を総合した人物を，次の①～⑥から選べ。 9

①　ヴォルテール　　②　カント　　③　スピノザ

④　ヘーゲル　　⑤　ライプニッツ　　⑥　ルソー

問10　下線部ⓙに関して述べた文A，Bについて，それぞれ正・誤を判断し，その正しい組み合わせを，続く①～④から選べ。 10

A　第3次分割の結果，ワルシャワはロシア領となった。

B　オーストリアは第2次分割には参加しなかった。

①　A＝正　B＝正　　②　A＝正　B＝誤

③　A＝誤　B＝正　　④　A＝誤　B＝誤

問11　空欄ⓚに当てはまる語として正しいものを，次の①～⑤から選べ。 11

①　アミアン　　②　サン＝ジェルマン　　③　ティルジット

④　トリアノン　　⑤　ラパロ

問12－1　下線部Ⓛに関連して。同年にフランスのシャルル10世が行い，七月革命を引き起こすきっかけになった政治行動を，次の①～④から選べ。 12

① 身分制議会である三部会を設置した。

② 農民層の支持を得るために封建地代を無償廃止した。

③ 選挙で反政府派が勝利すると，未招集のまま議会を解散した。

④ 国内の不満をそらすためにメキシコへ遠征(出兵)した。

問12－2　下線部Ⓛに関連して。七月革命を題材に「民衆を導く自由の女神」を描いた画家を，次の①～⑤から選べ。 13

① ドーミエ　② ドラクロワ　③ ミレー

④ ルノワール　⑤ レンブラント

問13　下線部ⓜに関連して。ヨーロッパにおける東西両陣営の境界を象徴するこの表現を1946年にアメリカの大学での演説で用いた人物を，次の①～⑥から選べ。 14

① アデナウアー　② イーデン　③ シューマン

④ チャーチル　⑤ フランクリン＝ローズヴェルト

⑥ フルシチョフ

問14　下線部ⓝに関連して。冷戦終結が確認されたマルタ会談以降に起きた出来事について述べた文として<u>正しくない</u>ものを，次の①～④から選べ。 15

① 経済相互援助会議(コメコン)が設立された。

② 独立国家共同体(CIS)が結成された。

③ 韓国が国際連合に加盟した。

④ モンゴルが社会主義体制から離脱した。

問15　下線部ⓞに関して述べた文A，Bについて，それぞれ正・誤を判断し，その正しい組み合わせを，続く①～④から選べ。 16

A　1968年，チェコスロヴァキアでの民主化運動を鎮圧した。

B　1999年，セルビアに対し空爆を行った。

① A＝正　B＝正　② A＝正　B＝誤

③ A＝誤　B＝正　④ A＝誤　B＝誤

〔Ⅱ〕 次の文を読んで，問に答えよ。

モンゴル系の民族である契丹(キタイ)は，［ ⓐ ］の衰退とともに勢力を強めた。やがて［ ⓑ ］が強力な国家をつくり，東は［ ⓒ ］を滅ぼし，西はモンゴル高原をおさえた。その後，契丹は五代の［ ⓓ ］の建国をたすけた代償として，燕雲十六州(ⓔ)を領土に加えた。宋の成立後も，華北に侵入して宋をおびやかし，宋から契丹に毎年多額の銀や絹をおくることを条件として和議を結んだ(澶淵の盟)(ⓕ)。契丹の領内には，狩猟・遊牧・農耕など，さまざまな生業をもつ諸民族がいたので，官制においても二重統治体制(ⓖ)をとり，性格の異なる社会をまとめていこうとした。国号には，民族名の契丹を用いる時期と，中国風の遼を用いる時期があった。この国では，契丹文字(ⓗ)と呼ばれる文字がつくられた。

宋の西北辺境には，チベット系の民族である［ ⓘ ］がいた。［ ⓘ ］は近隣の［ ⓙ ］などを破り，やがて独立して［ ⓚ ］が皇帝を称し，国号を西夏(大夏)とした。西夏は中国と西方を結ぶ通商路の要をにぎり，しばしば宋に侵入した。西夏では，［ ⓛ ］が盛んであった。

契丹の勢力範囲の東部には，女真(女直)(ⓜ)がいた。女真は契丹の支配をうけていたが，やがて［ ⓝ ］が独立して，国号を金とした。宋は金と結んで遼(契丹)を攻め，金の攻撃によって遼は滅んだ。遼の滅亡後，宋と金は領土をめぐって争い，金は華北に侵入して宋の都［ ⓞ ］を占領した。

問 1　空欄ⓐに当てはまる民族名を，次の①～⑧から選べ。［ 1 ］

① ウイグル　② エフタル　③ オイラト(瓦剌)　④ 匈奴
⑤ 柔然　⑥ 鮮卑　⑦ タングート　⑧ 突厥

問 2　空欄ⓑに当てはまる人名を，次の①～⑧から選べ。［ 2 ］

① エセン＝ハン　② 孝文帝
③ 太武帝　④ チンギス＝ハン(成吉思汗)
⑤ 耶律阿保機　⑥ 耶律大石
⑦ 李元昊　⑧ 完顔阿骨打

問 3　空欄ⓒに当てはまる国名を，次の①～⑧から選べ。［ 3 ］

① アクスム王国　② イル＝ハン国　③ 高麗

④ 大理　⑤ チャガタイ＝ハン国　⑥ 吐蕃(チベット)
⑦ 南詔　⑧ 渤海

問4　空欄ⓓに当てはまる国名を，次の①～④から選べ。[4]

① 後周　② 後晋　③ 後唐　④ 後梁

問5　下線部ⓔに関して述べた文A，Bについて，それぞれ正・誤を判断し，その正しい組み合わせを，続く①～④から選べ。[5]

A　長江下流域に位置した。
B　トルキスタンとも呼ばれた。

① A＝正　B＝正　② A＝正　B＝誤
③ A＝誤　B＝正　④ A＝誤　B＝誤

問6　下線部ⓕに関して述べた文A，Bについて，それぞれ正・誤を判断し，その正しい組み合わせを，続く①～④から選べ。[6]

A　この和議が結ばれたのは，11世紀の初めである。
B　この和議を提案した宋の宰相は，王安石である。

① A＝正　B＝正　② A＝正　B＝誤
③ A＝誤　B＝正　④ A＝誤　B＝誤

問7　下線部ⓖについて述べた文として最も適切なものを，次の①～④から選べ。[7]

① 均田制に基づく南面官と，骨品制に基づく北面官の区別があった。
② 均田制に基づく北面官と，骨品制に基づく南面官の区別があった。
③ 部族制に基づく南面官と，州県制に基づく北面官の区別があった。
④ 部族制に基づく北面官と，州県制に基づく南面官の区別があった。

問8　下線部ⓗについて述べた文として最も適切なものを，次の①～④から選べ。[8]

① キリル文字とも呼ばれる。
② 漢字の影響をうけている。
③ 字喃(チュノム)の影響をうけている。
④ シャンポリオンによって解読された。

問9　空欄ⓘに当てはまる民族名を，問1の選択肢①～⑧から選べ。[9]

問10　空欄ⓙに当てはまる国名を，問3の選択肢①～⑧から選べ。[10]

問11　空欄ⓚに当てはまる人名を，問２の選択肢①～⑧から選べ。 11

問12　空欄ⓛに当てはまる宗教として最も適切なものを，次の①～④から選べ。 12

①　イスラーム教　②　キリスト教　③　仏教　④　ユダヤ教

問13　下線部ⓜについて述べた文として正しくないものを，次の①～④から選べ。 13

①　ツングース系の民族である。

②　半猟半農の生活を営んでいた。

③　自ら文字をつくることはなかった。

④　のちに満州(満洲)と改称した。

問14　空欄ⓝに当てはまる人名を，問２の選択肢①～⑧から選べ。 14

問15　空欄ⓞに当てはまる地名を，次の①～④から選べ。 15

①　咸陽　②　南京(金陵)　③　汴州(開封)　④　臨安(杭州)

〔Ⅲ〕 次の文を読んで，問に答えよ。

１気圧のもとで水ⓐは０℃になると氷(固体)に変化し，100℃になると沸騰して水蒸気(気体)に変化する。水から水蒸気に変化する際，その体積は約1700倍に変化する。この，水と水蒸気の間で体積が大きく増減する性質を利用する仕組みが蒸気機関であり，水を熱する際のエネルギーが動力へ変換される。蒸気機関の基本的な仕組みは17世紀ⓑには存在し，鉱山ⓒでの排水に用いられた。18世紀になると，イギリスⓓでその仕組みに大幅な改良が加えられ，紡績機や力織機に用いられた。その結果，綿糸や綿織物ⓔの生産効率が大きくあがった。

その後，蒸気機関は移動ⓕ手段の動力源として利用されるようになった。蒸気機関車は ⓖ によって実用化され，1830年に旅客鉄道がリヴァプールと ⓗ の間に開通した。また，蒸気船も開発され，帆船ⓘに取って代わった。その後，動力源としての蒸気機関は，構造が複雑なこととエネルギーの変換効率が低いことから，エンジンに代表される内燃機関に移行した。しかし今でも火力発電所などでは蒸気が利用されている。

このように，人間は物事の性質や現象の解明ⓙ(科学)を探究し，得られた知識を生活や産業ⓚに役立てるべく様々な工夫(技術)を積み重ねてきた。図形が持つ性質を解明する幾何学は建築物ⓛの設計に役立てられた。また，ニュートンは天体運動の観察から物体同士の間に働く力に関する法則を唱え，近代物理学の基礎を確立した。この法則をはじめとした力学の知識をもとにロケットⓜなどの宇宙関連技術が発展した。物質の最小単位への関心は古来よりあったが，20世紀ⓝに入り物質の構造を解明する量子力学が急成長した。その過程で，それまで物質の最小単位であると考えられていた原子が陽子・中性子などからなり，原子核の分裂によって大きなエネルギーが発生することがわかった。この原子力の発見により，原子爆弾をはじめとした兵器ⓞが生み出され，また新しい発電手段として原子力発電が確立された。

現代社会で科学技術は産業の発展に不可欠な存在であるが，軍事技術として発展してきたことも事実である。空からの撮影などに用いられるドローンは，元は軍事目的で開発されたものであり，兵器として今も使われている。

問1　下線部ⓐに関して述べた文A，Bについて，それぞれ正・誤を判断し，その正しい組み合わせを，続く①～④から選べ。 1

A　ギリシアの哲学者ヘシオドスが「万物の根源は水である」と唱えた。

B　古代ローマ帝国では都市に水を供給するために石造水道橋が造られた。

①　A＝正　B＝正　　②　A＝正　B＝誤

③　A＝誤　B＝正　　④　A＝誤　B＝誤

問2　下線部ⓑに関連して。17世紀に起きた出来事として正しいものを，続く①～④から選べ。 2

①　サウード家がワッハーブ王国を建てた。

②　ルターが九十五カ条の論題を発表した。

③　タウングー(トゥングー)朝が建てられた。

④　明が滅亡した。

問3　下線部ⓒに関連して述べた文A，Bについて，それぞれ正・誤を判断し，その正しい組み合わせを，続く①～④から選べ。 3

A　16世紀には，ポトシ銀山で採掘された銀が大量にヨーロッパに流入した。

B　18 世紀にカリフォルニアで金鉱が発見され，ゴールドラッシュが起こった。

①　A＝正　B＝正　　②　A＝正　B＝誤

③　A＝誤　B＝正　　④　A＝誤　B＝誤

問 4　下線部ⓓに関連して。18 世紀のイギリスで起きた出来事として正しいものを，続く①〜④から選べ。 4

①　権利の請願が議会で可決された。

②　ハノーヴァー朝が成立した。

③　第 1 次イギリス＝オランダ(英蘭)戦争が勃発した。

④　カトリック教徒解放法が成立した。

問 5　下線部ⓔに関連して述べた文として<u>正しくない</u>ものを，続く①〜④から選べ。 5

①　18 世紀後半，清朝は綿織物を大量に輸入した。

②　ジョン＝ケイが飛び杼を発明し，綿織物の生産量が急速に増えた。

③　17 世紀には，インドでは綿織物の生産が盛んに行われていた。

④　綿繰り機の発明によりアメリカ南部での綿花の生産量が増大した。

問 6　下線部ⓕに関連して。民族や軍隊の移動について述べた文A，Bについて，それぞれ正・誤を判断し，その正しい組み合わせを，続く①〜④から選べ。 6

A　タリム盆地東部にいた月氏は，匈奴の攻撃を受けて西方に移動した。

B　太平天国軍は南京を占領した後，湖南地方に軍を進めた。

①　A＝正　B＝正　　②　A＝正　B＝誤

③　A＝誤　B＝正　　④　A＝誤　B＝誤

問 7　空欄ⓖに当てはまる人名を次の①〜④から選べ。 7

①　カートライト　　②　スティーヴンソン　　③　フルトン

④　ボイル

問 8　空欄ⓗに当てはまる都市名を次の①〜④から選べ。 8

①　グラスゴー　　②　マンチェスター　　③　ヨーク　　④　ロンドン

問 9　下線部ⓘに関連して述べた以下の文を読んで空欄ア〜ウに当てはまる語の組み合わせとして最も適切なものを，続く①〜⑥から選べ。 9

10世紀ごろムスリム商人は [ア] を使ってインド洋交易を行った。また，同じころの中国では遠洋航海用の帆船として [イ] が建造された。大航海時代のスペイン・ポルトガルでは，大型帆船のさきがけとして [ウ] が利用された。

① ア：ガレオン船 － イ：ジャンク船 － ウ：ダウ船

② ア：ガレオン船 － イ：ダウ船 － ウ：ジャンク船

③ ア：ジャンク船 － イ：ガレオン船 － ウ：ダウ船

④ ア：ジャンク船 － イ：ダウ船 － ウ：ガレオン船

⑤ ア：ダウ船 － イ：ガレオン船 － ウ：ジャンク船

⑥ ア：ダウ船 － イ：ジャンク船 － ウ：ガレオン船

問10 下線部ⓙに関連して述べた文として正しいものを，続く①～④から選べ。[10]

① キュリー夫妻がX線を発見した。

② ダーウィンが遺伝の法則を発見した。

③ パストゥールが結核菌を発見した。

④ ヘルムホルツがエネルギー保存の法則を提唱した。

問11 下線部ⓚに関連して述べた文A，Bについて，それぞれ正・誤を判断し，その正しい組み合わせを，続く①～④から選べ。[11]

A 宋では青磁が数多く輸出された。

B 11～12世紀のミラノは海産物の取引で栄えた。

① A＝正 B＝正 ② A＝正 B＝誤

③ A＝誤 B＝正 ④ A＝誤 B＝誤

問12 下線部ⓛに関連して。15世紀末までに建てられた建築物として<u>正しくない</u>ものを，続く①～④から選べ。[12]

① ハギア(セント)＝ソフィア聖堂

② タージ＝マハル

③ アルハンブラ宮殿

④ ボロブドゥール

問13 下線部ⓜに関連して述べた文A，Bについて，それぞれ正・誤を判断し，その正しい組み合わせを，続く①～④から選べ。[13]

A　ソ連が世界最初の人工衛星を打ち上げた。

B　アメリカが人類史上はじめて人間の月面着陸に成功した。

①　A＝正　B＝正　　②　A＝正　B＝誤

③　A＝誤　B＝正　　④　A＝誤　B＝誤

問14　下線部ⓝに関連して。20世紀に起きた出来事として正しくないものを，続く①～④から選べ。 14

①　メキシコ革命が勃発した。

②　第1次バルカン戦争が勃発した。

③　日本とロシアが樺太・千島交換条約を締結した。

④　中国同盟会が設立された。

問15　下線部ⓞに関連して。兵器や戦争について述べた文A，Bについて，それぞれ正・誤を判断し，その正しい組み合わせを，続く①～④から選べ。

15

A　宋では，火薬が実戦に利用された。

B　古代ギリシアの重装歩兵は，密集隊形(ファランクス)を組んで戦うことがあった。

①　A＝正　B＝正　　②　A＝正　B＝誤

③　A＝誤　B＝正　　④　A＝誤　B＝誤

政治・経済

（60分）

〔Ⅰ〕 以下の設問に答えよ。

問1　思想および良心の自由（日本国憲法第19条）は私人間に直接適用されないと最高裁判所が判断した裁判として最も適切なものを，次の①～④から1つ選べ。 1

①　愛媛玉串料違憲訴訟　　②　在外国民選挙権制限違憲訴訟

③　空知太神社訴訟　　④　三菱樹脂事件

問2　官僚制の弊害や行政権の肥大化がもたらす問題についての記述として最も適切でないものを，次の①～④から1つ選べ。 2

①　現代社会において，福祉国家としての機能が拡大した結果として，行政機能が拡大し，行政府が立法府に対して優位に立つ傾向がみられる。

②　委任立法の増加により，行政裁量の拡大，立法権の優位の原則の崩壊，行政権の優越を招くおそれがある。

③　各省庁が他の省庁との連絡調整をすることなく行政事務処理をするため，行政全体の運営が非効率となるおそれがある。

④　法律で規制すれば何でもできると考え，法律を制限的に厳格に解釈して適用するセクショナリズムの問題が発生するおそれがある。

問3　インフレーションやデフレーションについての記述として最も適切なものを，次の①～④から1つ選べ。 3

①　第二次世界大戦後の日本で発生したような，月率数十パーセント以上の超インフレーションのことを，スタグフレーションという。

②　日本銀行が2013年から実施しているインフレターゲット政策では，緩やかなインフレーションを目指して預金準備率操作などが用いられた。

③　インフレーションの原因としては，財政の歳出増加，銀行の貸し付け増

加，賃金水準の高騰などがあげられる。

④　デフレーションには，賃金水準が下がって失業が増加するという負の効果と，長期的にみた場合に消費が増加するという正の効果とがある。

問 4　日本の労働関係についての記述として最も適切なものを，次の①～④から1つ選べ。［ 4 ］

①　争議行為の手段としては，労働者が労務の提供をしながら意図的に作業の能率を低下させるロックアウトがある。

②　労働組合が正当な争議行為を行った場合には，労働組合は刑事上の責任が免除されるが，民事上の賠償責任が免除されることはない。

③　緊急調整が行われる場合，その期間中は50日間争議行為が禁止される。

④　労働委員会は労働者委員と公益委員から構成されているが，使用者の代表はいずれの委員に就任することもできない。

問 5　日本における非正規雇用についての記述として最も適切なものを，次の①～④から1つ選べ。［ 5 ］

①　正規雇用の労働者より短い時間で雇用される非正規雇用の労働者は，パートタイマーとよばれ，その約70％が男性である。

②　学生と主婦を含む満15歳から満34歳までの者のうち，正規雇用以外の雇用形態で働く意思のある者はフリーターとよばれる。

③　2012年の労働契約法の改正以降，有期労働契約の社員を連続して5年以上雇用した使用者は，その社員からの申込みがあった場合には，その社員を無期雇用しなければならない。

④　2012年の労働者派遣事業法の改正によって，派遣形態での日雇い労働は原則として解禁された。

問 6　生死に関する日本の判決や法制度についての記述として最も適切でないものを，次の①～④から1つ選べ。［ 6 ］

①　1962年，名古屋高等裁判所は，いかなる場合であっても，安楽死は殺人にあたるとした。

②　1998年，東京高等裁判所は，輸血への同意が自己決定権に由来するとし，患者の同意なしに医師が輸血を行ったことを違法とした。

③　2000年のヒト・クローン規制法の制定によって，クローン人間を作り

出すことが法的に禁止された。

④　2009年の臓器移植法の改正によって，本人の意思が不明の場合でも，その家族が承諾すれば，脳死下の臓器を提供できるようになった。

問7　ドッジ＝ラインについての記述として最も適切でないものを，次の①～④から1つ選べ。 7

①　1ドル＝360円とする単一為替レートを設定した。

②　価格差調整補給金を禁止した。

③　金の公定価格を廃止した。

④　復興金融金庫融資を停止した。

問8　日本の高度経済成長期についての記述として最も適切でないものを，次の①～④から1つ選べ。 8

①　1958年から1961年頃にかけての好景気は，岩戸景気とよばれる。

②　所得倍増計画は，岸信介内閣において策定された1961年度から1970年度にかけての経済計画である。

③　オリンピック景気の反動によって，1964年末から1965年にかけて40年不況に陥った。

④　1960年度の『経済白書』では，「投資が投資をよぶ」という表現が用いられた。

問9　消費者についての記述として最も適切なものを，次の①～④から1つ選べ。 9

①　依存効果とは，ある消費者の消費意欲や消費行動が他の消費者の消費意欲や消費行動に影響を与える効果のことである。

②　日本のクーリングオフ制度では，消費者が契約を解除するには契約日から10日以内に書面でその意思を伝えなければならない。

③　アメリカ大統領ローズヴェルトによって提唱された消費者の4つの権利は，安全である権利，知らされる権利，選択できる権利，意見を反映させる権利である。

④　日本の製造物責任法(PL法)は，消費者が欠陥製品によって被害を受けた場合における救済を目的とした法律である。

問10　日本国憲法の制定過程についての記述として最も適切なものを，次の①～

④から1つ選べ。 10

① 第90帝国議会の衆議院は，満20歳以上の男女の国民による直接選挙により選出された議員から構成されていた。

② 大日本帝国憲法上，憲法改正は，天皇がこれを発議し，両議院の総議員の過半数の賛成を得なければならなかった。

③ 憲法改正案(大日本帝国憲法改正草案)は，松本案に基づいて作成された。

④ 日本国憲法は，1946年5月3日に公布され，1947年11月3日に施行された。

問11 地方自治についての記述として最も適切なものを，次の①～④から1つ選べ。 11

① 日本国憲法第92条は，「地方公共団体の組織及び運営に関する事項は，地方自治の本旨に基いて，法律でこれを定める」と規定している。

② 地方自治法上，知事の不信任決議には，地方議会の総議員数の3分の2以上が出席する本会議で出席議員の3分の2以上の賛成が必要である。

③ イギリスの法学者ブライスは，その著書『アメリカの民主政治』において，「地方自治は民主主義の最良の学校」と述べている。

④ 大日本帝国憲法下の日本では，知事は，閣議決定を経て，内閣総理大臣によって任命された。

問12 第二次世界大戦の終結と国際連合についての記述として最も適切なものを，次の①～④から1つ選べ。 12

① 1945年に開催されたサンフランシスコ会議において国際連合憲章が採択された後，国際連合は42カ国を原加盟国として発足した。

② ヤルタ会談は，アメリカのウィルソン，イギリスのチャーチル，ソ連のスターリンが参集して，ソ連のクリミア半島で開催された会談である。

③ 信託統治理事会は，信託統治下にある地域の独立などの援助を行うことを目的とする国際連合の機関である。

④ 安全保障理事会の決議には常任理事国および非常任理事国のすべての賛成が必要であるという原則のことを，全会一致の原則とよぶ。

〔Ⅱ〕 以下の文章を読んで，設問に答えよ。

第二次世界大戦末期である 1945 年 8 月，世界で初めて核兵器が実際に使用され，広島と長崎を合わせて約 20 万人の死者を出した。第二次世界大戦後しばらくの間，アメリカは唯一の核保有国であったが，ソ連が独自の核兵器の開発を進めて 1949 年に核実験を成功させたため，アメリカの核兵器の独占は失われた。冷戦(a)の開始に伴って軍備拡張競争が強まると，資本主義(b)を採用する西側陣営も共産主義を採用する東側陣営(c)も核開発競争に乗り出し，1952 年に［ア］が，1960 年に［イ］が，そして 1964 年に［ウ］が，核保有国となった。

核兵器は大量破壊兵器(d)であり，その廃絶に向け国際社会は努力を重ねてきた。その一例が，核実験を禁止する条約(e)や，核保有を禁止する核拡散防止条約(NPT)である。特に，NPT は，加盟国に国際原子力機関(IAEA)の査察受け入れを義務付けている。IAEA は，その査察活動について，国連総会(f)や国連安全保障理事会に通告することができる。

さらに，東西対立の緩和にともない，米ソは軍縮交渉(g)を重ねてきた。また，特定の地域における核兵器の取得や配備などを禁止する条約(h)も締結されたほか，独自の政策として核兵器の開発・保有を行わない国も出てきた。たとえば，核兵器を開発する技術を有すると考えられる日本では，佐藤栄作内閣(i)の下で「非核三原則」が採用されている。これらの取り組みの背景としては，世界各地で原子力事故(j)により甚大な被害が発生したことがあげられる。

だが，核兵器の廃絶に向けた国際社会の努力が完全であったわけではない。冷戦の終結後に新たに核保有を宣言した国(k)や，核保有国となるべく核開発を行っている国がある。また，2017 年，国連総会において，核兵器を包括的に禁止する国際条約として核兵器禁止条約が採択されたが，必ずしも多くの国が署名しているわけではない。2022 年 2 月，ロシアによるウクライナ侵攻(l)に際し，ロシアは，核兵器の使用をちらつかせているため，アメリカは軍事介入に踏み込めないでいる。

問 1　空欄ア，イ，ウにあてはまる国名の組み合わせとして最も適切なものを，次の①～④から 1 つ選べ。［1］

空欄＼選択肢	ア	イ	ウ
①	イギリス	フランス	中国
②	イギリス	中国	フランス
③	フランス	イギリス	中国
④	フランス	中国	イギリス

問２　下線部(a)の初期に発生した事件・事象についての記述として最も適切なものを，次の①～④から１つ選べ。 2

①　1947年，アメリカ大統領ローズヴェルトは，ローズヴェルト主義を宣言し，社会主義の進出を抑える政策をとった。

②　1947年，アメリカ国務長官マーシャルがヨーロッパへの援助計画としてマーシャル＝プランを発表し，東側陣営は当初これに参加して援助を受けた。

③　バルト海からアドリア海に至るヨーロッパ大陸を横切って東西両陣営を隔てる境界線は，比喩的に「鉄のカーテン」とよばれた。

④　イギリスでは，ベバリッジ報告にまとめられた社会保障制度が，チャーチル首相が率いる労働党内閣の下で具体的な政策として実施された。

問３　下線部(b)に関して，第二次世界大戦後における国際経済体制についての記述として最も適切でないものを，次の①～④から１つ選べ。 3

①　米ドルの価値を金で裏打ちした金・ドル本位制によって，各国の為替レートが固定化され，国際貿易の安定が図られた。

②　国際通貨基金(IMF)は，国際収支の赤字国に一時的に短期融資を行うことによって，外国為替相場を安定させるために設立された国際機関である。

③　国際復興開発銀行(IBRD)は，最貧国の開発プロジェクトに対して，無利子の融資と技術協力を行っている。

④　GATT(関税及び貿易に関する一般協定)は，無差別原則の確保，輸入制限の撤廃，関税の軽減などを目的として締結された。

問４　下線部(c)についての記述として最も適切なものを，次の①～④から１つ選

べ。 4

① レーニンの死の数年後，その個人崇拝や大量粛清に対し，フルシチョフによりレーニン批判が行われた。

② 1950年代，ソ連が平和共存路線へと転換した一方，中国は対米対決を主張したことを受けて，その後，中ソ論争へと発展した。

③ ハンガリーで「人間の顔をした社会主義」として民主化改革が進められたが，ソ連の武力介入によって改革は失敗した。

④ アメリカは，インドシナ全域の共産化を危険視するドミノ理論に基づき，北ベトナムを支援する形でベトナムへの軍事介入を行った。

問5 下線部(d)についての記述として最も適切でないものを，次の①～④から1つ選べ。 5

① 2003年，アメリカ，イギリス，フランスを中心とする多国籍軍は，イラクが大量破壊兵器を保有していることを主な理由として，イラクへの軍事侵攻を行った。

② 1971年，国連総会で採択された生物兵器禁止条約(BWC)は，ジュネーヴ議定書を受けて，生物兵器の開発，生産，貯蔵などを禁止することを目的とするものであった。

③ シリアでは，化学薬品を用いた毒ガスが散布され，化学兵器が反政府組織に対して使用されたとされている。

④ 化学兵器禁止機関(OPCW)は，化学兵器禁止条約(CWC)に基づき設立された国際機関で，2013年にノーベル平和賞を受賞した。

問6 下線部(e)に関して，部分的核実験禁止条約(PTBT)と包括的核実験禁止条約(CTBT)についての記述として最も適切なものを，次の①～④から1つ選べ。 6

① PTBTには，東側陣営であるソ連と中国が反対し，不参加を表明した。

② PTBTは，大気圏内における核実験を禁止したが，地下や水中における核実験は禁止していなかった。

③ CTBTは，地下や水中を含むあらゆる空間における核実験を禁止した。

④ CTBTは，1996年，国連総会に提出され，多数の加盟国の支持によって採択され発効した。

問 7　下線部(f)についての記述として最も適切でないものを，次の①～④から1つ選べ。 7

① 国際連合の全加盟国によって構成され，一国一票制の下，あらゆる事項について過半数で議決される。

② 1年に1回開催される通常総会と，加盟国の過半数の要請または安全保障理事会の要請があった場合に開催される特別総会などがある。

③ 冷戦の初期には，米ソが激しく対立して安全保障理事会で頻繁に拒否権が行使されたため，1950年，国連総会において「平和のための結集」決議が採択された。

④ 安全保障理事会でウクライナをめぐる決議案がロシアの拒否権行使によって否決されたことを受け，2022年4月に常任理事国の拒否権行使について説明を求める決議が採択された。

問 8　下線部(g)についての記述として最も適切でないものを，次の①～④から1つ選べ。 8

① 1972年，米ソの戦略ミサイル数の上限を定めた第1次SALT条約が締結された。

② 1979年，第2次SALT条約が米ソにより批准されたことを受け，大陸間弾道ミサイル(ICBM)などの数量が制限された。

③ 1987年，射程500kmから5500kmまでの地上発射型のミサイルを全廃する中距離核戦力(INF)全廃条約が，アメリカ大統領レーガンとソ連書記長ゴルバチョフとの間で調印された。

④ 1991年，第1次戦略兵器削減条約(START I)が締結され，核兵器運搬手段の総数を削減することが定められた。

問 9　下線部(h)に該当する条約として適切なものはどれか。次のa～cからすべて選び，その組み合わせとして最も適切なものを，下の①～⑦から1つ選べ。 9

a　南極条約　　b　バンコク条約　　c　ラロトンガ条約

①　aのみ　　②　bのみ　　③　cのみ　　④　aとb

⑤　bとc　　⑥　aとc　　⑦　a～cすべて

問10　下線部(i)の時期に日本で起きた事件・事象についての記述として最も適切

でないものを，次の①～④から１つ選べ。 10

① 公害対策基本法が施行されて，公害対策の総合的推進を図るため，事業者，国，地方公共団体の公害防止に関する責務が明らかにされた。

② アメリカとの間で琉球諸島の施政権を日本に返還することが合意された。

③ 国際収支の悪化が成長を制約したこれまでの景気とは異なり，輸出依存，財政主導型の高度成長となったいざなぎ景気を迎えた。

④ 粉ミルクにヒ素が混入し，１万人以上の乳児が中毒となったカネミ油症事件が発生した。

問11 下線部(j)についての記述として最も適切でないものを，次の①～④から１つ選べ。 11

① 第五福竜丸事件では，アメリカ軍による水爆実験に巻き込まれて，マグロ漁船が多量の放射性降下物をあびた。

② アメリカのスリーマイル島の原子力発電所では，原子炉から冷却水が失われてメルトダウンが発生し，多くの周辺住民が避難した。

③ 1986 年，ソ連のチェルノブイリ（チョルノービリ）原子力発電所で原子炉が崩壊し，飛散した大量の放射性物質によって，ヨーロッパ各地が汚染された。

④ 東北地方太平洋沖地震で発生した津波により，東京電力福島第一原子力発電所が電源を失ったものの，メルトダウンは発生しなかった。

問12 下線部(k)に関して，次のａ～ｃのうち，冷戦の終結後に新たに核保有を宣言した国として適切なものはどれか。あてはまるものをすべて選び，その組み合わせとして最も適切なものを，下の①～⑦から１つ選べ。 12

ａ　イラン　　ｂ　北朝鮮　　ｃ　パキスタン

① ａのみ　② ｂのみ　③ ｃのみ　④ ａとｂ

⑤ ｂとｃ　⑥ ａとｃ　⑦ ａ～ｃすべて

問13 下線部(l)についての記述として最も適切でないものを，次の①～④から１つ選べ。 13

① 2014 年，ウクライナ東部のドネツク州とルガンスク州の一部は，親ロシア派武装勢力が実効支配し，一方的に独立が宣言された。

② 2019年，ゼレンスキーが，ヨーロッパとの統合路線や汚職の撲滅などを公約として掲げて，ウクライナ大統領に選出された。

③ ロシア大統領プーチンは，ウクライナ侵攻の理由として，「ウクライナ政府によって虐げられた人を保護し，ウクライナの非武装化を図る」ことをあげた。

④ 北大西洋条約機構(NATO)は，ロシアに対する制裁の一環として，ロシアの航空機に対して飛行禁止空域を設定した。

〔Ⅲ〕 以下の文章を読んで，設問に答えよ。

今や環境問題は，世界共通の社会的課題である。環境破壊を回避するための国際的取り組みは，1972年の国連人間環境会議(a)に始まった。この会議では，環境保護が人類共通の目的であることを確認した。その後，国際連合は国連環境計画(UNEP)(b)を設立した。

冷戦の終結後，環境問題解決に向けての国際協力は加速した。1992年には，172か国と非政府組織(NGO)の代表らが参加して，国連環境開発会議(UNCED)(c)が開催された。国際協調が進められる一方で，環境保護のあり方をめぐり，発展途上国と先進国との利害対立も生まれた。2002年に開催された持続可能な開発会議で採択された［　ア　］でも各国の利害対立は表面化し，先進国間でも対立があった。各国が温室効果ガス(d)の排出量を削減することを定めた京都議定書から脱退した国(e)もあった。2015年に第21回気候変動枠組み条約締約国会議(COP21)で採択された［　イ　］では，すべての締結国が協力して温暖化問題に取り組むための枠組みが示された。

日本の環境対策は，公害対策から始まった。高度経済成長は公害を大規模化・広域化させた。水俣病，新潟水俣病，四日市ぜんそく，イタイイタイ病の四大公害は，訴訟にも発展した(f)。その後，国は公害対策基本法の制定などの様々な公害対策を進めた(g)。

公害対策には，２つの方法がある。第１に汚染物質のもたらす社会的費用を市場に内部化し，社会的費用に相当する額を企業に負担させる(h)方法である。第２に公害防止設備の設置や公共事業における環境アセスメント(i)を義務づけて，公害を未然に防止する方法である。

公害対策の結果，重化学工業分野の生産活動に伴う公害は減少したが，生活公害や都市公害(j)は深刻化した。このような状況を踏まえて，環境基本法および循環型社会形成推進基本法(k)などが制定された。さらに2001年に実施された中央省庁の再編により環境省が新設され，大量消費・大量廃棄型社会から資源循環型社会(l)への転換が図られた。

問 1　空欄アとイにあてはまる最も適切な語句を，次の①～⑥からそれぞれ１つ選べ。ア：[1]　イ：[2]

①　温暖化防止条約　　②　パリ協定　　③　モントリオール議定書

④　ヨハネスブルグ宣言　　⑤　リオ宣言　　⑥　ワシントン条約

問 2　下線部(a)についての記述として最も適切でないものを，次の①～④から１つ選べ。[3]

①　「人間環境宣言」が採択された。

②　スウェーデンのストックホルムで開催された。

③　別称は，「地球サミット」である。

④　スローガンは，「かけがえのない地球」である。

問 3　下線部(b)についての記述として最も適切なものを，次の①～④から１つ選べ。[4]

①　気候変動に関する諸問題を科学的に分析し，各国政府に情報提供する機関である。

②　ここで採択されたバーゼル条約の正式名称は，「特に水鳥の生息地として国際的に重要な湿地に関する条約」である。

③　本部は，スイスのバーゼルに置かれている。

④　国連人間環境会議の決議に基づいて設立された機関である。

問 4　下線部(c)についての記述として最も適切でないものを，次の①～④から１つ選べ。[5]

①　気候変動枠組み条約が調印された。

②　生物多様性条約が調印された。

③　アジェンダ21が採択された。

④　南アフリカのヨハネスブルグで開催された。

問5　下線部(d)に該当するものとして最も適切でないものを，次の①～④から1つ選べ。［6］

①　一酸化炭素　②　二酸化炭素　③　フロンガス　④　メタンガス

問6　下線部(e)に該当する国として最も適切なものを，次の①～④から1つ選べ。［7］

①　オーストラリア　②　カナダ　③　クロアチア　④　スイス

問7　下線部(f)についての記述として最も適切なものを，次の①～④から1つ選べ。［8］

①　水俣病と新潟水俣病の原因となった物質は，メチル水銀である。

②　四日市ぜんそくの原因となった物質は，カドミウムである。

③　富山イタイイタイ病訴訟では，原告(被害者)側が敗訴している。

④　新潟水俣病訴訟では，原告(被害者)側の損害賠償請求が認められなかった。

問8　下線部(g)に関連して，次のa～dを制定時期の古いものから順に並べたものとして最も適切なものを，下の①～④から1つ選べ。［9］

a　公害健康被害補償法　b　公害対策関連14法

c　公害被害者救済法　d　大気汚染防止法

①　a→b→d→c　②　d→c→b→a　③　c→d→b→a

④　d→b→c→a

問9　下線部(h)を表す語句として最も適切なものを，次の①～④から1つ選べ。

［10］

①　汚染者負担の原則　②　過失責任の原則　③　私的自治の原則

④　普遍主義の原則

問10　下線部(i)についての記述として最も適切なものを，次の①～④から1つ選べ。［11］

①　市町村は，環境アセスメント条例を制定することができない。

②　横浜市は，全国に先駆けて環境アセスメント条例を制定した。

③　環境アセスメント法における環境アセスメントの対象としては，発電所や大規模林道などがある。

④　環境アセスメント法は，事前に事業者の意見を聞いて調査項目に加えるスコーピング(検討範囲の絞り込み)を規定している。

問11　下線部(j)の具体例として最も適切でないものを，次の①～④から１つ選べ。 12

①　産業廃棄物による土壌汚染　　②　電波障害

③　高層ビルディングによる日照権侵害や風害　　④　隣家の騒音

問12　下線部(k)についての記述として最も適切でないものを，次の①～④から１つ選べ。 13

①　環境基本計画は，環境基本法に基づいて策定される。

②　環境基本法は，環境保全の基本的理念とそれに基づく基本的施策の総合的枠組みを規定している。

③　リサイクル法には，食品リサイクル法や容器包装リサイクル法などがある。

④　家電リサイクル法は，パソコンや携帯電話などの再資源化の促進を規定している。

問13　下線部(l)についての記述として最も適切なものを，次の①～④から１つ選べ。 14

①　国際標準化機構(ISO)が発行する環境マネジメントに関する国際規格としては，ISO 26000がある。

②　３R(リデュース，リユース，リサイクル)にリゲインを加えたものは，４Rとよばれる。

③　ビール瓶の場合には，瓶１本につき10円のデポジットが賦課されている。

④　グリーン購入法は，国や地方公共団体が環境に対する負荷が少ない製品の購入を推進する責務を負うことを規定している。

■数　　学■

（60分）

解答上の注意

[数学]

［1］ 解答は，設問に対応した解答欄にマークしてください(問題〔Ｉ〕の解答は解答欄〔Ｉ〕に，問題〔Ⅱ〕の解答は解答欄〔Ⅱ〕に，問題〔Ⅲ〕以降も同様)。

［2］ 問題の文中の ア ， イウ などには，特に指示のないかぎり，符号(−，±)又は数字(0～9)が入ります。ア，イ，ウ，…の一つ一つは，これらのいずれか一つに対応します。それらを解答用紙のア，イ，ウ，…で示された解答欄にマークして答えてください。例： アイウ に −83 と答えたいとき

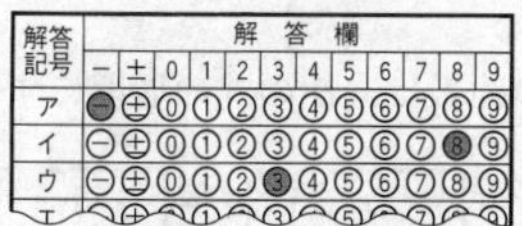

［3］ 分数形で解答する場合，分数の符号は分子につけ，分母につけてはいけません。たとえば，$\frac{\boxed{エオ}}{\boxed{カ}}$ に，$-\frac{3}{4}$ と答えたいときは，$\frac{-3}{4}$ として答えてください。また，それ以上約分できない形で答えてください。たとえば，$\frac{2}{3}$ と答えるところを，$\frac{4}{6}$ のように答えてはいけません。

［4］ 根号を含む形で解答する場合は，根号の中に現れる自然数が最小となる形で答えてください。
たとえば，$\boxed{キ}\sqrt{\boxed{ク}}$ に $8\sqrt{2}$ と答えるところを，$4\sqrt{8}$ のように答えてはいけません。

［5］ 分数形で根号を含む形で解答する場合，$\frac{\boxed{ケ}+\boxed{コ}\sqrt{\boxed{サ}}}{\boxed{シ}}$ に $\frac{1+2\sqrt{2}}{2}$ と答えるところを，$\frac{2+4\sqrt{2}}{4}$ や $\frac{2+2\sqrt{8}}{4}$ のように答えてはいけません。

［6］ 根号を含む形で解答する場合は，分母に根号が含まれない形に有理化して答えてください。
たとえば，$\frac{2\sqrt{3}}{3}$ と答えるところを，$\frac{2}{\sqrt{3}}$ と答えてはいけません。

［7］ 解が $y=x$ で，解答欄が $y=\boxed{ス}x+\boxed{セ}$ と示されている場合は， ス に1， セ に0をマークして答えてください。

［8］ 比を解答する場合は，それ以上公約数をもたない形で答えてください。たとえば，2：3と答えるところを，4：6のように答えてはいけません。

［9］ 小数の形で解答する場合，指定された桁数の一つ下の桁を四捨五入して答えてください。また，必要に応じて，指定された桁まで⓪にマークしてください。
たとえば， ソ ． タチ に5.9と答えたいときは，5.90として答えてください。

［10］ 問題の文中の二重四角で表記された ツ などには，選択肢から一つを選んで，答えてください。

I　[1] m を実数の定数とする。すべての実数 x に対して，

$$mx^2 + (m-2)x + (m-2) < 0$$

が成り立つとき，$m < -\dfrac{\boxed{\text{ア}}}{\boxed{\text{イ}}}$ である。

[2] $|\vec{a}| = 4$，$|\vec{b}| = 3$ で，$\vec{a}$ と $\vec{b}$ のなす角が 60° であるとき，ベクトル $2\vec{a} - \vec{b}$ の大きさは $\boxed{\text{ウ}}$ である。

[3] $x > 0$，$y > 0$ で，$x + y = 16$ が成り立つとすると，$\log_2 x + \log_2 y$ は $x = \boxed{\text{エ}}$，$y = \boxed{\text{オ}}$ のとき，最大値 $\boxed{\text{カ}}$ をとる。

[4] 360 を素因数分解すると

$$360 = \boxed{\text{キ}}^3 \cdot \boxed{\text{ク}}^2 \cdot \boxed{\text{ケ}}$$

となる。

よって，360 の正の約数は，次の式の展開にすべて現れる。

$$\left(1 + \boxed{\text{コ}} + \boxed{\text{コ}}^2 + \boxed{\text{コ}}^3\right)\left(1 + \boxed{\text{サ}} + \boxed{\text{サ}}^2\right)\left(1 + \boxed{\text{シ}}\right)$$

なお，360 の正の約数の個数は $\boxed{\text{スセ}}$ である。また，360 の正の約数の総和は $\boxed{\text{ソタチツ}}$ となる。

Ⅱ　数列$\{a_n\}$を

$$a_1 = 3$$
$$a_{n+1} = \frac{1}{9}a_n^2 \quad (n = 1,\ 2,\ \cdots) \quad \cdots\cdots(\mathrm{a})$$

と定義する。

[1]　$a_2 = \boxed{\text{ア}}$，$a_3 = \dfrac{1}{\boxed{\text{イ}}}$ である。

[2]　この数列$\{a_n\}$の一般項を求めよう。

式(a)の両辺について，底を 3 とする対数をとると，

$$\log_3 a_{n+1} - \boxed{\text{ウ}} = \boxed{\text{エ}}\left(\log_3 a_n - \boxed{\text{ウ}}\right)$$

と変形できる。

ここで $b_n = \log_3 a_n - \boxed{\text{ウ}}$ と定義すると，$\{b_n\}$の一般項は

$$b_n = -\boxed{\text{オ}}^{\,n-\boxed{\text{カ}}}$$

となる。

したがって，数列$\{a_n\}$の一般項を数列$\{p_n\}$

$$p_n = -\boxed{\text{キ}}^{\,n-1} + \boxed{\text{ク}} \quad (n = 1,\ 2,\ \cdots)$$

を用いて表すと

$$a_n = 3^{p_n} \quad (n = 1,\ 2,\ \cdots)$$

となる。

[3]　[2] で定めた p_n について，

$$\sum_{n=1}^{10} p_n = -\boxed{\text{ケコサシ}}$$

である。

Ⅲ　図のように AB = 1，∠B = 90°，∠ACB = θ である直角三角形 ABC を考える。点 C を中心として半径 BC の円弧を考え，辺 AC との交点を D とする。また，辺 AB，辺 AC，弧 BD に接する円を考え，その中心を点 P とする。この円の半径 x を求めたい。

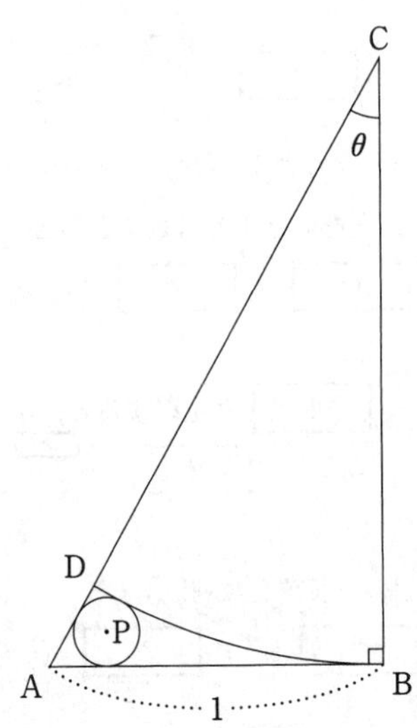

[1] 直角三角形 ABC の内接円の半径を r とするとき，r と θ との間に ア が成り立つ。また，このとき，$0 < x < r$ が成り立つ。

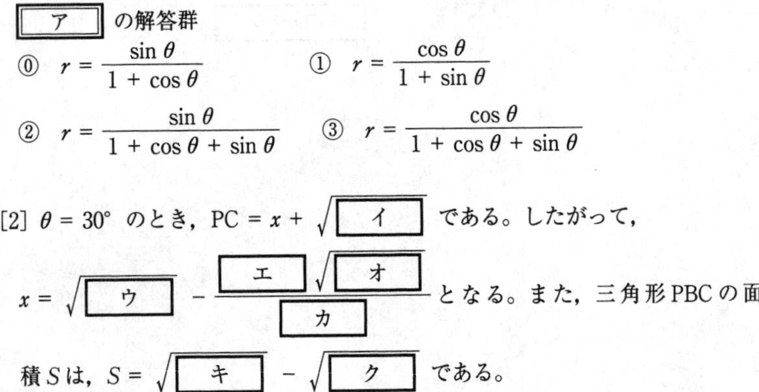

ア の解答群

⓪ $r = \dfrac{\sin\theta}{1 + \cos\theta}$　　① $r = \dfrac{\cos\theta}{1 + \sin\theta}$

② $r = \dfrac{\sin\theta}{1 + \cos\theta + \sin\theta}$　　③ $r = \dfrac{\cos\theta}{1 + \cos\theta + \sin\theta}$

[2] $\theta = 30°$ のとき，PC = $x + \sqrt{\boxed{イ}}$ である。したがって，

$x = \sqrt{\boxed{ウ}} - \dfrac{\boxed{エ}\sqrt{\boxed{オ}}}{\boxed{カ}}$ となる。また，三角形 PBC の面積 S は，$S = \sqrt{\boxed{キ}} - \sqrt{\boxed{ク}}$ である。

[3] $\sin\theta = \frac{7}{25}$ のとき，PC $= x + \frac{\boxed{ケコ}}{\boxed{サ}}$ であり，AP $= \frac{\boxed{シ}}{\boxed{ス}}x$ である。したがって，

$$x = \frac{\boxed{セソタ} - \boxed{チツ}\sqrt{\boxed{テ}}}{\boxed{トナ}}$$

となる。

Ⅳ [1] A～Eの5名がゲームXとゲームYで競い合ったところ，以下の表のような結果（スコア，平均値，分散）となった。このとき，以下の問いに答えよ。

なお，小数の形で解答する場合は，解答上の注意にあるように，指定された桁数の一つ下の桁を四捨五入して答えよ。また，必要に応じて，指定された桁まで⓪にマークせよ。たとえば，$\boxed{マ}.\boxed{ミム}$ に5.9と答えたいときは，5.90として答えよ。

(1) CさんのゲームXのスコアは $\boxed{アイウ}$ である。

(2) ゲームYのスコアの平均値は $\boxed{エオカ}$ である。

(3) ゲームXのスコアの標準偏差は $\boxed{キク}$ である。

(4) ゲームXとゲームYのスコアの相関係数は $-\boxed{ケ}.\boxed{コサシス}$ である。

5名のゲームXとゲームYのスコアの結果

	ゲームX	ゲームY
Aさん	250	180
Bさん	110	220
Cさん	アイウ	100
Dさん	130	140
Eさん	170	160
平均値	166	エオカ
分散	2304	1600

[2] 男子10名，女子20名からなるクラスで試験をした。試験の結果，男子の点数の平均値は22，分散は11であり，女子の点数の平均値は31，分散は8であった。このとき，クラス全体の点数の平均値は［セソ］，分散は［タチ］である。

[3] 次のA～Cの命題について，真偽を述べよ。

A　一般に，変量xのデータの範囲が変量yのデータの範囲より大きいとき，変量xのデータの標準偏差は変量yのデータの標準偏差より常に大きい。

B　任意の正の実数kに対して，変量xのデータの各値をk倍したときの分散は，変量xのデータの分散のk倍である。

C　変量xのデータと変量yのデータの共分散が正のとき，変量xと変量yの相関係数は正である。

命題Aは［ツ］，命題Bは［テ］，命題Cは［ト］である。

［ツ］～［ト］の解答群(ただし，同じものを繰り返し選んでもよい。)

⓪ 真　① 偽

■数学基礎■

（60 分）

Ⅰ　[1]　2 次方程式 $10x^2 - 4x - 6 = 0$ の解は $x = -\dfrac{\boxed{ア}}{\boxed{イ}}$ と $x = \boxed{ウ}$ である。

[2]　循環小数 $0.\dot{3}6\dot{9}$ を分数で表すと $\dfrac{\boxed{エオ}}{\boxed{カキク}}$ となる。

[3]　次の式を計算せよ。

$$\frac{1}{1+\sqrt{2}+\sqrt{3}} + \frac{1}{1+\sqrt{2}-\sqrt{3}} + \frac{1}{1-\sqrt{2}+\sqrt{3}} + \frac{1}{1-\sqrt{2}-\sqrt{3}} = \boxed{ケ}$$

Ⅱ　次の表は，あるクラスの全生徒 5 人に対しておこなった，数学のテストの得点 x と英語のテストの得点 y である。いずれのテストも 10 点満点である。

氏名	数学(x)	英語(y)
A	2	5
B	4	7
C	6	1
D	8	3
E	10	9

なお，小数の形で解答する場合は，解答上の注意にあるように，指定された桁数の一つ下の桁を四捨五入して答えよ。また，必要に応じて，指定された桁まで⓪にマークせよ。たとえば，$\boxed{マ}.\boxed{ミム}$ に 5.9 と答えたいときは，5.90 として答えよ。

[1] 数学の得点 x の平均値は [ア].[イ]，
標準偏差は [ウ].[エオカキ]，
英語の得点 y の平均値は [ク].[ケ]，
標準偏差は [コ].[サシスセ] である。なお，$\sqrt{2} = 1.4142$，$\sqrt{3} = 1.7321$，$\sqrt{5} = 2.2361$ として計算せよ。

[2] 数学の得点 x と英語の得点 y の相関係数は [ソ].[タ] である。

Ⅲ [1] Aの袋には赤玉3個，白玉8個が，Bの袋には赤玉6個，白玉4個が入っている。1枚のコインを投げて，コインの表が出たときにはAの袋から玉を1個，裏が出たときには，Bの袋から玉を1個取り出すことにする。このとき，赤玉を取り出す確率は $\dfrac{\boxed{アイ}}{\boxed{ウエ}}$ である。

[2] ITABASHIに使われているアルファベット8文字すべてを並べてできる順列について，以下の問いに答えよ。

(1) 順列の総数は [オカキクケ] 通りである。

(2) AAという並びと，IIという並びを共に含む順列は全部で [コサシ] 通りある。

(3) AIという並び，またはIAという並びの少なくとも一方を含む順列は全部で [スセソタ] 通りある。

Ⅳ ［1］ a, b, c を正の実数とする。$a^{2x} = b^{2y} = c^{2z} = 9$ $(x \neq 0,\ y \neq 0,\ z \neq 0)$ のとき，

$$\frac{1}{x} + \frac{1}{y} + \frac{1}{z} = \log_3 \left(\boxed{\text{ア}} \right)$$

と表すことができる。

$\boxed{\text{ア}}$ の解答群

⓪ $a + b + c$　① $ab + bc + ca$　② abc　③ $\dfrac{1}{a} + \dfrac{1}{b} + \dfrac{1}{c}$

④ $\dfrac{1}{ab} + \dfrac{1}{bc} + \dfrac{1}{ca}$　⑤ $\dfrac{1}{abc}$

［2］ $a = \log_{10} 2$, $b = \log_{10} 3$ とするとき，$\log_{18} \sqrt[3]{30}$ を a と b を用いて表すと，

$$\frac{b + \boxed{\text{イ}}}{\boxed{\text{ウ}}\, a + \boxed{\text{エ}}\, b}$$ となる。

Ⅴ ［1］ 関数 $y = x^4 - 8x^3 + 22x^2 - 24x + 5$ は $x = \boxed{\text{ア}}$ で極小値 $-\boxed{\text{イ}}$ を，$x = \boxed{\text{ウ}}$ で極小値 $-\boxed{\text{エ}}$ を，$x = \boxed{\text{オ}}$ で極大値 $-\boxed{\text{カ}}$ をとる。ここで $\boxed{\text{ア}} < \boxed{\text{ウ}}$ とする。

［2］ 関数 $y = 2x^3 - 6x^2 - 18x + 5$ $(-2 \leqq x \leqq 6)$ は，$x = \boxed{\text{キ}}$ で最小値 $-\boxed{\text{クケ}}$ を，$x = \boxed{\text{コ}}$ で最大値 $\boxed{\text{サシス}}$ をとる。

［3］ 座標平面において，放物線 $y = x^2 - 2x$ と直線 $y = -x + 6$ とで囲まれた部分の面積は $\dfrac{\boxed{\text{セソタ}}}{\boxed{\text{チ}}}$ である。

Ⅵ ［1］第5項が86，第19項が -12 である等差数列 $\{a_n\}$ について，一般項を求めると $a_n = -$ [ア] $n +$ [イウエ] $(n = 1, 2, 3, \cdots)$ となる。また初項から第26項までの和を求めると [オカキ] になる。

［2］毎年初めに5万円ずつ積み立てる預金を考える。n 年間積み立てた場合の元利合計（n 年間経過し，$n+1$ 年目の新たな積み立てがなされていない時点の元金と利息の合計）を，年利率5％，1年ごとの複利計算で求めよう。

なお，複利計算とは，一定期間の終わりごとに，その元利合計を次の期間の元金とする利息の計算方法である。例えば，年利率8％，1年ごとの複利で，元金 a 円を1年間預金したときの元利合計は $a \times 1.08$ 円，2年間預金したときの元利合計は $a \times 1.08^2$ 円，n 年間預金したときの元利合計は $a \times 1.08^n$ 円となる。

(1) 1年間の元利合計は [ク] . [ケコ] 万円になる。

(2) 2年間積み立てた場合の元利合計は [サシ] . [スセソタ] 万円になる。

(3) 12年間積み立てた場合の元利合計は [チツ] . [テトナニ] 万円になる。なお $1.05^{12} = 1.7959$ として計算せよ。

問十　次の文章の［ア］～［ウ］に入る最も適切な語句を、後の各群の①～⑤からそれぞれ一つずつ選べ。

『住吉物語』は［ア］と同じく継子いじめを主題とする作り物語である。その舞台である住吉は［イ］、つまり現在の大阪の歌枕であり、当地に鎮座する住吉大社の神は古典文学にもたびたび登場する。たとえば、『源氏物語』には、［ウ］に都落ちした光源氏が暴風雨の日に住吉の神に祈願する印象的な場面がある。

ア：［19］　①　伊勢物語　②　落窪物語　③　とはずがたり　④　とりかへばや物語　⑤　平家物語

イ：［20］　①　近江　②　紀伊　③　摂津　④　丹波　⑤　播磨（はりま）

ウ：［21］　①　伊豆　②　隠岐　③　佐渡　④　須磨　⑤　大宰府

① 恋い慕っている姫君が見つからないので、一刻も早く別の場所を探したいと焦っている。
② この場所にゆかりのある人が見当たらないので、悲嘆に暮れている。
③ さきほどの十歳ほどの子どもがいなくなってしまったので、裏切られたような悲しい気持ちである。
④ 神社の責任者が不在なので、なんとか探し出そうと思っている。
⑤ 頼りになりそうな人も見当たらないので、姫君に取り次いでもらうこともできず、途方に暮れている。

問八　本文中の━━線7「満ちくる潮に身をや投げまし」の理由として最も適切なものを、次の①～⑤から一つ選べ。13

① 恋い慕っている姫君を必死に探したが会えなかったため。
② 渚に姫君が立っているのが釣り船から見えたため。
③ 姫君が乗っている釣り船が向こう岸からやってくるのが見えたため。
④ 無意味な夢占いをしたことで混乱したため。
⑤ 向こう岸にいる釣り船の乗組員の歌がおもしろかったため。

問九　次の(1)～(5)のうち、本文の内容に**合致するもの**には①を、**合致しないもの**には②をそれぞれマークせよ。

(1) 中将が長谷寺に詣でたのは新暦十一月の頃であった。14
(2) 長谷寺で姫君の夢を見た時、中将が袖を振って呼びかけると、姫君は一首の和歌を詠んだ。15
(3) お供の人たちは、中将が山城の泉川から京に戻らずにただちに住吉に向かうことに難色を示した。16
(4) 中将のような高貴な人が足から血を流しながら歩いて行くのを、行き来する人は不思議に思いながら見ていた。17
(5) 中将が住吉で出会った十歳ほどの少年は、中将のことばを京の尼上に伝えに行った。18

の選択肢は一度しか使えない。

X：7 Y：8 Z：9

① けむ ② けり ③ ける ④ つ ⑤ つれ ⑥ なり ⑦ なる ⑧ む
⑨ らむ

問五 本文中の━━線4「世にもあらじ」の解釈として最も適切なものを、次の①～⑤から一つ選べ。10

① 今の私のようにここまで深く嘆く者は、この世にはかつて存在しなかった。
② このまま姫君に会えないのであれば、この世にはとどまるまい。
③ このような山奥にまで訪ねてくる者など、この世にはなかったはずである。
④ もし神や仏がいるのであれば、この世に姫君がまだいてほしい。
⑤ 夢のお告げ通りになることなど、この世にはあり得ない。

問六 本文中の━━線5「しかども」の説明として最も適切なものを、次の①～⑤から一つ選べ。11

① 強意をあらわす助詞「し」に、疑問をあらわす助詞と、逆接の確定条件をあらわす助詞がついたもの
② 助動詞「き」の已然形に、逆接の確定条件をあらわす助詞がついたもの
③ 動詞「及く（し）」の未然形に、逆接の確定条件をあらわす助詞がついたもの
④ 動詞「為（す）」の連用形に、疑問をあらわす助詞と、逆接の確定条件をあらわす助詞がついたもの
⑤ 副詞「しか」に、逆接の確定条件をあらわす助詞がついたもの

問七 本文中の━━線6「をさをさしき人も見えず」における中将の心情の説明として最も適切なものを、次の①～⑤から一つ選べ。12

3 あながちに： 3

① 思いきって ② 強引に ③ 熟慮の末に ④ 控えめに ⑤ わけもわからずに

問二 本文中の〰〰線A「ば」と同じ用法のものを本文中の〰〰線a～eの「ば」から二つ選び、①～⑤で答えよ。なお、解答の順序は問わない。 4 5

① 思ふ身ならば[a]
② 恨みたまへば[b]
③ ありがたく見はべれば[c]
④ 夢と知りせば[d]
⑤ 明けぬれば[e]

問三 本文中の┅┅線「わたつ海のそことも知らずわびぬれば住吉とこそ海人(あま)はいふなれ」の和歌によって、姫君は住吉にいると中将は確信するが、この和歌では住吉がどのような場所として詠まれているか、最も適切なものを、次の①～⑤から一つ選べ。 6

① 海を越えたかなたにある場所
② 漁業の盛んな場所
③ 近隣住民にも知られていない場所
④ 暮らしやすい場所
⑤ さびれた場所

問四 本文中の空欄 X ～ Z に入る最も適切なものを、次の①～⑨からそれぞれ一つずつ選べ。ただし、一つ

る。こまかに言へ」とのたまへば、「さては、すみのえと申す所に、京の尼上のおはすれ」と申せば、「そこを我に教へよ」とのたまへば、「これより南に、海の入り江に造りかけたる家にて、たづねさせたまへ」と申せば、うれしくおぼして、教へつるままにおはしたれば、まことに家あり。されども、をさをさしき人も見えず。籬(まがき)のほどに立ち寄りて、かくなん、暗くさへなりたれば、そこはかとも見えず。

人ならば問はましものを住吉の岸の姫松いく代経ぬらん

一人うちながめたまふほどに、松風寂しく吹きて、岸の波立ち寄るさま、物思はざらん人だにも心澄みぬべし。まして、中将殿の御心の内あこがれて、この人にたづね会はずは、世にもあらじとのみ思ひつづけられて、あはれなり。はるかに沖の方より漕ぎ来る船、「荷くさびかけて」など歌ふも、さすがをかしくて、

人知れずあはするかたもなき夢は身のみこがるる海人の釣り船

我が思ふ人もなぎさにたづねきて満ちくる潮に身をや投げまし

とうちながめてぞ、たたずみわづらひたまひける。

(『住吉物語』による)

問一 本文中の━━線1~3の語句の解釈として最も適切なものを、次の各群の①~⑤からそれぞれ一つずつ選べ。

1 あさましき: [1]

① いやしい ② きれいな ③ 小さい ④ みすぼらしい ⑤ 珍しい

2 うちそばみて: [2]

① かしこまって ② 聞き耳を立てて ③ のぞき見をして ④ 横を向いて ⑤ 寄り添って

山城の泉川より、御供の人を返して、むつましくおぼしめさるる随身(ずいじん)、舎人童(とねりわらは)なるを具して行きたまふ。御供には人あまたあれども、返すなり。「精進(しやうじん)ついでに、住吉、天王寺へと思ふなり。このよしを申されよ」とのたまへば、「さらにさぶらふまじきことなり。京よりこそ参りたまはめ。さらずは、みな御供にこそ参りはべらん」と申せば、「いかにかやうには申すぞ。深く思ふやうあり。とくとく帰れ」と、3あながちにのたまへば、おのおの帰りぬ。中将殿は、わらんぢといふ物を履きたまひつつ、泉川の渡りして、日も暮れぬれば、古き御堂にとどまりたまひぬ。

さて、住吉には、姫君、侍従に語りたまふやう、「この暁方に、少将、夢に見えたまひつれば、いみじく心苦しげ［X］山の中に、ただ一人おはしつる所に行きたりつれば、かくこそ詠みたまひ［Y］。

尋ねかね知らぬ山路にまよふかな君が住みかをそこと知らせよ

と見えつる」と語りたまへば、侍従、「明け暮れ御ことゆゑに、『4世にもあらじ』と、深げにのみ仰せありしかば、げにさもはべらば、いづくの空にかおはす［Z］。いとほしや」など申せば、姫君もあはれとおぼして、忍び音をぞ泣きたまふ。

中将は、夜も明け方になりぬれば、また出でておはするほどに、慣らはせたまはぬ御徒歩(かち)のありきなれば、御足もわらんぢにあたりて、血あえ、赤み腫れて、あよみかねたまへば、道に行きかふ人も目をとどめて、あやしがり見たてまつりぬ。

かくしてその日の暮れ方に、住吉におはし着きたれども、いづくを尋ぬべしともおぼえねば、海の方をはるばると見やりたまひて、心細くおぼすこと限りなし。すべきやうなくて、松のもとに立ち寄りて、かくぞ思ひつづけたまひけり。

暁の夢をたのみて5来しかども住吉とだにいふ人もなし

いかにせましとおぼし嘆くところに、十ばかりなる童の、松の枯れ枝を拾ひけるを召して、「われはいづくに住むぞ」と問ひければ、「このあたりにさぶらふ」と申すに、「これはいづくといふ所」とのたまへば、「住吉と申す」とぞ言へば、「このあたりに、さるべき人や住みたまふ」とのたまへば、「神主の大夫殿こそ住みたまへ」と申せば、「さらではまた、ゆゑある人やはべ

〔Ⅲ〕を解答する場合には、必ず解答用紙（マークシート）の〔Ⅲ〕に記入してください。誤って解答用紙の〔Ⅱ〕に記入した場合には、0点となるので注意してください。

〔Ⅲ〕　次の文章を読んで、後の問に答えよ。

　かくいふほどに、秋にもなりぬ。住吉には、月日の積もりゆくままに、いとどあはれさもまさり、「いかになるべき身にか」[1]とおぼし嘆く。尼君もうち泣きて、「わらはは残り少なき身にはべる。めでたうあたらしき御ありさまを、かかるあさましき柴(しば)の庵(いほり)の内におしこめたてまつりて、はかなくなりはべりなば[A]、いかにならせたまふべき御ありさまに」と言ひつづけて泣けば、姫君うち泣きて、「世にあり経んと思ふ身ならばこそ[a]」とて、泣きつつ過ごしたまふ。

　中将は長月のころ、長谷寺に詣でたまひて、七日籠りて、また異ごとなく祈り申させたまひけり。七日といふ夜もすがら行ひ明かして、暁方に少しまどろみたまふに、やんごとなき女房の、うちそばみて[2]ゐたまへるを見たまへば[b]、我が思ふ人なり。うれしく、「かく悲しきことを思はせたまふらん。いかばかり嘆くとか知らせたまふ」とて恨みたまへば、姫君、「かくまでおぼしめすとは知りはべらず。御こころざしのありさま、ありがたく見はべれば[c]、参りつるなり。今は帰りなん」とて立ちたまふを、「いかに、おはし所を知らせたまへ」とて、袖をひかへたまへば、

　わたつ海のそこも知らずわびぬれば住吉とこそ海人(あま)はいふなれ

とながめたまふと聞き、御返事するとおぼして、うちおどろきたまひぬ。「夢と知りせば[d]」と思ふに、悲しさ、言ふはかりなし。「ひとへに仏の御教へなり。住吉をたづねん」とおぼして、明けぬれば[e]、出でたまふ。

衝き当る、そしてそれがお前のために音を立てて、
お前を裏切るのだ。おお、私が手間をかけて学んで得た物を
私から取除けて呉れるな。正しいのは私で、お前が間違っているのだ、
もしかお前が誰かの事物に郷愁を催しているのだったら。我々はその事物を目の前にしていても、それは此処に在るのではない。我々がそれを知覚すると同時にその事物を我々の存在から反映させているきりなのだ。

(1) このリルケの詩と深くかかわる本文中の言葉が、⓪③段落の「「死の影」の下にいる」であると考えられる。この詩を口にする『風立ちぬ』の主人公「私」にとっての「「死の影」の下にいる」という認識と合致する詩の中の語句は何か。最も適切なものを次の①～⑤から一つ選べ。18

① 私は死者達を持っている　② 我々の存在　③ 郷愁　④ お前だけは帰ってきた
⑤ 誰かの事物

(2) この詩を口にする『風立ちぬ』の「私」と最も近い立場で「死」に直面した経験をもつ本文中の人物は誰か。最も適切なものを次の①～⑤から一つ選べ。19

① 軍人、医療関係者や宗教関係者
② 小説『細雪』のヒロインの雪子
③ 『細雪』の作中人物の野村
④ 映画『生きる』の主人公
⑤ 福澤桃介

イ　戦前の日本社会では、農村においては死に直面する頻度が現代よりはるかに高かったが、都市部ではかならずしもそうではなかった。 13

ウ　戦前の、死を日常的に感じ、恐れ、忌避しながら生活を送ることを、「死の影の下にいる」と表現している。 14

エ　「死が生活や人生の中にしっかりと組み込まれ」ていることを示すため、谷崎潤一郎の『細雪』から、前妻と子が病死している野村に対する雪子の心情がとり上げられている。 15

オ　『ゴンドラの唄』の歌詞は、生や死をめぐって西洋文化に底流する二つの要素を反映していることが指摘されている。 16

カ　感染症による死に日常的にさらされることで、現代においても「死」が身近なものとなった。 17

問十一　次に引く詩は、本文中の┅┅線「『風立ちぬ』の最終章「死のかげの谷」に引用されているプラハ生まれの詩人リルケ（一八七五～一九二六）の詩の一部である。この詩は、婚約者が結核にかかり死亡した直後の主人公「私」が無意識に口にするもので、この時の「私」自身の心情をあらわす詩として提示されている。この詩と本文の関連について後の（1）（2）の問に答えよ。

私は死者達を持っている、そして彼等を立ち去るが儘（まま）にさせてあるが、
彼等が噂とは似つかず、非常に確信的で、
死んでいる事にもすぐ慣れ、頗（すこぶ）る快活であるらしいのに
驚いている位だ。只お前――お前だけは帰って
来た。お前は私を掠（かす）め、まわりをさ迷い、何物かに

動が興味深い一例となっているから。

④ 死が日常的であることが人々の行動に与える影響を考えるために、肺結核という死に至る病を克服した行動する人間である彼の言動が興味深い一例となっているから。

⑤ 死が日常的であることが人々の思想に与える影響を考えるために、「電気王」と呼ばれた実業家である彼の言動が興味深い一例となっているから。

問九 本文中の━━線h「大変興味深い」とあるが、なぜ筆者はそう表現したのか。その理由として最も適切なものを、次の①～⑤から一つ選べ。 11

① 実業家・投資家であるにもかかわらず、「貯蓄をすべし」という処世訓が、自らが死に近付いた経験から出ている点が面白かったから。

② 死の影の下にある当時の人々の意識を前提とした実業家の言葉に、極端な虚無主義を見ることができるから。

③ 「貯蓄をすべし」という処世訓が、功利的な実業家の意識を想起させ、死に一度近付いてもなお金銭のことを考えていることが特異だから。

④ 自分の病気や自分が勤める企業の業績が低迷し解雇される可能性への言及を通して、当時の会社商店の動揺波瀾が想起されるから。

⑤ 死の影の下にある当時の人々の、膨大な貯蓄を有する実業家に対する羨望を含意しているから。

問十 次のア～カのうち、本文の内容に**合致するもの**には①を、**合致しないもの**には②をそれぞれマークせよ。

ア 黒澤明監督の映画『生きる』の中で主人公が歌う『ゴンドラの唄』が、リアルな死に直面した生を歌った歌であるという了解が、「死の影の下にある」観客と黒澤に共有されていると筆者は解釈する。 12

最も適切なものを、次の①～⑤から一つ選べ。9

①　『ゴンドラの唄』は誰もが知っていたので、クライマックスの場面にリアリティを与えるメロディとして最も妥当であったから。

②　『ゴンドラの唄』が警句や修辞ではないということが当時は共有されておらず、映画監督はその意味を世に問いたいと考えたから。

③　死は日常であり、はかない生を生きよと歌った『ゴンドラの唄』の趣旨を、映画監督が世の人々にメッセージとして強く主張したかったから。

④　『ゴンドラの唄』が警句や修辞ではないということを、死に直面しているこの場面の主人公は主張したいだろうと映画監督が考えたから。

⑤　死は日常であり、はかない生だからこそ懸命に生きよと歌った『ゴンドラの唄』の趣旨が、当時の人々や死にゆこうとする主人公にとって実感されるものだと考えられたから。

問八　本文中の――線g「一人の実業家のコメントを見てみよう」とあるが、筆者はなぜここで実業家福澤桃介の言葉を紹介したと考えられるか。その理由として最も適切なものを、次の①～⑤から一つ選べ。10

①　当時の人々の、病気と失職とに対する覚悟を見るために、一家の稼ぎ手が死んだ場合にそなえた資産管理の方法に詳しい彼の言動が興味深い一例となっているから。

②　当時の人々の、病気と失職とに対する覚悟を考えるために、「電気王」と呼ばれた実業家である彼の言動が興味深い一例となっているから。

③　死が日常的であることが人々の行動に与える影響を見るために、病気による失職の経験を有する実業家である彼の言

⑤　野村が、妻と二人の子供を亡くした人物であるにもかかわらず、初婚の雪子の見合いの相手に設定されている。

問五　本文中の━━線d「『ゴンドラの唄』」とあるが、この『ゴンドラの唄』について本文で述べられていることと**合致しないもの**はどれか。次の①〜⑤から一つ選べ。［6］

①　『ゴンドラの唄』は、ツルゲーネフの小説にもとづいた劇作品の中で、歌われたものである。
②　『ゴンドラの唄』は、アンデルセンの『即興詩人』のなかで引用されている。
③　『ゴンドラの唄』が歌われた舞台の初演は芸術座によるものであり、女優松井須磨子がこれを歌った。
④　相沢は『ゴンドラの唄』の中に、西洋文化に通底する「メメント・モリ」と「カルペ・ディエム」の要素を見出した。
⑤　『ゴンドラの唄』の歌詞については、明日はないと考えて今を生きることを重視せよ、という解釈が出来る。

問六　本文中の━━線e「人生は短いのだから精一杯生きるべきだというような警句的な(あるいは修辞的な)もの」とあるが、「警句」として考えられる文として適切なものを、次の①〜⑥から二つ選べ。なお、解答の順序は問わない。［7］［8］

①　私は美しいことに思いをはせる毎日を送りたい。
②　人は愛されることを望みながら、愛する相手を怒らせる。
③　最近では自分の利益優先で行動する事が前提になっていて、色々なさけない。
④　二階建ての家の二階にトラックがつっこんで来たと想像してごらんなさい、こわいし不思議でしょう。
⑤　批判を避ける方法は一つしかない。何もせず、何もいわず、何者にもならないことだ。
⑥　異常感知システムの誤動作の可能性はゼロではないし、今回実際に発生した。

問七　本文中の━━線f「もし、主人公の視点から見て「いのち短し」が単なる警句あるいは修辞句であれば、主人公がこの歌を選ぶ理由はない」とあるが、『生きる』において映画監督が主人公に「この歌を選」ばせた理由として本文の文脈に即して

⑤　案内された客室の、その隅々までを垣間見る。

問三　本文中の━━線b「現代の小説であれば」とあるが、現代の小説ならたとえばどのように描かれるというのか。最も適切なものを、次の①～⑤から一つ選べ。［3］

①　家族間の情愛はうすく、野村の心の傷より、地位や収入への雪子の関心が描かれる。

②　先妻と二人の子供を早く亡くしたことが野村の悲劇としてあつかわれ、雪子もそれにある程度同情するように描かれる。

③　雪子が先妻と二人の子供を早く亡くしている野村の心の傷について考え、そのような陰気な男性を選ばないという決断が描かれる。

④　家族の死別の有無は人間の評価とは関連せず、野村が心の傷をもつ人物として描かれるにとどまり、雪子もあまり気にしない。

⑤　先妻と二人の子供を早く亡くしている野村の心の傷に雪子が思い至り、彼らの遺影を飾るという優しさも見て、好意を抱くまでの経緯が描かれる。

問四　本文中の━━線c「死が自然な、日常的なもの」とあるが、これは⓪④～⓪⑧段落の結論にあたる。この結論の論拠として**適切でないもの**を、次の①～⑤から二つ選べ。なお、解答の順序は問わない。［4］［5］

①　野村が、「老人臭い、じじむさい容貌」をもつ人間として描かれている。

②　雪子が、野村の身の上ではなく無神経さを問題としているように描かれている。

③　野村が妻と子供と死別したことが、離婚による別離とあまり区別されない形で描かれている。

④　雪子は、野村に通された部屋の雰囲気に対して疑念と嫌悪を抱いたように描かれている。

（清水剛『感染症と経営』による）

（注1）芸術座－かつて日本に存在した劇団。一九一三年に島村抱月、松井須磨子を中心に結成された。一九一九年解散。
（注2）相沢－相沢直樹。山形大学人文社会科学部教授（一九六〇〜）。
（注3）福澤桃介－日本の電力業界を中心に活動した実業家（一八六八〜一九三八）。
（注4）北海道炭礦汽船－石炭の輸入販売を行う日本の株式会社。一八八九年設立。

問一　本文中の空欄 A 〜 C に入る語句の組み合わせとして最も適切なものを、次の①〜⑤から一つ選べ。 1

① A：もちろん　B：もっとも　C：しかし
② A：とりわけ　B：あるいは　C：しかし
③ A：とりわけ　B：むしろ　C：もちろん
④ A：もちろん　B：しかし　C：とりわけ
⑤ A：さらに　B：ゆえに　C：もちろん

問二　本文中の――線a「垣間見る」とあるが、この語の用法として**適切でないもの**を、次の①〜⑤から一つ選べ。 2

① チベット仏教の思想を垣間見る。
② 嫌な事件報道から、闇の世界を垣間見る。
③ 彼女の絵の大胆な構図から、元来の才能が垣間見られる。
④ 通りすがりに、公園で遊ぶ息子の姿を垣間見る。

⑱　すなわち、死が日常的な、身近なものであるがゆえに、今の人生を精一杯生きよう、というのが上記の『ゴンドラの唄』の意味であり、また当時の人々の考え方の一つであったと思われる。

⑲　以上、戦前の人々にとって、死が身近で日常的なものであることと、それを踏まえた生と死に対する人々の捉え方について述べてきた。それでは、このような死に対する捉え方——死が日常的な中で生きようとすること——は人々の行動にどのような影響を与えるだろうか。

⑳　この点を考えるために、まず明治末期から大正にかけて活躍した<u>一人の実業家のコメントを見てみよう</u>(g)。その実業家の名は福澤桃介(注3)。福澤諭吉の娘婿としても知られるが、電力会社を中心に様々な会社の設立、経営を手掛け、戦前の五大電力会社の一つ、大同電力の初代社長になり、「電気王」と呼ばれた実業家である。福澤桃介はもともと北海道炭礦(たんこう)汽船(注4)（当時は北海道炭礦鉄道）という会社で働いていたが、その時期に肺結核となり、療養生活に入る。その療養中に始めた株式投資で、日露戦争の時期に成功し大金を得て、その資金を元に実業家に転身した。また、軽妙な文体で多くの著作を残している。その中で、岡本学との共著『貯蓄と投資』に「病気と失職とに対する覚悟」という一文がある。

㉑　此の種の人間（引用者注：いわゆるサラリーマンのこと）でも、病気に罹(かか)らぬと云ふ保険は附けられぬ、或(あるい)は会社商店に動揺波瀾(らん)があつて、首を斬られたり、職を辞さねばならぬ羽目に到達した暁(あかつき)は如何、其の結果は忽(たちま)ち生活難に陥り、パン問題に頭を悩まさなければならぬこととなる。

㉒　だからまず貯蓄をすべきだ、というのがこの文の趣旨であるが、結核という死に至る病を克服した投資家・事業家のコメントとして見ると<u>大変興味深い</u>(h)。

13 この歌を分析した相沢(注2)は、この歌が森鷗外が訳したアンデルセンの『即興詩人』(一八三五)に基づいて吉井が作詞したことを指摘した上で、この劇、そしてこの歌詞が西洋文化の底辺に流れる「メメント・モリ(memento mori)」(死を忘れるな)と「カルペ・ディエム(carpe diem)」(今を楽しめ)の二つの要素を持つことを指摘している。すなわち、この歌は死が目前にあることを前提として、今を生きることの重要性を述べているのである。

14 [C]、前記のように実際に当時の死亡率が高く、平均寿命が短かったこと、そして死が日常的なものとして捉えられていたことを踏まえてこの歌詞を見ると、実際に「いのちが短い」ことを認識として共有していた上で、今を生きる(「恋せよ」)ことの重要性を示していると理解できる。まさに「明日の月日はない」かもしれず、命は短いのである。

15 もっとも、このような歌詞を見ただけでは、「いのち短し」が命が短いという人々の現実の感覚に基づいているのか、あるいは e 人生は短いのだから精一杯生きるべきだというような警句的な(あるいは修辞的な)ものであるのかはわからない。

16 この点の傍証となるのが、この『ゴンドラの唄』を有名にした黒澤明監督の映画『生きる』(一九五二)である。ここでは、市役所で市民課長を務める主人公が、胃がんにかかった後、生きる意味を求めてさまよった末に市民が求めていた児童公園の建設を主導し、ようやく完成した公園のブランコに揺られながら息を引き取る。このブランコに揺られているときに主人公が歌ったのが『ゴンドラの唄』だったのである。

17 ここで『ゴンドラの唄』は、まさに死に直面した主人公が今を精一杯生きたことを示すものとなっている。主人公の視点からは、この歌は「死に直面した生」を実感する歌だったのである。f もし、主人公の視点から見て「いのち短し」が単なる警句あるいは修辞句であれば、主人公がこの歌を選ぶ理由はない。黒澤もそのような歌は選ばなかっただろう。黒澤がこのシーンで『ゴンドラの唄』を用いていることは、この歌がリアルな死に直面した生を歌った歌であるという了解が、黒澤と観客に共有されていることを示している。

ることが決して珍しくはないことを示していると思われるが、それだけでなく、先に述べたように雪子がこの野村に対してその無神経さを問題としていることそのものが、<u>c 死が自然な、日常的なもの</u>であることを示している。

⑨ さて、このような死の日常性を踏まえて、人々が死をどのように捉えていたかをもう少し踏み込んで考えてみよう。ここで取り上げるのは、その冒頭の「いのち短し、恋せよ乙女」のフレーズで知られる<u>d『ゴンドラの唄』</u>(吉井勇作詞、中山晋平作曲)である。このフレーズは、その後大正浪漫を代表する言葉となり、様々な形で使われているので、一度は耳にしたことがあると思う。

⑩ この歌はツルゲーネフの小説『その前夜』(一八六〇)が舞台化され、島村抱月率いる芸術座(注1)によって演じられた時に(初演は一九一五年)、その劇中歌として作られたものであり、戦前を代表する女優の一人、松井須磨子によって歌われた。

⑪ その一番の歌詞を見てみよう。

いのち短し、恋せよ、少女(おとめ)
朱き唇、褪(あ)せぬ間に
熱き血液(ちしほ)の冷えぬ間に
明日の月日のないものを。

⑫ 「いのち短し、恋せよ、少女」で始まり、「明日の月日のないものを」で終わることで、人生の短さが強調されている。さらに、「朱き唇、褪せぬ間に」と「熱き血液の冷えぬ間に」という言葉もまた、人生の短さを踏まえて今を生きることの重要性を示している。

村とのお見合いはうまくいかないのだが、興味深いことに、このお見合いがうまくいかなかった理由は、雪子が野村の風貌を気に入らなかったからではなく、「仏壇に亡くなった奥さんや子供たちの写真が飾ってあるのを見て、ひどく不愉快にさせられた」からとされている。実は野村はすでに一度結婚し、子供が二人いたのだが、妻と二人の子供はいずれも病気で亡くなっているのである。この点に関する雪子の心情をもう少し見てみよう。

⓪⑥　二度目ということを承知で嫁に行くにしても、先妻やその子供たちの写真が飾ってあるのを見せられていい気持がするはずはないではないか、今は独身でいるのだから、密かにそういうものを飾ってその人たちの冥福を祈る心情は分からなくはないが、あたしに家を見て貰おうという時に、何もそんなものを見える所へ出しておかなくともよさそうなものだのに、あの人は写真を急いで隠しでもすることか、わざわざあれが飾ってある仏壇の前へ案内するとは何事だろう、あれを見ただけでも、とても女の繊細な心理などが理解出来る人ではないと思う。

⓪⑦　現代の小説であれば[b]、先妻や二人の子供が亡くなっているというのは野村の「心の傷」として描くだろう。妻にも二人の子にも先立たれた中年男の悲哀、というわけである。［B］、谷崎が描く雪子はそのような見方をしていない。むしろ、先妻と(死別ではなく)離婚した後、お見合いをしている際に先妻や先妻との子供の写真を見せた時のような反応になっている(そうであれば、デリカシーがない「女の繊細な心理などが理解」できないという反応は納得のいくものとなる)。言い換えれば、先妻や二人の子供と死別したことと離婚したこととはあまり区別されておらず、先妻や二人の子供の死は特別なこととされていないのである。

⓪⑧　そもそも、この野村という人物が妻と二人の子供を亡くした人物として描かれていること自体も、妻や子供が病気で亡くな

り、自分の直系の親族が亡くなるような状況でなければ、死を直接感じるような感覚を持つことはないであろう。

⓪② 一方で、戦前においては、死に直面する頻度ははるかに高かった。自分の兄弟姉妹、親族、近所の人々、友人等がどこかで亡くなっており、またそのような人々を看取る機会も多かった。このような意味で、戦前の日本（日本に限らないだろうが）の人々は、「死」を日常的に感じていたのではないだろうか。医療史学者の新村拓はこの点について、「明治・大正期の農民日記を読んでいて思うことは、臨終看護に対する人々の不安や恐れといったものがあまり感じられないことである。それは死が生活や人生の中にしっかりと組み込まれ、自然なものとして受け止められていたからなのかもしれない」と指摘している。そこで、戦前の人々が死を日常的に感じていたことを二つの事例から確認した上で、そのような「死」を日常的に感じることが人々の意識や行動にどのような影響を与えていたかを検討しよう。

⓪③ なお、死を日常的に感じる、という言い回しを何度も用いているとくどいので、ここではいささか文学的だが「死の影」の下にいる、と表現することにしよう（中村真一郎の『死の影の下に』を思い出してくださっても、堀辰雄『風立ちぬ』の最終章「死のかげの谷」を思い出してくださってもよい）。すなわち、ここでは戦前の人々が死の影の下で生きていたことを確認した上で、死の影が人々の考え方にどのような影響を与えたのかを見ていく。

⓪④ まず、「死が生活や人生の中にしっかりと組み込まれ」ていることを示す一つの例から始めることにしよう。ここで取り上げるのは、谷崎潤一郎の『細雪』のあるシーンである。『細雪』は、よく知られているように船場（せんば）の旧家に生まれた四姉妹の物語であり、当時の社会のあり方をよく伝えてくれる。この『細雪』のヒロインは、今でいう婚活中の三女・雪子と奔放な四女・妙子といってよいだろうが、この雪子のお見合い相手の一人が兵庫県農林課に勤務する水産技師、野村である。

⓪⑤ この野村は東京帝国大学農科大学（現在の東京大学農学部）卒業と高学歴で、県庁でもそれなりの地位にあるが、「四十何歳」で「老人臭い、じじむさい容貌」とされ、またあまり気づかいのできない、無神経な人間として描かれている。結局、雪子と野

(E)　21　ジュヨウ

① 相手チームのヨウドウ作戦に見事にひっかかる。
② 国旗をケイヨウする。
③ 事件のゼンヨウを解明する。
④ ヨウテンを簡潔に述べる。
⑤ ロココ風の建築ヨウシキ。

以下の問題〔Ⅱ〕と〔Ⅲ〕は選択問題です。どちらかを解答してください。〔Ⅱ〕と〔Ⅲ〕を両方解答した場合は、高得点の方を合否判定に使用します。

〔Ⅱ〕　次の文章を読んで、後の問に答えよ。なお、本文上段にある⓪①等の丸数字は段落番号である。

⓪① 感染症による死に人々が日常的にさらされていたということは、言い換えれば人々にとって「死」は日常的な、あるいは身近なものであったことを意味する。すでに述べたとおり、乳幼児死亡率や青年期・壮年期の死亡率も大きく低下している現代において、「死」を日常的に感じる人々の数は限られている。　A　、老衰や病気等の理由により自分の死について意識している人々や、軍人、医療関係者や宗教関係者等々、死を身近に感じて生きている人々も決して少ないわけではない。しかし、例えば健康に暮らしている若い人々にとって、「死」というのは自分の親族や稀に友人の葬儀の際にいわば垣間(かいま)見る[a]ものであ

(B) コンドウ 18

① コンセイ合唱団に入団する。
② コンセツ丁寧な説明を受ける。
③ 何かコンタンがありそうだ。
④ 戦後最大のコンナンに直面する。
⑤ ツウコンの敗北を喫する。

(C) キントウ 19

① 新しい生活習慣が世の中にシントウする。
② イベント開催の可否についてトウロンする。
③ 土地と建物をトウカ交換する。
④ トウカ管制が敷かれた市街。
⑤ 迫力にアットウされる。

(D) チョウリュウ 20

① 会議の日程をチョウセイする。
② 昨今のフウチョウを批判する。
③ チョウカ勤務がつづいて疲労する。
④ 岩手県のケンチョウ所在地は盛岡市である。
⑤ 年会費をチョウシュウする。

ア：過去の事実を漏れなく集めて記述することは不可能であり、欠落部分を想像力で補う能力は歴史家に求められる重要な資質である。12

イ：歴史学は時代とともに進歩し、庶民の歴史が書かれるようになっていっそう「歴史的真実」に近づいた。13

ウ：歴史的事実を余すところなく収集し、それをもとに記述することができた場合、その歴史家は「歴史的真実」を捉えたことになるであろう。14

エ：歴史とは歴史家が過去の事実を取捨選択した上で、再構成しつつ記述するものであるから、その意味でつねに限界を内包している。15

オ：歴史の解釈は人によって異なるものであるから、歴史学において唯一の正しい真実なるものは追求しえない。16

問八　本文中の〰線(A)～(E)のカタカナを漢字に直したときと同じ漢字が使われているものを、次の各群の①～⑤からそれぞれ一つ選べ。

(A)　ケンショウ　17

① 化学のジッケン室で爆発事故が起こった。
② 機器をテンケンする。
③ ケンアクな雰囲気に包まれる。
④ 皇帝にエッケンする。
⑤ シンケン勝負を挑む。

らそれぞれ一つずつ選べ。ただし、同じ記号の箇所には同じ語句が入る。

本文は、『歴史修正主義』と題する論考の序章の一部である。「歴史修正主義」という語は、歴史の修正が歴史記述の発展のための「 X 」な営為であることを前提としながらも、しばしば Y な意味で用いられる。ホロコースト否定論や、日本における「自虐史観」論などを指して使われるのが、その例である。偽造文書を用いたり統計資料を改竄したりして自説の説得力を増そうとしているような場合、その「不当」性は明白なわけだが、実際にはどの歴史記述が「 X 」で、どの記述はそう呼べないのか、判断が難しいことが多い。筆者は別の場所で、「書かれた歴史に意図的な歪曲があると具体的に指摘できるのは、歴史家だけだ」と述べているが、そうだとすると、「歴史家」に課せられた責任は重大だろう。本文中で言及されている「 Z 」の必要性についても、多様な情報が飛びかう昨今の国際情勢に即して考えるとその重みが臨場感を増してわれわれに迫ってくる。

X： 9
① 最適　② 正確　③ 正統　④ 正当　⑤ 本当

Y： 10
① ニュートラル　② ネガティブ　③ アンビヴァレント　④ ポジティブ　⑤ ポストモダン

Z： 11
① ストレスチェック　② トゥルースチェック　③ ファクトチェック　④ リアリティチェック
⑤ リスクチェック

問七　以下のア～オの文のうち、本文で述べられている内容に**合致するもの**には①を、**合致しないもの**には②をそれぞれマークせよ。

問三　本文中の――線(b)「歴史学は永遠に未完の学問である」とあるが、「歴史学」が「未完」であると言える理由の説明として本文で述べられている内容と**合致しないもの**を、次の①～⑤から一つ選べ。 5

① 以前はエリート層が歴史の主体であったのに対して、第二次大戦後になると庶民の歴史が書かれるようになったことが示しているように、唯一絶対の歴史というものは存在しないから。
② ものごとを俯瞰的な視点から眺めることは難しいので、過去のできごとを完璧に再構成することはできないから。
③ 複合的な手段を用いて再構成を試みても、過去の実像を完全に捉えつくすことは不可能だから。
④ 歴史学における解釈の枠組みは時代とともに変化し、歴史記述もそれとともに変化しつづけるものだから。
⑤ 歴史そのものに終わりがない以上、それを探究する歴史学も、「完成」の地点に達することはありえないから。

問四　本文中の――線(c)「誰もが必ずこの選択を行う」とあるが、どういうことか。その説明として最も適切なものを、次の①～⑤から一つ選べ。 6

① 歴史家による「事実」の取捨選択はある程度、恣意性に左右されざるをえないということ。
② 歴史家による「事実」の取捨選択は、史料の信憑（ぴょう）性に差がある以上、欠かせない作業だということ。
③ 歴史家による「事実」の取捨選択は専門家としての判断にもとづくものであるから、問題ないということ。
④ 歴史家による「事実」の取捨選択は、想像力をはたらかせる余地を確保するために必要な行為だということ。
⑤ 歴史家による「事実」の取捨選択は本来避けるべき行為だが、実際問題としてはしかたがないということ。

問五　本文中の――線(d)「解釈の型」の具体例を説明した段落がいくつかあるが、そのうちの最初の段落の番号を答えよ。 7 8 段落

問六　本文の内容を踏まえたうえで、次の文章の空欄 X ～ Z に入る最も適切な語句を、後の各群の①～⑤か

だ」とあるが、どういうことか。その説明として最も適切なものを、次の①～⑤から一つ選べ。［1］

① 歴史家は自身の判断基準にもとづいて事実を整理しなおし、歴史的文脈をいっそう際立たせようと試みるということ。
② 歴史家は史料から得たイメージを可視化するべく、まず平面的な、次いで立体的な表現手段を用いて説明しようとするということ。
③ 歴史家は過去に関わる史料をできる限り集めてその細部と全体像を把握し、それを言葉で物語ることによって歴史を立体的なものとして立ち上げるということ。
④ 歴史家は過去の事実の集積からその因果関係を明らかにし、歴史が発展してきたさまを叙述しようとするということ。
⑤ 歴史家は歴史的事実が起こった土地の地理的状況についても熟知し、その出来事の経過を時間的にも空間的にもリアルに想像しようと努めるということ。

問二　本文中の空欄［ア］～［ウ］に入る最も適切な語句は何か。次の各群の①～⑤からそれぞれ一つずつ選べ。

ア：［2］
① しかねない　② しただろう　③ するわけがない　④ せざるをえない　⑤ せずに済む

イ：［3］
① 客観論　② 観念論　③ 絶対論　④ 相対論　⑤ 比較論

ウ：［4］
① 正しい　② 正しくない　③ 無理もない　④ もっともだ　⑤ やぶさかでない

㉕　こうした解釈の枠組みは、時代とともに変化する。世界のありようを説明するパラダイム（概念的枠組み）が変われば、歴史記述も変わる。

㉖　また学術(D)チョウリュウの変化も、歴史記述を大きく変える。現に、かつての歴史学は政治史や外交史が主流で、もっぱらエリート層が歴史の主体とされていたが、第二次世界大戦後に社会史が主流となり、普通の人々が歴史の主体として意識され、庶民の歴史が書かれるようになった。

㉗　つまり歴史は単数ではなく、常に複数であり、また固定的な歴史像というものは存在しない。歴史は常に「修正」され続ける運命にある。また、歴史的「事実」はある程度確定できるが、歴史的「真実」がどこにあるかを知ることはできない。

㉘　これに対して私たちが知り得るのは、歴史がどのような素材から、いかなる選択を経て書かれ、これがどのような(d)解釈の型により説明され、人々に(E)ジュヨウされることで意味を与えられているのかという、歴史の社会的な「現実＝リアリティ」のことなのである。

（武井彩佳『歴史修正主義』による）

（注1）ポストモダン－啓蒙思想と合理主義を基盤とする「近代（モダン）」の原理を批判し、「近代」を超えるべき時代としての「現代」の新しい知と実践のありかたを模索しようとする思想的・文化的傾向。イデオロギーや画一性を拒絶し、多元主義を志向する点が特徴の一つと言える。

（注2）オーラルヒストリー－関係者から直接、話を聞き取って記録するという歴史研究の方法のひとつ。またその方法によって得られた史料。

問一　本文中の━━線(a)「歴史家とは、窓から見えるこの山を図面に落として地図を作成し、立体模型を作る人のようなもの

⑱　つまりここで、歴史が書かれる際の選択、「事実」の選択が行われている。歴史家は自分の作業仮説に基づいて事実を求め、自分の論を証明しそうにない史料は、脇に置いておく傾向がある。(c)誰もが必ずこの選択を行うが、歴史家が関与する以前に物理的な意味での選択が行われている可能性もある。

⑲　たとえば戦争で史料が失われ、ほとんど残っていないことがある。逆に、ある史料の保管が決定されるとき、アーキビスト（文書館員）が他の大量の文書を「価値なし」として破棄してしまうかもしれない。文書をすべて保管していたら、文書館がいくらあっても足りない。こう考えると、歴史文書が歴史家の机に載せられるまでには、いくつもの偶然や意図的な選抜があり、事実とはさまざまな種類のふるいにかけられたあとに、何らかの理由で残ったものとなる。

⑳　先の一〇人の歴史家の話に戻る。一〇人が書いた歴史は事実関係の把握の点では大きな違いがなかったとしても、やはり十人十色の歴史として記される。それは彼らが歴史事実の選択をそれぞれ行い、解釈する枠組みがそれぞれに異なるからである。この違いは、その人の世界観、政治的立場、イデオロギー、学問的な訓練などに由来する。

㉑　たとえば、きわめて敬虔（けいけん）なキリスト教徒の歴史家は、すべてはより大きな意思により導かれるという、神による予定調和の現れとして、歴史事象を捉えるかもしれない。実際、近代以前の歴史には、常に神の姿が見え隠れしていた。

㉒　ところが、神が不在となったマルクス主義者の歴史家は、同じ出来事は特定の発展段階にある社会が示す特徴として理解し、経済的観点から説明するだろう。

㉓　フェミニズムに大きく影響されている人ならば、この出来事は女性の自立への意志と、父権とのせめぎ合いが現れる場と考えるかもしれない。

㉔　カーが言うように、歴史とはまさに解釈であり、諸事実を並べ替え、配置し、出来事をより大きな文脈のなかに位置付け、そこから意味を読み取るのが歴史家の仕事なのである。

⑮ ここで、ある過去の出来事に関する一万ページの文書を、一〇人の歴史家に共通の史料として与え、各自が読み解いて、その出来事の歴史を書いてもらうように依頼したと仮定しよう。そうすると、いつ、どこで、誰が何をして、その結果どのような状況が生まれた、といった事実関係については、一〇人の認識が大きく食い違うことはないだろう。これが、歴史的な事実（ファクト）である。しかし、これらの基礎的な事実は、歴史家が用いる「材料」に過ぎず、歴史ではない。

⑯ ところが「事実は自ら語る」という言い方がある。事実が持つ力によって、真実はおのずと明らかになるという意味でこの言葉を使う。しかし、再度E・H・カーを引くと、事実が勝手に話し始めることなどない。歴史家が事実を「事実」として選びだしたときに、初めて語り始めるのである。

⑰ 逆に、事実として選び出されないさまざまな出来事は、カーの言葉を借りれば、「過去に関する非歴史的事実という牢獄」に入れられ、私たちの認識の地平にも昇ってこない。つまりは「忘れ去られる」どころか、それ以前にそういったことがあったとも認識されず、過去に埋没する。その意味では歴史家が事実を選び出すことにより、歴史が作られる。だが、その際に歴史家は、星の数ほどもある事実にキントウ(C)に目を配ったりはしない。カーは言う。

実際、事実というのは決して魚屋の店先にある魚のようなものではありません。むしろ、事実は、広大な、時には近よることも出来ぬ海の中を泳ぎ廻っている魚のようなもので、歴史家が何を捕えるかは、偶然にもよりますけれど、多くは彼が海のどの辺りで釣りをするか、どんな釣り道具を使うか——もちろん、この二つの要素は彼が捕えようとする魚の種類によって決定されますが——によるのです。全体として、歴史家は、自分の好む事実を手に入れようとするものです。

（『歴史とは何か』清水幾太郎訳）

を試みている。しかし、それでも私たちは空から俯瞰(ふかん)する鳥の目を持たないため、過去の実像を一〇〇％捉えることは不可能だ。その意味で(b)歴史学は永遠に未完の学問である。

⓽ ただし、歴史のジグソーパズルはピースが欠けていても、欠けた部分を歴史家がある程度想像で埋めることはできる。各所に穴の開いたパズルでも、離れたところから眺めれば、全体像が見えてくるのと同じである。このため、歴史学では想像力が決定的に重要である。

⓾ こう言うと、歴史は客観性が必要と言いつつ、結局は想像で過去の物語を練り上げているだけではないかという批判が出そうだが、それは［ウ］。歴史家は現在手にしている証拠から、おのれの訓練と経験により、かなり可能性の高い推論を立てることができる。歴史はおそらくこうであったと推論する十分な根拠があるのだ。

⑪ 歴史学が歴史をどのようなものと考えているのかを示したところで、歴史家が実際に行う作業と、書かれた歴史の性格について確認しておこう。

⑫ まず、歴史的な「事実」(fact)と、歴史的な「真実」(truth)を区別しなければならない。普段、私たちは「事実」(英：fact、仏：fait、独：Fakt/Tatsache)という言葉と、「真実」(truth/vérité/Wahrheit)という言葉を、使い分けることもあれば、ほぼ同じ意味で使っていることもある。

⑬ しかし、フェイクニュースが問題となると、メディアは「ファクトチェック」の必要性を語るが、「トゥルースチェック」とは言わない。なぜなら「事実」とは私たちの認識の基礎となり、私たちの判断の根拠となるものだが、「真実」のあり方は人によって異なる可能性があるからだ。このため歴史家は、「歴史的事実」という言い方はしても、「歴史的真実」という表現は避ける。

⑭ それでも「歴史の真実は一つ」と人は言う。一般的には、歴史的な「事実」と「真実」は(B)コンドウされているようだ。歴史学における その違いは何だろうか。

⓪③　まずできるだけ近づいて観察する。距離や高度を測るだけでなく、航空写真や衛星による画像も使って山の全体像を捉えようとするだろう。山の形状を明らかにするだけではない。土壌や植生も分析することで、火山ではないか、土砂崩れが起こりやすい場所があるか、確かめようとするだろう。

⓪④　歴史学はこうした複数の手段による過去の全体像の把握を試み、これを言語化(地図化)する。これが実証史学の方法である。

⓪⑤　ところが、山の周囲三〇キロの地点に住んでいる人々には、山はいろいろな形をしている。見ている角度が違うのだから当然だ。こうした山の姿は、その地点からは実際にそう見えるのだから、どれも正しい形ということになる。「私にとって、山がこういう形をしているのは事実である」と観察者は言うだろう。［イ］による山の捉え方である。

⓪⑥　ここでカーは問う。では、見る角度が違うと山の形が違って見えるからといって、もともと、山は客観的に形のないものであるとか、無限の形があるということになるのか。もしくは、よりポストモダン的(注1)に問いを立てれば、私たちが「山」という記号を与えているものが、眼前にある「山」と同一であることは誰にも確証できないから、山について議論しても意味がないのだろうか。

⓪⑦　そうではないだろう。ここで歴史学は、山は実在している、もしくは実体として捉えることが可能であるという理解から出発する。実際に登ることができ、登った人が存在し、その証言があり、山の実在を示す物——たとえば噴火によって飛ばされてきた石など——もある。さまざまな方法で(A)ケンショウすることで、完全にとは言わないまでも、ある程度その実像に迫ることができると考える。

⓪⑧　このため歴史家は、書かれた記録が少ない場合は、考古学的な発掘を行ったり、オーラルヒストリー(注2)を集めたり、人類学的なフィールドワークを行ったり、歴史学に近い周辺領域の力も借りる。つまり複合的な手段で、過去に起こったことの再構成

▲二月七日実施分▼

（六〇分）

以下の問題〔Ⅰ〕は必須問題です。
全員が解答してください。

〔Ⅰ〕　次の文章を読んで、後の問に答えよ。なお、本文上段にある⓪①等の丸数字は段落番号である。

⓪①　イギリスの歴史家E・H・カー（一八九二〜一九八二）は、いまや古典とも言える講演集、『歴史とは何か』で歴史を山に譬(たと)えた。ここで歴史を窓越しに見える山に譬えて、歴史学が歴史をどのようなものだと見なし、何を明らかにしようとしているのかイメージしてみよう。

⓪②　山との関係で言えば、(a)歴史家とは、窓から見えるこの山を図面に落として地図を作成し、立体模型を作る人のようなものだ。山が遠ければ遠いほど詳細を知るのは難しいが、地図は登山者に現在地を教え、山頂へと導くものだから、正確を期さねばならない。木々の間に潜んでいる谷や沢、行く手を阻む断崖を描き込まねば、まちがった地図を手にした人が判断を誤って遭難［ ア ］。このため、地図の作成者はさまざまな手段で山の全体像を明らかにしようとする。

① 九条殿をお迎えする貫之の名誉は、並大抵のものではなかったことよ。
② 九条殿をお迎えした貫之のふるまいは、分別のあるものであったことよ。
③ 貫之をわざわざ迎え入れた九条殿の名声は、並一通りでなかったことよ。
④ 貫之の歌を受けとった貞信公の評判は、一層高まったことよ。
⑤ 貫之の歌をわざわざ待った九条殿の判断は、適切なものであったことよ。

問九　次の(1)～(5)のうち、本文の内容と合致するものには①、合致しないものには②をマークせよ。

(1) 九条殿は、魚袋を貞信公から頂戴した際、その返礼の和歌を自分では作らなかった。 12
(2) 九条殿は、常人ではないのだろうか、たびたび不思議な能力を発揮した。 13
(3) 九条殿は、百鬼夜行を目撃して動揺する警護の人々に落ち着いた態度で指示を出し、牛車を止めさせた。 14
(4) 九条殿は、サイコロ遊びに興じていたとき、娘が懐妊したことを初めて帝に告げた。 15
(5) 九条殿は、摂政や関白にこそなれなかったが、思い通りに望みを叶え、子孫の多くも栄えた。 16

問十　次の空欄 W ～ Z に入る最も適切なものを、後の各群の①～⑤からそれぞれ一つずつ選べ。

紀貫之は女性に仮託して記された W の作者である。また三十六歌仙の一人で叙景歌に長じていた X らとともに編んだ最初の勅撰和歌集である古今和歌集の撰者としても知られている。古今和歌集から、 Y の命によって撰進された新古今和歌集までの勅撰和歌集を総称して Z と呼ぶ。

W： 17　① 更級日記　② 土佐日記　③ 蜻蛉日記　④ 十六夜日記　⑤ 東関紀行
X： 18　① 大伴家持　② 和泉式部　③ 在原業平　④ 凡河内躬恒（おおしこうちのみつね）　⑤ 小野篁（おののたかむら）
Y： 19　① 後鳥羽上皇　② 白河上皇　③ 崇徳上皇　④ 花山上皇　⑤ 光厳上皇
Z： 20　① 三代集　② 六代集　③ 八代集　④ 十三代集　⑤ 二十一代集

④　民部卿はその夜すぐに、帝をかたどった人形の胸に釘を打ち込んだ。
⑤　民部卿はその夜すぐに、九条殿をかたどった人形の胸に釘を打ち込んだ。

問六　本文中の━━線カ「かれが違ひたる」とあるが、誰の何が違ったということか、最も適切なものを次の①～⑤から一つ選べ。 9

①　九条殿の夢の合わせ方
②　帥殿の夢の合わせ方
③　女房の夢の合わせ方
④　心知らざらむ人のふるまい
⑤　帥殿のふるまい

問七　本文中の━━線キ「この聞かせたまふ人々、しおはしまさざれ」の意味内容として最も適切なものを、次の①～⑤から一つ選べ。 10

①　この話をお聞きの方々は、九条殿が出世できなかったことを決してお話しにならないで下さい。
②　この話をお聞きの方々は、事情を知らない人に軽々しく夢の内容をお話しにならないで下さい。
③　この話をお聞きの方々は、他人の夢に対して軽率な発言をしてはなりません。
④　この話をお聞かせくださった方々は、もうこの世に生きてはいらっしゃいません。
⑤　この話をお聞かせくださった方々は、決して他人に夢の内容をお話しになりませんでした。

問八　本文中の━━線ク「待ちつけ申しけむ面目、いかがおろかなるべきな」の解釈として最も適切なものを、次の①～⑤から一つ選べ。 11

問三　本文中の━━線ウ「いみじ」の意味として最も適切なものを、次の①～⑤から一つ選べ。6

①　さわがしい
②　素晴らしい
③　おそろしい
④　悲しい
⑤　いまいましい

問四　本文中の━━線エ「民部卿のけしきいとあしうなりて」の理由として最も適切なものを、次の①～⑤から一つ選べ。7

①　九条殿がいかさまの遊戯をやめようとしないから。
②　九条殿が帝の子の性別を戯れに占おうとしたから。
③　帝がいるのに人々が騒がしかったから。
④　民部卿が九条殿に遊戯で負けそうになったから。
⑤　民部卿の孫である広平親王の立場が危うくなると思ったから。

問五　本文中の━━線オ「その夜やがて、胸に釘はうちてき」の解釈として最も適切なものを、次の①～⑤から一つ選べ。8

①　九条殿はその夜すぐに、民部卿をかたどった人形の胸に釘を打ち込んだ。
②　九条殿はその夜しばらくして、帝をかたどった人形の胸に釘を打ち込んだ。
③　民部卿はその夜しばらくして、九条殿をかたどった人形の胸に釘を打ち込んだ。

問一　本文中の――線ア「あやしと思へど」、イ「今は御牛かけてやれ」の解釈として最も適切なものを、次の各群の①～⑤からそれぞれ一つずつ選べ。

ア　あやしと思へど　1

①　危険だと思ったが
②　恐ろしいと思ったが
③　見苦しいと思ったが
④　うるさいと思ったが
⑤　不思議だと思ったが

イ　今は御牛かけてやれ　2

①　百鬼夜行が通り過ぎたので、牛にすだれを掛けてやりなさい。
②　百鬼夜行が通り過ぎたので、牛を逃がして駆けさせなさい。
③　百鬼夜行が通り過ぎたので、牛を車につないで進ませなさい。
④　高貴な人が通り過ぎたので、牛を車につないで進ませなさい。
⑤　高貴な人が通り過ぎたので、牛にすだれを掛けてやりなさい。

問二　本文中の空欄　A　～　C　に入る最も適切なものを、次の各群の①～⑤からそれぞれ一つずつ選べ。

A：3　①　べし　②　らむ　③　つ　④　ぬる　⑤　けむ
B：4　①　らめ　②　けめ　③　ける　④　ざれ　⑤　し
C：5　①　けり　②　らむ　③　たき　④　ける　⑤　めり

して、渡りおはしましたるを、ク待ちつけ申しけむ面目、いかがおろかなるべきな。

吹く風にこほりとけたる池の魚(うを)千代まで松のかげにかくれむ

集(注12)にかき入れたる、ことわりなりかし。

（『大鏡』による）

(注1)九条殿―藤原師輔（九〇八―九六〇）のこと。村上天皇に入内した娘安子が、冷泉・円融両天皇を生んだことにより、両天皇の外戚となった。

(注2)榻―牛車を牛からはずす時に、車の轅(くびき)と軛（注3参照）を載せる台。乗降の際の踏み台にも用いられた。

(注3)軛―牛馬などの首にあてた轅と車をつなぐ平行する二本の長い柄。

(注4)尊勝陀羅尼―仏の悟りや功徳(くどく)を説いたお経の一部。梵語(ぼんご)（サンスクリット語）で唱える。

(注5)元方の民部卿の御孫―元方とは、藤原元方（八八八―九五三）のこと。御孫とは、元方の娘が村上天皇に入内して産んだ第一皇子、広平親王のこと。

(注6)帝―醍醐天皇の第十四皇子、村上天皇（九二六―九六七）。

(注7)攤―二つのサイコロを振って、出た目の優劣を競う遊び。

(注8)調六―二つのサイコロの目が、ともに六となること。

(注9)帥殿の御事―師輔の孫の一人である藤原伊周(これちか)が罪をこうむって、大宰権帥(だざいのごんのそち)として左遷されたこと。

(注10)魚袋―高級官人が特別な行事の際に腰に下げた魚形の符。

(注11)貞信公―師輔の父、藤原忠平（八八〇―九四九）の諡号(しごう)（死後におくられた名前）。

(注12)集―紀貫之の歌集『貫之集』（成立年未詳）を指す。

殿候はせたまひて、人々あまた候ひたまひて、(注7)攤うたせたまふついでに、冷泉院の孕まれおはしましたるほどにて、さらぬだに世人いかがと思ひ申したるに、九条殿、「いで今宵攤つかうまつらむ」と仰せらるるままに、「この孕まれたまへる御子、男におはしますべくは、(注8)調六出でこ」とて、打たせたまへりけるに、ただ一度に出でくるものか。ありとある人、目を見かはして、めで感じもてはやしたまひ、わが御みづからもいみじとおぼしたりけるに、この民部卿のけしきいとあしうなりて、色もいと青うこそなりたりけれ。さて後に霊に出でまして、「その夜やがて、胸に釘はうちてき」とこそのたまひけれ。

大方、この九条殿、いとただ人にはおはしまさぬにや。おぼしめしよる行く末の事なども、かなはぬはなくぞおはしましける。くちをしかりけることは、まだいと若くおはしましける時、「夢に朱雀門の前に、左右の足を西東の大宮にさしやりて、北むきにて、内裏を抱きて立てりとなむ見えつる」と仰せられけるを、御前になまさかしき女房の候ひけるが、「いかに御股痛くおはしましつらむ」と申したりけるが、御夢違ひて、かく御子孫は栄えさせたまへど、摂政、関白しおはしまさずなりにしなり。又、御末も思はずなる事のうちまじり、(注9)帥殿の御事なども、かれが違ひたる故にはべめり。「いみじき吉相の夢も、あしざまに合はせつれば違ふ」と、昔より申し伝へてはべる事なり。荒涼して、心知らざらむ人の前に、夢語りな。この聞かせたまふ人々、しおはしまさざれ。今ゆくすゑも、九条殿の御族のみこそ、とにかくにつけて、ひろごり栄えさせたまはめ。

いとをかしき事は、かくやむごとなくおはします殿の、貫之のぬしの家におはしましたりしこそ、なほ和歌はめざましき事なりかしと、おぼえはべりしか。正月一日つけさせたまふべき(注10)魚袋の損はれたりければ、つくろはせたまふ程、まづ(注11)貞信公の御もとに参らせたまひて、「かうかうの事のはべれば、内に遅く参る」よしを申させたまひければ、おほき大殿の驚かせたまひて、年頃持たせたまへりける、とり出でさせたまひて、やがて「あえものにも」とて奉らせたまふを、ことうるはしく松の枝につけさせたまへり。その御かしこまりのよろこびは、御心の及ばぬにしもおはしまさざらめど、なほ貫之に召さむとおぼしめ

〔Ⅲ〕を解答する場合には、必ず解答用紙（マークシート）の〔Ⅲ〕に記入してください。誤って解答用紙の〔Ⅱ〕に記入した場合には、0点となるので注意してください。

〔Ⅲ〕　次の文章を読んで、後の問に答えよ。

この九条殿（注1）は、百鬼夜行にもあはせたまへるは。何れの月といふことはえうけたまはらず。いみじう夜ふけて、内裏（うち）よりまかでさせたまふに、大宮より南ざまへおはしますに、あははの辻のほどに、御車のすだれうち垂れさせたまひて、「御車牛かきおろせ、かきおろせ」と、急ぎ仰せらるれば、ア<u>あやしと思へど</u>、かきおろし［　A　］。御随身、御前どもも、いかなる事のおはしますぞと、御車のもとに近く参りたれば、御したすだれうるはしくひき垂れて、御笏（しやく）とりてうつぶさせたまへるけしき、いみじき人にかしこまり申させたまへる御さまにておはします。「御車は榻（注2）（しぢ）にかくな。ただ随身どもは、轅（注3）（ながえ）の左右のくびきのもとにいと近く候ひて、さきを高く追へ。雑色どもも声絶えさすな。御前どもも近くあれ」と仰せられて、尊勝（注4）（そんしよう）陀羅尼（だらに）をいみじう読み奉らせたまふ。牛をば御車のかくれの方に引きたてさせたまへり。さて時半（ときなか）ばかりありてぞ、御すだれ上げさせたまひて、イ<u>「今は御牛かけてやれ」</u>と仰せられけれど、つゆ御供の人々は心えざりけり。後々に、「しかじかの事のありし」など、さるべき人々にこそは、忍びて語り申させたまひ［　B　］ど、さるめづらしき事は、おのづから散りはべりし［　C　］にこそは。

元方（注5）の民部卿の御孫、まうけの君にておはする頃、帝（注6）の御庚申（かうしん）せさせたまふに、この民部卿参りたまへる、さらなり。九条

② 人を旅に連れて行けば、その人は普段よりも好奇心が高まって自由な感覚を得られるが、やがて時間がたってくればそうした好奇心もおさまってしまい、解放は短時間で終わるから。

③ 真の自由とは持続的に深く物を追究することで見出されるものであり、旅による一時的な解放や好奇心といった気紛れな心で行動するだけでは、本当の意味での経験をし、自由を味わうことにはならないから。

④ 自由であるためには、動きつつ止まり、止まりつつ動くことが必要であり、常に移動を伴う旅を続けていては、自由に物事を考えるような余裕を持つことができないから。

⑤ 人生は旅そのものであり、旅という一時的な行動に自由の根拠を見出していては、人生そのものの目的という深遠な事柄に触れることはできないから。

問十一 本文には、小題がついている。最も適切だと考えられるものを次の①～⑤から一つ選べ。 19

① 自由について

② 漂泊について

③ 友について

④ 人生について

⑤ 旅について

えるのか。その理由を説明した次の①～⑤から、最も適切なものを一つ選べ。16

① 旅に出ると、これまでとは異なる場所に身を置き、見たことがないものに出会うことができるから。
② 旅に出ると、いつもの生活習慣から抜け出し、目的地に到るまでの過程に注意を向けられるようになるから。
③ 旅に出る時には日常の通勤の道も解放された新鮮な気持ちで歩くことができ、幸運に出会えるから。
④ 旅に出ると、物を見る目そのものが新しくなり、知らない道や物事を常よりも敏感に発見できるようになるから。
⑤ 旅先では観想的な態度をとることができ、ふだんは既知だと感じているものに新たに好奇心を向けられるから。

問九　本文中の――線f「人生は旅」とあるが、なぜ人生は旅と重ねられると考えられるか。本文を踏まえてその理由を説明した次の①～⑤から**適切でないもの**を一つ選べ。17

① 旅が遠さを感じさせ、あわただしいものであると同様に、人生も先は遠いが常にあわただしく感じられるものだから。
② 旅において人が想像力を働かせ夢を見るように、人は人生において夢みることをやめないから。
③ 旅において人は未知のものに向かっていくのと同様に、我々は人生でも未知のものへ向かっていくから。
④ 旅がつねに死と隣り合わせであるように、人生においても常に死が刻々と足元に迫ってくるから。
⑤ 人生においても、旅においても、人は自らが何処から来て何処へ行くのかを問うものであるから。

問十　本文中の――線g「間違いである」とあるが、なぜそのように言えるのか。本文の主旨を踏まえてその理由を説明した次の①～⑤から、最も適切なものを一つ選べ。18

① 解放というのは、結局物質的な物からの解放であるにすぎず、精神的な意味での自由を得られないうちは、消極的な自由と言うほかないから。

問六　本文中の――線d「旅はつねに遠くて同時につねに近いもの」とあるが、どういうことか。その説明として最も適切なものを、次の①～⑤から一つ選べ。13

① 旅を続けるためには、近い目標を目指す必要があり、最終的な目的地点は遠いとはいえ、旅の過程ではつねに近くに目標があり、そのような意味で旅は遠くかつ近いものだということ。

② 旅は遠くに出かけるものではあるが、同時に旅に出ることは予定に常に追われるという点ではあわただしいものでもあり、あわただしいということは、時間的目標が近くにあるという点で、遠くてかつ近いことになるということ。

③ 旅に出ることは何らかの意味で現在の場所を脱出することで、その意味でこの行為は身近なものであるが、同時に旅は漂泊の感情を伴うものなので遠くへの憧れが必ず伴い、したがって遠くてかつ近いものだということ。

④ 旅は離れた目的地を目指して出発する点では遠いものだが、出発すれば過程としての旅が始まるという意味で、近い行為であると言えるということ。

⑤ 旅は遠くの目標に向かって出発するものだが、実際には過程にこそ最も面白さが存在しており、その意味では自分の身近に眼を向けることが、旅の味わいを得るためには大切だということ。

問七　本文中の空欄 X ・ Y に入る最も適切な語句を次の各群の①～⑤からそれぞれ一つずつ選べ。

X：14
① 観想　② 過程　③ 実践　④ 理想　⑤ 想像

Y：15
① 永遠　② 不可能なもの　③ 未知のもの　④ 憧れの対象　⑤ 理想

問八　本文中の――線e「平生見慣れたものも旅においては目新しく感じられるのがつねである」とあるが、なぜそのように言

強く憧れを引き起こす状態のことであり、その理想の対象に向けて想像力を働かせること、あるいは個人の内面に価値が見出される。これを筆者は、［ Q ］と捉える。人は旅に出ると想像力によって［ R ］ことになるため、そのように心を働かせる旅そのものが人生のユートピアであるということができることになる。

O：［9］
①　物理的距離にかかわらない遠さ　②　不安が具現化した遠さ　③　漂泊と表裏一体の遠さ
④　短いほど痛切に感じる遠さ　⑤　日常生活から切り離される遠さ

P：［10］
①　遥かな土地に心を馳せる瞬間が旅　②　遠さと遥けさは同じもの
③　遥けさを感じる経験が旅　④　遠さと遥けさは裏返し　⑤　遥かであることが旅を豊かにする

Q：［11］
①　旅人は浪漫的であり、想像の中の人間である
②　遠さの感情即浪漫的心情であり、旅人は想像力を働かせる人である
③　旅をすると感情が浪漫的になり理想や情熱が湧き上がる
④　旅をする人は想像を働かせ、遠い場所に思いを馳せる
⑤　遠さとは理想への憧憬であり、旅こそが浪漫主義的な芸術の根幹である

R：［12］
①　心の中で遥かに理想を思い描く　②　ユートピアの存在を仮定する　③　理想主義的な社会を思い描く
④　旅に出ることと同じ意味を持つ　⑤　旅の心とユートピア思想は相通じる

③　旅に出るということは、自然にふれあうという目的をもってすることであり、自然と旅が密接な関係にあること。
④　旅に出るときには、人は日頃の人間関係から解放され、普段は抑圧されていた感情が強くわき上がるということ。
⑤　旅に出る人は、どのような人もそれぞれの人生の行程にしたがっていろいろな感情を抱くものであるということ。

問四　本文中の――線b「漂泊の感情」とあるが、これはどのように生じるのか。その過程を説明した次の①～⑤から、最も適切なものを一つ選べ。［8］

①　旅に出ると、人は決められた仕事や関係の場から脱出するが、帰ったら行うべき仕事を思って不安感から漂泊を実感する。
②　旅に出ると、人は自分が縛られている存在であることを実感し、本来は自由に漂泊すべき者であると自覚する。
③　旅に出ると、人は遠い場所にいるということを自覚し、そのことで遠くのものに常に憧れる漂泊の感情が生じてくる。
④　旅に出て移動することで、人はいつもの関係や環境から逃れることになり、その不安感から漂泊の感情が生じてくる。
⑤　旅に出ることは遠くへ移動することであり、遠くへ行くことは漂泊を意味し、そのような自身の行為の意味を人は旅先で体感する。

問五　本文中の――線c「旅は人生のユートピアである」とあるが、なぜそのように言えるのか。これについて説明した次の文章の空欄［O］～［R］に入れるのに最も適切なものを、後の各群の①～⑤の中からそれぞれ一つずつ選べ。

筆者によれば、旅に出る時、人は［O］を味わう。言い換えれば、［P］ということである。これは浪漫主義(＝ロマン主義)における浪漫的という感情と通じる。浪漫的とは、目指す対象が到達しがたければ到達しがたいほど

④　心に決めた決意
⑤　ありがたく思う心

イ：「感傷」 5

①　身にしみて感じる痛み
②　激しくうつろいがちな気持ち
③　強い印象を受けて深く心を動かすこと
④　強くとらわれて離れない愛憎の感情
⑤　物事に感じやすくなる心の傾向

ウ：「出来心」 6

①　その場でふと起こした考え
②　すぐれている人をうらやむ考え
③　物事に集中することのできる心
④　物事に対し激しく燃え上がる感情
⑤　何かを達成しようとする気持ち

問三　本文中の——線a「これに関係する」とあるが、「これ」とは何を指すか。次の①〜⑤から、最も適切なものを一つ選べ。 7

①　旅に出る人は、日常の生活環境を脱出した、あるいは解放された気持ちになるということ。
②　旅に出る時には、自分自身が定まらない場所に不安定な状態でいるという漂泊の感情を抱くこと。

（注3）ノスタルジヤ―ノスタルジーのこと。遠いところから、故郷を懐かしむ感情。
（注4）ユートピアン―空想家、夢想家。
（注5）人間到る処に青山あり―青山とは、人が死んで骨を埋める土地を指す。どこで死んでも骨を埋める場所ぐらいはあるという意味で、大きな望みを達成するためには故郷を出て大いに活動するべきだ、ということ。

問一　本文中の空欄 A ～ C に入る最も適切な語句を、次の各群の①～⑤からそれぞれ一つずつ選べ。

A： 1
① さまざまな　② おおいなる　③ ただしい　④ かくべつな　⑤ すべての

B： 2
① さながら　② たとえば　③ ことさら　④ あらゆる　⑤ あらかた

C： 3
① いかなる　② かような　③ さかんな　④ すなわち　⑤ かくべつな

問二　本文中の----線ア「感懐」・イ「感傷」・ウ「出来心」の本文中の意味として最も適切なものを、次の各群の①～⑤からそれぞれ一つずつ選べ。

ア：「感懐」 4
① 夢中になる感情
② いつくしむ気持ち
③ 心に抱く思い

ような自由は消極的な自由に過ぎない。旅に出ると、誰でも出来心になり易いものであり、気紛れになりがちである。人の出来心を利用しようとする者には、その人を旅に連れ出すのが手近かな方法である。旅は人を多かれ少かれ冒険的にする、しかしこの冒険と雖も出来心であり、気紛れであるであろう。旅における漂泊の感情がそのような出来心の根柢にある。しかしながら気紛れは真の自由ではない。気紛れや出来心に従ってのみ行動する者は、旅において真に経験することができぬ。旅は我々の好奇心を活潑にする。けれども好奇心は真の研究心、真の知識欲とは違っている。好奇心は気紛れであり、一つの所に停まって見ようとはしないで、次から次へ絶えず移ってゆく。一つの所に停まり、一つの物の中に深く入ってゆくことなしに、如何にして真に物を知ることができるであろうか。好奇心の根柢にあるものも定めなき漂泊の感情である。また旅は人間を感傷的にするものである。しかしながらただ感傷に浸っていては、何一つ深く認識しないで、何一つ独自の感情を持たないでしまわねばならぬであろう。真の自由は物においての自由である。それは単に動くことでなく、動きながら止まることであり、止まりながら動くことである。動即静、静即動というものである。人間[注5]到る処に青山あり、という。この言葉はやや感傷的な嫌いはあるが、その意義に徹した者であって真に旅を味うことができるであろう。真に旅を味い得る人は真に自由な人である。旅することによって、賢い者はますます賢くなり、愚かな者はますます愚かになる。日常交際している者が如何なる人間であるかは、一緒に旅してみるとよく分るものである。人はその人それぞれの旅をする。旅において真に自由な人は人生において真に自由な人である。人生そのものが実に旅なのである。

（三木清『人生論ノート』による）

（注1）観想―哲学で、真理や本質を眺める理性的な認識のはたらきのことを言う。ギリシャ語でテオーリアの訳語。

（注2）芭蕉の奥の細道の有名な句―「奥の細道」冒頭に、「月日は百代の過客にして、行かふ年も又旅人なり。舟の上に生涯をうかべ、馬の口とらえて老をむかふるものは、日々旅にして旅を栖とす」という一節がある。

f人生は旅、とはよくいわれることである。芭蕉[注2]の奥の細道の有名な句を引くまでもなく、これは誰にも一再（いっさい）ならず迫ってくる実感であろう。人生について我々が抱く感情は、我々が旅において持つ感情と相通ずるものがある。それは何故であろうか。

何処（どこ）から何処へ、ということは、人生の根本問題である。我々は何処から来たのであるか、そして何処へ行くのであるか。これがつねに人生の根本的な謎である。そうである限り、人生が旅の如く感じられることは我々の人生感情として変ることがないであろう。いったい人生において、我々は何処へ行くのであるか。我々はそれを知らない。人生は未知のものへの漂泊である。我々の行き着く処は死であるといわれるであろう。それにしても死が何であるかは、誰も明瞭に答えることのできぬものである。何処へ行くかという問は、飜（ひるがえ）って、何処から来たかと問わせるであろう。過去に対する配慮は未来に対する配慮から生じるのである。漂泊の旅にはつねにさだかに捉え難いノスタルジヤ[注3]が伴っている。人生は遠い、しかも人生はあわただしい。人生の行路は遠くて、しかも近い。死は刻々に我々の足もとにあるのであるから。しかもかくの如き人生において人間は夢みることをやめないであろう。我々は我々の想像に従って人生を生きている。人は誰でも多かれ少かれユートピアン[注4]である。旅は人生の姿である。旅において我々は日常的なものから離れ、そして純粋に観想的になることによって、平生は何か自明のもの、既知のものの如く前提されていた人生に対して新たな感情を持つのである。旅は我々に人生を味わさせる。あの遠さの感情も、あの近さの感情も、あの運動の感情も、私はそれらが客観的な遠さや近さや運動に関係するものでないことを述べてきた。旅において出会うのはつねに自己自身である。自然の中を行く旅においても、我々は絶えず自己自身に出会うのである。旅は人生のほかにあるのでなく、むしろ人生そのものの姿である。

既にいったように、ひとはしばしば解放されることを求めて旅に出る。旅は確かに彼を解放してくれるであろう。けれどもそれによって彼が真に自由になることができると考えるなら、g間違いである。解放というのは或る物からの自由であり、この

本性である。しかるに旅は本質的に観想的[注1]である。旅において我々はつねに見る人である。平生の［X］的生活から脱け出して純粋に観想的になり得るということが旅の特色である。旅が人生に対して有する意義もそこから考えることができるであろう。

何故に旅は遠いものであるか。［Y］に向って(むか)ゆくことである故に。日常の経験においても、知らない道を初めて歩く時には実際よりも遠く感じるものである。仮にすべてのことが全くよく知られているとしたなら、日常の通勤のようなものはあっても本質的に旅というべきものはないであろう。旅は［Y］に引かれてゆくことである。それだから旅には漂泊の感情が伴ってくる。旅においてはあらゆるものが既知であるということはあり得ないであろう。なぜなら、そこでは単に到着点或いは結果が問題であるのでなく、むしろ過程が主要なのであるから。途中に注意している者は必ず何か新しいこと、思い設けぬことに出会うものである。旅は習慣的になった生活形式から脱け出ることであり、かようにして我々は多かれ少かれ新しくなった眼をもって物を見ることができるようになっており、そのためにまた我々は物において多かれ少かれ新しいものを発見することができるようになっている。e平生見慣れたものも旅においては目新しく感じられるのがつねである。旅の利益は単に全く見たことのない物を初めて見ることにあるのでなく、――全く新しいといい得るものが世の中にあるであろうか――むしろ平素自明のもの、既知のもののように考えていたものに驚異を感じ、新たに見直すところにある。我々の日常の生活は行動的であって到着点或いは結果にのみ関心し、その他のもの、途中のもの、過程は、既知のものの如く前提されている。毎日習慣的に通勤している者は、その日家を出て事務所に来るまでの間に、彼が何を為(な)し、何に会ったかを恐らく想い起すことができないであろう。しかるに旅においては我々は純粋に観想的になることができる。旅する者は為す者でなくて見る人である。かように純粋に観想的になることによって、平生既知のもの、自明のものと前提していたものに対して我々は新たに驚異を覚え、或いは好奇心を感じる。旅が経験であり、教育であるのも、これに依るのである。

漂泊の感情は或る運動の感情であって、旅は移動であることから生ずるといわれるであろう。それは確かに或る運動の感情である。けれども我々が旅の漂泊であることを身にしみて感じるのは、車に乗って動いている時ではなく、むしろ宿に落着いた時である。漂泊の感情は単なる運動の感情ではない。旅に出ることは日常の習慣的な、従って安定した関係を脱することであり、そのために生ずる不安から漂泊の感情が湧いてくるのである。旅は何となく不安なものである。しかるにまた漂泊の感情は遠さの感情なしには考えられないであろう。そして旅は、どのような旅も、遠さを感じさせるものである。この遠さは何キロと計られるような距離に関係していない。毎日遠方から汽車で事務所へ通勤している者であっても、彼はこの種の遠さを感じないであろう。ところがたといそれよりも短い距離であっても、一日彼が旅に出るとなると、彼はその遠さを味(あじわ)うのである。旅の心は遥かであり、この遥けさが旅を旅にするのである。それだから旅において我々はつねに多かれ少かれ浪漫的になる。浪漫的心情というのは遠さの感情にほかならない。旅の面白さの半ばはかようにして想像力の作り出すものである。c旅は人生のユートピアであるとさえいうことができるであろう。しかしながら旅は単に遥かなものではない。旅はあわただしいものである。鞄(かばん)一つで出掛ける簡単な旅であっても、旅には旅のあわただしさがある。汽車に乗る旅にも、徒歩で行く旅にも、旅のあわただしさがあるであろう。旅はつねに遠くて、しかもつねにあわただしいものである。それだからそこに漂泊の感情が湧いてくる。漂泊の感情は単に遠さの感情ではない。遠くて、しかもあわただしいところから、我々は漂泊を感じるのである。遠いと定まっているものなら、何故にあわただしくする必要があるであろうか。それは遠いものでなくて近いものであるかも知れない。いな、d旅はつねに遠くて同時につねに近いものである。そしてこれは旅が過程であるということを意味するであろう。旅は過程である故に漂泊である。出発点が旅であるのではない、到着点が旅であるのでもない、旅は絶えず過程である。ただ目的地に着くことをのみ問題にして、途中を味うことができない者は、旅の真の面白さを知らぬものといわれるのである。日常の生活において我々はつねに主として到達点を、結果をのみ問題にしている、これが行動とか実践とかいうものの

以下の問題〔Ⅱ〕と〔Ⅲ〕は選択問題です。どちらかを解答してください。〔Ⅱ〕と〔Ⅲ〕を両方解答した場合は、高得点の方を合否判定に使用します。

〔Ⅱ〕 次の文章は、哲学者三木清のエッセイ集『人生論ノート』（原著一九四一年刊行）の一節である。これを読んで後の問に答えよ。

ひとはさまざまの理由から旅に上るであろう。或る者は商用のために、他の者は視察のために、更に他の者は休養のために、また或る一人は親戚の不幸を見舞うために、そして他の一人は友人の結婚を祝うために、というように。人生がさまざまであるように、旅もさまざまである。しかしながら、どのような理由から旅に出るにしても、すべての旅には旅としての共通の感情がある。一泊の旅に出る者にも、一年の旅に出る者にも、旅には相似た感懐(ア)がある。恰(あたか)も、人生はさまざまであるにしても、短い一生の者にも、長い一生の者にも、［ A ］人生には人生としての共通の感情があるように。

旅に出ることは日常の生活環境を脱けることであり、平生の習慣的な関係から逃れることである。旅の嬉しさはかように解放されることの嬉しさである。ことさら解放を求めてする旅でなくても、旅においては誰も何等(なんら)か解放された気持になるものである。或る者は実に人生から脱出する目的をもってさえ旅に上るのである。［ B ］脱出を欲してする旅でなくても、旅においては誰も何等か脱出に類する気持になるものである。旅の対象としてひとの好んで選ぶものが多くの場合自然であり、人間の生活であっても原始的な、自然的な生活であるというのも、(a)これに関係すると考えることができるであろう。旅における［ C ］解放乃至脱出の感情にはつねに或る他の感情が伴っている。即ち旅はすべての人に多かれ少かれ(b)漂泊の感情を抱かせるのである。解放も漂泊であり、脱出も漂泊である。そこに旅の感傷(イ)がある。

エ　メイウった　20

① 深くカンメイを受ける
② 人事を尽くしてテンメイを待つ
③ 事件がメイキュウ入りする
④ 故人のメイフクを祈る
⑤ 事情のシャクメイに追われる

オ　カクトク　21

① 小麦のシュウカク
② 相手を激しくイカクする
③ イワシのギョカクリョウが減少する
④ メイカクに意思表示する
⑤ カクゼツした孤島

問十一　本文中の‖線ア〜オのカタカナを漢字にしたときと同じ漢字が使われているものを、次の各群の①〜⑤の中からそれぞれ一つずつ選べ。

ア　ギシキ　17
① ギギを呈する
② ギコウ的にすぐれる
③ 他のギセイになる
④ 国会ギインを選ぶ
⑤ ギョウギよくあいさつする

イ　チンツウ　18
① チンジュの森を訪れる
② 地盤がチンカする
③ 説明会でチンシャする
④ チンギン引上げを要求する
⑤ 贈答品としてチンチョウされる

ウ　レンコ　19
① 周囲からコリツする
② 守備をキョウコにする
③ 人生をカイコする
④ もう一度シンコキュウする
⑤ 心臓のコドウが聞こえる

手を見つけようと腐心するが、結局、娘たちはそれぞれの相手を自分で見つけて家を出ていく。そしてテヴィエたちもまた「ポグロム」、ユダヤ人排斥運動が激化することで、共同体全体の立ち退きを申し渡され、生まれ育った故郷アナテフカを離れ、ニューヨークに移住する。アメリカ版では、テヴィエが［ア］を守りながら、直面した困難にいかに対処するかが描かれるが、日本版では、自分たちの困難な状況はユダヤ教の「しきたり」を守り続けているせいであり、その困難や逆境を［イ］ことをもってしか、生き延びることができない悲哀が強調される。

このミュージカルは、ウクライナ出身のユダヤ人作家ショレム・アレイヘムがイディッシュ語で残した短編集『牛乳屋テヴィエ』がもとになっている。その物語が、アメリカに実際に渡ったユダヤ人たちの間に口承で伝えられ、アメリカでミュージカルや映画として作品化された。本文では、日本版ミュージカルが「トラディション（伝統）」を「しきたり」と翻訳し、内容を［ウ］していることが指摘されている。しかしながら、原作の小説では、最後にテヴィエたちが向かうのはニューヨークではなく、建国以前のイスラエルであるように、アメリカの映画版でも、三女の結婚に対するテヴィエの考え方は、小説やミュージカルよりもはるかにドライに演出されている。物語は語り継がれながら作り直され、そのたびにより多くの人々に受け入れられるように「［エ］」される。この物語も例外ではないのである。

ア：［13］　①　生活者の良心　②　ユダヤ教の教え　③　幸福追求の原則　④　ロシアのしきたり
⑤　家族への愛情

イ：［14］　①　はねのける　②　期待する　③　甘受する　④　経験する　⑤　無視する

ウ：［15］　①　単純化　②　大衆化　③　二重化　④　構造化　⑤　日本化

エ：［16］　①　翻案　②　強調　③　翻意　④　修復　⑤　翻訳

の段落番号を答えよ。

9　10　段落

（一つ目）米・日のミュージカルの相違（神のさだめ、しきたり）

（二つ目）脱出の物語としての側面

（三つ目）トラディションの二重性

（四つ目）映画化と内容上の変化

問九　次の①～⑤のうち、本文の内容に合致するものを二つ選べ。なお、解答の順序は問わない。11　12

① ミュージカルの日本版は、ユダヤの教えを固定化したものとし、貧しさから解放されない悲哀を強調する。

② ユダヤの成人式では、どのような戒律を守るべきか、ひとりひとりが語り、大人として受け入れられる。

③ ミュージカルで、生まれ育った村を追われてアメリカに向かう家族は、ひたすら悲壮感にさいなまれている。

④ 映画化されたこの作品は、映画社の社長と監督がともにユダヤ出身だったことから、興行的にも成功を収めた。

⑤ 映画化されたこの作品は、いろいろなシーンを非ユダヤ化することで、世界中でヒットすることになった。

問十　次の文章は、本文の内容について述べたものである。空欄 ア ～ エ に入る最も適切な語句を、後の各群の①～⑤からそれぞれ一つずつ選べ。なお、同じ記号の空欄には同じ語句が入る。

ミュージカル「屋根の上のバイオリン弾き」は、一九六四年にニューヨークのブロードウェイで初演が行われ、日本でも一九六七年から現在にいたるまで長きにわたって公演されている作品である。主人公のテヴィエは、ウクライナの小さな村アナテフカで牛乳屋を営むユダヤ人である。気丈な妻と心やさしい娘たちに囲まれ、 ア を守りながら、貧しくも幸せな毎日を送っていた。テヴィエは娘たちの幸せを願い、 ア にのっとって、それぞれにいい結婚相

と。

⑤　しきたりとトラディションは、互いに共鳴する部分もあり、それを認めることではじめて、この物語の解釈も可能であるということ。

問六　本文中の━━線f「その瞬間」とあるが、これはどのような「瞬間」のことか。その説明として最も適切なものを、次の①～⑤の中から一つ選べ。 7

①　ジューイソンが映画社のユダヤ人社長に対して、自分はユダヤ人のような名前だが、実はそうではないと伝えた瞬間

②　映画社のユダヤ人社長が、監督は必ずしもトラディショナルなユダヤ移民出身でなくていいと決断した瞬間

③　ミュージカルがロングランを続けているので、映画社の社長がこれを映画化してもよさそうだと判断した瞬間

④　実は他のプロダクションにも映画化の依頼をする予定だったが、ジューイソンの言葉でそれをしないことにした瞬間

⑤　ユダヤ教徒だけでなく、白人キリスト教徒にも受け入れられる映画を作ろうとジューイソンと社長が決意した瞬間

問七　本文中の━━線g「そこを、大きな疑問符とともに残す」とあるが、「そこ」についての説明として最も適切なものを、次の①～⑤の中から一つ選べ。 8

①　父親のテヴィエが「神のご加護があるように」と、はっきりと娘に言ったかという点

②　テヴィエがなぜ村から追放されなければならなかったのかという点

③　父親のテヴィエが娘に対して、確実な内容のメッセージを送ったかどうかという点

④　三女がキリスト教徒の男と一緒になることを、父親のテヴィエが本当に許したのかという点

⑤　長女が母親の顔色をうかがって、三女夫婦に幸せになるように伝えたかという点

問八　以下の内容にしたがって、本文を四つの大きなまとまりに分けるとしたら、三つ目のまとまりはどこから始まるか。そ

① トラディションを守ることで、人びとは差別や襲撃を受け、住む場所も追われたが、その困難を脱して、どうなるかわからない不安の中にも、自らの進む道に一筋の希望を見出しているということ。
② アメリカ移住という未知の選択をした家族だったが、それは、故郷の地で差別を受けながら暮らすよりも、はるかに確実な幸福をもたらすだろうという強い期待があるということ。
③ トラディションを守ることで、アナテフカのユダヤ人たちは、自分たちに対する差別と自分たち自身の生活のバランスを保ってきた。その延長線上に終わりがあろうと、それはユダヤ人が教えを守り抜いた証であるということ。
④ アメリカへの移動はとても長く、到着地で待っている生活は確実でないことばかりだったが、それでも彼らは新天地での生活をあてに生きていかざるを得ず、やむにやまれぬ選択だったということ。
⑤ 新たな土地での生活がある程度安定すれば、またアナテフカに戻って生活することもできるので、今のところはそれだけを希望として、苦しい生活に耐えていかざるを得ないということ。

問五　本文中の━━線e「それは二重性をもっている」とあるが、これはどういうことか。その説明として最も適切なものを、次の①～⑤の中から一つ選べ。 6

① ユダヤ人は、ユダヤの教えを信じる者同士で結婚しなければならないが、場合によっては異教徒との結婚も認められるということ。
② 革命の時代に、ユダヤの教えを信じる者が運動の中に身を投じることは、宗教的にまったく矛盾がないということ。
③ トラディションには、集団を守る規律的な側面があると同時に、変化する現実に対応して適用の仕方を変えていくものでもあるということ。
④ マッチメーカー（結婚周旋人）が選んできた相手がいても、自由恋愛で他に相手を探すことは現実的に可能だというこ

④　与えられた運命に対して、自身の希望をユーモアあふれる機知をもって神に投げかけているのが小気味よいため。
⑤　与えられた運命を、教会の偉い学者に相談して、より華やかなものにしようと画策しているところが滑稽なため。

問二　本文中の━━線b「いったい「トラディション」と「しきたり」は、同じことなのだろうか?」とあるが、この問いに具体例を交えて答えている段落が本文中に二つある。そのうち**最初のもの**の段落番号を答えよ。 2 3

問三　本文中の━━線c「森繁のセリフは、大胆な翻案である」とあるが、なぜ「大胆」だというのか。その理由として最も適切なものを、次の①～⑤の中から一つ選べ。 4

①　英語の「トラディション」は、日本語で通常「伝統」と翻訳するが、物語の悲壮感をより際立たせるために、それをあえて「しきたり」と翻訳して、全体の雰囲気を重厚なものにしたから。
②　「ひたすら神さまの御心にそえる」という表現はもともと原文にはなかったが、はからずもこの物語のキーワードである「トラディション(伝統)」の核心を言い当てているから。
③　ユダヤ人の「現状に適用するトラディション」とは、日本語で言えば、過去から今に至る固定化された風習・習慣のことで、まさしく「しきたり」と翻訳するのが適しているから。
④　英語台本で「トラディション」は、守るべき神の教えとしての面が強調されたが、日本語台本ではその内容を変更して、神の教えを絶えず読みかえていくものにしたから。
⑤　英語台本で「トラディション」は、時代や場所によって絶えず読みかえられるものだったが、日本語台本のそれは単に守るべき固定的習慣としての側面のみを強調しているから。

問四　本文中の━━線d「物事が未確定な未来に向かって動いている」とあるが、これはどういうことか。その説明として最も適切なものを、次の①～⑤の中から一つ選べ。 5

(注1)ポグロム－ロシア語で「破滅」「破壊」の意。歴史的にはロシアで起こったユダヤ人排斥運動を指す。
(注2)森繁久彌(一九一三～二〇〇九)－日本の俳優、声優、歌手。映画・テレビ・舞台・ラジオ・歌唱・エッセイなど幅広い分野で活躍した。
(注3)シナゴーグ－ユダヤ教の会堂。
(注4)アナテフカ－現在のウクライナ・キーウ(キエフ)近郊にあるとされる架空の村。
(注5)トーラー－ユダヤ教聖書で冒頭の「モーセ五書」のこと。ユダヤ教の教え全体を指す場合もある。「トーラー」「トラー」とも。
(注6)出エジプト記－モーセ五書で創世記に次ぐ二番目の書。虐げられていたユダヤ人がモーセに率いられてエジプトから脱出する物語。
(注7)goy(ゴイ)－ヘブライ語聖書で「民族」、特に非ユダヤ人の諸民族を指し、「異教徒」の意味でも用いられる。
(注8)イーディッシュ語－ドイツ語を基盤としたユダヤ人の使用する言葉。「イディッシュ語」とも。
(注9)ショレム・アレイヘム(一八五九～一九一六)－ウクライナ出身のユダヤ人作家。イディッシュ文学の第一人者。

問一　本文中の━━線a「神へのテヴィエの愉快な語りかけ」とあるが、なぜ「愉快」だというのか。その理由として最も適切なものを、次の①～⑤の中から一つ選べ。 1

① 金持ちとして生まれていたら、一生懸命働く必要はなく、単に遊んで暮らすことができると妄想しているため。
② 神の大きな仕事を人間ひとりの運命に関連づけ、楽しげに計画しているため。
③ 与えられた運命を、今の自分のものとはまったく異なる人生を思い描きながら、笑い飛ばしているため。

かどうかはよく分からないということが、まだここにも残っている。

②⑤　これが映画となると、話はもっとポジティブになる。テヴィエの「神のご加護があるように」という言葉を聞いた長女の顔は、ハッとして明るくなり父親を見返す。しかし父親は無表情。それで長女は母親を見て、この言葉を三女に伝えていいかというような表情をする。母親はうなずき、長女は大きな声で「神のご加護があるように」と伝えるのである。それは家族のメッセージとして三女に伝わったかのようである。

②⑥　こうやってユダヤ人の家庭内においての、非ユダヤ人との結婚をみとめるかどうかというユダヤ的で深刻な葛藤は、映画ではずっと薄められて、非ユダヤ人のアメリカ白人キリスト教徒がみても違和感のないようになっている。三女はあたかも許されたようである。テヴィエについてはまだはっきりしないが、すくなくとも映画の中の家族は許したのであった。ユダヤ人と非ユダヤ人の間の結婚は、いつの時代でも大きな問題であった。それはユダヤ人文化の継続を脅かし、ユダヤ人の存在をキリスト教社会の中に同化させていくから。

②⑦　こういうような形であちらこちらのシーンを非ユダヤ化することによって、この映画はポピュラリティをカクトク[オ]した。そうすることによって、これはアメリカだけではなくて世界中のヒットになったのである。森繁の「屋根の上のバイオリン弾き」が、日本的な翻案によって日本で大成功したことに似ている。インタビューのなかでジューイソンは、わざわざ日本の例をあげて、この映画が日本で大ヒットしたのは、一九七〇年代の日本が古い文化と新しい現実の葛藤を深刻に抱えていて、それが映画のテーマと重なったからだと言っている。日本人は確かにこの映画の古い文化と新しい現実の葛藤ドラマは見て取ったが、旧世界から新世界への脱出劇のテーマに関してはあまり興味を示さなかった。そんなことは自分たちの歴史になかったことだから。

（室謙二『非アメリカを生きる－〈複数文化〉の国で』による）

画の社長によばれて、このミュージカルの映画化をたのまれたときに、ジューイソンは「ひとつだけ問題があります」と言ったらしい。「それは私がgoy[注7](非ユダヤ人)であることです」という彼の言葉を聞いて、ユダヤ人であるユナイテッド・アーティスト映画の社長も驚いたらしい。名前から、ジューイソン(ユダヤ人の息子)は当然ユダヤ人だと思っていたのだろう。それがgoy(非ユダヤ人)だと言う。しかし一瞬のうちに考えを変えて、こう言ったという。「ニューヨーク七番街の、イーディッシュ語[注8]シアター・プロダクションのユダヤ人に、頼もうというわけではないんだよ」

㉓ f その瞬間に、この映画の性格は決まったのであった。それはユダヤ的なミュージカルを、アメリカで多数の、白人キリスト教徒に受け入れられる映画にすることであった。DVDのインタビューの中で、ジューイソンは映画を一般に受け入れられやすい形にした、ということを何回か暗示している。もっともオリジナルの舞台台本と映画を比べてみても、そこで加えられている修正は大きなものではない。修正は演出によって与えられている。ひとつの例をあげれば、オリジナル舞台では、三女がキリスト教徒と駆け落ちしてしまうことをテヴィエは、はっきりとは許さなかった。ショレム・アレイヘム[注9]の原作短編集(『屋根の上のバイオリン弾き』南川貞治訳、ハヤカワ文庫、一九七三年)を読んでみると、テヴィエは最後まで三女を許すべきだったかどうか自問自答している。短編の中で三女は、テヴィエが村から追放されるときに別れを言いにやってくるが、しかしそのときテヴィエが娘になんと言ったか、どういう態度を取ったかについて、作家アレイヘムは一言も書かないのである。それは読者にとっても疑問のまま残る。ショレム・アレイヘムは g そこを、大きな疑問符とともに残すのである。

㉔ その短編をもとにしたミュージカル台本では、立ち去っていく三女とクリスチャンの夫に、テヴィエは小さな声で「神のご加護があるように」と言っている。これはもちろん、短編にはない言葉だ。それを聞いた長女が、立ち去る三女夫婦に、これも静かに「神のご加護があるように」と伝えるのである。三女はそれを聞いて、再び家族の一員として扱われたのかどうか分からないまま、「もしいいなら、私たちはアメリカに手紙を書くわ」と言う。短編の中に書かれていた、テヴィエが娘を許したの

けだから、テヴィエは激しく反発する。

⑲ またユダヤのトラディションを保っているテヴィエと村人は、それ故にクリスチャンの襲撃(ポグロム)を受け、生まれ育った村から追放される。それらはユダヤのトラディションが、社会の中で新しい事件に直面する物語で、同時にそれを受け入れて、負けずに生き延びていく物語なのである。ユダヤのトラディションは、森繁と日本人村人が踊りながら[ウ]レンコする「しきたり」ではない。トラディションを現実に適用する技術が、その中に埋め込まれている。[e]それは二重性をもっている。数千年にわたって伝わったトーラを学ぶ子供たちは、そのトーラの現代的・個人的解釈を試験(成人式)でシナゴーグの大人たちの前で講義しなくてはならないことを、再び思いだしてほしい。

⑳ 物語の中の牛乳屋テヴィエは、「いったいぜんたい我がトラディションはどうなったのか」("What's happening to the tradition?")と天を見上げて両手をひろげる。トラディションを守っていこうと一生懸命なのである。しかし同時にトラディションに反する自由恋愛をみとめ、世の中をひっくりかえそうという革命家との結婚もみとめ、ポグロムと追放にくじけずに、出発する。これはテヴィエというユダヤ教の信仰厚い村の牛乳屋が、トラディションを現実に適応させながら生き延びてきた物語である。

㉑ サンフランシスコでオリジナル演出によると[エ]メイウった「屋根の上のバイオリン弾き」の舞台を見たのは一五年ぐらい前のことだと思う。感動したので数日後にレンタル・ショップに行って映画版「屋根の上のバイオリン弾き」を借りてきたが、しかしこれには失望した。何かが違うのであった。

㉒ アメリカで手に入る映画「屋根の上のバイオリン弾き」のDVDには、この映画の監督であるノーマン・ジューイソン(Norman Jewison)へのインタビューが入っている。そのなかでジューイソンは、私の名前はユダヤ人みたいだが(Jewison はユダヤ人の息子という意味にとれる)、ユダヤ人ではないとユーモラスに語っている。そしてユナイテッド・アーティスト映

⑭ 記憶の中にある、私がサンフランシスコで見たオリジナル演出による舞台の最後のシーンは、ポジティブで明るいものであった。英語台本では、家から家財道具を荷車で運び出すシーンで、子供たちは「わーい、汽車に乗るんだ、船に乗るんだ」と楽しそうにはしゃぐ。そこで母親は「やめて。ちゃんとしなさい。まだアメリカにはついてないのよ」としかる。そして最後の言葉としてテヴィエは「子供たちよ、おいで。それじゃ行こう」("Let's go!")と言う。そうやってアメリカへの長い旅に、荷車を引っぱって出発する。鉄道の駅に向かうのである。そこから港に向かい、船でニューヨークに向かうのだろう。

⑮ この最後のシーンではしゃぐ子供たちが、「屋根の上のバイオリン弾き」を書き演出して、上演した、アメリカ生まれのユダヤ人たちの父と母であった。彼らは身近な家族の失敗の歴史を上演したのではなかった。これは新しい地に向かって脱出する成功物語である。この脱出こそがいまのアメリカのユダヤ人を作ったのであって、それを描くためにこのミュージカルは作られたのである。それはもうひとつの(注6)出(しゅつ)エジプト記であった。

⑯ 物語の中でユダヤのトラディションを守っていると思っているテヴィエは、つぎつぎと新しい現実にぶつかっている。娘のひとりはマッチメーカー（結婚周旋人）のもってきた相手ではなくて、自由恋愛で相手をえらぶ。いったいトラディションはどうなったのか、とテヴィエは思うのである。しかしそれを認める。（マッチメーカーは、ユダヤ人社会の中だけで婚姻を成立させる。それはユダヤ社会の存続のための重要な役割であった。）

⑰ もう一人の娘は進歩思想をもつ革命家と結婚するために流刑地のシベリアに旅立つのである。もっともその進歩思想と革命思想は、まだユダヤ教を否定するものではない。この物語の舞台である一九〇五年のロシアは、革命の時代であった。テヴィエは、親の言うことをきかないとは、いったいトラディションはどうなったのか、と思うのだが、やはり認めるのである。

⑱ 三人目の娘はクリスチャンと駆け落ちする。クリスチャンとの結婚は決して認められない。それはユダヤ人とユダヤ社会の存在の根底にかかわることだから。これを認めれば、ユダヤ人とユダヤ社会はキリスト教とキリスト教社会に同化していくわ

にそえる」という森繁のセリフは、大胆な翻案である。

⑪「しきたりを守ることによって、ユダヤ人は危険なバランスを保って生き延びてきた」と同じように、「しきたりのおかげで、身の程をわきまえて神さまの御心にそえる」と、ここで森繁テヴィエは勝手に日本的考え方を埋め込んでいる。また別のところで森繁テヴィエは、「いつもおんぶしてた／かわいい　小さな子／いつか大きくなった　二人」とうたっているが、オンブは日本の方法で、ロシアのユダヤ人がやるはずもない。こうやって森繁の「屋根の上のバイオリン弾き」は、各所が日本ドラマに置きかえられている。そういうように書きかえられることによって、このミュージカルはユダヤのミュージカルから日本ミュージカルになり、何十年にもわたって日本で上演され続け、何百万人もの日本人を動員したのである。

⑫森繁テヴィエが言うように、もししきたりを守ることで、アナテフカでのユダヤ人のバランスを、つまりユダヤ人差別と自分たちの生活のバランスを保ってきたのであるなら、それは失敗であった。この物語は、アナテフカにおける幸福で宗教的なユダヤの結婚式の最中のポグロム（クリスチャンからユダヤ人への集団的襲撃と破壊）によって、終わりに向かう。住んでいたユダヤ人たちは村から追い出されて、ロシアの他の地域、ヨーロッパへ、あるいはアメリカに散らばるのである。それはユダヤ人がしきたりを守って来た「結果」であり、しきたりを守ることでは防止できなかった襲撃と差別なのである。先ほどの「しきたりを守っていれば屋根から落ちることはないという信念だった」という日本の観客のコメントには、こういうセンテンスを付けたさないといけない。「そしてそれは失敗だったのです」と。

⑬しかしこのミュージカルは、失敗の歴史を描いたものではない。祖父母がロシアからやってきてアメリカに定着した歴史、それはアメリカのユダヤ人家庭の中でそれぞれに語られてきた「民話」であるが、それに形をあたえたものなのだ。それは悲劇であって、同時に生き延びた成功物語である。最後のシーンはチンツウなものであるが、しかし人びとは真っ直ぐにある方向に歩いていて、物事が未確定な未来に向かって動いていることを感じさせる。

06 村人の歌と踊りを、森繁のセリフがひきつぐ。

07 「このアナテフカでは、何事にもしきたりがある――飯のくいかた、眠りかた、着物の着かた。（中略）しかしこのしきたりのおかげで、わしらはみんな身の程をわきまえて、ひたすら神さまの御心（みこころ）にそえるというものだ」（それからまた、しきたりの踊りと歌がはじまる）

08 しきたりは、過去から今に至る固定化された風習・習慣のことで、それは「しきたりを守る」とか「しきたりに縛られる」というように使われ、時間の経過の中でも変わらずに、守ったり縛られたりするものである。だがユダヤ人の歴史と文化の中のトラディションは、数千年にわたって守りながら、同時にそれを今に適用していくものであった。ユダヤの成人式のときに少年少女は、数千年の歴史を持つトーラ（注5）の一節を、今の時代に生きる自分たちのために解釈しなくてはいけない。それがユダヤ人の大人として受け入れられる[ア]ギシキであった。これで分かるように、固定化されたしきたりと、ユダヤ人の「現状に適用するトラディション」は、異なったものである。

09 ところが森繁テヴィエは、「しきたり。しきたりのおかげで、なにごともなく何年もバランスを保ってきました」と、昔からの固定化された風習を守って来たことによって、屋根から落ちそうな危険なバランスを保ってきたというのである。日本版「屋根の上のバイオリン弾き」を見たある観客は、「しきたりを守っていれば屋根から落ちることはないという信念だった」とインターネット上でこのドラマについて書いている。別の観客は、しきたりと愛との板ばさみに苦悩するドラマである、と理解している。

10 森繁テヴィエは、「しかしこのしきたりのおかげで、わしらはみんな身の程をわきまえて、ひたすら神さまの御心（みこころ）にそえるというものだ」と言っているが、このところを英語台本を読むと、トラディションによって、私たちひとりひとりが自分が誰であるかを知り、神がわれわれに何を期待しているのかを知るのである、と書いてある。「身の程をわきまえて神さまの御心

を聞くと、森繁は「金持なら」という歌をもの悲しく、しかしユーモアを交えて歌っている。もし金持ちなら、もはやいっしょうけんめい働く必要はなく、遊んで暮らす。もし私が金持ちなら大きな家を建てて、女房にはいい生活をさせることもできる。聖書を勉強する時間もとれるし、教会[注3](シナゴーグをそう言っている)で偉い学者(ラビ)と話が出来る。ああ金持ちは素晴らしいなあ、という貧乏人の悲哀の歌である。

⓪③　しかしこの日本語の歌は、英語と違うところがいくつもある。たとえば森繁は、貧乏人であるいまのさだめは、神さまが決められたというセリフを、この歌の結論としてつけたしている。しかしそのところをオリジナル舞台の英語台本で読むと、「あなたは私が何であるか決められた。しかし私が金持ちになったところで、あなたの途方もない、永遠不変の計画がだめになるわけでもあるまいに」という、a神へのテヴィエの愉快な語りかけなのである。ところが日本版はこれを、貧乏生活を「神のさだめ」によって、あきらめて受け入れる歌にしてしまった。

⓪④　このミュージカルの冒頭の歌と語りは、"Tradition"(「トラディション」、伝統)で、これは全体のテーマをあらわすものになっている。森繁久彌はこの歌を、「しきたり!」と日本語にして歌っている。bいったい「トラディション」と「しきたり」は、同じことなのだろうか?

⓪⑤　「屋根の上のバイオリン弾き、いったい何だとお思いでしょうな。わしらこのアナテフカ[注4]にすんでおるユダヤ人は、みんな屋根の上のバイオリン弾きみたいなもんだ。滑り落ちて首の骨を折らねえように気を配りながら、愉快で素朴な調べをかき鳴らそうとしておる。こりゃー、なまなかなことじゃない。それじゃあ、なぜそんな危険をおかしてまで、ここに住んでおるかとおっしゃる。それはこのロシアの寒村アナテフカが、わしらの生まれ故郷だからでさ。じゃあどうやってバランスを保っておるか。一口に言えば、しきたりだ。しきたりですな」というのがミュージカル冒頭の森繁のセリフで、それから村人全員が「しきたりー、しきたり。しきたり、しきたりー、しきたり、しきたり」と踊り歌う。

国語

▲二月四日実施分▼

（六〇分）

以下の問題〔Ⅰ〕は必須問題です。
全員が解答してください。

〔Ⅰ〕　次の文章を読んで、後の問に答えよ。なお、本文上段にある⓪①等の丸数字は段落番号である。

⓪①　帝政ロシアのユダヤ人迫害（ポグロム）[注1]を舞台にした物語である「屋根の上のバイオリン弾き」（一九六四年ブロードウェイ初演）は、日本語ミュージカルとしても一九六七年からいまに至るまで、長期公演の記録を更新している。そして一九八六年までの九〇〇回は森繁久彌（もりしげひさや）[注2]が主人公のユダヤ人の牛乳屋、テヴィエを演じたが、それは日本的人情劇になっている。

⓪②　ライブ録音版ＬＰレコード「屋根の上のヴァイオリン弾き」（訳・倉橋健、訳詞・若谷和子・滝弘太郎、キャニオンレコード）

解答編

英語

◀2月4日実施分▶

I **解答** 問1．④　問2．①　問3．③　問4．③　問5．②
問6．②　問7．②

［解説］ 問1．空所の後に「一週間薬を飲まなければならない」とあるので，④「処方箋」を選ぶ。

問2．条件節に現在形が使われているので，この文は仮定法ではなくただの条件文であることに注意する。「これからの10年で人類が正しい選択を行えば，地球の未来に変化をもたらすチャンスがあるかもしれない」

問3．emerge from ～「～から現れる」 文全体は，「不幸なことに，彼らの努力からは何も得られなかった」という意味になる。

問4．文の主語が過去形なので，従属節も過去形になる。この場合は was planning「計画を立てている途中」という意味になるので，③が正解。

問5．keep in touch (with ～)「(～と) 連絡を取り続ける」という熟語。

問6．空所の後には「様々なタイプの浴槽やサウナ，ラウンジやレストランなど」とあるので，②「施設」でまとめられる。

問7．stop to *do* は「～するために立ち止まる」という意味。「お昼を食べるために立ち止まるころにはもうすでに3時半になっていた」

II **解答** 問1．1－①　2－②　問2．3－④　4－②
問3．5－②　6－④

［解説］ 問1．並べ替えた文は，(If you are going to hike, you) had better take some food (along with you.) となる。had better は助動詞のはたらきをする成句で，「～したほうがよい」という意味。

問2．並べ替えた文は，(Has) the person whom you invited arrived (yet?) となる。whom から invited までが関係詞節となり，the person を先行詞に取る。
問3．並べ替えた文は，(When learning a foreign language, it is important to first) focus on meaning rather than accuracy(.) となる。後半部分は形式主語の it を使った文なので，to の後ろには動詞が来るはずである。rather than ～「～よりもむしろ」

III 解答　問1．1－①　2－②　問2．1－③　2－①

解説　問1．1．空所の後でウエイターが「オーケー」と言い，続けてパイを勧め，客はそれを注文しているので，①「まだ少し残っています」と言ってコーヒーのおかわりは断ったことがわかる。
2．空所の後でケヴィンが「マネージャーと店員だけでよい」と言っているので，アリスはそのほかの人にも連絡しようとしたのだとわかる。
問2．1．図表の題名は「コロナの間に閉められていた，あるいは地域がロックダウンされていた間に提供されたサービス」という意味である。よって③の内容と一致する。
2．①上から3つ目の棒グラフがビデオ講義であり，60％が行われていたのでこれが正解。
②下から2つ目の棒グラフで wifi 環境はあまり整えられなかったことがわかるので不一致。
③下から5つ目の棒グラフから，特に財政的な援助はなかったと考えられるので不一致。
④上から5つ目の棒グラフに不一致。

IV 解答　問1．②　問2．③　問3．②　問4．③　問5．①　問6．④　問7．③　問8．④　問9．②

解説　≪サンゴを守るために≫
問1．下線部の後ろに続く部分が「気候変動の影響により強い耐性を持つことができるかどうか見るために，実験室で」という意味であり，そのようなサンゴを遺伝子工学に基づいて実験室で作っているということなので

②の making を選ぶ。engineer は「設計する，建設する」という意味。

問2．①本文に言及なし。

②第1段第2文（But corals are…）に「サンゴは生物であり，他の海の生物と同様にえさを食べて生きている」と書かれているので不一致。

③第2段第1・2文（For the past… perform in nature.）で，実験的に作ったサンゴが気候変動に耐えうるかどうかがわかる段階に来ていると言っているので，一致。

④このような内容の記載はない。

問3．下線部以外の部分には，「温かい海水温度の中でも生き抜くことができるように，サンゴを温度が上がっていく場所に置いた」とあるので，海水温度に②「備える」ためだとわかる。condition「慣れさせる」

問4．空所を含む文の前の文（She told The…）には，前の段落にあるやり方が自然に反したやり方だと書かれており，しかしそれでもこれ以上よい方法（選択肢）はないだろう，という流れになるので，③「選択」が合う。

問5．①本文に言及がないのでこれが正解。

②第4段最終文（"We have to…）にサンゴの生き残りに対しての介入の必要性が書かれており一致。

③第3段第1文（The team tested…）に一致。

④第3段第3文（This method involves…）に「生殖のために望ましい特徴の親が科学者によって選ばれていること」が書かれているので一致。

問6．①第6段第3文（Scientists found that…）に14%とあるので不一致。

②本文に言及なし。

③第5段第4文（But for years…）に不一致。本文では死んでしまったサンゴではなく，生き残ったサンゴに着眼している内容が書かれている。

④第5段第1文（When ocean temperatures…）に一致。水温が上昇すると藻はサンゴから離れることが書かれている。

問7．result in ～「結果として～になる」という意味。

問8．enhance は「高める，強める」という動詞。下線部を含む段落の第6文（Rather than editing…）に，「遺伝子を組み替えるなど不自然なことをするのではなく，海洋で起きていている可能性のあることから始めようとしている」と書かれているので，何かを変えるのではなく，現状のよいところを④「強化する」ことを試みているとわかる。
問9．①第4段最終文（“We have to…）に不一致。自然に任せておくのでは生き残れないことが書かれている。
②第5段第5文（They are now…）に実験室では今暑さに強いサンゴを生み出そうとしていることが書かれている。よって一致する。
③・④本文に言及がない。

V　解答

問1．③　問2．③　問3．①　問4．①　問5．③
問6．②　問7．③　問8．④　問9．①　問10．②

解説　≪シャーロック＝ホームズはなぜだまされたか≫
問1．第1段第3文（When the photographs…）に「多くの大人は本物だと思った」とあり，次の文で「コナン＝ドイルもまた」と書かれているので，③「本物の」という語を選ぶ。
問2．下線部の前に「ウイリアム＝シェイクスピア」とあるので，同じような③「優れた」がふさわしい。
問3．①第2段第4～6文（After the Romantic…lovely female fairies.）に一致。ロマン派の時代以降，妖精は美しい女性として描かれるようになったと書かれている。
②第2段第2文（In the early…）に不一致。イギリスの画家ではなく，詩人である。
③・④本文に言及がない。
問4．前の文の主語に一致する。
問5．「著者（コナン＝ドイル）のそれ（写真）に対する誤解によって引き起こされる」と書かれているので，シャーロック＝ホームズがいつもと異なって写真に関してはあまり正確な推理ができなかったのだろうと判断する。よって，③poorを入れる。
問6．第一次世界大戦が超自然現象の流行のきっかけとなったのは，多くの人が戦争で殺されたことが理由であると考えられる。forは理由を表す接続詞としても使われる。
問7．ignorant「無知な」という意味なので，③「知識に欠けている」が最も近い。

問 8．①第 4 段最終文（Some fans of…）には，コナン＝ドイルが写真に関してあまり理解をしていなかったことが書かれているが，「何も知らなかった」とは書かれていない。
②・③本文に言及がない。
④第 5 段第 4 ～ 6 文（World War I… escape from reality.）にコナン＝ドイルも含めて第一次世界大戦で多くの家族や友人を失った人々が救いや現実逃避ということを経験したという歴史的な背景が書かれているので一致する。
問 9．①after all は「何といっても～だから」と，前文の内容の理由を補うためのディスコースマーカーとしてはたらくこともある。この部分も，前の文で「あなたは簡単にだまされるだろう」とあり，「何といっても，シャーロック＝ホームズの作者でさえだまされたのだから」と続くのが自然である。
問 10．第 5 段第 6 文（We tend to…）に人々が超自然現象を信じる理由が書かれていて②の内容と一致する。①・③・④は本文に言及がない。

◀2月7日実施分▶

I　解答

問1．④　問2．③　問3．③　問4．②　問5．②
問6．②　問7．④

解説　問1．way of～「～の仕方」という意味。「トムの考え方によれば，驚きは人生をより面白くする」という文意に合う。

問2．It is no use *doing*「～するのは無駄である」という成句。

問3．pick out～「～を取り出す」という熟語。「棚のところに行って友人からもらった本を取り出した」という意味になる。

問4．文の後半の動詞がcould have boughtとなっており，仮定法の過去完了の文だとわかるので，Ifの部分には過去完了形を使う。「あと1ドル持っていたら，欲しかったトートバッグが買えたのに」

問5．No fewer than＋数字＋名詞で，その名詞の数が多いときに「～もの」という言い方をしたい場合に使う表現。peopleは集合名詞なので，no less thanを使うこともある。「500人もの人々がコンサートに来た」

問6．主語はThe numberなので，呼応する動詞は三人称単数で②を選択するしかない。主語の部分は「中学校と高校を含む教育機関の数」という意味。

問7．To be frank with you「打ち明けて言えば」という定型表現。

II　解答

問1．1－②　2－④　問2．3－④　4－②
問3．5－④　6－③

解説　問1．並べ替えた文は，(His) story was so interesting that (the audience listened carefully.) となる。so～that…「とても～なので…」という構文にする。

問2．並べ替えた文は，(I was finally able to visit my old friend in) the town where I grew up(.) となる。whereは関係副詞で，先行詞はthe townである。「私が育った町に住む友達」という意味。

問3．並べ替えた文は，(I can't believe she said she) didn't mind staying late at (the office once in a while.) となる。mindは「気にする」という動詞だが，目的語には動名詞を取る。

Ⅲ　解答　問1．1－④　2－④　問2．1－①　2－④

解説　問1．1．ジャックに「一緒に行かない？」と誘われているので，④「オペラは眠くなってしまうのだ」という答えなら合う。

2．最後に「代わりに週末に行けない？」と言っているので，④「次の火曜はどう？」という質問に対する答えだろうと推測できる。

問2．1．①第1段第2文（Admitted students will…）に一致。

②第1段第3文（Students do not…）に不一致。

③ other admission documents があるかどうかは書かれていない。

④本文に言及がない。

2．① Registration Details の第2文（The sooner you…）に一致。

②・③ Registration Details の第3文（Complete your reagistration…）に，登録を完了し，契約書にサインして登録料と手付金の合計で400ドルを7月31日までに支払うように書かれている。よって一致している。

④最終段最終文（We will make…）に部屋の変更に関しての言及があり，要望に対して善処するけれど保障はできないことが書かれているので，不一致。

Ⅳ　解答　問1．③　問2．④　問3．②　問4．③　問5．①
問6．④　問7．②　問8．①　問9．④　問10．②

解説　≪動物の家畜化≫

問1．空所を含む文の次の文（Thus began farming.）が「こうして農業が始まった」という意味なので，③「育てる」ことのできる穀物を発見したのだとわかる。

問2．空所を含む文は家畜の世話をするために飼いならされた最初の動物であった犬の話をしているので，羊，豚などが④「後に続く」が最も合う。

問3．下線部の次に，「ライオンやハイエナはこの理由で明らかに（人間と共存するのに）適さない」と書かれているので，②「凶暴な」という意味だとわかる。

問4．①第2段第3文（Some animals, for…）に不一致。ウサギは一番初めの家畜ではないと書かれている。

②・④本文に言及がない。

③第2段第5文（First, he suggests …）に，家畜にできる条件として，幅広く何でも食べることと，特に大事なこととして人間の食べるものを摂取しないことが挙げられているので一致。

問5．下線部の前に，「私たちが心の中で思い描く風景」とあるので，新鮮な牧草を広い野原で食べている動物は①「幸せ」であるだろうと推測できる。contented「満足した」

問6．空所の後ろの文には「この扱いは動物たちが死ぬまで続く」とあるので，それは④「不幸な」ことだと推測できる。

問7．空所を含む段落の第2文（In the latter …）に，利潤の追求が第一目標になったことが書かれているので，ここには②「利潤」が入る。

問8．①第4段第1～3文（However, circumstances have … in terrible conditions.）に利潤優先による動物たちの環境悪化について書かれており，一致する。

②第4段第3文（The outcome for …）のセミコロンの後ろに「動物福祉は最優先ではない」と書かれており，不一致。

③・④本文に言及がない。

問9．①・③本文に言及がない。

②「私たちは安い食肉を買うべきではない」と書かれているが，そこまでのことは本文には書かれていない。

④第5段第1文（All of this …）に一致する。

問10．①・③・④本文に言及がない。

②第1段から第4段にかけて，昔からどのように動物たちが家畜化されてきたかという変化が書かれているので，これがふさわしい。

V　解答

問1．③　問2．④　問3．①　問4．④　問5．④
問6．①　問7．④　問8．②　問9．④　問10．③

解説　≪エジプトとローマについて≫

問1．文脈から，大人も子供も③「同じように」ではないかと推測できる。①は一緒に何かをするときに使う語。②は動詞の前に置くのが通常である。④も可能性がなくはないが，大人と子供の見方が「異なる」根拠が書かれていない。

問2．下線部の前の部分に「エジプト文化がローマに流れ込み始め」とあるので，④「エジプト文化の」だろうとわかる。

問３．①第１段最終文（But did you …）に二千年以上前の人々も似たような情熱をエジプトに対して持っていたことが書かれているので一致。

②・③・④本文に言及がない。

問４．第３段第２文（For example, there …）以降に，どのような芸術作品が発見されたかという例が書かれており，空所の後ろにもその例が続いているので，④「さらに」という副詞が入る。

問５．①・②・③本文に言及がない。

④第３段最終文（These Egyptian influences …）に書かれている，エジプトのインテリアにおける影響や，上層階級において特に人気があることと一致する。

問６．in his will「遺言状で」という意味になるので，自分の遺体を葬ってほしいという要求をしたのだろうと考える。

問７．①第４段第５文（It is the …）に１例書かれているがそれのみである。

②・③本文に言及がない。

④第４段第６・７文（Another example of … monuments or landmarks.）に一致する。

問８．前文を指すのが普通なので，②「ローマ人が複数の神を信じていること」が適切である。

問９．空所の後ろの as well as 以下は「当時，エジプトとローマの宗教がいかに深く結びついていたかということと同様に」という意味の感嘆文なので，空所を含む部分が「イシスがいかに信心深い信者を持っていたか」という意味になるとよい。空所の後ろは名詞なので，④の what を入れればその意味の感嘆文になる。

問10．①look down on ～は「～を軽蔑する」という意味だが，古代ローマ人はエジプト文化に影響を受けていたので不一致。

②・④本文に言及がない。

③第３段以降，エジプト文化や宗教がローマに大きな影響を与え，今もなお芸術，ファッション，エンターテイメントなどにもその精神がみられることが書かれているので正解。

日本史

I

解答 問1．②・④　問2．②　問3．①　問4．④
問5．①　問6．③　問7．(1)―③　(2)―⑤
問8．(1)―⑥　(2)―④　問9．(1)―②　(2)―⑤　問10．④　問11．②
問12．④

解説　≪古代～近代の島と対外関係≫

問2．②正文。①誤文。「漢委奴国王」の金印が発見されたのは福岡県の志賀島である。

③誤文。白村江の戦いで敗北した直後，対馬・壱岐・筑紫に防人や烽が設置され，大宰府周辺に水城が築造された。ついで大宰府周辺に大野城・基肄城など朝鮮式山城が，亡命した百済の貴族の指導によって築造された。なお，新羅による朝鮮半島統一は676年。水城や朝鮮式山城築造の後である。

④誤文。刀伊の入寇は，沿海州地方に勢力をもっていた刀伊（女真族）が1019年に九州北部に来襲した事件である。

問4．④誤文。「鎖国」という語は，江戸時代後期の元オランダ通詞志筑忠雄がケンペルの『日本誌』を訳した際に使用した語である。

問5．淳仁天皇は藤原仲麻呂（恵美押勝）に擁立されて即位したが，764年恵美押勝が孝謙太上天皇と対立し恵美押勝の乱を起こして敗れると，廃されて淡路に配流された。

問6．③誤文。後醍醐天皇は，建武の新政で各国に国司と守護を併置した。

問9．1853年プチャーチンは長崎に来航し，開国と国境の画定を要求したが実現しなかった。翌年，再来航し下田で条約交渉が行われて日露和親条約が締結された。この条約で下田・箱館の他，長崎も開港し，国境を画定した。

問10．④誤文。1956年の日ソ共同宣言で，ソ連は国後島・択捉島については解決済みの立場をとり，歯舞諸島・色丹島の返還も平和条約締結後のこととした。

問11．X．正文。Y．誤文。1874年台湾出兵によって清国に琉球の日本帰属を認めさせたうえで，1879年沖縄県を設置した。徴兵令・地租改正条例はいずれも沖縄県設置より前の1873年に発布された。

問12．④誤文。奄美群島は1953年に返還されたが，小笠原諸島が返還されたのは1968年であった。

II 解答

問1．③　問2．③　問3．②　問4．①　問5．④
問6．③　問7．①　問8．③　問9．②　問10．④
問11．③

解説　≪紙の歴史≫

問2．③誤文。観心寺如意輪観音像は，平安初期の密教の影響が強い仏像である。

問3．X．正文。Y．誤文。計帳は庸や調を徴収するための台帳である。

問4．①誤文。『風土記』が現存しているのは，播磨・常陸・出雲・豊後・肥前の5カ国である。

問5．④誤文。平がな・片かなは表音文字である。

問6．X．誤文。『扇面古写経』には当時の風俗が大和絵で描かれている。Y．正文。

問7．a・c．正文。b．誤文。『愚管抄』は鴨長明ではなく慈円の著作である。d．誤文。『信貴山縁起絵巻』は院政期の絵巻物である。

問8．③誤文。数寄屋造は江戸時代初期に生まれた建築様式である。

問9．X．正文。Y．誤文。楽市令は商工業者の自由な営業を認める法令で，座を否定した。

問11．③誤文。太陽暦は1872年に採用が決定されたが，農村部では生活の変化は遅く，農漁業との関連で，旧暦が長く使われた。

III 解答

問1．①　問2．②　問3．②　問4．④　問5．②
問6．③　問7．④　問8．④　問9．①　問10．③
問11．③　問12．②

解説　≪戦後占領期の民主化政策≫

問4．④正文。①誤文。ポツダム宣言受諾を決定したのは鈴木貫太郎内閣である。

②誤文。フランクリン＝ローズヴェルト大統領はポツダム会談直前に病死

しており，アメリカ大統領はトルーマンであった。なお，会談期間中にイギリスでは総選挙が行われ首相がチャーチルからアトリーに交代した。
③誤文。ポツダム宣言ではカイロ宣言の履行を求め，満州・台湾・澎湖諸島の中国への返還，朝鮮の独立は要求されたが，当時ソ連は日ソ中立条約締結中でポツダム宣言には参加せず，千島列島・南樺太のソ連領有は記されていない。
問5．②誤文。対日理事会は東京に設置された連合国軍最高司令官総司令部（GHQ）の諮問機関である。最高決定機関は極東委員会である。
問8．④誤文。工場法に団結権や争議権の規定はなかった。
問9．①誤文。第2次農地改革では，在村地主の小作地所有限度は1町歩（北海道は4町歩）とされた。
問10．③誤文。1947 年に制定された学校教育法によって検定教科書制度が実施されるようになった。
問11．③誤文。教育基本法制定以前は，義務教育6年制であった。
問12．②誤文。教育勅語の起草は元田永孚・井上毅らによって行われた。森有礼は教育勅語発布前の 1889 年2月に暗殺されている。

世界史

I

解答　問1．②　問2．②　問3．③　問4．②　問5．③
問6．②　問7．①　問8．③　問9．②　問10．③
問11．③
問12－1．③　問12－2．②
問13．④　問14．①　問15．③

解説　≪ポーランド関係史≫

問1．B．誤文。バクダードを占領したのは，フラグである。

問2．②イェニチェリが全廃されたのは1826年であり，1683年の第2次ウィーン包囲以降の出来事である。①アンカラの戦いは1402年，③スレイマン＝モスクの完成は1557年，④プレヴェザの海戦は1538年である。

問3．A．誤文。ドイツ騎士団は第3回十字軍の際に結成された。

問4．②誤文。雷帝と呼ばれたのは，イヴァン4世である。

問6．①ゲーテは18～19世紀にドイツで「疾風怒濤」の運動で活躍した。③ダンテは13～14世紀，イタリア＝ルネサンス初期に活躍。トスカナ語で書かれた『神曲』で有名である。④ドストエフスキーは19世紀ロシアで活躍，『罪と罰』で有名である。⑤ボッカチオは14世紀にイタリアで活躍，『デカメロン』で有名である。

問8．③アフリカ民族会議が結成されたのは，1912年である。

問10．A．誤文。ワルシャワは第3回ポーランド分割でプロイセン領となった。

問12－1．③シャルル10世は七月勅令により，未招集の下院を解散し，選挙資格の大幅な制限を強行した。これに対し，パリの小ブルジョワ・職人・労働者などが蜂起した。

問14．①コメコンが設立されたのは，1949年である。

問15．A．誤文。1968年のチェコスロヴァキアの民主化運動を鎮圧したのは，ワルシャワ条約機構である。

Ⅱ 解答

問1．①　問2．⑤　問3．⑧　問4．②　問5．④
問6．②　問7．④　問8．②　問9．⑦　問10．⑥
問11．⑦　問12．③　問13．③　問14．⑧　問15．③

解説　≪内陸アジアの諸民族の歴史≫

問1．①ウイグルは，8世紀モンゴル高原をおさえ，安史の乱で唐を助けるなど勢力を維持した。

問3．⑧渤海は高句麗の遺民と靺鞨族が建国した。唐から冊封を受け，日本とも修好を結んだ。926 年契丹に滅ぼされた。

問4．契丹は石敬瑭が②後晋を建国する際に支援し，見返りとして燕雲十六州を獲得した。

問5．A・Bともに誤文。燕雲十六州は現在の河北省・山西省にあたる。トルキスタンとは，パミール高原の東西にあたる。

問6．A．正文。澶淵の盟は 1004 年に締結された。B．誤文。王安石は第6代神宗に仕えた宰相で，新法と呼ばれる改革を行った。

問7．④遊牧民や狩猟民には部族制度，農耕民には州県制を採用した。

問10．⑥吐蕃は7～9世紀にチベット高原で繁栄した。

問13．③誤文。女真族は契丹文字と漢字をもとにして女真文字を作った。

Ⅲ 解答

問1．③　問2．④　問3．②　問4．②　問5．①
問6．②　問7．②　問8．②　問9．⑥　問10．④
問11．②　問12．②　問13．①　問14．③　問15．①

解説　≪科学技術に関わる歴史≫

問1．A．誤文。「万物の根源は水」と唱えたのは，最古の自然哲学者であるタレス。ヘシオドスは『神統記』などを著した叙事詩人である。

問2．④明が滅亡したのは 1644 年。①ワッハーブ王国の成立は 1744 年頃，②ルターが九十五カ条の論題を発表したのは 1517 年，③ビルマのタウングー朝が成立したのは 1531 年である。

問3．A．正文。流入した銀により，ヨーロッパで価格革命が起きた。B．誤文。カリフォルニアで金鉱が発見されたのは，1848 年である。

問4．②ステュアート朝がアン女王の死で断絶し，ジョージ1世がハノーヴァー朝を開いたのは 1714 年。①権利の請願が可決されたのは 1628 年。③第1次イギリス＝オランダ戦争が起こったのは 1652 年。④カトリック教徒解放法が成立したのは1829年である。

問5．①清は明と同じく朝貢貿易を推進しており，第6代皇帝の乾隆帝が1757年外国貿易を広州のみに限定するなど，綿織物の輸入などを制限した。

問6．A．正文。月氏は匈奴の冒頓単于に敗れ，西へ移動した。B．誤文。洪秀全率いる太平天国軍は湖南地方を経由して，南京を占領した。

問9．ダウ船は三角帆の帆船。ムスリム商人がインド洋中心の季節風貿易に利用した。ジャンク船は，蛇腹式に伸縮できる帆を持ち，中国商人が南海遠征などに利用した。ガレオン船はスペイン・ポルトガルが遠洋航路に利用した大型帆船。

問10．④正文。①X線を発見したのはレントゲンであり，キュリー夫妻が発見したのはラジウム。②遺伝の法則を発見したのはメンデルであり，ダーウィンは進化論をまとめた。③結核菌を発見したのはコッホであり，パストゥールは狂犬病の予防接種に成功した。

問11．B．誤文。ミラノはロンバルディア同盟の中心都市である。内陸にあることから毛織物工業が盛んであった。

問12．②タージ＝マハルは17世紀にムガル帝国第5代皇帝のシャー＝ジャハーンが愛妃のために建てた墓廟である。

問13．A．正文。1957年ソ連が世界最初の人工衛星であるスプートニク1号を打ち上げた。B．正文。1969年アメリカのアポロ11号が月面着陸に成功した。

問14．③樺太・千島交換条約が結ばれたのは，1875年である。

政治・経済

I 解答

問1．④　問2．④　問3．③　問4．③　問5．③
問6．①　問7．③　問8．②　問9．④　問10．①
問11．①　問12．③

解説　≪政治・経済問題などの小問集合≫

問2．④誤文。③の縦割り行政はセクショナリズムによる問題にあたる。
問3．③正文。財政の歳出増加，銀行の貸し付け増加により貨幣供給量が増えたり，賃金水準の高騰により生産コストが上昇したりすると，インフレーションとなる。
①誤文。第二次世界大戦後の日本における過度のインフレは，スタグフレーションではなくハイパー-インフレーション。
②誤文。日本銀行は2013年から物価安定目標2％のインフレターゲット政策を行っているが，預金準備率操作は1991年以来実施されていない。
④誤文。デフレーション下における消費は，継続的な物価下落の期待により減少する。
問4．③正文。①誤文。ロックアウトではなくサボタージュの説明である。ロックアウトとは，使用者が作業所を閉鎖することをいう。
②誤文。正当な争議行為を行った場合は，刑事上だけでなく民事上においても免責が認められる。
④誤文。労働委員会は，労働者委員，公益委員，そして使用者委員から構成される。また使用者委員は，使用者を代表する者が就任する。
問10．①正文。②誤文。大日本帝国憲法では，憲法改正には衆議院と貴族院の両院において出席議員の3分の2以上の賛成を必要とした。
③誤文。大日本帝国憲法改正草案は，松本案ではなくマッカーサー草案に基づいて作成された。
④誤文。日本国憲法の公布日は1946年11月3日，施行日は1947年5月3日。
問12．③正文。①誤文。国際連合の原加盟国は42カ国ではなく51カ国。
②誤文。アメリカからヤルタ会談に参加したのはウィルソンではなく，ロ

ーズヴェルト。

④誤文。安全保障理事会の決議は，常任理事国の五大国の一致が必要。なお，非常任理事国も含めたすべての賛成が必要な全会一致の原則は国際連盟の議決方法。

Ⅱ 解答

問1．①　問2．③　問3．③　問4．②　問5．①
問6．③　問7．①　問8．②　問9．⑦　問10．④
問11．④　問12．⑤　問13．④

解説　≪国際平和と軍縮≫

問2．③正文。①誤文。1947年に，アメリカ大統領トルーマンは，トルーマン＝ドクトリンを発表し，封じ込め政策をとった。

②誤文。東側陣営が参加したのは，マーシャル＝プランに対抗して設立されたコメコン（COMECON，経済相互援助会議）。

④誤文。ベバリッジ報告は1942年に発表されたものなので誤り。また，これに基づいた社会保障政策はアトリー内閣下で展開された。

問3．③誤文。最貧国に対する無利子の融資は，国際復興開発銀行（IBRD）ではなく国際開発協会（IDA）が行っている。

問4．②正文。①誤文。フルシチョフはスターリンの死後，共産党第一書記に就任しスターリン批判を行った。

③誤文。「人間の顔をした社会主義」はチェコスロヴァキアにおいて進められた民主化改革（プラハの春）のスローガンである。

④誤文。アメリカは共産主義化を防ぐとの名目により北ベトナムではなく南ベトナム支援の軍事介入を行った。

問6．③正文。①誤文。ソ連は，アメリカ・イギリスに並んでPTBT参加を表明している。

②誤文。PTBTにより核実験が禁止されたのは，地下を除く大気圏内，宇宙空間，水中。

④誤文。CTBT発効要件の核兵器保有国および原子力発電所保有国44カ国の批准が未完了のため，発効に至っていない（2023年2月現在）。

問7．①誤文。国連総会の議決方法において，一般事項に関しては加盟国の過半数の賛成だが，重要事項に関しては加盟国の3分の2以上の賛成が必要。

問８．②誤文。大陸間弾道ミサイル（ICBM）などの保有量は，第１次SALTでも数量が制限されている。

III **解答** 問１．ア―④ イ―② 問２．③ 問３．④ 問４．④ 問５．① 問６．② 問７．① 問８．② 問９．① 問10．③ 問11．① 問12．④ 問13．④

解説 ≪環境問題≫

問２．③誤文。「地球サミット」は，1992年の国連環境開発会議を指す。

問４．④誤文。国連環境開発会議は，ブラジルのリオデジャネイロで開催された。

問７．①正文。②誤文。四日市ぜんそくの原因は亜硫酸ガスによる大気汚染。カドミニウムが原因となったのはイタイイタイ病である。

③誤文。富山イタイイタイ病訴訟では原告側が勝訴している。

④誤文。損害賠償請求は認められている。

問８．ｄ．大気汚染防止法（1968年）→ｃ．公害健康被害救済法（1969年）→ｂ．公害対策関連14法（1970年）→ａ．公害健康被害補償法（1973年）

問10．③正文。①・②誤文。地方自治体は環境アセスメント条例を制定することができる。また，全国に先駆けて制定したのは1976年の川崎市である。

④誤文。環境アセスメント法はスコーピングを明文規定していない。

問12．④誤文。家電リサイクル法の対象製品は，ブラウン管テレビ，冷蔵庫，洗濯機，エアコン，そして冷凍庫，乾燥機，液晶テレビなので，パソコンや携帯電話は規定されていない。

問13．④正文。①誤文。環境マネジメントに関する国際規格はISO26000ではなくISO14001。ISO26000は，組織の社会的責任に関連した国際規格。

②誤文。「3R（リデュース，リユース，リサイクル）」にリフューズを加え「4R」という。

③誤文。ビール瓶では瓶１本について５円のデポジットが賦課されている。

■数学■

■数　学■

I **解答** [1]ア．2　イ．3

[2]ウ．7

[3]エ．8　オ．8　カ．6

[4]キ．2　ク．3　ケ．5　コ．2　サ．3　シ．5　スセ．24

ソタチツ．1170

解説 ≪2次不等式，平面ベクトル，対数関数，約数の個数と総和≫

[1]　$m=0$ のとき，$x>-1$ となり題意をみたさない。

$m\neq0$ のとき，$f(x)=mx^2+(m-2)x+(m-2)$ とすると，$y=f(x)$ のグラフが右図のようになるとき題意をみたす。よって $m<0$ であり，方程式 $f(x)=0$ の判別式 D が $D<0$ となればよい。

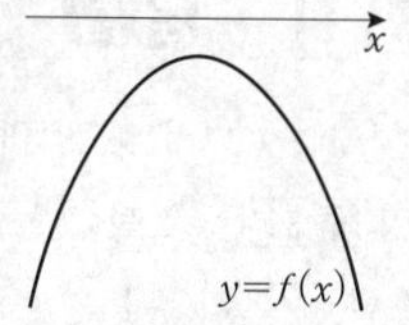

$$D=(m-2)^2-4m(m-2)$$
$$=(m-2)(-3m-2)$$

$D<0$ より

$$(m-2)(3m+2)>0 \qquad \therefore \quad m<-\frac{2}{3},\ 2<m$$

$m<0$ より　　$m<-\dfrac{2}{3}$　(→ア，イ)

[2]　$|2\vec{a}-\vec{b}|^2=4|\vec{a}|^2-4\vec{a}\cdot\vec{b}+|\vec{b}|^2$

$$=4\cdot4^2-4(4\cdot3\cdot\cos60^\circ)+3^2$$
$$=64-24+9$$
$$=49$$

よって　　$|2\vec{a}-\vec{b}|=7$　(→ウ)

[3]　$x>0$，$y>0$，$x+y=16$ より　　$0<x<16$

$$\log_2 x+\log_2 y=\log_2 xy$$
$$=\log_2 x(16-x)$$
$$=\log_2\{-(x-8)^2+64\}$$

$0<x<16$ より，$x=8$（→エ），$y=8$（→オ）のとき最大となる。

よって最大値は　　$\log_2 64=\log_2 2^6=6$　（→カ）

［4］　$360=2^3\cdot3^2\cdot5$　（→キ～ケ）

よって正の約数の個数は

$$(3+1)(2+1)(1+1)=24$$　（→スセ）

またその総和は

$$(1+2+2^2+2^3)(1+3+3^2)(1+5)$$　（→コ～シ）
$$=15\cdot13\cdot6$$
$$=1170$$　（→ソタチツ）

Ⅱ　解答

［1］ア．1　イ．9

［2］ウ．2　エ．2　オ．2　カ．1　キ．2　ク．2

［3］ケコサシ．1003

解説　≪対数と漸化式，等比数列の和≫

［1］　$a_2=\frac{1}{9}a_1{}^2=\frac{1}{9}\times3^2=1$　（→ア）

$$a_3=\frac{1}{9}a_2{}^2=\frac{1}{9}\times1^2=\frac{1}{9}$$　（→イ）

［2］　$a_{n+1}=\frac{1}{9}a_n{}^2$ の両辺の底を 3 とする対数をとると

$$\log_3 a_{n+1}=\log_3\frac{1}{9}a_n{}^2$$
$$=\log_3\frac{1}{9}+\log_3 a_n{}^2$$
$$=-2+2\log_3 a_n$$

これを変形すると

$$\log_3 a_{n+1}-2=2(\log_3 a_n-2)$$　（→ウ，エ）

$b_n=\log_3 a_n-2$ と定義すると，$b_{n+1}=2b_n$ となり，数列 $\{b_n\}$ は公比 2 の等比数列となっているので

$$b_n = b_1 \cdot 2^{n-1}$$
$$= (\log_3 a_1 - 2) \cdot 2^{n-1}$$
$$= (\log_3 3 - 2) \cdot 2^{n-1}$$
$$= -2^{n-1} \quad (\to オ，カ)$$

よって，$\log_3 a_n = -2^{n-1} + 2$ より

$$p_n = -2^{n-1} + 2 \quad (\to キ，ク)$$

［3］　$\displaystyle\sum_{n=1}^{10} p_n = \sum_{n=1}^{10}(-2^{n-1}+2)$

$$= -\frac{2^{10}-1}{2-1} + 2 \times 10$$
$$= -1023 + 20$$
$$= -1003 \quad (\to ケコサシ)$$

Ⅲ　解答

［1］ア―③

［2］イ．3　ウ．3　エ．2　オ．6　カ．3　キ．6　ク．3

［3］ケコ．24　サ．7　シ．5　ス．3　セソタ．129　チツ．90　テ．2　トナ．28

解説　≪内接円の半径≫

［1］　△ABC の 3 辺の長さは右図のようになるので，面積を S とすると

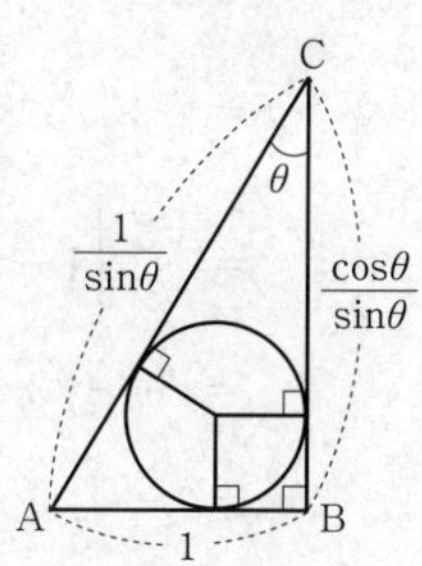

$$S = \frac{1}{2} \times 1 \times \frac{\cos\theta}{\sin\theta} = \frac{\cos\theta}{2\sin\theta} \quad \cdots\cdots ①$$

また

$$S = \frac{1}{2} \times \left(\frac{1}{\sin\theta} + \frac{\cos\theta}{\sin\theta} + 1\right) \cdot r$$
$$= \frac{1+\cos\theta+\sin\theta}{2\sin\theta} \cdot r \quad \cdots\cdots ②$$

①，②より　$\displaystyle\frac{1+\cos\theta+\sin\theta}{2\sin\theta} \cdot r = \frac{\cos\theta}{2\sin\theta}$

よって　$\displaystyle r = \frac{\cos\theta}{1+\cos\theta+\sin\theta}$　(③)　(→ア)

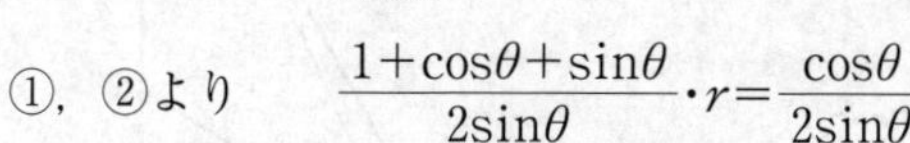

［2］　$\theta = 30°$ のとき　$BC = \sqrt{3}$

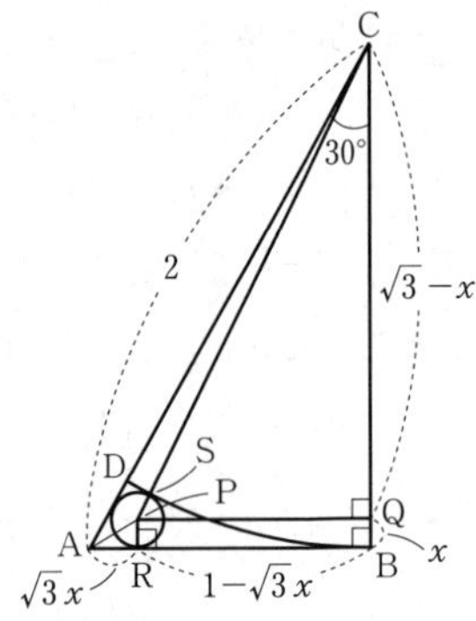

右図のように点 Q，R，S をとると

$$\begin{aligned}PC&=PS+SC\\&=PS+BC\\&=x+\sqrt{3}\quad(\to イ)\end{aligned}$$

△ARP は，$\angle PAR=\frac{1}{2}\angle CAB=30^\circ$ の直角三角形だから

$$AR=\sqrt{3}\,PR=\sqrt{3}\,x$$

よって

$$PQ=RB=1-\sqrt{3}\,x$$

また

$$CQ=BC-BQ=BC-PR=\sqrt{3}-x$$

△PQC において，三平方の定理より

$$PC^2=PQ^2+CQ^2$$

$$(x+\sqrt{3}\,)^2=(1-\sqrt{3}\,x)^2+(\sqrt{3}-x)^2$$

$$3x^2-6\sqrt{3}\,x+1=0$$

$x<r$ より

$$x=\sqrt{3}-\frac{2\sqrt{6}}{3}\quad(\to ウ\sim カ)$$

$$\begin{aligned}S&=\frac{1}{2}\times\sqrt{3}\times(1-\sqrt{3}\,x)\\&=\frac{\sqrt{3}}{2}\left\{1-\sqrt{3}\left(\sqrt{3}-\frac{2\sqrt{6}}{3}\right)\right\}\\&=\sqrt{6}-\sqrt{3}\quad(\to キ，ク)\end{aligned}$$

［3］　$\sin\theta=\frac{7}{25}$ のとき，$AC=\frac{25}{7}$ だから

$$BC=\sqrt{\left(\frac{25}{7}\right)^2-1^2}=\frac{24}{7}$$

よって　　$PC=x+\frac{24}{7}$　(→ケ～サ)

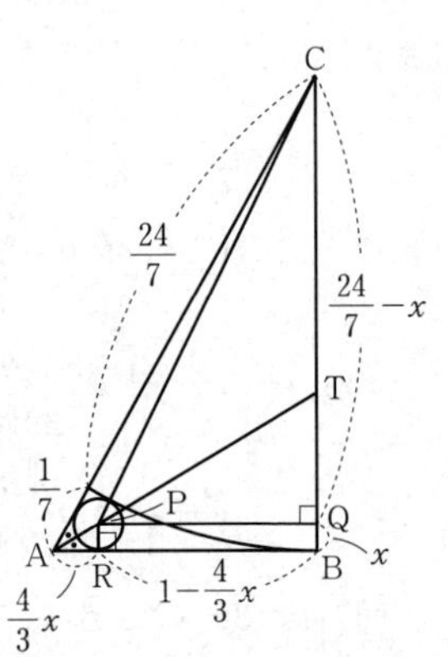

直線 AP と辺 BC の交点を T とすると，直線 AP は ∠CAB の二等分線だから

$$\mathrm{BT}:\mathrm{CT}=\mathrm{AB}:\mathrm{AC}=1:\frac{25}{7}=7:25$$

よって

$$\mathrm{BT}=\frac{7}{7+25}\mathrm{BC}=\frac{7}{32}\cdot\frac{24}{7}=\frac{3}{4}$$

また　$\mathrm{AT}=\sqrt{\left(\frac{3}{4}\right)^2+1}=\frac{5}{4}$

$\mathrm{AP}:\mathrm{AR}:\mathrm{PR}=\mathrm{AT}:\mathrm{AB}:\mathrm{BT}=\frac{5}{4}:1:\frac{3}{4}=5:4:3$ だから

$$\mathrm{AP}=\frac{5}{3}x \quad (\to シ,\ ス)$$

$$\mathrm{AR}=\frac{4}{3}x$$

$\triangle\mathrm{PQC}$ において

$$\mathrm{PC}^2=\mathrm{PQ}^2+\mathrm{QC}^2$$

$$\left(x+\frac{24}{7}\right)^2=\left(1-\frac{4}{3}x\right)^2+\left(\frac{24}{7}-x\right)^2$$

$$x^2+\frac{48}{7}x+\left(\frac{24}{7}\right)^2=1-\frac{8}{3}x+\frac{16}{9}x^2+\left(\frac{24}{7}\right)^2-\frac{48}{7}x+x^2$$

整理して，$2x^2-\frac{129}{7}x+\frac{9}{8}=0$ より

$$x=\frac{\frac{129}{7}\pm\sqrt{\frac{3^2\cdot43^2}{7^2}-4\cdot2\cdot\frac{9}{8}}}{4}$$

$$=\frac{\frac{129}{7}\pm\sqrt{9\left(\frac{43^2}{7^2}-1\right)}}{4}$$

$$=\frac{\frac{129}{7}\pm\sqrt{9\left(\frac{43}{7}+1\right)\left(\frac{43}{7}-1\right)}}{4}$$

$$=\frac{\frac{129}{7}\pm\sqrt{9\cdot\frac{50}{7}\cdot\frac{36}{7}}}{4}$$

$$=\frac{\frac{129}{7}\pm\frac{3\cdot5\sqrt{2}\cdot6}{7}}{4} \quad (x<r)$$

よって　$x=\dfrac{129-90\sqrt{2}}{28}$　(→セ〜ナ)

Ⅳ 解答

［1］(1)アイウ．170　(2)エオカ．160　(3)キク．48
(4)ケ．0　コサシス．1250

［2］セソ．28　タチ．27

［3］ツ―①　テ―①　ト―⓪

解説　≪平均値，標準偏差，相関係数，分散≫

［1］(1)　Cさんのゲーム X のスコアは

$$166\times5-(250+110+130+170)=170\quad(\rightarrow アイウ)$$

(2)　ゲーム Y のスコアの平均値は

$$\frac{1}{5}(180+220+100+140+160)=160\quad(\rightarrow エオカ)$$

(3)　X，Y の平均を $\overline{X}$，$\overline{Y}$ とし，X，Y の分散を $S_X{}^2$，$S_Y{}^2$ とする。

	$X-\overline{X}$	$Y-\overline{Y}$	$(X-\overline{X})(Y-\overline{Y})$
A	84	20	1680
B	−56	60	−3360
C	4	−60	−240
D	−36	−20	720
E	4	0	0

X の標準偏差 S_X は

$$S_X=\sqrt{S_X{}^2}=\sqrt{2304}=48$$

(→キク)

(4)　Y の標準偏差 S_Y は

$$S_Y=\sqrt{S_Y{}^2}=\sqrt{1600}=40$$

X と Y の共分散 S_{XY} は

$$S_{XY}=\frac{1}{5}(1680-3360-240+720+0)$$

$$=\frac{1}{5}(-1200)=-240$$

相関係数 r を求めると

$$r=\frac{S_{XY}}{S_XS_Y}=\frac{-240}{48\times40}$$

$$=-\frac{1}{8}=-0.1250\quad(\rightarrow ケ〜ス)$$

［2］　クラス全体の平均点は

$$\frac{1}{30}(22\times10+31\times20)=28\quad(\rightarrow セソ)$$

男子 10 名のデータを x_1，…，x_{10}，女子 20 名のデータを y_1，…，y_{20} とし，平均をそれぞれ $\overline{x}$，$\overline{y}$，2 乗の平均を $\overline{x^2}$，$\overline{y^2}$ とすると

男子の分散（$S_x{}^2$ とする）は　　$S_x{}^2=\overline{x^2}-(\overline{x})^2$

女子の分散（$S_y{}^2$ とする）は　　$S_y{}^2=\overline{y^2}-(\overline{y})^2$

男子 10 名の 2 乗の合計は

$$\begin{aligned}10\overline{x^2}&=10\{S_x{}^2+(\overline{x})^2\}\\&=10(11+22^2)\\&=4950\quad\cdots\cdots①\end{aligned}$$

女子 20 名の 2 乗の合計は

$$\begin{aligned}20\overline{y^2}&=20\{S_y{}^2+(\overline{y})^2\}\\&=20(8+31^2)\\&=19380\quad\cdots\cdots②\end{aligned}$$

①，②より，男女 30 名の分散は

$$\begin{aligned}\frac{1}{30}(4950+19380)-28^2&=811-784\\&=27\quad(\to タチ)\end{aligned}$$

［3］A．変量 x のデータを $x_1=0$，$x_2=5$，$x_3=10$，変量 y のデータを $y_1=0$，$y_2=0$，$y_3=9$ とすると

$$S_x{}^2=\frac{1}{3}\{(-5)^2+0^2+5^2\}=\frac{50}{3}$$

$$S_y{}^2=\frac{1}{3}\{(-3)^2+(-3)^2+6^2\}=\frac{54}{3}$$

$S_y>S_x$ となるため，①偽。（→ツ）

B．x の平均を $\overline{x}$，分散を $S_x{}^2$ とし，k 倍したデータの分散を $S_x{}'^2$ とすると

$$\begin{aligned}S_x{}'^2&=\frac{1}{n}\sum_{i=1}^{n}(kx_i-k\overline{x})^2=\frac{1}{n}\sum_{i=1}^{n}k^2(x_i-\overline{x})^2\\&=k^2\frac{1}{n}\sum_{i=1}^{n}(x_i-\overline{x})^2\\&=k^2S_x{}^2\end{aligned}$$

より，k^2 倍となり，①偽。（→テ）

C．標準偏差は定義より必ず正の値となるので，共分散が正であるならば，相関係数は定義から必ず正の値となる。⓪真。（→ト）

■数学基礎■

I

解答　[1]ア．3　イ．5　ウ．1

[2]エオ．41　カキク．111

[3]ケ．2

解説　≪2次方程式，循環小数，式の計算≫

[1]　$10x^2-4x-6=0$ より　　$5x^2-2x-3=0$

$(5x+3)(x-1)=0$

$x=-\dfrac{3}{5}$　(→ア，イ)，1　(→ウ)

[2]　$x=0.\dot{3}6\dot{9}$ とおくと

$1000x=369.369369\cdots$　……①

$x=0.369369\cdots$　……②

①から②を引くと

$999x=369$

よって　　$x=\dfrac{41}{111}$　(→エ～ク)

[3]　$\dfrac{1}{1+\sqrt{2}+\sqrt{3}}+\dfrac{1}{1+\sqrt{2}-\sqrt{3}}+\dfrac{1}{1-\sqrt{2}+\sqrt{3}}+\dfrac{1}{1-\sqrt{2}-\sqrt{3}}$

$$=\left(\frac{1}{1+\sqrt{2}+\sqrt{3}}+\frac{1}{1+\sqrt{2}-\sqrt{3}}\right)+\left(\frac{1}{1-\sqrt{2}+\sqrt{3}}+\frac{1}{1-\sqrt{2}-\sqrt{3}}\right)$$

$$=\frac{2(1+\sqrt{2})}{(1+\sqrt{2}+\sqrt{3})(1+\sqrt{2}-\sqrt{3})}+\frac{2(1-\sqrt{2})}{(1-\sqrt{2}+\sqrt{3})(1-\sqrt{2}-\sqrt{3})}$$

$$=\frac{2(1+\sqrt{2})}{(1+\sqrt{2})^2-(\sqrt{3})^2}+\frac{2(1-\sqrt{2})}{(1-\sqrt{2})^2-(\sqrt{3})^2}$$

$$=\frac{2(1+\sqrt{2})}{2\sqrt{2}}+\frac{2(1-\sqrt{2})}{-2\sqrt{2}}$$

$$=\frac{1+\sqrt{2}}{\sqrt{2}}-\frac{1-\sqrt{2}}{\sqrt{2}}$$

$=1+1$

$=2$　(→ケ)

II　**解答**　[1]ア．6　イ．0　ウ．2　エオカキ．8284　ク．5　ケ．0　コ．2　サシスセ．8284

[2]ソ．0　タ．2

解説　≪平均値，標準偏差，相関係数≫

[1]　数学の得点 x の平均を $\overline{x}$ とすると

$$\overline{x}=\frac{1}{5}(2+4+6+8+10)=6.0 \quad (\rightarrow ア，イ)$$

よって，その標準偏差を S_x とすると，分散 $S_x{}^2$ は

$$S_x{}^2=\frac{1}{5}(16+4+0+4+16)=8$$

より

$$S_x=\sqrt{8}=2\sqrt{2}\fallingdotseq 2\times 1.4142=2.8284 \quad (\rightarrow ウ〜キ)$$

英語の得点 y の平均を $\overline{y}$ とすると

$$\overline{y}=\frac{1}{5}(5+7+1+3+9)=5.0 \quad (\rightarrow ク，ケ)$$

よって，その標準偏差を S_y とすると，分散 $S_y{}^2$ は

$$S_y{}^2=\frac{1}{5}(0+4+16+4+16)=8$$

より

$$S_y=\sqrt{8}=2\sqrt{2}\fallingdotseq 2\times 1.4142=2.8284 \quad (\rightarrow コ〜セ)$$

	x	y	$x-\overline{x}$	$y-\overline{y}$	$(x-\overline{x})^2$	$(y-\overline{y})^2$	$(x-\overline{x})(y-\overline{y})$
A	2	5	−4	0	16	0	0
B	4	7	−2	2	4	4	−4
C	6	1	0	−4	0	16	0
D	8	3	2	−2	4	4	−4
E	10	9	4	4	16	16	16

[2]　表より x と y の共分散（S_{xy} とする）を求めると

$$S_{xy}=\frac{1}{5}(0-4+0-4+16)=\frac{8}{5}$$

よって，求める相関係数（r とする）は

$$r=\frac{S_{xy}}{S_xS_y}=\frac{\frac{8}{5}}{\sqrt{8}\sqrt{8}}=\frac{\frac{8}{5}}{8}$$

$$=\frac{1}{5}=0.2\quad(\to ソ,\ タ)$$

III 解答

［1］アイ．24　ウエ．55

［2］(1)オカキクケ．10080　(2)コサシ．720

(3)スセソタ．7440

解説　≪コインと玉の確率，同じものを含む順列≫

［1］　A から赤玉を出す確率は

$$\frac{1}{2}\times\frac{{}_3C_1}{{}_{11}C_1}=\frac{1}{2}\times\frac{3}{11}=\frac{3}{22}$$

B から赤玉を出す確率は

$$\frac{1}{2}\times\frac{{}_6C_1}{{}_{10}C_1}=\frac{1}{2}\times\frac{6}{10}=\frac{6}{20}$$

よって，求める確率は

$$\frac{3}{22}+\frac{6}{20}=\frac{30+66}{220}=\frac{96}{220}=\frac{24}{55}\quad(\to ア〜エ)$$

［2］(1)　A と I が 2 つずつ同じなので，求める場合の数は

$\frac{8!}{2!2!}=10080$ 通り　(→オカキクケ)

(2)　AA，II をそれぞれ 1 文字と見なせるので，求める場合の数は

$6!=720$ 通り　(→コサシ)

(3)　A と I が隣り合わない場合の数を考えると，AA，II を含むときは，T，B，S，H 4 つを並べ，AA，II を端または中に入れればよいので

$^\vee\bigcirc{}^\vee\bigcirc{}^\vee\bigcirc{}^\vee\bigcirc{}^\vee$

$4!\times{}_5P_2=24\times20$ 通り

AA を含むときは，T，B，S，H 4 つを並べ，AA，I，I を端または中に入れると

$4!\times\frac{{}_5P_3}{2!}=24\times30$ 通り

II を含むときは，同様にして

$$4! \times \frac{{}_5P_3}{2!} = 24 \times 30 \text{ 通り}$$

また，同じ文字がいっさい隣り合わない場合の数は，T，B，S，H 4つを並べ，A，A，I，I をその端または中に入れればよいので

$$4! \times \frac{{}_5P_4}{2!2!} = 24 \times 30 \text{ 通り}$$

以上から，A と I が隣り合わない場合の数は

$$24(20+30+30+30) = 2640 \text{ 通り}$$

よって，求める場合の数は

$$10080 - 2640 = 7440 \text{ 通り}$$　（→スセソタ）

Ⅳ　解答

［1］アー②

［2］イ．1　ウ．3　エ．6

解説　≪指数・対数の計算≫

［1］ $a^{2x}=b^{2y}=c^{2z}=9$ に10を底とする対数をとると

$$2x\log_{10}a = 2y\log_{10}b = 2z\log_{10}c = 2\log_{10}3$$

となるので，$x=\dfrac{\log_{10}3}{\log_{10}a}$，$y=\dfrac{\log_{10}3}{\log_{10}b}$，$z=\dfrac{\log_{10}3}{\log_{10}c}$ より

$$\frac{1}{x}+\frac{1}{y}+\frac{1}{z} = \frac{\log_{10}a}{\log_{10}3}+\frac{\log_{10}b}{\log_{10}3}+\frac{\log_{10}c}{\log_{10}3}$$

$$= \frac{\log_{10}abc}{\log_{10}3}$$

$$= \log_3 abc \ (②)$$　（→ア）

［2］ $\log_{18}\sqrt[3]{30} = \dfrac{1}{3}\log_{18}30$

$$= \frac{\log_{10}30}{3\log_{10}18}$$

$$= \frac{\log_{10}3+\log_{10}10}{3(\log_{10}2+2\log_{10}3)}$$

$$= \frac{b+1}{3(a+2b)}$$

$$= \frac{b+1}{3a+6b}$$　（→イ～エ）

V　解答

［1］ア．1　イ．4　ウ．3　エ．4　オ．2　カ．3

［2］キ．3　クケ．49　コ．6　サシス．113

［3］セソタ．125　チ．6

解説　≪4次関数のグラフ，3次関数の最大・最小，放物線と直線で囲まれた面積≫

［1］　$y'=4x^3-24x^2+44x-24$

$=4(x^3-6x^2+11x-6)$

$=4(x-1)(x-2)(x-3)$

$y'=0$ より

$x=1,\ 2,\ 3$

増減表より，$x=1$（→ア）で極小値 -4（→イ）を，$x=3$（→ウ）で極小値 -4（→エ）を，$x=2$（→オ）で極大値 -3（→カ）をとる。

x	$\cdots$	1	$\cdots$	2	$\cdots$	3	$\cdots$
y'	$-$	0	$+$	0	$-$	0	$+$
y	↘	-4	↗	-3	↘	-4	↗

［2］　$y'=6x^2-12x-18$

$=6(x-3)(x+1)$

$y'=0$ より　　$x=-1,\ 3$

増減表より，$x=3$（→キ）で最小値 -49（→クケ）を，$x=6$（→コ）で最大値 113（→サシス）をとる。

x	-2	$\cdots$	-1	$\cdots$	3	$\cdots$	6
y'		$+$	0	$-$	0	$+$	
y	1	↗	15	↘	-49	↗	113

［3］　放物線と直線の交点の x 座標は

$x^2-2x=-x+6$

より

$x^2-x-6=0$

$(x+2)(x-3)=0$

$x=-2,\ 3$

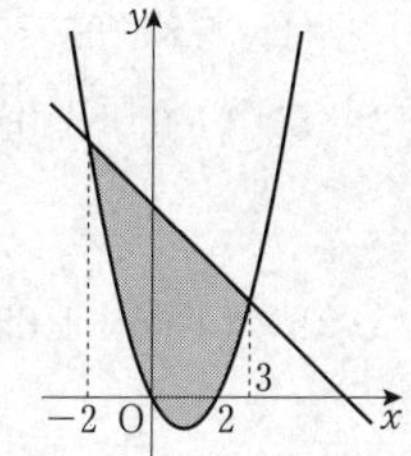

求める面積は右図の網かけ部分より

$$\int_{-2}^{3}\{(-x+6)-(x^2-2x)\}dx$$

$$=\int_{-2}^{3}-(x^2-x-6)dx$$

$$=-\int_{-2}^{3}(x+2)(x-3)dx$$

$=-\left\{-\frac{1}{6}(3+2)^3\right\}$

$=\frac{125}{6}$　(→セ～チ)

VI 解答

［1］ア．7　イウエ．121　オカキ．689

［2］(1)ク．5　ケコ．25

(2)サシ．10　スセソタ．7625　(3)チツ．83　テトナニ．5695

解説　≪等差数列，複利計算≫

［1］　初項 a，公差 d とすると

$a_5=a+(5-1)d=a+4d$

$a_{19}=a+(19-1)d=a+18d$

より

$$\begin{cases} a+4d=86 \\ a+18d=-12 \end{cases}$$

これを解くと，$a=114$，$d=-7$ より，求める一般項 a_n は

$a_n=114+(n-1)(-7)$

$=-7n+121$　(→ア～エ)

次に，$a_{26}=-61$ より，初項から第 26 項までの和は

$\frac{26}{2}(114-61)=689$　(→オカキ)

［2］(1)　$5\times1.05=5.25$　(→ク～コ)

(2)　$5\times(1.05+1.05^2)=5(1.05+1.1025)$

$=10.7625$　(→サ～タ)

(3)　$5\times(1.05+1.05^2+\cdots+1.05^{12})=5\times\frac{1.05(1.05^{12}-1)}{1.05-1}$

$=5\times\frac{1.05(1.7959-1)}{0.05}$

$=5\times21\times0.7959$

$=83.5695$　(→チ～ニ)

てない、という場面である。

問八　疑問を表す語とともに用いられる単独の助動詞「まし」は、ためらいの意志を表し、〝～してしまおうかしら〟の意である。また、「我が思ふ人もなぎさにたづねきて」は、「渚」と「人も無き」が掛詞になっており、〝私が慕う人もいない渚に尋ね来て、満ちてくる潮に身を投げてしまおうか〟という歌である。

問九　(1)第二段落冒頭「長月」は陰暦九月（新暦だとおよそ十月ごろにあたる）である。

(2)はじめの和歌直前「袖をひかへたまへば」は、夢の中で少将が姫君の袖をとらえたということであり、「袖を振って呼びかけ」たわけではない。

(3)傍線3付近の内容に合致。

(4)空欄Zの次の段落の内容に合致。

(5)傍線6付近にあるように、「十歳ほどの少年」は「京の尼上」に自ら言葉を伝えたのではなく、少将に家の場所を教えただけであるので、不適。

問六　②
問七　⑤
問八　①
問九　(1)—②　(2)—②　(3)—①　(4)—①　(5)—②
問十　ア—②　イ—③　ウ—④

解説　問二　接続助詞「ば」は未然形に接続するとき、順接仮定条件（〜ならば）を表す。波線Aは完了の助動詞「ぬ」の未然形、①は断定の助動詞「なり」の未然形、④は過去の助動詞「き」の未然形にそれぞれ接続している。

問三　「住吉」を「住み良し（＝暮らしやすい）」と掛けている。後の「暁の夢をたのみて……住吉とだにいふ人もなし」の和歌の内容と呼応。

問四　X、直前にある「心苦しげ」は、ナリ活用形容動詞となる語であり、直後に「山」と体言があるので連体形に活用させる。

Y、係助詞「こそ」の結びの語であるため、已然形の語が入る。

Z、疑問の係助詞「か」の結びであり、接続する語が「おはす」の終止形であるため、未然形接続の「む」ではなく終止形接続の「らむ」が適切。

問五　侍従が、姫君に会えない少将の気持ちを推しはかった言葉。「じ」は打消意志を表す。〃(会えないならば)世にとどまるまい〃の意。

問六　逆接確定条件を表す接続助詞「ども」は已然形接続。「しか」に接続する「来」の活用形が判別できないものの、「ども」の接続を満たしている選択肢は②のみ。「しか」は過去の助動詞「き」の已然形。

問七　「をさをさし」で〃大人びている、しっかりしている、しっかりしている〃等の意。夢のお告げを頼りに、少将は住吉の姫君の住居と思しき場所にたどり着いたものの、しっかり応対してくれそうな人もおらず、(場所が合っているという)確証が持

問十　ア、⓪③段落の「死の影」の説明、また①⑦段落の内容に合致する。問七も参照。
イ、⓪②段落の農村についての説明は正しいが、以降かってはすべての人々にとって死が日常にあったとの趣旨の文章であり、不適。
ウ、①⑨段落などで何度も出てくる〈死が日常的なものである〉等と合致せず、不適。戦前では死を「恐れ」たり「忌避」したりしたわけではなかった。
エ、⓪⑧段落の内容に合致。
オ、①③段落の内容に合致。
カ、⓪①段落に「現代において、『死』を日常的に感じる人々の数は限られている」とあるため、不適。

問十一　(1)⓪③段落に「『死の影』の下にいる」とは「死を日常的に感じる」を「文学的」に表現したものだとあるので、詩中で「死を日常的に感じ」ているものを選ぶ。生きている「私」と「死者達」が身近にあることを示す①が適当であろう。
(2)大切な存在を失った経験があるのは、⓪⑤~⓪⑦段落の内容にあるように『細雪』の野村である。

Ⅲ

出典　『住吉物語』〈下巻〉

解答

問一　1—④　2—④　3—②
問二　①・④
問三　④
問四　X—⑦　Y—⑤　Z—⑨
問五　②

す。〝こっそりと覗き見る〟、また〝ちらっと見る〟、〝物事の様子の一端をうかがう〟という意味。

問三　傍線b直後にある「野村の『心の傷』として描く」「妻にも二人の子にも先立たれた中年男の悲哀」をふまえる。②・③・④・⑤はいずれも〈心の傷を描く〉ことに触れているが、④は「……描かれるにとどまり、……気にしない」が文意と逆。③「選ばないという決断」、⑤「好意を抱く」とその先の展開まで断定するのは言い過ぎ。

問四　②・③は⓪⑦段落の内容に、⑤は⓪⑧段落の内容に合致。①や④は、「死が自然な、日常的なもの」という結論とは何ら関係のない説明であり、不適。

問五　①③段落に「この歌（=『ゴンドラの歌』）が森鷗外が訳したアンデルセンの『即興詩人』（一八三五）に基づいて吉井が作詞した」とあるため、②「『即興詩人』のなかで引用されている」は不適。

問六　「警句」は本文中に「(あるいは修辞的な)」という補足もあるように、〝奇抜な着想で、短く巧みな言葉を用いて真理を言い表した表現〟のこと。①・③・④・⑥はいずれも日常会話で使うような表現であり、修辞もみられず、特に真理を言い表してもいない。

問七　傍線f「この歌を選ぶ理由」は、前の「死に直面した主人公が今を精一杯生きたことを……『死に直面した生』を実感する歌だったのである」である。その内容に合致する⑤が答え。③は「『ゴンドラの唄』の趣旨を、映画監督が……主張したかった」が不適。

問八　②②段落「結核という死に至る病を克服した投資家・事業家」に合致するものを選ぶ。

問九　問八の内容に加え、②⓪段落以降は「死が日常的な中で生きようとすること」が人々の行動にどのような影響を与えたのか述べていること、傍線hの直前に「結核という死に至る病を克服した投資家・事業家のコメントとして見ると」とあることに注意する。②「極端な虚無主義」は、引用文の内容からは少し言い過ぎである。③や⑤は筆者の「興味深」さの説明として不適であり、本文の内容とも合っていない。④「当時の会社商店の動揺波瀾」を垣間見ることは確かに可能だが、「死に至る病を克服した」という筆者の観点と関係がなく、不適。

Ⅱ

出典　清水剛『感染症と経営　戦前日本企業は「死の影」といかに向き合ったか』〈2「死」が身近な社会〉（中央経済社）

解答

問一　④

問二　⑤

問三　②

問四　①・④

問五　②

問六　②・⑤

問七　⑤

問八　④

問九　①

問十　ア—①　イ—②　ウ—②　エ—①　オ—①　カ—②

問十一　(1)—①　(2)—③

解説　問一　A、文末が「……ではない」で結ばれ、次の文で「しかし」と逆接の接続詞が使われていることに注目する。

B、空欄前では現代の小説の描き方を、後ではそれとは異なる谷崎潤一郎『細雪』の描き方について述べているため、逆接が入る。

C、空欄前で「死が目前」とあり「今を生きることの重要性」について述べ、後では、特に「死亡率が高」かった時代では、という文脈なので、「とりわけ」を入れる。

問二「垣間見る」の「垣」は垣根の意味で、古くは平安時代に男性が女性のことを垣根のすき間から覗き見ることを指

詳しい内容は、前の引用部にあり、その末部「自分の好む事実を手に入れようとする」を「恣意性に左右されざるをえない」と言い換えた①が答えとなる。⑤については、①⑥段落に「歴史家が事実を『事実』として選びだしたときに、初めて語り始める」などとあるように、筆者はこの選択を「本来避けるべき行為」とは捉えておらず、不適。

問五　②①段落はじめの接続詞「たとえば」は、具体例を示すときに用いる。「キリスト教徒」「マルクス主義者」「フェミニズム」と三種類の「解釈の型」がこれ以降の段落で提示されている。

問六　本文の読解以上に、ニュース等で昨今使われる「歴史修正主義」という言葉の理解を問う問題。

X、一つ目の空欄では〝正しい〟という意であろうことしか読み取れないが、二つ目のXの空欄で「不当」という言葉と対比されているので、④「正当」が入る。

Y、ホロコースト否定論や偽造文書などが後に続くことから、②「ネガティブ」＝〝否定的〟が入る。

Z、①③段落に紹介されている③「ファクトチェック」が入る。

問七　ア、⓪⑧・⓪⑨段落の内容に合致する。

イ、②⑦段落にある「歴史は常に『修正』され続ける」という本文の主題に合致しない。

ウ、①③段落の「事実」と「真実」の違いを説明する流れで、「『真実』のあり方は人によって異なる」とある。ウのような説明は、「歴史の真実は一つ」などと言う、一般人（非歴史家）の立場からの考えであり、不適。

エ、⓪⑧段落や①⑧段落の内容に合致し、「つねに限界を内包している」は⓪⑧段落の「過去の実像を一〇〇％捉えることは不可能だ」と同じ内容を言い表している。

オ、②⑦段落の内容に合致する。

▲二月七日実施分▼

I

出典　武井彩佳『歴史修正主義』〈序章　歴史学と歴史修正主義〉（中央公論新社）

解答

問一　③
問二　ア―①　イ―④　ウ―②
問三　⑤
問四　①
問五　②①段落
問六　X―④　Y―②　Z―③
問七　ア―①　イ―②　ウ―②　エ―①　オ―①
問八　(A)―②　(B)―①　(C)―③　(D)―②　(E)―③

解説

問一　傍線(a)内の「地図」「立体模型」という比喩表現を言い換えた箇所を探す。⓪④段落に「複数の手段による過去の全体像の把握を試み、これを言語化（地図化）する」という表現があるので、これに合致する③が答え。②や⑤は「地図」という比喩を説明できていないので不適。①は「歴史的文脈」、④は「因果関係」が本文の内容に合致しない。

問三　①は②⑦段落の内容に、②や③は傍線(b)の直前部の内容に、④は②⑤段落の内容にそれぞれ合致する。⑤の選択肢の前半「歴史そのものに終わりがない」は、本文において示されていない視点である。

問四　傍線(c)の「この選択」とは、同段落一文目「歴史が書かれる際の……『事実』の選択」を指している。さらにその

を取り違えており、不適。

問六　九条殿が「朱雀門の前に……内裏を抱きて立てり」という縁起のいい夢を見たのに、「なまさかしき（＝〝こざかしい〟）」女房が「いかに御股痛く……」と夢の解釈を間違えてしまったために、吉夢が台無しになったと述べている。

問七　『大鏡』は年老いた翁が周囲の聴衆に対して体験談を披露する歴史物語である。「聞かせたまふ」は二重敬語（最高敬語）の表現で、ここでは九条殿の話を聴いている者たちに対し、同じ失敗をしないよう注意喚起をしているのである。問六の女房を「事情を知らない人」と表現した②が適切。

問八　傍線クに「待ちつけ申しけむ」とあり、「待ちつけ」は〝待ち受ける、迎える〟意の動詞、「申し」は謙譲語の補助動詞であるため、付近の敬語の使い方とあわせ、〝貫之が九条殿をお迎え申し上げた〟ことがわかる。また、「おろかなり」は〝いい加減だ、不十分だ〟という意味の言葉だが、「いかが～べきな」を反語で解釈すると、意味が逆転し、貫之の行動を賞賛する言葉となることから、貫之をたたえた①が適切。

問九　⑴傍線クのある段落の、貫之との逸話の内容に合致。

⑵傍線オの次の文「ただ人にはおはしまさぬにや」や、百鬼夜行と調六の逸話の内容に合致。

⑶警護の人々に百鬼夜行は見えていなかったため不適。

⑷本文の内容にないものであり、懐妊を帝に伝える場面も特に存在しないため不適。

⑸傍線カの直前の内容に合致。

問八　①

問九　(1)―①　(2)―①　(3)―②　(4)―②　(5)―①

問十　W―②　X―④　Y―①　Z―③

解説

問一　ア、「あやし」は〝不思議だ〟の意。

イ、「かけてやれ」の「やれ」は〝出発させる、進ませる〟の意の「遣る」の命令形。本文冒頭にあるように、「百鬼夜行」にあった際の話である。

問二　A、連用形に接続し、句点につながる終止形の語が入る。従者が簾を下ろした、という内容であるため、意志的な動作の完了を表す③「つ」が入る。

B、下の接続助詞「ど」が已然形接続であり、打消の④「ざれ」や現在推量の①「らめ」は連用形「たまひ」には続かないので、連用形接続で過去推量を表す②「けめ」が入る。

C、①「けり」、④「ける」のどちらかが入るが、空欄C下の「にこそは」は結びの言葉「ありけめ」が省略されており、「〜にあり」(=〜デアル)を含む形となっているため、「に」は断定の助動詞「なり」の連用形。「なり」は連体形に接続するため、④「ける」が入る。

問三　「いみじ」は〝はなはだしい〟の意で、良い意味でも悪い意味でも使う。傍線ウ直前の「めで感じもてはやしたまひ」から、良い意味で用いていることがわかる。

問四　注にもあるように、この文章は藤原氏が摂政・関白の座を争っていた時代の話である。直前で九条殿が、生まれてくる御子の性別が男である、つまり新たな東宮候補が生まれるという願いを込めて調六を出したため、民部卿は自分の孫の立場が脅かされることを恐れたのである。このことを説明した⑤が適切。

問五　「やがて」は〝すぐに、ただちに〟の意。調六の逸話は、九条殿が民部卿を圧倒したことが読み取れるため、後日民部卿が怨霊となって、九条殿に呪いをかけることを宣言したのだということがわかる。①・④は呪いの主語や対象

問八　傍線eの二行後「既知のもののように考えていたものに驚異を感じ、新たに見直す」、また同段落の末部「自明のものと前提していたものに対して我々は新たに驚異を覚え、或いは好奇心を感じる」に合致する⑤が適切。①や④は〝旅における新たな発見〟について述べているが、「平生見慣れたもの」という表現に合致しない。

問九　④「旅がつねに死と隣り合わせである」は、本文のどこにも記述がなく、不適。

問十　傍線gの直後にある「解放というのは或る物からの自由であり、このような自由は消極的な自由に過ぎない」、同段落「気紛れは真の自由ではない」「真の自由は物においての自由である」の内容をまとめた③が適切。①後半は正しいが、「物質的な物からの解放」は「物からの自由」の誤った解釈であり不適。④前半は正しいが、「常に移動を伴う旅を続けていては」は、「移る」のは好奇心であり、実際に移動することを指していないので不適。

問十一　①〜④はいずれも話題として言及していることであるが、冒頭「ひとはさまざまな理由から旅に上るであろう」、末文「人生そのものが実に旅なのである」とあることからも、本文の主題は「旅」であることがわかる。

Ⅲ

出典　『大鏡』〈右大臣師輔伝〉

解答

問一　ア―⑤　イ―③

問二　A―③　B―②　C―④

問三　②

問四　⑤

問五　⑤

問六　③

問七　②

問八　⑤
問九　④
問十　③
問十一　⑤

解説　問三　傍線aの「これ」が指すのは、同段落はじめの「旅に出ることは日常の生活環境を脱けることであり、平生の習慣的な関係から逃れることである」である。「逃れる」の言い換えとして①では「解放され」が使われている。

問四　「漂泊」は〝流れただようこと、居所を決めずさまよい歩くこと〟を意味する言葉。傍線bの四行後に「旅に出ることは日常の習慣的な、従って安定した関係を脱することであり、そのために生ずる不安から漂泊の感情が湧いてくるのである」とあるのが解答の根拠となる。①は「不安」、③は「漂泊」の内容を取り違えているため不適。②は「本来は自由に漂泊すべき者であると自覚する」、⑤は「自身の行為の意味を人は旅先で体感する」が本文に書かれていないため不適。

問五　本文に書かれていないことを補足した問題。O・Pは、問三・問四の内容とほぼ同一。
Q、空欄直前「これ」とは、その前の「浪漫的とは……」という内容を指すので、本文で「浪漫」について述べられている第三段落を見る。「浪漫的心情というのは遠さの感情にほかならない。旅の面白さの半ばは……想像力の作り出すものである」とあることから、②が適当。
R、説明文末部の「そのように心を働かせる旅そのものが人生のユートピアである」につながる①が適切。

問六　傍線d直後に「これは旅が過程であるということを意味する」とあることを手掛かりにする。①は「近い目標」、②は「時間的目標が近くにある」が本文の内容に合致しない。⑤は「旅の味わい」の説明に終始しており、傍線dの説明として不適。③・④はともに「遠くて同時につねに近い」を本文の趣旨に沿って説明できているが、「過程」の説明を含んだ④が適切。

ため、原作では③「メッセージを送ったかどうか」が問題なのではなく、④「本当に許したのか」が問題なのである。

問八　トラディションの「二重性」という言葉は①⑨段落傍線eではじめて出てくる言葉であるが、その具体例として、①⑥段落からテヴィエの三人の娘の生き方が一人ずつ順番に紹介されている。

問九　①は⓪②段落や⓪③段落にある日本語版の特徴に合致。⑤は②⑦段落の結論部に合致。②は「どのような戒律を守るべきか」ではなく、⓪⑧段落にあるように〈現代的・個人的解釈〉を述べるものなので、不適。③は「ひたすら悲壮感にさいなまれている」が不適。オリジナル演出のミュージカルの結末に希望があることは、問四でも確認したことである。④は、②②段落にあるように、監督が非ユダヤであったことに合致しないため、不適。

問十　イ、日本語版の特徴について⓪③段落で述べた「あきらめて受け入れる」に合致する「甘受する」が答え。エ、②⑦段落で、森繁の「屋根の上のバイオリン弾き」が日本人に合うよう変えられたことを「翻案」という言葉で表現している。

Ⅱ

出典　三木清「旅について」（『人生論ノート』新潮文庫）

解答

問一　A―⑤　B―③　C―②

問二　ア―③　イ―⑤　ウ―①

問三　①

問四　④

問五　O―①　P―③　Q―②　R―①

問六　④

問七　X―③　Y―③

解説

問一　直前の「私が金持ちになったところで……だめになるわけでもあるまいに」というテヴィエのセリフや、傍線a内の「愉快」が、④「ユーモアあふれる機知をもって神に投げかけている」と合致する。

問二　⓪⑧段落の出だしで「しきたりは……」としきたりについて説明し、二文目で「ユダヤ人の……トラディションは……」とトラディションについて説明し、「トラディション」と「しきたり」の違いを述べている。「ユダヤ人の成人式のとき」以降の記述が、具体例に当たる。

問三　①・②・④はいずれも、日本語訳によって何が起こったかの説明が本文に合致しない。③「過去から今に至る固定化された風習・習慣」の説明は本文の内容に合致するが、傍線cの「大胆な翻案」の説明としては、後半の「まさしく……適している」が不適当。「トラディション」の日本語訳に際し、「固定的習慣」のみを強調したため、筆者は「大胆」と評しているのである。

問四　傍線d直後に、英語台本の結末は「ポジティブで明るいもの」とあり、①「一筋の希望を見出している」に合致。②には「はるかに確実な幸福」とあるが、「確実」は傍線dの「未確定な未来」に合致しない。

問五　「それ」は前部の「ユダヤのトラディション」を指し、「二重性」とは、数千年にもわたって受け継がれた「トラディション」が「現実に適用」されることを指した言葉である。

問六　傍線f「その瞬間」とは、直前の「ニューヨーク七番街の……ユダヤ人に、頼もうというわけではないんだよ」と映画会社の社長が言った瞬間であり、監督がユダヤ人でなくてもよいと決めた瞬間である。そして「その瞬間」に「ユダヤ的なミュージカルを、アメリカで多数の、白人キリスト教徒に受け入れられる映画にする」ことが決まったのである。③・④は本文の流れに合致しない。①は指示語の内容として不適。⑤は最後の「決意」が言い過ぎ。会話の流れの中で、自然と決定したという趣旨である。

問七　指示語「そこ」は、直前の「テヴィエが娘になんと言ったか、どういう態度を取ったかについて」を指す。また、ミュージカルや映画での改変について紹介するなかで、②⑥段落に「三女はあたかも許されたようである」とある

国語

▲二月四日実施分▼

Ⅰ

出典　室謙二『非アメリカを生きる――〈複数文化〉の国で』〈第五章　ハムサンドを食べるユダヤ人――アメリカの民族　2　屋根の上のバイオリン弾き〉（岩波新書）

問一　④
問二　⓪⑧
問三　⑤
問四　①
問五　③
問六　②
問七　④
問八　①⑥段落
問九　①・⑤
問十　ア―②　イ―③　ウ―⑤　エ―①
問十一　ア―⑤　イ―②　ウ―④　エ―①　オ―③

/////////////////// · memo · ///////////////////

/////////////////// · memo · ///////////////////

//////////////////// · memo · ////////////////////

////////////////////// · memo · //////////////////////

/////////////////////// · memo · ///////////////////////

////////////////////// · memo · //////////////////////

教学社 刊行一覧

2025年版 大学赤本シリーズ

374大学556点
全都道府県を網羅

国公立大学（都道府県順）

全国の書店で取り扱っています。店頭にない場合は，お取り寄せができます。

1 北海道大学（文系−前期日程）
2 北海道大学（理系−前期日程） 医
3 北海道大学（後期日程）
4 旭川医科大学（医学部〈医学科〉） 医
5 小樽商科大学
6 帯広畜産大学
7 北海道教育大学
8 室蘭工業大学／北見工業大学
9 釧路公立大学
10 公立千歳科学技術大学
11 公立はこだて未来大学 総推
12 札幌医科大学（医学部） 医
13 弘前大学 医
14 岩手大学
15 岩手県立大学・盛岡短期大学部・宮古短期大学部
16 東北大学（文系−前期日程）
17 東北大学（理系−前期日程） 医
18 東北大学（後期日程）
19 宮城教育大学
20 宮城大学
21 秋田大学 医
22 秋田県立大学
23 国際教養大学 総推
24 山形大学 医
25 福島大学
26 会津大学
27 福島県立医科大学（医・保健科学部） 医
28 茨城大学（文系）
29 茨城大学（理系）
30 筑波大学（推薦入試） 医 総推
31 筑波大学（文系−前期日程）
32 筑波大学（理系−前期日程） 医
33 筑波大学（後期日程）
34 宇都宮大学
35 群馬大学 医
36 群馬県立女子大学
37 高崎経済大学
38 前橋工科大学
39 埼玉大学（文系）
40 埼玉大学（理系）
41 千葉大学（文系−前期日程）
42 千葉大学（理系−前期日程） 医
43 千葉大学（後期日程） 医
44 東京大学（文科） DL
45 東京大学（理科） DL 医
46 お茶の水女子大学
47 電気通信大学
48 東京外国語大学 DL
49 東京海洋大学
50 東京科学大学（旧 東京工業大学）
51 東京科学大学（旧 東京医科歯科大学） 医
52 東京学芸大学
53 東京藝術大学
54 東京農工大学
55 一橋大学（前期日程）
56 一橋大学（後期日程）
57 東京都立大学（文系）
58 東京都立大学（理系）
59 横浜国立大学（文系）
60 横浜国立大学（理系）
61 横浜市立大学（国際教養・国際商・理・データサイエンス・医〈看護〉学部）
62 横浜市立大学（医学部〈医学科〉） 医
63 新潟大学（人文・教育〈文系〉・法・経済科・医〈看護〉・創生学部）
64 新潟大学（教育〈理系〉・理・医〈看護を除く〉・歯・工・農学部） 医
65 新潟県立大学
66 富山大学（文系）
67 富山大学（理系） 医
68 富山県立大学
69 金沢大学（文系）
70 金沢大学（理系） 医
71 福井大学（教育・医〈看護〉・工・国際地域学部）
72 福井大学（医学部〈医学科〉） 医
73 福井県立大学
74 山梨大学（教育・医〈看護〉・工・生命環境学部）
75 山梨大学（医学部〈医学科〉） 医
76 都留文科大学
77 信州大学（文系−前期日程）
78 信州大学（理系−前期日程） 医
79 信州大学（後期日程）
80 公立諏訪東京理科大学 総推
81 岐阜大学（前期日程） 医
82 岐阜大学（後期日程）
83 岐阜薬科大学
84 静岡大学（前期日程）
85 静岡大学（後期日程）
86 浜松医科大学（医学部〈医学科〉） 医
87 静岡県立大学
88 静岡文化芸術大学
89 名古屋大学（文系）
90 名古屋大学（理系） 医
91 愛知教育大学
92 名古屋工業大学
93 愛知県立大学
94 名古屋市立大学（経済・人文社会・芸術工・看護・総合生命理・データサイエンス学部）
95 名古屋市立大学（医学部〈医学科〉） 医
96 名古屋市立大学（薬学部）
97 三重大学（人文・教育・医〈看護〉学部）
98 三重大学（医〈医〉・工・生物資源学部） 医
99 滋賀大学
100 滋賀医科大学（医学部〈医学科〉） 医
101 滋賀県立大学
102 京都大学（文系）
103 京都大学（理系） 医
104 京都教育大学
105 京都工芸繊維大学
106 京都府立大学
107 京都府立医科大学（医学部〈医学科〉） 医
108 大阪大学（文系） DL
109 大阪大学（理系） 医
110 大阪教育大学
111 大阪公立大学（現代システム科学域〈文系〉・文・法・経済・商・看護・生活科〈居住環境・人間福祉〉学部−前期日程）
112 大阪公立大学（現代システム科学域〈理系〉・理・工・農・獣医・医・生活科〈食栄養〉学部−前期日程） 医
113 大阪公立大学（中期日程）
114 大阪公立大学（後期日程）
115 神戸大学（文系−前期日程）
116 神戸大学（理系−前期日程） 医
117 神戸大学（後期日程）
118 神戸市外国語大学 DL
119 兵庫県立大学（国際商経・社会情報科・看護学部）
120 兵庫県立大学（工・理・環境人間学部）
121 奈良教育大学／奈良県立大学
122 奈良女子大学
123 奈良県立医科大学（医学部〈医学科〉） 医
124 和歌山大学
125 和歌山県立医科大学（医・薬学部） 医
126 鳥取大学 医
127 公立鳥取環境大学
128 島根大学 医
129 岡山大学（文系）
130 岡山大学（理系） 医
131 岡山県立大学
132 広島大学（文系−前期日程）
133 広島大学（理系−前期日程） 医
134 広島大学（後期日程）
135 尾道市立大学 総推
136 県立広島大学
137 広島市立大学
138 福山市立大学 総推
139 山口大学（人文・教育〈文系〉・経済・医〈看護〉・国際総合科学部）
140 山口大学（教育〈理系〉・理・医〈看護を除く〉・工・農・共同獣医学部） 医
141 山陽小野田市立山口東京理科大学 総推
142 下関市立大学／山口県立大学
143 周南公立大学 新 総推
144 徳島大学 医
145 香川大学 医
146 愛媛大学 医
147 高知大学 医
148 高知工科大学
149 九州大学（文系−前期日程）
150 九州大学（理系−前期日程） 医
151 九州大学（後期日程）
152 九州工業大学
153 福岡教育大学
154 北九州市立大学
155 九州歯科大学
156 福岡県立大学／福岡女子大学
157 佐賀大学 医
158 長崎大学（多文化社会・教育〈文系〉・経済・医〈保健〉・環境科〈文系〉学部）
159 長崎大学（教育〈理系〉・医〈医〉・歯・薬・情報データ科・工・環境科〈理系〉・水産学部） 医
160 長崎県立大学 総推
161 熊本大学（文・教育・法・医〈看護〉学部・情報融合学環〈文系型〉）
162 熊本大学（理・医〈看護を除く〉・薬・工学部・情報融合学環〈理系型〉） 医
163 熊本県立大学
164 大分大学（教育・経済・医〈看護〉・理工・福祉健康科学部）
165 大分大学（医学部〈医・先進医療科学科〉） 医
166 宮崎大学（教育・医〈看護〉・工・農・地域資源創成学部）
167 宮崎大学（医学部〈医学科〉） 医
168 鹿児島大学（文系）
169 鹿児島大学（理系） 医
170 琉球大学 医

2025年版　大学赤本シリーズ

国公立大学 その他

171 〔国公立大〕医学部医学科 総合型選抜・学校推薦型選抜※ 医 総推
172 看護・医療系大学〈国公立 東日本〉※
173 看護・医療系大学〈国公立 中日本〉※
174 看護・医療系大学〈国公立 西日本〉※
175 海上保安大学校／気象大学校
176 航空保安大学校
177 国立看護大学校
178 防衛大学校 総推
179 防衛医科大学校（医学科） 医
180 防衛医科大学校（看護学科）

※No.171～174の収載大学は赤本ウェブサイト（http://akahon.net/）でご確認ください。

私立大学①

北海道の大学（50音順）

201 札幌大学
202 札幌学院大学
203 北星学園大学
204 北海学園大学
205 北海道医療大学
206 北海道科学大学
207 北海道武蔵女子大学・短期大学
208 酪農学園大学（獣医学群〈獣医学類〉）

東北の大学（50音順）

209 岩手医科大学（医・歯・薬学部） 医
210 仙台大学 総推
211 東北医科薬科大学（医・薬学部） 医
212 東北学院大学
213 東北工業大学
214 東北福祉大学
215 宮城学院女子大学 総推

関東の大学（50音順）

あ行（関東の大学）

216 青山学院大学（法・国際政治経済学部－個別学部日程）
217 青山学院大学（経済学部－個別学部日程）
218 青山学院大学（経営学部－個別学部日程）
219 青山学院大学（文・教育人間科学部－個別学部日程）
220 青山学院大学（総合文化政策・社会情報・地球社会共生・コミュニティ人間科学部－個別学部日程）
221 青山学院大学（理工学部－個別学部日程）
222 青山学院大学（全学部日程）
223 麻布大学（獣医、生命・環境科学部）
224 亜細亜大学
226 桜美林大学
227 大妻女子大学・短期大学部

か行（関東の大学）

228 学習院大学（法学部－コア試験）
229 学習院大学（経済学部－コア試験）
230 学習院大学（文学部－コア試験）
231 学習院大学（国際社会科学部－コア試験）
232 学習院大学（理学部－コア試験）
233 学習院女子大学
234 神奈川大学（給費生試験）
235 神奈川大学（一般入試）
236 神奈川工科大学
237 鎌倉女子大学・短期大学部
238 川村学園女子大学
239 神田外語大学
240 関東学院大学
241 北里大学（理学部）
242 北里大学（医学部） 医
243 北里大学（薬学部）
244 北里大学（看護・医療衛生学部）
245 北里大学（未来工・獣医・海洋生命科学部）
246 共立女子大学・短期大学
247 杏林大学（医学部） 医
248 杏林大学（保健学部）
249 群馬医療福祉大学・短期大学部
250 群馬パース大学 総推
251 慶應義塾大学（法学部）
252 慶應義塾大学（経済学部）
253 慶應義塾大学（商学部）
254 慶應義塾大学（文学部） 総推
255 慶應義塾大学（総合政策学部）
256 慶應義塾大学（環境情報学部）
257 慶應義塾大学（理工学部）
258 慶應義塾大学（医学部） 医
259 慶應義塾大学（薬学部）
260 慶應義塾大学（看護医療学部）
261 工学院大学
262 國學院大學
263 国際医療福祉大学 医
264 国際基督教大学
265 国士舘大学
266 駒澤大学（一般選抜T方式・S方式）
267 駒澤大学（全学部統一日程選抜）

さ行（関東の大学）

268 埼玉医科大学（医学部） 医
269 相模女子大学・短期大学部
270 産業能率大学
271 自治医科大学（医学部） 医
272 自治医科大学（看護学部）／東京慈恵会医科大学（医学部〈看護学科〉）
273 実践女子大学 総推
274 芝浦工業大学（前期日程）
275 芝浦工業大学（全学統一日程・後期日程）
276 十文字学園女子大学
277 淑徳大学
278 順天堂大学（医学部） 医
279 順天堂大学（スポーツ健康科・医療看護・保健看護・国際教養・保健医療・医療科・健康データサイエンス・薬学部） 総推
280 上智大学（神・文・総合人間科学部）
281 上智大学（法・経済学部）
282 上智大学（外国語・総合グローバル学部）
283 上智大学（理工学部）
284 上智大学（TEAPスコア利用方式）
285 湘南工科大学
286 昭和大学（医学部） 医
287 昭和大学（歯・薬・保健医療学部）
288 昭和女子大学
289 昭和薬科大学
290 女子栄養大学・短期大学部 総推
291 白百合女子大学
292 成蹊大学（法学部－A方式）
293 成蹊大学（経済・経営学部－A方式）
294 成蹊大学（文学部－A方式）
295 成蹊大学（理工学部－A方式）
296 成蹊大学（E方式・G方式・P方式）
297 成城大学（経済・社会イノベーション学部－A方式）
298 成城大学（文芸・法学部－A方式）
299 成城大学（S方式〈全学部統一選抜〉）
300 聖心女子大学
301 清泉女子大学
303 聖マリアンナ医科大学 医
304 聖路加国際大学（看護学部）
305 専修大学（スカラシップ・全国入試）
306 専修大学（前期入試〈学部個別入試〉）
307 専修大学（前期入試〈全学部入試・スカラシップ入試〉）

た行（関東の大学）

308 大正大学
309 大東文化大学
310 高崎健康福祉大学
311 拓殖大学
312 玉川大学
313 多摩美術大学
314 千葉工業大学
315 中央大学（法学部－学部別選抜）
316 中央大学（経済学部－学部別選抜）
317 中央大学（商学部－学部別選抜）
318 中央大学（文学部－学部別選抜）
319 中央大学（総合政策学部－学部別選抜）
320 中央大学（国際経営・国際情報学部－学部別選抜）
321 中央大学（理工学部－学部別選抜）
322 中央大学（5学部共通選抜）
323 中央学院大学
324 津田塾大学
325 帝京大学（薬・経済・法・文・外国語・教育・理工・医療技術・福岡医療技術学部）
326 帝京大学（医学部） 医
327 帝京科学大学 総推
328 帝京平成大学 総推
329 東海大学（医〈医〉学部を除く－一般選抜）
330 東海大学（文系・理系学部統一選抜）
331 東海大学（医学部〈医学科〉） 医
332 東京医科大学（医学部〈医学科〉） 医
333 東京家政大学・短期大学部 総推
334 東京経済大学
335 東京工科大学
336 東京工芸大学
337 東京国際大学
338 東京歯科大学
339 東京慈恵会医科大学（医学部〈医学科〉） 医
340 東京情報大学
341 東京女子大学
342 東京女子医科大学（医学部） 医
343 東京電機大学
344 東京都市大学
345 東京農業大学
346 東京薬科大学（薬学部） 総推
347 東京薬科大学（生命科学部） 総推
348 東京理科大学（理学部〈第一部〉－B方式）
349 東京理科大学（創域理工学部－B方式・S方式）
350 東京理科大学（工学部－B方式）
351 東京理科大学（先進工学部－B方式）
352 東京理科大学（薬学部－B方式）
353 東京理科大学（経営学部－B方式）
354 東京理科大学（C方式、グローバル方式、理学部〈第二部〉－B方式）
355 東邦大学（医学部） 医
356 東邦大学（薬学部）

2025年版　大学赤本シリーズ

私立大学②

357 東邦大学(理・看護・健康科学部)
358 東洋大学(文・経済・経営・法・社会・国際・国際観光学部)
359 東洋大学(情報連携・福祉社会デザイン・健康スポーツ科・理工・総合情報・生命科・食環境科学部)
360 東洋大学(英語〈3日程×3カ年〉)
361 東洋大学(国語〈3日程×3カ年〉)
362 東洋大学(日本史・世界史〈2日程×3カ年〉)
363 東洋英和女学院大学
364 常磐大学・短期大学 総推
365 獨協大学
366 獨協医科大学(医学部) 医

な行(関東の大学)

367 二松学舎大学
368 日本大学(法学部)
369 日本大学(経済学部)
370 日本大学(商学部)
371 日本大学(文理学部〈文系〉)
372 日本大学(文理学部〈理系〉)
373 日本大学(芸術学部〈専門試験併用型〉)
374 日本大学(国際関係学部)
375 日本大学(危機管理・スポーツ科学部)
376 日本大学(理工学部)
377 日本大学(生産工・工学部)
378 日本大学(生物資源科学部)
379 日本大学(医学部) 医
380 日本大学(歯・松戸歯学部)
381 日本大学(薬学部)
382 日本大学(N全学統一方式−医・芸術〈専門試験併用型〉学部を除く)
383 日本医科大学 医
384 日本工業大学
385 日本歯科大学
386 日本社会事業大学 総推
387 日本獣医生命科学大学
388 日本女子大学
389 日本体育大学

は行(関東の大学)

390 白鷗大学(学業特待選抜・一般選抜)
391 フェリス女学院大学
392 文教大学
393 法政大学(法〈I日程〉・文〈II日程〉・経営〈II日程〉学部−A方式)
394 法政大学(法〈II日程〉・国際文化・キャリアデザイン学部−A方式)
395 法政大学(文〈I日程〉・経営〈I日程〉・人間環境・グローバル教養学部−A方式)
396 法政大学(経済〈I日程〉・社会〈I日程〉・現代福祉学部−A方式)
397 法政大学(経済〈II日程〉・社会〈II日程〉・スポーツ健康学部−A方式)
398 法政大学(情報科・デザイン工・理工・生命科学部−A方式)
399 法政大学(T日程〈統一日程〉・英語外部試験利用入試)
400 星薬科大学 総推

ま行(関東の大学)

401 武蔵大学
402 武蔵野大学
403 武蔵野美術大学
404 明海大学
405 明治大学(法学部−学部別入試)
406 明治大学(政治経済学部−学部別入試)
407 明治大学(商学部−学部別入試)
408 明治大学(経営学部−学部別入試)
409 明治大学(文学部−学部別入試)
410 明治大学(国際日本学部−学部別入試)
411 明治大学(情報コミュニケーション学部−学部別入試)
412 明治大学(理工学部−学部別入試)
413 明治大学(総合数理学部−学部別入試)
414 明治大学(農学部−学部別入試)
415 明治大学(全学部統一入試)
416 明治学院大学(A日程)
417 明治学院大学(全学部日程)
418 明治薬科大学 総推
419 明星大学
420 目白大学・短期大学部

ら・わ行(関東の大学)

421 立教大学(文系学部−一般入試〈大学独自の英語を課さない日程〉)
422 立教大学(国語〈3日程×3カ年〉)
423 立教大学(日本史・世界史〈2日程×3カ年〉)
424 立教大学(文学部−一般入試〈大学独自の英語を課す日程〉)
425 立教大学(理学部−一般入試)
426 立正大学
427 早稲田大学(法学部)
428 早稲田大学(政治経済学部)
429 早稲田大学(商学部)
430 早稲田大学(社会科学部)
431 早稲田大学(文学部)
432 早稲田大学(文化構想学部)
433 早稲田大学(教育学部〈文科系〉)
434 早稲田大学(教育学部〈理科系〉)
435 早稲田大学(人間科・スポーツ科学部)
436 早稲田大学(国際教養学部)
437 早稲田大学(基幹理工・創造理工・先進理工学部)
438 和洋女子大学 総推

中部の大学(50音順)

439 愛知大学
440 愛知医科大学(医学部) 医
441 愛知学院大学・短期大学部
442 愛知工業大学 総推
443 愛知淑徳大学
444 朝日大学 総推
445 金沢医科大学(医学部) 医
446 金沢工業大学
447 岐阜聖徳学園大学 総推
448 金城学院大学
449 至学館大学 総推
450 静岡理工科大学
451 椙山女学園大学
452 大同大学
453 中京大学
454 中部大学
455 名古屋外国語大学 総推
456 名古屋学院大学 総推
457 名古屋学芸大学 総推
458 名古屋女子大学 総推
459 南山大学(外国語〈英米〉・法・総合政策・国際教養学部)
460 南山大学(人文・外国語〈英米を除く〉・経済・経営・理工学部)
461 新潟国際情報大学
462 日本福祉大学
463 福井工業大学
464 藤田医科大学(医学部) 医
465 藤田医科大学(医療科・保健衛生学部)
466 名城大学(法・経営・経済・外国語・人間・都市情報学部)
467 名城大学(情報工・理工・農・薬学部)
468 山梨学院大学

近畿の大学(50音順)

469 追手門学院大学 総推
470 大阪医科薬科大学(医学部) 医
471 大阪医科薬科大学(薬学部) 総推
472 大阪学院大学 総推
473 大阪経済大学 総推
474 大阪経済法科大学 総推
475 大阪工業大学 総推
476 大阪国際大学・短期大学部 総推
477 大阪産業大学 総推
478 大阪歯科大学(歯学部)
479 大阪商業大学 総推
480 大阪成蹊大学・短期大学 総推
481 大谷大学 総推
482 大手前大学・短期大学 総推
483 関西大学(文系)
484 関西大学(理系)
485 関西大学(英語〈3日程×3カ年〉)
486 関西大学(国語〈3日程×3カ年〉)
487 関西大学(日本史・世界史・文系数学〈3日程×3カ年〉)
488 関西医科大学(医学部) 医
489 関西医療大学 総推
490 関西外国語大学・短期大学部 総推
491 関西学院大学(文・法・商・人間福祉・総合政策学部−学部個別日程)
492 関西学院大学(神・社会・経済・国際・教育学部−学部個別日程)
493 関西学院大学(全学部日程〈文系型〉)
494 関西学院大学(全学部日程〈理系型〉)
495 関西学院大学(共通テスト併用日程〈数学〉・英数日程)
496 関西学院大学(英語〈3日程×3カ年〉) 新
497 関西学院大学(国語〈3日程×3カ年〉) 新
498 関西学院大学(日本史・世界史・文系数学〈3日程×3カ年〉) 新
499 畿央大学 総推
500 京都外国語大学・短期大学 総推
502 京都産業大学(公募推薦入試) 総推
503 京都産業大学(一般選抜入試〈前期日程〉)
504 京都女子大学 総推
505 京都先端科学大学 総推
506 京都橘大学 総推
507 京都ノートルダム女子大学 総推
508 京都薬科大学 総推
509 近畿大学・短期大学部(医学部を除く−推薦入試) 総推
510 近畿大学・短期大学部(医学部を除く−一般入試前期)
511 近畿大学(英語〈医学部を除く3日程×3カ年〉)
512 近畿大学(理系数学〈医学部を除く3日程×3カ年〉)
513 近畿大学(国語〈医学部を除く3日程×3カ年〉)
514 近畿大学(医学部−推薦入試・一般入試前期) 医 総推
515 近畿大学・短期大学部(一般入試後期) 医
516 皇學館大学 総推
517 甲南大学 総推
518 甲南女子大学(学校推薦型選抜) 新 総推
519 神戸学院大学 総推
520 神戸国際大学 総推
521 神戸女学院大学 総推
522 神戸女子大学・短期大学 総推
523 神戸薬科大学 総推
524 四天王寺大学・短期大学部 総推
525 摂南大学(公募制推薦入試) 総推
526 摂南大学(一般選抜前期日程)
527 帝塚山学院大学 総推
528 同志社大学(法、グローバル・コミュニケーション学部−学部個別日程)

2025年版　大学赤本シリーズ

私立大学③

529 同志社大学(文・経済学部－学部個別日程)
530 同志社大学(神・商・心理・グローバル地域文化学部－学部個別日程)
531 同志社大学(社会学部－学部個別日程)
532 同志社大学(政策・文化情報〈文系型〉・スポーツ健康科〈文系型〉学部－学部個別日程)
533 同志社大学(理工・生命医科・文化情報〈理系型〉・スポーツ健康科〈理系型〉学部－学部個別日程)
534 同志社大学(全学部日程)
535 同志社女子大学 総推
536 奈良大学 総推
537 奈良学園大学 総推
538 阪南大学 総推
539 姫路獨協大学 総推
540 兵庫医科大学(医学部) 医
541 兵庫医科大学(薬・看護・リハビリテーション学部) 総推
542 佛教大学 総推
543 武庫川女子大学 総推
544 桃山学院大学 総推
545 大和大学・大和大学白鳳短期大学部 総推
546 立命館大学(文系－全学統一方式・学部個別配点方式)／立命館アジア太平洋大学(前期方式・英語重視方式)
547 立命館大学(理系－全学統一方式・学部個別配点方式・理系型3教科方式・薬学方式)
548 立命館大学(英語〈全学統一方式3日程×3カ年〉)
549 立命館大学(国語〈全学統一方式3日程×3カ年〉)
550 立命館大学(文系選択科目〈全学統一方式2日程×3カ年〉)
551 立命館大学(IR方式〈英語資格試験利用型〉・共通テスト併用方式)／立命館アジア太平洋大学(共通テスト併用方式)
552 立命館大学(後期分割方式・「経営学部で学ぶ感性＋共通テスト」方式)／立命館アジア太平洋大学(後期方式)
553 龍谷大学(公募推薦入試) 総推
554 龍谷大学(一般選抜入試)

中国の大学(50音順)

555 岡山商科大学 総推
556 岡山理科大学 総推
557 川崎医科大学 医
558 吉備国際大学 総推
559 就実大学 総推
560 広島経済大学
561 広島国際大学 総推
562 広島修道大学
563 広島文教大学 総推
564 福山大学／福山平成大学
565 安田女子大学 総推

四国の大学(50音順)

567 松山大学

九州の大学(50音順)

568 九州医療科学大学
569 九州産業大学
570 熊本学園大学
571 久留米大学(文・人間健康・法・経済・商学部)
572 久留米大学(医学部〈医学科〉) 医
573 産業医科大学(医学部) 医
574 西南学院大学(商・経済・法・人間科学部－A日程)
575 西南学院大学(神・外国語・国際文化学部－A日程／全学部－F日程)
576 福岡大学(医学部医学科を除く－学校推薦型選抜・一般選抜系統別日程) 総推
577 福岡大学(医学部医学科を除く－一般選抜前期日程)
578 福岡大学(医学部〈医学科〉－学校推薦型選抜・一般選抜系統別日程) 医 総推
579 福岡工業大学
580 令和健康科学大学 総推

医 医学部医学科を含む
総推 総合型選抜または学校推薦型選抜を含む
DL リスニング音声配信　新 2024年 新刊・復刊

掲載している入試の種類や試験科目，収載年数などはそれぞれ異なります。詳細については，それぞれの本の目次や赤本ウェブサイトでご確認ください。

akahon.net
赤本　検索

難関校過去問シリーズ

出題形式別・分野別に収録した
「入試問題事典」
20大学 73点
定価2,310～2,640円(本体2,100～2,400円)

先輩合格者はこう使った!
「難関校過去問シリーズの使い方」

61年，全部載せ!
要約演習で，総合力を鍛える
東大の英語
要約問題 UNLIMITED

国公立大学

東大の英語25カ年[第12版] 改
東大の英語リスニング20カ年[第9版] DL 改
東大の英語 要約問題 UNLIMITED
東大の文系数学25カ年[第12版] 改
東大の理系数学25カ年[第12版] 改
東大の現代文25カ年[第12版] 改
東大の古典25カ年[第12版] 改
東大の日本史25カ年[第9版] 改
東大の世界史25カ年[第9版] 改
東大の地理25カ年[第9版] 改
東大の物理25カ年[第9版] 改
東大の化学25カ年[第9版] 改
東大の生物25カ年[第9版] 改
東工大の英語20カ年[第8版] 改
東工大の数学20カ年[第9版] 改
東工大の物理20カ年[第5版] 改
東工大の化学20カ年[第5版] 改
一橋大の英語20カ年[第9版] 改
一橋大の数学20カ年[第9版] 改
一橋大の国語20カ年[第6版] 改
一橋大の日本史20カ年[第6版] 改
一橋大の世界史20カ年[第6版] 改
筑波大の英語15カ年 新
筑波大の数学15カ年 新
京大の英語25カ年[第12版]
京大の文系数学25カ年[第12版]
京大の理系数学25カ年[第12版]
京大の現代文25カ年[第2版]
京大の古典25カ年[第2版]
京大の日本史20カ年[第3版]
京大の世界史20カ年[第3版]
京大の物理25カ年[第9版]
京大の化学25カ年[第9版]
北大の英語15カ年[第8版]
北大の理系数学15カ年[第8版]
北大の物理15カ年[第2版]
北大の化学15カ年[第2版]
東北大の英語15カ年[第8版]
東北大の理系数学15カ年[第8版]
東北大の物理15カ年[第2版]
東北大の化学15カ年[第2版]
名古屋大の英語15カ年[第8版]
名古屋大の理系数学15カ年[第8版]
名古屋大の物理15カ年[第2版]
名古屋大の化学15カ年[第2版]
阪大の英語20カ年[第9版]
阪大の文系数学20カ年[第3版]
阪大の理系数学20カ年[第9版]
阪大の国語15カ年[第3版]
阪大の物理20カ年[第8版]
阪大の化学20カ年[第6版]
九大の英語15カ年[第8版]
九大の理系数学15カ年[第7版]
九大の物理15カ年[第2版]
九大の化学15カ年[第2版]
神戸大の英語15カ年[第9版]
神戸大の数学15カ年[第5版]
神戸大の国語15カ年[第3版]

私立大学

早稲田の英語[第11版] 改
早稲田の国語[第9版] 改
早稲田の日本史[第9版] 改
早稲田の世界史[第2版] 改
慶應の英語[第11版] 改
慶應の小論文[第3版] 改
明治大の英語[第9版] 改
明治大の国語[第2版] 改
明治大の日本史[第2版] 改
中央大の英語[第9版] 改
法政大の英語[第9版] 改
同志社大の英語[第10版]
立命館大の英語[第10版]
関西大の英語[第10版]
関西学院大の英語[第10版]

DL リスニング音声配信
新 2024年 新刊
改 2024年 改訂

共通テスト対策関連書籍

共通テスト対策も赤本で

❶ 過去問演習

2025年版

共通テスト赤本シリーズ

全12点

A5判／定価1,320円（本体1,200円）

- 英国数には新課程対応オリジナル実戦模試 掲載！
- 公表された新課程試作問題はすべて掲載！
- くわしい対策講座で得点力UP
- 英語はリスニングを10回分掲載！赤本の音声サイトで本番さながらの対策！

- 英語 リーディング／リスニング DL
- 数学I, A／II, B, C
- 国語
- 歴史総合, 日本史探究
- 歴史総合, 世界史探究
- 地理総合, 地理探究
- 公共, 倫理
- 公共, 政治・経済
- 物理
- 化学
- 生物
- 物理基礎／化学基礎／生物基礎／地学基礎

DL 音声無料配信

❷ 自己分析

赤本ノートシリーズ **過去問演習の効果を最大化**

▶共通テスト対策には

赤本ノートプラス（共通テスト用）

赤本ルーズリーフプラス（共通テスト用）

共通テスト赤本シリーズ

新課程攻略問題集

全26点に対応!!

▶二次・私大対策には

大学赤本シリーズ

全556点に対応!!

赤本ノートプラス（二次・私大用）

❸ 重点対策

共通テスト赤本プラス

新課程攻略問題集

基礎固め&苦手克服のための分野別対策問題集!!
厳選された問題でかしこく対策

- 英語リーディング
- 英語リスニング DL
- 数学I, A
- 数学II, B, C
- 国語（現代文）
- 国語（古文, 漢文）
- 歴史総合, 日本史探究
- 歴史総合, 世界史探究
- 地理総合, 地理探究
- 公共, 政治・経済
- 物理
- 化学
- 生物
- 情報I

DL 音声無料配信

全14点 好評発売中！

A5判／定価1,320円（本体1,200円）

手軽なサイズの実戦的参考書

目からウロコのコツが満載！

直前期にも！

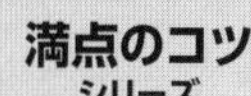

満点のコツシリーズ

赤本ポケット

いつも受験生のそばに―赤本

大学入試シリーズ＋α
入試対策も共通テスト対策も赤本で

入試対策

赤本プラス

赤本プラスとは，**過去問演習の効果を最大にする**ためのシリーズです。「赤本」であぶり出された弱点を，赤本プラスで克服しましょう。

- 大学入試 すぐわかる**英文法** DL
- 大学入試 ひと目でわかる**英文読解**
- 大学入試 絶対できる**英語リスニング** DL
- 大学入試 すぐ書ける**自由英作文**
- 大学入試 ぐんぐん読める **英語長文**〔BASIC〕DL
- 大学入試 ぐんぐん読める **英語長文**〔STANDARD〕DL
- 大学入試 ぐんぐん読める **英語長文**〔ADVANCED〕DL
- 大学入試 正しく書ける**英作文**
- 大学入試 最短でマスターする **数学Ⅰ・Ⅱ・Ⅲ・A・B・C**
- 大学入試 突破力を鍛える**最難関の数学**
- 大学入試 知らなきゃ解けない **古文常識・和歌**
- 大学入試 ちゃんと身につく**物理**
- 大学入試 もっと身につく **物理問題集**（①力学・波動）
- 大学入試 もっと身につく **物理問題集**（②熱力学・電磁気・原子）

入試対策

英検®赤本シリーズ

英検®（実用英語技能検定）の対策書。
過去問集と参考書で万全の対策ができます。

▶過去問集（2024年度版）

- 英検®準1級過去問集 DL
- 英検®2級過去問集 DL
- 英検®準2級過去問集 DL
- 英検®3級過去問集 DL

▶参考書

- 竹岡の英検®準1級マスター DL
- 竹岡の英検®2級マスター CD DL
- 竹岡の英検®準2級マスター CD DL
- 竹岡の英検®3級マスター CD DL

CD リスニングCDつき　DL 音声無料配信
新 2024年新刊・改訂

入試対策

赤本プレミアム

赤本の教学社だからこそ作れた、過去問ベストセレクション

- 東大数学プレミアム
- 東大現代文プレミアム
- 京大数学プレミアム〔改訂版〕
- 京大古典プレミアム

入試対策

赤本メディカルシリーズ

過去問を徹底的に研究し，独自の出題傾向をもつメディカル系の入試に役立つ内容を精選した実戦的なシリーズ。

- 〔国公立大〕医学部の英語〔3訂版〕
- 私立医大の英語〔長文読解編〕〔3訂版〕
- 私立医大の英語〔文法・語法編〕〔改訂版〕
- 医学部の実戦小論文〔3訂版〕
- 医歯薬系の英単語〔4訂版〕
- 医系小論文 最頻出論点20〔4訂版〕
- 医学部の面接〔4訂版〕

入試対策

体系シリーズ

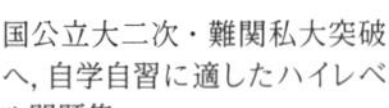

国公立大二次・難関私大突破へ，自学自習に適したハイレベル問題集。

- 体系英語長文
- 体系英作文
- 体系現代文
- 体系世界史
- 体系物理〔第7版〕

入試対策

単行本

▶英語

- Q&A即決英語勉強法
- TEAP攻略問題集〔新装版〕DL 新
- 東大の英単語〔新装版〕
- 早慶上智の英単語〔改訂版〕

▶国語・小論文

- 著者に注目! 現代文問題集
- ブレない小論文の書き方 樋口式ワークノート

▶レシピ集

- 奥薗壽子の赤本合格レシピ

入試対策　共通テスト対策

赤本手帳

- 赤本手帳（2025年度受験用）プラムレッド
- 赤本手帳（2025年度受験用）インディゴブルー
- 赤本手帳（2025年度受験用）ナチュラルホワイト

入試対策

風呂で覚えるシリーズ

水をはじく特殊な紙を使用。いつでもどこでも読めるから，ちょっとした時間を有効に使える！

- 風呂で覚える英単語〔4訂新装版〕
- 風呂で覚える英熟語〔改訂新装版〕
- 風呂で覚える古文単語〔改訂新装版〕
- 風呂で覚える古文文法〔改訂新装版〕
- 風呂で覚える漢文〔改訂新装版〕
- 風呂で覚える日本史〔年代〕〔改訂新装版〕
- 風呂で覚える世界史〔年代〕〔改訂新装版〕
- 風呂で覚える倫理〔改訂版〕
- 風呂で覚える百人一首〔改訂版〕

共通テスト対策

満点のコツシリーズ

共通テストで満点を狙うための実戦的参考書。
重要度の高いリスニング対策は
「カリスマ講師」竹岡広信が一回読みにも
対応できるコツを伝授！

- 共通テスト英語〔リスニング〕 満点のコツ〔改訂版〕DL 新
- 共通テスト古文 満点のコツ〔改訂版〕新
- 共通テスト漢文 満点のコツ〔改訂版〕新
- 共通テスト生物基礎 満点のコツ〔改訂版〕新

入試対策　共通テスト対策

赤本ポケットシリーズ

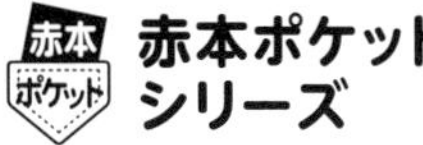

▶共通テスト対策

- 共通テスト日本史〔文化史〕

▶系統別進路ガイド

- デザイン系学科をめざすあなたへ

大学赤本シリーズ

赤本 ウェブサイト

過去問の代名詞として、70年以上の伝統と実績。

新刊案内・特集ページも充実！
受験生の「知りたい」に答える

akahon.netでチェック！

志望大学の赤本の刊行状況を確認できる！

「赤本取扱い書店検索」で赤本を置いている書店を見つけられる！

赤本チャンネル＆赤本ブログ

赤本チャンネル

人気講師の大学別講座や
共通テスト対策など、
受験に役立つ動画 を公開中！

YouTubeや
TikTokで受験対策！

YouTube

TikTok

赤本ブログ

受験のメンタルケア、合格者の声など、
受験に役立つ記事 が充実。

2025 年版　大学赤本シリーズ　No. 401
武蔵大学

2024 年 7 月 30 日　第 1 刷発行
ISBN978-4-325-26460-6
定価は裏表紙に表示しています

編　集　教学社編集部
発行者　上原 寿明
発行所　教学社
〒606-0031
京都市左京区岩倉南桑原町56
電話　075-721-6500
振替　01020-1-15695
印　刷　共同印刷工業

●乱丁・落丁等につきましてはお取替えいたします。
●本書に関する最新の情報（訂正を含む）は，赤本ウェブサイト http://akahon.net/ の書籍の詳細ページでご確認いただけます。
●本書は当社編集部の責任のもと独自に作成したものです。本書の内容についてのお問い合わせは，赤本ウェブサイトの「お問い合わせ」より，必要事項をご記入の上ご連絡ください。電話でのお問い合わせは受け付けておりません。なお，受験指導など，本書掲載内容以外の事柄に関しては，お答えしかねます。また，ご質問の内容によってはお時間をいただく場合がありますので，あらかじめご了承ください。
●本書の無断複製は著作権法上の例外を除き禁じられています。本書を代行業者等の第三者に依頼してスキャンやデジタル化することは，たとえ個人や家庭内の利用でも著作権法違反です。
●本シリーズ掲載の入試問題等について，万一，掲載許可手続等に遺漏や不備があると思われるものがございましたら，当社編集部までお知らせください。